2024 최신개정판

LOGIN

전산세무 1급

*회계 · 부가 · 소득

김영철 지음

머리말

회계는 기업의 언어입니다. 또한 회계의 자료를 가지고 기업의 경영성과에 대하여 기업은 사회적 책임을 집니다.

이 책은 회계와 세법이론에 저자의 풍부한 실무경험을 바탕으로 하여 쓰여진 책이므로, 전산세무1급을 공부하고자 하는 모든 분들에게 매우 유용할 것으로 확신합니다.

회계는 매우 논리적인 학문이고, 세법은 회계보다 상대적으로 비논리적이나, 세법이 달성하고자 하는 목적이 있으므로 **세법의 이면에 있는 법의 취지를 이해하셔야 합니다.**

회계와 세법을 매우 잘하시려면

왜(WHY) 저렇게 처리할까? 계속 의문을 가지세요!!!

1. 회계는 이해하실려고 노력하세요.

(생소한 용어에 대해서 네이버나 DAUM의 검색을 통해서 이해하셔야 합니다.)

2. 세법은 법의 제정 취지를 이해하십시오.

3. 이해가 안되시면 동료들과 전문가에게 계속 질문하십시요.

전산세무를 공부하시는 수험생들 중 대다수는 이론실력이 없는 상태에서 전산프로그램 입력연습에 너무 많은 시간을 할애합니다. 그런 수험생들을 보면 너무 안쓰럽습니다. 컴퓨터에 앉아서 공부하는 시간보다 책상에 앉아서 공부하는 시간을 늘리십시요!

아시다시피 전산세무1급 자격증은 합격률도 낮고 별로 강의하는 학원도 많지 않습니다. 전산세무2급을 합격하시고 전산세무1급을 준비하시는 수험생은 먼저 법인조정을 공부하는 것을 권합니다. 법인조정을 충분히 이해하시고 편안한 마음으로 나머지 부문인 LOGIN전산세무1급(회계, 부가, 소득)을 공부하십시요

이 책은 회계, 부가가치세법, 소득세법의 이론과 실무파트로 구성되어 있습니다.

이 책의 이외의 부문은 너무 깊게 공부하시지 마십시요!! 어차피 우리 시험의 합격커트라인은 70점입니다. 100점을 맞기보다 90점을 목표로 공부하십시요!!

즉 회계부문은 너무 방대하여 깊게 공부하면 한없이 공부할 분량이 많아집니다.

2년에 한번 나올까 마는 문제에 대해서는 너무 시간을 낭비하지 마시고

과감히게 skip하는 것도 경제적인 공부의 방법이고, 합격의 지름길입니다.

전산세무2급 정도의 수준과 표준원가와 부가세수정신고서와 소득세법에 추가되는 부문(기타소득, 사업소득등)에 집중하시기를 권합니다. 재무회계는 너무 방대해서 너무 깊게 공부하시면 여러분들의 집중도와 흥미도를 떨어뜨릴 것입니다.

이 책은 여러분들이 100점을 맞게 하는 책이 아닙니다. 95점 정도의 목표를 가지고 쓰여진 책입니다. 시중에 있는 전산세무1급 책을 보면 특히 회계부문은 세무사/공인회계사 수준으로 쓰여져 있어 수험생들을 지치게 만듭니다. 여러분의 시간을 헛되이 낭비하지 마십시오.

무엇보다도 전산프로그램 입력은 단순 반복적인 작업입니다.
회계나 세법실력과 무관하나,
전산세무시험에 합격하기 위해서는 회계와 세법이론에 입각한 입력을 하셔야만 합니다.
수험생 여러분!!
무엇보다도 이론에 힘을 쓰시고, 실기능력은 신고서 및 부속서류를 5회 정도 입력을 연습하시면 100% 합격할 것이라 확신합니다.

회계와 세법은 여러분 자신과의 싸움입니다. 자신을 이기십시요!!!

마지막으로 이 책 출간을 마무리해 주신 도서출판 어울림 임직원들에게 감사의 말을 드립니다.

2024년 2월
김 영 철

저자가 운영하는 다음(Daum)카페 **"로그인과 함께하는 전산회계/전산세무"**에
다음의 유용한 정보를 제공합니다.

1. 오류수정표(세법개정으로 인한 추가 반영분 및 오류수정분)
2. 세법개정내용(출제자는 을 자주 출제합니다. 시험 전에 반드시 숙지하시기 바랍니다.)
3. 실무 및 모의고사 데이터(도서출판 어울림에서도 다운로드가 가능합니다.)
4. 전산세무1급 Q/A게시판

LOGIN전산세무1급을 구입하신 독자 여러분께서는 많은 이용바라며, 교재의 오류사항을 지적해주시면 고맙겠습니다.

국가직무능력 표준(NCS)

1. 정의

국가직무능력표준(NCS, national competency standards)은 산업현장에서 직무를 수행하기 위해 요구되는 지식 · 기술 · 소양 등의 내용을 국가가 산업부문별 · 수준별로 체계화한 것으로 산업현장의 직무를 성공적으로 수행하기 위해 필요한 능력(지식, 기술, 태도)을 국가적 차원에서 표준화한 것을 의미

2. 훈련이수체계

수준		회계 · 감사	세무
6수준	전문가	사업결합회계	세무조사 대응 조세불복 청구 절세방안 수립
5수준	책임자	회계감사	법인세 신고 기타세무신고
4수준	중간 관리자	비영리회계	종합소득세 신고
3수준	실무자	원가계산 재무분석	세무정보 시스템 운용 원천징수 부가가치세 신고 법인세 세무조정 지방세 신고
2수준	초급자	전표관리 자금관리 재무제표 작성 회계정보 시스템 운용	전표처리 결산관리
-		직업기초능력	
수준 / 직종		**회계 · 감사**	**세무**

3. 회계 · 감사직무

(1) 정의

회계 · 감사는 기업 및 조직 내 · 외부에 있는 의사결정자들이 효율적인 의사결정을 할 수 있도록 유용한 정보를 제공하며, 제공된 회계정보의 적정성을 파악하는 업무에 종사

(2) 능력단위요소

능력단위(수준)	수준	능력단위요소	교재 내용
전표관리	3	회계상 거래 인식하기	재무회계의 이론적 기초
		전표 작성하기	계정과목별이해
		증빙서류 관리하기	
자금관리	3	현금시재관리하기	
		예금관리하기	
		법인카드 관리하기	
		어음수표관리하기	
원가계산	4	원가요소 관리하기(3)	원가의 기초개념
		원가배부하기(3)	원가계산, 개별원가, 종합원가, 결합원가, 표준원가
		원가계산하기	
		원가정보활용하기	종합원가, 표준원가
결산관리	4	결산분개하기(3)	결산 및 재무제표 작성
		장부마감하기(3)	
		재무제표 작성하기	
회계정보 시스템 운용	3	회계 관련 DB마스터 관리하기	재무회계실무능력
		회계프로그램 운용하기	
		회계정보활용하기	
재무분석	5	재무비율 분석하기(4)	재무회계 개념
		CVP 분석하기(4)	
		경영의사결정 정보 제공하기	
회계감사	5	내부감사준비하기	
		외부감사준비하기(4)	
		재무정보 공시하기(4)	
사업결합회계	6	연결재무정부 수집하기(4)	
		연결정산표 작성하기(5)	
		연결재무제표 작성하기	
		합병 · 분할회계 처리하기	
비영리회계	4	비영리대상 판단하기	
		비영리 회계 처리하기	
		비영리 회계 보고서 작성하기	

4. 세무직무

(1) 정의

기업의 활동을 위하여 주어진 세법범위 내에서 조세부담을 최소화 시키는 조세전략을 포함하고 정확한 과세소득과 과세표준 및 세액을 산출하여 과세당국에 신고·납부하는 업무에 종사

(2) 능력단위요소

능력단위(수준)	수준	능력단위요소	교재 내용
전표처리	2	회계상 거래 인식하기	계정과목별 이해
		전표 처리하기	
		증빙서류 관리하기	
결산관리	2	손익계정 마감하기	결산 및 재무제표 작성
		자산부채계정 마감하기	
		재무제표 작성하기	
세무정보 시스템 운용	3	세무관련 전표등록하기	재무회계/부가가치세/ 원천징수 실무능력
		보고서 조회·출력하기	
		마스터데이터 관리하기	
원천징수	3	근로/퇴직/이자/배당/연금/사업/기타소득 원천징수하기	종합소득 종합소득과세표준/ 세액계산퇴직소득
		비거주자의 국내원천소득 원천징수하기	
		근로소득 연말정산하기	
		사업소득 연말정산하기	
부가가치세 신고	3	세금계산서 발급·수취하기	과세표준/세금계산서 납부세액의 계산 신고납부
		부가가치세 부속서류 작성하기	
		부가가치세 신고하기	
종합소득세 신고	4	사업소득 세무조정하기	종합소득/과세표준/ 세엑계산
		종합소득세 부속서류 작성하기	
		종합소득세 신고하기	
법인세 세무조정	3	법인세신고 준비하기	
		부속서류 작성하기	
법인세 신고	5	각사업년도소득 세무조정하기	
		부속서류 작성하기	
		법인세 신고하기	
		법인세 중간예납 신고하기	
지방세 신고	3	지방소득세 신고하기	
		취득세 신고하기	
		주민세 신고하기	
기타세무 신고	5	양도소득세/상속 증여세 신고하기	
		국제조세 계산하기	
		세목별 수정신고·경정 청구하기	

합격수기

DAUM카페 "로그인과 함께하는 전산회계/전산세무"에 있는 수험생들의 공부방법과 좌절과 고통을 이겨내면서 합격하신 경험담을 같이 나누고자 합니다.

한달공부하고 세무 1급 2급 전부 합격했습니다~! ^o^

혜선님

안녕하세요?

한달 전에 전산회계 1급 2급 합격수기 올리고 기뻐했던 아짐입니다..^^;;;

ㅎㅎ **그때 한달공부하고 전산회계 1급 2급 전부 100점 인증했었는데요..**

다시 한달 공부하고 전산세무 1급 2급 전부 합격했습니다~!

방금 합격자발표 확인하고 한달전 약속대로 합격수기 올립니다~ ^^

한달전에 회계 수기 올렸던 대로 전 아이 셋의 평범한 아줌마입니다.

회계 전공 한적도 없고 생전 처음 들어보는 차변 대변부터 8월에 시작해 맨땅에 헤딩해가며 한달만에 회계 1급 2급 전부 만점을 받았습니다.

사실 솔직히 말하면 회계는 거의 공부하지 않았습니다.

하루 공부시간 30분도 안했으니 말 다했지요..

의외로 저와 적성에 맞는듯 해서 수업들으면 바로 그 시간 안에 암기했습니다.

분개하는것도 쉬웠구요.. 하지만...하지만...ㅠㅠ 세무는 절대 만만하지 않았습니다.

한달만에 쌍백점 받고 나니 "에게?생각보다 쉽네?" 솔직히 조금 우습게 보는 마음이 들었습니다. 세무책 받는 순간 별나라 언어더라구요.. 뭐지? 이건 뭐지? ㅠ.ㅠ??

회계를 만점받고 어느정도 회계에 대해 안다고 자부(?)하고 있었는데 세무 2급을 건너뛰고 1급으로 바로 들어가니 무슨 소린지 하나도 알아들을 수가 없었습니다. 외국어 수준이 아니라 외계어 수준이었어요.

한국말인데 분명 한국말이 아니었어요.. 순간 세무 2급 책도 살까 후회하는 마음도 들었지만 시간이 한달밖에 없어서 그냥 1급에 올인하기로 마음 먹었습니다.

혼자 독학할려다 보니 책만 펴면 잠만 오더라구요. 특히 원가 회계 부분의 -- 표준원가와 종합원가, 개별원가, 완성품 환산량 후우~~ 완성품 환산량은 그나마 쉬웠는데 표준원가 뒷부분부터 막히더라구요. 제일 말도 안되는건 법인조정이었습니다.

손금산입 익금 산입 /산입과 불산입의 차이가 뭔지 ?

사외유출과 기타 사외유출과 기타의 차이점이 뭔지 ?

유보발생과 유보감소의 계정들은?

법인조정의 대손충당금과 소득금액 조정 합계표 계정들 외우기....

후우.. 일주일은 책만 피면 자고, 피면 자고;;; 의 반복이었어요.

제가 한번씩 불면증이 있는데 법인조정 책면 펴면 레드썬~! 하고 꿀잠이 오더라구요.. ㅡ,ㅡ;;;

도저히 안되겠다 싶어 우선 알던 모르던 1독만 해보자를 목표로 삼았습니다.

인강 끊기엔 시간도 없고 돈도 아까워서 (아줌마의 절약정신 ㅠㅠ)

유투브에 돌아다니는 인강들을 짜깁기했습니다. 이게 큰 단점이 책은 로그인인데 여러군데서 짜집기로 들으니 페이지랑 범위가 다 달라서 진도나가는게 거북이보다도 느리더라구요 님들은 돈아끼겠다고 절대로~! 저처럼 무식하게 하지 마세요..ㅜㅜ

그냥 인강 들으세요..저도 시간만 있었으면 들을려고 했는데 돈이랑 시간이랑 고민하다가 두배로 돌아갔네요. 그리고 정말 중요한건 공유도 안해줘서 결국 우선 몰라도 넘어가기만 했습니다. 그렇게 1독하는데 일주일 걸리더라구요..

8월 21일 시험보고 10월 9일 시험기간까지 총 5-6주였는데 중간에 애들 아파서 1주 못하고 추석이라 1주 못하고 그렇게 날아간 시간빼니 총 3-4주 나오더라구요.. ㅠㅠ

우선 그 3-4주 기간만 플랜을 짰습니다.

1주: 독학으로 세무1급 한권 1회독

2주: 법인조정 1회독

3주: 실무 해보기 (1급+2급)

4주: 기출문제 올인

제일 힘들었던건 법인조정과 세 아이 모두 병원신세 진 것 이었습니다..

중간에 세 아이 모두 장염에 걸려 응급실과 병원을 왔다갔다하며 일주일을 하루 2시간도 못자며 뜬눈으로 밤을 새웠네요...

그땐 정말로 포기할려고 했습니다. 독학도 힘들고 시간도 촉박하고 잠도 못자니 사람이 미치겠더라구요..ㅜㅜ 하지만 역시 포기하지 않길 잘했다는 생각이 오늘 드네요..후우... 공부 방법은 세무 1급과 법인조정 1회독 끝나고 바로 2급 기출문제집을 사서 이론과 실무를 해보았습니다.

바로 1급 실무를 하기엔 뭔소린지도 모르고 답도 없어서;;; 2급 기출을 풀며 원리를 이해했습니다.

솔직히 2급은 1급에 비하면 너무 쉬워서 바로 풀어도 합격이 나올 정도였습니다.

그만큼 1급은 헬이었습니다... ㅜㅜ

2급으로 자신감을 충전하고 1급 실무에 들어갔습니다.

실무를 하면서 기본서를 다시보고 또 실무를 하면서 계정과목을 어디어디에 입력하는지 찾아보면서 다시 이론을 공부할수 있었어요

실무는 김영철 세무사님이 까페에 올려주신 모든 동영상을 1회독하며 전부 외웠습니다.

김영철 세무사님 고맙습니다...

그나마 제가 들은 거의 유일한 인강이었어요..ㅠㅠ

1급 2급 실무 동영상 카테고리를 정리하며 머릿속에 목차를 정리해 나가는 방식으로 다시 공부하니 2회독 3회독까지 가더라구요. 마지막 4주째는 기출에 올인했습니다.

기출이 한회만 풀어도 90분이 걸리고 거기다 답지보며 왜 틀렸는지 정리하고 1회 풀고 나가는데 3-4시간이 훌쩍 지나가니 정말 진도가 안나가더라구요..

방법은 반복밖에 없었어요..

기출 4-5개째 들어가면서부턴 타이머로 시간재며 풀었습니다.

이론을 10분 실무를 45-55분 사이에 끝내도록 훈련(?)해 나갔어요.

시험 3일전부터는 2급은 90점 넘고 1급은 70-80점을 왔다갔다 하더라구요.

2급은 50분안에 이론 실무 끝내고 1급은 70-75분 정도에 이론 실무가 완성되었습니다.

제일 큰 문제인 법인조정은 대손충당금과 소득금액 조정 합계표와 자본금과 적립금조정이 힘들었는데 의외로 자본금과 적립금 조정은 이론만 이해하니 쉬웠고 대손충당금은 운명에 맡기자고 생각, (나오면 대충 찍자..ㅜㅜ)

소득금액 조정 합계표는 자주 나오는 계정 15개를 추려 외웠습니다.

시험 전날은 다른 자격증 시험이 있어서 별로 공부를 못했어요.

사실 이번 한달동안

1.세무 1급

2.세무 2급

3.엑셀실무 컴퓨터 자격증

4.한식조리 자격증 (아직 시험 안봄-다담주 시험 ㅎㅎ)

이 4개를 동시에 도전하는 희대의 미친 짓(?)을 했거든요..ㅠㅠ

토욜에 컴터시험 그 담날 일욜에 세무 시험 2개... 정말 미치고 환장하는줄 알았습니다..ㅠㅠ

그리고 시험 당일, 세무 2급은 생각보다 쉬워서 이론은 1개 틀렸는데 어이없게도 제일 쉬운 분개 1-3번을 싸그리 틀리는 만행을 저질렀더군요..ㅠㅠ

까불리며 대충 보고 넘기다가 어려운거 맞고 젤 쉬운 거에서 틀렸어요...에고고...

세무 1급은...정말 답이 안나오게 어렵더라구요... 66회 67회가 그나마 쉬워서 기대했는데 68회는 훨씬 어려웠어요..ㅠㅠ

중간에 포기하고 나가시는분, 회계1급 끝나고 나가시는 분 해서 그 넓은 교실에서 감독관 2명과 함께 30분동안 저 혼자 시험봤습니다..ㅠㅠ

죄진 것도 아닌데 부리부리한 감독관 두 분의 눈길을 받으며 혼자 시험보는데 중간에 나도 포기하고 나갈까 하다가 그동안 공부한게 너무 억울해서 꾹참고 시험봤어요.

운전하며 돌아오는 차 안에서 눈물이 나더라구요..

신호등 앞에서 펑펑 울었어요.. 허무하기도 하고 슬프기도 하고...

그동안 특히 마지막 1-2주는 미친듯이 몰아서 했거든요.

애가 셋이라 육아며 집안일이며 가뜩이나 힘든데 한식조리 수업에다 컴터시험에다 세무 시험..시험만 4개... 몸도 힘들고 잠도 못자고 내가 왜 이렇게까지 하고있지... 이렇게 해서 나한테 남는게 있나...

이런 생각하다가도 그래..하기로 했으면 변명하지말고.. 내 자신을 정당화시키지말고.. 핑곗거리 만들지말자.. 지금껏 그렇게 핑계대며 살아왔으니 이번은 변명하지 말고 한번 해보자...

그렇게 다독이며 한달을 미친년처럼 살았습니다.

시험끝나고 집에와서 애들 밥차려주고 정말 간만에 꿀잠잤습니다.

가채점하려고 답안 보며 채점 하는데..

생각보다 1급 점수가 잘나와서 꿈인가 생시인가 눈을 비비며 채점만 4번을 다시 했네요..

결과는 1급은 76점 2급은 90점...

특히 제일 나를 힘들게 했던 법인조정은 만점~!!을 받았습니다..

중간에 박차고 나가지않길 잘했어.. 생각하며 다시 한번 울었어요..ㅠㅠ

같이 1급 보시는 분들이 포기하고 일찍 나가고 같이 응시한 내 친구도 포기하고 결석하고... 분위기가 너무 안좋았거든요.,.ㅠㅠ

오늘 합격결과보니 점수는 가채점보다 떨어졌는데 아무래도 저장을 하나 안한게 있었는데 누락이 됬나보네요..

내일 열람신청 해봐야 겠어요.어디서 착오가 생겼는지..

아무튼 두개 다 합격해서 정말 정말 정말 기쁩니다..ㅜㅜ

참..컴퓨터 시험도 합격했어요..

저 두 달만에 자격증 5개 땄어요~

히히히~ 이 정도면 자랑해도 되는거죠? ^^;;;;

아줌마도 해낼수 있다~!! 는걸 보여줘서 기쁩니다.

궁금한거 있으시면 물어보세요

단기로 하는 공부방법 같은거 조언해드릴께요~ *^^*

"전산세무1급 합격수기입니다,,, *^^*!"

손정민님

먼저 합격하신 분들 축하드립니다^^정말 수고하셨습니다,,

저는 이번시험에 71점으로 겨우 합격을 해서 점수자체를 봐서는 합격수기를 쓰기가 많이 부끄러웠습니다,,

비록 실수를 많이 한 시험이었지만 이번시험을 통해 얻은 지식도 많았고 최선을 다했다고 생각하여 떨어지더라도 후회가 없어서

오히려 맘편히 재도전을 할수있는 이상한 에너지가 생겨서 기분이 좋았습니다..

그래서 이점을 높이 봐주셔서 저희 합격수기를 보시고 조금이나마 공부하시는데 참고가 되셨으면 하는 바람에 이렇게 합격수기를

조심히 쓰게 되었습니다,,,^^;

모든 시험이 그렇듯 기출문제가 있습니다 기출문제를 주로 삼아 공부를 하면 안된다는 말에 저는 적극 공감합니다

그래도 명색이 전산세무1급인데 **완전전문적인 지식은 아니더라도 주어진 교재이론은 90%정도는 이해해야 된다고 생각합니다,,**

저는 급하게 시험을 준비한게 아니라서,,올해 12월에 시험칠거라 생각하고 느슨하게 공부를 했습니다,

장점은 맘이 편해서 좋구요, 단점은 시험날짜가 너무 멀리 있어서 그런지 좀 게을러지더라구요,,,^^;

저는 시험 준비를 하기 전 항상 계획을 세웁니다. 물론 이 계획을 지키기 위해 자신과 엄청난 싸움을 하겠지만 그래도 지킬려고 노력을 많이 했습니다 계획을 자신이 할 수 있는 하루 공부량을 잘 정하셔서 속독이 아닌 정독으로 꾸준히 교재를 보셨으면 합니다.

1) 법인세법

모르든 알든 어떡해든 카페에 질문을 마니해서 책 한권을 마무리했습니다,, 모르는건 넘어가기도 하면서요, 그리고,,기출문제(저는 최근 2년치만 했습니다),교재내 모의고사 역시 알든, 모르든 동영상보며 마무리했습니다. 이렇게 하고 다시 이론을 보니 어려웠던 파트등등 다시 눈에 들어와지고 다소 이론교재를 보기가 쉬워져 엄청 기분이 좋았습니다. 이렇게 이론반복을 시험치기 2주전까지 했습니다,,

공부하면서 예를들어 손금불산입항목을 각각 설명해 놓은거, 반드시결산조정항목인 것,,이런 **서술부분이 많은 부분은 교재에 체크해서**

짬날때 책 읽듯이 편하게 계속 읽었습니다,, 그러면 어느 순간 머리에 완전히 자리잡게 됩니다.

그리고 법령서식 사이트가 있습니다 거기서 각종서식을 출력해서 수기로 많이 썼습니다,,

이 부분이 왜 중요하냐면 실기에도 도움이 되지만 서식 밑에 보면 작성요령이라 해서 상세히 설명히 잘되어있습니다,,

이번 기출문제에 기업업무추진비부분에 문화예술 관련비용 입력부분도 서식작성을 하면서 작성요령을 꼼꼼히 봤다면 맞췄을 것입니다,,

그래서 전 중요하다고 봅니다,,

2) 재무회계

솔직히 전산세무1급 정도이면 기본적인 회계정보가 있으시겠지만 저는 어떻게 된건지,, 카페에 **로그인회계원리(회계직강)을 다시 듣고 더 확실히 기본기를 다지게 되어서 안보면 어쩔뻔 했나 싶었습니다,,,^^**

아시는 분들도 그냥 기본다진다 생각하시고 한번 쫙 보셨으면 좋겠습니다,,,

세무사님 말씀처럼 회계를 잘해야 세법도 잘한다 하였습니다,,맞습니다,,, 저 같은 경우 재무회계는 교재랑 기출,회계직강 이렇게 반복했습니다,,,^^

3) 소득세, 부가세

수시로 실기랑 병행했습니다,,,이 부분도 법령서식 이용했습니다,,,

이번 영세율첨부서류제출명세서 경우도 서식을 출력하여 작성요령보며 한번 해보신분들이라면 쉽게 점수를 얻을 수 있었을 거라 생각합니다.

4) 원가회계

원가회계 절대로 포기하시면 안됩니다^^

끝까지 꼭 다 풀어보시길 바라며 원가회계는 기본적인 틀만 제대로 잡으시면 재밌는 과목입니다.

카페를 이용하던 다른 동영상을 이용하든 꼭 기본기를 다져서 그냥 버리는 점수가 아니길 바랍니다.

꼭 도전??해보시고 다 풀어보시기 바랍니다. 한번 다 풀게되면 재복습하기에도 다른 과목에 비해 시간도 많이 안들고 그닥 외울 것도 별로 없다라고 생각합니다.

제 나름대로 공부한 방법을 적었지만 내용이 뒤죽박죽입니다.

공부를 하다보면 유혹이 많습니다. 하지만 시험 치는 날까지 공부하는 리듬을 안잃었으면 좋

겠습니다.

심하게 놀거나 하면 공부하기 싫어지고 어려워지고 그러다보면 자꾸 기출문제만 보고 싶고 이론을 안보게 됩니다.

좀 더 즐기면서 편하게 계획 세워 준비를 하시길 바랍니다.

마지막으로 이론에 충실하시고 시험치기 2주전에 실기에 완전 집중하셔도 충분합니다.

카페에 정말 질문을 많이 했습니다,,이런 거까지 모르는가 싶을 정도로 기본적인 것도 많이 물어봤습니다.

돌아오는건 알찬 답변을 통해 제 것이 확실히 된다는 것입니다.

질문을 많이 하세요,,질문이 없으면 공부안하고 있는 것 입니다,,,^^ 물론 엄청 똑똑하신 분들은 제외사항입니다. ^^;

오전내내 합격수기 글을 썼다 지웠다했네요. ^^;

카페가 있어 정말 든든했고 좋았습니다.

회원님들도 복이 많으십니다,,이런 카페를 알게되셨으니 말입니다. ^^

세무사님께 감사드리구요. 저를 가르쳐주신 모든 회원님들께도 진심으로 감사드립니다. 앞으로 저도 활동 열심히하여, 공부하시는데 많이 도움이 될 수 있도록 노력하겠습니다.

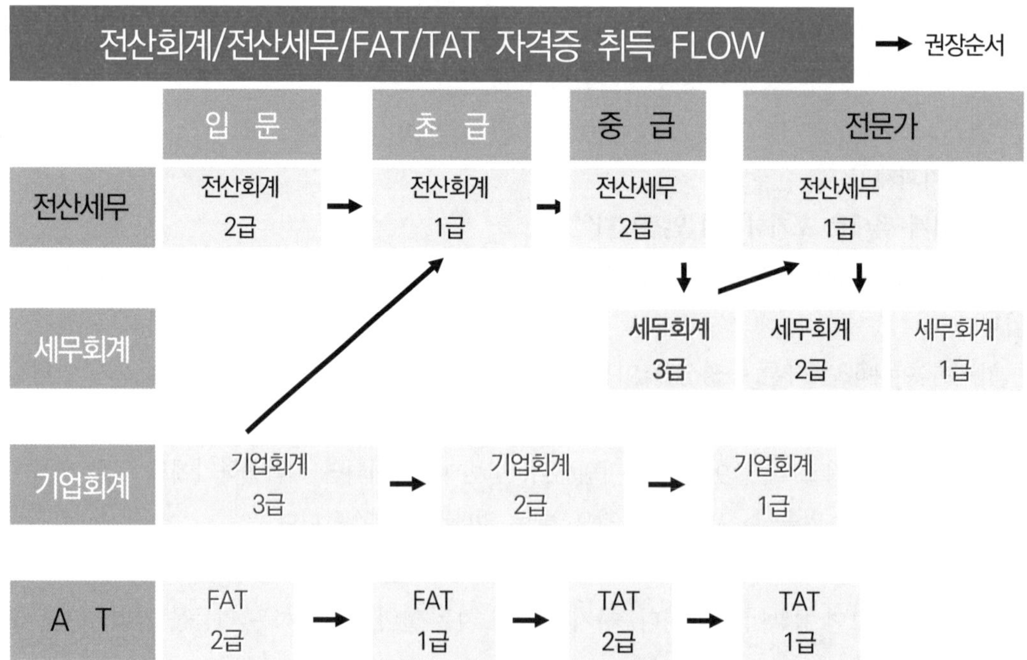

[2024년 전산세무회계 자격시험(국가공인) 일정공고]

1. 시험일자

회차	종목 및 등급	원서접수	시험일자	합격자발표
112회	전산세무 1,2급 전산회계 1,2급	01.04~01.10	02.04(일)	02.22(목)
113회		02.28~03.05	04.06(토)	04.25(목)
114회		05.02~05.08	06.01(토)	06.20(목)
115회		07.04~07.10	08.03(토)	08.22(목)
116회		08.29~09.04	10.06(일)	10.24(목)
117회		10.31~11.06	12.07(토)	12.26(목)
118회		**2025년 2월 시험예정(2024년 세법기준으로 출제)**		

2. 시험종목 및 평가범위

등급	평가범위	
전산세무 1급 (90분)	이론	재무회계(10%), 원가회계(10%), 세무회계(10%)
	실무	재무회계 및 원가회계(15%), 부가가치세(15%), 원천제세(10%), 법인조정(30%)

3. 시험방법 및 합격자 결정기준

1) 시험방법 : 이론(30%)은 객관식 4지 선다형 필기시험으로,
실무(70%)는 수험용 표준 프로그램 KcLep(**케이 렙**)을 이용한 실기시험으로 함.
2) 응시자격 : 제한없음**(신분증 미소지자는 응시할 수 없음)**
3) 합격자 결정기준 : 100점 만점에 70점 이상

4. 원서접수 및 합격자 발표

1) 접수기간 : 각 회별 원서접수기간내 접수
(수험원서 접수 첫날 00시부터 원서접수 마지막 날 18시까지)
2) 접수 및 합격자 발표 : 자격시험사이트(http://www.license.kacpta.or.kr)

차례

제1편 재무회계

NCS회계 - 3	전표관리 / 자금관리	NCS회계 - 4	결산관리 / 재무분석
NCS세무 - 2	전표처리	NCS세무 - 2	결산관리

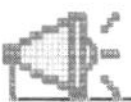

제2편 원가회계

NCS회계 - 3 원가계산

제3편 부가가치세

NCS세무 - 3 부가가치세 신고

제4편 소득세

NCS세무 - 3 원천징수 **NCS세무 - 4** 종합소득세 신고

제5편 실무능력

제6편 실무모의고사

제7편 최신기출문제

[로그인 시리즈]

전전기	전기	당기	차기	차차기
20yo	20x0	**20x1**	20x2	20x3
2022	2023	**2024**	2025	2026

1분강의 QR코드 활용방법

본서 안에 있는 QR코드를 통해 연결되는 유튜브 동영상이 수험생 여러분들의 학습에 도움이 되기를 바랍니다.

방법 1

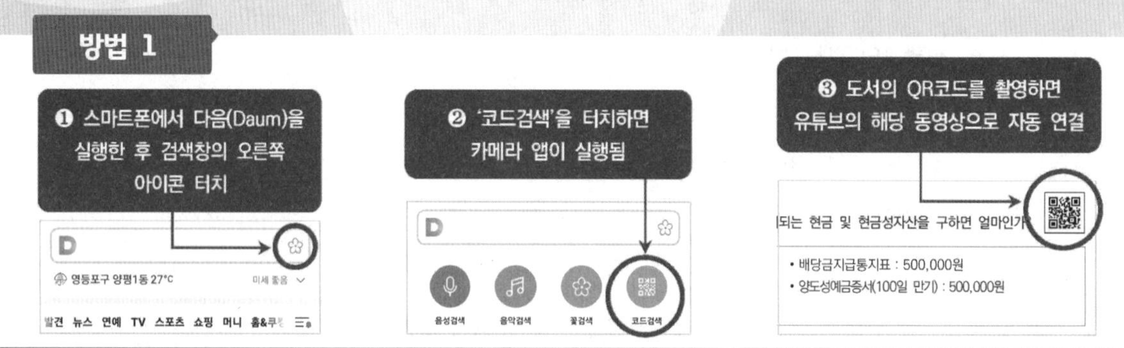

방법 2

카메라 앱을 실행하고, QR코드를 촬영하면 해당 유튜브 영상으로 이동할 수 있습니다.

유튜브 자막설정(개정세법 반영)

1분강의 중 매년 개정된 세법에 대해서는 자막으로 표시하였습니다.

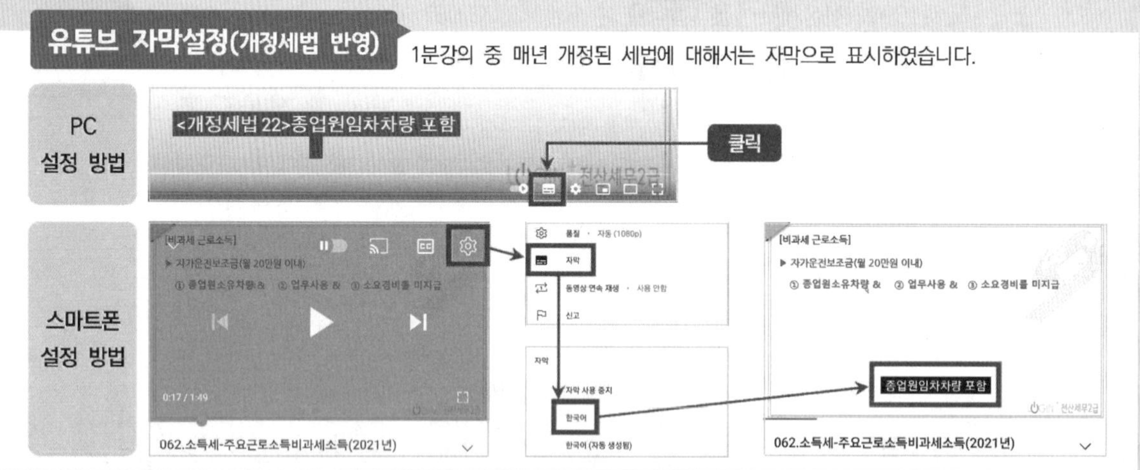

✔ 과도한 데이터 사용량이 발생할 수 있으므로, Wi-Fi가 있는 곳에서 실행하시기 바랍니다.

Part Ⅰ

재무회계

Chapter

재무회계 개념 1

Login

NCS회계 - 4 재무분석

제1절 회계의 분류(정보이용자에 따른 분류)

	재무회계	관리회계
목 적	외부보고	내부보고
정보이용자	투자자, 채권자 등 외부정보이용자	경영자, 관리자 등 내부정보이용자
최종산출물	**재무제표**	**일정한 형식이 없는 보고서**
특 징	**과거정보의 집계보고**	**미래와 관련된 정보 위주**
법적강제력	있음	없음

제2절 재무회계 개념체계

재무회계 개념체계란 재무보고의 목적과 기초개념을 체계화함으로써 일관성 있는 기업회계기준을 제정케 하고, 재무제표의 성격 등에 관한 기본적 토대를 제공한다.

개념체계와 일반기업회계기준이 상충될 경우에는 일반기업회계기준이 개념체계보다 우선한다.

1. 기본구조

재무보고의 목적	정보이용자들의 의사결정에 유용한 정보 제공
↓	
회계정보의 질적특성	의사결정에 유용한 정보가 되기 위하여 회계정보가 갖추어야 할 특성
↓	
재 무 제 표	기업실체의 외부정보이용자에게 기업실체에 관한 재무적 정보를 전달하는 핵심적 보고수단
↓	
재무제표 기본 요소의 인식 및 측정	회계상의 거래나 사건을 화폐액으로 측정하여 재무제표에 공식적으로 보고하는 과정

2. 재무제표의 기본가정(기본전제, 회계공준)

1. 기업실체의 가정	"기업은 주주나 경영자와는 별개로 존재하는 하나의 독립된 실체이다"라는 가정이다.
2. 계속기업의 가능성	재무제표를 작성시 계속기업으로서의 존속가능성을 평가하여야 한다. 이러한 계속기업의 가능성은 역사적 원가주의의 근간이 된다.
3. 기간별보고의 가정	인위적인 단위(회계기간)로 분할하여 각 기간별로 재무제표를 작성하는 것을 말한다.

3. 회계정보의 질적 특성

(1) 주요질적특성

① 목적적합성

목적적합한 정보란 이용자가 과거, 현재 또는 미래의 사건을 평가하거나 과거의 평가를 확인 또는 수정하도록 도와주어 경제적 의사결정에 영향을 미치는 정보를 말한다.

㉠ 예측역할(예측가치)과 확인역할(피드백가치)

예측역할이란 정보이용자가 기업의 미래 재무상태, 경영성과, 현금흐름 등을 예측하는 경우에 그 정보가 활용될 수 있는지 여부를 말하고, 확인역할이란 회계정보를 이용하여 예측했던 기대치(재무상태나 경영성과 등)를 확인하거나 수정함으로써 의사결정에 영향을 미칠 수 있는지의 여부를 말한다.

㉡ 적시성

정보가 지체되면 그 정보는 목적적합성을 상실할 수 있다. 따라서 경영자는 적시성 있는 보고와 신뢰성 있는 정보 제공의 장점에 대한 상대적 균형을 고려할 필요가 있다.

② 신뢰성

㉠ 표현의 충실성

기업의 재무상태나 경영성과를 초래하는 사건에 대해서 충실하게 표현되어야 한다는 속성이다. 표현의 충실성을 확보하기 위해서는 회계처리되는 대상이 되는 거래나 사건의 형식보다는 그 경제적 실질에 따라 회계처리하여야 한다.

㉡ 검증가능성

다수의 독립적인 측정자가 동일한 경제적 사건이나 거래에 대하여 동일한 측정방법을 적용한다면 유사한 결론에 도달할 수 있어야 함을 의미한다.

㉢ 중립성

회계정보가 신뢰성을 갖기 위해서는 한쪽에 치우침 없이 중립적이어야 한다는 속성으로 회계정보가 특정이용자에게 치우치거나 편견을 내포해서는 안된다는 것을 의미한다.

☞ <u>보수주의</u>

불확실한 상황에서 추정이 필요한 경우, <u>자산이나 수익이 과대평가되지 않고 부채나 비용이 과소평가되지 않도록</u> 상당한 정도의 주의를 기울이는 것을 말한다. 이러한 보수주의는 <u>논리적 일관성이 결여되어 있고, 이익조작가능성이 있다</u>.

③ 질적특성간의 균형

<u>**목적적합성과 신뢰성간의 상충관계**</u>를 고려하여, 이러한 질적특성간에 적절한 균형을 이루는 것을 목표로 하여야 한다.

〈목적적합성과 신뢰성이 상충관계 예시〉

	목적적합성 高	신뢰성 高
자산측정	공정가치	역사적원가(원가법)
손익인식	발생주의	현금주의
수익인식	진행기준	완성기준
재무보고	중간보고서(반기,분기)	연차보고서

(3) 비교가능성

기업의 재무상태, 경영성과 등의 과거 추세분석과 기업 간의 상대적 평가를 위하여 회계정보는 **기간별 비교가능성(일관성)과 기업간 비교가능성(통일성)**을 가지고 있어야 한다는 속성이다.

(4) 회계정보의 제약요인

① 효익과 원가간의 균형 : 효익 > 비용

② 중요성

특정회계정보가 정보이용자의 의사결정에 영향을 미치는 정도를 말한다.

특정정보가 생략되거나 잘못 표시될 경우 정보이용자의 판단이나 의사결정에 영향을 미칠 수 있다면 그 정보는 중요한 것이다. 이러한 정보는 **금액의 대소로 판단하지 않고** 정보이용자의 의사결정에 영향을 미치면 중요한 정보가 되는 것이다.

제3절 재무제표

1. 재무제표 요소의 측정

측정기준	자 산	부 채
1. 역사적원가	취득의 대가로 **취득당시에 지급한** 현금 등	부담하는 의무의 대가로 수취한 금액
2. 현행원가	동일하거나 또는 동등한 자산을 **현재시점에서 취득할 경우**에 그 대가	현재시점에서 그 의무를 이행하는데 필요한 현금 등
3. 실현가능가치	정상적으로 처분하는 경우 **수취할 것으로 예상되는 현금** 등	부채를 상환하기 위해 지급될 것으로 예상되는 현금 등
4. 현재가치	자산이 창출할 것으로 기대되는 미래 순현금유입액의 현재할인가치로 평가	부채를 상환시 예상되는 미래순현금 유출액의 현재할인가치로 평가

2. 재무제표 작성과 표시의 일반원칙

(1) 계속기업

(2) 중요성과 통합표시

중요한 항목은 재무제표의 본문이나 주석에 그 내용을 가장 잘 나타낼 수 있도록 구분표시하며, **중요하지 않는 항목은 성격이나 기능이 유사한 항목과 통합하여 표시할 수 있다. 재무제표본문에는 통합하여 표시한 항목이라 할지라도 주석에는 이를 구분하여 표시할 만큼 중요한 항목인 경우 주석으로 기재한다.**

(3) 공시

① 비교정보

- 계량정보 : 기간별 비교가능성을 높이기 위해서 전기와 비교하는 형식으로 작성해야 한다.
- 비계량정보 : 당기 재무제표를 이해하는데 필요시 전기 재무제표의 비계량정보를 비교하여 주석에 기재한다.

② 항목의 표시와 분류의 계속성 : 원칙적으로 매기 동일하여야 한다.

③ 금액표시 : 이용자들에게 오해를 줄 염려가 없는 경우에는 금액을 천원이나 백만원 단위 등으로 표시할 수 있다.

3. 재무상태표의 작성기준

<table>
<tr><th colspan="2">1. 구분표시의 원칙</th></tr>
<tr><td rowspan="2">2. 총액주의</td><td>자산, 부채는 순액으로 표기하지 아니하고 총액으로 기재한다.
다만 기업이 채권과 채무를 상계할 수 있는 법적구속력을 가지고 있는 경우에는 상계하여 표시한다.</td></tr>
<tr><td>매출채권은 총액으로 기재한 후 대손충당금을 차감하는 형식(총액법) 또는 매출채권에 대한 대손충당금을 해당 자산에서 직접 차감하는 형식(순액법)으로 표시할 수 있다.</td></tr>
<tr><td colspan="2">3. 1년 기준(유동 · 비유동) : 결산일 <u>현재 1년 또는 정상적인 영업주기를 기준</u>으로 구분, 표시</td></tr>
<tr><td>4. 유동성배열</td><td>자산 · 부채는 <u>환금성이 빠른 순서로 배열</u>한다.</td></tr>
<tr><td>5. 구분과 통합표시</td><td>1. 현금 및 현금성자산 : <u>별도항목으로 구분표시한다.</u>
2. 자본금 : 보통주자본금과 우선주자본금으로 구분표시한다.
3. 자본잉여금 : <u>주식발행초과금과 기타자본잉여금으로 구분표시</u>한다.
4. 자본조정 : <u>자기주식은 별도항목으로 구분하여 표시</u>한다.</td></tr>
<tr><td colspan="2">6. 미결산항목 및 비망계정(가수금 · 가지급금 등)은 재무제표상 표시해서는 안된다.</td></tr>
</table>

4. 손익계산서의 작성기준

<table>
<tr><th colspan="2">1. 발생기준 : 실현주의(수익) 및 수익비용대응(비용)의 원칙</th></tr>
<tr><td>2. 총액주의</td><td><u>수익과 비용은 총액으로 기재한다.</u>
☞ 동일 또는 유사한 거래나 회계사건에서 발생한 차익, 차손 등은 총액으로 표시하지만 중요하지 않는 경우에는 관련 차익과 차손 등을 상계하여 표시할 수 있다.</td></tr>
<tr><td>3. 구분계산의 원칙</td><td>손익은 매출총손익, 영업손익, 법인세비용차감전순손익, 당기순손익, 주당순손익으로 구분하여 표시한다.
☞ 제조업, 판매업 및 건설업 외의 업종에 속하는 기업은 매출총손익의 구분표시를 생략할 수 있다.</td></tr>
<tr><td>4. 환입금액표시</td><td>영업활동과 관련하여 비용이 감소함에 따라 발생하는 <u>퇴직급여충당부채 환입, 판매보증충당부채환입 및 대손충당금 환입 등은 판매비와 관리비의 부(-)의 금액</u>으로 표시한다.</td></tr>
</table>

5. 중간재무제표

중간재무제표란 중간기간(3개월, 6개월)을 한 회계연도로 보고 작성한 재무제표를 말한다.

(1) 작성기간 및 비교형식

중간기간이란 보통 3개월(분기), 6개월(반기)이 대표적이나 그 밖의 기간도 가능하다.

중간재무제표는 다음과 같이 비교하는 형식으로 작성한다.

재무상태표는 당해 중간기간말과 직전 회계연도말을 비교하는 형식으로 작성하고 손익계산서는 중간기간과 누적중간기간을 직전 회계연도의 동일 기간과 비교하는 형식으로 작성한다.

(2) 공시

연차재무제표와 동일한 양식으로 작성함을 원칙으로 하나, 다만 계정과목 등은 대폭 요약하거나 일괄 표시할 수 있다.

6. 주석

주석은 일반적으로 정보이용자가 재무제표를 이해하고 다른 기업의 재무제표와 비교하는데 도움이 되는 정보를 말한다.

(1) 내용 및 순서

① 일반기업회계기준에 준거하여 재무제표를 작성하였다는 사실의 명기

② 재무제표 작성에 적용된 유의적인 회계정책의 요약

③ 재무제표 본문에 표시된 항목에 대한 보충정보

④ 기타 우발상황, 약정사항 등의 계량정보와 비계량정보

(2) 미래에 대한 측정상의 유의적인 가정과 측정상의 불확실에 대한 기타정보를 기재한다.

(3) <u>이익잉여금처분계산서 및 배당정보를 공시</u>한다.

제4절 보고기간 후 사건

보고기간 후 사건은 **보고기간말(결산일)**과 **재무제표가 사실상 확정된 날**(정기주주총회 제출용 재무제표가 이사회에서 최종 승인된 날을 말하며, 다만 주주총회에서 수정 · 승인 된 경우에는 주주총회일을 말한다.)사이에 발생한 기업의 재무상태에 영향을 미치는 사건을 말하고, 이러한 보고기간 후 사건이 발생하면 관련 재무제표의 수정여부를 검토하여야 한다.

1. 수정을 요하는 보고기간 후 사건

(1) 인식

보고기간말 현재 존재하였던 상황에 대한 추가적 증거를 제공하는 사건으로서 재무제표상의 금액에 영향을 주는 사건은 그 영향으로서 재무제표를 수정한다.

(2) 수정을 요하는 보고기간후 사건의 예(**보고기간말 현재 존재**)

1. 자산의 가치가 하락되었음을 나타내는 정보를 보고기간 이후에 입수하는 경우
2. 손상차손금액의 수정을 요하는 정보를 보고기간 후에 입수하는 경우
3. 소송사건의 결과가 보고기간 후에 확정되는 경우
4. 자산의 취득원가 또는 매각한 자산의 금액을 보고기간 후에 결정하는 경우
5. 종업원에 대한 이익분배 또는 상여금지급 금액을 보고기간 후에 확정하는 경우
6. 전기 또는 그 이전 기간에 발생한 회계적 오류를 보고기간 후에 발견하는 경우

2. 수정을 요하지 않는 보고기간 후 사건

보고기간말 현재 존재하지 않았으나 보고기간 후에 발생한 상황에 대한 증거를 제공한 사건을 말하며, 그 사건에 대해서는 재무제표를 수정하지 않는다.

대표적인 예로 유가증권의 시장가격이 하락한 경우이다.

제5절 중소기업회계기준

이해관계자가 많지 않는 **중소기업(중소기업법에 의한 중소기업)의 특성을 고려하여 회계처리 부담을 완화**하기 위하여 적용한다.

	중소기업회계기준	일반기업회계기준
1. 재무제표	- **대차대조표, 손익계산서, 자본변동표 or 이익잉여금처분계산서(결손금처리계산서)** - 해당연도만 작성가능	- 재무상태표, 손익계산서, 자본변동표, 현금흐름표, 주석 - 전기와 비교형식
2. 대차대조표 (자본) 표시	- 자본금, 자본잉여금, 자본조정, 이익잉여금(결손금)	- **기타포괄손익누계액 추가**
3. 수익인식	- 회수기간이 1년 이상인 할부매출은 할부금 회수기일에 수익인식가능 - 단기간(1년 내)에 완료되는 용역매출 및 건설형공사계약에 대하여는 완성한 날에 수익인식가능	- 인도시점에 현재가치에 의한 수익인식 - 진행기준에 의한 수익인식
4. 법인세비용	- **법인세법에 따라 납부하여야 할 금액**	- 법인세회계 적용
5. 유무형자산의 평가	- **내용연수와 잔존가치는 법인세법에 따라 결정가능** - 상각방법(선택가능하다.) ① 유형자산 : 정액법, 정률법, 생산량비례법 ② 무형자산 : 정액법, 생산량비례법	
6. 유가증권평가	- 장부금액과 만기금액에 차이가 있는 경우 유효이자율/정액법으로 상각하여 이자수익에 반영한다.(매출채권이나 매입채무평가도 동일하게 정액법 사용 가능)	- 유효이자율법으로 상각
7. 매출채권 (매입채무)평가	- **현재가치평가 배제가능**	
8. 회계변경	- 감가상각방법은 정책의 변경 - **정책, 추정의 변경 공히 전진법으로 회계처리한다.**	- 추정의 변경 - 정책의 변경 : 소급법 추정의 변경 : 전진법
9. 오류수정	- 당기 영업외손익으로 회계처리	- 중대한오류 : 소급법 - 중대하지 않은 오류 : 당기일괄처리법

제6절 재무비율분석

구분			내용
1. 단기 유동성비율	**유동비율**	$\frac{유동자산}{유동부채}$	기업의 단기부채에 대한 변제능력을 평가하는 비율
	당좌비율	$\frac{당좌자산}{유동부채}$	
2. 장기 유동성비율 (안전성)	**부채비율**	$\frac{부채}{자기자본}$	장기채무에 대한 원금과 이자를 원활하게 지급할 수 있는지를 평가 *1. 총자본＝부채＋자기자본
	자기자본비율	$\frac{자기자본}{총자본^{*1}}$	
3. 수익성비율	자기자본 순이익율(ROE)	$\frac{당기순이익}{평균자기자본}$	기업의 이익창출능력
	매출액 (총)순이익률	$\frac{당기순이익}{매출액}$ $\frac{매출총이익}{매출액}$	매출로부터 얻어진 이익률
4. 활동성비율	매출채권 회전율	$\frac{매출액}{평균매출채권}$	매출채권이 현금화되는 속도
	매출채권 평균회수기간	$\frac{365일}{매출채권회전율}$	매출채권을 회수하는데 평균적으로 소요되는 기간
	재고자산 회전율	$\frac{매출원가}{평균재고자산}$	재고자산이 회전속도, 즉 재고자산이 당좌자산으로 변화하는 속도
	재고자산 평균회전기간	$\frac{365일}{재고자산회전율}$	재고자산을 판매하는데 소요되는 기간

연/습/문/제

 객관식

01. 다음 중 기업회계기준에서 회계정책의 결정시 회계정보가 가져야할 질적특성으로 제시하는 목적적합성에 대한 설명으로 틀린 것은?

① 회계정보가 기업실체의 재무상태, 경영성과, 순현금흐름, 자본변동 등에 대한 정보이용자의 당초 기대치를 확인 또는 수정되게 함으로써 의사결정에 영향을 미칠수 있는 능력을 말한다.

② 적시에 제공되지 않은 정보는 주어진 의사결정에 이용할 수 없으므로 그 정보가 의사결정에 반영될 수 있도록 적시에 제공되어야 목적적합성이 증가된다.

③ 동일한 경제적 사건이나 거래에 대하여 동일한 측정방법을 적용할 경우 다수의 독립적인 측정자가 유사한 결론에 도달할 수 있어야 한다는 특성을 그 하부특성으로 한다.

④ 정보이용자가 기업실체의 미래 재무상태, 경영성과, 순현금흐름 등을 예측하는 데에 그 정보가 활용될 수 있는 능력을 하부특성으로 한다.

02. 기업회계기준상 재무제표의 작성과 표시에 관한 설명으로 맞는 것은?

① 재무제표는 재무상태표, 손익계산서, 이익잉여금처분계산서 또는 결손금처리계산서, 현금흐름표, 자본변동표로 구성되며 주석을 제외한다.

② 재무제표의 작성과 표시에 대한 책임은 감사에게 있다.

③ 재무제표 본문에는 통합표시한 항목인 경우에도 중요성에 따라 주석에는 구분표시가 가능하다.

④ 기업회계기준에 의하여 변경이 요구되는 경우에도 한번 선택한 재무제표 항목의 표시와 분류는 변경이 불가능하다.

03. 다음 중 발생주의에 따른 회계처리로 볼 수 없는 것은?

① 상품 매출시 수익의 인식을 인도기준으로 처리하는 경우

② 매출채권에 대한 대손의 인식을 충당금설정법에 따르는 경우

③ 결산시 장부상 현금진액과 실제 현금잔액의 차이를 당기손익으로 처리하는 경우

④ 유형자산에 대하여 감가상각비를 계상하는 경우

04. 회계정보의 질적특성인 목적적합성과 신뢰성은 서로 상충될 수 있으며 이때 상충되는 질적특성간의 선택은 재무보고의 목적을 최대한 달성할 수 있는 방향으로 이루어져야 한다. 다음 중 질적특성간의 선택이 나머지와 성격이 다른 하나는 무엇인가?

① 자산의 평가기준을 역사적원가 대신 현행원가(시가)를 선택하는 경우
② 공사수익의 인식기준을 공사진행기준 대신 공사완성기준을 선택하는 경우
③ 순이익의 인식기준을 현금주의 대신 발생주의를 선택하는 경우
④ 투자주식의 평가기준을 원가법 대신 지분법을 선택하는 경우

05. 재무제표를 통해 제공되는 정보의 특성과 한계에 대한 설명으로 틀린 것은?

① 재무제표는 화폐단위로 측정된 정보를 주로 제공한다.
② 재무제표는 대부분 과거에 발생한 거래나 사건에 대한 정보를 나타낸다.
③ 재무제표는 사실에 근거한 자료만 나타내며, 추정에 의한 측정치는 포함하지 않는다.
④ 재무제표는 특정기업실체에 관한 정보를 제공하며, 산업 또는 경제 전반에 관한 정보를 제공하지는 않는다.

06. 보수주의 회계방침이라고 볼 수 없는 것은?

① 감가상각 초기에 있어서 정액법 보다는 정률법을 선택한다.
② 발생가능성이 높은 우발이익을 이익으로 인식하지 않고 주석으로 보고한다.
③ 유가증권의 평가시 시가법을 적용한다.
④ 연구비와 개발비 중 미래의 효익이 불확실한 것을 연구비로 처리한다.

07. 일반기업회계기준의 재무제표의 작성과 표시에 대한 설명으로 틀린 것은?

① 원칙적으로 당기 재무제표에 보고되는 모든 계량정보에 대해 전기 비교정보를 공시하지만 비계량정보의 경우에 비교정보는 재무제표에 이를 포함할 수 없다.
② 경영진이 기업을 청산하거나 경영활동을 중단할 의도를 가지고 있지 않거나, 청산 또는 경영활동의 중단 외에 다른 현실적 대안이 없는 경우가 아니면 계속기업을 전제로 재무제표를 작성한다.
③ 재무제표의 작성과 표시에 대한 책임은 경영진에게 있다.
④ 중요한 항목은 재무제표의 본문이나 주석에 그 내용을 가장 잘 나타낼 수 있도록 구분하여 표시하며, 중요하지 않은 항목은 성격이나 기능이 유사한 항목과 통합하여 표시할 수 있다.

08. 다음 중 재무비율에 대한 설명으로 틀린 것은?

① 매출채권회전율이 높을수록 기업의 활동성이 양호하다는 것을 의미한다.
② 유동비율이 당좌비율보다 높을수록 부채총액 중 비유동부채의 비중이 높다는 것을 의미한다.
③ 부채비율이 높을수록 기업의 안전성이 불량하다는 것을 의미한다.
④ 재고자산 평균처리기간이 짧을수록 기업의 활동성이 양호하다는 것을 의미한다.

09. 다음은 재무상태표 항목의 구분과 통합표시에 대한 설명이다. 보기 중 틀린 것은?

① 현금 및 현금성자산은 기업의 유동성 판단에 중요한 정보이므로 별도 항목으로 구분하여 표시한다.
② 보통주자본금과 우선주자본금은 자본금으로 통합하여 표시할 수 있다.
③ 자본잉여금은 주식발행초과금과 기타자본잉여금으로 구분하여 표시한다.
④ 자기주식을 제외한 자본조정항목은 기타자본조정으로 통합하여 표시할 수 있다.

10. 다음 중 일반기업회계기준과 중소기업회계기준에 대한 설명으로 틀린 것은?

구분	회계처리대상	일반기업회계기준	중소기업회계기준
①	법인세비용 계상	법인세 회계적용	납부세액을 비용계상
②	장기할부판매	인도기준 수익인식	할부금회수기일도래기준
③	장기용역공급	진행기준 강제적용	완성기준 적용가능
④	장기매출채권 평가	현재가치평가	현재가치평가 배제가능

11. 재무상태표일(보고기간말)과 재무제표가 사실상 확정된 날 사이에 발생한 사건은 당해 재무제표를 수정하는 사건과 수정을 요하지 않는 사건으로 구분할 수 있다. 이에 따라 다음과 같은 사건이 발생하였을 경우 당해 재무제표를 수정하여야 하는 것은 모두 몇 개인가?

Ⓐ 전기부터 진행 중이던 소송에 대한 확정판결로 손해배상금을 10억원을 지급하여야 한다.
Ⓑ 기중에 시송품으로 반출된 제품에 대한 재고가액 5억원이 누락된 것을 발견하였다.
Ⓒ 회사가 보유한 단기매매증권의 시장가격이 10% 하락하였다.

① 0개　　② 1개
③ 2개　　④ 3개

12. 다음 중 결산시 기말 재고자산을 실제보다 과대평가한 경우에 이로 인한 유동비율과 부채비율에 대한 영향으로 맞는 것은?

① 유동비율 증가, 부채비율 감소
② 유동비율 감소, 부채비율 변동없음
③ 유동비율 감소, 부채비율 증가
④ 유동비율 증가, 부채비율 변동없음

13. 다음은 한국(주)의 재무상태표의 일부를 보고 이에 대한 오류사항을 지적한 것이다. 이에 대한 설명으로 옳지 않은 것은?

재무상태표

한국(주)	20x1. 6. 30 현재		(단위 : 원)
유동자산			**956,000**
현 금		150,000	
매출채권	300,000		
대손충당금	(30,000)	270,000	
재고자산		420,000	
선급비용		16,000	
매도가능증권		100,000	
유형자산			**580,000**
토 지		180,000	
기계장치(감가상각누계액 180,000 차감한 순액)		400,000	
무형자산			**450,000**
자 산 총 계			**1,986,000**

① 유동자산의 배열순서는 유동성배열법에 따라야 하므로 현금, 유가증권, 매출채권, 재고자산의 순서로 보고되어야 한다.
② 기계장치는 취득원가로 기록하고 감가상각누계액을 차감하는 형식으로 보고해야 한다.
③ 매출채권은 대손충당금을 차감 후 순액으로만 보고해야 한다.
④ 무형자산의 주요 항목을 구분하지 않고 총액으로 보고하는 것은 정보로서의 가치가 적다.

14. 다음 중 일반기업회계기준상 재무제표의 작성과 표시에 대한 설명으로 틀린 것은?

① 재무제표는 재무상태표, 손익계산서, 현금흐름표, 자본변동표로 구성되며, 주석을 포함한다.
② 특수한 업종을 영위하는 기업의 재무제표 작성과 표시에 관한 사항은 다른 회계기준에서 정하고 있으므로 일반적인 상기업 만을 그 적용대상으로 한다.
③ 전기 재무제표의 모든 계량정보를 당기와 비교하는 형식으로 표시하며 전기의 비계량정보가 당기 재무제표 이해에 필요한 경우 이를 당기와 비교하여 주석에 기재한다.
④ 재무제표 본문과 주석에 적용하는 중요성의 기준은 다를 수 있으므로 본문에 통합표시한 항목이라도 주석에는 이를 구분하여 표시할 수 있다.

15. 회계상 보수주의의 개념과 거리가 먼 것은?

① 발생가능성이 높은 우발이익을 주석으로 보고한다.
② 연구개발과정의 효익이 불확실 한 것은 개발비보다 연구비로 인식한다.
③ 미래의 효익이 불확실한 지출은 자산으로 인식하지 않고 비용으로 처리한다.
④ 전기오류수정사항을 손익으로 인식하지 않고 이익잉여금에서 반영한다.

16. 일반기업회계기준 중 자본조정에 대한 설명이다. A, B, C, D에 알맞은 것으로 묶인 것은?

> 자본조정 중 (A)는(은) 별도 항목으로 구분하여 표시한다. (B), (C), (D) 등은 기타자본조정으로 통합하여 표시할 수 있다.

	A	B	C	D
①	주식할인발행차금	자기주식	감자차손	자기주식처분손실
②	자기주식	주식할인발행차금	감자차손	자기주식처분손실
③	감자차손	자기주식	주식할인발행차금	자기주식처분손실
④	자기주식처분손실	자기주식	감자차손	자기주식처분손실

17. 다음은 한국채택국제회계기준의 재무정보 질적특성 중 충실한 표현에 대한 서술이다. 올바르지 않은 것은?

① 필요한 기술과 설명을 포함하여 정보이용자가 서술되는 현상을 이해하는데 모든 정보를 포함하는 것이다.
② 정보이용자가 미래결과를 예측하기 위해 사용하는 절차의 투입요소로 사용될 수 있는 재무정보의 가치를 말한다.
③ 현상의 기술에 오류나 누락이 없고, 보고 정보를 생산하는데 사용되는 절차의 선택과 적용 시 절차상 오류가 없음을 의미한다.
④ 재무정보의 선택이나 표시에 편의가 없어야 한다.

18. 다음 중 회계상 보수주의의 개념과 거리가 먼 사례는?

① 저가주의에 의한 재고자산의 평가
② 전기오류수정사항을 손익으로 인식하지 않고 이익잉여금에 반영
③ 물가상승 시 후입선출법에 따른 재고자산 평가
④ 발생 가능성이 높은 우발이익을 주석으로 보고

19. 다음 중 자산과 부채의 유동성과 비유동성 구분에 대한 설명으로 옳지 않은 것은?

① 정상적인 영업주기 내에 판매되거나 사용되는 재고자산과 회수되는 매출채권 등은 보고기간종료일로부터 1년 이내에 실현되지 않을 경우 비유동자산으로 분류하고, 1년 이내에 실현되지 않을 금액을 주석으로 기재한다.

② 장기미수금이나 투자자산에 속하는 매도가능증권 또는 만기보유증권 등의 비유동자산 중 1년 이내에 실현되는 부분은 유동자산으로 분류한다.

③ 비유동부채 중 보고기간종료일로부터 1년 이내에 자원의 유출이 예상되는 부분은 유동부채로 분류한다.

④ 보고기간종료일로부터 1년 이내에 상환기일이 도래하더라도 기존의 차입약정에 따라 보고기간종료일로부터 1년을 초과하여 상환할 수 있고 기업이 그러한 의도가 있는 경우에는 비유동부채로 분류한다.

20. 다음 중 일반기업회계기준상 재무제표에 대한 설명으로 틀린 것은?

① 정상적인 영업주기 내에 판매되는 재고자산은 보고기간 종료일부터 1년 이내에 실현되지 아니하면 유동자산으로 분류할 수 없다.

② 손익계산서 작성시 제조업, 판매업 및 건설업 외의 업종에 속하는 기업은 매출총손익의 구분표시를 생략할 수 있다.

③ 자본변동표 작성시 자본금은 보통주자본금과 우선주자본금으로 구분하여 표시한다.

④ 현금흐름표 작성시 사채발행으로 인한 현금유입 금액은 발행금액으로 표시한다.

21. 회계정보의 질적특성인 목적적합성과 신뢰성에 대한 설명으로 잘못된 것은?

① 회계정보의 질적특성은 회계정보가 유용하게 쓰이기 위해 갖추어야 할 주요 속성을 말하며 주요 특성은 목적적합성과 신뢰성이며, 기타 질적특성으로는 비교 가능성이 있다.

② 회계정보의 질적특성은 상충될 수 있다.

③ 회계정보의 신뢰성은 과거의 의사결정을 확인 또는 수정하도록 해줌으로써 유사한 미래에 대한 의사결정에 도움을 주는 속성이다.

④ 일반적으로 반기재무제표는 연차재무제표에 비해 목적적합성은 높지만 신뢰성은 낮다.

주관식

01. 다음 중 재무제표의 수정을 요하는 보고기간후 사건으로 볼 수 있는 것을 모두 고르시오.

① 보고기간말 현재 이미 자산의 가치가 하락되었음을 나타내는 정보를 보고기간말 이후에 입수하는 경우
② 보고기간말 이전에 존재하였던 소송사건의 결과가 보고기간 후에 확정되어 이미 인식한 손실금액을 수정하여야 하는 경우
③ 유가증권의 시장가격이 보고기간말과 재무제표가 사실상 확정된 날 사이에 하락한 경우

연/습/문/제 답안

객관식

1	2	3	4	5	6	7	8	9	10	11	12	13	14	15
③	③	③	②	③	③	①	②	②	③	③	①	③	②	④
16	17	18	19	20	21									
②	②	②	①	①	③									

[풀이-객관식]

01. 회계정보는 목적적합하여야 한다. 목적적합성은 의사결정에 유용한 예측역할과(④)나 확인역할(①)를 가진 정보가 제공될 때 효과적으로 달성될 수 있다. 또한 특정회계정보가 적시에 제공될 때 효과적으로 달성될 수 있다.

③ 검증가능성에 대한 설명으로 이는 목적적합성이 아닌 신뢰성에 대한 설명이다.

02. ① 재무제표에는 주석을 포함하고, 이익잉여금처분계산서는 제외한다.

② **재무제표의 작성과 표시에 대한 책임은 감사가 아닌 경영자**에게 있다.

④ 기업회계기준 변경 등의 경우에는 재무제표 항목의 표시와 분류의 계속성 유지를 적용하지 아니할 수 있다.

03. 현금의 유입 또는 유출과 관계없이 수익 또는 비용의 발생에 따라 수익 또는 비용을 계상하는 것을 발생주의라고 부르며 ③은 현금과부족이라는 임시계정을 재무상태표에 계상할 수 없어 잡이익이나 잡손실로 처리하는 것으로서 발생주의와는 관계가 없다.

04. 나머지는 모두 목적적합성을 선택한 경우이며, 공사수익의 인식기준은 공사진행기준이 목적적합성에 충실한 방법이다.

05. **재무제표는 추정에 의한 측정치를 포함**하고 있다.(예:내용연수, 잔존가액, 대손추정율 등)

06. **보수주의란 수익을 적게, 비용을 크게 인식하는 방법**이다.

우발이익이란 미래에 발생할 가능성이 있는 이익을 말하므로 **보수주의에 의해서 이익으로 인식하지 않는다.**

07. 전기 재무제표의 비계량정보가 당기 재무제표를 이해하는데 필요한 경우에는 이를 당기의 정보와 비교하여 주석에 기재한다.

08. 유동비율과 당좌비율은 모두 비유동부채와 아무런 관련이 없다.
유동비율 = 유동자산/유동부채, 당좌비율 = 당좌자산/유동부채

09. **보통주와 우선주**는 배당금지급 및 청산시의 권리가 상이하기 때문에 **자본금을 구분하여 표시**하여야 한다.

10. 단기용역공급의 경우에 한하여 완성기준을 적용할 수 있을 뿐 **장기용역공급 시에는 중소기업의 경우에도 진행기준을 적용**하여야 한다.

11. ⒶⒷ는 재무제표를 수정하여야 하며 Ⓒ는 시장가격의 하락은 재무상태표일 현재의 상황과 관련된 것이 아니라 그 이후에 발생한 상황이 반영된 것으로서 재무제표를 수정할 수 없다.

12. 기말재고 과대계상(자산 과대계상) → 매출원가 과소계상 → 당기순이익 과대계상(자본 과대계상)
- 유동비율 = 유동자산/유동부채 → 유동자산(재고자산) 과대계상으로 유동비율 증가
- 부채비율 = 부채/자본 → 자본(당기순이익) 과대계상으로 부채비율 감소

13. 매출채권은 **총액으로 기재한 후 대손충당금을 차감하는 형식** 또는 매출채권에 대한 대손충당금을 해당 자산에서 **직접 차감하는 형식으로 표시**할 수 있다.

14. 일반기업회계기준상 재무제표의 작성과 표시에 대한 내용은 모든 업종의 기업에 적용한다. 다만, 특수한 업종을 영위하는 기업의 재무제표 작성과 표시에 관한 특별한 사항은 특수분야회계기준에서 정할 수 있다.

15. 보수주의란 수익을 적게, 비용을 크게 인식하는 방법이다.
전기오류손익사항을 이익잉여금에 반영하는 것은 보수주의와 무관하다.

17. 재무정보의 질적특성 중 목적적합성(예측가치)에 대한 설명이다.

18. 보수주의는 두 가지 이상의 대체적인 회계처리 방법이 있을 경우 재무적 기초를 견고히 하는 관점에서 **이익을 낮게 보고하는 방법을 선택**하는 것으로, 전기오류수정사항을 이익잉여금에 반영하는 것은 중대한 오류에 대한 회계처리로 보수주의와는 무관하다.

19. **정상적인 영업주기 내에 판매되거나 사용되는 재고자산과 회수되는 매출채권** 등은 보고기간종료일로부터 **1년 이내에 실현되지 않더라도 유동자산으로 분류**한다. 이 경우 유동자산으로 분류한 금액 중 **1년 이내에 실현되지 않을 금액을 주석으로 기재**한다.

20. **정상적인 영업주기 내에 판매**되는 재고자산은 보고기간 종료일부터 1년 이내에 실현되지 않더라도 유동자산으로 분류한다.

21. 목적적합성의 하부 속성 중 **피드백가치는 과거의 의사결정을 확인 또는 수정하도록 해줌으로써 유사한 미래에 대한 의사결정에 도움을 주는 속성**이다.

주관식

01	①,②

[풀이-주관식]

01. 수정을 요하는 보고기간후사건은 보고기간말 현재 존재하였던 상황에 대한 추가적 증거를 제공하는 사건으로서 재무제표상의 금액에 영향을 주는 사건을 말하며, 그 영향을 반영하여 재무제표를 수정한다. 재무제표에 이미 인식한 추정치는 그 금액을 수정하고, 재무제표에 인식하지 아니한 항목은 이를 새로이 인식한다. **유가증권의 시장가격이 보고기간말과 재무제표가 사실상 확정된 날 사이에 하락한 것**은 **수정을 요하지 않는 보고기간후사건의 예**이다.

Chapter

계정과목별 이해 (자산)

2

Login

로그인 전산세무 1급

NCS회계 - 3 전표관리 / 자금관리

제1절 유동자산

1. 당좌자산

(1) 현금 및 현금성 자산

1. 현금	① 통화	지폐나 주화
	② 통화대용증권	타인발행수표(가계수표, 당좌수표), 송금수표, 여행자수표, 우편환증서, 배당금지급통지서, 지급기일이 도래한 공사채의 이자표, 만기도래어음 ☞ 부도수표, 선일자수표 → 매출채권(미수금)
	③ 요구불예금	당좌예금의 잔액을 초과하여 지급된 금액을 당좌차월이라 하며, **당좌차월은 부채로서 "단기차입금" 계정과목으로 분류된다.**
2. 현금성자산		큰 비용없이 현금으로 전환이 용이하고 이자율변동에 따른 가치변동의 위험이 중요하지 않은 것으로서 **취득당시 만기가 3개월 이내**인 금융상품

☞ 우표, 수입인지, 수입증지 : 비용 or 선급비용　　차용증서 : 대여금

☞ 수입인지 : 과세대상인 계약서를 작성시 소정의 수입인지를 구입하여 첨부하여야 한다. 또한 행정기관의 인허가 관련에 따른 수수료 등에 대해서 수입인지(인지세)를 구입하여야 한다.(중앙정부에서 발행)
수입증지 : 주민등록등 민원서류, 인허가 서류 제출시 수수료 등 행정처리 수수료이다.(지방자치단체에서 발행)

(2) 채권을 이용한 자금조달

① 어음의 할인

기업의 자금이 부족한 경우에는 소지하고 있는 어음을 만기일 전에 금융기관에 선이자(할인료)와 수수료를 공제하고 대금을 받을 수 있는데 이를 어음의 할인이라고 한다.

어음을 할인한 경우(매각거래일 경우) 할인료와 수수료는 매출채권처분손실이라는 영업외비용으로 처리한다.

	무이자부어음	이자부어음
1. 어음의 만기가액	액면가액	액면가액+**액면이자**
2. 어음의 할인액	**어음의 만기가액 × 할인율 × 할인월수/12개월**	
3. 현금 수취액	1－2	
4. 할인시점의 어음의 장부금액	액면가액	액면가액+**할인일까지의 액면이자**
5. 매출채권처분손실	4－3	

<예제 2-1> 어음의 할인(매각거래)

만기가 6개월이고 받을어음 1,000,000원을 3월 1일에 수취하여 7월 1일에 국민은행에 연 12%의 이자율로 할인하였다. 할인액은 월할 계산한다.
다음 조건이라 가정하고 할인일에 회계처리하시오.

1. 무이자부어음
2. 액면이자율이 연 6%인 이자부어음

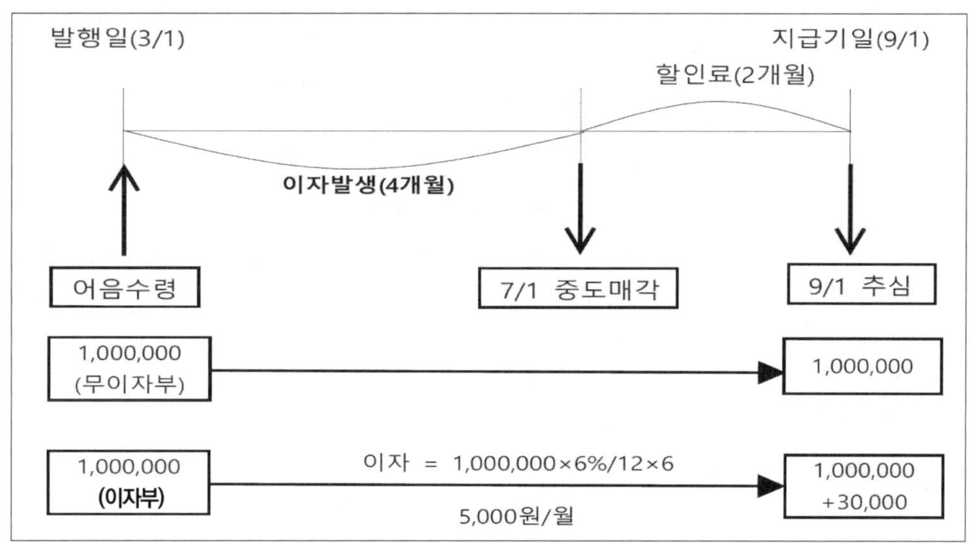

해답

1. 회계처리

	무이자부어음	이자부어음
1. 어음의 만기가액	1,000,000	1,030,000(액면가액+**액면이자)**
2. 어음의 할인액	**1,000,000 × 12% × 2개월/12개월 =20,000**	**1,030,000 × 12% × 2개월/12개월 =20,600**
3. 현금수취액(1-2)	980,000	1,009,400
4. 어음의 장부금액	1,000,000	**1,020,000**
5. 매출채권처분손실 (4-3)	20,000	10,600
6. 회계처리	(차) 현 금 980,000 매출채권처분손실 20,000 (대) 받을어음 1,000,000	(차) 현 금 1,009,400 매출채권처분손실 10,600 (대) 받을어음 1,000,000 이자수익 20,000[*1]

***1. 1,000,000 × 6% × 4개월/12개월**

② 매출채권의 양도 

매출채권을 타인에게 양도, 할인 등을 하는 경우 당해 채권에 대한 권리와 의무가 실질적으로 양수인에게 이전되는 경우에 한하여, 매출채권을 제거토록 하고 그 이외의 경우에는 차입거래로 보도록 하고 있다.

〈금융 자산(매출채권)을 제거할 수 있는 사례〉

1. 금융자산으로부터 현금흐름에 대한 **계약상 권리가 소멸하거나 결제된 경우**
2. 금융자산과 관련된 **유의[*1]적인 위험과 보상 모두를 상대방에게 양도한 경우**
3. 금융자산과 관련된 유의적인 위험과 보상의 일부를 보유하더라도 **양수자는 그 자산 전체를 매각할 수 있는 실질적인 능력을 가지고 있으며 일방적으로 행사할 수 있는 경우**

☞ **상환청구권 : 매출채권을 양도한 후 채무자가 채무불이행시 매출채권양수인(금융기관)이 채권 양도자에게 채권의 지급을 요구할 수 있는 권리를 말하는데, 이러한 상환청구권 유무에 따라서 매각거래와 차입거래의 구분과 관련이 없다.**

- **상환청구권이 있는 경우 : 대손비용을 매출채권의 양도자(기업)가 부담**
- **상환청구권이 없는 경우 : 대손비용을 매출채권의 양수자(금융기관)가 부담**

*1. 중요한, 의미있는

매각거래			차입거래		
(차) 현　　금	XXX		(차) 현　　금	XXX	
매출채권처분손실	XXX		이 자 비 용*1	XXX	
(대) 매 출 채 권		XXX	(대) (단기)차입금		XXX

***1. 할인료는 선이자성격이다.**

(3) 장기채권 · 채무의 현재가치 평가

화폐의 현재가치에 대해서 전산세무1급 시험에서는 거의 출제되지 않으나, 현재가치를 이해여야 사채를 이해할 수 있고, 향후 회계를 심도있게 공부할 수험생들에는 필수적 요소이다.

① 화폐의 시간가치

동일한 금액이라 하더라도 시간의 경과에 따라 화폐의 가치는 달라진다. 현재시점의 10,000원은 5년 후의 10,000원의 가치보다 클 것이다. 즉 현재 가치에 대하여 미래 가치가 대등하게 하기 위하여는 적절한 대가를 요구하는데 이를 이자라 한다.

㉠ 일시금의 미래가치

'일시금의 미래가치(future value: FV)'란 현재 일시금으로 지급한 금액에 복리를 적용한 이자를 합한, 미래에 받을 원리금(원금 + 이자)합계액을 말한다.

예를 들어 10,000원을 5%의 정기예금에 가입했다고 가정하자. 1년 후에 원금 10,000원과 이에 대한 이자 500원(10,000원 × 5%)을 합한 금액 10,500원을 은행으로 부터 돌려받는다. 또한 2년 후에는 1년 후의 원금 10,500원 과 이에 대한 이자 525원(10,500원 × 5%)을 돌려 받는다.

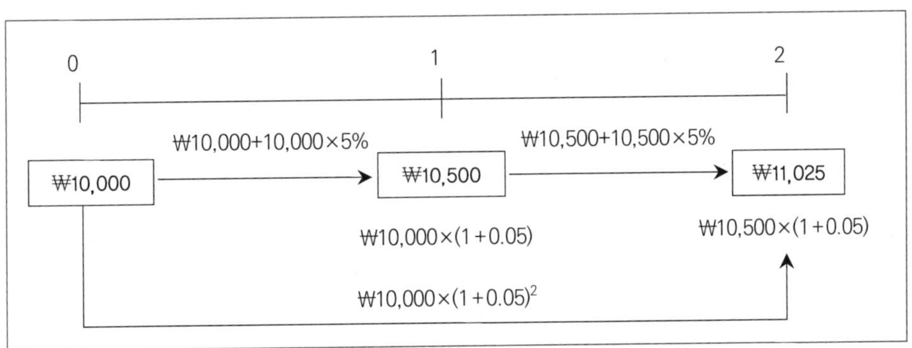

㉡ 일시금의 현재가치

'일시금의 현재가치(present value: PV)'란 미래가치의 반대개념으로 미래 일시에 받을 금액에서 복리를 적용한 이자를 차감해서 현시점의 가치로 환산한 금액을 말한다. 예를 들어 5%의 이자율에서 2년 후에 받을 11,025원의 현재시점의 가치는 미래가치를 계산하는 과정을 반대로 적용하면 된다.

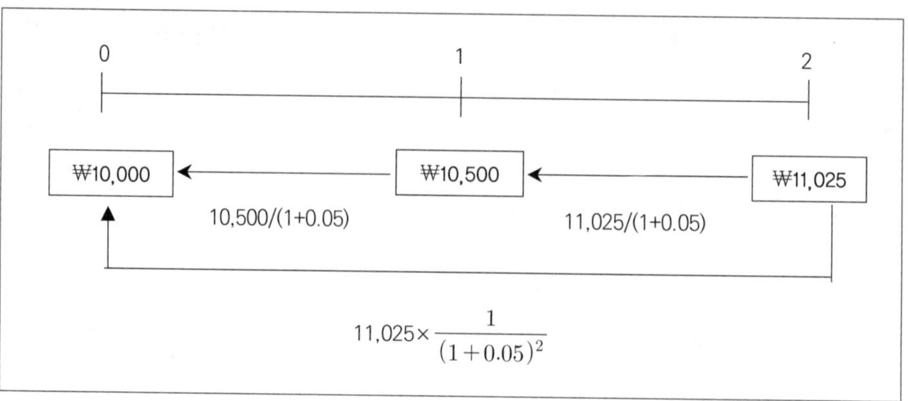

㉢ 연금의 현재가치

'연금(annuity)'이란 매년 일정한 금액의 현금을 지급하거나 받는 것을 말한다.

이자율이 5%이고 1년 후부터 2년간 매년 ₩10,000씩 유입되는 연금의 현재가치는 다음의 그림과 같다.

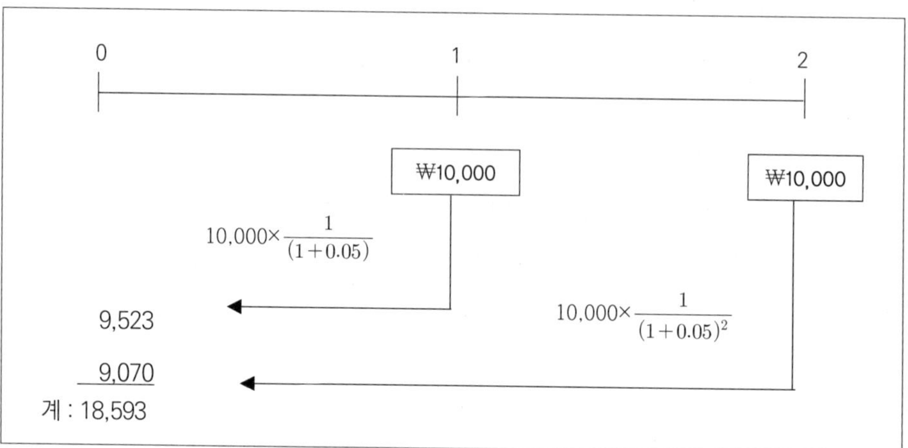

이러한 일시금의 현재가치와 연금의 현재가치를 이용해서 장기성 채권 · 채무의 현재가치를 구할 수 있다. 또한 문제에서 **1원의 현가계수와 1원의 연금의 현가계수**가 주어지므로 미래 일시금과 연금으로 현재가치를 구할 수 있다.

<예제 2-2> 현재가치

이자율은 연 10%이다. 다음에 대하여 현재가치를 계산하시오.

1. 3년후 수취하기로 한 10,000원의 현재가치
2. 3년간 매년 말 10,000원씩 수취하기로 한 현재가치

해답

1. 미래현금흐름(3년 후 10,000원)

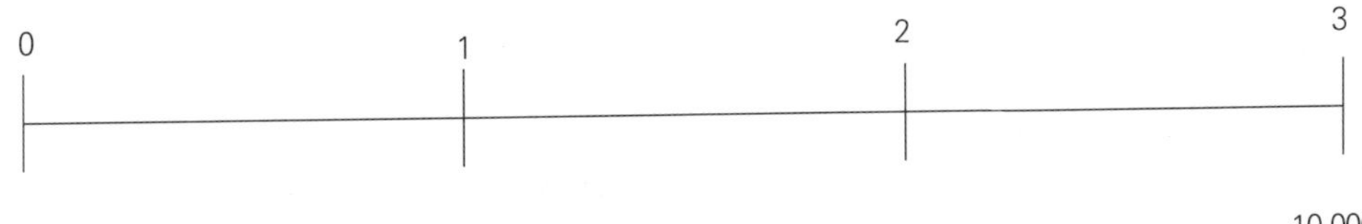

현재가치=10,000× $\frac{1}{(1+0.1)^3}$ =7,513원

2. 미래현금흐름(3년 후 10,000원)

현재가치 = 10,000× $[\frac{1}{(1+0.1)}+\frac{1}{(1+0.1)^2}+\frac{1}{(1+0.1)^3}]$ = 24,868원

☞ 현재가치 계산시 현가계수와 연금현가계수를 주는데,

$\frac{1}{(1+0.1)^3}$의 0.7513을 현가계수(10%,3기간)이라 하고,

$[\frac{1}{(1+0.1)}+\frac{1}{(1+0.1)^2}+\frac{1}{(1+0.1)^3}]$의 2.4868을 연금현가계수(10%,3기간)이라고 한다.

1번의 경우 현재가치(7,513원)와 미래현금흐름(10,000원)의 차액(2,487원)을 기간 동안 이자수익 또는 이자비용으로 인식한다. 이때 사용하는 할인율을 유효이자율이라고 한다. 이러한 변동사항을 계산하는 표를 상각표라 한다.

1번의 사례를 이용하여 회계처리를 해보자. 제품을 판매하고 3년후 10,000원을 수령하기로 하고, 이때 유효이자율을 10%라고 하자.
이때 이자수익(사채의 경우 이자비용)은 자산(또는 부채)의 장부금액에 유효이자율을 곱하여 계산한다.

이자수익(이자비용) = 자산(부채)의 (기초)장부금액×유효이자율

〈상각표〉

연도	유효이자(A) (BV×유효이자율)	할인차금상각 (B)	장부금액 (BV)
20x1. 1. 1			7,513
20x1.12.31	751*1	751	8,264*2
20x2.12.31	826*3	826	9,090
20x3.12.31	910*4	910	10,000

*1. 7,513 × 10%　　*2. 7,513 + 751

*3. 8,263 × 10% = 826　　*4. 9,090 × 10% = 910(단수차이 조정)

기말장부금액(상각후원가) = 기초장부금액 ± 상각액

위의 사례에서 분개하는 방법은 순액으로 분개하는 방법과 총액(현재가치 할인차금계정)으로 분개하는 방법이 있다.

	총액법	순액법
1. X1년 초	(차) 매출채권 10,000 (대) 매 출 7,513 현재가치할인차금 2,487	(차) 매출채권 7,513 (대)매 출 7,513
	☞ **현재가치할인차금은 매출채권을 차감하는 계정이다.**	
2. X1년 말	(차) 현재가치할인차금 751 (대) 이자수익 751	(차) 매출채권 751 (대) 이자수익 751
3. X2년 말	(차) 현재가치할인차금 826 (대) 이자수익 826	(차) 매출채권 826 (대) 이자수익 826
3. X3년 말	(차) 현재가치할인차금 910 (대) 이자수익 910	(차) 매출채권 910 (대) 이자수익 910
3. X3년 말 수령	(차) 현 금 10,000 (대) 매출채권 10,000	(좌동)

② 기업회계기준상 현재가치 평가

재화등을 공급한 경우 그 대가를 장기간(1년 초과)걸쳐서 수취시 현재가치로 평가해야 한다. 이러한 명목가액과 현재가치의 차이를 현재가치할인차금으로 인식하고 이 할인차금은 보유기간동안 이자수익(또는 장기채무시 이자비용)으로 인식한다.

이러한 금융자산과 부채의 최초 인식시점에 **현재가치로 측정하는데 적용할 할인율은 유효이자율**이다.

현재가치평가대상	현재가치평가대상제외
1. 장기매출채권 또는 장기매입채무(기타채권 포함) 2. 장기금전대차거래 : 투자채권, 장기대여금, 장기차입금, 사채 등	1. 선급금, 선수금, 선급비용, 선수수익 2. 이연법인세자산과 이연법인세 부채

(4) 대손회계

구 분	회 계 처 리
1. 대손시	★ 대손충당금 계정잔액이 충분한 경우 (차) 대손충당금 ××× (대) 매 출 채 권 ××× ★ 대손충당금 계정잔액이 부족한 경우 (차) 대손충당금 ×××(우선상계) (대) 매 출 채 권 ××× 대손상각비 ×××
2. 대손처리한 채권회수시	★ **대손세액공제적용 채권** (차) 현 금 등 ××× (대) 대손충당금 ××× **부가세예수금** ×××[*1] *1. 회수금액×10/110 ★ **대손세액공제미적용 채권** (차) 현 금 등 ××× (대) 대손충당금 ×××
3. 기말설정	**기말 설정 대손상각비 = 기말매출채권잔액 × 대손추정율 - 설정 전 대손충당금잔액** ★ 기말대손추산액 〉 설정전 대손충당금잔액 (차) 대손상각비(판관비) ××× (대) 대손충당금 ××× ★ 기말대손추산액 〈 설정전 대손충당금잔액 (차) 대손충당금 ××× (대) **대손충당금환입(판관비)** ×××

<table>
<tr><th>구 분</th><th colspan="3">회 계 처 리</th></tr>
<tr><td rowspan="3">4. 대손상각비의 구분</td><td></td><td>설 정</td><td>환 입</td></tr>
<tr><td>매출채권</td><td>대손상각비(판관비)</td><td>대손충당금환입(판)</td></tr>
<tr><td>기타채권</td><td>기타의 대손상각비(영・비)</td><td>대손충당금환입(영・수)</td></tr>
<tr><td>5. 대손충당금 표시</td><td colspan="3">총액법(매출채권과 대손충당금을 모두 표시)으로 할 수 있으며, 순액법(매출채권에서 대손충당금을 차감)으로 표시한 경우 주석에 대손충당금을 기재한다.</td></tr>
</table>

2. 재고자산

(1) 재고자산의 취득원가 결정

취득원가 = 매입가액 + 매입부대비용 – 매입환출 – 매입에누리 – 매입할인 등

(2) 기말재고자산의 귀속여부(기말재고자산의 범위)

<table>
<tr><td rowspan="2">1. 미착상품 (운송중인 상품)</td><td>① 선적지인도조건</td><td>선적시점에 매입자의 재고자산</td></tr>
<tr><td>② 도착지인도조건</td><td>상품을 인수하는 시점에 구매자의 재고자산</td></tr>
<tr><td>2. 위탁품(적송품)</td><td colspan="2">수탁자가 고객에게 판매한 시점에서 위탁자는 수익을 인식하고 재고자산에서 제외시켜야 한다.</td></tr>
<tr><td>3. 시송품(시용품)</td><td colspan="2">소비자가 매입의사를 표시한 날에 회사는 수익을 인식하고 재고자산에서 제외</td></tr>
<tr><td rowspan="2">4. 반품률이 높은 재고자산</td><td>㉠ 합리적으로 추정가능시</td><td>인도시점에서 수익을 인식하고 예상되는 반품비용과 반품이 예상되는 부분의 매출총이익을 반품충당부채로 인식</td></tr>
<tr><td>㉡ 합리적 추정이 불가능한 경우</td><td>구매자가 인수를 수락한 시점이나 반품기간이 종료된 시점에 수익을 인식한다.</td></tr>
</table>

(3) 재고수량의 결정방법

① 계속기록법

기초재고수량 + 당기매입수량 − 당기매출수량 = 기말재고수량

② 실지재고조사법

기초재고수량 + 당기매입수량 − 기말재고수량 = 당기매출수량

계속기록법을 적용하면 매출수량이 정확하게 계산되고, 실지재고조사법을 적용하면 기말재고자산 수량이 정확하게 계산된다.

재고감모란 재고가 분실, 도난, 마모 등으로 인해 없어진 것을 재고감모라 하며 그 수량을 재고감모수량이라 한다.

재고감모수량 = 계속기록법하의 기말재고수량 − 실지재고조사법하의 기말재고수량

따라서 **계속기록법과 재고조사법을 병행하여 사용하는 것이 일반적이며, 이 경우 매출수량과 감모수량을 정확하게 파악**할 수 있다.

④ 재고자산 감모손실

1. 정상감모	원가성이 있는 감모로 보아 매출원가에 가산
2. 비정상감모	**원가성이 없다고 판단하여 영업외비용(재고자산감모손실)으로 처리**

(4) 원가흐름의 가정(기말재고단가의 결정)

1. 개별법	**가장 정확한 원가배분방법**
2. 선입선출법	재고자산의 진부화가 빠른 기업은 선입선출법을 적용한다.
3. 후입선출법	실제물량흐름과 거의 불일치되고 일부 특수업종에서 볼 수 있다. 후입선출법은 IFRS에서 인정되지 않는다. **후입선출법을 사용하여 재고자산의 원가를 결정한 경우에는 재무상태표가액과, 선입선출법 또는 평균법에 저가법을 적용하여 계산한 재고자산평가액과의 차이를 주석으로 기재한다.**
4. 평균법	계속기록법인 이동평균법과 실지재고조사법인 총평균법이 있다.
5. 소매재고법	추정에 의한 단가 산정방법으로 이는 원칙적으로 유통업에만 인정하고 있다.

[각방법의 비교]

1번째 구입원가가 10원, 2번째 구입원가가 20원, 3번째 구입원가가 30원이고, 2개가 개당 50원에 판매되었다고 가정하고, 각 방법에 의하여 매출원가, 매출이익, 기말재고가액, 법인세를 비교하면 다음과 같다.

물가가 상승하는 경우

구입순서		선입선출		평균법		후입선출법
1. 10원 2. 20원 3. 30원	매 출 액	100원		100원		100원
	매출원가	30원	〈	40원	〈	50원
	매출이익 (당기순이익) (법 인 세)	70원	〉		〉	50원
	기말재고	30원	〉	20원	〉	10원

언제나 중앙

자산 ∝ 이익

〈크기 비교 : 물가상승시〉

	선입선출법	평균법(이동, 총)	후입선출법
기말재고, 이익, 법인세	〉	〉	〉
매출원가	〈	〈	〈

☞ 물가하락시 반대로 생각하시면 됩니다.

〈선입선출법과 후입선출법 비교〉

	선입선출법	후입선출법
특징	• **물량흐름과 원가흐름이 대체적으로 일치** • 기말재고자산을 현행원가로 표시 • **수익과 비용 대응이 부적절**	• **수익과 비용의 적절한 대응** • **물량흐름과 원가흐름이 불일치** • **기말재고자산이 과소평가** • **비자발적 재고청산문제(당기판매량〉당기매입량)**

☞ 재고청산이란 판매량이 증가하여 재고수량이 감소하고 기초재고량이 판매수량으로 포함되는 경우를 말한다. 일반적으로 물가상승시 후입선출법이 선입선출법보다 이익을 적게 계상하여 법인세도 적게 납부하지만, 재고수량이 감소하면 오래 전의 원가로 구성된 기초재고가 매출원가로 반영되어 매출원가는 적게 계상되고 이익은 그만큼 크게 계상된다. 그 결과 법인세유출액도 커진다.

참고

재고청산문제(후입선출법)

물가가 상승하는 경우 상품의 기초금액을 선입선출법일 경우 1,000원(10개)이고, 후입선출법일 경우 500원(10개)이라 가정하자.

상 품(선입선출법)

기초	*10개*	*@100*	*1,000*	매출원가	39개		6,800
순매입액	30개	@200	6,000	기말	1개	@200	200
계(판매가능재고)			7,000		계		7,000

매출원가로 반영

상 품(후입선출법)

기초	*10개*	*@50*	*500*	매출원가	39개		6,450
순매입액	30개	@200	6,000	기말	1개	@50	50
계(판매가능재고)			6,500		계		6,500

기말재고수량이 기초재고수량보다 감소시 후입선출법의 매출원가(6,450원)가 선입선출법의 매출원가(6,800원)보다 적게 되어 원가는 감소되고 **이익을 크게 계상하여 과거에 적게 납부했던 법인세를 당기에 모두 납부**하게 된다. 이러한 현상을 재고청산문제라 한다.

(5) 재고자산의 기말평가(저가법)

기말에 공정가액이 취득원가보다 높은 경우에는 **취득원가로 평가하고,** 공정가액이 취득원가보다 낮은 경우에는 **공정가액으로 평가한다.**

1. 적용방법	개별항목별(조별 예외적으로 인정하나, 총계기준 불인정)	
2. 공정가액	① 원재료	**현행대체원가** **다만, 원재료의 경우 완성될 제품의 원가 이상으로 판매될 것으로 예상되는 경우에는 그 생산에 투입하기 위해 보유하는 원재료에 대해서는 저가법을 적용하지 않는다.**
	② 상품, 제품, 재공품 등	**순실현가능가치(정상판매가격 – 추정판매비)**
3. 회계처리	가격하락시	(차) 재고자산평가손실(매출원가가산) ××× (대) 재고자산평가충당금[*1] ×××
	가격회복시	(차) 재고자산평가충당금 ××× (대) 재고자산평가충당금환입[*2](매출원가차감) ××× *1. 재고자산의 차감적 평가계정 *2. 당초 평가손실 인식액까지만 환입

[재고자산감모손실과 평가손실간의 관계－**선 감모손실 인식 후 평가손실 인식**]

사례 : 감모수량 : 20개(정상감모 : 15개, 비정상감모 : 5개)

	수량	단가
장부상	100개	1,000원
실 제	80개	800원

	0개 ~ 80개(실지재고)	80개 ~ 95개	95개 ~ 100개
취득원가 ₩1,000	매출원가 (재고자산평가손실) 80개 × ₩200 = ₩16,000	매출원가 (정상감모) (15개 × ₩1,000 = ₩15,000)	**영업외비용** **(비정상감모)** **(5개 × ₩1,000** **= ₩5,000**
순실현가능가치 ₩800	기말재고자산 **80개 × ₩800 = ₩64,000**		

〈회계처리〉

비정상감모분만 수동결산으로 입력하고, 결산자료입력에서 기말재고금액을 입력하면 된다.

☞ 비정상감모손실

(차) 재고자산감모손실(영업외비용) 5,000원　　(대) 재고자산(타계정) 5,000원

연/습/문/제

분개연습

[1] 단기보유목적으로 구입한 (주)정안의 주식(시장성 있음) 300주를 1주당 23,000원에 처분하고 대금은 보통예금에 입금되었다. 주식처분에 따른 증권거래세 20,700원과 거래수수료 12,000원은 현금으로 지급하였다.

> ※ (주)정안주식의 취득 및 변동내역
> 전년도 10월 20일 500주 취득 : 1주당 20,000원(취득부대비용은 15,000원 소요됨)
> 전년도 12월 31일 시가 : 1주당 22,000원

[2] 정기예금이 만기가 되어 23,000,000원(원금 20,000,000원과 이자 3,000,000원) 중 이자소득에 대한 원천징수세액을 제외한 잔액이 보통예금통장에 입금되었다.(이자소득에 대한 법인세원천징수세율은 14%로 가정한다.)

[3] 보통예금에 대한 3개월분 이자 100,000원(전기에 미수수익으로 계상해두었던 금액 81,000원 포함) 중 원천징수세액 14,000원을 제외한 금액이 보통예금 계좌에 입금되다. 단, 원천징수세액은 자산계정으로 처리한다.

[4] 현재 총계정원장의 당좌예금 잔액을 은행의 잔액증명서 잔액과 비교한 결과 발견된 차액의 원인은 당좌차월에 대한 이자비용 200,000원으로 밝혀졌다.

[5] (주)한라로부터 원재료 매입시 발생한 외상매입금 20,000,000원을 결제함에 있어 조기결제에 대한 약정할인율 1%를 적용받아 그 차액을 당좌수표를 발행하여 지급하였다.

[6] 동진자재에 대한 외상매입금(잔액:2,750,000원)을 전액 당좌수표 발행하여 상환하다. 외상매입금은 모두 10일내 상환시 2% 할인조건으로 4월 5일에 매입한 원재료(2,500,000원)에 대한 것이며, 이에 대해서는 (-)수정세금계산서를 교부받았다.

[7] 원재료 매입처인 (주)힘센물산에 제품을 무상으로 제공하였는데 당해 제품의 원가는 800,000원이고 시가는 1,200,000원이며 부가가치세 과세대상이다.

[8] 기말 재고실사 과정에서 제조부문 종업원 복리후생으로 지급한 제품 7,250,000원의 처리가 누락되어 있는 것을 확인하였다.

[9] 다음의 재고자산 자료를 결산시점에 감모손실에 대해서만 회계처리하시오.

구분	장부상			단위당 시가	실사 후 수량
	수량	단가	합계		
상품	5,000개	10,000원	50,000,000원	10,000원	4,800개

※ 장부상 수량과 실사 후 수량의 차이는 전부 비정상적인 것이다.

[10] 2018년 5월 26일 발생한 ㈜대만의 외상매출금 7,260,000원에 대한 상법상 소멸시효가 완성되었으며 20X1년 1기 확정부가가치세 신고시 부가가치세법에 의한 대손세액공제신청도 정상적으로 이루어질 예정이다. 대손세액공제액을 포함하여 대손과 관련된 회계처리를 하시오.(단, 대손충당금 잔액은 없는 것으로 가정한다.)

[11] ㈜서울에 1,000,000원의 제품을 매출하고 수령한 약속어음을 상업은행에서 할인하고 950,000원을 보통예금으로 수령하였다.(매각거래의 요건을 충족함)

 객관식

01. (주)연개소문이 결산일 현재 보유하고 있는 단기매매증권의 장부가액과 공정가액(시가)이 다음과 같을 경우 20X1년 결산수정분개가 재무상태표와 손익계산서에 미치는 영향은?

	장부가액	공정가액
20x1년 3월 1일 취득	750,000원	750,000원
20x1년 12월 31일	750,000원	800,000원

	손익계산서	재무상태표
①	순이익 증가	자산 증가, 이익잉여금 증가
②	순이익 감소	자산 감소, 이익잉여금 감소
③	순이익 증가	부채 감소, 이익잉여금 증가
④	순이익 감소	부채 증가, 이익잉여금 감소

02. 다음 중 기업회계기준상 매출채권에 대한 설명으로 가장 틀린 것은?

① 장기 할부판매시 발생하는 장기매출채권의 명목가액과 현재가치의 차이가 중요한 경우에는 매출채권을 현재가치로 평가하여야 한다.

② 매출채권을 양도한 경우 매출채권의 부도발생시 매출채권의 양수인이 양도인에 대하여 상환청구권을 행사할 수 있는 경우에는 이를 차입거래로 회계처리하여야 한다.

③ 매출채권을 양도(매각거래에 해당)한 후 대손 발생시 상환청구권이 없는 경우 회사는 대손비용을 인식할 필요가 없다.

④ 매출채권에 대하여 발생하는 대손상각비는 판매비와관리비로 구분하여 처리한다.

03. 다음은 기업회계기준서상 재고자산에 대한 설명이다. 적합하지 않는 것은?

① 재고자산의 시가가 취득원가보다 하락한 경우에는 저가법을 적용한다.

② 재고자산을 저가법으로 평가하는 경우 제품, 재공품의 시가는 순실현가능가액을, 생산과정에 투입될 원재료의 시가는 현행대체원가를 말한다.

③ 저가기준을 매출가격환원법에 적용하는 경우 원가율 계산시 가격인하는 매출가격에 의한 판매가격에서 차감한다.

④ 재고자산 평가를 위한 저가법은 종목별로 적용하며 총액기준으로 적용할 수 없다.

04. 실지재고조사법을 적용하는 기업에서 연말에 상품을 외상으로 구입하고, 이에 대한 기록은 다음 연도 초에 하였다. 또한 기말 재고실사에서도 이 상품이 누락되었다. 이러한 오류가 당기의 계정에 미치는 영향으로 옳은 것은?

	자 산	부 채	자 본	당기순이익
①	영향없음	과소계상	과대계상	과대계상
②	영향없음	과대계상	과소계상	과소계상
③	과소계상	과소계상	영향없음	영향없음
④	과소계상	과소계상	영향없음	과대계상

05. 다음 중 재고자산에 대한 설명 중 잘못된 것은?

① 재고자산의 가격이 계속 상승하고 재고자산 매입수량이 판매수량보다 큰 경우에 재고자산을 가장 낮게 보수적으로 평가하는 방법은 후입선출법이다.

② 후입선출법에 의해 원가배분을 할 경우 기말재고는 최근에 구입한 상품의 원가로 구성된다.

③ 실지재고조사 중 정상적인 재고감모손실이 발생하는 경우에는 손익계산서상 매출원가에 가산한다.

④ 재고자산의 시가가 취득원가보다 하락한 경우에는 저가법을 사용하여 재고자산의 재무상태표가액을 결정한다.

06. 다음의 대화내용을 완성할 경우 가장 타당한 것은?

> 김부장 : 올해 총매출액은 이미 결정되었는데... 요즘 계속되는 물가상승으로 인하여 이번 결산시 재고자산 평가방법 및 재고수량결정방법이 고민인데... 당기순이익을 작게 계상하는 방법은?
> 최대리 : 물가상승시에는 (Ⓐ)을 적용하면 (Ⓑ)보다 당기순이익이 작게 계상됩니다. 부장님!
> 박과장 : 물론 최대리의 의견도 맞습니다만 (Ⓐ) 적용시 기말재고자산의 수량이 기초재고수량보다 (Ⓒ)면 오히려 실제 당기순이익 보다 높게 계상되는 재고청산의 문제도 고려되어야 할 겁니다.
> 김부장 : 그럼 두 사람의 의견을 조합하여 결정합시다.

	Ⓐ	Ⓑ	Ⓒ
①	후입선출법	선입선출법	많아진다
②	선입선출법	후입선출법	많아진다
③	선입선출법	후입선출법	적어진다
④	후입선출법	선입선출법	적어진다

07. 다음은 재고자산의 원가배분방법에 대한 설명이다. 틀린 것은?

① 선입선출법에서는 물가가 상승하고 재고층이 감소하지 않는 한 후입선출법보다 당기순이익이 과소계상된다.

② 총평균법은 기말단가기록법(실지재고조사법)으로 평균법을 적용한 방법이다.

③ 이동평균법은 계속단가기록법(계속기록법)으로 평균법을 적용한 방법이다.

④ 상품의 매입가격이 상승하는 경우에는 이동평균법이 총평균법보다 기말재고액을 높게 평가한다.

08. 다음 중 실현주의의 개념으로서 현행 기업회계기준에 가장 어긋나는 것은?

① 시험삼아 사용해 본 후 매입의사표시를 하는 시송품에 대하여 사용자로부터 매입의사표시를 받은 날에 매출로 계상함.

② 취득원가 50,000원의 재고자산을 기말에 평가해 본 결과 70,000원으로 평가되어 20,000원의 평가이익을 계상함.

③ 결산일이 매년 12월 31일인 회사가 4월 1일에 수령한 보험료(계약기간 1년) 150,000원 중 9개월분만 당기의 수익으로 계상함.

④ 결산일이 매년 12월 31일인 회사가 7월 1일에 수령한 임대료(1년분 선수금) 100,000원 중 반년분만 당기의 수익으로 계상함.

09. 다음은 (주)인천의 상품 관련된 자료이다. 기말 결산분개로 올바르게 회계처리 한 것은?

• 장부상 수량 : 2,000개	• 실제수량 : 1,700개
• 장부상 단가 : 5,000원	• 단위당 판매가능금액 : 5,200원
• 단위당 판매비용 : 500원	• 단, 재고자산의 감모는 전액 비정상적으로 발생하였다.

①	(차) 재고자산감모손실	1,500,000원	(대) 상 품	1,500,000원
	(차) 매 출 원 가	510,000원	(대) 재고자산평가충당금	510,000원
②	(차) 재고자산감모손실	2,010,000원	(대) 상 품	2,010,000원
③	(차) 재고자산감모손실	510,000원	(대) 상 품	510,000원
	(차) 매 출 원 가	1,500,000원	(대) 재고자산평가충당금	1,500,000원
④	(차) 재고자산감모손실	1,500,000원	(대) 재고자산평가충당금	1,500,000원
	(차) 매 출 원 가	510,000원	(대) 상 품	510,000원

10. 다음 사항 중 재고자산의 회계처리와 관련된 설명으로 옳지 않은 것은?

① 선적지인도기준의 미착상품에 대한 운송비, 보험료 등을 매입자가 부담한 경우 이를 매입자의 재고자산에 가산한다.

② 재고자산에 저가법을 적용함으로써 발생한 재고자산평가손실은 매출원가에 가산하며, 재고자산에서 차감하는 형식으로 표시한다.

③ 도착지인도기준의 미착상품에 대한 운송비, 보험료 등을 판매자가 부담한 경우, 판매자의 손익계산서에 판매비와 관리비로 보고한다.

④ 재고자산의 장부상 수량과 실제수량의 차이에서 발생하는 모든 재고자산감모손실은 영업외비용으로 처리한다.

11. 다음 중 재고자산에 대한 설명으로 옳지 않은 것은?

① 정상적인 영업과정에서 판매를 위하여 보유하거나 생산과정에 있는 자산 또는 서비스 제공과정에 투입될 원재료나 소모품의 형태로 존재하는 자산을 말한다.

② 재고자산은 취득원가를 장부금액으로 한다. 다만, 시가가 취득원가보다 낮은 경우에는 시가를 장부금액으로 한다.

③ 보험료는 재고자산의 취득과정에서 정상적으로 발생했다 하더라도 매입원가에 가산하지 않는다.

④ 성격이 상이한 재고자산을 일괄하여 구입한 경우에는 총매입원가를 각 재고자산의 공정가치 비율에 따라 배분하여 개별 재고자산의 매입원가를 결정한다.

12. 20x1년에 개업한 ㈜세무의 기말재고자산 평가와 관련하여 다음 자료로 인하여 재무제표에 미치는 영향에 대한 설명으로 틀린 것은?

> 1. 기말재고자산 수량을 검토한 결과 감모 손실이 1,000,000원 발생하였으며 감모 손실의 90%는 정상적인 것이다.
> 2. 기말재고의 시가와 장부가액을 비교한 결과 시가가 500,000원 증가하였다는 사실을 확인하였다.

① 재무상태표상 재고자산가액이 500,000원 감소된다.

② 손익계산서상 당기순이익은 1,000,000원이 감소한다.

③ 손익계산서상 매출원가는 900,000원이 증가한다.

④ 재고자산감모손실(영업외비용)은 100,000원이다.

13. 다음 중 재고자산의 분류와 공시에 대한 설명으로 가장 옳지 않은 것은?

① 재고자산은 총액으로 보고하거나 상품, 제품, 재공품, 원재료 및 소모품 등으로 분류하여 재무상태표에 표시한다.
② 재고자산을 총액으로 보고한 경우 그 내용을 재무제표의 주석으로 기재한다.
③ 선입선출법을 사용하여 재고자산의 원가를 결정한 경우에는 재무상태표가액과, 후입선출법 또는 평균법에 저가법을 적용하여 계산한 재고자산평가액과의 차이를 주석으로 기재한다.
④ 재고자산의 원가결정방법은 재무제표의 주석으로 기재한다.

14. 다음 중 현금및현금성자산과 장기금융자산에 대한 설명으로 틀린 것은?

① 현금성자산은 이자율의 변동에 따른 가치변동이 커야 한다.
② 취득일로부터 3개월 이내 만기가 도래하는 정기예금은 현금성자산으로 분류한다.
③ 결산일로부터 1년 이후 만기가 도래하는 금융상품은 장기금융자산으로 분류한다.
④ 타인발행수표는 현금으로 분류한다.

15. 다음 중 재고자산에 대한 설명으로 가장 옳지 않은 것은?

① 재고자산이란 정상적인 영업활동 과정에서 판매를 목적으로 보유하고 있는 상품 또는 제품, 생산과정에 있는 자산 또는 생산이나 용역 제공과정에 사용될 자산을 말한다.
② 재고자산의 매입원가는 매입가격에 수입관세, 매입운임 등 취득과정에서 정상적으로 발생한 부대원가를 가산한 금액이다.
③ 재고자산의 가격이 계속 상승하고 재고자산 매입 수량이 판매 수량보다 큰 경우에 재고자산을 가장 낮게 보수적으로 평가하는 방법은 선입선출법이다.
④ 기초재고 수량과 기말재고 수량이 같고 물가가 상승할 때 선입선출법은 현재의 수익에 과거의 원가가대응되므로 후입선출법보다 높은 이익을 계상하게 된다.

16. 다음 중 재고자산의 분류와 공시에 대한 설명으로 가장 옳지 않은 것은?

① 재고자산은 총액으로 보고하거나 상품, 제품, 재공품, 원재료 및 소모품 등으로 분류하여 재무상태표에 표시한다.
② 재고자산을 총액으로 보고한 경우 그 내용을 재무제표의 주석으로 기재한다.
③ 선입선출법을 사용하여 재고자산의 원가를 결정한 경우에는 재무상태표가액과, 후입선출법 또는 평균법에 저가법을 적용하여 계산한 재고자산평가액과의 차이를 주석으로 기재한다.
④ 재고자산의 원가결정방법은 재무제표의 주석으로 기재한다.

주관식

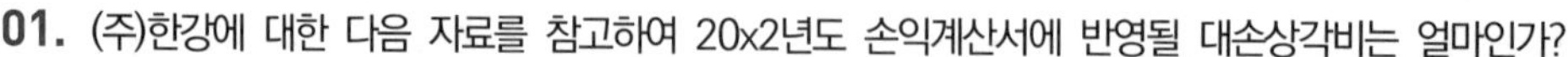

01. (주)한강에 대한 다음 자료를 참고하여 20x2년도 손익계산서에 반영될 대손상각비는 얼마인가?

구 분	20x1년	20x2년
기초 대손충당금 잔액	?	?
기중 대손발생액	2,000,000원	7,000,000원
전기 대손금 중 회수액	1,000,000원	3,000,000원
기말 대손충당금 잔액	5,000,000원	5,000,000원

02. 만기가 6개월이고 액면이자율이 연 6%인 받을어음 50,000,000원을 발행일에 수취하여 4개월간 보유하다가 거래은행에 연 12%의 이자율로 할인한 경우 매출채권처분손실은 얼마인가? 단, 모든 계산시 월할계산한다.

03. 20x1년 12월 31일 현재 다음 자료를 통하여 기말 재무상태표상 재고자산으로 기록될 금액은 얼마인가?

가. 회사에 보관 중인 재고자산실사에 의한 가액(라 항의 상품가액 포함) : 55,000,000
나. 매입한 상품 중 FOB 선적지인도기준에 의한 운송 중인 상품 : 5,000,000
다. 위탁판매를 위한 수탁자가 보관 중인 미판매 상품 : 7,000,000
라. 수탁판매를 위하여 보관하고 있는 미판매 상품 : 8,000,000
마. 시용매출을 위하여 고객에게 인도한 상품(구입의사표명일 : 20x2.1.3) : 4,000,000

04. 회사는 정책적으로 재고자산은 보유하지 않는 것을 원칙으로 정하고 있으며 계속하여 준수하고 있다. 이 경우 다음의 내용을 바탕으로 제품에 배부될 원재료비는 얼마인가?

① 전기 미지급한 외상매입금이 5,000,000원이 있다.
② 당기에 선지급한 선급금이 10,000,000원이 있다.
③ 당기에 매입한 총 원재료는 50,000,000원이다.
④ 기말 미지급한 외상매입금은 7,000,000원이다.

05. 다음은 성격과 용도가 다른 3가지 품목의 기말제품과 기말원재료 관련 자료이다. 다음 자료를 이용하여 저가법에 의한 재고자산평가손실을 계산하면 얼마인가? 단, 저가법을 적용할 수 있는 객관적 사유가 발생했다고 가정한다.

(1) 기말제품

품 목	취득원가	예상판매가격	예상판매비용
제품 갑	500,000원	550,000원	60,000원
제품 을	800,000원	850,000원	30,000원
제품 병	1,000,000원	900,000원	100,000원

(2) 기말원재료 금액은 600,000원이고 기말 현재 원재료는 500,000원에 구입할 수 있으며 완성될 제품은 원가 이상으로 판매될 것으로 예상되지 않는다.

06. 수입육 도매업을 영위하는 (주)신선유통은 8월 3일에 갑작스런 정전으로 인하여 보관 중이던 재고자산 중 7,400,000원을 제외한 금액이 부패하여 큰 피해를 입었다. 다음 자료에 의하여 (주)신선유통의 정전으로 인한 재고자산 피해액을 계산하면 얼마인가?

- 기초 재고자산 : 42,000,000원
- 당기 매입액 : 819,000,000원
- 당기 매출액 : 832,000,000원
- 당기 매출총이익률 : 5%

07. (주)대구산업의 기말재고자산의 실사결과 실제 재고수량은 900개로 확인이 되었다. 기말재고와 관련된 내역이 다음과 같을 때, 재고자산감모손실(ⓐ)과 재고자산평가손실(ⓑ)은 각각 얼마인가?

장부상 재고	1,100개	취득원가(장부가액)	@100
추정판매가액	@120	추정판매비용	@30

08. 12월 31일 결산일 현재 창고에 있는 기말재고자산을 실사한 결과 1,000,000원으로 조사되었다. 다음의 추가사항을 고려하여 정확한 기말재고자산을 계산하면 얼마인가?

- 결산일 현재 시송품 500,000원 중 80%는 매입자의 매입의사표시가 있었다.
- 결산일 현재 적송품 700,000원 중 30%는 수탁자가 판매하지 아니하고 보관 중이다.
- 결산일 현재 장기할부판매액 600,000원 중 20%는 할부대금이 미회수 중이다.

연/습/문/제 답안

분개연습

[1] (차) 보통예금 6,900,000 (대) 단기매매증권 6,600,000
현금 32,700
단기매매증권처분이익 267,300

[2] (차) 보통예금 22,580,000 (대) 정기예금 20,000,000
선납세금 420,000 이자수익 3,000,000

[3] (차) 보통예금 86,000 (대) 미수수익 81,000
선납세금 14,000 이자수익 19,000

[4] (차) 이자비용 200,000 (대) 당좌예금 200,000

[5] (차) 외상매입금 20,000,000 (대) 당좌예금 19,800,000
((주)한라) 매입할인(원재료) 200,000

[6] (차) 외상매입금(동진자재) 2,750,000 (대) 당좌예금 2,695,000
부가세대급금 -5,000 매입할인(원재료) 50,000

☞ **매입할인 2,750,000원 × 2% = 55,000원(부가가치세 포함금액)**

① 당초 세금계산서 발급시

(차)	원재료	2,500,000	(대)	외상매입금	2,750,000
	부가세대급금	250,000			

② 수정세금계산서(매입할인) 수취(공급가액 -50,000, 세액 -5,000)

(차)	매입할인	-50,000	(대)	외상매입금	-55,000
	부가세대급금	-5,000			

③ 외상매입금 지급

(차)	외상매입금	2,695,000	(대)	당좌예금	2,695,000

답안의 분개는 ②+③입니다.

[7]	(차)	접 대 비	920,000	(대)	제 품(타계정대체)	800,000
					부가세예수금	120,000
[8]	(차)	복리후생비(제)	7,250,000	(대)	제 품(타계정대체)	7,250,000
[9]	(차)	재고자산감모손실	2,000,000	(대)	상 품(타계정대체)	2,000,000

☞ 재고자산감모손실=(5,000개－4,800개)×10,000원=2,000,000원

[10]	(차)	대손상각비(판)	6,600,000	(대)	외상매출금((주)대만)	7,260,000
		부가세예수금	660,000			
[11]	(차)	보통예금	950,000	(대)	받을어음((주)서울)	1,000,000
		매출채권처분손실	50,000			

객관식

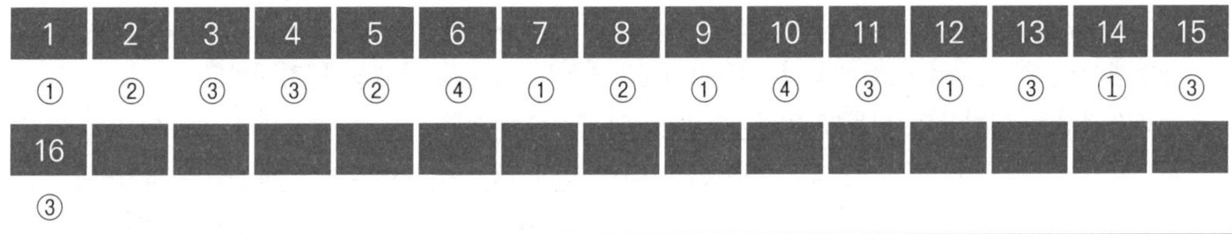

1	2	3	4	5	6	7	8	9	10	11	12	13	14	15
①	②	③	③	②	④	①	②	①	④	③	①	③	①	③
16														
③														

[풀이-객관식]

01. 공정가액이 증가하였으므로 순이익증가, 자산증가, 자본(이익잉여금)증가가 나타난다.

02. **상환청구권 행사가능의 여부**는 **매각거래인지 차입거래인지의 구분과 관계가 없다.**

03. 저가기준을 매출가격환원법에 적용하는 경우 원가율 계산시 가격인하는 매출가격에 의한 판매가격에서 차감하지 않는다.

04. 자산과 부채가 동시에 누락되었으므로 자산과 부채는 과소계상되나 자본과 당기순이익은 영향이 없다.

05. 후입선출법은 **현행수익에 대하여 현행원가가 대응**되므로, **기말재고는 과거의 상품원가로 구성**된다.

06. 물가상승시에는 일반적으로 나중에 구입한 재고가 매출원가로 대체되는 후입선출법이 선입선출법보다 당기순이익이 작게 계상되나 후입선출법하에서 기말재고수량이 기초재고수량보다 작다면 오히려 실제 당기순이익이 높게 계상되는 재고청산의 문제도 발생한다. 이러한 재고청산의 문제로 경영자는 기말에 의도적으로 재고매입을 조절함으로서 당기순이익을 결정하려는 비경제적인 의사결정을 할 가능성이 크다.

07. 물가상승 시에 재고층이 감소하지 않는 경우에 당기순이익의 크기는 선입선출법 〉 이동평균법 〉 총평균법 〉 후입선출법 순이다.

08. 기업회계기준은 **재고자산에 대해서 저가법만 인정**하고 있다.

09. 재고자산의 수량부족을 단가하락 보다 먼저 인식한다. 재고자산의 비정상적인 감모손실은 영업외비용으로 처리하며, **단가하락분(평가손실)은 매출원가에 반영**하여야 한다.
재고자산 감모손실 = (2,000개 - 1,700개) × 5,000원 = 1,500,000원
매출원가 = [5,000원 - (5,200원 - 500원)] × 1,700개 = 510,000원

10. 재고자산감모손실 중 **원가성이 있다고 판단되는 부분은 매출원가에 가산**하고, **원가성이 없는 부분은 영업외비용**으로 처리한다.

11. 취득과정에서 정상적으로 발생한 보험료는 매입원가에 가산한다.

12. (차) 매출원가 900,000원 (대) 재고자산 1,000,000원
재고자산감모손실(영 · 비) 100,000원
재고자산의 시가가 장부가액 이하로 하락하여 발생한 평가손실은 재고자산의 차감계정으로 표시하고 매출원가에 가산한다. 그러나 시가가 장부가액보다 상승한 평가이익은 반영하지 아니한다. 재고자산의 장부상 수량과 실제 수량과의 차이에서 발생하는 감모손실의 경우 정상적으로 발생한 감모손실은 매출원가에 가산하고 비정상적으로 발생한 감모손실은 영업외비용으로 분류한다.

13. **후입선출법**을 사용하여 재고자산의 원가를 결정한 경우에는 **재무상태표가액과, 선입선출법 또는 평균법에 저가법을 적용**하여 계산한 **재고자산평가액과의 차이를 주석으로 기재**한다.

14. **현금성자산은 이자율의 변동에 따른 가치변동이 작아야** 한다.

15. 재고자산의 원가흐름 가정 중 **후입선출법은 현행수익에 대하여 현행원가가 대응되는 평가**방법으로 기말재고액이 오래전에 구입한 원가로 계상되므로 **물가 상승 시 기말재고액이 낮게 계상**된다.

16. **후입선출법을 사용**하여 재고자산의 원가를 결정한 경우에는 **재무상태표가액과, 선입선출법 또는 평균법에 저가법을 적용하여 계산한 재고자산평가액과의 차이를 주석으로 기재**한다.

주관식

01	4,000,000	02	530,000	03	63,000,000
04	50,000,000	05	310,000	06	63,200,000
07	ⓐ 20,000 ⓑ 9,000	08	1,310,000		

[풀이-주관식]

01.

대손충당금(20x2)

차변		대변	
대 손	7,000,000	기초잔액	**5,000,000**
		회 수	3,000,000
기말잔액	**5,000,000**	**대손상각비(?)**	**4,000,000**
계	12,000,000	계	12,000,000

02. 만기가액 = 50,000,000 + (50,000,000 × 6% × 6/12) = 51,500,000원

할인료 = 51,500,000 × 12% × 2/12 = 1,030,000원

실수령액 = 51,500,000 − 1,030,000 = 50,470,000원

이자수익 = 50,000,000 × 6% × 4/12 = 1,000,000원

(차) 현 금	50,470,000	(대) 받 을 어 음	50,000,000
(차) 매출채권처분손실	530,000	(대) 이 자 수 익	1,000,000

03. **기말재고자산의 포함여부**를 결정하는 문제는 **소유권의 존재여부로 결정**한다.

나: 선적지인도기준의 상품은 선적시점에서 소유권이 이전되므로 기말재고자산에 포함된다.

다: 위탁판매의 경우 소유권의 이전없이 판매의뢰한 상태이므로 수탁자가 판매하기전까지의 재고자산은 위탁자의 소유이므로 기말재고자산에 포함된다.

라: 수탁판매를 위하여 보관 중인 상품은 위탁자의 재고자산이므로 재고실사시 포함되어 있으므로 재고자산가액에서 제외하여야 한다.

마: 시용매출을 위하여 고객에게 인도한 상품은 고객의 구입의사표명시점에서 소유권이 이전되므로 기말재고자산가액에는 포함한다.

기말재고자산가액 = 55,000,000 + 5,000,000 + 7,000,000 - 8,000,000 + 4,000,000 = 63,000,000원

04. 회사는 재고자산을 보유하지 아니하므로 당기에 매입한 모든 원재료는 제품생산에 투입될 것이므로 당기 매입한 원재료가액 전부가 원재료비가 된다.

05. 제품의 시가는 **순실현가능가액(= 정상적인 영업과정의 예상판매가격 - 예상추가원가와 판매비용)**이고 **원재료의 시가는 현행대체원가**이다. 다만, **원재료의 경우 완성될 제품의 원가 이상으로 판매될 것으로 예상**되는 경우에는 그 생산에 투입하기 위해 보유하는 **원재료에 대해서는 저가법을 적용하지 않는다.**

품 목	취득원가	순실현가능가치	평가손익
제품 갑	500,000원	490,000원	(10,000)원
제품 을	800,000원	820,000원	-
제품 병	1,000,000원	800,000원	(200,000)원
원재료	600,000원	500,000원	(100,000)원
합 계			**(310,000)원**

06. 매출원가 = 매출액 × (1 - 매출총이익률) = 832,000,000 × 95% = 790,400,000원

재고자산

기 초	42,000,000	매출원가	790,400,000
당기매입액	819,000,000	**기말(추정)**	**70,600,000**
계	**861,000,000**	계	**861,000,000**

<u>재고금액 : 7,400,000</u>

재고자산 피해액 = 70,600,000 - 7,400,000 = 63,200,000원

07. <u>**선감모손실, 후평가손실 인식**</u>

재고자산 감모손실 = (1,100개 - 900개) × 100 = <u>20,000ⓐ</u>

재고자산 평가손실은 실제 재고수량에 시가가 장부가액보다 하락한 금액을 곱한 것이다.

순실현가능가치(NRV) : 추정예상판매가액(120) - 추정판매비용(30) = 90

재고자산평가손실 : 재고자산장부가액 - 재고자산의 순실현가능가치

= 900개 × (100 - 90) = <u>9,000ⓑ</u>

08. 시송품 중 매입자가 매입의사를 표시하기 전 금액은 재고자산에 포함한다.

적송품 중 수탁자가 제3자에게 판매하기 전 금액은 재고자산에 포함한다.

할부판매액은 대금회수에 관계없이 판매시점에 재고자산에서 제외한다.

기말재고자산 = 1,000,000원 + 500,000원 × (1 - 80%) + 700,000원 × 30% = 1,310,000원

제2절 비유동자산

1. 투자자산

(1) 유가증권의 회계

① 유가증권의 분류

1. 단기매매증권	단기간 내의 매매차익을 목적으로 취득한 유가증권으로서 매수와 매도가 적극적이고 빈번하게 이루어지는 것
2. 매도가능증권	단기매매증권 또는 만기보유증권으로 분류되지 아니한 유가증권
3. 만기보유증권	만기가 확정된 채무증권으로서 만기까지 보유할 적극적인 의도와 능력이 있는 경우 유가증권
4. 지분법적용 투자주식	주식 중 다른 회사에 **유의적인 영향력을 행사할 수 있는 주식** - 투자회사가 피투자회사의 의결권있는 주식의 20%이상을 보유 - 피투자회사의 이사회 또는 의사결정기관에의 참여 - 피투자회사의 이익잉여금분배나 내부유보에 관한 의사결정과정에의 참여 - 피투자회사의 영업정책결정과정에 참여 - 투자회사와 피투자회사 간의 중요한 내부거래 - 경영진의 인사교류 - 필수적인 기술정보의 교환

② 취득원가 : 매입가액에 취득부대비용을 합한 금액으로 한다. 다만 **단기매매증권의 경우에는 매입가액을 취득가액**으로 한다.

③ 보유시 과실에 대한 회계처리

		이자 또는 배당금 수취시
㉠ 채무증권	이자수익으로 처리	
㉡ 지분증권	현금배당	배당금수익
	주식배당	**회계처리는 하지 않고 수량과 단가를 새로이 계산한다.**

④ 유가증권의 기말평가 

	평가액	평가손익
㉠ 단기매매증권	공정가액	영업외손익
㉡ 매도가능증권	공정가액	자본(기타포괄손익누계액)
	원가법	–
㉢ 만기보유증권	평가하지 않음 (장부가액 : 상각후원가*1)	–
㉣ 지분법적용투자주식	지분법으로 평가*2	**영업외손익**

*1. <u>만기보유증권은 상각후원가법으로 평가한다.</u> 상각후 원가법이란 취득원가와 액면가액이 다른 경우 그 차액을 상환기간동안 취득원가에 가감하여 만기일의 장부금액을 액면가액에 일치시키는 방법이다. 이때 액면가액과의 차액은 유효이자율법을 적용하여 상환기간에 걸쳐 배분한다.

*2. **취득시점 이후에 주식의 공정가액으로 평가하지 않고 지분변동액을 당해 지분법적용투자주식에 가감하여 보고하는 방법**을 말한다.

⑤ 손상차손 인식

회사는 매 회계기간말 마다 보유한 유가증권에 대하여 **<u>손상차손(회수가능가액이 취득가액보다 작은 경우)</u>** 인식할 것을 고려하여야 한다. 이러한 손상차손은 원칙적으로 개별 유가증권별로 측정하고 인식하는 것을 원칙으로 하고, 영업외비용으로 처리한다.

지분증권의 손상차손은 지분증권발행회사의 신용위험이 증가하여 공정가액의 회복이 불가능한 경우에 인식하는 것이다.

<u>유가증권손상차손 = 장부가액 – 회수가능가액</u>

☞ <u>단기매매증권은 손상차손을 인식하지 않는다.</u>

⑥ 유가증권의 처분

처분시 발생하는 증권거래 수수료나 증권거래세 등의 부대비용은 처분가액에서 차감하여 회계처리 한다.

〈단기매매증권과 매도가능증권〉

	단기매매증권	매도가능증권
의 의	단기간 시세차익목적	언제 매도할지 모름
기말평가	공정가액	공정가액(공정가액이 없는 경우 원가법)
	미실현손익(영업외손익 – 단기매증권평가손익)	**미실현손익(자본 – 기타포괄손익누계액)**
<u>처분손익</u>	**<u>처분가액 – 장부가액</u>**	**<u>처분가액 – 취득가액(= 장부가액 + 평가손실-평가이익)</u>**
<u>손상차손</u>	**<u>미인식</u>**	**<u>인식</u>**

⑦ 유가증권의 재분류(보유목적변경)

유가증권의 보유의도와 보유능력에 변화가 있어 재분류가 필요한 경우에는 다음과 같이 처리한다.

에서
단기매매증권
매도가능증권
만기보유증권

으로	비 고
단기매매증권	
매도가능증권	**단기매매증권이 시장성상실**
만기보유증권	

가능 ──▶ 불가능 ······▶

<u>또한 유가증권과목의 분류를 변경시 재분류일 현재의 공정가치로 평가한 후 변경한다.</u>

2. 유형자산

(1) 유형자산의 취득원가

	내 용
1. 외부구입	매입가액+취득시 각종 부대비용**(국공채 등을 불가피하게 매입하는 경우 채권의 매입가액과 현재가치와의 차액등)**
2. 일괄취득	개별자산의 상대적 공정가치에 비례하여 안분
3. 무상취득	취득한 자산의 공정가치
4. 현물출자	취득한 자산의 공정가치(유형자산의 공정가치를 신뢰성있게 측정할 수 없다면 발행하는 주식의 공정가치를 취득원가)
5. 장기연불구입	미래현금유출액의 현재가치
6. 복구비용	**<u>자산을 해체 제거하거나 부지를 복구하는데 소요될 것으로 최초에 추정되는 원가 (예 : 원자력발전소)</u>**

① 철거비용

	타인건물구입후 즉시 철거	사용중인 건물철거
목 적	**토지 사용목적으로 취득**	**타용도 사용**
회계처리	**토지의 취득원가**	**당기비용(유형자산처분손실)**
폐자재매각수입	토지 또는 유형자산처분손실에서 차감한다.	

② 교환취득

㉠ 동종자산간 교환(장부가액법)

교환으로 받은 자산의 취득원가는 교환시 제공한 자산의 장부가액으로 한다. 따라서 **교환손익(유형자산처분손익)이 발생하지 않는다.**

또한 동종자산의 구분기준은 물리적·기능적 유사성과 금액의 유사성을 동시에 충족해야 한다. **만약 물리적으로 유사한 자산이라도 공정가치의 차이(대개 현금으로 수수)가 유의적(중요)인 경우에는 이종자산과의 교환으로 본다.**

㉡ 이종자산간 교환(공정가액법)

다른 종류의 자산과 교환하여 새로운 유형자산을 취득하는 경우 유형자산의 취득원가는 교환을 위하여 **제공한 자산의 공정가치**로 하고, 이때 **교환손익(장부가액과 공정가치의 차액)은 유형자산처분손익으로 인식**한다.

〈교환취득〉

	동종자산	이종자산
회계처리	**장부가액법**	**공정가액법**
취득원가	제공한 자산의 장부가액	**제공한 자산의 공정가액**[*1]
교환손익	**인식하지 않음**	**인식(유형자산처분손익)**

*1. 불확실시 교환으로 취득한 자산의 공정가치로 할 수 있다. 또한 자산의 교환에 현금수수시 현금수수액을 반영하여 취득원가를 결정한다. **현금수수시 신자산의 취득가액＝구자산 공정가치＋현금지급액－현금수취액**

〈이종자산 교환거래－유형자산, 수익〉

	유형자산 취득원가	수익인식
원칙	**제공한 자산의 공정가치**	**제공받은 재화의 공정가치**
예외(원칙이 불확실시)	**취득한 자산의 공정가치**	**제공한 재화의 공정가치**

<예제 2-7> 교환취득

㈜한강의 다음 거래를 분개하시오. 다음의 자산은 영업목적으로 취득하였다.

1. 10월 1일 사용 중이던 기계A(취득가액 100,000원, 감가상각누계액 40,000원)를 토지와 교환하면서 현금 10,000원을 지급하였다. 교환시 기계A의 공정가치는 110,000원이다.

2. 10월 5일 사용 중이던 비품(취득가액 100,000원, 감가상각누계액 40,000원)과 차량운반구를 교환하면서 현금 10,000원을 수취하였다. 교환시 비품의 공정가치는 모르나, 차량운반구의 공정가치는 120,000원이다.

해답

1. (이종자산) (1+2)	(차) 감가상각누계액 토 지	40,000 120,000	(대) 기계장치(A) 현 금 유형자산처분이익	100,000 10,000 50,000
	〈1.공정가치(110,000원)로 처분〉			
	(차) 감가상각누계액 현 금	40,000 110,000	(대) 기계장치(A) 유형자산처분이익	100,000 50,000
	〈2.유형자산 취득〉			
	(차) 토 지	120,000	(대) 현 금	120,000
2. (이종자산) (1+2)	(차) 감가상각누계액 현 금 차량운반구	40,000 10,000 120,000	(대) 비 품 유형자산처분이익	100,000 70,000
	〈1.유형자산 취득〉			
	(차) 차량운반구	120,000	(대) 현 금	120,000
	〈2.공정가치(130,000원)로 처분〉			
	(차) 감가상각누계액 현 금	40,000 130,000	(대) 비 품 유형자산처분이익	100,000 70,000

③ 정부보조금(국고보조금)

자산 취득시 국가로부터 보조금(상환의무가 없는 경우)을 수령한 경우 자산의 취득원가에서 차감하여 표시한다. 그리고 **그 자산의 내용년수에 걸쳐 감가상각액과 상계하며, 해당 유형자산을 처분시에는 정부보조금잔액을 처분손익에 반영**한다.

☞ **상환의무가 있는 경우에는 차입금으로 회계처리한다.**

<예제 2-2> 정부보조금

㈜지구의 다음 거래에 대해서 회계처리하시오.

1. ×1년 7월 1일 정부로부터 정부보조금(상환의무가 없고, 추후 기계장치 취득에 사용될 예정이다) 10,000원을 보통예금으로 수령하였다.
2. ×1년 7월 3일 기계장치를 100,000원에 취득하고 보통예금계좌에서 이체하였다.
3. ×1년 12월 31일 내용년수 5년, 잔존가치 없는 것으로 가정하고 정액법으로 감가상각비를 계상하다.
4. ×2년 3월 31일 기계장치를 110,000원(부가가치세별도)에 현금처분하였다. (당기 감가상각은 고려하지 마세요.)

해답

1.	(차) 보통예금	10,000	(대) 정부보조금 (보통예금차감)	10,000
2.	(차) 기계장치 정부보조금 (보통예금차감)	100,000 10,000	(대) 보통예금 정부보조금 (기계장치차감)	100,000 10,000
3.	(차) 감가상각비 정부보조금 (기계장치차감)	10,000*1 1,000*2	(대) 감가상각누계액 감가상각비	10,000 1,000
	결국 정부보조금은 해당 자산의 효익 제공기간(내용년수)동안 비용을 차감한다. *1. 감가상각비=(100,000 - 0)/5년 × 6개월/12개월=10,000 *2. 감가상각비와 상계되는 되는 정부보조금 $= 감가상각비 \times \frac{정부보조금}{(취득가액-잔존가치)}$ $=10,000 \times [10,000/(100,000-0)] = 1,000$			
4.	(차) 감가상각누계액 정부보조금 현금	10,000 9,000 121,000	(대) 기계장치 부가세예수금 유형자산처분익	100,000 11,000 29,000

☞ **상환의무가 있는 국고보조금은 차입금으로 처리하면 된다.**

④ 차입원가(금융비용 자본화)

차입원가는 **기간비용(이자비용)으로 처리함을 원칙**으로 한다. 다만 유형자산, 무형자산 및 투자부동산과 제조·매입·건설 또는 개발이 개시된 날로부터 의도된 용도로 사용하거나 **판매할 수 있는 상태가 되기까지 1년 이상이 소요되는 재고자산**(이들을 적격자산이라고 함)의 취득을 위한 자금에 차입금이 포함된다면 이러한 차입금에 대한 차입원가는 취득에 소요되는 원가로 회계처리할 수 있다.

- 차입금과 사채에 대한 이자
- 사채발행차금상각액 또는 환입액
- 현재가치할인차금상각액
- 외화차입에 대한 환율변동손익
- 차입과 직접적으로 관련하여 발생한 수수료등

〈차입원가계산절차〉

〈특정차입금의 자본화 차입원가〉 = 자본화기간동안 특정차입금 차입원가-자본화기간동안 특정차입금 일시투자수익
〈일반차입금의 자본화 차입원가〉 = (자본화 대상자산에 대한 연평균지출액- 특정차입금을 사용한 연평균지출액)×자본화이자율

☞ 연평균지출액: 자본화기간중 지출액을 연평균의 개념으로 환산한 금액→이자율이 연평균이기 때문에 지출액도 연평균지출액으로 환산하는 것이다.
특정차입금 : 적격자산과 직접 관련된 차입금
일반차입금 : 적격자산의 지출에 사용되었을 가능성이 있는 차입금

(2) 유형자산 취득 이후의 지출

	자본적지출	수익적지출
정의	**① 미래의 경제적 효익을 증가시키거나** **② 내용연수를 연장시키는 지출**	**자본적지출 이외**
회계처리	해당 자산가액	**수선비등 비용처리**

(3) 유형자산의 감가상각 

감가상각은 유형자산의 취득원가를 체계적 · 합리적으로 비용을 배분하는 것을 말한다.

		당기 감가상각비
1. 감가상각대상금액(A) **(취득가액 – 잔존가치)**	정액법	A/내용연수
	연수합계법	A × 잔여내용연수/내용연수의 합계
	생산량비례법	A × 당기실제생산량/예상총생산량
2. 장부가액(B) **(취득가액 – 기초감가상각누계액)**	정률법	B × 상각률
	이중체감법	B × (2/내용연수)
초기 감가상각비	**정률법(이중체감법)*1 〉 내용연수합계법 〉 정액법**	
초기 장부가액	정액법 〉 내용연수합계법 〉 정률법(이중체감법)	

*1. 정률법의 상각률과 이중체감법의 2/내용연수에 따라 달라질수 있다.

☞ 잔존가치가 유의적인 경우 매보고기간말에 재검토한다.

(4) 유형자산 인식시점 이후의 측정(재평가모형) 

유형자산의 인식시점 이후에는 **원가모형(기존의 방법)이나 재평가모형 중 하나를 회계정책으로 선택하여 유형자산 분류별로 동일하게 적용**한다.

재평가모형이란 공정가치를 신뢰성있게 측정할 수 있는 유형자산에 대해서 재평가일에 **공정가치에서 감가상각누계액과 손상차손누계액을 차감한 재평가금액을 장부금액으로 한다.** 전액제거법이란 **총장부금액에서 기존의 감가상각누계액 전부를 제거하여 자산의 순장부금액이 재평가 금액이 되도록 수정하는 방법**이다.

재평가는 보고기간말에 자산의 장부금액이 공정가치와 중요하게 차이가 나지 않도록 주기적으로 수행한다.

[재평가모형]

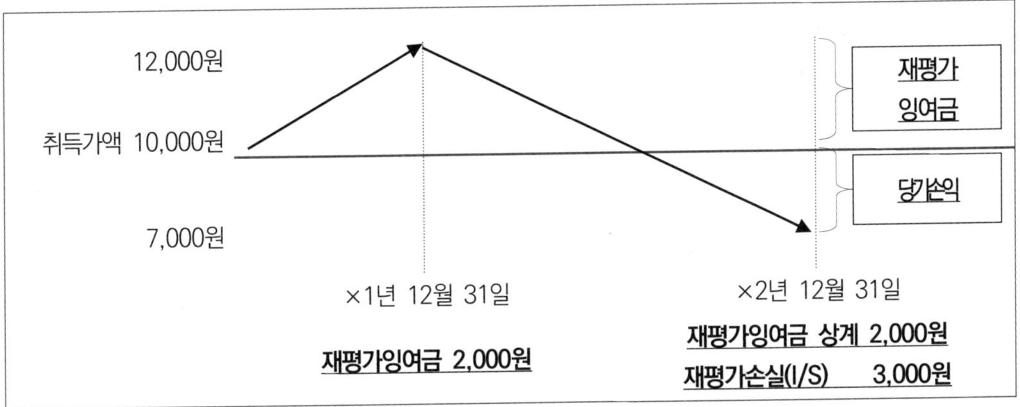

<table>
<tr><th colspan="2">구 분</th><th>회 계 처 리</th></tr>
<tr><td rowspan="4">1. 평가시</td><td rowspan="2">재평가증</td><td>(차) 감가상각누계액 ××× (대) 재평가손실(I/S)[*1] ×××
유형자산 ××× 재평가잉여금 ×××
(자본-기타포괄손익누계액)</td></tr>
<tr><td>*1. 당기이전에 재평가손실액이 있는 경우 우선 상계한다.</td></tr>
<tr><td rowspan="2">재평가감</td><td>(차) 감가상각누계액 ××× (대) 유형자산 ×××
재평가잉여금[*2] ×××
재평가손실(I/S) ×××</td></tr>
<tr><td>*2. 재평가잉여금 잔액이 있는 경우 우선 상계한다.</td></tr>
<tr><td rowspan="3">2. 처분시</td><td>재평가잉여금
잔액이 없는 경우</td><td>(차) 감가상각누계액 ××× (대) 유형자산 ×××
현금 ××× 유형자산처분손익 ×××</td></tr>
<tr><td rowspan="2">재평가잉여금
잔액이 있는 경우</td><td>(차) 감가상각누계액 ××× (대) 유형자산 ×××
현금 ××× 유형자산처분손익 ×××</td></tr>
<tr><td>(차) 재평가잉여금 ××× (대) 미처분이익잉여금 ×××</td></tr>
<tr><td colspan="2" rowspan="2">3. 상각</td><td>(차) 감가상각비[*1] ××× (대) 감가상각누계액[*2] ×××
재평가잉여금 ×××</td></tr>
<tr><td>*1. 최초원가에 근거한 감가상각액
*2. 재평가된 금액에 근거한 감가상각액(재평가금액, 잔존내용년수로 감가상각)</td></tr>
</table>

(5) 유형자산의 손상

유형자산의 중대한 손상으로 인하여 **본질가치가 하락한 경우**에는 유형자산의 장부금액을 감액하고 이를 **손상차손으로 즉시 인식**해야 한다.

① 손상가능성의 판단기준

- 유형자산의 **시장가치가 현저하게 하락**한 경우
- 유형자산의 **사용강도나 사용방법에 현저한 변화가 있거나, 심각한 물리적 변형이 초래**된 경우
- 해당 유형자산으로부터 영업손실이나 순현금유출이 발생하고, 이 상태가 미래에도 지속될 것이라고 판단되는 경우 등

② 손상차손의 인식기준

- **유형자산의 손상차손 = 회수가능가액 – 손상전 장부금액**
- **회수가능가액 = MAX[ⓐ순공정가치, ⓑ사용가치]**
  ⓐ 순공정가치 = 예상처분가액 – 예상처분비용
  ⓑ 사용가치 = 해당 자산의 사용으로부터 예상되는 미래 현금흐름의 현재가치

③ 손상차손의 회계처리

(차) 유형자산손상차손(영 · 비)	×××	(대) 손상차손누계액(자산차감)	×××

<예제 2 - 4> 재평가 및 손상차손

㈜지구의 다음 거래에 대해서 분개하시오. 다음의 자산은 영업목적으로 취득하였다.

1. x1년 12월 31일 년초 10,000,000원에 매입하였던 토지를 재평가모형을 적용하여 평가하였다. 토지의 공정가치는 8,000,000원으로 추정하였다.
2. x2년 12월 31일 토지의 공정가치가 13,000,000원으로 추정하였다.
3. x1년 12월 31일 연초에 기계장치를 100,000원에 취득하였고, 이 기계장치의 공정가치가 130,000원으로 증가하여 재평가모형을 적용하고자 한다. (내용연수는 5년, 정액법, 잔존가치는 없음)
4. x1년 12월 31일 토지의 장부가액은 10,000,000원인데 토지에 대한 손상징후가 있어 손상차손을 인식하다. 토지의 사용가치는 4,000,000원이고 처분가치는 5,000,000원으로 추정하다.

해답

1.	(차) 재평가손실(I/S)	2,000,000	(대) 토 지	2,000,000
2.	(차) 토 지	5,000,000	(대) 재평가이익(I/S) 재평가잉여금	2,000,000 3,000,000
3.	[감가상각비] (차) 감가상각비	20,000	(대) 감가상각누계액	20,000
	[재평가모형-전액제거법] - 12.31 기계장치 취득가액 100,000원 감가상각누계액 20,000원 (차) 감가상각누계액 기계장치	20,000 30,000	(대) 재평가잉여금	50,000
4.	(차) 유형자산손상차손 (영업외비용)	5,000,000	(대) 손상차손누계액	5,000,000
	☞ 유형자산손상차손=회수가능가액(MAX[순공정가치, 사용가치])－장부가액 =MAX(5,000,000, 4,000,000) － 10,000,000=5,000,000원			

3. 무형자산

(1) 종류

1. 영업권	**기업회계기준에서는 <u>외부구입영업권만 인정하고, 내부창설 영업권의 자산계상은 인정하지 않는다.</u>**
2. 개발비	
3. 산업재산권	일정기간 독점적 · 배타적으로 이용할 수 있는 권리로서 특허권 · 실용신안권 · 상표권 등
4. 라이선스	특허권자가 자신의 권리를 사용하고자 하는 특허사용자와 계약하여 권리실시를 허용하는 계약
5. 소프트웨어	자산인식요건을 충족하는 소프트웨어를 구입하여 사용하는 경우의 구입대가
6. 프랜차이즈	체인점본사와 가맹점간의 계약에 의하여 특정상표, 상호의 상품이나 용역을 독점적으로 판매할 수 있는 권리
7. 기타	저작권, 광업권, 어업권, 임차권리금 등

(2) 내부적으로 창출된 무형자산(개발비)

개발비란 신제품, 신기술 등의 개발과 관련하여 발생한 비용(소프트웨어의 자체 개발과 관련된 비용을 포함)으로 개별적으로 식별가능하고 미래의 경제적 효익을 기대할 수 있는 것을 말한다. 개발비는 연구개발활동에 투입된 지출 중에서 무형자산의 인식요건에 부합하면 자산으로 계상한다는 의미이며, 법률상의 권리는 아니다. 또한 개발비와 유사한 지출로서 연구비가 있는데, 연구비란 새로운 과학적 지식을 얻고자하는 활동, 제품 등에 대한 여러 가지 대체안을 탐색하는 활동에 지출하는 비용을 말한다.

〈연구 · 개발 및 생산단계〉

연구단계	→	개발단계	→	생산단계
비용처리 (연구비 – 판관비)		자산인식조건을 충족 : 개발비 요건을 미충족시 : 경상연구개발비(판관비)		무형자산상각비 (제조경비 / 판관비)

(3) 무형자산의 취득가액

매입가액에 취득 부대비용을 가산하여 무형자산의 취득원가로 하고, 일반적으로 유형자산의 취득원가와 동일하다.

그러나 내부적으로 창출된 무형자산의 취득원가는 그 **자산의 창출, 제조, 사용 준비에 직접 관련된 지출과 합리적이고 일관성있게 배부된 간접 지출을 모두 포함**한다.

- 무형자산의 창출에 직접 종사한 인원에 대한 인건비와 직접 사용된 재료비, 용역비
- 무형자산의 창출에 직접 사용된 유형자산의 감가상각비와 무형자산의 상각비
- 법적권리를 등록하기 위한 수수료 등 무형자산을 창출하는데 직접적으로 관련있는 지출
- 무형자산의 창출에 필요하며 합리적이고 일관된 방법으로 배분할 수 있는 간접비용(연구관리직원의 인건비, 임차료, 보험료 등)
- 차입원가 중 자본화를 선택한 비용

(4) 무형자산의 상각

① 잔존가액 : **잔존가치는 원칙적으로 "0"으로 한다.**

② 내용연수

무형자산의 내용연수(상각기간)는 **독점적 · 배타적인 권리를 부여하고 있는 관계법령이나 계약에 정해진 경우를 제외하고는 20년을 초과할 수 없다.** **이때 법률상 유효기간과 경제적 내용년수가 모두 존재한다면 둘 중 짧은 기간 동안 상각한다.**

내용연수가 비한정인 무형자산(내용연수를 추정하는 시점에서 내용연수를 결정하지 못하는 무형자산)은 상각하지 아니한다.

또한, 상각시점은 무형자산이 **사용가능한 시점**부터 상각하도록 하고 있다.

③ 상각방법

유형자산과 마찬가지로 정액법, 정률법, 생산량비례법 등 기업회계기준이 정하는 방법 중에서 기업이 합리적인 방법을 선택하여 상각한다.

그러나 **합리적인 상각방법을 정할 수 없는 경우에는 정액법을 사용하도록 하고 있다. 다만, 영업권의 경우에 정액법만 허용된다.**

④ 손상차손

유형자산과 마찬가지로 손상차손을 검토하여 한다. 다만 특이한 것은 영업권의 경우 다른 자산과 달리 손상된 자산의 영업권회수가능가액이 회복되었다 하더라도 이는 자기창설영업권으로 보아 동 회복액을 손상차손환입으로 처리할 수 없다.

⑤ 재무제표 표시 : 직접상각법 또는 간접상각법 가능

[유형자산 VS 무형자산]

	유형자산	무형자산
취득가액	매입가액+부대비용	좌동(간접지출도 포함가능)
잔존가액	처분시 예상되는 순현금유입액	**원칙적으로 "0"**
내용년수	경제적 내용연수	좌동 **원칙 : 20년 초과 불가**
상각방법	정액법, 정률법, 내용연수합계법, 생산량비례법 등	좌동 **다만 합리적인 상각방법이 없는 경우 "정액법"**
재무제표 표시	간접상각법	**직접상각법, 간접상각법 가능**

4. 부도어음과수표(기타비유동자산)

어음이 부도되면 어음소지인은 어음발행자에게 어음금액을 청구할 수 있으며, 이때 어음소지인은 어음금액과 법정이자, 공증인에 의한 지급거절증서 작성 비용 등을 청구한다. 회사는 관리목적상 정상적인 어음과 구분하기 위하여 **부도어음과수표계정(청구비용 등 포함)을 사용하고, 추후 회수가능성을 판단하여 대손처리**한다.

연/습/문/제

분개연습

[1] 전년도 장기소유 목적으로 구입한 강태공(주) 주식 600주(1주당 액면가액 10,000원)를 @98,000원으로 취득하였으나, 전년도 결산시 공정가액 @95,000원으로 평가하였다. 당해년도 12월 31일자 회계처리를 하시오. 단, 이 주식은 강태공(주)가 금융기관으로부터 당좌거래 정지처분을 당하여 주식의 회수가능액이 20,000,000원으로 평가되었다.

[2] 회사가 보유하고 있는 매도가능증권을 다음과 같은 조건으로 처분하고 현금을 회수하였으며 전년도 기말 평가는 기업회계기준에 따라 처리하였다.

취득가액	시 가	양도가액	비 고
	전년도 12월 31일 현재		
10,000,000원	12,000,000원	13,000,000원	시장성 있음

[3] 장기투자목적으로 구입한 (주)K사의 주식(시장성 있음) 300주를 1주당 20,000원에 처분하고 대금은 보통예금에 입금되었다. 주식처분에 따른 증권거래세 30,000원과 거래수수료 12,000원은 현금으로 지급하였다.

> ※ (주)K사 주식의 취득 및 변동내역
> 전기 10.20 500주 취득 (주당 18,000원 소요)
> 전기 12.31 시가 : 1주당 22,000원

[4] 사용 중이던 화물자동차를 (주)중고자동차에 3,200,000원(부가가치세 별도)에 매각하면서 세금계산서를 교부하고 대금은 전액 보통예금 계좌로 송금받았다. 당사의 차량운반구의 취득가액은 7,400,000원 처분시 감가상각누계액은 4,329,600원이다.

[5] 대표이사가 업무용으로 사용할 3,000cc 승용차를 구입시 이에 대하여 의무적으로 구입해야 하는 액면가액 1,000,000원, 공정가치 700,000원인 채권(매도가능증권으로 분류된다)을 액면가액으로 취득하면서 채권에 대한 대가는 현금으로 지급하였다.

[6] 회사는 공장건설을 위하여 취득한 토지(현재 임야임)를 공장건설에 적합하도록 지목 및 형질 변경을 위한 공사를 진행하였으며, 동 공사와 관련하여 대치건설(주)로부터 150,000,000원(부가가치세 별도)의 세금계산서를 교부받았으며, 대금은 10일 후에 지급할 예정이다.

[7] 지점 건물 건설을 위한 토지를 당사의 주주인 정갑수씨로부터 아무런 조건없이 무상으로 기증받고 취득세 등 이전비용 4,200,000원을 전액 현금으로 지급하였다. 토지의 기준시가와 공정가치는 각각 90,000,000원과 110,000,000원이다.

[8] 가람소프트웨어사와 3월 1일 30,000,000원에 당사의 업무관리S/W개발계약을 체결하고 개발을 의뢰한 바 있으며, 당일 완성되어 인수하고 세금계산서(공급가액 30,000,000원 부가가치세 3,000,000원)를 교부받았다. 대금은 지급한 계약금(선급금 3,000,000원)을 차감하고 전액 현금으로 지급하였다.(무형자산으로 계상할 것)

[9] 국고보조금에 의하여 취득한 다음의 기계장치가 노후화되어 제영산업㈜에 외상(매각대금 15,000,000원, 부가가치세별도)으로 처분하고 세금계산서를 교부하였다.(처분된 기계장치는 취득 후 감가상각을 전혀 하지 않았다.)

기계장치	60,000,000원
국고보조금(자산차감)	22,000,000원

[10] 현재 (주)태영에 대해 100,000,000원의 단기차입금을 보유하고 있다. 동 채무의 만기는 당기 12월 31일이지만 (주)광명이 소유하고 있던 건물(취득원가 150,000,000원, 감가상각누계액 90,000,000원, 공정가액 80,000,000원)과 현금 12,000,000원을 지급하고 단기차입금을 상환하면서 세금계산서(공급가액 80,000,000원, 세액 8,000,000원)를 발행하였다.

[11] 우리정보기술로부터 소프트웨어를 취득하고 세금계산서(공급가액 35,000,000원, 부가가치세 별도)를 수취하였다. 회사는 주식(액면금액 25,000,000원, 공정가액 35,000,000원)을 발행하여 제공하고, 부가가치세는 현금으로 지급하였다.

[12] 화물운반용으로 사용하기 위하여 금융업을 영위하는 신한은행 도곡동 지점에서 사용하던 차량을 다음과 같이 구입하기로 하고 대금은 당좌수표로 지급하였다.

〈차량매각회사인 신한은행의 자료〉
① 차명 : 1톤 포터 ② 취득가액 : 15,000,000원
③ 감가상각누계액 : 8,000,000원 ④ 판매가격 : 5,000,000원
⑤ 신한은행 도곡지점 담당자는 세법상의 세금계산서 또는 계산서를 발행하였다.

[13] 당사와 동일 업종을 영위하는 강진기업을 매수합병(포괄양도양수에 해당함)하고 합병대금 12,000,000원은 당좌수표를 발행하여 지급하다. 합병일 현재 강진기업의 자산은 토지(장부가액 8,000,000원, 공정가액 9,300,000원)와 특허권(장부가액 580,000원, 공정가액 1,400,000원)뿐이며 부채는 없다.

[14] 당사는 화성에 반도체공장을 신축할 계획으로 건축물이 있는 토지를 취득하고 즉시 그 건축물은 철거를 하였다. 동 건축물 철거작업과 관련하여 (주)현대건설로부터 10,000,000원(부가세 별도)의 세금계산서를 교부받았으며, 대금의 30%는 현금으로 나머지는 한달 후에 지급하기로 하였다.

[15] 회사는 신한은행으로부터 은행업무용으로 사용하던 중고 포터트럭을 11,000,000원에 현금으로 구입하였다. 신한은행은 동 포터트럭 판매에 대하여 관련 세법상의 규정을 준수하여 증빙을 발행하였다.

[16] 정부로부터 2월 3일 무상지원 받은 국고보조금(현금, 예금차감항목)으로 반도체를 세척하는 시설장치를 (주)대동전자로부터 150,000,000원(부가가치세 별도)에 구입하면서 보통예금을 인출하여 지급하였으며 세금계산서를 수취하였다.(국고보조금은 지난달 1억원을 수령하여 보통예금계좌에 입금하였다.)

[17] 제품운반에 사용할 화물차 마이티(공급가액 21,000,000원, 부가가치세 2,100,000원)를 홍익자동차(주)에서 구입하고 세금계산서를 교부받았다. 동 구입 건에 대하여는 인도금으로 5월 25일에 지급한 2,100,000원(선급금 처리)을 공제한 나머지는 할부계약(6개월)을 체결하였다. 또한 차량취득세 등을 1,100,000원을 현금으로 지급하였다.

[18] 공장신축을 위하여 건물과 토지를 구입하고 그 토지에 있던 구건물을 철거하였다. 토지와 구건물 구입대금으로 현금 3,000,000원과 자사보통주(주당 액면가액 5,000원, 시가 8,400원) 500주를 발행하여 교부하였고, 구건물의 철거비용과 토지 등기비 705,000원이 현금으로 지출되었다.

[19] 당사는 (주)굴비상사가 발행한 다음의 사채를 2년 후 매각할 목적으로 현금취득하였다.

- 만　　기 : 20x4년 9월 30일(발행일 : 20x1년 10월 1일)
- 액면이자율 : 8%(시장이자율 : 10%)
- 액 면 가 액 : 10,000,000원(발행가액 : 9,502,580원)
- 3년, 이자율 10%의 현가계수 : 0.75131(3년, 이자율10%의 연금현가계수 : 2.48685)

[20] 결산일 현재 유형자산에 해당하는 장부금액 200,000,000원인 토지에 대한 손상징후가 있다고 판단되어 검토한 결과 토지의 사용가치는 136,000,000원이고 처분가치는 173,000,000원인 것으로 판단되어 이를 손상차손으로 인식하다.

[21] 9월 1일 회사는 단기적인 자금운용을 위해 당해년도 1월 1일 14,750,000원에 취득한 국채를 경과이자를 포함하여 현금 14,930,000원을 받고 매각하였다. (발행일 전년도 5월 1일, 액면가액 15,000,000원, 표시이자율 3%, 이자지급일은 매년 12월 31일, 만기는 2033년 4월 30일, 이자는 월할 계산하기로 하고 채권중도 매도 시 원천징수는 생략함)(3점)

[22] 제조부에서 사용하던 기계장치가 화재로 인해 소실되어 동일 날짜에 안전보험으로부터 보험금을 청구하여 보험금 9,800,000원을 보통예금 계좌로 입금받았다. 소실 전까지의 관련 회계처리는 적정하게 되었으며 기계장치의 내용은 다음과 같다.

- 기계장치 : 18,000,000원　　• 감가상각누계액 : 8,500,000원　　• 국고보조금 : 3,000,000원

 객관식

01. 기업회계기준상 회사가 취득한 유가증권의 평가방법에 대한 설명으로 틀린 것은?

① 만약 유가증권이 사채로서 만기까지 보유할 목적이라면 만기보유증권으로 분류하고 상각후취득원가로 평가하여 재무상태표에 표시한다.

② 만약 유가증권이 단기매매증권으로 분류되었다면 공정가액으로 평가한다.

③ 만약 유가증권이 시장성이 없는 지분증권으로서 공정가액을 신뢰성있게 측정할 수 없는 경우에는 취득원가로 평가한다.

④ 상각후취득원가로 평가하는 경우 상각방법은 유효이자율법과 정액법 중 선택하여 적용한다.

02. 유가증권 보유 및 발행 시 회계처리로 옳지 않은 것은?

① 현금배당 수령 시 대변에 배당금 수익으로 처리한다.

② 주식발행회사의 경우 주식배당은 자본에 변화가 발생하지 아니한다.

③ 주식배당 수령 시 배당금수익은 인식하지 않고, 주당취득가액은 변화가 없다.

④ 주식발행회사의 경우 현금배당은 자본을 감소시킨다.

03. 일반기업회계기준상 유가증권의 후속 측정에 대한 설명이다. 이 중 잘못된 것은?

① 만기보유증권은 취득원가로 평가하여 재무상태표에 표시한다.

② 단기매매증권과 매도가능증권은 공정가치로 평가한다.

③ 단기매매증권에 대한 미실현보유손익은 당기손익항목으로 처리한다.

④ 매도가능증권에 대한 미실현보유손익은 기타포괄손익누계액으로 처리한다.

04. 다음 중 기업회계기준상 유가증권에 대한 설명으로 틀린 것은?

① 단기매매증권은 유동자산으로 분류되며 단기투자자산 등의 과목으로 통합하여 재무상태표에 표시할 수 있다.

② 유가증권은 만기보유증권, 단기매매증권, 매도가능증권 중의 하나로 분류하며 분류의 적정성은 취득일을 기준으로 하여 변경은 불가능하다.

③ 단기매매증권이나 만기보유증권으로 분류되지 아니하는 유가증권은 매도가능증권으로 분류하여 원칙적으로 투자자산으로 분류한다.

④ 만기가 확정된 채무증권으로서 상환금액이 확정 또는 확정 가능한 경우로서 만기까지 보유할 의도와 능력이 있는 경우 만기보유증권으로 분류한다.

05. 다음 중 기업회계기준상 유가증권에 대한 설명으로 틀린 것은?

① 매도가능증권으로 분류된 경우에도 재무상태표일로부터 1년 이내에 만기가 도래하거나 처분할 것이 거의 확실한 경우에는 유동자산으로 분류한다.

② 단기매매증권의 평가손익은 그 영향이 중요한 경우에는 당기손익으로 처리하고 중요하지 아니한 경우에는 자본항목으로 처리하여야 한다.

③ 채무증권이 만기보유증권으로 분류되는 경우에는 상각후원가로 평가하여야 한다.

④ 매도가능증권인 채무증권을 만기보유증권으로 분류변경하는 경우 분류변경시까지 발생한 매도가능증권의 미실현손익 잔액은 계속 자본항목으로 처리한다.

06. 일반기업회계기준상 유가증권의 재분류에 대한 설명으로 빈칸에 알맞은 것은?

> 단기매매증권을 매도가능증권이나 만기보유증권으로 재분류하는 경우에는 재분류일 현재의 [가]를(을) 새로운 취득원가로 본다. 이 경우 재분류일까지의 미실현보유손익은 [나]으로 인식한다. 공정가치를 측정할 수 없게 된 매도가능증권의 미실현보유손익은 [다]으로 계속 처리하고 처분 등에 따라 실현될 때에 [라]으로 인식한다.

	가	나	다	라
①	공정가치	당기손익	기타포괄손익누계액	당기손익
②	공정가치	기타포괄손익누계액	당기손익	기타포괄손익누계액
③	장부가액	당기손익	기타포괄손익누계액	당기손익
④	장부가액	기타포괄손익누계액	당기손익	기타포괄손익누계액

07. 회사가 보유한 K주식(현재 유가증권시장에 상장되어 거래되고 있음)은 단기매매증권이나 회계담당자의 실수로 매도가능증권으로 분류하여 기업회계기준에 따라 기말평가를 하였다. K주식의 시가가 변동하는 경우 재무제표에 미치는 영향은?

	자산	자본	당기순이익
①	불변	불변	변동
②	불변	변동	불변
③	변동	불변	변동
④	변동	변동	불변

08. 회사가 보유한 시장성 있는 매도가능증권에 대한 기말평가를 기업회계기준에 따라 회계처리한 경우에 대한 설명으로 틀린 것은?

① 매도가능증권의 기말평가여부와 상관없이 당기순이익은 항상 일정하다.
② 매도가능증권의 기말평가여부에 따라 자본금은 달라진다.
③ 매도가능증권의 기말평가여부에 따라 매도가능증권의 장부가액은 달라진다.
④ 매도가능증권평가이익을 손익계산서에 반영한 경우에도 재무상태표상의 자본은 변동없다.

09. 일반기업회계기준의 무형자산과 관련된 내용 중 틀린 것은?

① 무형자산을 창출하기 위한 내부 프로젝트를 연구단계와 개발단계로 구분할 수 없는 경우에는 그 프로젝트에서 발생한 지출은 모두 개발단계에서 발생한 것으로 본다.
② 프로젝트의 연구단계에서는 미래경제적 효익을 창출한 무형자산이 존재한다는 것을 입증할 수 없기 때문에 연구단계에서 발생한 지출은 무형자산으로 인식할 수 없고, 발생한 기간의 비용으로 인식한다.
③ 새로운 지식을 얻거나 연구결과 또는 기타 지식을 탐색, 평가, 최종 선택 및 응용하는 활동은 연구단계에 속하는 활동의 예이다.
④ 무형자산의 상각기간은 독점적, 배타적인 권리를 부여하고 있는 관계 법령이나 계약에 정해진 경우를 제외하고는 20년을 초과할 수 없으며, 상각은 자산이 사용한 가능한 때부터 시작한다.

10. 다음은 건설기계와 관련된 12월 31일 현재의 계정내용이다. 이에 대한 설명으로 틀린 것은?

- 건설기계는 20x1.1.1. 취득하였으며, 내용연수는 10년, 상각방법은 정액법을 적용한다.
- 국고보조금은 건설기계 취득 시 즉시 수령하였다.
- 건설기계취득원가 : 10,000,000원
- 20x1년 12월 31일 현재 감가상각누계액 계정잔액 : 1,000,000원
- 20x1년 12월 31일 현재 국고보조금 계정잔액 : 4,500,000원
- 20x2년 1월 1일에 건설기계를 5,500,000원에 처분하였다.

① 20x2년 건설기계의 처분이익은 500,000원이다.
② 20x1년 수령한 국고보조금 총액은 5,000,000원이다.
③ 20x1년 당기순이익에 미치는 영향은 500,000원이다.
④ 20x1년말 건설기계의 장부가액은 4,500,000원이다.

11. 기업회계기준상 무형자산에 관한 설명이다. 바르지 못한 것은?

① 기업내부에서 개발된 소프트웨어의 경우 자산인식조건을 충족하는 경우에는 개발비의 과목으로 하여 무형자산으로 처리한다.

② 법인의 설립시 발생하는 등기비용등의 창업비용은 당기비용으로 처리한다.

③ 무형고정자산중 영업권에 대한 상각은 5년의 기간내에 정액법으로 상각한다.

④ 무형고정자산의 상각방법은 정액법, 정률법, 연수합계법, 생산량비례법 등 합리적인 방법에 의하여 상각한다.

12. 유형자산과 관련된 기업회계기준의 설명 중 틀린 것은?

① 새로 취득한 유형자산에 대한 감가상각방법은 동종의 기존 유형자산에 대한 감가상각방법과 상관없이 선택적용 한다.

② 다른 종류의 자산과의 교환으로 유형자산을 취득하는 경우 유형자산의 취득원가는 교환을 위하여 제공한 자산의 공정가액으로 측정한다.

③ 건물을 신축하기 위하여 사용중인 기존 건물을 철거하는 경우 그 건물의 장부가액은 제거하여 처분손실로 반영하고, 철거비용은 전액 당기비용으로 처리한다.

④ 유형자산의 진부화 또는 시장가치의 급격한 하락 등으로 인하여 유형자산의 미래 경제적 효익이 장부가액에 현저하게 미달할 가능성이 있는 경우에는 손상차손의 인식여부를 검토하여야 한다.

13. 기업회계기준상 유형자산의 취득원가에 대한 설명이다. 바르지 못한 것은?

① 취득원가는 구입원가 또는 제작원가와 자산을 사용할 수 있도록 준비하는데 직접 관련이 있는 설치비, 외부 운송비, 취득과 관련된 제세공과금 등을 포함한다.

② 증여로 취득한 자산의 가액은 공정가액을 취득원가로 한다.

③ 유형자산의 취득과 관련하여 국·공채 등을 불가피하게 매입하는 경우 당해 채권의 매입가액과 기업회계기준에 의해 평가한 현재가치와의 차액은 취득원가에 포함한다.

④ 건물을 신축하기 위하여 사용 중인 기존 건물을 철거하는 경우 그 건물의 장부가액과 철거비용은 취득원가에 포함한다.

14. (주)발산의 영업부장인 박영철은 신제품의 개발과 관련 비용을 다음과 같이 지출하였다. 재무상태표상의 무형자산인 개발비로 계상되는 것은?

가. 새로운 지식을 얻고자 하는 활동비용 나. 생산전 시작품과 모형 제작비용 다. 개선된 장치, 제품 등에 대한 대체안을 제안 설계 평가와 관련된 비용 라. 상업적 생산목적이 아닌 소규모의 시험공장을 설계 건설 및 가동하는 비용 마. 새로운 기술과 관련된 공구 금형 주형 등을 설계하는 활동비용

① 1개　　② 2개
③ 3개　　④ 4개

15. 다음 중 기업회계기준상 유형자산의 취득 또는 완성 후의 지출의 처리에 대한 설명으로 틀린 것은?

① 자산으로부터 당초 예상되었던 성능수준을 회복하거나 유지하기 위한 수선 또는 유지를 위한 지출은 발생한 기간의 비용으로 인식한다.

② 항공기의 좌석 등 유형자산을 구성하는 구성요소의 내용연수가 유형자산의 내용연수와 상이한 경우에는 별도의 자산으로 처리한다.

③ 주요 부품을 교환해 주어야 운행이 가능한 중고차량을 취득한 후에 부품교환에 지출하게 된 금액은 회수가능가액 범위 내에서 발생한 기간의 비용으로 인식한다.

④ 새로운 생산공정의 채택을 통하여 생산능력 증대를 가져오는 경우에는 관련된 지출이 미래 경제적 효익을 증가시키므로 자본적 지출로 처리한다.

16. 다음 중 기업회계기준상 유형자산에 대한 설명으로 틀린 것은?

① 유형자산의 순공정가치와 사용가치 중 작은 금액인 회수가능가액이 장부가액에 미달하는 경우 장부가액을 회수가능가액으로 조정하여야 한다.

② 유형자산의 폐기 또는 처분으로부터 발생하는 손익은 처분가액과 장부가액의 차액으로 결정하며 영업외손익으로 인식한다.

③ 신규사업의 착수로 인하여 독립된 새로운 사업부문에 대하여 기존과 다른 감가상각방법을 사용하는 경우에는 이를 회계변경으로 보지 아니한다.

④ 감가상각시 잔존가액은 자산의 취득시점에 추정하고 물가변동에 따라 이를 수정하지 아니한다.

17. 다음 중 유형자산의 재평가에 대한 설명으로 틀린 것은?

① 유형자산에 대하여 재평가일 현재의 공정가치로 재평가한 이후에는 더 이상 감가상각은 수행하지 아니한다.

② 특정 유형자산을 재평가할 때에는 해당 자산이 포함되는 유형자산 분류 전체를 재평가하여야 한다.

③ 재평가된 자산의 공정가치가 장부금액과 중요하게 차이가 나는 경우에는 추가적인 재평가가 필요하다.

④ 유형자산의 장부금액이 재평가로 인하여 감소되는 경우 재평가로 인한 기타포괄손익을 먼저 차감한 후 당기손익으로 인식하여야 한다.

18. 다음 중 차입원가의 자본화에 대한 설명으로 옳지 않은 것은?

① 차입원가 자본화는 유형자산, 무형자산 및 투자부동산과 특정요건을 충족하는 재고자산("적격자산")에 대하여 적용이 가능하다.

② 차입원가의 회계처리방법은 매 회계기간마다 각 적격자산별로 새로운 방법으로 반드시 변경하여 적용하여야 한다.

③ 차입원가의 자본화는 적격자산에 대한 지출이 있었고, 차입원가가 발생하였으며, 적격자산을 의도한 용도로 사용하거나 판매하기 위한 취득활동이 진행 중이라는 조건이 모두 충족되는 시기에 인식한다.

④ 차입원가의 자본화는 적격자산을 의도된 용도로 사용하거나 판매 가능한 상태에 이르게 하는데 필요한 대부분의 활동이 완료된 시점에서 종료한다.

19. ㈜세무는 사용하던 마스크제조기계를 ㈜회계의 차량과 교환하기로 하였다. 동 마스크제조기계의 취득가액은 200,000,000원, 감가상각누계액은 90,200,000원이고, 추가로 ㈜세무는 ㈜회계로부터 현금 100,000,000원을 수령하였다. 마스크제조기계의 공정가치가 120,000,000원인 경우 이 교환거래가 ㈜세무의 당기손익에 미치는 영향으로 올바른 것은?

① 당기순이익 10,200,000원 증가
② 당기순이익 10,200,000원 감소
③ 당기순이익 9,800,000원 증가
④ 당기순이익 9,800,000원 감소

주관식

01. 매출처인 갑사로부터 상품대금으로 받아 보관 중이던 어음 200,000원을 매입처인 을사로부터 상품을 매입시 대금으로 배서양도(상환청구가능조건) 하였으나, 금일 부도가 발생되었다는 통지를 받고 을사에 어음대금 및 관련비용 30,000원을 당좌수표를 발행하여 지급하고, 당사의 부도관련비용 5,000원은 현금지급한 후 갑사에 그 지급을 청구한 경우 부도어음으로 회계처리 할 금액은 얼마인가?

02. (주)백두의 다음 이종자산 교환에 의하여 새로이 취득한 차량의 취득원가는 얼마인가?

> (주)백두는 (주)한라로부터 영업용 차량을 취득하면서 (주)백두가 사용 중이던 기계장치와 현금 4,200,000원을 추가로 지급하였다. 교환당시 기계장치의 취득원가는 30,000,000원이고, 감가상각누계액은 8,300,000원이며, 공정가치는 22,000,000원이었다.

03. 다음 자료에 의한 토지 취득원가는 얼마인가?

> - 토지 취득대금 : 50,000,000원
> - 토지상의 구건물 철거비용 : 3,500,000원
> - 구건물 철거에 따른 철골 등 매각대금 : 1,000,000원
> - 토지 취득세 : 2,300,000원
> - 토지분 재산세 : 400,000원

04. 만기보유증권에 해당하는 액면금액 1,000,000원인 사채를 1월1일에 950,000원에 취득하였다. 사채의 액면이자율은 연8%, 유효이자율은 연10%, 이자지급일은 매년 12월31일이고, 당사의 회계기간은 1월1일부터 12월31일인 경우 유효이자율법에 의한 12월31일의 만기보유증권 장부금액은 얼마인가?

05. 12월 말 결산인 ㈜정한은 전전기 7월 1일 기계장치를 500,000원에 취득(추정내용년수 10년, 잔존가치 없음, 정액법 상각)하였으며, 정부로부터 상환의무가 없는 50,000원의 보조금을 받았다. 당기 7월 1일에 동 기계장치를 300,000원에 처분 시 유형자산 처분손익은 얼마인가?(단, 기계장치의 장부금액을 결정할 때 취득원가에서 정부보조금을 차감하는 원가차감법을 사용한다.)

06. 다음 중 20x1년 매도가능증권 처분손익은 얼마인가?

- 20x0년 3월 1일 매도가능증권(상장주식)을 1,800,000원에 취득하였다.
- 20x0년 12월 31일 현재 보유하고 있는 매도가능증권 관련 계정 잔액은 다음과 같다.

재무상태표

매도가능증권	2,100,000원	매도가능증권 평가이익	300,000원

- 20x1년 9월 30일 매도가능증권 중 일부(60%)를 1,200,000원에 처분하였다.

07. 다음은 공장건설과 관련한 내역이다. 당사의 결산일은 12월 31일이다. 20x1년 4월 1일에 공사를 시작하여 20x3년 5월 31일 준공예정으로 특정차입금은 540,000원(차입기간: 20x1.4.1.-20x2.12.31.)이고 연이자율은 10%이다. 특정차입금 중 120,000원은 20x1년에 6개월간 연 8%의 투자수익률로 일시투자하였다. 특정차입금과 관련하여 20x1년도에 자본화대상 차입원가는 얼마인가?(이자비용은 월할상각한다.)

08. ㈜세무는 사용하던 기계장치를 ㈜대한의 차량운반구와 교환하였다. 해당 기계장치의 장부가액은 5,000,000원이고, 추가로 200,000원을 ㈜대한으로부터 현금수령하였다. 기계장치의 공정가액이 4,500,000원인 경우 차량운반구의 취득가액은 얼마인가?

09. 다음은 ㈜충현의 신축건물 건설과 관련한 내역이다. 당사의 결산일은 12월 31일이다. 당년도 공사대금평균지출액(공사기간 20x1.4.1.~20x2.5.31.)은 350,000원이며, 특정차입금은 720,000원(차입기간 20x1.4.1.~20x2.5.31., 연이자율 10%)이다. 당년도에 일반차입금의 자본화대상 차입원가는 얼마인가?(이자비용은 월할상각한다.)

일반차입금종류	차입금액	차입기간	연이자율
대한은행	300,000원	전기.7.1.-20x1.12.31.	8%
신라은행	200,000원	20x1.1.1.-20x1.12.31.	10%

연/습/문/제 답안

분개연습

[1] (차) 매도가능증권손상차손(영업외비용) 38,800,000 (대) 매도가능증권 37,000,000 / 매도가능증권평가손실(기타포괄손익누계액) 1,800,000

☞ 손상차손인식전 장부가액이 57,000,000원이므로, 관련 미실현보유손실 1,800,000원이 매도가능증권평가손실(기타포괄손익누계액)으로 계상되어 있을 것이다.

[2] (차) 현 금 13,000,000 / 매도가능증권평가익 2,000,000 (대) 매도가능증권 12,000,000 / 매도가능증권처분익 3,000,000

☞ 매도가능증권에 대한 자본항목의 누적금액은 그 유가증권을 처분하거나 감액손실을 인식하는 시점에 일괄하여 당기손익에 반영한다.

[3] (차) 보 통 예 금 6,000,000 / 매도가능증권평가익* 1,200,000 (대) 현 금 42,000 / 매도가능증권 6,600,000 / 매도가능증권처분익 558,000

☞ 300주 × (22,000 − 18,000) = 1,200,000원

[4] (차) 감가상각누계액(차량) 4,329,600 / 보 통 예 금 3,520,000 (대) 차량운반구 7,400,000 / 부가세예수금 320,000 / 유형자산처분이익 129,600

[5] (차) 차량운반구 300,000 / 매도가능증권(투자자산) 700,000 (대) 현 금 1,000,000

[6] (차) 토 지 165,000,000 (대) 미 지 급 금 165,000,000

☞ 토지의 취득 및 형질변경 공장부지 및 택지의 조성 등에 관련된 매입세액은 공제하지 않는다.

[7] (차) 토 지 114,200,000 (대) 자산수증이익 110,000,000 / 현 금 4,200,000

[8] (차) 소프트웨어 30,000,000 / 부가세대급금 3,000,000 (대) 선 급 금 3,000,000 / 현 금 30,000,000

[9] (차) 미 수 금 16,500,000 (대) 기계장치 60,000,000
국고보조금(자산차감) 22,000,000 부가세예수금 1,500,000
유형자산처분손실 23,000,000

[10] (차) 감가상각누계액 90,000,000 (대) 부가세예수금 8,000,000
단기차입금((주)태영) 100,000,000 건 물 150,000,000
현 금 12,000,000
유형자산처분이익 20,000,000

[11] (차) 소프트웨어 35,000,000 (대) 자 본 금 25,000,000
부가세대급금 3,500,000 현 금 3,500,000
주식발행초과금 10,000,000

[12] (차) 차량운반구 5,000,000 (대) 당좌예금 5,000,000

☞ 면세사업자가 일시,우발적으로 공급하는 경우에는 비록 과세재화일지라도 면세재화로 보아 계산서가 발행된다.

[13] (차) 토 지 9,300,000 (대) 당좌예금 12,000,000
특 허 권 1,400,000
영 업 권 1,300,000

[14] (차) 토 지 11,000,000 (대) 현 금 3,300,000
미지급금 7,700,000

☞ 토지의 조성 등을 위한 자본적지출에 관련된 매입세액은 토지관련 매입세액으로서 매입세액이 공제되지 아니한다.

[15] (차) 차량운반구 11,000,000 (대) 현 금 11,000,000

☞ 업무용으로 사용하던 재화를 공급하는 경우 그 재화가 비록 과세재화일지라도 주된 사업의 과세면세여부에 따라 판단한다. 따라서 신한은행은 금융업으로서 주된 사업이 면세이므로 포터트럭의 공급은 면세로서 계산서가 발행된다.

[16] (차) 시설장치 150,000,000 (대) 보통예금 165,000,000
부가세대급금 15,000,000 국고보조금 100,000,000
국고보조금 100,000,000 (시설장치차감항목)
(보통예금차감항목)

[17] (차) 차량운반구 22,100,000 (대) 현 금 1,100,000
부가세대급금 2,100,000 미지급금(홍익자동차) 21,000,000
선 급 금(홍익자동차) 2,100,000

[18] (차) 토 지 7,905,000 (대) 자 본 금 2,500,000
주식발행초과금 1,700,000
현 금 3,705,000

[19] (차) 매도가능증권(투자) 9,502,580 (대) 현 금 9,502,580

☞ 발행가액으로 취득원가를 측정한다. 만기까지 보유할 목적이 아니므로 만기보유증권이 될 수 없다.
또한, 1년 이내에 매각할 목적이 아니므로 단기매매증권으로 분류할 수 없다.
또한 문제에서 발행가액은 다음과 같이 계산된다.
취득가액 = 액면가액의 현재가치 + 액면이자의 현재가치(부채의 사채를 참고하십시요.)
= 액면가액 × 현가계수 + 액면이자 × 연금현가계수
= 10,000,000 × 0.75131 + 800,000 × 2.48685

※ 사채 발행자의 회계처리

(차) 현 금 9,502,580 (대) 사 채 10,000,000
사채할인발행차금 497,420

[20] (차) 유형자산손상차손 27,000,000 (대) 손상차손누계액(토지) 27,000,000

☞ 유형자산손상차손 = 회수가능가액(MAX[순공정가치, 사용가치]) – 장부가액
= MAX(136,000,000, 173,000,000) – 200,000,000 = –27,000,000원

[21] (차) 현 금 14,930,000 (대) 단기매매증권 14,750,000
단기매매증권처분손 120,000 이자수익 300,000

[유가증권(채권)-중도처분]

1.처분가액	14,930,000
2.장부가액	1.장부가액(1/1) = 14,750,000 2.경과기간에 대한 액면이자 = 15,000,000×3%×8/12(1.1~8.31) = 300,000(이자수익)
3.처분손익	처분가액 – 장부가액 = △120,000원(처분손실)

[22] 〈수익인식〉

(차) 보통예금 9,800,000 (대) 보험차익 9,800,000

〈비용인식〉

(차) 감가상각누계액(기계) 8,500,000 (대) 기계장치 18,000,000
국고보조금(기계) 3,000,000
재해손실 6,500,000

☞ ***기업회계기준에서는 순액법은 인정하지 않고 총액법으로 회계처리하게 되어 있다.***

객관식

1	2	3	4	5	6	7	8	9	10	11	12	13	14	15
④	③	①	②	②	①	①	②	①	①	③	①	④	③	③
16	17	18	19											
①	①	②	①											

[풀이-객관식]

01. 만기보유증권을 상각후취득원가로 측정할때에는 **취득원가와 만기액면가액의 차이를 상환기간에 걸쳐 유효이자율법에 의하여 상각**하여 취득원가와 이자수익에 가감한다.

02 주주인 법인(투자회사)의 입장에서 현금배당은 배당수익으로 인식하지만 주식배당은 배당수익으로 인식하지 아니하며 주식수량을 증가시켜 주당취득가액을 낮춘다.

03. 만기보유증권은 상각후원가로 평가하여 재무상태표에 표시한다.

04. **유가증권 분류의 적정성은 재무상태표일마다 재검토하여 분류의 변경이 가능**하다.

05. 단기매매증권의 평가손익은 중요성에 관계없이 당기손익으로 처리한다.

06. **단기매매증권이 시장성을 상실한 경우 매도가능증권등으로 재분류**를 하고, 재분류시 공정가치로 평가한다. 이 경우 평가손익은 당기 손익으로 인식한다.
매도가능증권이 공정가치를 측정할 수 없을 경우 미실현보유손익은 자본(기타포괄손익누계액)으로 처리하고, 처분시 당기손익(매도가능증권처분손익)으로 인식한다.

07. 단기매매증권이나 시장성 있는 매도가능증권에 대한 기말평가기준은 시가법이다. 단기매매증권의 평가차손익은 당기손익으로, 매도가능증권의 평가손익은 자본항목인 기타포괄손익누계액에 반영한다. 따라서 K주식의 장부가액은 계정분류와 상관없이 일정하며 당기순이익은 단기매매증권으로 분류한 경우보다 증가 또는 감소한다. 그러나 자본은 계정분류여부와 상관없이 일정하다.

08. **매도가능증권의 평가손익은 기타포괄손익누계액의 항목으로서 평가손익은 당기순이익에 영향이 전혀 없으며** 평가손익만큼 당기 매도가능증권의 장부가액은 변동한다. 또한 평가여부와 상관없이 자본금은 일정하다. 재무상태표상의 자본금은 발행주식수x액면가액이다. 그리고 실수로 평가이익이 손익계산서에 반영되어도 결국 당기순이익이 재무상태표상 자본에 반영되므로 자본의 최종적인 가액은 변동이 없다.

09. 무형자산을 창출하기 위한 내부 프로젝트를 **연구단계와 개발단계로 구분할 수 없는 경우**에는 그 프로젝트에서 발생한 지출은 **모두 연구단계에서 발생한 것**으로 본다.

10. 20x1년 감가상각비 = 10,000,000/10년 = 1,000,000원/년
20x1년 초 수령한 국고보조금 = 4,500,000(x1년말 잔액)/9년(잔여내용연수) × 10년 = 5,000,000원
20x1년 국고보조금과 상계한 감가상각비 : 500,000(= 5,000,000/10년)
20x1년 당기순이익에 미치는 영향 500,000원
20x1년말(x2년 초)기계장치 장부가액 = 10,000,000 - 1,000,000 - 4,500,000 = 4,500,000원
20x2년초 건설기계의 처분이익은 = 처분가액(5,500,000) - 장부가액(4,500,000) = 1,000,000원

11. 무형자산의 상각은 그 자산의 **추정내용연수동안 20년내의 기간내에서 합리적인 기간내에 상각**한다.
12. 감가상각방법은 **매기 계속하여 적용하고, 정당한 사유 없이 변경하지 않는다.** 새로 취득한 유형자산에 대한 감가상각방법도 동종의 기존 유형자산에 대한 감가상각방법과 일치시켜야 한다라고 규정하고 있다.
13. 전액 당기비용처리함.
14. 가,다는 연구단계에 속하는 활동의 사례로서 당기 비용으로 처리하며 나, 라, 마는 개발단계에 속하는 활동의 사례로서 무형자산인 개발비로 처리한다.
15. 주요 부품을 교환해 주어야 운행이 가능한 중고차량을 취득한 후에 부품교환에 지출하게 된 금액은 회수가능가액 범위 내에서 자본화한다.
16. **회수가능가액은 순매각가액과 사용가치 중 큰 금액**을 말한다.
17. 재평가모형의 경우 유형자산은 재평가일의 공정가치에서 이후의 감가상각누계액과 손상차손누계액을 차감한 재평가금액을 장부금액으로 한다.
18. 차입원가의 회계처리방법은 **모든 적격자산에 대하여 매기 계속하여 적용**하고, 정당한 사유 없이 변경하지 않는다.
19. 다른 종류의 자산과의 교환으로 취득한 유형자산의 취득원가는 **교환을 위하여 제공한 자산의 공정가치(120,000,000)**로 측정한다. 다만, 교환을 위하여 제공한 자산의 공정가치가 불확실한 경우에는 교환으로 취득한 자산의 공정가치를 취득원가로 할 수 있다.

    자산의 교환에 현금수수액이 있는 경우에는 현금수수액을 반영하여 취득원가를 결정한다.

    처분손익 = 처분가액(120,000,000) - 장부가액(200,000,000 - 90,200,000) = 10,200,000원(이익)

    〈참고〉

    신자산취득가액 = 제공한자산의 공정가치(120,000,000) - 현금수수액(100,000,000)
    = 20,000,000원

(차) 차량운반구	20,000,000	(대) 기계장치	200,000,000
감가상각누계액	90,200,000	유형자산처분이익	10,200,000
현금	100,000,000		

주관식

01	235,000	02	26,200,000	03	54,800,000
04	965,000	05	처분손실 60,000	06	처분이익 120,000
07	35,700	08	4,300,000	09	0

[풀이-주관식]

01. 부도와 관련하여 지출된 모든 금액을 부도어음으로 계상하여야 한다.
회계처리는 다음과 같다.

(차) **부 도 어 음**	**235,000원**	(대) 당 좌 예 금	230,000원
		현 금	5,000원

02. 취득원가 = 22,000,000(제공한 자산의 공정가치) + 4,200,000(현금지급) = 26,200,000원
이종 자산과의 교환으로 취득한 유형자산의 취득원가는 교환을 위하여 **제공한 자산의 공정가치로 측정**하고, 자산의 교환에 현금수수액이 있는 경우에는 현금수수액을 반영하여 취득원가를 결정한다.

03. 건물 구입후 즉시 철거시 철거비용과 건물(토지) 구입대금은 토지의 취득원가를 구성한다. 그리고 철거시 폐자재 매각수입은 토지의 취득원가에서 차감한다.
50,000,000원 + 2,300,000원 + (3,500,000 - 1,000,000)원 = 54,800,000

04. 상각표

연도	유효이자(A) (BV×유효이자율:10%)	액면이자(B) (액면가액×액면이자율:8%)	할인차금상각 (A-B)	장부금액 (BV)
20x1. 1. 1				950,000
20x1.12.31	95,000	80,000	15,000	965,000

(차) 현 금	80,000	(대) 이자수익	95,000
만기보유증권	15,000		

• 만기보유증권 장부금액 = 950,000 + 15,000 = 965,000원

05. 처분시점 감가상각누계액 = (500,000원 - 0)/10년 × 2년(전전기.7.1~당기.7.1) = 100,000원
처분시점 정부보조금잔액 : 50,000원 - 50,000원/10년 × 2년 = 40,000원
처분시점 장부가액 = 500,000(취득가액) - 100,000(누계액) - 40,000(보조금) = 360,000원
☞ 처분시점장부가액 = (500,000 - 0 - 50,000)/10년 × 8년(잔여내용연수) = 360,000원
처분시점 처분손익=처분가액 - 장부가액 = 300,000원 - 360,000원 = △60,000원(손실)

> 〈별해〉정부보조금을 포함하여 상각하여 장부가액을 계산
> 취득시 장부가액 = 취득가액(500,000) - 정부보조금(50,000) = 450,000원
> 2년간 상각비 = 450,000 ÷ 10년 × 2년 = 90,000원
> 처분시 장부가액 = 450,000 - 90,000 = 360,000원
> 처분손익 = 처분가액(300,000) - 장부가액(360,000) = △60,000원(손실)

06. 처분손익(매도가능증권) = 처분가액(1,200,000) - 취득가액(1,800,0000) × 60% = 120,000원(이익)
매도가능증권의 취득가액 = 매도가능증권장부가액(2,100,000) + 평가손실 - 평가이익(300,000)

07. ① 특정차입금차입원가 = 540,000 × 10% × 9개월/12개월 = 40,500원
② 특정차입금일시투자수익 = 120,000 × 8% × 6개월/12개월 = 4,800원
자본화대상 차입원가 = ① - ② = 35,700원

08. 다른 종류의 자산과의 교환으로 취득한 유형자산의 취득원가는 교환을 위하여 제공한 자산의 공정가치로 측정한다. 자산의 교환에 현금수수액이 있는 경우에는 현금수수액을 반영하여 취득원가를 결정한다.

취득원가 = 제공한 자산의 공정가치(4,500,000) - 현금수령액(200,000) = 4,300,000원

09. 공사대금(당년도)연평균지출액 = 350,000원

특정차입금(당년도)연평균지출액 = 720,000 × 9개월(4.1~12.31)/12개월 = 540,000원

<u>특정차입금연평균지출액이 공사대금연평균지출액보다 크므로 일반차입금 자본화대상차입원가를 계상할 필요가 없다.</u>

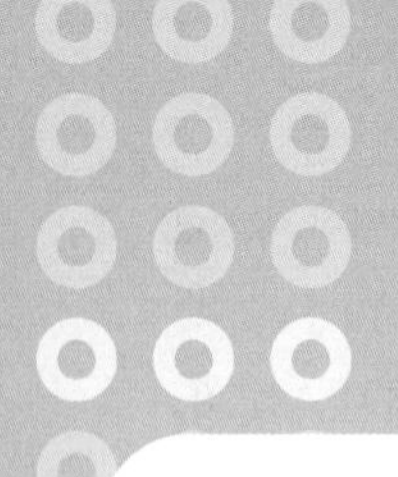

Chapter

계정과목별 이해 (부채)

3

로그인 전산세무 1급

NCS회계 - 3 전표관리 / 자금관리

제1절 유동부채

1. 유동성장기부채(유동성장기차입금)

일반적으로 장기차입금의 이자율은 단기차입금의 이자율보다 더 높다. 기업회계기준에서는 이러한 차입금을 구분하기 위해서 장기차입금으로 계정 처리한 금액 중 상환기일이 1년 이내에 도래하는 금액을 **단기차입금과 구분표시하기 위해서 유동성장기부채라는 계정으로 재분류하여야 한다.**

제2절 비유동부채

1. 충당부채와 우발부채

확정부채는 ① 지출시기와 ② 지출금액이 확정된 것을 말하나, 충당부채나 우발부채는 **① 또는 ②가 불확실한 부채**를 말한다.

충당부채는 다음의 3가지 요건을 충족 시 충당부채로 인식하고, 미 충족 시 우발부채로 분류한다.

① 과거사건이나 거래의 결과로 인하여 현재 의무(법적의무)가 존재

② 당해 의무를 이행하기 위하여 자원이 유출될 가능성이 매우 높다.

③ 그 의무의 이행에 소요되는 금액을 신뢰성 있게 추정할 수 있어야 한다.

충당부채의 명목가액과 현재가치의 차이가 중요한 경우에는 현재가치로 평가한다. 할인율은 충당부채의 현재가치 평가에 당초 할인율 또는 매 보고기간말의 할인율 중 한 가지를 선택하여 계속 적용한다.

〈충당부채와 우발부채 비교〉

가능성 \ 금액추정	신뢰성 있게 추정가능	신뢰성 있게 추정불가능
매우 높음	**충당부채로 인식**	우발부채-주석공시
어느 정도 있음	우발부채-주석공시	
거의 없음	공시하지 않음	

〈충당부채〉

1. 측정	① 충당부채로 인식하는 금액은 현재의무의 이행에 소요되는 지출에 대한 보고기간말 현재 **최선의 추정치**이어야 한다. ② 충당부채의 명목가액 과 현재가치의 차이가 중요한 경우 **현재가치로 평가**한다.
2. 변동	보고기간마다 잔액을 검토하고, 보고기간말 현재 **최선의 추정치**를 반영하여 증감조정한다.
3. 사용	최초의 인식시점에서 **의도한 목적과 용도에만 사용**하여야 한다.

2. 퇴직급여충당부채

퇴직급여추계액이란 결산일 현재 전 임직원이 퇴사할 경우 지급하여야 할 퇴직금 예상액을 말하는데 회사는 퇴직급여추계액 전액을 부채로 인식하여야 한다.

당기 퇴직급여 = 퇴직급여추계액 – 설정 전 퇴직급여충당부채 잔액
= 퇴직급여추계액 – (퇴직급여충당부채기초잔액 – 당기 퇴직금지급액)

급여규정의 개정과 급여의 인상으로 퇴직금소요액이 증가되었을 경우에는 당기분과 전기이전분을 일괄하여 당기비용으로 인식한다.

3. 퇴직연금 

	확정기여형	확정급여형
운용책임	**종업원 등**	**회사**
설정	–	(차) 퇴직급여 ××× (대) 퇴직급여충당부채 ×××
납부시	(차) 퇴직급여 ××× (대) 현 금 ×××	(차) **퇴직연금운용자산**[*1] ××× **(퇴직급여충당부채 차감)** 수수료비용(판/제) ××× (대) 현 금 ×××
운 용 수 익	회계처리없음	(차) 퇴직연금운용자산 ××× (대) 이자수익(운용수익) ×××
퇴직시	회계처리없음	(차) 퇴직급여충당부채 ××× 퇴직급여 ××× (대) 퇴직연금운용자산 ××× 현 금 ×××

*1. 퇴직연금운용자산이 퇴직급여충당부채와 퇴직연금미지급금의 합계액을 초과하는 경우에는 초과액을 투자자산의 과목으로 표시한다.

4. 사채(VS 만기보유증권, 매도가능증권, 단기매매증권)

사채란 기업이 회사의 의무를 나타내는 유가증권을 발행해주고 일반투자자들로부터 거액의 자금을 조달하는 방법이다.

(1) 사채 가격 결정요인

① 액면가액 : 만기일에 상환하기로 기재한 금액

② 액면이자율(표시이자율) : 발행회사에서 사채의 액면가액에 대해 지급하기로 약정한 이자율

③ 이자지급일 및 만기일

이러한 것이 결정되면 사채를 발행한 회사는 사채투자자에게 미래에 지급할 현금의무(상환의무)가 확정된다.

예를 들어 20×1년 액면가액 1,000,000원, 액면이자율 8%, 만기 3년, 이자지급일이 매년 12월 31일인 경우 다음과 같이 현금을 지급할 의무가 사채발행회사에게 있다.

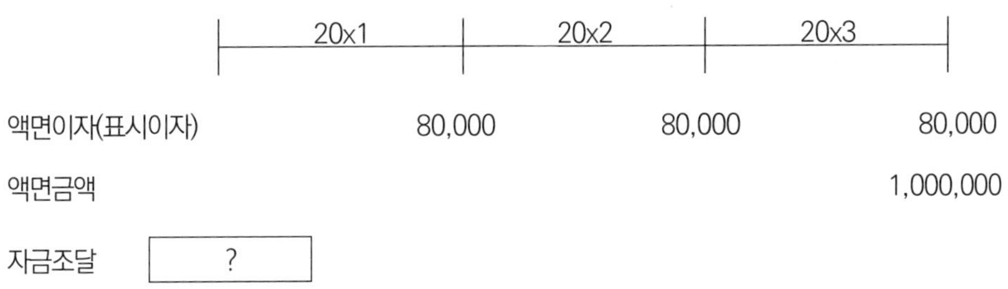

위와 같이 사채발행회사가 지급해야 할 현금의무를 나타내고 일반 대중으로부터 거액의 장기 자금을 조달하는 것이다.

여기서 사채의 발행가액 = 액면이자의 현재가치 + 원금의 현재가치가 된다.

(2) 사채의 발행

① 액면발행: 사채의 발행가액과 액면가액이 같은 경우를 말한다.

② 할인발행

위의 예에서 시장이자율(유효이자율)이 10%로 사채를 발행했다고 하자.

현가계수(10%,3기간) = 0.75132, 연금현가계수(10%,3기간) = 2.48685이다.

사채의 발행가액 = 액면이자의 현재가치 + 원금의 현재가치

= 80,000 × 2.48685 + 1,000,000 × 0.75132 = 950,268원

사채의 발행가액(950,268원)이 액면가액(1,000,000원)보다 적으므로 할인발행에 해당된다.

③ 할증발행

위의 예에서 시장이자율(유효이자율)이 7%로 사채를 발행했다고 하자.

현가계수(7%,3기간) = 0.81629, 연금현가계수(10%,3기간) = 2.62431이다.

사채의 발행가액 = 액면이자의 현재가치 + 원금의 현재가치

= 80,000 × 2.62431 + 1,000,000 × 0.81629 = 1,026,234원

사채의 발행가액(1,026,234원)이 액면가액(1,000,000원)보다 크므로 할증발행에 해당된다.

이러한 사채할인발행차금과 사채할증발행차금은 사채 발행기간 동안 **유효이자율법을 통해 상각**해야 한다. 결국 이러한 발행차금은 사채발행기간 동안 이자비용을 증가시키거나 감소시키는 역할을 하게 된다.

사채에 대해서 요약해 보면 다음과 같다.

발 행	액면발행	액면가액 = 발행가액	액면이자율 = 시장이자율
	할인발행	액면가액 〉 발행가액	액면이자율 〈 시장이자율
	할증발행	액면가액 〈 발행가액	액면이자율 〉 시장이자율
회계처리	할인발행	(차) 예 금 등 ××× (대) 사 채 ××× 사채할인발행차금 ×××	
	할증발행	(차) 예 금 등 ××× (대) 사 채 ××× 사채할증발행차금 ×××	

(3) 사채발행비

사채발행비란 사채발행과 관련하여 직접 발생한 사채발행수수료 등(인쇄비, 제세공과금 등)을 말하는데 **사채발행가액에서 직접 차감**한다.

(4) 상각

기업회계기준에서는 **사채할인발행차금과 사채할증발행차금을 유효이자율법에 따라 상각한다.** 이러한 발행차금은 사채발행기간 동안 이자비용을 증가시키거나 감소시킨다. 그러나 **상각액은 할인발행이나 할증발행에 관계없이 사채발행기간 동안 매년 증가**한다.

[사채장부가액과 사채발행차금상각(환입)액]

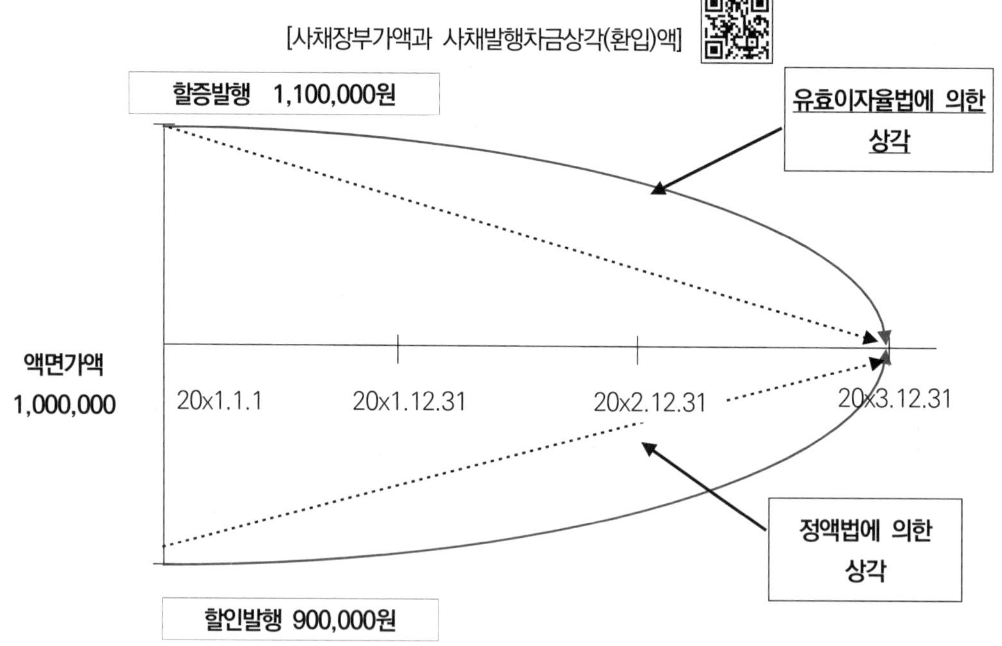

발행유형	사채장부가액*1	사채발행차금상각	총사채이자(I/S이자비용)*2
액면발행(1,000,000)	동일	0	액면이자
할인발행(900,000)	매년증가	**매년증가**	매년증가(액면이자+할인차금)
할증발행(1,100,000)	매년감소		매년감소(액면이자−할증차금)

사채할인(할증)발행차금은 **유효이자율법으로 상각(환입)**하고 그 금액을 사채이자에 가감한다.
이 경우 **사채할인(할증)발행차금 상각액은 할인발행이건 할증발행이건 매년 증가한다.**

☞ **투자자 입장에서는 1.만기보유증권의 장부가액, *2.이자수익이 된다.**

<예제 3-1> 사채의 할인발행

㈜지구는 20x1년 1월 1일 다음과 같은 조건의 사채를 발행하였다.

- 액면가액 : 100,000원
- 액면이자율 : 5%
- 이자지급 : 매년 12월 31일
- 상환기일 : 20x2년 12월 31일(만기 일시 상환)
- 시장이자율은 7%이고, 7%의 2년 연금현가계수는 1.8080이고, 7%의 2년 현가계수는 0.8734이다.

일자별로 발행회사와 투자회사(만기보유목적)의 입장에서 회계처리하시오.

해답

1. 2년 연금현가계수(1.8080)=1년 현가계수(0.9346)+2년 현가계수(0.8734)

   사채의 발행가액=**액면이자의 현재가치+원금의 현재가치**

   =5,000 × 1.8080+100,000 × 0.8734=96,380원

2. 사채할인발행차금 상각표(유효이자율법)

연도	유효이자(A) (BV×유효이자율)	액면이자(B) (액면가액×액면이자율)	할인차금상각 (A−B)	장부금액 (BV)
20x1. 1. 1				96,380
20x1.12.31	6,747*1	5,000	1,747	98,127*2
20x2.12.31	6,873*3	5,000	1,873	100,000

***1. 96,380 × 7%**
***2. 96,380+1,747**
***3. 98,127 × 7% = 6,868 단수차이 조정**

	발행회사	투자회사
20x1. 1. 1	(차) 현 금 96,380 사채할인발행차금 3,620 (대) 사 채 100,000	(차) 만기보유증권 96,380 (대) 현 금 96,380
20x1.12.31	(차) 이 자 비 용 6,747 (대) 현 금 5,000 사채할인발행차금 1,747	(차) 현 금 5,000 만기보유증권 1,747 (대) 이 자 수 익 6,747
20x2.12.31 (이자지급)	(차) 이 자 비 용 6,873 (대) 현 금 5,000 사채할인발행차금 1,873	(차) 현 금 5,000 만기보유증권 1,873 (대) 이 자 수 익 6,873
20x2.12.31 (사채상환)	(차) 사 채 100,000 (대) 현 금 100,000	(차) 현 금 100,000 (대) 만기보유증권 100,000

☞ **상기 예제에서 이자지급일이 6개월(연 2회) 단위로 지급시**
액면이자율은 5% / 2회=2.5%로 연수를 2년 × 2회=4년으로 계산하면 된다.

(5) 조기상환

사채의 만기이전에 유통중인 사채를 매입하여 상환하는 것을 조기상환이라 한다.

조기상환시 사채의 상환가액에서 사채의 장부가액을 차감한 후 잔여금액을 사채상환손실(이익)으로 회계처리한다.

사채상환손익 = 순수사채상환가액 - 사채의 장부가액(액면가액 ± 미상각사채발행차금)

다음 재무상태표의 사채를 조기에 40%를 현금상환(3,500원)하였다고 가정하자.

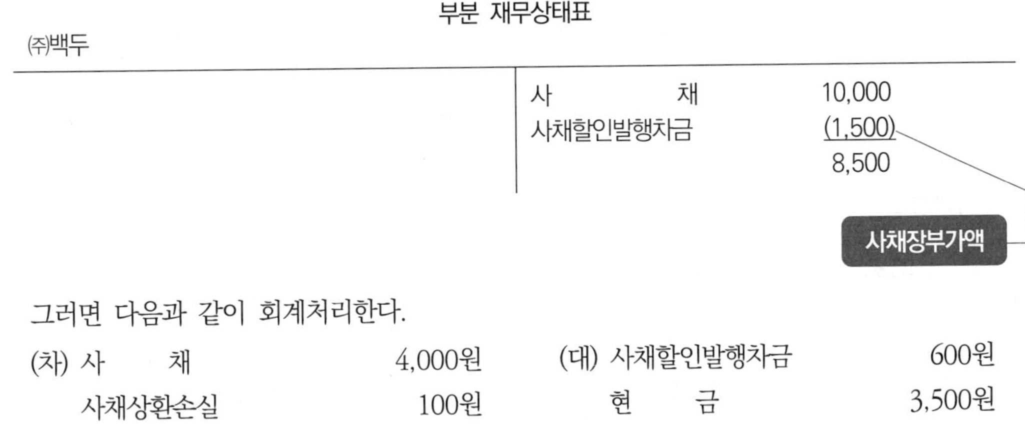

부분 재무상태표

㈜백두

	사　　　채	10,000
	사채할인발행차금	(1,500)
		8,500

그러면 다음과 같이 회계처리한다.

(차) 사　　채	4,000원	(대) 사채할인발행차금	600원
사채상환손실	100원	현　　금	3,500원

사채할인(할증)발행차금을 상환비율만큼 제거하여야 하고 잔여금액을 사채상환손익으로 회계처리한다.

부분 재무상태표(조기 상환 후)

㈜백두

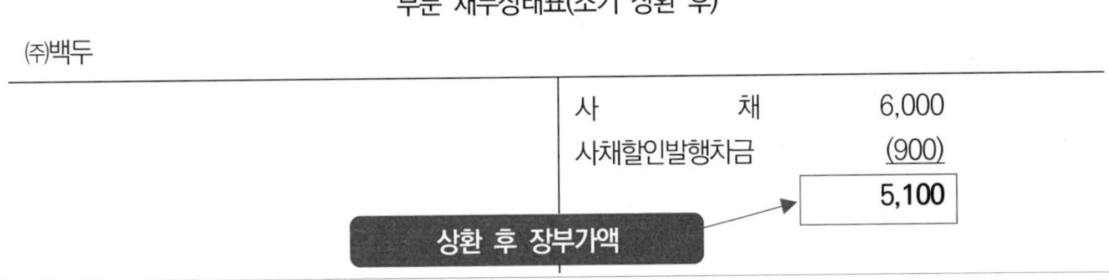

	사　　　채	6,000
	사채할인발행차금	(900)
		5,100

☞ **상환손익 = 상환가액(3,500) - 장부가액(10,000 - 1,500) × 40% = 100원(손실)**

전환사채와 신주인수권부사채(채권자지분→소유주지분) 참고

1. 전환사채

주식으로 전환할 수 있는 권리(전환권)을 부여하여 발행한 사채를 말한다. 전환사채는 전환권행사이전에는 사채로 존재하지만, 전환권을 행사하면 사채는 소멸되고 주식이 새로 발행된다.

전환사채의 발행가액 = 일반사채의 현재가치 + **전환권가치(전환권대가)**

2. 신주인수권부사채

사전에 약정된 가액으로 신주를 인수할 수 있는 권리를 부여하여 발행한 사채를 말한다.

신주인수권부사채의 발행가액 = 일반사채의 현재가치 + **신주인수권가치(신주인수권대가)**

이러한 ***전환권대가와 신주인수권대가는 자본의 기타자본잉여금***으로 분류된다.

☞ 사채상환할증금 : 만기까지 전환권을 행사하지 아니한 사채에 대하여 기회손실을 현금보상해주는 것으로서 추가 이자 지급이다.(사채에 가산)

전환사채				신주인수권부 사채			
비유동부채	전환사채	xxx		비유동부채	신주인수권부사채	xxx	
	사채상환할증금	xxx			사채상환할증금	xxx	
	전환권조정	(xxx)	xxx		신주인수권조정	(xxx)	xxx
자본(기타자본잉여금)				자본(기타자본잉여금)			
	전환권대가	*xxx*			*신주인수권대가*	*xxx*	

[권리행사시-사채상환할증금이 없는 경우]

(차)		(대)		(차)		(대)	
전환사채	xx	전환권조정	xx	현 금	xx	자본금	xx
전환권대가	xx	자본금	xx	신주인수권대가	xx	주발초	xx
		주발초	xx				

	전환사채(CB)	신주인수권부사채(BW)
내 용	주식 전환권리(채권자⇒주주)	신주인수권리(채권자⇒채권자+주주)
권리행사후	사채권이 소멸되고 자동적으로 사채투자자가 자동적으로 주주가 된다. *→ 부채감소, 자본증가*	사채권은 만기까지 존속하고, 주금납입시 주주가 된다. *→ 부채불변(사채상환할증금이 없는 경우), 자본증가*

연/습/문/제

분개연습

[1] 매출처인 (주)여유통상으로부터 일시적으로 차입하였던 30,000,000원과 이에 대한 이자 2,000,000원 중 이자소득에 대한 원천징수세액 500,000원을 차감한 전액을 보통예금 계좌에서 송금하여 상환하다.

[2] 5년간 근속한 영업부사원 노성호씨의 퇴직으로 인하여 퇴직금을 다음과 같이 정산후 보통예금계좌에서 지급하였다. 회사는 퇴직급여충당부채를 설정하고 있다.

- 퇴직금 총액 18,000,000원
- 국민연금(퇴직금)전환금 회사납부액 2,000,000원
- 전세자금 대여액 5,000,000원(주.임.종 단기채권에 계상되어 있음)
- 퇴직소득세 및 지방소득세 500,000원
- 기초퇴직급여충당부채잔액 10,000,000원(당기에 상기외의 퇴직금지급내역은 없다)

[3] 당사가 발행한 사채의 액면가액은 300,000,000원이고 만기는 내년도 2월 9일이지만 자금사정의 회복으로 인하여 이중 액면가액 100,000,000원의 사채를 금일 중도상환하기로 하고 상환대금 110,000,000원을 전액 당좌수표를 발행하여 지급하다. 상환전 사채할증발행차금 잔액은 12,000,000원이다.

[4] 만기 3년짜리 액면 6,000,000원인 사채를 5,800,000원으로 (주)영동에 할인발행하여 보통예금에 입금되었고 사채발행비는 25,000원 발생하여 현금으로 지급하였다.

[5] 거래처 동양산업(주)로부터 단기차입한 10,000,000원과 차입금에 대한 이자 1,000,000원에 대하여 이자소득 원천징수액 250,000원을 차감한 잔액을 당좌예금 계좌에서 이체하였다.

[6] 액면가액 200,000,000원인 사채 중 액면가액 150,000,000원을 132,000,000원에 중도 상환하기로 하고 상환대금은 당좌수표로 지급하다. 상환일 현재 사채할인발행차금 잔액은 20,000,000원이며 (주)남한강에 다른 사채발행금액은 없는 것으로 가정한다.

[7] 당 회사는 기업어음제도개선을 위한 세액공제를 적용받기위해 기업구매자금제도를 이용하고 있다. (주)우영에서 4월 30일에 구입한 원재료 매입대금 중 외상분(33,000,000)을 장한은행의 기업구매자금대출로 결제하였다.(기업구매자금의 대출기한은 1년 내이다.)

[8] 당사 직원에 대한 3월분 급여지급내역은 다음과 같다. 차감지급액 전액은 보통예금에서 인터넷뱅킹을 통해 직원 각자의 계좌에 이체하였다.

(단위 : 원)

소 속	급여총액	공 제 액					차감지급액
		국민연금	건강보험	고용보험	소득세등	가불금	
생산직	5,000,000	600,000	400,000	30,000	275,000	300,000	3,395,000
영업직	3,000,000	400,000	200,000	15,000	143,000	-	2,242,000
합 계	8,000,000	1,000,000	600,000	45,000	418,000	300,000	5,637,000

※ 계좌이체수수료는 없으며, 가불금에 대해서는 주임종단기채권(김진근)으로 회계처리하였다.

[9] 당사는 장기적인 자금운영을 목적으로 대승기업(주)가 발행한 다음의 사채를 현금으로 취득하였다.

- 사채발행일 : 20x1년 1월 1일
- 액면가액 : 1,000,000원
- 표시이자율 : 연 10%
- 이자지급 : 매년 말 후급
- 만기 : 20x3년 12월 31일
- 취득당시 시장이자율은 12%이고 12%의 3년 연금현가계수는 2.401830이고, 12%의 3년 현가계수는 0.711780이다.

사채발행자인 대승기업(주)과 사채를 취득한 당사의 회계처리를 각각 하시오.

[10] 회사는 홍길동의 퇴직시 임원 및 사용인의 퇴직을 보험금 지급사유로 하는 퇴직연금(확정급여형) 10,000,000원을 보험사로부터 현금으로 수령하여 퇴직금으로 15,000,000원을 현금으로 지급하였다. 퇴직일 현재 퇴직급여충당부채의 잔액은 50,000,000원이다.(퇴직소득에 대한 원천징수세액은 무시하기로 한다.)

[11] 회사는 근로자퇴직급여보장법에 의하여 직원등과 협의하여 확정기여형 퇴직연금에 가입하고 50,000,000원(생산부서 직원분 30,000,000원 포함)을 보통예금계좌에서 이체하였다.

[12] 당사는 5년전부터 퇴직연금제도(확정기여형,DC형)를 시행하고 있는데, 당월분 퇴직연금 13,500,000원(이 중 생산직 해당분은 8,500,000원임)을 (주)한빛금융에 보통예금으로 이체하였다. 한편, 마케팅부서의 김과장이 퇴직함에 따라 관련 내용을 (주)한빛금융에 통보하였다.

[13] 당사의 확정급여형(DB형) 퇴직연금에 대하여 (주)좋은은행(퇴직연금운용사업자)으로부터 계약에 따른 퇴직연금운용수익 1,000,000원이 지급되었음을 통지받았다. 단, 퇴직연금운용수익과 관련된 운용수수료는 없는 것으로 가정한다.

[14] 당사는 (주)좋은은행과 확정급여형(DB형) 퇴직연금으로 매년 말에 퇴직금 추계액의 60%를 적립하고 적립액의 1%를 적립수수료로 지급하기로 계약하였다. 계약에 따라 올해 퇴직연금 부담금 30,000,000원과 적립수수료 300,000원을 보통예금 계좌에서 이체하였다.

[15] 당사가 ㈜한빛은행에 가입한 확정급여형(DB)퇴직연금에서 퇴직연금운용수익(이자성격) 2,000,000원이 발생하였다. 회사는 퇴직연금운용수익이 발생할 경우 자산관리 수수료를 제외한 나머지 금액을 납입할 퇴직연금에 대체하기로 약정 하였다. 퇴직연금에 대한 자산관리수수료율은 납입액의 5%이다.(이자소득에 대한 원천징수는 없는 것으로 한다)

[16] 미지급금으로 계상되어 있는 ㈜다움캐피탈에 대한 할부금은 차량을 구입하며 발생한 것으로 매월 예정상환일에 다음과 같이 자동으로 보통예금에서 이체되고 있다.(1월 상환예정분만 회계처리 할 것)

할부금 상환예정내역서				
예정상환일	할부금	원금	이자	원금잔액
20x1년 1월 3일	1,200,000원	1,090,000원	110,000원	23,910,000원
20x1년 2월 3일	1,200,000원	1,070,000원	130,000원	22,840,000원

[17] 아래와 같이 발행된 사채에 대하여 결산일에 필요한 회계처리를 하시오.

발행일	사채 액면가액	사채 발행가액	액면이자율	유효이자율
20x1.01.01.	30,000,000원	28,000,000원	연 5%	연 7%

• 사채의 발행가액은 적정하고, 사채발행비와 중도에 상환된 내역은 없는 것으로 가정한다.
• 이자는 매년 말에 보통예금으로 이체한다.

객관식

01. 회사채 발행시장에서 사용되는 시장이자율이 사채의 액면이자율보다 높은 경우에 사채는 어떻게 발행되는가?

① 할인 발행된다.
② 할증 발행된다.
③ 액면 발행된다.
④ 정답이 없다.

02. 전환사채와 신주인수권부사채는 전환증권의 대표적인 예이다. 이러한 전환증권의 권리를 행사할 경우 재무상태표에 미치는 영향에 대한 설명으로 가장 올바른 것은?

① 전환증권의 권리행사로 인하여 자본금이 증가한다.
② 전환증권의 권리행사로 인하여 부채가 감소한다.
③ 전환증권의 권리행사 전후 모두 부채와 자본의 합계는 일치한다.
④ 전환증권의 권리행사와 상관없이 자산의 합계는 불변이다.

03. 다음 중 기업회계기준상 사채에 대한 설명으로 틀린 것은?

① 전환사채에서 전환권조정은 차감하는 형식으로 기재하고, 사채상환할증금은 가산하는 형식으로 기재한다.
② 상환할증금 미지급조건 전환사채의 경우 전환사채 발행시점의 전환권조정과 전환권대가의 금액은 일치한다.
③ 신주인수권부사채의 발행가액과 신주인수권이 없는 일반사채의 현재가치와의 차액인 신주인수권의 가치는 별도로 인식하지 아니한다.
④ 전환사채의 전환권행사와 신주인수권부사채의 신주인수권행사 모두 당해 기업의 자본금을 증가시키게 된다.

04. 기업회계기준서의 충당부채와 우발자산 · 부채에 대한 설명이다. 틀린 것은?

① 충당부채는 현재의무이고 이를 이행하기 위하여 자원이 유출될 가능성이 매우 높고 그 금액을 신뢰성 있게 추정할 수 있으므로 부채로 인식한다.

② 자원의 유출을 초래할 현재의무가 불확실하거나, 현재의무가 존재하지만, 그 금액을 신뢰성 있게 추정할 수 없는 우발부채는 부채로 인식되지 않는다.

③ 우발자산은 원칙적으로 자산으로 인식하지 아니하고 자원의 유입가능성이 매우 높은 경우에만 자산으로 인식한다.

④ 충당부채는마다 재무상태표마다 그 잔액을 검토하고, 재무상태표일 현재 최선의 추정치를 반영하여 증감 조정한다.

05. 20x1년도에 사채 발행시 액면이자율보다 시장이자율이 높았다면 20x2년도의 사채 장부가액, 사채 이자비용, 사채발행차금상각액은 각각 20x1년도에 비교하여 어떻게 달라지는가?

	사채 장부가액	사채 이자비용	사채발행차금 상각액
①	감소한다	감소한다	감소한다
②	증가한다	증가한다	감소한다
③	감소한다	증가한다	증가한다
④	증가한다	증가한다	증가한다

06. 사채가 할인발행되고 유효이자율법이 적용되는 경우 다음의 설명 중 옳지 않은 것은?

① 사채발행시점에 발생한 사채발행비는 비용으로 처리하지 않고, 사채의 만기 동안의 기간에 걸쳐 상각하여 비용화한다.

② 사채의 장부가액은 초기에는 적고 기간이 지날수록 금액이 커진다.

③ 매기간 계상되는 총사채이자비용은 초기에는 적고 기간이 지날수록 금액이 커진다.

④ 사채할인발행차금 상각액은 매기 감소한다.

07. 사채의 시장이자율보다 액면이자율이 낮은 사채를 발행하고, 매년 유효이자율법에 의해 사채발행차금을 상각하는 경우 다음 설명 중 가장 옳지 않은 것은?

① 사채는 할인발행 되고, 사채의 장부가액은 액면가액 보다 작다.

② 사채의 장부가액은 매년 증가한다.

③ 사채발행차금의 상각액은 매년 증가한다.

④ 기초 장부가액에 대한 이자비용의 비율은 매년 감소한다.

08. (주)대동은 사채를 할인발행하고, 사채할인발행차금에 대하여 유효이자율법으로 상각한 경우와 정액법으로 상각한 경우를 비교할 경우 사채발행 초기의 장부가액과 당기순이익 크기를 정확히 표현한 것은?

	유효이자율법		정 액 법
①	장부가액	〈	장부가액
②	장부가액	〉	장부가액
③	당기순이익	=	당기순이익
④	당기순이익	〈	당기순이익

09. 근로자퇴직급여보장법에 의한 퇴직연금에는 확정급여형(DB형)과 확정기여형(DC형)이 있다. 다음의 설명 중 틀린 설명은 무엇인가?

① 확정기여형 퇴직연금에 가입하고 퇴직연금 100,000원을 현금으로 납부할 경우 회계처리는 다음과 같다.

(차) 퇴 직 급 여	100,000원	(대) 현 금	100,000원

② 확정급여형 퇴직연금에 가입하고 퇴직연금 100,000원을 현금으로 납부할 경우 회계처리는 다음과 같다.

(차) 퇴직연금운용자산	100,000원	(대) 현 금	100,000원

③ 확정기여형 퇴직연금에 가입하고 퇴직연금운용수익 100,000원을 지급받은 경우 회계처리는 다음과 같다.

(차) 퇴직연금운용자산	100,000원	(대) 퇴직연금운용수익	100,000원

④ 퇴직금추계액은 보고기간 말 현재 전임직원이 일시에 퇴직할 경우 지급하여야 할 퇴직금에 상당하는 금액으로 한다.

10. 일반기업회계준상 퇴직급여에 대한 설명으로 잘못된 것은?

① 퇴직급여충당부채는 보고기간말 현재 전종업원이 일시에 퇴직할 경우 지급해야 할 퇴직금에 상당하는 금액으로 한다.

② 급여규정의 개정으로 퇴직금소요액이 증가되었을 경우 전기 이전분의 퇴직금은 전진법을 적용하여 균등하게 비용으로 인식한다.

③ 확정급여형퇴직연금제도에서 운용되는 자산은 기업이 직접 보유하고 있는 것으로 보아 회계처리한다.

④ 확정급여형퇴직연금제도에서 퇴직연금운용자산이 퇴직급여충당부채와 퇴직연금미지급금의 합계액을 초과하는 경우에는 그 초과액을 투자자산의 과목으로 표시한다.

11. 근로자퇴직급여보장법에 의한 퇴직연금에는 확정급여형(DB형)과 확정기여형(DC형)이 있다. 일반기업회계기준에 따른 확정급여형(DB형)의 회계처리 중 틀린 설명은 무엇인가?

① 회사가 퇴직연금의 부담금 1,000,000원을 납부하면서 수수료 40,000원을 퇴직연금운용사업자에게 보통예금에서 계좌이체 하였다.

(차) 퇴직연금운용자산	1,040,000	(대) 보통예금	1,040,000

② 회사가 연금운용사업자로부터 퇴직연금운용수익을 100,000원 수령하였다.

(차) 퇴직연금운용자산	100,000	(대) 퇴직연금운용수익	100,000

③ 보고기간 종료일 현재 종업원이 퇴직하면서 퇴직일시금의 수령을 선택한다고 가정하고 이때 지급하여야 할 퇴직일시금에 상당하는 금액을 측정하여 퇴직급여충당부채로 5,000,000원 인식하였다.

(차) 퇴직급여	5,000,000	(대) 퇴직급여충당부채	5,000,000

④ 종업원이 퇴직연금에 대한 수급요건 중 가입기간 요건을 갖추고 퇴사하였으며, 일시금 1,000,000원을 선택하였다. 일시금 1,000,000원 중 퇴직연금운용사업자가 지급한 금액은 600,000원이고 회사가 지급할 금액 400,000원을 계좌이체 하였다.

(차) 퇴직급여충당부채	1,000,000	(대) 퇴직연금운용자산	600,000
		보통예금	400,000

12. 사채할인발행차금의 상각이 (1)당기순이익과, (2)사채의 장부가액에 미치는 영향으로 올바른 것은?

① (1)감소, (2)증가
② (1)증가, (2)감소
③ (1)감소, (2)감소
④ (1)증가, (2)증가

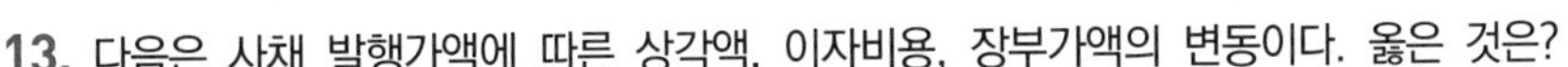

13. 다음은 사채 발행가액에 따른 상각액, 이자비용, 장부가액의 변동이다. 옳은 것은?

번호	구분	상각액	이자비용	장부가액
①	할인발행	매년증가	매년감소	매년증가
②	할증발행	매년증가	매년감소	매년증가
③	할인발행	매년감소	매년증가	매년감소
④	할증발행	매년증가	매년감소	매년감소

14. 다음은 ㈜삼진이 발행한 사채와 관련한 자료이다. 사채발행과 관련한 설명으로 맞는 것은? (단, 단수 차이로 인해 오차가 있다면 가장 근사치를 선택한다.)

○ 사채발행내역
- 사채액면금액 : 2,000,000원
- 표시이자율 : 10%, 시장이자율 8%
- 사채발행일자 : 20x1년 01월 01일
- 사채만기일자 : 20x3년 12월 31일

○ 현가계수표

할인율 / 기간	단일금액 1원의 현재가치		정상연금 1원의 현재가치	
	8%	10%	8%	10%
3년	0.7938	0.7513	2.5771	2.4868

① 사채발행시 사채 계정으로 계상할 금액은 2,103,020원이다.
② 사채발행시 사채할증발행차금은 103,020원이다.
③ 20x1년말 사채할증발행차금 환입액은 39,951원이다.
④ 20x2년말 사채할증발행차금 환입액은 37,582원이다.

주관식

01. 20x1년 7월 1일에 발행된 사채의 액면가액은 100,000,000원이고, 만기는 20x4년 6월 30일, 표시이자율은 연 8%, 이자지급은 연2회(6/30, 12/31)이다. 사채발행 당시의 유효이자율은 연 10%이었고, 이 때 사채의 발행가액은 93,660,000원이었다. 이 경우 20x1년 12월 31일까지 상각되는 사채할인발행차금은?

02. ㈜한결은 20x1년 1월 1일에 아래와 같이 사채를 발행하였으며, 동 사채를 20x1년 12월 31일 980,000원에 조기 상환하였다. 20x1년 인식할 사채상환손실은 얼마인가?(사채할인발행 차금은 유효이자율법에 따라 상각하고 소수점 이하는 절사한다)

- 액면가액 : 1,000,000원
- 액면이자율 : 8%
- 이자는 매년 말 후급
- 만기 : 3년
- 사채 발행 시 유효이자율 : 10%
- 사채 발행가액 : 950,263원

03. ㈜강원은 자금조달의 목적으로 아래와 같은 사채를 발행하였다. 20x3년 12월 31일에 상각될 사채할인발행차금은 얼마인가?(단, 소수점 이하는 절사한다)

> • 발행일 : 20X1년 1월 1일
> • 액면가액 : 1,000,000원
> • 발행가액 : 927,880원
> • 이자지급일 : 매년 12월 31일
> • 만기일 : 20x5년 12월 31일
> • 액면이자율 : 10%
> • 유효이자율 : 12%

04. ㈜현상은 액면금액 1,000,000원(표시이자율 연 8%, 사채권면상 발행일 20x1년 1월 1일, 만기 3년, 매년말 이자지급)인 사채를 20x1년 1월 1일에 발행하였다. 사채권면상 발행일인 20x1년 1월 1일의 시장이자율은 연 10%이다. 현가계수는 아래 표를 이용한다.

현가계수표

할인율 / 기간	단일금액 1원의 현재가치		정상연금 1원의 현재가치	
	8%	10%	8%	10%
3년	0.7938	0.7513	2.5771	2.4868

㈜현상의 20x1년 12월 31일에 상각될 사채할인 발행차금은 얼마인가?

연/습/문/제 답안

분개연습

[1]
	차변	금액	대변	금액
(차)	단기차입금((주)여유통상)	30,000,000	(대) 보통예금	31,500,000
			예수금	500,000
	이자비용	2,000,000		

[2]
	차변	금액	대변	금액
(차)	퇴직급여충당부채	10,000,000	(대) 국민연금전환금	2,000,000
	퇴직급여(판관비)	8,000,000	주.임.종단기채권	5,000,000
			예수금	500,000
			보통예금	10,500,000

[3]
	차변	금액	대변	금액
(차)	사채	100,000,000	(대) 당좌예금	110,000,000
	사채할증발행차금	4,000,000		
	사채상환손실	6,000,000		

☞ **상환손익 = 상환가액(110,000,000) − 장부가액(300,000,000 + 12,000,000) × 1/3 = 6,000,000원(손실)**
제거되는 사채할증발행차금 = 12,000,000원 × 100,000,000원/300,000,000원 = 4,000,000원

[4]
	차변	금액	대변	금액
(차)	보통예금	5,800,000	(대) 사채((주)영동)	6,000,000
	사채할인발행차금	225,000	현금	25,000

[5]
	차변	금액	대변	금액
(차)	단기차입금(동양산업(주))	10,000,000	(대) 당좌예금	10,750,000
	이자비용	1,000,000	예수금	250,000

[6]
	차변	금액	대변	금액
(차)	사채	150,000,000	(대) 당좌예금	132,000,000
			사채할인발행차금	15,000,000
			사채상환이익	3,000,000

☞ **상환손익 = 상환가액(132,000,000) − 장부가액(200,000,000 − 20,000,000) × 1.5억/2억**
= △ 3,000,000원(이익)

☞ **제거되는 사채할인발행차금 = 20,000,000원 × 1.5억/2억 = 15,000,000원**

[7] (차)	외상매입금((주)우영)	33,000,000	(대)	단기차입금(장한은행)	33,000,000
[8] (차)	급 여(판)	3,000,000	(대)	예 수 금	2,063,000
	임 금(제)	5,000,000		주.임.종단기채권(김진근)	300,000
				보 통 예 금	5,637,000

[9] 사채의 발행가액 = 100,000원 × 2.40183 + 1,000,000원 × 0.71178 = 951,963원

- 발행자 회계처리

(차)	현 금	951,963	(대)	사 채	1,000,000
	사채할인발행차금	48,037			

- 투자자 회계처리

(차)	매도가능증권	951,963	(대)	현 금	951,963

[10] (차)	퇴직급여충당부채	15,000,000	(대)	현 금	5,000,000
				퇴직연금운용자산	10,000,000
[11] (차)	퇴직급여(제)	30,000,000	(대)	보 통 예 금	50,000,000
	퇴직급여(판)	20,000,000			
[12] (차)	퇴직급여(제)	8,500,000	(대)	보 통 예 금	13,500,000
	퇴직급여(판)	5,000,000			
[13] (차)	퇴직연금운용자산 ((주)좋은은행)	1,000,000	(대)	이 자 수 익	1,000,000
[14] (차)	퇴직연금운용자산 ((주)좋은은행)	30,000,000	(대)	보 통 예 금	30,300,000
	수수료비용(판)	300,000			
[15] (차)	퇴직연금운용자산 ((주)한빛은행)	1,900,000	(대)	이 자 수 익	2,000,000
	수수료비용(영 · 비)	100,000			
[16] (차)	미지급금((주)다움캐피탈)	1,090,000	(대)	보 통 예 금	1,200,000
	이자비용	110,000			

[17] (차) 이자비용 1,960,000 (대) 보통예금 1,500,000
사채할인발행차금 460,000

☞유효이자(이자비용) = 발행가액(28,000,000)×유효이자율(7%) = 1,960,000원
액면이자 = 액면가액(30,000,000)×액면이자율(5%) = 1,500,000원

객관식

1	2	3	4	5	6	7	8	9	10	11	12	13	14
①	①	③	③	④	④	④	①	③	②	①	①	④	②

[풀이-객관식]

01. **시장이자율이 액면이자율보다 높은 경우 할인 발행**된다.

02. ① 전환증권은 증권의 소유자가 보통주청구에 대한 권리를 행사하면 보통주가 추가로 발행되는 금융상품 또는 기타 계약을 의미하므로 권리행사란 자본금의 증가를 의미한다.
② 전환증권의 권리행사로 인하여 부채가 감소한다. → **전환사채의 경우 부채가 감소하며 신주인수권부사채는 부채가 불변**이다.
③ 전환증권의 권리행사 전후 모두 부채와 자본의 합계는 일치한다. → 전환사채의 경우 부채감소액만큼 자본이 증가하므로 부채와 자본의 합계는 일치하며 신주인수권부사채는 부채는 불변이나 자본은 증가하여 부채 자본의 합계는 증가한다.
④ 전환증권의 권리행사와 상관없이 자산의 합계는 불변이다. → **신주인수권부사채의 경우 권리행사로 자본금의 추가납입이 이루어지므로 보통 자산이 증가**한다.

03. 신주인수권부사채는 일반사채와 신주인수권의 두가지 요소로 구성되는 복합적 성격을 지닌 증권으로서 발행시 일반사채에 해당하는 부채부분과 신주인수권에 해당하는 자본부분으로 분리하여 자본부분의 가치를 신주인수권대가로 인식한다.

04. **우발자산은 자산으로 인식하지 아니하고 자원의 유입가능성이 매우 높은 경우에만 주석에 기재한다.** 상황변화로 인하여 자원이 유입될 것이 확정된 경우에는 그러한 상황변화가 발생한 기간에 관련 자산과 이익을 인식한다.

05. **액면이자율< 시장이자율 이므로 사채가 할인발행**된다.
사채 장부가액 = 사채할인발행차금이 상각되므로 장부가액이 점차 증가한다.
사채 이자비용 = 장부가액 × 시장이자율에서 장부가액이 증가하므로 점차 증가한다.
사채발행차금상각액 = 이자비용 - 현금이자에서 이자비용이 증가하므로 상각액도 점차 증가한다.

06. **유효이자율법에 의해 계산된 사채할인발행차금 상각액은 매기 증가**한다.

07. 유효이자율법에 의해 사채발행차금을 상각하는 경우 기초 장부가액에 대한 이자비용의 비율(유효이자율)은 매년 동일하다.

08. • 유효이자율법의 경우 할증발행이나 할인발행이나 초기에는 적은 금액이 상각되었다가 점차 많은 금액을 상각하게 된다. 그러나 정액법의 경우 전 기간 동안 평균적인 금액으로 상각된다.
• **할인발행의 경우 유효이자율법은 이자비용이 갈수록 더 증가**하게 되므로 초기 이자비용은 후기 이자비용보다 적어지는 반면 정액법은 이자비용이 일정하게된다.
• 유효이자율법은 초기에는 당기순이익이 크게 나타나고 갈수록 당기순이익이 작아지는 반면 정액법은 당기순이익이 일정하다.
• **사채할인발행 이자비용 = 액면이자 + 사채할인발행차금상각**
•사채할인발행 장부가액 = 사채할인발행차금상각전장부가액 + 사채할인발행차금 상각액

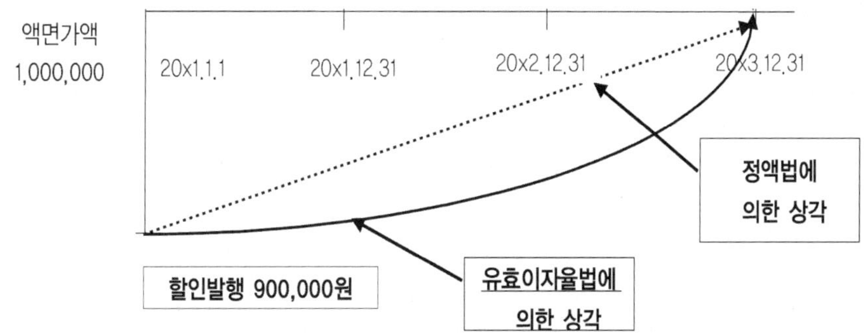

09. 확정급여형 퇴직연금에 가입하고 퇴직연금운용수익 100,000원이 지급된 경우 회계처리 내용이다.
10. 급여규정의 개정으로 **퇴직금소요액이 증가되었을 경우 전기 이전분의 퇴직금은 일괄하여 당기비용으로 인식**한다.
11. 퇴직연금운용사업자에게 지급하는 수수료비용은 부담금 납입시 운용관리회사에 납부하는 운용관리수수료이므로 당기 비용으로 회계처리한다.
12. 상각회계처리
(차) 이자비용 XXX (대) 사채할인발행차금 XXX → 당기순이익감소
사채의 장부가액 증가

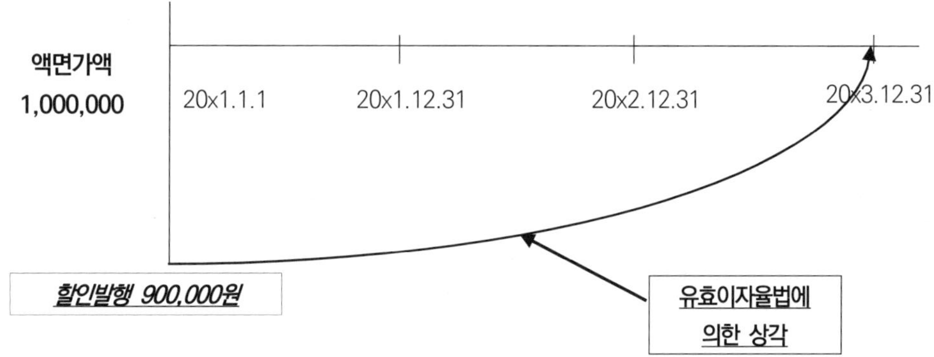

13. 사채를 유효이자율법에 따라 상각하는 경우, **할인발행과 할증발행 여부와 관계없이 상각액은 매년 증가**한다. **사채를 할인발행하는 경우 이자비용은 매년 증가**하는 반면, **할증발행하면 이자비용은 매년 감소**한다. 사채의 장부가액은 할인발행하는 경우 매년 증가하고, 할증발행하는 경우 매년 감소한다.

번호	구분	상각액	이자비용	장부가액
①	할인발행	매년증가	***매년증가***	매년증가
②	할증발행	매년증가	매년감소	***매년감소***
③	할인발행	***매년증가***	매년증가	***매년증가***

14. 사채발행가액 = (2,000,000 × 0.7938) + (200,000 × 2.5771) = 2,103,020원
사채할증발행차금 = 2,103,020(발행가액) - 2,000,000(액면가액,①) = 103,020원(②)

연도	유효이자(A) (BV×8%)	액면이자(B) (액면가액×10%)	할증발행차금 (A-B)	장부금액 (BV)
20x1. 1. 1				2,103,020
20x1.12.31	168,241	200,000	31,759(③)	2,071,261
20x2.12.31	165,700	200,000	34,299(④)	2,036,962

주관식

01	683,000	02	14,711	03	14,231
04	15,024				

[풀이-주관식]

01. **연 2회지급시 유효이자율 5%(10% ÷ 2), 액면이자 4%(8% ÷ 2회)로 계산한다.**
(93,660,000 × 5%) - (100,000,000 × 4%) = 683,000원

02.

연도	유효이자(A) (BV×10%)	액면이자(B) (액면가액×8%)	할인차금상각 (A-B)	장부금액 (BV)
20x1. 1. 1				950,263
20x1.12.31	95,026	80,000	15,026	**965,289**

상환손익 = 상환가액(980,000) - 장부가액(965,289) = 14,711원

20x1.12.31 : (차) 이자비용 95,026원 (대) 현 금 80,000원
사채할인발행차금 15,026원
상환시 : (차) 사채 1,000,000원 (대) 사채할인발행차금 34,711원
사채상환손실 14,711원 현 금 980,000원

03. 사채할인발행차금 상각표

연도	유효이자(A) (BV×12%)	액면이자(B) (액면가액×10%)	할인차금상각 (A-B)	장부금액 (BV)
20X1. 1. 1				927,880
20X1.12.31	111,345	100,000	11,345	939,225
20x2.12.31	112,707	100,000	12,707	951,932
20x3.12.31	114,231	100,000	***14,231***	966,163

04. 사채의 발행가액(20x1.1.) = 1,000,000원 × 0.7513 + 80,000원 × 2.4868 = 950,244원
20x1년 말 사채할인발행차금 상각액
= **950,244원 × 10%(유효이자율) - 80,000원(표시이자)** = 15,024원

계정과목별 이해 (자본)

Chapter 4

로그인 전산세무 2급

NCS회계 - 3 전표관리 / 자금관리

제1절 자본의 분류 및 표시

1. 자본금	<u>보통주자본금과 우선주자본금[*1]은 구분표시한다.</u>			
2. 자본잉여금	<u>주식발행초과금과 기타자본잉여금으로 구분표시한다.</u>			
	주식발행초과금	감자차익	자기주식처분익	전환권대가 신주인수권대가
3. 자본조정	<u>자기주식은 별도항목으로 구분하여 표시한다.</u>			
	주식할인발행차금	감자차손	자기주식처분손	자기주식, 출자전환채무[*2]
4. 기타포괄손익누계액	매도가능증권평가손익, 해외사업환산차손익, 현금흐름위험회피 파생상품 평가손익, 재평가잉여금 등 **미실현손익**			
5. 이익잉여금	(1) 기처분이익잉여금	㉠ 법정적립금　㉡ 임의적립금		
	(2) 미처분이익잉여금			

*1. 우선주는 보통주에 비하여 이익배당 등 특정사항에 대해 보통주보다 우선권이 주어지는 주식으로서 일반적으로 주주총회에서의 의결권은 없다.

☞ 누적적우선주 : 특정연도에 이익배당을 지급받지 못한 경우에는 차후연도에 지급받지 못한 이익배당액을 누적하여 우선적으로 지급받을 수 있는 권리가 부여된 주식을 말하고, 이러한 미지급배당금을 연체배당금이라 한다. <u>이러한 연체배당금은 배당이 선언되지 않으면 부채로 기록되어서는 안된다.</u>

*2. 출자전환이란 채무자가 채무를 변제하기 위하여 채권자에게 주식을 발행하는 경우를 말하는데, 출자전환을 합의했으나, 출자전환이 즉시 이행되지 않는 경우(미이행출자전환) 채무자는 조정대상채무를 출자전환채무의 자본조정으로 인식하고 추후 자본금 등으로 대체한다.

제2절 자본잉여금 및 자본조정

	자본잉여금	자본조정
신주발행	주식발행초과금	주식할인발행차금*1
자본금감소(감자)	감자차익	감자차손*2
자기주식처분	자기주식처분익	자기주식처분손*3

자본잉여금은 발생시점에 이미 계상되어 있는 자본조정을 우선 상계하고, 남은 잔액은 자본잉여금으로 계상한다. 또한 반대의 경우도 마찬가지로 회계처리한다. 즉 순액을 재무상태표 자본에 표시한다.

*1. 주식할인발행차금은 주식발행초과금과 우선상계하고 잔액이 남을 경우 주식발행연도부터 3년 이내의 기간에 매기 균등액을 이익잉여금의 처분을 통하여 상각한다.
*2. 감자차손은 이익잉여금의 처분과정에서 미처분이익잉여금과 상계한다.
*3. 자기주식처분손실의 잔액이 발생하면 이익잉여금의 처분과정에서 미처분이익잉여금과 상계한다.

<예제 4-1> 자기주식

㈜지구의 다음 거래를 분개하시오.

1. 3월 1일 자기주식 100주(액면가 10,000원)를 주당 12,000원에 현금매입하다.
2. 3월 15일 위의 자기주식 중 10주를 주당 15,000원에 현금처분하다.
2. 3월 31일 위의 자기주식 중 20주를 주당 8,000원에 현금처분하다.

해답

3월 1일	(차) 자기주식(자본조정)	1,200,000	(대) 현금	1,200,000
3월 15일	(차) 현금	150,000	(대) 자기주식(자본조정)	120,000
			자기주식처분이익(자본잉여금)	30,000
3월 31일	(차) 현금	160,000	(대) 자기주식	240,000
	자기주식처분이익	30,000		
	자기주식처분손실(자본조정)	50,000		

제3절 기타포괄손익누계액

포괄손익이란 주주와의 자본거래를 제외한 모든 거래나 사건에서 인식한 자본의 변동을 말한다.

기타포괄손익은 순자산의 증감을 가져오는 거래 가운데 **미실현손익(잠재적 손익)으로 분류**되어 손익계산서에 계상되지 못하는 항목으로 언젠가 이익잉여금으로 흘러갈 요소이다.

여기서 당기발생 미실현손익(기타포괄손익)은 포괄손익계산서에 반영되고 그 누계액(기타포괄손익누계액)은 재무상태표에 계상된다.

즉 기타포괄손익누계액이란 손익거래 중 손익계산서에 포함되지 않는 손익의 잔액으로서 **매도가능증권평가손익, 해외사업환산손익, 현금흐름위험회피 파생상품 평가손익, 재평가잉여금(재평가차익)** 등이 있다.

기타포괄손익누계액은 **기타포괄손익이 실현될 때**(매도가능평가손익의 경우 매도가능증권의 처분시) 당기순손익에 포함되게 된다.

제4절 이익잉여금

1. 법정적립금

상법이나 그 외의 법률규정에 따라 이익잉여금 중에서 일정금액을 적립하는 것을 말하는 것으로 강제적 성격을 가지고 있어 법적요건을 갖추게 되면, 무조건 적립하여야 한다. 이러한 법정적립금은 결손금을 보전하거나 자본금으로 전입(무상증자)할 수 있다.

(1) 이익준비금

주식회사는 상법의 규정에 따라 **"회사는 자본금의 1/2에 달할 때까지 매기 결산시 금전에 의한 이익배당액의 1/10이상의 금액을 이익준비금으로 적립하여야 한다."**라고 규정하고 있다.

> **참고**
>
> **법정준비금**
>
> 상법에서는 법정준비금을 그 재원에 따라 **이익준비금과 자본준비금으로 구분하는데 자본거래에서 발생한 잉여금(기업회계기준상 자본잉여금을 의미한다.)**을 자본준비금으로 적립하여야 한다. 또한 회사는 적립된 자본준비금 및 이익준비금의 총액이 자본금의 1.5배를 초과하는 경우에는 주주총회의 결의에 따라 준비금을 배당 등의 용도로 사용할 수 있게 하였다.

(2) 기타법정적립금 : 상법이외 법령에 따라 이익금의 일부를 적립한다.

2. 임의적립금

회사의 정관이나 주주총회의 결의에 의해 임의로 적립된 금액으로서 기업이 자발적으로 적립한 적립금으로서 법정적립금과 성격은 다르지만 이 역시 **현금배당을 간접적으로 제한함**으로써 기업의 재무구조를 개선하거나 미래투자자금을 확보한다는 점은 동일하다. 임의적립금은 기업이 해당 목적을 실현한 후에 다시 주주들에게 현금배당할 수 있다. 예를 들면 사업확장적립금, 감채기금적립금 등이 있다.

3. 미처분이익잉여금(미처리결손금)

기업이 벌어들인 이익 중 배당이나 다른 잉여금(결손금)으로 처분되지 않고 남아 있는 이익잉여금(결손금)을 말한다.

4. 배당금 

회사의 이익을 주주에게 배당하는 방법에는 **현금배당과 주식배당 그리고 현물배당**이 있다.

	현금배당	주식배당
배당선언일	(차) 미처분이익잉여금 ××× (대) 미지급배당금 ×××	(차) 미처분이익잉여금 ××× (대) 미교부주식배당금 ×××
	(투자자) (차) 미 수 금 ××× (대) 배당금수익 ×××	(투자자) - 회계처리없음 -
배당지급일	(차) 미지급배당금(자본) ××× (대) 현 금(자산) ×××	(차) 미교부주식배당금(자본) ××× (대) 자 본 금(자본) ×××
재무상태	**순자산의 유출**	**재무상태에 아무런 변화가 없다**
중간배당	**기중에 이사회 결의 등에 의해서 중간배당을 할 수 있으나 현금배당만 가능하다.**	

[주식배당, 무상증자, 주식분할, 주식병합] 

	주식배당	무상증자	주식분할	주식병합
주식수	증가	증가	증가	감소
액면금액	불변	불변	감소	증가
자본금	증가	증가	불변	불변
자 본	불변	불변	불변	불변

<예제 4-2> 이익잉여금의 처분

㈜지구의 다음 거래를 분개하시오.

1. 3월 1일 주주총회에서 다음 내용으로 결의하다.

〈이익잉여금이입액〉

- 배당평균적립금 2,500,000

〈이익잉여금처분액〉

- 현금배당 1,000,000 - 주식배당 2,000,000
- 이익준비금 100,000 - 사업확장적립금 3,000,000

2. 3월 10일 현금배당금 1,000,000원을 현금 지급하다.
3. 3월 15일 주주총회에서 결의한 주식배당에 대해서 주식을 발행하여 지급하다.
   신주발행시 각종 수수료 10,000원을 현금 지급하다.(주식발행초과금 잔액 250,000원이 있다.)

해답

일자	차변	금액	대변	금액
3월 1일	(차) 배당평균적립금	2,500,000	(대) 이월이익잉여금 (미처분이익잉여금)	2,500,000
	(차) 이월이익잉여금 (미처분이익잉여금)	6,100,000	(대) 이익준비금 미지급배당금 미교부주식배당금 사업확장적립금	100,000 1,000,000 2,000,000 3,000,000
3월 10일	(차) **미지급배당금**	1,000,000	(대) 현 금	1,000,000
3월 15일	(차) **미교부주식배당금** 주식발행초과금	2,000,000 10,000	(대) 자 본 금 현 금	2,000,000 10,000

제5절 자본변동표

일정시점 현재 자본의 크기와 일정기간 동안 그 변동에 관한 포괄적인 정보를 제공하는 재무제표이다. 또한 자본에 직접 가감되는 기타포괄손익항목에 대한 정보를 제공함으로써 손익계산서를 거치지 않는 항목(미실현손익)들이 경영성과에 미치는 영향도 파악할 수 있다.

연/습/문/제

분개연습

[1] 취득한 자기주식 500주(주당 10,000원) 중 250주를 주당 12,000원에 현금을 받고 매각하였다. 단, 자본조정 중 자기주식처분손실계정의 잔액(200,000원)을 반영하여 일반기업회계기준에 따라 회계처리를 하시오.

[2] 이월결손금 150,000,000원의 보전을 위하여 주식 5주를 1주로 병합하는 감자를 실시하였다. 감자 전 당사의 자본은 자본금 200,000,000원(액면가액 @10,000원, 주식수 20,000주)과 이월결손금 뿐이다.

[3] 다음은 전기 이익잉여금처분계산서 내역의 일부이다. 4월 15일에 전기 이익잉여금처분계산서대로 주주총회에서 확정된 배당을 실시하여 개인 주주에게 소득세 등 원천징수액 1,540,000원을 차감한 8,460,000원을 현금으로 지급하고 주식배당 10,000,000원은 주권을 발행하여 발급하였다. 주권발행에 따른 제비용 200,000원은 현금으로 지급되었으며 처분확정일의 회계처리는 적절하게 회계처리하였다. 또한 주식발행초과금의 잔액은 없다고 가정한다.

<u>이익잉여금처분계산서</u>

20x0년 1월 1일부터 20x0년 12월 31일 까지

처분확정일 20x1년 02월 28일 (단위 : 원)

과 목	금 액	
- 중간 생략 -		
Ⅲ. 이익잉여금 처분액		26,000,000
1. 이익준비금	1,000,000	
2. 기업합리화적립금	0	
3. 배당금	20,000,000	
가. 현금배당	10,000,000	
나. 주식배당	10,000,000	
4. 사업확장적립금	5,000,000	

[4] 다음은 전기 이익잉여금처분계산서의 내역이다. 처분확정일의 회계처리를 행하시오. 단, 현금배당은 20x2년 3월 9일에 지급되었으나 3월 9일의 회계처리는 생략한다.

이익잉여금처분계산서

20x1년 1월 1일부터 20x1년 12월 31일 까지

처분확정일 20x2년 02월 15일 (단위 : 원)

과 목	금 액	
Ⅰ. 미처분 이익잉여금		45,520,000
1. 전기이월미처분이익잉여금	32,000,000	
2. 당기순이익	13,520,000	
Ⅱ. 임의적립금등의 이입액		7,500,000
1. 배당평균적립금	7,500,000	
합 계		53,020,000
Ⅲ. 이익잉여금 처분액		42,000,000
1. 이익준비금	2,000,000	
2. 배당금	20,000,000	
가. 현금배당	20,000,000	
나. 주식배당	0	
3. 감채적립금*1	20,000,000	
Ⅳ. 차기이월 미처분이익잉여금		11,020,000

*1. 사채 발행회사가 사채의 상환자금을 확보하기 위해 매사업연도마다 발생하는 수익에서 일정금액을 기업 내부에 보유하는 기금을 말한다.

[5] 회사가 보유한 신한은행의 장기차입금 300,000,000원을 출자전환하기로 하고 주식 20,000주(액면가액 10,000원)를 발행하여 교부하였으며 자본증자 등기를 마쳤다.

[6] 회사는 3월 15일에 액면금액 5,000원인 자기주식을 1주당 6,000원에 1,000주를 취득했었는데, 4월 15일에 이 자기주식을 소각하였다. (단, 장부상 감자차익이 500,000원이 존재한다.)

[7] 3,000,000원에 취득한 자기주식 (액면금액은 2,000,000원)을 전부 소각하였다. 장부상감자차익은 없다고 가정한다.

[8] 전기 12월 3일 720,000원에 취득하였던 자기주식을 모두 소각하여 처리하였다. 자기주식의 전기 12월 31일 공정가치는 710,000원이었고, 액면가액은 700,000원이었다.

[9] 다음은 (주)관악의 20x1년 12월 31일 자본구성을 표시한 것이다.20x2년 4월 20일 자기주식 200주를 총 2,000,000원에 처분하고 당좌예금을 수령하였다.

부분대차대조표

20x1년 12월 31일

자본금(보통주 50,000주 @₩10,000)		500,000,000원
자본잉여금		61,400,000원
주식발행초과금	61,000,000원	
자기주식처분이익	400,000원	
자본조정		(6,500,000원)
자기주식(500주, @₩13,000)		
기타포괄손익누계액		50,000원
이익잉여금		406,283,178원
자본총계		961,233,178원

[10] 당사는 주주총회의 특별결의와 법원인가를 얻어 다음과 같이 주식을 할인발행하였다. 신주발행비를 제외한 주식발행 대금은 당사의 보통예금계좌로 납입되었다. 주식발행초과금 계정잔액을 조회하니 1,000,000원이 존재한다.

발행주식수 : 10,000주(액면가 : @5,000원) 발 행 가 액 : @4,000원, 신주발행비 500,000원

[11] 전기의 이익잉여금처분계산서의 내역이다. 20x2년 2월 20일과 3월 20일에 필요한 회계처리를 하시오.

이익잉여금처분계산서

20x1. 1. 1 ~ 20x1. 12. 31

처분확정일 20x2. 2. 20

Ⅰ. 미처분이익잉여금		312,230,000원
1. 전기이월이익잉여금	256,000,000원	
2. 당기순이익	56,230,000원	
Ⅱ. 임의적립금 이입액		30,000,000원
1. 연구및인력개발준비금	30,000,000원	
Ⅲ. 합계		342,230,000원
Ⅳ. 이익잉여금 처분액		160,000,000원
1. 이익준비금	10,000,000원	
2. 현금배당[*1]	100,000,000원	
3. 사업확장적립금	50,000,000원	
Ⅴ. 차기이월미처분이익잉여금		182,230,000원

*1 현금배당액은 20x2년 3월 20일 현금으로 지급하였다.(원천징수는 고려하지 않는다)

[12] 고흥은행에서 차입한 장기차입금 800,000,000원을 고흥은행과 협의하여 200,000,000원은 보통예금으로 바로 상환하는 대신 500,000,000원은 출자전환하기로 하고 잔액 100,000,000원은 면제 받았다. 출자전환을 위해 보통주 5,000주(액면가액 주당 50,000원)를 발행하여 교부하였으며, 자본증자 등기를 마쳤다. 관련 계정별원장을 조회하니 주식할인발행차금이 50,000,000원이 있다.

[13] 1억원(액면가액 10,000원, 발행주식수 1만주)의 자본증자 등기가 완료되고 법인보통예금계좌로 증자대금이 입금되었다. 자본증자관련 등록비용은 1,440,000원, 법무사(정법무사사무소) 수수료 440,000원(VAT포함)을 보통예금으로 지급하였다. 등록관련비용은 영수증을 수취하였으며, 법무사 수수료는 전자세금계산서를 발급받았다.(단, 주식발행초과금은 존재하지 않는다.)

객관식

01. 회사의 이익잉여금을 주식배당으로 배당함에 있어, 배당의 종류별로 주식발행회사 입장에서의 자본변동사항과 주주인 투자법인의 배당수익 인식여부에 대한 설명으로 올바른 것은?

	주식발행회사 자본변동사항	주주인 투자법인 배당수익 인식여부
①	변동없음	수익인식
②	변동없음	수익불인식
③	감소	수익불인식
④	감소	수익인식

02. (주)세무가 다음과 같은 거래를 한 경우 각각의 회계처리가 자본에 미치는 영향으로 틀린 것은?

주식발행 (액면발행)	• 증 자 일 : 20x1년 6월 4일 • 발행주식수 : 1,000주 • 액면가액(=발행가액) : 5,000원 • 주식발행비용 : 100,000원 • 20x1년 1월 1일 현재 재무상태표상 주식발행초과금 : 5,000,000원
자기주식 (취득과 매각)	• 자기주식 취득(20x1년 7월 4일) 100주, 취득가액 : 주당 6,000원(액면가액 5,000원) 자기주식을 최초 취득하였다. • 자기주식 처분(20x1년 7월 20일) 100주, 처분가액 : 주당 6,500원

① 주식발행으로 인하여 자본금은 증가하였다.
② 주식발행으로 인하여 자본잉여금은 변동이 없다.
③ 자기주식 취득으로 자본금은 변동이 없다.
④ 자기주식 처분으로 인하여 자본잉여금은 증가하였다.

03. 재무상태표에 대한 설명으로 틀린 것은?

① 기발행된 신주인수권부사채의 권리행사로 주식이 발행된 경우 부채는 변동이 없으나 자본은 증가한다.
② 기발행된 전환사채의 권리행사로 주식이 발행된 경우 부채는 감소하고 자본은 증가한다.
③ 자본잉여금인 주식발행액면초과액이 자본으로 전입되는 경우 자본은 증가한다.
④ 주식배당을 할 경우 자본은 변동이 없으나 현금배당을 하는 경우에는 자본이 감소한다.

04. 재무상태표상의 자본에 대한 설명으로 맞는 것은?

① 자본금은 법정자본금으로서 발행주식수에 발행가액을 곱하여 계산한다.

② 자본잉여금은 증자나 감자 등 주주와의 거래에서 발생하여 자본을 증가시키는 잉여금이다.

③ 자본조정은 당해 항목의 성격으로 보아 자본거래에 해당하나 최종 납입된 자본으로 볼 수 없거나 자본을 증가시키는 성격으로 자본금이나 자본잉여금으로 분류할 수 없는 항목이다.

④ 이익잉여금은 손익계산서에 보고된 손익과 다른 자본항목에서 이입된 금액과 배당 등으로 처분된 금액의 합계액이다.

05. 자기주식 100주(주당 액면가액 5,000원, 주당 발행가액 5,200원)를 주당 5,100원에 취득하여 즉시 주당 5,300원에 모두 매각한 경우 자기주식 거래가 자본에 미치는 영향으로 맞는 것은? 단, 당사의 자기주식 거래는 이 건 이외에는 없다고 가정한다.

① 자본금이 30,000원 증가한다.
② 자본잉여금이 30,000원 증가한다.
③ 자본금이 20,000원 증가한다.
④ 자본잉여금이 20,000원 증가한다.

06. 기업회계기준에 의한 배당에 관한 설명으로 틀린 것은?

① 배당금을 수령하는 법인의 입장에서 현금배당은 당기순이익을 증가시키지만 주식배당은 당기순이익에 전혀 영향이 없다.

② 배당금을 지급하는 법인의 입장에서 현금배당이나, 주식배당 모두 이익잉여금을 감소시킨다.

③ 배당금을 지급하는 법인의 입장에서 주식배당은 자본을 감소시키나 현금배당의 경우 자본총계 변화는 전혀 없다.

④ 배당금을 지급하는 법인의 입장에서 중간배당은 이사회의 결의에 의해서 현금배당만 할수 있고 주식배당은 불가능하다.

07. 다음은 기업회계기준상 자본에 대한 설명이다. 틀린 것은?

① 액면가액을 초과하여 주식을 발행하는 경우 그 액면을 초과하는 금액은 주식발행초과금으로 하여 자본잉여금으로 계상한다.

② 회사가 자기주식을 취득하는 경우에는 자본의 가산항목으로 하여 자본조정에 표시한다.

③ 이익잉여금처분계산서에 포함된 배당은 재무상태표에 부채로 인식하지 아니하며, 재무상태표에는 이익잉여금처분 전의 재무상태를 표시한다.

④ 자기주식처분손실은 자기주식처분이익이 있는 경우 우선 상계처리하고, 잔액은 자본조정으로 계상한 후, 결손금의 처리는 회사의 자율 선택에 의한다.

08. 다음 중 기업회계기준서 자본에 대한 설명으로 틀린 것은?

① 주식할인발행차금이 발생하는 경우 그 당시에 장부상 존재하는 주식발행초과금과 우선적으로 상계하여 처리한다.

② 무상증자는 법정적립금과 자본잉여금을 재원으로 하지만 주식배당은 미처분이익잉여금을 재원으로 한다.

③ 전기에 배당하지 못한 연체배당금 중 누적적우선주에 대한 금액은 부채로 계상하여야 한다.

④ 결산일 현재 매도가능증권의 공정가액이 장부가액보다 증가한 경우 자본총액은 증가한다.

09. 자기주식(1,000주, 액면가액 : 5,000원, 발행가액 : 5,000원, 취득가액 : 6,000,000원)을 소각한 경우 재무상태표상의 자본과 자본금의 변동내역을 정확하게 정리한 것은?

	자 본	자 본 금		자 본	자 본 금
①	감 소	감 소	②	불 변	불 변
③	불 변	감 소	④	감 소	불 변

10. 당기순손익과 총포괄손익간의 차이를 발생시키는 항목을 모두 고른 것은?

ㄱ. 매도가능증권평가이익	ㄴ. 단기매매증권평가이익
ㄷ. 재평가손실	ㄹ. 해외사업장외화환산손익
ㅁ. 자기주식처분이익	ㅂ. 현금흐름위험회피 파생상품평가손익

① ㄱ, ㄴ, ㄹ ② ㄱ, ㄹ, ㅂ

③ ㄴ, ㄷ, ㅁ ④ ㄹ, ㅁ, ㅂ

11. 다음 중 기업회계기준상 자본에 대한 설명으로 틀린 것은?

① 결손금의 처리는 회사의 자율선택에 의한다.

② 이익잉여금처분계산서(안)의 주식배당액은 기말재무상태표에 미교부주식배당금으로 하여 자본조정으로 분류한다.

③ 매도가능증권평가손익, 해외사업환산손익, 현금흐름위험회피 파생상품평가손익 등은 기타포괄손익누계액에 포함한다.

④ 보통주와 우선주는 배당금지급 및 청산시의 권리가 상이하기 때문에 자본금을 구분하여 표시하여야 한다.

12. 기업회계기준의 이익잉여금처분계산서의 이익잉여금 처분항목에 대한 다음 설명 중 올바르지 아니한 것은?

① 법정적립금 및 임의적립금으로의 적립은 차기이월이익잉여금을 감소시키고 이익잉여금의 총계도 감소시키나 자본총계에는 영향이 없다.

② 현금배당은 차기이월이익잉여금, 이익잉여금 총계 및 자본총계 모두를 감소시킨다.

③ 주식배당은 차기이월이익잉여금 및 이익잉여금 총계를 감소시키나 자본총계에는 영향이 없다.

④ 배당건설이자나 주식할인발행차금의 상각은 차기이월이익잉여금을 감소시키고 이익잉여금 총계도 감소시키나 자본총계에는 영향이 없다.

13. 다음 중 자본변동표에 관한 설명으로 적합하지 않은 것은?

① 손익계산서를 거쳐 재무상태표의 자본에 직접 가감되는 항목에 대한 정보를 제공한다.

② 다른 재무제표 정보와 더불어 기업실체의 재무적 수익성, 위험, 탄력성 등을 평가하는 데 유용하다.

③ 자본의 변동내용은 손익계산서와 현금흐름표에 나타난 정보와 연결할 수 있다.

④ 자본 구성항목의 변동내용에 대한 포괄적인 정보를 제공한다.

14. 20x1년 기말 ㈜백두산의 당기 이익잉여금처분계산서의 내용이다. 설명 중 틀린 것은?

이익잉여금처분계산서
제5기 20x1.01.01.부터 20x1.12.31.까지
처분예정일: 20x2.02.25.

과 목	금 액	
Ⅰ. 미처분이익잉여금		550,000,000
1. 전기이월미처분이익잉여금	500,000,000	
2. 전기오류수정손실	50,000,000	
3. 당기순이익	100,000,000	
Ⅱ. 임의적립금 등의 이입액		30,000,000
1. 사업확장적립금	30,000,000	
Ⅲ. 이익잉여금처분액		( )
1. 이익준비금	( )	
2. 현금배당	100,000,000	
Ⅳ. 차기이월미처분이익잉여금		( )

※ 자본금은 10억원, 이익준비금의 잔액은 3억원이며, 상법규정에 의하여 최소한의 금액으로 이익준비금을 적립하기로 한다.

① 당기 말(20x1. 12. 31.) 재무상태표상 미처분이익잉여금은 550,000,000원이다.

② 당기 말(20x1. 12. 31.) 재무상태표상 사업확장적립금의 잔액은 전기보다 30,000,000원 감소한다.

③ Ⅲ. 이익잉여금처분액 총액은 110,000,000원이다.

④ 손익계산서상 당기순이익은 100,000,000원이다.

15. 기업의 누적결손금을 보전하였을 경우에 대한 설명으로 틀린 것은?

① 재무상태표상의 자본은 결손금 보전 전과 항상 동일하다.
② 재무상태표상의 자본금은 결손금 보전 전과 항상 동일하다.
③ 재무상태표상의 자본조정은 결손금 보전 전과 항상 동일하다.
④ 재무상태표상의 자본잉여금은 결손금 보전 전과 항상 동일하다.

16. 회사의 이익잉여금을 현금배당 또는 주식배당으로 배당함에 있어, 배당의 종류별로 주식발행회사 입장에서의 자본변동사항과 주주인 투자법인의 배당수익 인식여부에 대한 설명으로 올바른 것은?

	주식발행회사 자본변동사항		주주인 투자법인 배당수익 인식여부	
	현금배당	주식배당	현금배당	주식배당
①	감소	변동없음	수익인식	수익인식
②	감소	변동없음	수익인식	수익불인식
③	변동없음	감소	수익불인식	수익불인식
④	변동없음	감소	수익불인식	수익인식

17. 다음 중 자본에 대한 설명으로 옳지 않은 것은?

① 이익잉여금(결손금) 처분(처리)으로 상각되지 않은 주식할인발행차금은 향후 발생하는 주식발행초과금과 우선적으로 상계한다.
② 기업이 현물을 제공받고 주식을 발행한 경우에는 제공받은 현물의 공정가치를 주식의 발행금액으로 한다.
③ 중도에 포기한 자본거래 비용은 주식할인발행차금에 가산한다.
④ 자본잉여금 또는 이익잉여금을 자본금에 전입하여 기존의 주주에게 무상으로 신주를 발행하는 경우에는 주식의 액면금액을 주식의 발행금액으로 한다.

18. 다음은 재무상태표 항목의 구분 · 통합표시에 대한 설명이다. 틀린 것은?

① 현금및현금성자산은 기업의 유동성 판단에 중요한 정보이므로 별도 항목으로 구분하여 표시한다.
② 자본조정 중 자기주식과 주식할인발행차금은 통합하여 표시할 수 있다.
③ 자본잉여금은 주식발행초과금과 기타자본잉여금으로 구분하여 표시한다.
④ 자본금은 보통주자본금과 우선주자본금으로 구분하여 표시한다.

주관식

01. 다음 내용 중 자본을 감소시키는 형태로 표시되는 기타포괄손익누계 항목은 몇 개인가?

• 감자차손	• 해외사업환산이익
• 매도가능증권평가손실	• 미처리결손금
• 감자차익	• 주식할인발행차금
• 자기주식처분손실	• 자기주식

02. 다음 자료에 의하여 재무상태표의 자본총계를 구하면?

• 자본금	50,000,000원	• 감자차익	800,000원
• 주식발행초과금	5,200,000원	• 자기주식처분손실	600,000원
• 매도가능증권평가이익	700,000원	• 매도가능증권처분손실	500,000원
• 미처분이익잉여금	7,800,000원	• 자기주식	3,000,000원

03. 다음 중 자본금과 자본총계의 변동이 없는 거래를 모두 고르시오.

가. 이익잉여금 적립	나. 주식병합	다. 주식배당	라. 현금배당

04. 다음은 ㈜신속의 자본 내역이다. ㈜신속이 보유하고 있는 자기주식(1주당 취득가액 50,000원) 100주를 주당 80,000원에 처분하고 회계처리 하는 경우 자기주식처분이익 계정과목의 금액은 얼마인가?

• 보통주 자본금 : 50,000,000원(10,000주, 주당 5,000원)	
• 자기주식처분손실 : 2,000,000원	• 자기주식 : 5,000,000원
• 감자차손 : 2,000,000원	• 처분전이익잉여금 : 25,800,000원

연/습/문/제 답안

분개연습

		차변 과목	금액		대변 과목	금액
[1]	(차)	현 금	3,000,000	(대)	자기주식	2,500,000
					자기주식처분손실	200,000
					자기주식처분이익	300,000
[2]	(차)	자 본 금	160,000,000	(대)	이월결손금	150,000,000
					감자차익	10,000,000

☞ 감자액 = 200,000,000 × 4/5 = 160,000,000원

		차변 과목	금액		대변 과목	금액
[3]	(차)	미지급배당금	10,000,000	(대)	자 본 금	10,000,000
		미교부주식배당금	10,000,000		현 금	8,660,000
		주식할인발행차금	200,000		예 수 금	1,540,000
[4]	(차)	이월이익잉여금	34,500,000	(대)	미지급배당금	20,000,000
		배당평균적립금	7,500,000		감채적립금	20,000,000
					이익준비금	2,000,000
[5]	(차)	장기차입금 (신한은행)	300,000,000	(대)	자 본 금	200,000,000
					주식발행초과금	100,000,000
[6]	(차)	자 본 금	5,000,000	(대)	자기주식	6,000,000
		감자차익	500,000			
		감자차손	500,000			

☞ 감자차익과 감자차손은 서로 상계하여 표시하여야 한다.

		차변 과목	금액		대변 과목	금액
[7]	(차)	자 본 금	2,000,000	(대)	자기주식	3,000,000
		감자차손	1,000,000			
[8]	(차)	자 본 금	700,000	(대)	자기주식	720,000
		감자차손	20,000			

☞ 자기주식은 자산이 아니므로 평가대상이 아니다. 따라서, 전기말 공정가치는 고려되지 아니한다.

[9] (차) 당좌예금 2,000,000 (대) 자기주식 2,600,000
자기주식처분이익 400,000
자기주식처분손실 200,000

[10] (차) 보통예금 39,500,000 (대) 자본금 50,000,000
주식발행초과금 1,000,000
주식할인발행차금 9,500,000

☞ 주식발행초과금 계정잔액이 1,000,000원이므로 주식할인발행차금(신주발행비 포함) 10,500,000원 중 1,000,000원은 주식발행초과금과 상계시키며, 상계 후의 금액9,500,000원을 주식할인발행차금으로 계상함.

[11] - 20x2년 2월20일(주주총회시)

(차) 이월이익잉여금 130,000,000 (대) 미지급배당금 100,000,000
연구및인력개발준비금 30,000,000 사업확장적립금 50,000,000
이익준비금 10,000,000

- 20x2년 3월20일(배당금지급시)

(차) 미지급배당금 100,000,000 (대) 현금 100,000,000

[12] (차) 장기차입금(고흥은행) 800,000,000 (대) 보통예금 200,000,000
채무면제이익 100,000,000
자본금 250,000,000
주식할인발행차금 50,000,000
주식발행초과금 200,000,000

[13] (차) 보통예금 100,000,000 (대) 자본금 100,000,000
부가세대급금 40,000 보통예금 1,880,000
주식할인발행차금 1,840,000

객관식

1	2	3	4	5	6	7	8	9	10	11	12	13	14	15
②	②	③	②	④	③	②	③	③	②	②	①	①	②	④
16	17	18												
②	③	②												

[풀이-객관식]

01. 주식발행회사의 입장에서 주식배당은 이익잉여금이 자본금으로 위치만 이동하므로 자본은 변동이 없다. 또한 주주인 법인(투자회사)의 입장에서 주식배당은 배당수익으로 인식하지 아니하며 주식수량을 증가시켜 주당취득가액을 낮추기만 한다.

02. 20x1년 6월 4일

(차) 현금 등	5,000,000	(대) 자본금	5,000,000
주식발행초과금	100,000	현금 등	100,000

주식발행으로 인하여 자본잉여금이 감소하였다.

20x1년 7월 4일

(차) 자기주식	600,000	(대) 현금 등	600,000

20x1년 7월 20일

(차) 현금 등	650,000	(대) 자기주식	600,000
		자기주식처분이익	50,000

자기주식 처분으로 인하여 자본잉여금은 증가하였다.

03. 자본잉여금인 주식발행액면초과액이 자본으로 전입되는 경우 자본금은 증가하지만 자본은 불변이다.

04. ① 자본금은 법정자본금으로서 **발행주식수에 액면가액을 곱하여 계산**한다.

③ 자본조정은 당해 항목의 성격으로 보아 자본거래에 해당하나 최종 납입된 자본으로 볼 수 없거나 자본의 가감 성격으로 자본금이나 자본잉여금으로 분류할 수 없는 항목이다.

④ 이익잉여금은 손익계산서에 보고된 손익과 다른 자본항목에서 이입된 금액의 합계액에서 배당 등으로 처분된 금액을 차감한 잔액이다.

05. 자기주식 취득시 :

(차) 자기주식(자본조정차감)	510,000원	(대) 현 금	510,000원

자기주식 매각시 :

(차) 현 금	530,000원	(대) 자기주식(자본조정차감)	510,000원
		자기주식처분이익(자본잉여금)	20,000원

06. 배당금을 지급하는 법인의 입장에서 현금배당은 자본을 감소시키나 주식배당은 자본총계에 영향을 미치지 않는다.

07. 자기주식은 자본의 차감항목이다.

08. 배당결의가 있기 전까지는 법률적인 지급의무가 없으므로 **누적적우선주에 대한 연체배당금의 경우에도 부채로 계상하지 아니한다.**

09. 자기주식은 자본조정항목으로서 자본의 (-)항목이므로 소각하는 경우 자본항목간의 이동은 있으나 전체금액은 변동이 없으며 자본금은 '액면가액 × 발행주식수'이므로 소각하는 경우 발행주식수가 감소하므로 감소한다. 회사가 보유중인 자기주식을 소각하는 경우 회계처리는 다음과 같다.

(차) 자 본 금	5,000,000	(대) 자 기 주 식	6,000,000
감 자 차 손	1,000,000		

10. **당기순손익과 총포괄손익간의 차이는 기타포괄손익**이다.

11. 이익잉여금처분계산서(안)의 이익잉여금처분항목인 배당은 기말재무상태표에 나타내지 아니하며 **재무상태표에는 이익잉여금처분 전의 재무상태를 표시**한다.

12. 법정적립금 및 임의적립금으로의 적립은 차기이월이익잉여금은 감소시키나, 이익잉여금총계와 자본총계에 영향을 미치지 아니한다.

13. 손익계산서를 거치지 않고 재무상태표의 자본에 직접 가감되는 항목에 대한 정보를 제공한다.

14. 이익잉여금처분계산서상 임의적립금 등의 이입액과 이익잉여금처분액에 대한 회계처리는 처분예정일인 20x2년 2월 25일에 이루어진다. 따라서 당기말 재무상태표상 사업확장적립금의 잔액은 변동이 없다. **이익준비금은 현금배당액의 10%를 적립하도록 상법에 규정**되어 있다.

15. 기업의 누적결손금을 보전하는 경우 회사의 자율선택에 의한다.

(차) 자본잉여금 또는 이익잉여금	XXX	(대) 미처리결손금	XXX

따라서 자본금이나 자본조정계정은 변동사항이 없으며 자본총계는 결손금 보전항목이 모두 자본항목이므로 자본항목간의 변동만 있을 뿐 그 총계는 변동이 없다. 다만 자본잉여금이나 이익잉여금의 감소를 초래한다.

16. 주식발행회사의 입장에서 현금배당은 이익잉여금이 감소하여 자본은 감소하지만 **주식배당은 이익잉여금이 자본금으로 위치만 이동하므로 자본은 변동이 없다.** 또한 주주인 법인(투자회사)의 입장에서 현금배당은 배당수익으로 인식하지만 **주식배당은 배당수익으로 인식하지 아니하며** 주식수량을 증가시켜 주당취득가액을 낮추기만 한다.

17. 지분상품을 발행시 등록비 및 기타 규제관련수수료, 회계자문수수료 등 여러 가지 비용이 발생한다. 이러한 자본거래비용 중 자본거래에 직접 관련되어 발생한 추가비용을 주식발행초과금에서 차감하거나 주식할인발행차금에 가산한다. 다만 **중도에 포기한 자본거래 비용은 당기손익으로 인식한다.**

18. **자본조정 중 자기주식은 별도의 항목으로 구분하여 표시**하고 주식할인발행차금 등은 기타자본조정으로 통합하여 표시할 수 있다.

주관식

01	1개	02	60,900,000	03	가,나
04	1,000,000				

[풀이-주관식]

01. 감자차손, 자기주식처분손실, 자기주식, 주식할인발행차금은 자본조정에 해당한다. 감자차익은 자본잉여금에 해당한다. 미처리결손금은 이익잉여금에 해당하며, 매도가능증권평가손실과 해외사업환산이익은 기타포괄손익누계에 해당한다. 해외사업환산이익은 자본을 증가시키는 형태로 표시하고, 매도가능증권평가손실은 자본을 감소시키는 형태로 표시한다.

02. • 매도가능증권처분손실은 손익계산서의 영업외비용항목
- 자본금 50,000,000원+주식발행초과금 5,200,000원+감자차익 800,000원+매도가능증권평가이익 700,000원-자기주식처분손실 600,000원-자기주식 3,000,000+미처분이익잉여금 7,800,000원 =60,900,000원

03. 주식배당은 자본금이 증가하고, 자본총계는 변동이 없다. 현금배당은 자본금의 변동은 없으나 자본총계는 감소한다.

04. 처분손익=[처분가액(80,000)-취득가액(50,000)]×100주=3,000,000원(이익)
자기주식처분이익(3,000,000)은 자기주식처분손실(2,000,000)과 우선 상계하고, 나머지 **잔액을 자기주식처분이익(1,000,000)**으로 처리한다.

〈회계처리〉

(차)	현금 등	8,000,000원	(대)	자기주식	5,000,000원
				자기주식처분손실	2,000,000원
				자기주식처분이익	1,000,000원

Chapter

계정과목별 이해 (수익 · 비용) 5

Login

NCS회계 - 3 전표관리 / 자금관리

제1절 수익/비용인식기준

1. 수익의 인식시점 

재화의 판매로 인한 수익은 다음 조건이 모두 충족될 때 인식한다.

1. 재화의 소유에 따른 유의적인 위험과 보상이 구매자에게 이전된다.
2. 판매자는 판매한 재화에 대하여 소유권이 있을 때 통상적으로 행사하는 정도의 관리나 효과적인 통제를 할 수 없다.
3. 수익금액을 신뢰성있게 측정할 수 있고, 경제적 효익의 유입 가능성이 매우 높다.
4. 거래와 관련하여 발생했거나 발생할 원가를 신뢰성있게 측정할 수 있다.
   만약 이러한 비용을 신뢰성 있게 측정할 수 없다면 수익으로 인식하지 못하고 부채(선수금)로 인식한다.

2. 진행기준(생산기준)

수익을 용역제공기간(생산기간)중에 인식하는 것으로서 **작업진행율(보통 원가 투입비율)**에 따라 기간별로 수익을 나누어 인식한다.

진행기준에 따라 수익을 인식하는 경우로는 **용역의 제공 계약, 건설형 공사계약** 등이 있다.

3. 건설형공사 계약 

건설형공사는 일반적으로 여러 회계기간에 걸쳐 진행되기 때문에 공사수익과 공사원가를 공사가 수행되는 회계기간에 적절하게 배분한다.

다음 조건을 모두 충족시 공사수익을 진행기준을 적용하여 인식한다.

1. 총공사수익금액을 신뢰성있게 측정할 수 있다.
2. 계약과 관련된 경제적 효익이 건설사업자에게 유입될 가능성이 매우 높다.
3. 공사원가와 공사진행률을 모두 신뢰성있게 측정할 수 있다.
4. 공사원가를 명확히 식별할 수 있고 신뢰성있게 측정할 수 있어서 실제 발생된 공사원가를 총공사 예정원가의 예상치와 비교할 수 있다.

(1) 공사진행률

공사진행률은 실제공사비 발생액을 **토지의 취득원가와 자본화대상 금융비용 등을 제외**한 총공사예정원가로 나눈 비율로 계산함을 원칙으로 한다.

다만, 공사수익의 실현이 작업시간이나 작업일수 또는 기성공사의 면적이나 물량등과 보다 밀접한 비례관계에 있고 전체 공사에서 이미 투입되었거나 완성된 부분이 차지하는 비율을 객관적으로 산정할 수 있는 경우에는 그 비율로 할 수 있다.

공사진행률 = 실제공사비 발생액/총공사 예정원가

(2) 공사수익의 인식

당기공사수익은 공사 계약금액에 보고기간 종료일 현재의 공사진행률을 적용하여 인식한 누적공사수익에서 전기말까지 계상한 누적공사수익을 차감하여 산출한다.

당기공사수익 = 공사계약금액 × 공사진행률 – 전기말 누적공사수익

(3) 당기공사원가의 인식

당기공사원가는 당기에 실제로 발행한 총공사비용에 공사손실충당부채전입액(추정공사손실)을 가산하고 공사손실충당부채 환입액을 차감하며 다른 공사와 관련된 타계정대체액을 가감하여 산출한다.

(4) 공사손실

공사와 관련하여 **향후 공사손실의 발생이 예상되는 경우에는 예상손실을 즉시 공사손실충당부채**로 인식한다. 즉 이는 보수주의라는 제약조건에 따라 공사손실을 조기에 인식하고 이를 충당부채로 계상하는 것이다.

(B/S)당기말 공사손실충당부채 = 공사총손실 × (1 − 누적진행률) **(I/S)당기 공사손실충당부채 전입(환입액) = 당기말 공사손실충당부채 − 전기말까지 공사손실충당부채**

<예제 5-1> 공사수익 및 공사원가

㈜ 지구의 다음 자료에 의하여 7기와 8기의 공사수익을 계산하시오.

기업회계기준의 공사수익요건을 모두 충족한다.
기말 현재 진행중인 A건물 신축공사는 다음과 같다.

공사기간	도급금액	총공사예정비	7기공사비
7기 10.5~ 8기 12.31	10,000,000	8,000,000	2,000,000

* **총공사비는 총공사예정비와 일치하였으며 나머지 공사비는 8기에 투입되었다.**

해답

	공사진행률	누적공사수익	당기공사수익*
7기	2,000,000/8,000,000 = 25%	10,000,000 × 25% = 2,500,000	2,500,000
8기	8,000,000/8,000,000 = 100%	10,000,000 × 100% = 10,000,000	10,000,000 − 2,500,000 = 7,500,000

* 당기공사수익 = 공사계약금액 × 공사진행률-전기말 누적공사수익

4. 용역수익 

용역의 제공이란 일반적으로 계약에 의하여 합의된 과업을 수행하는 것을 말하는데, 이러한 용역수익은 진행기준에 따라 수익을 인식한다. 일반적으로 건설형공사와 동일하다고 보면 된다.

1. 거래전체의 수익금액을 신뢰성 있게 측정할 수 있고, 경제적 효익의 유입가능성이 매우 높다. **2. 진행율을 신뢰성있게 측정할 수 있다.** **3. 이미 발생한 원가와 거래의 완료를 위하여 투입하여야 할 원가를 신뢰성있게 측정할 수 있다.**

(1) 용역진행률

1. 총예상작업량(또는 작업시간)에 대한 실제작업량(또는 작업시간)의 비율 **2. 총예상용역량에 대한 누적용역제공량의 비율** **3. 총추정원가에 대한 발생원가 누적액의 비율**

(2) 진행기준의 배제

① 원가회수기준

1. 진행률을 합리적으로 추정할 수 없는 경우 2. 용역제공거래의 성과를 신뢰성있게 추정할 수 없는 경우 **3. 수익금액을 신뢰성있게 측정할 수 없는 경우**

발생한 **원가의 범위내에서 회수가능한 금액을 수익으로 인식**하고 발생한 원가 전액을 비용으로 계상한다.

② 경제적 효익의 유입가능성이 낮은 경우

용역제공거래의 성과를 신뢰성있게 추정할 수 없고 발생한 원가의 회수가능성도 낮은 경우에는 **수익을 인식하지 않고 발생한 원가를 비용으로 인식**한다.

(3) 용역손실 예상시

용역제공거래에서 이미 발생한 원가와 그 거래를 완료하기 위해 추가로 발생할 것으로 추정되는 원가의 합계액이 해당 **용역거래의 총수익을 초과하는 경우**에는 그 **초과액과 이미 인식한 이익의 합계액을 당기 손실로 인식**한다,

〈거래형태별 수익인식 요약〉

거래형태		수익인식
위탁판매		수탁자가 제 3자에게 판매한 시점
시용판매		고객이 구매의사를 표시한 시점
상품권		재화(용역)을 인도하고 상품권을 회수한 시점
정기간행물		구독기간에 걸쳐 정액법으로 인식
할부판매(단기, 장기)		재화의 인도시점
반품조건부판매		**반품가능성을 신뢰성있게 추정시 수익인식가능**
설치용역수수료		진행기준
공연수익(입장료)		행사가 개최되는 시점
광고관련수익		방송사 : 광고를 대중에게 전달하는 시점 광고제작사 : 진행기준(광고제작의 진행률)
수강료		강의기간동안 발생기준
로열티		발생기준(정액법으로 인식가능)
재화나 용역의 교환	동종	수익으로 인식하지 않는다.
	이종	판매기준(수익은 교환으로 취득한 재화나 용역의 공정가치로 측정하되, 불확실시 제공한 재화나 용역의 공정가치로 측정한다.)

제2절 비용인식기준

1. 직접대응	비용이 관련 수익과 직접적인 인과관계를 파악할 수 있는 것(매출원가)	
2.간접대응	① 체계적 합리적 배분	특정한 수익과 직접 관련은 없지만 일정기간 동안 수익창출과정에 사용된 자산으로 수익창출기간 동안 배분하는 것 (감가상각비)
	② 기간비용	수익과 직접 관련이 없고 해당 비용이 미래 경제적 효익의 가능성이 불확실한 경우에 발생즉시 비용으로 인식하는 것(광고선전비)

제3절 결산수정분개

유 형	수 정 분 개 내 용	
1. 매출원가의계산		
2. 손익의 결산정리	이연	선급비용, 선수수익
	발생	미수수익, 미지급비용
3. 자산 · 부채의 평가	유가증권의 평가	유가증권의 장부가액을 결산일 공정가액으로 평가
	대손충당금 설정	채권에 대해서 회수가능가액으로 평가
	재고자산의 평가	감모와 재고자산의 가격하락을 반영
	퇴직급여충당부채 설정	
	외화자산 · 부채의 평가	
4. 자산원가의 배분 : 유무형자산의 상각비		
5. 유동성대체	비유동자산(비유동부채)의 만기가 1년 이내에 도래하는 경우 유동자산(유동부채)로 분류 변경하는 것	
6. 법인세비용 계상		
7. 기타	소모품(소모품비)의 수정분개 가지급금 · 가수금, 전도금 등의 미결산항목정리	

연/습/문/제

분개연습

[1] 전기(제7기)에 HANS.CO.LTD에 대여하여 외화장기대여금으로 계상하였던 10,000$을 현금으로 회수하였다. 각각의 기준환율은 다음과 같으며, 회사는 제7기말에 외화자산, 부채에 대한 평가를 적절히 하였다.

(단위 : 원)

구　분	제7기 4월 21일	제7기말	제8기 4월 22일
기준환율	1,300/$	1,350/$	1,400/$
원화평가액	13,000,000	13,500,000	14,000,000

[2] 제품 3,200,000원(부가가치세 별도)을 (주)명일무역에 매출하고 세금계산서를 교부한 후 즉시 전액을 국민카드로 결제받다.

[3] 전기에 수출한 미국 포드사의 외상매출금(USD $10,000)이 전액 회수되어 보통예금에 입금하였다. 동 외상매출금과 관련된 회계처리는 기업회계기준을 준수하였으며 관련 환율정보는 다음과 같다.

구　분	1달러당 환율정보
발 생 시	1,000원
전기말	1,300원
회수 입금시	1,200원

[4] 회사가 보유하고 있던 매도가능증권을 다음과 같은 조건으로 처분하고 현금으로 회수하였다.(단, 전기 12월 31일 기말평가는 일반기업회계기준에 따라 처리하였다)

전기 취득가액	시가(전기말 현재)	양도가액	비 고
20,000,000원	22,000,000원	25,000,000원	시장성 있음

[5] 제품매출처 무한산업(주)의 2월 10일 현재의 외상매출금 잔액(6,600,000원)을 다음과 같이 전액 회수하였다. 이에 대하여 현행 부가가치세법에 따라 발행된 (-)세금계산서의 회수내용을 회계처리하시오. 회계처리시 외상매출금과 제품매출에서 직접 차감한다.

> 사전약정에 의하여 550,000원은 할인하여 주고, 4,000,000원은 무한산업(주) 발행의 약속어음(만기 3개월)으로 받았으며 잔액은 당사 보통예금계좌로 입금되었다.

[6] 3월 6일 선적지인도조건으로 영국의 KLC사에 제품을 직수출하기 위해 선적완료하였다. 선적일의 기준환율은 1$당 1,300원이고 수출 대금은 6개월 후에 지급받기로 하였다. 수출신고필증의 결제내역은 다음과 같다.

총신고가격(FOB)	$59,500
결제금액	CIF - $60,000

☞ FOB(free on board) : 매도인(수출업자)이 약속한 화물을 매수인(수입업자)이 지정한 선박에 적재하고 본선상에서 화물의 인도를 마칠 때까지의 일체 비용과 위험을 부담하는 무역거래 조건이다.
CIF(Cost, Insurance and Freight) : 매도자가 상품의 선적에서 목적지까지의 가격과 운임 · 보험료 일체를 부담할 것을 조건으로 한 무역계약이다.

[7] 거래처 (주)대성웨어로부터 6월5일에 영세율세금계산서를 교부받은 상품매입대금 전액(170,230,000원)을 외환은행의 외화 보통예금 통장에서 송금하여 결제하고 다음과 같은 거래계산서를 교부받다.

환전/송금/금매매 거래계산서

거 래 일 : 20x1년 6월 17일 　　　 고객명 : (주)경원상회

거래종류 : 국내자금당발이체 실행(창구)

구　분	통화	외화금액	환율	원화금액
외화대체	USD	134,961.00	1,266.00	170,860,626원

적요
당발이체수수료 10,000원
내신외화금액 USD 134,961.00 　　　 내신원화금액 : 10,000원
수취인 : (주)대성웨어

[8] 4월 5일에 (주)백두로 매출한 제품 2,000,000원(부가가치세 별도)이 반품되어 외상매출금과 상계하기로 했다. 반품과 관련하여 세금계산서는 "-"금액으로 발행되었다.

[9] 10월 1일에 영업용 차량에 대한 종합보험 계약을 (주)삼산화재와 체결하고 1년분 보험료로 1,200,000원을 납부한 후, 전액 판매비와 관리비 중 보험료로 처리하였다. 월할계산하고 기말수정분개 하시오.

[10] 당사의 화폐성 외화자산 및 부채와 결산일 현재(20x1년 12월 31일)의 환율은 다음과 같다. 회사는 일반기업회계기준에 따라 회계처리한다.

계정과목	발생일	발생일 현재 환율	20x0년 12월 31일 환율	20x1년 12월 31일 환율
외화장기차입금 ($30,000)	20x0년 08월 12일	1,450원	1,300원	1,200원

[11] 당사가 기 발행한 사채에 대한 자료이다. 기말에 사채의 액면가액과 발행가액의 차액에 대한 상각비를 일반기업회계기준에 따라 회계처리하시오.

① 사채액면가액 : 100,000,000원
② 사채발행가액 : 90,000,000원
③ 사채의 액면가액과 발행가액의 차액 상각비
- 유효이자율법 적용시 : 3,000,000원
- 정액법 적용시 : 2,000,000원

[12] 당사는 당사의 제품을 구입한 후 6개월 이내에 발생하는 하자에 대하여 무상보증수리용역을 제공하고 있으며, 이에 대하여 판매금액의 2%에 해당하는 장기제품보증부채를 제품보증비로 설정하고 있다. 결산일 현재 무상보증기간이 미경과된 판매금액은 230,000,000원으로서 장기제품보증부채 잔액은 2,270,000원이다.

[13] 장부상 산업재산권(장부금액:6,600,000원)은 모두 전기 초에 취득하여 즉시 사용하기 시작한 것으로서 이를 사용하기 시작한 때로부터 5년간 정액법으로 상각하고 있다.

[14] 기말 현재 소모품 미사용액은 2,500,000원이며, 당기 사용액 중 판매부문사용액은 360,000원이고, 나머지는 제조부문사용액이다. 결산분개전 잔액시산표상 소모품 금액은 4,200,000원이다.

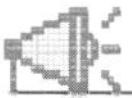

[15] 다음 자료를 이용하여 기말 결산분개를 하시오.

> ① 수정 전 합계잔액시산표상의 선급비용계정 잔액 중 1,000,000원은 당기에 보험기간이 경과된 보험료이다.(50%는 제조원가임)
> ② 수정 전 합계잔액시산표상의 임대료수입 2,000,000원 중 30%는 임대기간 미경과분이다.

[16] 결산일(20x1년) 현재 보유중인 유가증권에 대하여 기업회계기준에 따라 회계처리를 행하시오.

구분	취득원가	20x0년 결산일 시가	20x1년 결산일 시가
매도가능증권	8,100,000원	7,900,000원	8,300,000원

[17] 결산일을 기준으로 상품 재고자산에 대하여 실사를 한 결과 장부상의 수량(10,000개)과 실제수량(8,500개)과 차이가 발생하였다. 그 차이원인을 확인 한 결과 80%는 원가성이 있으나 나머지는 원가성이 전혀 없는 것으로 밝혀졌다. 동 상품의 장부상 단위당 가액은 3,000원이며 이는 기말현재 공정가액과 일치한다. 이러한 수량차이에 대하여 기업회계기준서에 따라 비정상감모분을 회계처리하고자 한다.

[18] 12월 25일부터 27일까지 3일간 부산으로 업무차 출장갔던 영업사원 박승민에 대한 출장비지급액과 정산후 반납액이 결산일 현재 각각 가지급금계정(300,000원)과 가수금계정(75,000원)에 계상되어 있다. 결산일에 정산분개를 하며, 출장비는 전액 여비교통비로 처리한다.

[19] 국고보조금으로 7월 1일 구입한 시설장치(취득원가 150,000,000원)를 기업회계기준에 따라 정액법으로 감가상각비를 계상하였다. 내용연수는 4년이며 월할상각한다.

7월1일 회계처리			
(차) 시설장치	150,000,000	(대) 보통예금	150,000,000
국고보조금 (보통예금차감)	100,000,000	국고보조금 (시설장치차감)	100,000,000

[20] 회사는 신한은행으로부터 시설자금 500,000,000원을 20×0년 5월1일 차입하여 20×2년부터 5년간 균등액으로 분할상환하고자 한다. 해당금액에 대해 20×1년 12월 31일 유동성대체분개를 하시오.

[21] 12월 15일에 발생한 화재로 소실된 제품(원가 10,000,000원, 시가 15,000,000원)에 대해 가나생명에 청구한 보험금이 5,500,000원으로 확정되었음을 동 보험회사로부터 통보받았다. 화재시 기업회계기준대로 회계처리하였다.

[22] 당사는 외상매출금, 받을어음, 공사미수금에 대하여 기말채권잔액의 1%를 대손충당금으로 설정하고 있다. 다음은 합계잔액시산표를 조회한 결과이다.

합계잔액시산표

제×기 : 20×1년 12월 31일 현재

차 변		계정과목	대 변	
잔 액	합 계		합 계	잔 액
262,200,000	XXX	외상매출금	XXX	
	XXX	대손충당금	XXX	1,000,000
363,500,000	XXX	받을어음	XXX	
	XXX	대손충당금	XXX	1,550,000
11,000,000	XXX	공사미수금	XXX	
	XXX	대손충당금	XXX	0

[23] 퇴직급여충당부채는 기말현재 전 임직원이 일시에 퇴직할 경우 지급해야 할 퇴직금 상당액을 전액 설정한다. 다음 자료에 의해 당기 퇴직급여충당부채전입액을 계상하시오. 전년도에도 퇴직급여추계액의 100%를 충당부채로 설정하다.

구 분	전기말현재 퇴직금추계액	기중퇴직금지급액 (충당부채와상계)	당기말현재 퇴직금추계액
생산직	4,800,000	1,500,000	8,560,000
사무직	6,860,000	2,000,000	12,600,000

[24] 기말 현재의 재고자산은 다음과 같다. 비정상감모분에 대해서만 회계처리하시오.

구 분	재고자산 장부상 금액	재고자산 실제금액
원재료	72,000,000원	70,000,000원
재공품	45,540,000원	45,540,000원
제 품	82,575,000원	82,575,000원

* 단, 원재료의 차액은 비정상적인 감모로 인하여 발생하였다.

[25] 6월 30일 다음의 1기 확정 부가가치세 신고내용과 관련된 회계처리를 부가가치세 확정과세기간 종료일에 하시오.(대손금에 대한 회계처리는 생략하되 대손세액공제액은 반영한다.) 단, 납부할 부가가치세는'미지급세금'계정으로 처리하고, 단수차액에 대한 회계처리는 납부시에 하기로 한다.

구 분			금 액	세 액
과세표준 및 매출세액	과 세	세금계산서교부분	500,000,000	50,000,000
		기 타	0	0
	영 세 율	세금계산서교부분	100,000,000	0
		기 타	50,000,000	0
	대 손 세 액 가 감			-5,000,000[*1]
매입세액	세금계산서 수취분	일 반 매 입	280,000,000	28,000,000
		고 정 자 산 매입	0	0
	기타공제 매입세액	의 제 매 입 세액	100,000,000	1,960,784[*2]
납 부 할 세 액				15,039,216

*1. 승천상사 외상매출금의 소멸시효완성으로 대손세액공제를 신청한 것이다.
*2. 의제매입세액공제적용요건은 충족되었으며 원재료구입과 관련된 것으로 구입시 의제매입세액은 반영하지 않았다.

[26] 법인세등은 결산서상 법인세차감전순이익(500,000,000원)에 해당 법인세율을 적용하여 다음과 같이 계상한다. [장부상 선납세금 계정(7,000,000원)에는 법인세 중간예납세액 및 원천납부세액이 계상되어 있다.]

- 법인세등 추산액 = ① + ②
  ① 법인세 산출세액 – 법인세 감면세액(5,000,000원)
  ② 지방소득세(가정) = 법인세 산출세액 10%
  ※ 법인세율은 2억 이하 9% 2억 초과는 19%로 가정한다.

[27] 금융리스로 이용중인 기계장치의 상환내역서는 다음과 같으며, 5월 리스료가 보통예금에서 이체되었다.

상환예정내역서

㈜열제캐피탈

예정상환일	할부금	원 금	이 자	잔 액
20x1.4.30	500,000원	470,000원	30,000원	24,530,000원
20x1.5.31	500,000원	480,000원	20,000원	24,050,000원
20x1.6.30	500,000원	490,000원	10,000원	23,560,000원

 객관식

01. 다음의 사례를 일반기업회계기준에서 정한 수익인식기준에 따라 회계처리할 경우에 대한 설명으로 틀린 것은?

> 1) 20x1년 5월 2일 회사는 (주)서울에 태양광발전설비를 10,000,000원(원가 : 7,000,000원)에 판매하고 현금으로 받았다.
> 2) 회사는 태양광발전설비를 판매 후 2년간 무상보증수리를 제공할 것을 약정하였다.
> 3) 회사는 무상보증수리비용의 발생액을 합리적으로 측정할 수 없다.
> 4) 20x3년 2월 3일 무상보증수리비용이 3,000,000원 발생하여 현금으로 지급하였다.

① 20x1년 손익계산서에는 영향이 전혀 없다.
② 20x1년 재무상태표상 부채가 증가한다.
③ 20x1년 재무상태표상 자본은 전혀 변동이 없다.
④ 20x1년 재무상태표상 판매보증충당금 3,000,000원이 증가한다.

02. 일반기업회계기준에 의한 수익인식기준으로 틀린 것은?

① 위탁판매의 경우에는 수탁자가 제3자에게 해당 재화를 판매한 시점에서 수익을 인식한다.
② 상품권판매는 상품권의 액면가액을 선수금으로 처리하고, 이후 상품권을 회수한 시점에서 수익을 인식한다.
③ 공사진행율은 실제공사비 발생액을 총공사예정원가(토지의 취득원가와 자본화대상 금융비용 등을 포함함)로 나눈 비율로 계산함을 원칙으로 한다.
④ 입장료수익은 행사가 개최되는 시점에 수익을 인식한다.

03. 다음 중 일반기업회계기준상 수익의 인식에 대한 설명으로 맞는 것은?

① 이자수익은 원칙적으로 액면이자율을 적용하여 발생기준에 따라 인식한다.
② 학원의 수강료 수익은 강의료를 수취한 시점에 현금기준에 의하여 인식한다.
③ 방송사의 광고수익은 해당 광고를 대중에게 전달하는 시점에 인식한다.
④ 위탁판매수익은 수탁자로부터 판매대금을 회수한 시점에 인식한다.

04. 기업회계기준의 수익인식기준에 대한 구체적인 사례이다. 틀린 것은?

① 설치 및 검사 조건부 판매의 경우 : 구매자에게 재화가 인도되어 설치와 검사가 완료되었을 때
② 상품권 발행의 경우 : 발행된 상품권을 회수하는 시점 즉 재화를 인도하거나 판매한 시점
③ 할부판매의 경우 : 이자수익에 해당하는 부분을 제외한 판매가액을 재화가 인도되는 시점
④ 정기간행물의 경우 : 그 가액이 비슷한 품목을 구독신청에 의하여 판매하는 경우에는 계약시점

05. 다음의 건설공사와 관련된 설명으로 틀린 것은?

1) 공사기간 : 20x0.2.2 ~ 20x3.12.20
2) 도급금액 : 100억원
3) 각 사업연도별 발생이 예상되는 공사원가 및 실제 발생원가

구 분	20x0년	20x1년	20x2년	20x3년
예정공사원가	20억원	30억원	20억원	10억원
실제발생원가	20억원	40억원	?	?

4) 본 공사와 관련하여 일반기업회계기준을 준수한다.

① 20x1년도 공사수익은 20x0년도보다 크다.
② 20x1년도 공사이익은 20x0년도보다 크다.
③ 현재 진행기준적용시 공사전체기간의 총공사이익은 10억원으로 예상된다.
④ 현재 완성기준적용시 공사전체기간의 총공사이익은 10억원으로 예상된다.

06. 다음 중 기업회계기준상 수익의 인식에 대한 설명으로 가장 틀린 것은?

① 재화 판매시 거래이후에도 판매자가 관련 재화의 소유에 따른 위험의 대부분을 부담하는 경우에는 아직 수익을 인식하여서는 안된다.
② 수강료 수익의 인식은 용역제공 완료시점, 즉, 강의용역의 제공이 완료되는 시점인 강의종료일에 인식하여야 한다.
③ 제품공급자로부터 받은 제품을 인터넷 상에서 경매하고 수수료만을 수취하는 인터넷쇼핑몰 운영회사의 수익은 제품 판매대가가 아닌 수취수수료뿐이다.
④ 상품권의 발행과 관련된 수익은 재화를 인도하거나 판매한 시점에 인식하여야 하므로 상품권을 판매한 시점에는 수익을 인식하지 아니하고 선수금으로 처리한다.

07. 다음 중 기업회계기준상 용역제공의 수익인식에 대한 설명으로 틀린 것은?

① 로열티수익은 관련된 계약의 경제적 실질을 반영하여 발생기준에 따라 인식한다.
② 이자수익은 원칙적으로 액면이자율을 적용하여 발생기준에 따라 인식한다.
③ 배당금수익은 배당금을 받을 권리와 금액이 확정되는 시점에 인식한다.
④ 용역제공수익은 용역제공거래의 성과를 신뢰성 있게 추정할 수 있을 때 진행기준에 따라 인식한다.

08. 기업회계기준상 손익계산서의 작성기준으로 옳지 않은 것은?

① 20x1년 7월 1일에 선급한 향후 1년간 보험료 10,000원을 5,000원은 비용으로 인식하고, 나머지 5,000원은 자산으로 처리하였다.

② 20x1년 12월 29일 납품한 물품에 대해 대금회수일인 20x2년 1월 25일에 매출로 인식하였다.

③ 20x1년 1월 1일에 60,000원을 주고 취득한 기계장치(내용연수5년, 잔존가액 없음, 정액법상각)에 대해 당기 감가상각비 12,000원을 인식하였다.

④ 20x1년 12월 31일 외화대여금에서 발생한 외화환산이익 13,000원과 외화차입금에서 발생한 외화환산손실 9,000원을 각각 인식하였다.

09. 기업회계기준상 수익의 인식에 대한 설명으로 틀린 것은?

① 수익은 재화의 판매, 용역의 제공이나 자산의 사용에 대하여 받았거나 또는 받을 대가의 공정가액으로 측정하며, 매출에누리와 할인 및 환입은 수익에서 차감한다.

② 공정가액은 명목가액의 현재가치로 측정하며, 공정가액과 명목가액과의 차액은 현금회수기간에 걸쳐 이자수익으로 인식한다.

③ 재고자산의 판매거래 이후에도 판매자가 관련 재화의 소유에 따른 위험의 대부분을 부담하는 경우에는 그 거래를 아직 판매로 보지 아니하며 수익을 인식하지 않는다.

④ 용역제공거래의 진행률 결정은 고객으로부터 받은 중도금 또는 선수금에 기초하여 계산된 적절한 진행률로 한다.

10. 매입환출을 회계상 영업외수익으로 잘못 처리한 경우 나타날 수 있는 사항으로 잘못된 것은?

① 매출원가가 상대적으로 과대계상된다.

② 법인세차감전순이익에는 영향이 없다.

③ 매출총이익이 과소계상된다.

④ 영업이익이 과대계상된다.

11. 다음의 용역제공거래에 대하여 진행기준을 적용하지 않는 경우에 대한 서술 중 잘못된 것은?

① 추정원가의 합계액이 총수익을 초과하는 경우에는 그 초과액과 이미 인식한 이익의 합계액을 전액 당기손실로 인식한다.

② 용역제공거래의 성과를 신뢰성 있게 추정할 수 없는 경우에는 발생한 비용의 범위 내에서 회수가능한 금액을 수익으로 인식한다.

③ 용역제공거래의 성과를 신뢰성 있게 추정할 수 없고 발생한 원가의 회수가능성이 낮은 경우에는 수익을 인식하지 않고 발생한 원가를 비용으로 인식한다.

④ 거래의 성과를 신뢰성 있게 추정하는 것을 어렵게 만들었던 불확실성이 해소된 경우라 하더라도 해당 거래에 대해서는 진행기준을 재적용할 수 없다.

12. ㈜세무는 20x1년 7월 1일부터 2년간 교량을 건설하는 계약을 체결하고 공사를 진행하고 있다. 총계약수익은 300,000원, 총계약원가는 240,000원이다. 다음의 진행기준에 따른 수익인식표를 참조하여 빈칸에 들어갈 정답을 구하시오.

〈진행기준에 따른 수익인식〉

회계연도	누적계약 건설원가	누적건설 계약진행률	수익	비용	이익
20x1년	72,000원	(1)	(3)	72,000원	18,000원
20x2년	192,000원	(2)	(4)	120,000원	30,000원
20x3년	240,000원	100%	60,000원	48,000원	12,000원

	(1)	(2)	(3)	(4)
①	30%	80%	90,000원	150,000원
②	24%	64%	72,000원	192,000원
③	30%	80%	90,000원	240,000원
④	24%	64%	72,000원	120,000원

13. 다음은 일반기업회계기준에 따른 수익의 인식기준에 대한 설명이다. 가장 옳지 않은 것은?

① 이자수익은 원칙적으로 유효이자율을 적용하여 발생기준에 따라 인식한다.

② 공사진행률은 실제공사비 발생액을 토지의 취득원가와 자본화대상 금융비용 등을 포함한 총공사예정원가로 나눈 비율로 계산함을 원칙으로 한다.

③ 용역의 제공으로 인한 수익은 용역제공거래의 성과를 신뢰성 있게 추정할 수 있을 때 진행기준에 따라 인식한다.

④ 수익은 재화의 판매, 용역의 제공이나 자산의 사용에 대하여 받았거나 또는 받을 대가의 공정가치로 측정한다.

주관식

01. (주)한강은 고객사인 (주)철강에게 본사제품인 기계장비를 다음과 같이 판매하였다. 이 경우 20x1년 손익계산서에 반영될 매출액은 얼마인가?

> 1. 11월 20일 기계장비 10대를 대당 10,000,000원에 판매계약과 동시에 납품하다.
> 2. 대금은 계약일로부터 30일내에 지급하면 2%를 할인하기로 약정하였다.
> 3. 대금은 12월 10일 전액 회수하였다.
> 4. 20x2년 1월 5일에 20x1년 11월 20일 납품한 기계장비 중 1대가 불량으로 반품되었다.
> 5. 동 기계장비 매출과 관련한 회계처리는 기업회계기준에 의한다.

02. 해동건설(주)는 당기(20x1년)에 건물신축공사를 수주하였다(공사기간 : 20x1년 ~ 20x3년). 총공사수익은 20,000,000원, 총공사예정원가는 15,000,000원이고, 20x1년 중 공사의 일부가 진행되었다(당기 중 공사원가 발생액 : 3,000,000원). 당기 중 공사수익은 얼마인가?

03. ㈜한결은 시립수영장 신축공사 도급계약을 광역시와 체결하였다. 도급금액은 500,000,000원이며, 20x0년 투입된 공사비는 60,000,000원, 20x1년에 투입된 공사비는 100,000,000원이다. 20x1년 누적진행률이 40%라고 할 경우, ㈜한결의 20x1년도 총공사예정원가는 얼마인가?

04. ㈜한결은 20x0년 1월 3일 ㈜서동의 사옥을 신축하기로 계약하였다. 총공사계약금액은 100,000,000원이며, 공사가 완료된 20x2년까지 사옥의 신축과 관련된 자료는 다음과 같다. ㈜한결의 수익인식에 진행기준을 적용할 경우 20x1년에 인식하여야할 공사수익은 얼마인가?

구 분	20x0년	20x1년	20x2년
당기발생공사원가	16,000,000원	29,000,000원	47,000,000원
추가소요추정원가	64,000,000원	45,000,000원	
공사대금청구액	30,000,000원	50,000,000원	20,000,000원

05. ㈜고양은 20x0년 1월 3일 ㈜민진의 사옥을 신축하기로 계약하였으며 관련 자료는 다음과 같다. ㈜고양의 수익 인식에 진행 기준을 적용할 경우 20x2년에 인식하여야 할 공사이익은 얼마인가?

1. 계약금액 : 150,000,000원
2. 사옥 신축 관련 원가 자료는 다음과 같다.

구 분	20x0년	20x1년	20x2년
당기발생공사원가	20,000,000원	52,000,000원	47,000,000원
추가소요추정원가	80,000,000원	48,000,000원	
공사대금청구액	40,000,000원	60,000,000원	50,000,000원

06. 다음 자료를 보고 장기용역제공에 따른 20x1년 당기손익을 구하시오.

· 용역제공기간 : 3년
· 계약기간 총수익 : 1,200,000원
· 용역제공 관련 원가

구 분	20x0년	20x1년	20x2년
당기발생원가	700,000원	500,000원	300,000원
추가소요추정원가	300,000원	300,000원	0원
손익인식액	이익 140,000원	?	

07. ㈜디엘은 20x0년 1월 1일부터 3년간 ㈜미래의 사옥을 신축하는 계약을 체결하고 공사를 진행하고 있으며 관련 자료는 다음과 같다. 해당 공사의 수익인식기준으로 진행기준을 적용할 경우 ㈜디엘이 인식할 20x1년의 공사손실은 얼마인가?

1. 계약금액 : 100,000,000원
2. 사옥 신축 관련 원가 자료는 다음과 같다.

구 분	20x0년	20x1년	20x2년
당기발생공사원가	38,000,000원	46,000,000원	21,000,000원
추가소요추정원가	57,000,000원	21,000,000원	
누적 진행률	40%	80%	100%

3. 20x0년에 인식한 공사이익은 2,000,000원이다.

연/습/문/제 답안

분개연습

[1] (차) 현　금 14,000,000 (대) 외화장기대여금 13,500,000
(거래처 : HANS.)
외환차익 500,000

[2] (차) 외상매출금 3,520,000 (대) 제품매출 3,200,000
(국민카드)
부가세예수금 320,000

[3] (차) 보통예금 12,000,000 (대) 외상매출금 13,000,000
외환차손 1,000,000 (포드사)

[4] (차) 현　금 25,000,000 (대) 매도가능증권(투자) 22,000,000
매도가능증권평가익 2,000,000 매도가능증권처분익 5,000,000

☞ 전기말 평가: (차) 매도가능증권(투자) 2,000,000 (대) 매도가능증권평가익 2,000,000
매도가능증권 처분손익＝처분가액－취득가액＝25,000,000－20,000,000＝처분익 5,000,000

[5] (차) 받을어음(무한산업) 4,000,000 (대) 외상매출금(무한산업) 6,600,000
보통예금 2,050,000 부가세예수금 -50,000
제품매출 -500,000

[6] (차) 외상매출금(KLC) 78,000,000 (대) 제품매출 78,000,000

☞ 수출신고필증의 결제금액인 $60,000가 수익금액이다.

[7] (차) 외상매입금(대성웨어) 170,230,000 (대) 보통예금 170,860,626
수수료비용(판) 10,000 현　금 10,000
외환차손 630,626

[8] (차) 외상매출금((주)백두) -2,200,000 (대) 제품매출 -2,000,000
부가세예수금 -200,000

[9] (차) 선급비용 900,000 (대) 보험료(판) 900,000

[10] (차) 외화장기차입금 3,000,000 (대) 외화환산이익*1 3,000,000
*1. $30,000 × (1,300원/$ - 1,200원/$)

[11] (차) 이 자 비 용 3,000,000 (대) 사채할인발행차금 3,000,000
☞ 사채할인발행차금 상각은 유효이자율법을 적용하는 것이 원칙이며 상각액은 이자비용으로 회계처리한다.

[12] (차) 제품보증비(판) 2,330,000 (대) 장기제품보증부채 2,330,000
☞ 충당부채설정액 = 230,000,000 × 2% - 2,270,000 = 2,330,000원

[13] (차) 무형자산상각비(판) 1,650,000 (대) 산업재산권 1,650,000
☞ 무형자산상각비(정액법) = 취득가액/내용연수 = 장부가액/잔여내용연수 = 6,600,000/4년

[14] (차) 소 모 품 비(판) 360,000 (대) 소 모 품 1,700,000
소 모 품 비(제) 1,340,000
☞ 소모품사용액(소모품비) = 4,200,000 - 2,500,000 = 1,700,000원

[15] (차) 보 험 료(판) 500,000 (대) 선 급 비 용 1,000,000
보 험 료(제) 500,000 선 수 수 익 600,000
(수입)임대료 600,000

[16] (차) 매도가능증권(투자) 400,000 (대) 매도가능증권평가손 200,000
매도가능증권평가익 200,000

[17] (차) 재고자산감모손실 900,000 (대) 상품(타계정으로 대체) 900,000

[18] (차) 가 수 금(박승민) 75,000 (대) 가 지 급 금(박승민) 300,000
여비교통비(판) 225,000

[19] (차) 감가상각비(제) 18,750,000 (대) 감가상각누계액(시설장치) 18,750,000
국고보조금 12,500,000 감가상각비(제) 12,500,000
☞ 감가상각비 = 150,000,000 × 1/4년 × 6개월/12개월 = 18,750,000원
국고보조금상각액 = 100,000,000 × 1/4년 × 6개월/12개월 = 12,500,000원
자산차감항목인 국고보조금은 당해자산의 감가상각시 동일한 비율만큼 당기 감가상각비와 상계처리한다.

[20] (차) 장기차입금 100,000,000 (대) 유동성장기부채 100,000,000
(신한은행) (신한은행)

[21] (차) 미 수 금 5,500,000 (대) 보 험 차 익(보험금수익) 5,500,000

☞ **화재시 회계처리**

(차) 재해손실 10,000,000 (대) 제품(타계정으로 대체) 10,000,000

[22] (차) 대손상각비(판) 3,817,000 (대) 대손충당금(외상매출금) 1,622,000

대손충당금(받을어음) 2,085,000

대손충당금(공사미수금) 110,000

*** 외상매출금 : 262,200,000 × 1% - 1,000,000 = 1,622,000원**
*** 받 을 어 음 : 363,500,000 × 1% - 1,550,000 = 2,085,000원**
*** 공사미수금 : 11,000,000 × 1% = 110,000원**

[23] (차) 퇴 직 급 여(판) 7,740,000 (대) 퇴직급여충당부채 13,000,000

퇴 직 급 여(제) 5,260,000

☞ **생산직 = 8,560,000 - (4,800,000 - 1,500,000) = 5,260,000**
사무직 = 12,600,000 - (6,860,000 - 2,000,000) = 7,740,000

[24] (차) 재고자산감모손실 2,000,000 (대) 원재료(타계정으로 대체) 2,000,000

☞ **비정상적인 감모손실은 영업외비용으로 처리한다.**

[25] (차) 부가세예수금 50,000,000 (대) 부가세대급금 28,000,000

외상매출금(승천상사) 5,000,000

원재료(타계정대체) 1,960,784

미지급세금 15,039,216

① 대손세액공제	(차) 부가세예수금	5,000,000	(대) 외상매출금	5,000,000
② 의제매입세액공제	(차) 부가세대급금	1,960,784	(대) 원재료	1,960,784
③ 부가세관련	(차) 부가세예수금	45,000,000	(대) 부가세대급금	29,960,784
			미지급세금	15,039,216

①+②+③을 하면 상기 분개가 나옵니다.

[26] (차) 법인세비용 77,500,000 (대) 선 납 세 금 7,000,000

미지급세금 70,500,000

- **법인세산출세액 = 2억 × 9% + (5억 - 2억) × 19% = 75,000,000원**
  ① 75,000,000 - 5,000,000 = 70,000,000원
  ② 법인세분 지방소득세 = 산출세액(75,000,000) × 10%(가정) = 7,500,000원
- **법인세 등 : 77,500,000원**

[27] (차) (금융)리스부채 480,000 (대) 보통예금 500,000

이 자 비 용 20,000

☞**금융리스료의 원금은 리스부채, 이자는 이자비용으로 인식한다.**

객관식

1	2	3	4	5	6	7	8	9	10	11	12	13		
④	③	③	④	②	②	②	②	④	④	④	①	②		

[풀이-객관식]

01. 수익과 관련 비용은 대응하여 인식한다. 즉, 특정 거래와 관련하여 발생한 수익과 비용은 동일한 회계기간에 인식한다. 일반적으로 재화의 인도 이후 예상되는 품질보증비나 기타 비용은 수익인식시점에서 신뢰성 있게 측정할 수 있다. 그러나 **관련된 비용을 신뢰성 있게 측정할 수 없다면 수익을 인식할 수 없다.** 이 경우에 **재화 판매의 대가로 이미 받은 금액은 부채로 인식**한다.

20x1.5.2	(차) 현 금	10,000,000	(대) 선 수 금	10,000,000
20x3.2.3	(차) 판매보증비	3,000,000	(대) 현 금	3,000,000
20x3.5.2	(차) 선 수 금	10,000,000	(대) 매 출	10,000,000
	(차) 매 출 원 가	7,000,000	(대) 제 품	7,000,000

02. **총공사예정원가에는 토지의 취득원가와 자본화대상 금융비용 등이 제외**된다.

03. ① 액면이자율 → 유효이자율

② 수취한 시점에 현금기준 → 강의기간 동안 발생기준

④ 수탁자로부터 판매대금을 회수한 시점 → 수탁자가 판매한 시점

04. 정기간행물 등과 같이 그 가액이 매기간 비슷한 품목을 구독신청에 의해 판매하는 경우에는 **구독기간에 걸쳐 정액법으로 수익을 인식**한다.

05. 공사전체기간의 예상총공사이익은 완성기준이든 진행기준이든 도급액에서 20x0년 및 20x1년의 실제발생원가와 20x2년과 20x3년의 예정공사원가를 차감한 10억원이다.

구 분	20x0년	20x1년
누적실제공사원가(A)	20억원	60억원
누적예정공사원가(B)	80억원	90억원(60+20+10)
(누적)작업진행율(A/B)	25%	66.66%
누적공사수익	100억원×25%=25억원	100억원×66.66%=66.66억원
당기공사수익	25억원	41.66억원(66.66−25)
당기공사원가	20억원	40억원
당기공사이익	5억원	1.66억원

06. 수강료는 **강의기간 동안 발생기준**에 따라 수익으로 인식한다.

07. 이자수익은 **원칙적으로 유효이자율을 적용**하여 발생기준에 따라 인식한다.(회사채를 취득하여 만기보유증권이나 매도가능증권으로 보유시)

08. 대금회수일이 아닌 납품일인 20x1년 12월 29일에 매출로 인식하여야한다.

09. **용역제공거래의 진행률은 다양한 방법으로 결정**할 수 있다. 고객으로부터 받은 중도금 또는 선수금에 기초하여 계산한 진행률은 작업진행정도를 반영하지 않을 수 있으므로 적절한 진행률로 보지 아니한다.

10.

손익계산서	총매입액차감 (재고가 없는 경우)	매입환출을 영업외수익로 처리	
1. (순)매출액	0	0	
2. 매출원가	-100	0	*①매출원가 과대계상*
3. 매출이익(1-2)	+100	0	*③매출총이익 과소계상*
4. 판관비	0	0	
5. 영업이익(3-4)	+100	0	***④영업이익 과소계상***
6. 영업외수익	0	100	매입환출을 영업외수익
7. 영업외비용	0	0	
8. 법인세차감전순이익(5+6-7)	+100	+100	*②불변*
9. 법인세비용	0	0	
10. 당기순이익	+100	+100	불변

11. 거래의 성과를 신뢰성 있게 추정하는 것을 어렵게 만들었던 **불확실성이 해소된 경우에는 진행기준에 따라 수익을 인식**한다.

12. 〈진행기준에 따른 수익인식〉

회계연도	누적계약 건설원가	누적건설 계약진행률	수익	비용	이익
20x1년	72,000원	(1) 30%	(3) 90,000	72,000	18,000
20x2년	192,000원	(2) 80%	(4) 150,000	120,000	30,000
20x3년	240,000원	100%	60,000	48,000	12,000

(1) 20x1년 누적진행률 : 72,000원/240,000원 = 30%

(2) 20x2년 누적진행률 : 192,000원/240,000원 = 80%

(3) 20x1년 수익 : 300,000원×30% = 90,000원

(4) 20x2년 수익 : 300,000원×80% - 90,000원 = 150,000원

13. 공사진행률은 실제공사비 발생액을 **토지의 취득원가와 자본화대상 금융비용 등을 제외**한 총공사예정원가로 나눈 비율로 계산함을 원칙으로 한다.

주관식

01	98,000,000	02	4,000,000	03	400,000,000
04	30,000,000	05	13,000,000	06	손실 440.000
07	7,000,000				

[풀이-주관식]

01. 총매출액 = 10대 × 10,000,000원 = 100,000,000원
매출할인 = 10,000,000원 × 2% × 10대 = 2,000,000원
순매출액 = 98,000,000원(= 20x1년도 손익계산서에 반영될 매출액)
총매출액에서 매출할인(2)과 매출환입(4)을 차감하여 손익계산서에 반영될 매출액이 계산된다. 이때 매출환입은 20x2년에 발생된 부분으로서 이는 20x2년 매출액에서 차감하며 20x1년 매출액에는 전혀 영향이 없다.

02. 공사수익 = 총공사수익 × 공사진행률 = 20,000,000원 × 20% = 4,000,000원

• 공사진행률 = $\frac{\text{당년도실제발생 공사원가}}{\text{총공사예정원가}} = \frac{3,000,000\text{원}}{15,000,000\text{원}} = 20\%$

03. 누적공사발생원가 = 60,000,000 + 100,000,000 = 160,000,000원
20x1년 누적공사진행율(40%) = 누적공사발생원가(160,000,000원) ÷ 총공사예정원가
∴ 총공사예정원가 = 400,000,000

04.

구 분	20x0년	20x1년	20x2년
당기발생공사원가(A)	16,000,000원	29,000,000원	47,000,000원
누적공사원가(B)	16,000,000원	45,000,000원	92,000,000원
추가소요추정원가(C)	64,000,000원	45,000,000원	-
총공사예정원가(B+C)	80,000,000원	90,000,000원	92,000,000원
누적공사진행율[D=B/(B+C)]	20%	50%	100%
누적공사수익[도급금액×D]	20,000,000	50,000,000	1억
당기공사수익(E)	20,000,000	***30,000,000***	50,000,000
공사이익(E-A)	4,000,000	**1,000,000**	3,000,000

☞ 당기공사수익 = 도급금액(1억) × 20x1년 진행율(50% - 20%) = 30,000,000원

05.

	20x1년	20x2년
누적공사원가(A)	72,000,000	119,000,000
총추정공사원가(B)	120,000,000	119,000,000
누적진행율(A/B)	60%	100%
당기공사수익(C)	-	150,000,000×(1－0.6)=60,000,000
당기공사원가(D)	-	47,000,000
당기공사이익(C－D)	-	**13,000,000**

06. 당기추정 예상계약이익=예상계약수익(1,200,000) - 예상계약원가(1,500,000)=△300,000원(손실)
당기말 공사손실충당부채=총공사손실(300,000)×[1 - 누적진행률(80%)]=60,000원(당기공사손실충당부채전입액)

구 분	전기	당기	차기
당기발생원가	700,000원	500,000원	300,000원
누적공사원가(A)	-	1,200,000원	1,500,000원
추가소요추정원가	300,000원	300,000원	0원
총공사예정원가(B)	1,000,000원	1,500,000원	1,500,000원
누적진행율(A/B)	70%	80%	100%
누적공사수익	840,000원	960,000원	1,200,000원
당기공사수익(①)	840,000원	120,000원	240,000원
당기공사원가(실제)②	700,000원	500,000원	300,000원
공사손실충당부채전입(환입)액③	0원	60,000원	(60,000원)
당기공사이익(①-②-③)	140,000원	-440,000원	0원

⇛ 이미 발생한 원가와 그 거래를 완료하기 위해 추가로 발생할 것으로 추정되는 **원가의 합계액(1,500,000)이 해당 용역거래의 총수익(1,200,000)을 초과하는 경우에는 그 초과액(300,000)과 이미 인식한 이익의 합계액(140,000)을 전액 당기손실(440,000)로 인식**한다.

07. 계약금액=100,000,000원(총계약수익)
총공사예정원가(20x1)=20x0발생(38,000,000)+20x1발생(46,000,000)+추가소요(21,000,000)
=105,000,000원
당기추정예상이익=총계약수익(100,000,000) - 예정원가(105,000,000)=△5,000,000원
당기공사손실=총공사손실(5,000,000)+전기공사이익인식액(2,000,000)=7,000,000원
⇛ 이미 발생한 원가와 그 거래를 완료하기 위해 추가로 발생할 것으로 **추정되는 원가의 합계액(105,000,000)이 해당 용역거래의 총수익(100,000,000)을 초과하는 경우에는 그 초과액(5,000,000)과 이미 인식한 이익의 합계액(2,000,000)을 전액 당기손실(7,000,000)으로 인식**

Chapter

회계변경 및 오류수정 6

NCS회계 - 4 결산관리

제1절 회계변경의 의의

<u>인정된 회계기준 ⇨ 인정된 회계기준으로 변경</u>

회계변경을 하는 **기업은 반드시 정당성을 입증하여야 한다.** 즉 회사에게 책임을 지운 것은 회계변경의 남용을 방지하기 위함이다.

그러나 회계기준의 변경으로 인하여 회계변경시에는 기업이 변경의 정당성을 입증할 필요가 없으나, **세법의 개정으로 세법규정을 적용하여 회계변경시에는 이를 정당한 회계변경으로 보지 않는다.**

〈정당한 사유〉

	정당한 사유	입증책임
비자발적 회계변경	기업회계기준의 변경 **<u>(세법의 변경은 정당한 사유가 아니다)</u>**	–
자 발 적 회계변경	1. 기업환경의 중대한 변화 2. 업계의 합리적인 관행 수요	회사

또한 이러한 <u>회계변경과 오류수정사항은 주석에 공시</u>하여야 한다.

제2절 회계변경의 유형

1. 회계정책의 변경

정책의 변경이란 재무보고에 적용하던 회계정책을 다른 회계정책으로 바꾸는 것을 말한다. 즉 일반적으로 **인정된 회계기준(원칙)에서 다른 인정된 회계기준(원칙)으로 변경**하는 것을 말한다.

이는 여러 대체적 방법(기업회계기준에서 인정된)이 있을 때의 문제를 말한다.

1. **재고자산의 평가방법의 변경(선입선출법에서 평균법으로 변경)**
2. **유가증권의 취득단가 산정방법(총평균법에서 이동평균법으로 변경)**
3. **표시통화의 변경**
4. **유형자산의 평가모형(원가법에서 재평가모형으로 변경)**

2. 회계추정의 변경

추정의 변경이란 기업환경의 변화, 새로운 정보의 획득 또는 경험의 축적에 따라 지금까지 사용해오던 **회계적 추정치의 근거와 방법을 바꾸는 것**을 말한다.

회계추정은 발생주의 회계에 필연적으로 수반되는 과제이다. 추정은 불확실하고 불완전한 정보 하에서 이루어지고 또한 주관적 판단이 개입된다.

1. **유형자산의 내용연수/잔존가치 변경 또는 감가상각방법 변경**
2. 채권의 대손설정률 변경
3. 제품보증충당부채의 추정치 변경
4. 재고자산의 순실현가능가액

3. 회계변경으로 보지 않는 사례

1. **중요성의 판단에 따라 일반기업회계기준과 다르게 회계처리하던 항목들의 중요성이 커지게 되어 일반기업회계기준을 적용하는 경우(품질보증비용 : 지출시점비용에서 충당부채설정법을 적용시)**
2. 과거에는 발생한 경우가 없는 새로운 사건이나 거래에 대하여 회계정책을 선택/회계추정을 하는 경우

제3절 회계변경의 회계처리

회계변경을 처리하는 방법으로는 이론적으로 **소급법, 당기일괄처리법, 전진법**이 있다.

1. 소급법

소급법이란 변경연도 기초시점에서 자산과 부채에 미친 **회계변경의 누적효과**를 계산하여 기초 이익잉여금을 수정하고, 이와 관련된 자산과 부채를 소급적으로 수정하는 방법을 말한다.

여기서 **회계변경의 누적효과란 관련 자산·부채에 대하여 새로운 방법(변경된 방법)을 처음부터 적용했다고 가정할 경우 변경연도의 기초시점까지 계상될 장부금액과 종전방법에 의해 실제 장부금액과의 차액**을 말한다.

정액법(취득가액 50,000원, 기초감가상각누계액 10,000원)으로 감가상각을 하던 중 정률법(취득가액 50,000원, 기초감가상각누계액 15,000원)으로 회계추정의 변경시 누적효과는 유형자산의 장부가액 차이인 5,000원을 말한다.

소급법에서는 비교재무제표를 재작성해야 하므로 기간별 비교가능성을 확보할 수 있다.

누적효과: △5,000원(35,000-40,000)

누적효과=변경 후 방법에 의한 기초 이익잉여금-변경 전 방법에 의한 기초이익잉여금

2. 당기일괄처리법

당기일괄처리법은 변경연도의 기초시점에서 자산과 부채에 미친 누적효과를 계산하여 이를 **변경한 연도의 손익으로 보고 일괄적으로 관련 자산·부채를 수정하는 방법**이다. 이 방법은 비교재무제표를 작성할 필요가 없으므로 기간별 비교가능성을 저해한다.

3. 전진법

전진법은 **회계변경 누적효과를 계산하지 않고**, 또한 반영하지 않으며 과거연도의 재무제표도 재작성하지 않고, **회계변경 효과를 당기 및 그 후속기간에만 영향**을 미치게 하는 방법이다. 이러한 전진법은 과거 재무제표에 대한 신뢰성을 확보할 수 있으며 실무적으로 간편하다는 장점이 있다.

위의 예에서 각 방법에 의하여 회계처리를 해보면 다음과 같다.

	회계처리(누적효과에 대한 처리)			
소급법	(차) 이익잉여금 (회계변경 누적효과)	5,000원	(대) 감가상각누계액	5,000원
당기일괄처리법	(차) 회계변경 누적효과(영 · 비)	5,000원	(대) 감가상각누계액	5,000원
전진법	-			

〈회계처리방법 요약〉

처리방법	소급법	당기일괄처리법	전진법
시제	과거	현재	미래
누적효과	**계산**		**계산안함**
	이월이익잉여금	**당기손익**	
전기재무제표	재작성	작성안함(주석공시)	해당없음
강조	비교가능성	-	신뢰성

4. 기업회계기준상 회계처리

1. 정책의 변경	원칙	**소급법**
	예외	전진법(누적효과를 계산할 수 없는 경우에 변경의 효과를 해당 회계연도 개시일부터 적용)
2. 추정의 변경	**전진법**	
3. 동시발생	1. 누적효과를 구분할 수 있는 경우	정책의 변경에 대하여 소급법 적용 후 추정의 변경에 대해서 전진법 적용
	2. 구분할 수 없는 경우	전체에 대하여 전진법 적용

제4절 오류수정

잘못된 회계기준 ⇨ 인정된 회계기준으로 변경

1. 오류의 유형

1. 당기순이익에 영향을 미치지 않는 오류		계정과목 분류상의 오류로 재무상태표 또는 손익계산서에만 영향을 주는 오류로 이러한 오류는 수정분개를 통하여 올바른 계정으로 대체만 하면 된다.
2. 당기순이익에 영향을 미치는 오류	**1. 자동조정 오류**	전기에 발생한 오류를 수정하지 않더라도, 오류의 반대작용으로 인하여 당기에 자동적으로 수정되는 오류를 말한다. - 손익의 결산정리사항(선급비용/ 선수수익 등) - 재고자산의 과대, 과소 계상 - 매출액과 매입액의 기간 구분 오류
	2. 비자동조정 오류	2개의 회계연도가 지나도 자동적으로 조정되지 않은 오류이다. - 자본적지출과 수익적지출의 구분 오류 - 감가상각비 과소(대) 계상

2. 오류의 회계처리

중대한 오류라 함은 재무제표의 **신뢰성을 심각하게 손상할 수 있는 매우 중요한 오류**를 말한다.

	중대한 오류	중대하지 아니한 오류
회계처리	**소급법** (이월이익잉여금 – 전기오류수정손익)	**당기일괄처리법** (영업외손익 – 전기오류수정손익)
비교재무제표	재작성(주석공시)	해당없음(주석공시)

연/습/문/제

 객관식

01. 일반기업회계기준상 회계정책, 회계추정의 변경, 오류수정에 대한 설명으로 잘못된 것은?

① 변경된 새로운 회계정책은 소급하여 적용한다. 전기 또는 그 이전의 재무제표를 비교목적으로 공시할 경우에는 소급적용에 따른 수정사항을 반영하여 재작성한다.
② 회계정책의 변경에 따른 누적효과를 합리적으로 결정하기 어려운 경우에는 회계변경을 전진적으로 처리한다.
③ 전기 이전기간에 발생한 중대한 오류의 수정은 자산, 부채 및 자본의 기초금액에 반영한다.
④ 회계정책 변경을 전진적으로 처리하는 경우에는 그 변경의 효과를 다음 회계연도 개시일부터 적용한다.

02. (갑)법인은 전기에 기계장치에 대한 감가상각비 5,000,000원을 실수로 결산에 반영하지 못하였다. 이러한 사실을 당해연도 초에 발견하였으며, 이에 대하여 정상적으로 수정 회계처리 하였고, 당기말 감가상각비는 정확하게 반영되었다. 이에 대한 설명으로 틀린 것은?

① 발견된 오류가 중대한 오류가 아니라면 당해연도 당기순이익은 5,000,000원만큼 작게 계상된다.
② 발견된 오류가 중대한 오류라면 당해연도 당기순이익에는 영향이 없다.
③ 당기말 재무상태표상 기계장치에 대한 장부가액은 정확하게 반영되어 있다.
④ 당기말 재무상태표상 자본의 합계액은 5,000,000원만큼 작게 계상된다.

03. 다음 중 기업회계기준상 회계변경에 대한 설명으로 틀린 것은?

① 재고자산에 대한 평가방법을 최종매입원가법에서 기업회계기준상 평가방법인 선입선출법으로 변경하는 경우 이를 회계변경으로 본다.

② 판매제품에 대한 품질보증비용을 지출연도의 비용으로 처리하다가 그 중요성이 증대됨에 따라 이를 충당금설정법을 적용하여 회계처리하는 경우는 회계변경으로 보지 아니한다.

③ 유형자산 중 상각대상자산의 내용연수에 대한 추정을 새로운 정보의 획득으로 인하여 변경하는 회계추정의 변경도 회계변경에 해당한다.

④ 유형자산에 대한 감가상각방법을 정당한 사유에 의하여 정액법에서 정률법으로 변경하는 경우 이를 회계변경으로 본다.

04. 기업회계기준상 오류수정에 관한 내용이다. 올바르지 못한 것은?

① 당기에 발견한 전기 또는 그 이전기간의 중요하지 않은 오류는 영업외손익으로 처리한다.

② '오류수정'이란 기업회계기준의 잘못된 적용 등 전기 또는 그 이전의 재무제표에 포함된 회계적 오류를 당기에 발견하여 이를 수정하는 것을 말한다.

③ 비교재무제표를 작성하는 경우 중대한 오류의 영향을 받는 회계기간의 재무제표항목은 수정하여 재작성한다.

④ 오류수정의 내용은 주기로 표시한다.

05. (주)태양은 연말 결산시에 다음과 같은 회계오류를 발견하였다. 이 중에서 회계연도말 비유동자산과 자본을 모두 과대계상하게 되는 것은?

① 장기매출채권을 유동자산으로 잘못 분류함

② 선수수익의 과대계상

③ 매출채권에 대한 대손충당금의 과소계상

④ 영업용 건물에 대한 감가상각비의 과소계상

06. 다음 중 회계변경의 회계처리에 대한 설명으로 틀린 것은?

① 회계추정의 변경은 전진적으로 처리하여 그 효과를 당기와 당기이후의 기간에 반영한다.

② 회계정책변경에 대한 회계처리는 소급법을 적용하는 것이 원칙이다.

③ 소급법과 달리 당기일괄처리법에서는 회계변경의 누적효과를 계산하지 아니한다.

④ 전진법과 당기일괄처리법은 모두 전기 재무제표를 수정하지 아니하는 방법이다.

07. 회계처리에 대한 오류의 내용 중 회계기간의 변경에 따른 자동조정적 오류가 아닌 것은?

① 선급비용의 오류
② 미지급비용의 오류
③ 미수수익의 오류
④ 감가상각비 산정오류

08. 다음의 사항 중 기업회계기준의 회계정책 및 회계추정의 변경과 관계없는 것은?

① 재고자산 평가에서 후입선출법에서 선입선출법으로 변경하는 경우
② 수익인식 방법을 현금주의에서 발생주의 방법으로 변경하는 경우
③ 고정자산의 감가상각방법을 정액법에서 생산량비례법으로 변경하는 경우
④ 대손충당금의 설정률을 변경하는 경우

09. 다음은 회계변경 및 오류수정과 관련한 사례들이다. 적용방법상 성격이 다른 하나는?

① 산업재산권의 효익제공기간을 10년에서 8년으로 단축적용하기로 하였다.
② 매출채권에 대한 대손설정율을 2%에서 1%로 변경하기로 하였다.
③ 전기의 중요한 오류를 후속기간에 발견하여 수정하여 바로 잡았다.
④ 기계장치의 내용연수를 5년에서 8년으로 변경하였다.

10. 일반기업회계기준을 따른 회계변경에 대하여 다음 기술된 내용 중 옳은 것은?

① 변경된 새로운 회계정책은 전진법을 적용한다.
② 회계정책 변경의 누적효과를 합리적으로 결정하기 어려워 전진적으로 처리하는 경우에는 그 변경의 효과를 다음해 회계연도 개시일부터 적용한다.
③ 회계변경의 속성상 그 효과를 회계정책의 변경효과와 회계추정의 변경효과로 구분하기가 불가능한 경우에는 이를 회계정책의 변경으로 본다.
④ 회계추정의 변경은 전진적으로 처리하여 그 효과를 당기와 당기이후의 기간에 반영한다.

주관식

01. (주)한강의 20x1년 당기순이익은 15,000,000원이며 이월이익잉여금은 50,000,000원이나, 다음의 사항이 추가로 발견되었다. 이를 반영한 후의 정확한 당기순이익(ⓐ) 및 이월이익잉여금(ⓑ)은 얼마인가?

- 기말 위탁재고자산 5,000,000원이 누락 되었다.
- 기초재고자산이 3,000,000원만큼 과소계상 되었다.
- 20x0년 1월 1일 취득한 기계장치의 취득원가가 10,000,000원 만큼 과소계상 되었다.
- 동 기계장치의 내용연수는 5년, 잔존가치는 없으며, 정액법으로 감가상각 하였다.
- 위의 오류사항은 최초로 발견되어 오류를 수정하고자 한다.

02. (주)해원이 제3기 1월 1일에 기계장치를 2,500,000원에 취득하여 내용연수 5년, 잔존가치 없이 정액법으로 감가상각하다가 제5기 1월 1일에 기계장치에 대한 자본적 지출 300,000원을 지출하여 기계장치에 대한 내용연수가 잔존가치 없이 제8기 12월 31일까지로 연장되었다. 제5기 기계장치에 대한 감가상각비는 얼마인가?(회계기간은 매년 1월 1일부터 12월 31일까지로 한다)

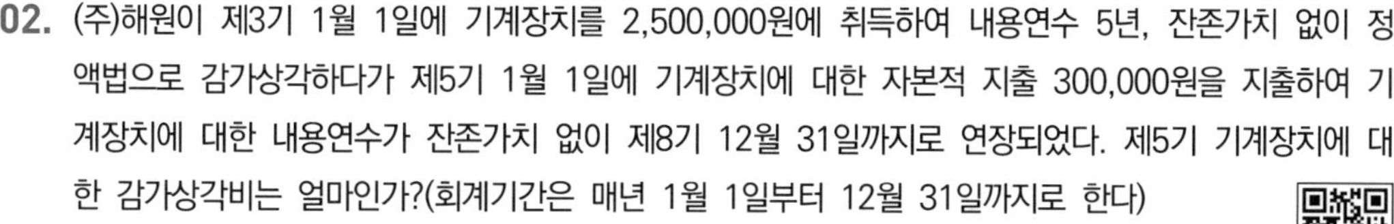

03. 일반기업회계기준에 따라 ㈜백두산은 기계장치에 대한 감가상각방법을 정률법에서 정액법으로 변경하고자 한다. 다음의 자료를 이용하여 당기 감가상각비를 계산하면 얼마인가?(단, 상각방법의 변경은 일반기업회계기준에 따른 정당한 사유에 의한 것이며, 정액법 적용 시 잔존가액은 없는 것으로 가정한다)

- 취득가액 : 500,000,000원
- 내용연수 : 10년
- 기초 감가상각누계액 : 250,000,000원
- 경과연수 : 2년
- 기초 감가상각누계액은 기업회계기준에 따라 정확히 계상한 것으로 가정한다.

연/습/문/제 답안

객관식

1	2	3	4	5	6	7	8	9	10
④	④	①	④	④	③	④	②	③	④

[풀이-이론]

01. **<u>전진법은 당해 회계연도 개시일부터 적용</u>**한다.

02. 발견된 오류가 중대한 경우

(차) 이익잉여금(전기오류수정손실) 5,000,000 (대) 감가상각누계액 5,000,000

발견된 오류가 중대하지 않은 경우

(차) 전기오류수정손실(영업외비용) 5,000,000 (대) 감가상각누계액 5,000,000

따라서 전기의 오류사항과 당기의 수정사항이 합쳐져 당기말 재무상태표상 자본의 합계액은 정확한 금액으로 계상된다.

03. 기업회계기준상 인정되지 아니하는 최종매입원가법을 기업회계기준에서 인정되는 선입선출법으로 변경하는 것은 회계변경이 아니라 오류수정에 해당한다.

04. **<u>오류수정사항은 주석으로 공시</u>**한다.

05. 감가상각비의 과소계상은 자산을 과대계상케하고 이로 인하여 자본도 과대계상된다.

06. 회계변경의 누적효과를 계산하여 이익잉여금을 수정하는 것이 소급법이고 당기손익으로 처리하는 것이 당기일괄처리법이다.

07. **<u>감가상각비 산정오류는 비자동조정적 오류</u>**이다.

08. 수익인식 방법을 현금주의에서 발생주의 방법으로 변경하는 경우 인정되지 않은 회계처리기준으로부터 인정된 회계처리기준으로 변경하는 경우에 해당하므로 오류수정사항이다.

09. 오류수정은 소급법이며 다른 사항(추정의 변경)은 전진법으로 처리한다.

10. ① 변경된 새로운 회계정책은 **<u>소급하여 적용</u>**한다.

② 회계정책 변경을 전진적으로 처리하는 경우에는 그 변경의 효과를 **<u>당해 회계연도 개시일</u>**부터 적용한다.

③ 회계변경의 속성상 그 효과를 회계정책의 변경효과와 회계추정의 변경효과로 구분하기가 불가능한 경우에는 이를 **<u>회계추정의 변경</u>**으로 본다.

주관식

01	ⓐ 15,000,000 ⓑ 51,000,000	02	450,000	03	31,250,000

[풀이-주관식]

01.

내 용	당기순이익	이월이익잉여금
1. 수정전 잔액	15,000,000	50,000,000
① 기말재고자산 과소 ② 기초재고자산 과소 ③ 감가상각비 과소	5,000,000 (3,000,000) (2,000,000)	5,000,000 0 (4,000,000)
2. 수정후 잔액	15,000,000	51,000,000

① 기말재고자산의 과소계상은 매출원가의 과대계상되어 있으므로 이를 수정하면 당기순이익 및 이월이익잉여금을 증가시키며

② 기초재고자산의 과소계상은 전기매출원가의 과대계상으로 전기이월이익잉여금이 과소계상되어 있으며 당기의 매출원가는 과소계상되어 있어 이를 수정하면 당기순이익은 감소하나 이월이익잉여금은 전기의 과소계상분과 당기의 과대계상분이 상계되어 변동이 없다.

③ 감가상각비의 기초인 기계장치의 취득원가 과소계상액은 당기 및 전기의 감가상각비가 과소계상되어 전기이월이익잉여금이 감가상각비만큼 과소계상되어 있고 당기의 감가상각비 과소계상으로 당기순이익과 이월이익잉여금이 과소계상되어 있다. 따라서 당기순이익은 당기 감가상각비만큼 과소계상되어 있으며 이월이익잉여금은 전기 및 당기 감가상각비만큼 과소계상되어 있다.

02. **회계추정의 변경(내용연수의 변경)은 전진법**으로 처리한다.

5기초 감가상각누계액 = 제3기~제4기 감가상각비 = 2,500,000원/5년 × 2년 = 1,000,000원

5기초 장부가액 = 취득가액(2,500,000) - 감가상각누계액(1,000,000) + 자본적지출액(300,000)
= 1,800,000원

변경된 잔여내용연수 = 당초 내용연수(5) - 경과된 내용연수(2) + 연장된 내용연수(1) = 4년

5기 감가상각비 = 5기초 장부가액/변경된 잔여내용연수 = 1,800,000/4년 = 450,000원

03. **감가상각방법의 변경은 회계추정의 변경**으로서 회계처리는 전진법을 적용한다.

감가상각비 = (500,000,000원 - 250,000,000원)/(10년 - 2년) = 31,250,000원

Chapter

기타 사항 7

NCS회계 - 3 전표관리 **NCS회계 - 4** 결산관리

본 절은 출제빈도가 낮습니다. 너무 깊게 공부하지 마시고 핵심만 이해하시면 됩니다. 공부시간대비 투자효율이 매우 낮습니다.

제1절 환율변동효과

외화거래와 재무제표를 표시통화로 환산하는 방법을 정한다.

1. 기능통화, 표시통화

① 기능통화 : 영업활동이 이루어지는 주된 경제환경의 통화를 말한다.(한국내 기업: 원화)

② 표시통화 : 재무제표를 표시할 때 사용하는 통화로서 기업은 어떤 통화든지 표시통화로 사용할 수 있다.

2. 보고기간말(결산일)의 외화환산방법 

<table>
<tr><th colspan="2"></th><th>계정과목</th><th>환산방법</th><th colspan="2">외환차이인식</th></tr>
<tr><td colspan="2">화폐성 외화항목</td><td>현금, 금융상품, 매출채권, 미수금, 대여금, 차입금 등</td><td>마감환율</td><td colspan="2">당기손익</td></tr>
<tr><td rowspan="3">비화폐성 외화항목</td><td>역사적 원가로 측정</td><td rowspan="3">재고자산, 선급비용, 투자자산, 유무형자산, 선수금 등</td><td>거래일의 환율</td><td colspan="2">-</td></tr>
<tr><td rowspan="2">공정 가치로 측정</td><td rowspan="2">공정가치가 결정된 날의 환율</td><td>평가손익:당기손익</td><td>당기손익*1</td></tr>
<tr><td>평가손익:기타포괄손익</td><td>기타포괄손익*1</td></tr>
</table>

*1. 기타포괄손익으로 인식하는 경우에 그 손익에 포함된 환율변동효과도 기타포괄손익으로 당기손익으로 인식하는 경우에는 그 손익에 포함된 환율변동효과도 당기손익으로 인식한다.

3. 재무제표의 표시통화로 환산 

	적용환율
① 재무상태표 자산과 부채	**보고기간말 마감환율**
② 손익계산서	**해당 거래일의 환율 또는 평균환율로 환산**
①, ②의 환산에서 생기는 외환차이	**기타포괄손익으로 인식**

제2절 법인세회계

법인세회계는 법인조정을 먼저 공부하셔야 이해가 됩니다.

1. 의의

회계상 자산·부채의 장부가액과 세무상 가액(세무기준액)은 항상 일치하지 않는다. 이러한 것을 일시적 차이라 하는데, 미래에 과세소득을 감소 또는 증가시키는데 만약 미래에 법인세를 증가시킨다면 이연법인세부채로, 법인세를 절감시킨다면 이연법인세자산으로 인식한다.

2. 이연법인세자산과 이연법인세부채의 인식

세무조정	일시적차이	계정과목	실현가능성
가산조정 (유보)	**(미래에) 차감할 일시적차이**	이연법인세 자산	**실현가능성이 거의 확실한 경우에만 재무상태표에 반영**(미래 과세소득 충분)
차감조정 (△유보)	**(미래에) 가산할 일시적차이**	이연법인세 부채	**실현가능성을 요구하지 않는다.** **(항상 인식)**

3. 법인세 회계의 측정

(1) 당기 법인세 부담액 : 보고기간말 현재의 세율과 세법을 적용한다.

(2) 이연법인세자산과 부채 : 보고기간말 현재까지 확정된 세율에 기초하여 **미래 예상법인세율을 적용하여 측정**한다.

(3) **이연법인세자산과 부채는 현재가치로 할인하지 않는다.**

(4) **이연법인세자산의 실현가능성은 보고기간말마다 재검토**되어야 한다.

4. 표시(공시)

(1) 이연법인세자산과 이연법인세부채는 관련된 자산항목 또는 부채항목의 재무상태표상 분류에 따라 재무상태표에 유동, 비유동으로 표시한다. 다만 관련 자산이나 부채가 없는 경우(예 : 세무상결손금)에는 예상소멸시기에 따라 1년 기준으로 분류한다.

(2) 동일한 유동 및 비유동 구분내의 이연법인세자산과 이연법인세부채가 **동일한 과세당국과 관련된 경우에는 각각 상계하여 표시한다.**

제3절 현금흐름표

현금흐름표는 기업의 현금흐름을 나타내는 표로서 현금의 유입과 유출내용을 표시하는 보고서이다. 이러한 현금흐름표는 기업의 자금동원능력을 평가할 수 있는 자료를 제공해 준다.

1. 기업활동과 현금흐름 

재무상태표

유동자산	유동부채
	비유동부채
비유동자산	자본

⇒ 운전자본(유동자산 - 유동부채)

설비투자 ⇐ (비유동자산)

⇒ 자본조달 (비유동부채, 자본)

(1) 영업활동현금흐름

① 운전자본을 구성하는 **유동자산과 유동부채는 대부분 영업활동**과 관련된다.

② **이자지급과 이자수입 및 배당금수입은 영업활동현금흐름**이고 배당금지급은 재무활동 현금흐름으로 분류한다.

③ 단기매매목적으로 보유하는 자산에서 발생하는 흐름은 투자활동현금흐름이다.

(2) 투자활동현금흐름

① **비유동자산의 증감**을 가져오는 거래는 대부분 투자활동이다.

② 장기매출채권과 이연법인세자산 등은 영업활동 관련 계정이다.

(3) 재무활동현금흐름

① **비유동부채나 자본을 증감**시키는 거래는 대부분 재무활동이다.

② 퇴직급여충당부채와 이연법인세부채 등은 영업활동 관련 계정이다.

2. 직접법과 간접법(현금흐름표 작성방법 : 영업활동으로 인한 현금흐름)

★ 직접법

현금유입 있는 수익 - 현금유출 있는 비용 = 현금주의 당기순이익

항상 같다

★ 간접법

발생주의 당기순이익 ±(I/S)영업현금흐름과 무관한 손익항목제거 ±(B/S)영업활동으로 인한 자산 · 부채의 변동 = 현금주의 당기순이익

±(I/S)영업현금흐름과 무관한 손익항목제거

가산조정항목	차감조정항목
(현금지출없는 비용)	**(현금유입없는 수익)**
• **감가상각비, 무형자산상각비** • 사채할인발행차금 상각액 • **유형자산처분손실 등**	• **유형자산처분이익** • **단기투자자산의 처분이익** • 사채상환이익

±(B/S)영업활동으로 인한 자산 · 부채의 변동

가산조정항목	차감조정항목
• 매출채권, 재고자산 감소 • 매입채무, 미지급비용 증가	• 매출채권, 재고자산 증가 • 매입채무, 미지급비용 감소

☞ 일반기업의 절대 다수는 간접법을 선호하고 있다. 만약 직접법으로 작성한 경우 당기순손익과 당기순손익에 가감할 항목에 관한 사항을 주석공시하여야 한다.

연/습/문/제

 객관식

01. 회계기간 중 환율변동의 유의적인 등락이 있는 경우로 가정할 때 일반기업회계기준상 화폐성 외화항목의 매 보고기간말 외화환산 방법으로 옳은 것은?

① 당해 화폐성 외화항목의 마감환율
② 당해 화폐성 외화항목의 거래일 환율
③ 당해 화폐성 외화항목의 공정가치가 결정된 날의 환율
④ 당해 화폐성 외화항목의 평균환율

02. 기업회계기준상 외화자산 및 부채의 환산 및 상환에 관한 설명 중 틀리는 것은?

① 화폐성외화자산은 재무상태표일 현재의 적절한 환율로 환산한 가액을 재무상태표가액으로 한다.
② 비화폐성외화부채는 원칙적으로 당해 부채를 부담한 당시의 적절한 환율로 환산한 가액을 재무상태표가액으로 한다.
③ 외환차익 또는 외환차손은 외화자산의 회수 또는 외화부채의 상환시에 발생하는 차손익으로 한다.
④ 외화환산손실은 결산일에 화폐성외화자산 또는 화폐성외화부채를 환산하는 경우 환율변동으로 인해 발생하는 환산손익으로 판매비와 관리비에 해당한다.

03. 일반기업회계기준상 외화자산과 외화부채에 대한 환율변동효과의 내용으로 잘못된 것은?

① 외화란 기능통화 이외의 다른 통화를 뜻한다.
② 기능통화로 외화거래를 최초로 인식하는 경우에 거래일의 외화와 기능통화 사이의 현물환율을 외화금액에 적용하여 기록한다.
③ 화폐성 외화항목은 마감환율로 환산한다.
④ 비화폐성항목에서 발생한 손익을 기타포괄손익으로 인식하는 경우 그 손익에 포함된 환율변동효과는 당기손익으로 인식한다.

04. 다음 중 외화자산 및 외화부채의 환율변동 효과와 관련된 설명으로 가장 옳지 않은 것은?

① 모든 외화자산 및 외화부채는 보고기간 말의 마감환율로 환산한다.

② 외화환산손익은 결산일에 화폐성 외화자산 또는 화폐성 외화부채를 환산하는 경우 발생하는 환산손익을 말한다.

③ 외환차손익은 외화자산의 회수 또는 외화부채의 상환시에 발생하는 차손익을 말한다.

④ 화폐성 항목의 외환차손익 또는 외화환산손익은 외환차이가 발생한 회계기간의 손익으로 인식한다.

05. 다음 중 보고기간말 외화환산방법에 대한 설명으로 가장 잘못된 것은?

① 화폐성 외화항목은 마감환율로 환산한다.

② 역사적원가로 측정하는 비화폐성 외화항목은 거래일의 환율로 환산한다.

③ 공정가치로 측정하는 비화폐성 외화항목은 공정가치가 결정된 날의 환율로 환산한다.

④ 화폐성항목에서 발생한 외화환산손익은 기타포괄손익으로 인식하여야 한다.

06. 기업회계기준서상 이연법인세에 대한 설명으로 틀린 것은?

① 이연법인세자산과 부채는 현재가치로 할인하지 않는다.

② 동일한 유동 및 비유동 구분 내의 이연법인세자산과 이연법인세부채는 동일한 과세당국과 관련된 경우에는 각각 상계하여 표시한다.

③ 자산, 부채의 장부가액과 세무가액의 차이인 일시적차이에 대하여 원칙적으로 이연법인세를 인식하여야 한다.

④ 당해연도의 법인세율과 차기 이후부터 입법화된 세율이 서로 상이한 경우 이연법인세 자산, 부채의 인식은 당해연도의 법인세율과 차기 이후부터 입법화된 세율의 평균세율을 적용하여 측정한다.

07. 다음 중 법인세 회계처리에 대한 설명으로 틀린 것은?

① 차감할 일시적차이가 활용될 수 있는 가능성이 매우 높은 경우에만 이연법인세자산을 인식하여야 한다.

② 가산할 일시적차이란 자산·부채가 회수·상환되는 미래기간의 과세소득을 감소시키는 효과를 가지는 일시적차이를 말한다.

③ 원칙적으로 모든 가산할 일시적차이에 대하여 이연법인세부채를 인식하여야 한다.

④ 이연법인세자산과 부채는 보고기간말 현재까지 확정된 세율에 기초하여 당해 자산이 회수되거나 부채가 상환될 기간에 적용될 것으로 예상되는 세율을 적용하여 측정하여야 한다.

08. 다음 중 현금흐름표 작성시 간접법에 의하여 영업활동으로 인한 현금흐름을 표시하는 경우에 당기순손익에 가감조정되지 아니하는 것은?

① 이자비용의 현금지급액
② 유형자산에 대한 감가상각비
③ 매출채권의 감소액
④ 단기매매증권의 처분이익

09. 다음 중 재무활동으로 인한 현금흐름의 예로 틀린 것은?

① 유형자산의 처분에 따른 현금유입
② 차입금의 상환에 따른 현금유출
③ 주식이나 기타 지분상품의 발행에 따른 현금유입
④ 자기주식의 취득에 따른 현금유출

10. 현금흐름표에서 영업활동 현금흐름으로 분류되지 않는 것은?

① 재화와 용역의 구입에 따른 현금유출
② 종업원과 관련한 직·간접적으로 발생한 현금유출
③ 이자의 지급으로 인한 현금유출
④ 유형자산의 처분에 따른 현금유입

11. 다음 중 이연법인세에 대한 설명으로 옳지 않은 것은?

① 차감할 일시적 차이에 대하여 인식하는 이연법인세자산은 향후 과세소득의 발생가능성이 매우 높은 경우에 인식한다.
② 공정가치로 평가된 자산의 장부금액이 세무기준액보다 크면 이연법인세자산으로 인식하여야 한다.
③ 영업권의 상각이 과세소득을 계산할 때 손금으로 인정되지 않는 경우에는 이연법인세부채를 인식하지 않는다.
④ 자산·부채의 장부금액과 세무기준액의 차이인 일시적 차이에 대하여 원칙적으로 이연법인세를 인식하여야 한다.

주관식

01. 다음 자료에 의하여 20x1년도의 법인세비용을 구하면 얼마인가?

(1) 당기에 발생한 차이와 실현되는 시기는 다음과 같다. (단위:원)

구 분	20x1년	20x2년
재고자산평가감	40,000	(40,000)
접대비(기업업무추진비)한도초과액	160,000	-
법인세율(단일세율임)	10%	20%

(2) 20x1년도 초 이연법인세 잔액은 없으며, 법인세비용 차감전 순이익은 2,000,000원이다.
(3) 미래의 과세소득은 충분하다고 가정한다.

〈접대비 명칭 변경-세법〉

☞ **2023년 세법개정시 접대비의 명칭이 기업업무추진비(2024년부터 적용)로 변경되었습니다.
그러나 세법이 변경했다고 회계도 변경된다는 보장은 없습니다.
따라서 당분간 세법은 기업업무추진비, 회계에서 접대비로 불러도 같은 계정과목으로 생각하시면 됩니다.**

02. 현금흐름표에 대한 설명으로 올바른 것을 모두 고르시오

① 현금흐름표는 영업활동으로 인한 현금흐름, 투자활동으로 인한 현금흐름, 재무활동으로 인한 현금흐름으로 구분하여 표시한다.
② 영업활동으로 인한 현금흐름은 현금의 대여와 회수활동, 유가증권 · 투자자산 · 유형자산 등의 취득과 처분활동 등을 말한다.
③ 재무활동으로 인한 현금흐름은 현금의 차입 및 상환활동, 신주발행이나 배당금의 지급활동 등과 같이 부채 및 자본계정에 영향을 미치는 거래를 말한다.
④ 영업활동으로 인한 현금흐름은 직접법으로만 표시한다.

연/습/문/제 답안

객관식

1	2	3	4	5	6	7	8	9	10	11				
①	④	④	①	④	④	②	①	①	④	②				

[풀이-객관식]

02. 손익계산서상 영업외비용을 구성한다.

03. 비화폐성항목에서 발생한 손익을 **기타포괄손익으로 인식**하는 경우 그 **손익에 포함된 환율변동효과도 기타포괄손익으로 인식**한다.

04. (1) **화폐성 외화항목은 마감환율로 환산**한다.

(2) **역사적원가로 측정**하는 **비화폐성 외화항목은 거래일의 환율로 환산**한다.

(3) **공정가치로 측정**하는 **비화폐성 외화항목은 공정가치가 결정된 날의 환율**로 환산한다.

05. 화폐성항목의 결제시점에 발생하는 외환차손익 또는 화폐성항목의 환산에 사용한 환율이 회계기간 중 최초로 인식한 시점이나 전기의 재무제표 환산시점의 환율과 다르기 때문에 발생하는 외화환산손익은 그 외환차이가 발생하는 회계기간의 손익으로 인식한다. 단, 외화표시 **매도가능채무증권의 경우 동 금액을 기타포괄손익에 인식**한다

06. 이연법인세자산과 부채는 재무상태표일 현재까지 확정된 세율에 기초하여 당해 자산이 회수되거나 부채가 상환될 기간에 적용될 것으로 **예상되는 세율을 적용하여 측정**하여야 한다.

07. ① (미래)차감할 일시적차이(이연법인세 자산)는 미래기간의 과세소득을 감소시킨다. 그러나 차감할 일시적차이를 활용할 수 있을 만큼 미래기간의 과세소득이 충분할 경우에만 차감할 일시적차이의 법인세효과는 실현될 수 있다. 따라서 **차감할 일시적차이가 활용될 수 있는 가능성이 매우 높은 경우에만** 이연법인세자산을 인식하여야 한다.

② (미래)가산할 일시적차이(이연법인세 부채)란 자산·부채가 회수·상환되는 미래기간의 과세소득을 **증가시키는 효과를 가지는** 일시적차이를 말한다.

③ **모든 (미래)가산할 일시적차이에 대하여 실현가능성을 판단하지 않고** 이연법인세부채를 인식하여야 한다.

④ 이연법인세자산과 부채는 보고기간말 현재까지 확정된 세율에 기초하여 당해 자산이 회수되거나 부채가 상환될 기간에 적용될 것으로 예상되는 세율을 적용하여 측정하여야 한다.

08. 이자비용의 지급액은 이미 당기순손익에 반영되어 있고 영업활동으로 인한 현금흐름에 속하므로 별도의 가감조정이 필요없다.

09. <u>**유형자산의 처분에 따른 현금흐름은 투자활동현금흐름**</u>이다.

10. <u>**현금흐름은 영업활동, 투자활동, 재무활동으로 분류**</u>되며, 유형자산의 처분에 따른 현금유입은 투자활동 현금흐름으로 분류된다.

11. <u>**공정가치로 평가된 자산의 장부금액이 세무기준액보다 크다면(△유보)**</u> 그 차이가 (미래)가산할 일시적 차이이며 <u>**이연법인세부채로 인식**</u>하여야 한다.

주관식

01	212,000	02	① ③

[풀이-주관식]

01. (1) 당기 법인세 계산(미지급법인세)

	20x1년	20x2년
과세표준	2,200,000원 (2,000,000+40,000+160,000)	?
세율	10%	20%
당기법인세(미지급법인세)	220,000원	?

(2) 보고기간말 이연법인세 자산

	20x2년
일시적차이	(40,000원)
예상세율	20%
이연법인세자산	8,000원

(차) <u>**법인세비용**</u>	<u>**212,000원**</u>	(대) 미지급세금(미지급법인세)	220,000원
이연법인세자산	8,000원		

02. ② 영업활동으로 인한 현금흐름은 일반적으로 제품의 생산과 상품 및 용역의 구매·판매활동을 말한다.
④ <u>**영업활동으로 인한 현금흐름은 직접법 또는 간접법으로 표시**</u>한다.

Part II

원가회계

Chapter

원가의 기초개념 1

로그인 전산세무 1급

Login

NCS회계 - 3 원가계산

제1절 원가회계의 의의

1. 원가회계의 목적

① 재무제표 작성에 필요한 원가정보의 제공
② 원가관리에 필요한 원가정보의 제공
③ 의사결정에 필요한 원가정보의 제공

2. 원가회계의 특징

① 재무제표의 작성에 필요한 원가를 집계하고 반영한다.
즉 손익계산서의 제품매출원가를 결정하기 위하여 제품생산에 소비된 원가를 집계하고, 재무상태표에 표시되는 재공품과 제품 등 재고자산의 가액을 결정한다.
② 회사의 각 부문별 책임자(영업, 생산, 재무)들에게 원가관리에 필요한 원가자료를 제공 한다.
③ 회사의 경영계획 및 통제, 의사결정에 필요한 원가 자료를 제공한다.
④ **원가회계에서는 여러 가지 목적에 다양한 원가가 사용된다.**

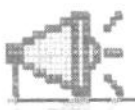

제2절 원가의 분류

1. 발생형태에 따른 분류

원가 중 가장 기본적인 것으로서 제조원가의 3요소라고도 한다.

1. 재료비	**제품제조를 위해 소비된 주요재료비, 보조재료비, 부분품 및 각종 소모품비를 모두 포함한다.**
2. 노무비	제품제조에 관련된 종업원의 임금, 급료, 각종 제수당 및 퇴직금 등 일체의 인건비를 포함한다.
3. 경　비	위 ①, ②이외에 제품제조와 관련하여 발생한 비용

2. 제품과의 관련성에 따른 분류(추적 가능성에 따른 분류)

1. 직접비	특정제품의 제조에만 소비되어 특정제품에 직접 추적하여 부과할 수 있는 명확한 인과관계(원인과 결과)가 있는 원가로 **직접재료비, 직접노무비, 직접경비**가 있다.
2. 간접비	여러 제품의 제조를 위하여 공통적으로 소비되어 특정제품과의 인과관계를 파악할 수 없는 원가로서 **간접재료비, 간접노무비, 간접경비**가 있다.

3. 원가행태(모양)에 따른 분류

1. 변동비	순수변동비	제품 제조수량 증감(조업도 등의 증감)에 따라 원가발생 총액이 비례적 일정하게 나타난다. **단위당 변동비는 생산량의 증감에 관계없이 일정**하다. 그러나 **생산량이 증가하면 <u>단위당 변동비가 감소하는 것이 있는데 이를 체감원가라 부른다.</u>**
	준변동비 (혼합원가)	조업도의 변화와 관계없이 일정액의 고정비와 단위당 일정비율로 증가하는 변동비 두 부분으로 구성된 원가
2. 고정비	순수고정비	제품 제조수량의 증감(조업도 등의 증감)에 관계없이 그 총액이 항상 일정하게 발생 하는 원가를 말한다. **<u>단위당 고정비는 생산량의 증감에 반비례하여 감소한다.</u>**
	준고정원가 (계단원가)	특정 범위의 조업도 구간(관련범위)에서는 원가 발생액이 변동 없이 일정한 금액으로 고정되어 있으나, 조업도 수준이 그 관련범위를 벗어나면 일정액만큼 증가 또는 감소하는 원가를 말한다.

〈조업도변화에 따른 변동비 및 고정비〉

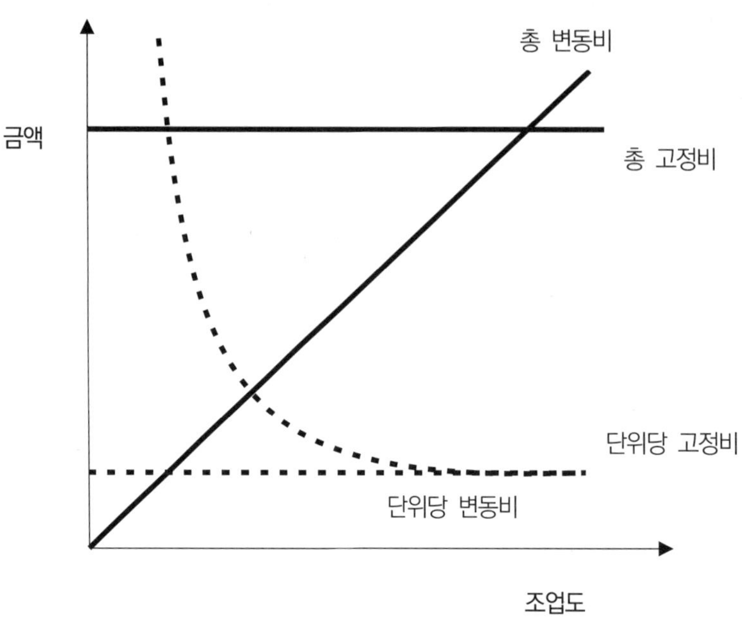

4. 제조활동에 따른 분류(제조원가와 VS 비제조원가)

1. 제조원가	직접재료비	특정제품에 직접 추적하여 부과할 수 있는 재료비
	직접노무비	특정 제품에 직접 추적할 수 있는 노무비
	제조간접비	직접재료비와 직접노무비를 제외한 모든 제조원가
2. 비제조원가	제품의 판매활동과 관리 활동에서 발생되는 모든 원가	

■ 기본원가와 가공원가

	제조원가 3요소	
기초원가 (기본원가)	직접재료비	
기초원가 (기본원가)	직접노무비	가공원가(전환원가)
	제조간접비	가공원가(전환원가)

☞ 직접경비는 가공원가에 포함된다.

5. 자산화 여부에 따른 분류

1. 제품원가 (재고가능원가)	제품을 생산할 때 재고자산에 배부되는 모든 원가
2. 기간원가 (재고불능원가)	제품생산과 관련 없는 원가를 기간원가라 하고, 기간원가는 항상 발생된 기간에 비용으로 처리한다.

6. 의사결정에 따른 분류

1. 관련원가와 비관련원가	관련원가란 의사결정에 미치는 원가로서 여러 대안 사이에 차이가 나는 미래원가를 말한다. 이와 반대로 비관련원가는 의사결정에 영향을 미치지 않는 원가로서 여러 대안사이에 차이가 없는 원가
2. 매몰원가	**과거의 의사결정의 결과로 이미 발생된 원가**로서 현재의 의사결정에는 아무런 영향을 미치지 못하는 원가
3. 기회비용	여러 가지 대안 중 의사결정시 어느 한 대안을 선택하면 다른 대안은 포기할 수밖에 없다면, 이 때 포기해야 하는 대안에서 얻을 수 있는 순현금유입액이 기회비용

제3절 원가의 흐름

1. 제조기업의 원가흐름 요약

1. 원재료

기초재고	XXX	직접재료비	XXX
구입	XXX	기말	XXX

2. 노무비

당기발생액	XXX	직접노무비	XXX

3. 제조간접비

간접재료비	XXX	배부액	XXX
간접노무비	XXX		
제조경비	XXX		

당기총제조원가 / 당기제품제조원가

4. 재공품

기초재고	XXX	제 품	XXX
직접재료비	XXX		
직접노무비	XXX		
제조간접비	XXX	기말재고	XXX
계		계	

5. 제 품

기초재고	XXX	매출원가	XXX
제 품	XXX	기말재고	XXX
계		계	

2. 제조원가명세서

제조원가명세서는 제조기업의 당기제품제조원가 계산을 나타내는 명세서로서 **원재료계정과 재공품계정 변동사항**이 모두 표시되어 있다.

그러나 **제품계정의 변동사항은 손익계산서에 표시**된다.

제조원가명세서

Ⅰ. 직접재료비		XXX
1. 기초원재료 재고액	XXX	
2. 당기원재료 매입액	XXX	
3. 기말원재료 재고액	(XXX)	
Ⅱ. 직접노무비		XXX
Ⅲ. 제조간접비		XXX
Ⅳ. 당기총제조원가		XXX
Ⅴ. 기초재공품재고액		XXX
Ⅵ. 합계		XXX
Ⅶ. 기말재공품재고액		(XXX)
Ⅷ. **당기제품제조원가**		XXX

손익계산서

Ⅰ. 매출액		XXX
Ⅱ. 매출원가		XXX
1. 기초제품 재고액	XXX	
2. **당기제품 제조원가**	XXX	
3. 기말제품재고액	(XXX)	
Ⅲ. 매출총이익		XXX
Ⅳ. 판매비와관리비		XXX
Ⅴ. 영업이익		XXX
.		.
.		.
Ⅵ. 당기순이익		XXX

연/습/문/제

 객관식

01. 다음 중 원가관리회계의 기본개념에 대한 설명으로 틀린 것은?

① 직접원가로 분류되는 원가가 많아질수록 제품원가계산의 정확성은 높아진다.
② 간접원가의 경우 인과관계가 높은 배부기준을 사용할수록 제품원가계산의 정확성은 높아진다.
③ 직접재료원가에 직접노무원가를 합한 금액을 기초원가라 한다.
④ 당기제품제조원가는 직접재료비, 직접노무비, 제조간접비의 합으로 이루어진다.

02. 다음 중 원가를 조업도에 따른 행태로 분류하는 경우에 대한 설명으로 틀린 것은?

① 변동원가 중 비례원가의 경우 조업도에 따른 단위당변동원가는 일정하다.
② 고정원가의 경우 조업도가 증가하는 경우 관련범위 내에서 총고정원가는 일정하다.
③ 변동원가 중 체감원가의 경우 조업도가 증가하는 경우 총변동원가는 감소된다.
④ 고정원가의 경우 조업도가 증가하는 경우 단위당고정원가는 감소된다.

03. 원가회계의 용어에 대한 설명으로 잘못된 것은?

① 원가배분(cost allocation)이란 공통적으로 발생한 원가를 집계하여 합리적인 배분기준으로 원가대상에 배부하는 과정을 말한다.
② 원가대상(cost object)이란 원가정보의 활용목적에 따라 원가를 집계하고 측정할 필요가 있는 객체(목적물)를 말한다.
③ 원가집합(cost pool)이란 원가대상에 직접적으로 추적할 수 있는 원가를 집계하는 단위를 말한다.
④ 원가동인(cost driver)이란 원가대상에 의해 총원가의 변화를 유발하는 요인을 의미한다.

05. 다음은 20x1년 5월 (주)세무의 재공품 계정이다. 재공품 계정을 이용하여 추정할 수 있는 내용으로 틀린 것은?

재공품

차변	금액	대변	금액
월초재공품	250,000	제품	4,180,000
재료비	2,300,000	월말재공품	640,000
노무비	1,800,000		
제조간접비	470,000		
	4,820,000		4,820,000

① 당월의 직접재료비는 2,300,000원이다.
② 당월말 현재 재공품은 640,000원이다.
③ 당월 제품 매출원가는 4,180,000원이다.
④ 당월 간접재료비, 간접노무비, 간접경비의 합계액은 470,000원이다.

05. 다음은 제조원가명세서에 대한 설명이다. 가장 옳지 않은 것은?

① 당기총제조원가는 직접재료비, 직접노무비, 제조간접비의 총액을 의미한다.
② 당기제품제조원가는 손익계산서상 제품매출원가계산에 직접적인 영향을 미친다.
③ 제조원가명세서 항목 중 재무상태표에 직접적으로 영향을 미치는 항목은 없다.
④ 재무상태표의 제품재고액은 제조원가명세서 작성과 관련없다.

06. 다음은 제조원가명세서에 대한 설명이다. 가장 옳지 않은 것은?

① 제조원가명세서상의 원재료와 재공품 재고액은 재무상태표와 일치한다.
② 제조원가명세서의 당기제품제조원가는 손익계산서의 제품매출원가 계산에 반영된다.
③ 재무상태표의 제품재고액은 제조원가명세서 작성과 관련없다.
④ 당기총제조원가를 구하는 과정을 나타내는 보고서이다.

07. 다음 중 원가의 분류에 대한 설명으로 틀린 것은?

① 두 가지 이상의 제품을 제조하는 공장의 경리직원에 대하여 급여를 지급하는 경우 이는 간접노무원가에 해당한다.
② 원가를 발생 형태에 따라 분류하는 경우에 임금과 급료 등 인간 노동력의 소비액을 노무원가라고 한다.
③ 관련범위 내에서 공장의 임차료와 같은 고정원가는 조업도가 증가하여도 단위당 고정원가는 일정하다.
④ 변동원가는 조업도가 증가함에 따라 총원가는 증가하지만 단위당 원가는 일정하다.

08. 관련범위 내에서 단위당 변동원가와 총고정원가는 어떤 형태로 설명될 수 있는가?

	단위당 변동원가	총고정원가
①	각 생산수준에서 일정하다.	각 생산수준에서 일정하다.
②	생산량이 증가함에 따라 감소한다.	각 생산수준에서 일정하다.
③	각 생산수준에서 일정하다.	생산량이 증가함에 따라 감소한다.
④	생산량이 증가함에 따라 증가한다.	생산량이 증가함에 따라 감소한다.

09. 다음 중 원가에 대한 설명으로 틀린 것은?

① 여러 가지 대체안 간에 차이가 예상되는 미래원가를 관련원가라고 한다.
② 과거원가로서 현재나 미래에 어떠한 행동을 취하건 변동불가능한 원가를 매몰원가라고 한다.
③ 포기한 대체안으로부터의 이익이나 효익의 희생을 차액원가라고 한다.
④ 시간연구 동작연구와 같이 과학적인 방법을 통하여 설정된 달성가능한 원가를 표준원가라고 한다.

10. 다음은 제조원가명세서에 대한 설명이다. 가장 옳지 않은 것은?

① 재무상태표의 제품재고액은 제조원가명세서 작성과 관련없다.
② 제조원가명세서의 당기제품제조원가는 손익계산서의 제품매출원가 계산에 반영된다.
③ 제조원가명세서 항목 중 재무상태표에 직접적으로 영향을 미치는 항목은 없다.
④ 당기총제조원가는 직접재료비, 직접노무비, 제조간접비의 총액을 의미한다.

11. 기말재공품가액이 정상가액보다 높게 계상된 경우 미치는 영향에 대한 설명으로 올바른 것은?

	당기제품제조원가	당기순이익
①	과소	과대
②	과소	과소
③	과대	과소
④	과대	과대

 주관식

01. 1,000,000원에 구입하여 사용 중이던 비품을 500,000원에 매각하는 A방안과 100,000원을 추가로 투입하여 650,000원에 매각하는 B방안이 있다면 이때 매몰원가는 얼마인가?

02. (주)한산상회는 집중호우로 보관중이던 상품 10,000,000원이 파손되었다. 이 제품을 파손된 상태에서 처분하면 800,000원에 처분가능하나, 회사는 300,000원을 들여 파손부분을 수선하여 2,000,000원에 처분하기로 하였다. 수선 후 처분에 따른 기회비용은 얼마인가?

03. 다음은 제조원가명세서 자료이다. 기말 재무상태표의 자산계정에 반영될 금액은 얼마인가?

제조원가명세서 (단위 : 원)

Ⅰ ( )		14,000,000
( )	2,000,000	
당 기 매 입	16,000,000	
( )	( )	
Ⅱ 노 무 비		10,000,000
Ⅲ 경 비		7,000,000
Ⅳ 당기 총 제조비용		( )
Ⅴ ( )		2,000,000
Ⅵ 합 계		( )
Ⅶ ( )		( )
Ⅷ 당기제품제조원가		30,000,000

04. (주)민지의 매출총이익은 매출액의 30%를 설정하고 있다. 다음 자료를 이용하여 (주)민지의 기초재공품을 구하여라.

직접재료비	3,500,000원	직접노무비	4,500,000원
제조간접비	1,800,000원	기말 재공품	3,000,000원
기초제품	3,000,000원	기말제품	4,000,000원
당기 매출액	12,000,000원	기초재공품	?

05. (주)양산은 4월 중 53,000원의 직접재료를 구입하였다. 4월 중 제조간접비의 합은 37,000원이었고 총제조원가는 126,000원이었다. 직접재료의 4월초 재고가 8,000원이었고 4월말 재고가 6,000원이었다. 또한 기초재공품은 10,000원이고, 기말재공품은 13,000원이다. 4월중 직접노무비(ⓐ)와 당월 제품제조원가(ⓑ)는 얼마인가?

06. (주)신선은 직접노무비의 80%를 제조간접비로 부과하고 있으며, 6월말 현재 재공품 A에 제조간접비 3,140원이 배부되었다. 6월말 A에 배부될 직접재료비를 구하면 얼마인가?

- 6월 1일 재공품액 : 24,000원
- 6월 당기총제조원가 합계 : 88,000원
- 6월 31일 제품계정 대체액 : 94,000원

07. 의류제조를 하고 있는 (주)카르멘상사의 원가자료가 아래와 같을 때 당기제품제조원가는 얼마인가?

- 기초재공품 10,000원
- 기 초 원 가 40,000원
- 기말재공품 15,000원
- 가 공 원 가 50,000원
- 제조간접원가는 직접노무원가의 1.5배만큼 비례하여 발생한다.

08. 당월 기말재공품재고액은 기초재공품재고액에 비하여 3,000원이 감소하였고, 당월 기말제품재고액은 기초제품재고액에 비하여 2,000원이 증가하였다. 당월총제조비용이 1,200,000원이고, 판매가능제품액이 1,560,000원이라면 당월 기말제품재고액은 얼마인가?

연/습/문/제 답안

객관식

1	2	3	4	5	6	7	8	9	10	11
④	③	③	③	③	④	③	①	③	③	①

[풀이-객관식]

01. 당기제품제조원가는 기초재공품원가에 당기총제조원가를 더하고 기말재공품원가를 뺀 금액이다.

02. 변동원가의 경우 조업도가 증가하는 경우 총변동원가는 증가되는데 이중 체감원가는 조업도증가율보다 총변동원가증가율이 작을 뿐이다.

03. 원가집합(cost pool)이란 원가대상에 직접적으로 추적할 수 없는 원가를 집계하는 단위를 말한다. 제조간접원가가 대표적인 원가집합에 해당한다.

04. 4,180,000원은 당기 중에 완성된 제품에 대한 원가인 당기제품제조원가로서 매출원가는 재공품계정이 아닌 제품계정을 통하여 알 수 있는 정보이다.

05. 제조원가명세서상의 원재료와 재공품 재고액은 재무상태표와 일치한다.

06. 당기제품제조원가를 구하는 과정을 나타내는 보고서이다.

07. 조업도가 증가함에 따라 단위당 고정원가는 체감한다.

08. 단위당 변동원가와 총고정원가는 각 생산수준에서 일정하다.

09. 포기한 대체안으로부터의 이익이나 효익의 희생을 기회원가라고 한다.
차액원가란 조업도, 설비, 생산방법 등의 원가발생요인에 변화가 생기는 경우 발생할 수 있는 원가의 증감액(증분원가)을 말한다.

10. 제조원가명세서상 항목 중 기말원재료재고액 및 기말재공품원가는 재무상태표상의 재고자산으로 기록된다.

11. 재 공 품

	차변	대변	
기초재고		**당기제품제조원가**	**과소계상(↓)**
당기총제조비용		**기말재고**	**과대계상(↑)**
		계	**일 정**

제　　품

차변		대변	
기초재고		제품매출원가	**과소계상(↓)**
당기제품제조원가	**과소계상(↓)**	**기말재고　(?)**	
계(판매가능재고)		**계**	

따라서 매출원가도 과소계상(↓)되어 당기순이익은 과대계상(↑)된다.

주관식

01	1,000,000	02	800,000	03	7,000,000
04	2,600,000	05	ⓐ 34,000 ⓑ 123,000	06	10,935
07	65,000	08	359,000		

[풀이-주관식]

01. 매몰원가란 이미 과거에 발생한 회피불가능한 원가로서 미래의 의사결정과는 관계없는 원가를 말하므로 취득원가 1,000,000원은 어떤 방안을 채택하든 관계없이 발생한 원가로서 매몰원가에 해당한다.

02. 기회비용이란 어느 한 대안을 선택하면 다른 대안은 포기할 수밖에 없다면 이 때 포기해야 하는 대안에서 얻을 수 있는 효익을 말한다. 따라서 수선후 처분하므로 파손상태에서 처분하는 방법을 포기하게 되므로 기회비용은 파손 상태에서 처분할 수 있는 가액인 800,000원이다.

03. 제조원가명세서상의 내역 중 기말 재무상태표상의 자산계정에는 기말원재료와 기말재공품가액이 반영된다. 따라서 기말원재료가액 4,000,000원과 기말재공품가액 3,000,000원의 합인 7,000,000원이 된다.

04. 매출원가 : 12,000,000원×70%=8,400,000원

재 공 품

차변		대변	
<u>**기초(?)**</u>	<u>**2,600,000**</u>	당기제품제조원가	9,400,000
직접재료비	3,500,000		
직접노무비	4,500,000		
제조간접비	1,800,000	기　　말	3,000,000

제　　품

차변		대변	
기　　초	3,000,000	매출원가	8,400,000
당기제품제조원가	9,400,000	기　　말	4,000,000

05.

원 재 료

기초재고	8,000	**직접재료비**	**55,000**
구　　입	53,000	기말재고	6,000

재 공 품

기초재고		10,000	**당기제품제조원가(ⓑ)**	**123,000**
당기총제조원가	직접재료비	55,000		
(126,000)	**직접노무비(ⓐ)**	**34,000**		
	제조간접비	37,000	기말재고	13,000
계		136,000	계	136,000

06.

재 공 품

기초재고(6.1)	24,000	**당기제품제조원가**		**94,000**
당기총제조원가	88,000	**기말재고(A)**	**직접재료비**	**?**
		18,000	**직접노무비**	**3,140/0.8**
			제조간접비	**3,140**
계	112,000	계		112,000

직접재료비 : 18,000 - (3,140/0.8) - 3,140 = 10,935원

07. 기초원가 = 직접재료원가 + 직접노무원가 = 40,000원

가공원가 = 직접노무원가 + 제조간접원가(직접노무원가 × 1.5) = 50,000원

따라서 직접노무원가는 20,000원이다.

당기총제조비용 = 40,000(기초원가) + 20,000 × 1.5(제조간접원가) = 70,000원

재 공 품

기초재고	10,000	**당기제품제조원가(?)**	**65,000**
당기총제조비용	70,000	기말재고	15,000

08. 기초재공품을 "3,000"라 가정하고 재공품계정을 그린다.

재 공 품

기초재고	3,000	**당기제품제조원가**	**1,203,000**
당기총제조비용	1,200,000	기말재고	0

판매가능재고는 제품계정 차변의 합계액이다.

제　　품

기초재고	357,000	제품매출원가	
당기제품제조원가	1,203,000	**기말재고 (?)**	**357,000+2,000**
계(판매가능재고)	**1,560,000**	**계**	**1,560,000**

Chapter

2 원가계산

로그인 전산세무 1급

NCS회계 - 4 원가계산

제1절 원가계산의 절차와 종류

1. 원가계산의 절차

원가계산이란 제품생산에 투입된 가치를 **제품 단위당 배부, 계산, 집계하는 절차**를 말한다.

1단계 : **요소별 원가계산**

(전술한 바와 같이 직접재료비, 직접노무비, 제조간접비의 개별 계산을 의미한다)

2단계 : **부문별 원가계산**

3단계 : **제품별 원가계산**

2. 원가계산의 종류

① 원가측정에 따른 분류

제품원가계산시 실제 발생액으로 원가계산을 하느냐, 추정에 의한 원가계산을 하느냐에 따라 실제원가, 정상원가, 표준원가로 나뉜다.

	실제원가계산	정상(예정)원가계산	표준원가계산
직접재료비	실제원가	실제원가	표준원가
직접노무비	실제원가	실제원가	표준원가
제조간접비	실제원가 **(실제조업도 × 실제배부율)**	**예정배부액** **(실제조업도 × 예정배부율)**	표준배부액

기업의 재무제표는 실제원가계산에 의해 계산한 제품매출원가를 바탕으로 작성하여야 하나, 회사의 관리목적상 추정에 의한 원가계산을 하고 기말에 추정치와 실제치의 배부차이를 조정하여 실제원가로 전환한다.

② 생산형태에 따른 분류

개별원가계산	종합원가계산
주문생산	대량연속생산

③ 원가계산범위에 따른 분류

		전부원가계산	변동원가계산 (직접원가계산)
직접재료비		**제품원가**	**제품원가**
직접노무비			
제조간접비	변동제조간접비		
	고정제조간접비		**기간비용**

제2절 원가배분과 부문별원가계산

1. 원가부문과 원가배부

(1) 원가부문

① 제조부문 : 제품의 제조활동을 직접 수행하는 부문을 말한다.

② 보조부문 : 제조부문에 대하여 간접적으로 지원하는 부문을 말한다.

(2) 원가추적

직접원가를 특정원가 대상(제품, 제조부문, 보조부문 등)에 직접 부과하는 것을 말하고 만약 직접 부과하지 못하는 간접원가는 배부기준에 따라 부문별로 배분한다.

(3) 원가배부(원가배분)

① **인과관계기준**

원가발생이라는 결과를 야기시킨 원인(원가동인)에 따라 원가를 배분하는 것으로서 **가장 합리적인 배분방법**이다.

② 부담능력기준

발생된 간접비를 부담할 수 있는 능력(예 : 매출이나 이익이 많이 나는 부문)에 따라 원가를 배분하는 방법이다.

③ 수혜기준

원가대상이 경제적 효익을 받은 경우 제공받은 효익의 크기에 비례하여 원가를 배분하는 방법이다.

④ 기타

공정성과 형평성기준이 있으나 매우 포괄적이고 애매모호한 기준이다.

2. 부문별 원가계산

(1) 절차

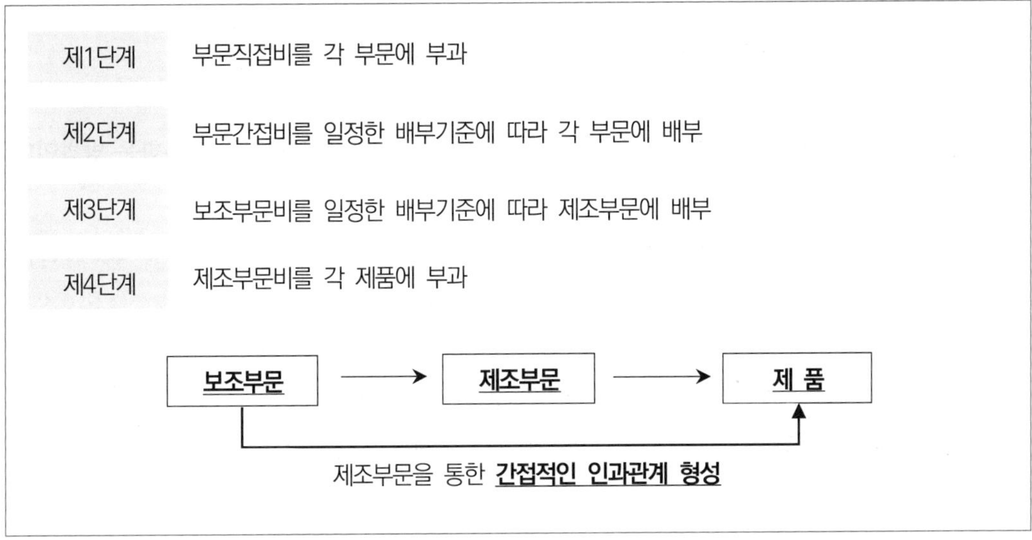

(2) 부문간접비(공통원가)의 배부기준

부문공통비	배부기준
건물감가상각비	점유면적
전력비	전력사용량
임차료, 재산세, 건물보험료	점유면적
수선유지비	수선작업시간

(3) 보조부문원가를 제조부문에 배분

① 보조부문원가의 배부기준 : 인과관계에 따라 제조부문에 배부

보조부문원가	배부기준
공장인사관리부문	종업원수
전력부문	전력사용량
용수부문	용수 소비량
식당부문	종업원수
구매부문	주문횟수/주문금액

② 보조부문원가의 배부방법(보조부문간 용역수수관계 고려) 

보조부문간의 용역수수관계를 어느 정도 고려하냐에 따라 직접배부법, 단계배부법, 상호배부법으로 나눈다.

다만, **어느 방법에 의하든 배부 전·후의 제조간접비 총액은 항상 일정하다.**

㉠ 직접배부법

보조부문간의 용역수수관계를 전혀 고려하지 않고 제조부문에 직접 배부하는 방법이다.

㉡ 단계배부법

보조부문간의 배부순서를 정하고 단계적으로 다른 보조부문과 제조부문에 배부하는 방법이다.

㉢ 상호배부법

보조부문간의 **용역수수관계를 완전하게 고려하는 방법**으로 가장 정확한 방법이나 가장 복잡하다. 또한 용역수수관계를 전부 인식하므로 배부순서는 고려하지 않는다.

㉣ 각 방법 비교

구 분	직접배부법	단계배부법	상호배부법
보조부문간 용역수수관계	전혀 인식하지 않음	일부만 인식	전부인식
장점	간편	–	정확성
단점	부정확	–	복잡함

<예제 2-1> 단계배부법

다음은 보조부문원가에 관한 자료이다. 단계배부법을 적용하여 보조부문원가를 배부하시오. 수선부문을 먼저 배분한다.

제공부문 \ 사용부문	보조부문		제조부문	
	수선부문	동력부문	조립부문	절단부문
수선부문		50%	20%	30%
동력부문	20%		40%	40%
제조간접비	100,000	150,000	200,000	250,000

해답

제공부문 \ 사용부문		보조부문		제조부문	
		수선부문	동력부문	조립부문	절단부문
배부전원가		100,000	150,000	200,000	250,000
보조부문배부	수선부문(50% : 20% : 30%)	(100,000)	50,000*1	20,000*2	30,000*3
	동력부문(0% : 40% : 40%)	먼저배부	(200,000)*4	100,000*5	100,000*6
보조부문 배부후 원가		-	2차배부	320,000	380,000

*1. 100,000 × 50%= 50,000
*2. 100,000 × 20%= 20,000
*3. 100,000 × 30%= 30,000
*4. 150,000 + 50,000=200,000
*5.*6. 200,000 ×40%/[40%+40%]=100,000

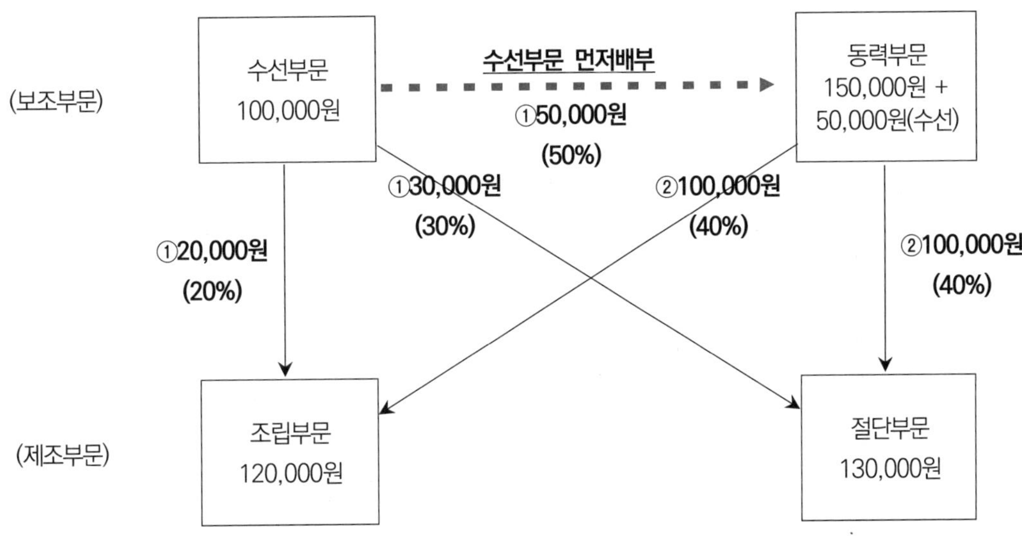

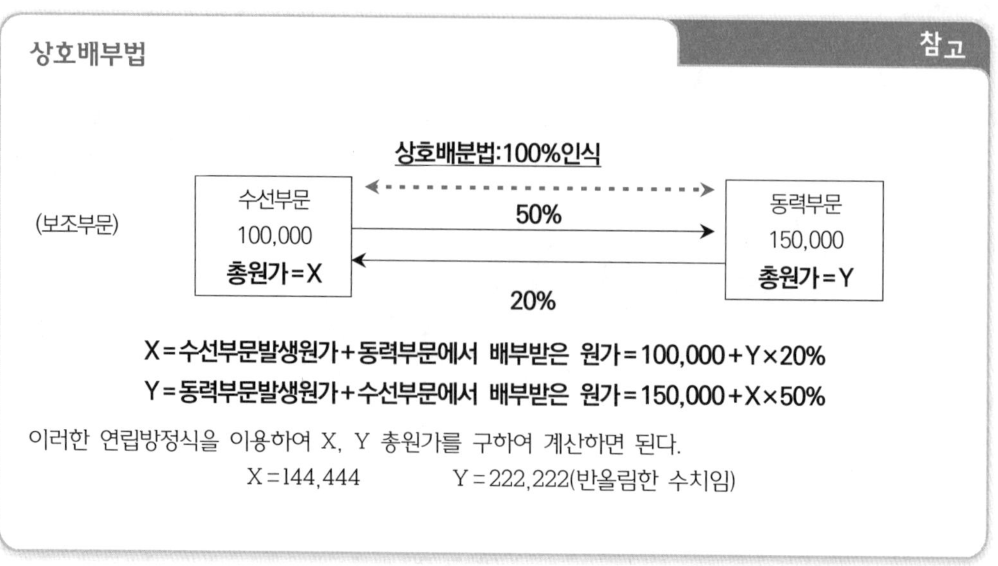

③ 보조부문원가의 배부방법(보조부문원가의 행태별 배부)

㉠ 단일배부율법

보조부문원가를 변동비와 고정비로 구분하지 않고 하나의 배부기준을 적용하여 배부하는 방법이다.

㉡ 이중배부율법

보조부문원가를 변동비와 고정비로 구분하여 각각 다른 배부기준을 적용하는 방법이다.

• **변동비 : 실제사용량**	• **고정비 : 최대사용가능량**

연/습/문/제

객관식

01. 원가배분의 목적으로서 옳지 않은 것은?

① 회사의 미래계획수립 또는 자원배분과 관련된 의사결정을 하기 위해서이다.
② 책임원가계산제도의 형성에 따른 조직구성원에 대한 동기부여와는 관련이 없다.
③ 재고자산, 매출원가를 정확히 산출하여 주주, 채권자 등 이해관계자들에게 합리적인 정보를 제공하기 위해 원가를 배분한다.
④ 계약금액등을 결정함에 있어서 발생한 원가를 정당화 할 수 있다.

02. 부문별원가계산시 보조부문원가를 제조부문에 배부하는 방법에 대한 설명으로 틀린 것은?

① 보조부문 상호간의 용역수수를 인식하는지 여부에 따라 직접배부법, 단계배부법, 상호배부법으로 구분된다.
② 단계배부법은 보조부문의 배부순서에 따라 각 부문별배부액이 달라지게 된다.
③ 상호배부법은 보조부문 상호간의 용역수수를 전부 고려하는 방법이다.
④ 직접배부법은 보조부문원가를 제조부문을 거치지 아니하고 직접 제품(재공품계정)에 배부하는 방법이다.

03. 다음 중 부문별 원가회계에 대한 설명 중 틀린 것은?

① 제조간접비를 발생한 장소별로 분류 집계한다.
② 기업의 규모가 크고 제품이 여러 제조과정을 거쳐 생산되는 기업에서 많이 사용한다.
③ 제조간접비를 보다 더 정확하게 배부하기 위하여 부문별 원가계산을 한다.
④ 소규모 기업에서 많이 사용한다.

04. 원가배부와 관련된 다음 설명 중 옳지 않은 것은?

① 제조간접원가가 전체 제조원가에서 차지하는 비중이 클수록 다양한 원가배부기준을 설정하여야 정확한 원가계산이 가능하다.

② 원가배부기준으로 선택된 원가동인이 원가발생의 인과관계를 잘 반영하지 못하는 경우 제품 원가계산이 왜곡될 가능성이 있다.

③ 경제적 의사결정과 동기부여 등을 위해서는 이중배부율법을 사용하는 것이 보다 바람직하다.

④ 공장전체 제조간접비배부율을 이용할 경우에도 보조부문원가를 먼저 제조부문에 배분하여야 한다.

05. 다음의 자료는 보조부문비를 제조부문으로 배부하는 방법에 대한 설명이다. 설명의 내용과 가장 적합한 것은?

- 먼저 배부순서를 정하여야 그 순서에 따라 배분한다.
- 보조부문간의 용역수수관계를 일부만 인식한다.
- 배부순서가 적절하지 않은 경우 원가배분결과가 왜곡되어 나타난다.

① 단계배분법 ② 직접배분법
③ 단일배부율법 ④ 상호배분법

06. 부문별원가계산에 대한 설명 중 잘못 설명한 것은?

① 보조부문간의 용역 수수관계가 중요한 경우 직접배분법을 적용하여 부분별 원가를 배분하게 되면 원가배분의 왜곡을 초래할 수 있다.

② 보조부문 원가를 제조부문에 배분하는 방법 중 상호배분법은 보조부문 상호간의 용역수수관계를 고려하여 배분하는 방법이다.

③ 보조부문의 원가를 제조원가부문에 배분하는 방법 중 단일배분율법과 이중배분율법은 원가행태에 따른 원가배분방법인데 이중배분율법과 직접배분율법은 서로 혼용하여 사용할 수 없다.

④ 부문별 제조간접비 배부율의 장점은 각 제조부문의 특성에 따라 제조간접원가를 배분하기 때문에 보다 정확한 제품원가를 계상할 수 있다는 것이다.

07. ㈜세무의 전력부문은 조립부문 및 도색부문에 용역을 공급하고 있다. 전력부문에서 발생된 원가는 변동비가 200,000원이고 고정비가 300,000원이다. ㈜세무가 전력부문에서 발생된 원가를 이중배부율법에 의하여 조립부문 및 도색부문에 배부할 경우에 다음 중 틀린 것은?(단, 실제제공시간 및 최대제공시간은 다음과 같다고 가정한다)

구 분	조립부문	도색부문	합 계
실제제공시간	400시간	600시간	1,000시간
최대제공시간	900시간	600시간	1,500시간

① 조립부문에 배부된 변동원가는 80,000원이다.
② 도색부문에 배부된 고정원가는 120,000원이다.
③ 도색부문보다 조립부문에 배부된 원가가 20,000원 크다.
④ 도색부문에 배부된 총배부원가는 260,000원이다.

08. 다음 중 부문별 원가계산에 대한 설명 중 틀린 것은?

① 보조부문 원가를 제조부문에 배부하는 방법 중 단계배부법은 보조부문 간의 용역수수관계를 완벽하게 고려하여 배부하는 방법이다.
② 부문별 제조간접비 배부율의 장점은 각 제조부문의 특성에 따라 제조간접원가를 배분하기 때문에 보다 정확한 제품원가를 계상할 수 있다는 것이다.
③ 부문별 원가계산은 부문별 원가요소를 집계한 후 보조부문비를 제조부문에 배부하고 제조부문비를 제품에 배부하는 절차로 이루어진다.
④ 재고가 존재하지 않는다면 어떠한 방법으로 배부하더라도 총이익은 달라지지 않는다.

주관식

01. 당사는 제조간접비를 보조부문(동력부문, 수선부문)에서 제조부문(절단부문, 조립부문)으로 배부함에 있어서 단계배부법을 적용하고 있다. 동력부문의 원가를 먼저 배부하는 경우에 다음 자료에 의하여 수선부문에서 절단부문으로 배부되는 원가를 계산하면 얼마인가?

보조부문	부문원가	용역제공비율			
		절단부문	조립부문	동력부문	수선부문
동력부문	760,000원	0.5	0.4	-	0.1
수선부문	236,500원	0.4	0.4	0.2	-

02. (주)한강은 두 개의 제조부문(P1, P2)과 두 개의 보조부문(S1, S2)으로 운영된다. 회사는 단계배부법을 이용하여 보조부문비를 제조부문에 배부하고 있으며, 각 보조부문의 용역제공비율은 다음과 같았다. 회사는 S1 보조부문부터 원가배부하며 두 개의 보조부문(S1, S2)으로부터 P1에 배부된 금액은 ₩110,000인 경우 보조부문 S2에서 발생한 원가는 얼마인가?

보조부문	제조부문		보조부문	
	P1	P2	S1	S2
발생원가	?	?	100,000원	?
S1	50%	30%	-	20%
S2	40%	40%	20%	-

03. (주)부천산업은 단계배분법을 통해 원가배분을 하고 있으며 관련 자료는 다음과 같다. 보조부문원가의 배분순서는 다른 보조부문에의 용역제공비율이 큰 순서로 한다고 할 때 절단부문에 배분될 보조부문의 원가는 얼마인가?

	보조부문		제조부문	
	동력	공장사무	절단	조립
배분전 원가	800,000원	740,000원	2,000,000원	3,000,000원
동력부문배분율	-	0.2	0.5	0.3
공장사무부문배분율	0.1	-	0.4	0.5

04. 다음은 보조부문원가에 관한 자료이다. 보조부문의 제조간접비를 다른 보조부문에는 배부하지 않고 제조부문에만 직접 배부할 경우 수선부문에서 조립부문으로 배부될 제조간접비는 얼마인가?

구 분		보조부문		제조부문	
		수선부문	관리부문	조립부문	절단부문
제조간접비		80,000원	100,000원		
부문별 배부율	수선부문		20%	40%	40%
	관리부문	50%		20%	30%

05. ㈜두인의 공장에는 두 개의 보조부문 X, Y와 두 개의 제조부문 A, B가 있다. 상호배분법에 의해 보조부문의 원가를 제조부문에 배부할 경우 B에 배부될 보조부문의 원가는 얼마인가?

구분	X	Y	A	B	합계
X	-	10%	30%	60%	100%
Y	20%	-	40%	40%	100%
발생원가	200,000원	470,000원	3,000,000원	3,700,000원	

06. ㈜스피드의 공장에는 두 개의 보조부문(식당부문, 전력부문)과 제조부문(절단부문, 조립부문)이 있다. 상호배분법에 의해 보조부문의 원가를 제조부문에 배부할 경우 절단부문에 배부될 보조부문의 원가는 얼마인가?

구분	보조부문		제조부문		합계
	식당부문	전력부문	절단부문	조립부문	
식당부문	-	20%	30%	50%	100%
전력부문	10%	-	60%	30%	100%
발생원가(원)	400,000원	900,000원	2,000,000원	2,500,000원	

연/습/문/제 답안

객관식

1	2	3	4	5	6	7	8
②	④	④	④	①	③	④	①

[풀이-객관식]

01. 정확한 원가배분을 통해 경영자나 종업원들에게 바람직한 동기를 부여하고 그들의 성과를 평가한다.

02. 직접배부법은 보조부문 상호간에는 배부를 하지 아니하지만 각 보조부문에서 제조부문에는 원가를 배부하여야 하는 방법이다.

03. 부문별 원가계산은 비교적 규모가 큰 기업에서 적용한다.

04. 공장전체제조간접비배부율을 이용할 때에는 보조부문원가를 배분할 필요가 없다.

06. 보조부문용역 수수관계에 따른 배분방법과 원가행태에 따른 배분방법은 두가지 방법을 혼용하여 사용할 수 있다.

07.

구 분	① 변동원가(실제시간 기준)	② 고정원가(최대시간기준)	③ 총배부원가(=①+②)
조립부문	80,000원(40%)	180,000원(60%)	260,000원
도색부문	120,000원(60%)	120,000원(40%)	**240,000원**
합 계	200,000원	300,000원	500,000원

08. 보조부문 간의 용역수수관계를 완벽하게 고려하는 방법은 상호배부법이다.

주관식

01	156,250	02	100,000	03	800,000
04	40,000	05	380,000	06	750,000

[풀이-주관식]

01. 동력부문부터 먼저 배부

제공부문 \ 사용부문		보조부문		제조부문	
		동력부문	수선부문	절단부문	조립부문
배부전원가		760,000	236,500	-	-
보조부문배부	동력부문(10% : 50% : 40%)	(760,000)	76,000	380,000	304,000
	수선부문(0 : 40% : 40%)	-	(312,500)	**156,250**	**156,250**
보조부문 배부 원가		-	-	536,250	460,250

02. S1부문부터 먼저 배부

제공부문 \ 사용부문		보조부문		제조부문	
		S1	S2	P1	P2
배부전원가		100,000	(?) ④ **100,000**	-	-
보조부문배부	S1(20% : 50% : 30%)	(100,000)	20,000	50,000	30,000
	S2(0 : 40% : 40%)	-	③ (120,000)	② **60,000**	
보조부문 배부 원가		-	-	① 110,000	

03. 문제에서 다른 보조부문에 용역제공비율이 큰 순서대로 배분한다고 하였으므로, 동력을 먼저 배분하고 그 다음에 공장사무부문을 배분한다.

	보조부문		제조부문	
	동력	공장사무	절단	조립
배분전 원가	800,000	740,000	2,000,000	3,000,000
동력부문(20% : 50% : 30%)	(800,000)	160,000	400,000	240,000
공장사무부문**(0 : 40% : 50%)**	-	(900,000)	400,000	500,000
보조부문 배부 원가			**800,000**	

04. 직접배부법

제공부문 \ 사용부문		보조부문		제조부문	
		수선	관리	조립	절단
배부전원가		80,000	**100,000**	-	-
보조부문배부	수선(0 : 40% : 40%)	(80,000)	-	**40,000**	40,000
	관리(0 : 20% : 30%)	-	(100,000)	**40,000**	**60,000**

05. 상호배분법

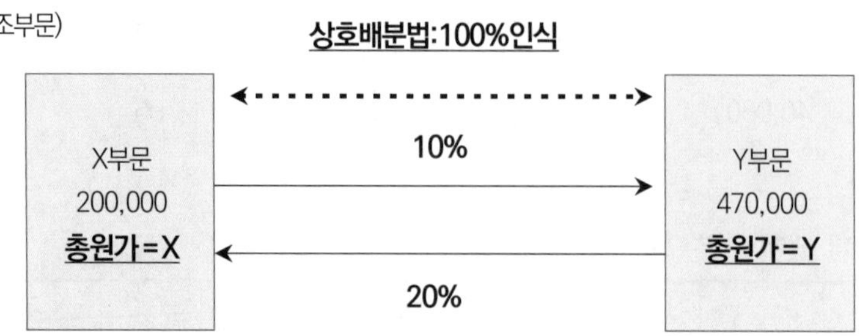

X=X부문발생원가(200,000)+Y부문에서 배부받은 원가(Y×20%)=200,000+0.2Y
Y=Y부문발생원가(470,000)+X부문에서 배부받은 원가(X×10%)=470,000+0.1X

X=300,000원, Y=500,000원

B에 배부될 보조부문원가=(300,000×0.6)+(500,000×0.4)=380,000원

06.

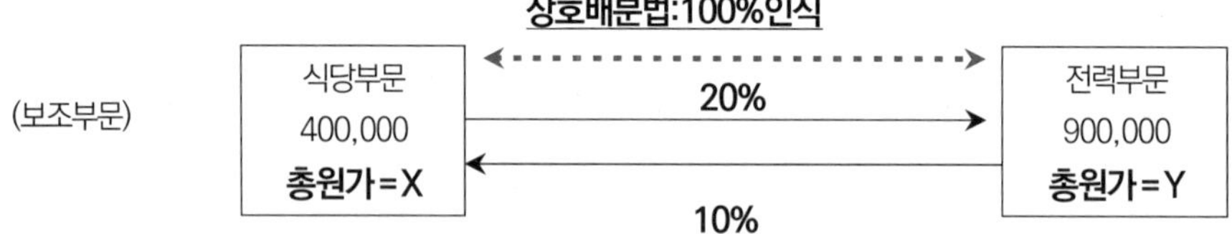

X=400,000+Y×10%, Y=900,000+X×20%

X=400,000원+0.1×(900,000원+0.2X)
=400,000원+90,000원+0.02X ➜ 0.98X=490,000원
따라서 X=500,000원, Y=1,000,000원

제공부문 \ 사용부문		보조부문		제조부문	
		식당부문	전력부문	***절단부문***	조립부문
배부전원가		400,000	900,000		
보조부문배부	식당부문(20% : 30% : 50%)	(500,000)	100,000	**150,000**	250,000
	전동력부문(10% : 60% : 30%)	100,000	(1,000,000)	**600,000**	300,000
보조부문 배부 원가		–	–	***750,000***	550,000

Chapter

개별원가계산 3

로그인 전산세무 1급

NCS회계 - 4 원가계산

제1절 의의와 절차

1. 개별원가계산과 종합원가계산의 비교

구 분	*개별(작업별)원가계산*	*종합원가계산*
적용생산형태	**주문생산(다품종소량생산)**	**대량연속생산(소품종대량생산)**
업 종	조선업, 건축업, 항공기제조업	자동차, 전자제품, 정유업
원 가 계 산	**작업별원가계산**(제조지시서,작업원가표)	**공정별원가계산**(제조원가보고서)
특 징	1. **정확한 원가계산** 2. 시간과 비용이 과다 (직 · 간접비 구분) 3. 핵심과제 : 제조간접비 배부	1. **지나친 단순화로 정확도가 떨어진다.** 2. 시간과 비용이 절약 (투입시점에 따라 원가구분) 3. 핵심과제 : 완성품환산량

2. 개별원가계산의 절차

① 개별작업에 대한 제조직접비(직접노무비, 직접재료비)를 직접부과

② 개별작업에 대한 제조간접비 집계

③ 제조간접비 배부기준율 설정

④ 배부기준율(공장전체, 부문별)에 따라 제조간접비의 배분

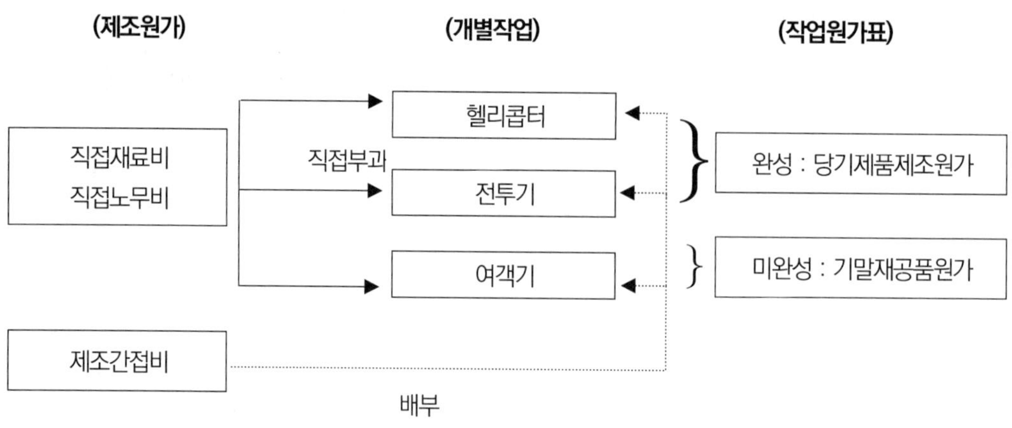

제2절 제조간접비의 배부

1. 공장전체 제조간접비배부율

공장전체에 하나의 배부기준을 적용하는 방법이다.

공장전체 제조간접비 배부율 = 공장전체 제조간접비/공장전체 배부기준 합계 제조간접비 배부액 = 공장전체 배부기준 × 배부율

2. 부문별 제조간접비 배부율

부문별로 다른 배부율을 적용하여 제조간접비를 배부하는 방법이다.

부문별 제조간접비 배부율 = 부문별 제조간접비/부문별 배부기준 합계 제조간접비 배부액 = 부문별 배부기준 × 부문별배부율

제3절 실제개별원가계산 VS 정상개별원가계산

	실제개별원가계산	정상개별원가계산
직접재료비	실제발생액	실제발생액
직접노무비	실제발생액	실제발생액
제조간접비	**실제발생액 (실제조업도×실제배부율)**	**예정배부액 (실제조업도×예정배부율)**

1. 실제개별원가계산

개별작업에 직접재료비와 직접노무비를 실제원가로 추적 · 부과하고 제조간접비를 실제배부율에 의하여 각 개별작업에 배부하는 원가계산방법으로 실제원가를 바탕으로 원가를 계산한다.

> ① 제조간접비 실제배부율 = 실제제조간접비 합계/실제조업도
> ② 제조간접비 배부액 = 개별작업의 실제조업도 × 제조간접비 실제배부율

실제개별원가 계산은 다음과 같은 문제가 있다.

① 실제제조간접비가 기말에 집계되므로 원가계산이 기말까지 지체되므로 원가계산이 지연되고, 이로 인하여 결산도 지연된다.

② 조업도가 월별 · 계절별로 차이가 나면 제품단위당 원가가 월별 · 계절별로 달라진다.

이러한 문제점을 극복하기 위하여 정상개별원가가 도입되었다.

2. 정상개별원가계산

(1) 의의

정상개별원가계산은 **실제개별원가계산의 문제점(①원가계산지연 ②제품단위당 원가 변동)을 극복**하고자 제조간접비를 예정(추정)배부하는 원가계산이다.

연 초에 연간 제조간접비 예산과 연간 예정조업도를 예측하여, 예정배부율을 구하고 기중에 실제 조업도와 예정배부율을 이용하여 제조간접비를 먼저 배부하여 제품원가 계산을 하고, 추후 실제 발생 제조간접비를 집계한다.

그러면 예정배부 제조간접비와 실제 발생 제조간접비가 차이가 발생하는데 이를 제조간접비 배부차이라고 한다.

〈정상원가 계산절차〉

> **1. 기초에 예정배부율 산출**
> 제조간접비 예정배부율 = 제조간접비 예산액/예정조업도(기준조업도)
> **2. 기중에 실제조업도에 따라 배부**
> ① 제조간접비 예정배부액 = **개별작업의 실제조업도 × 제조간접비 예정배부율**
> ② 제조간접비 실제발생액 집계
> ③ 제조간접비 배부차이 집계
> **3. 기말에 제조간접비 배부차이를 조정**

(2) 제조간접비 배부차이에 대한 회계처리

① 제조간접비 배부차이 

제조간접비 예정배부율을 이용하여 제조간접비를 예정배부하는 경우, 제조간접비 실제발생액과 예정배부액간에 차이가 발생하는데 이를 제조간접비 배부차이라고 한다.

> **제조간접비 배부차이 = 실제발생액 – 예정배부액**

〈과대배부와 과소배부〉

1. 과대배부 : 실제발생액 〈 예정배부액 ⟶ 유리한 차이(이익 증가)

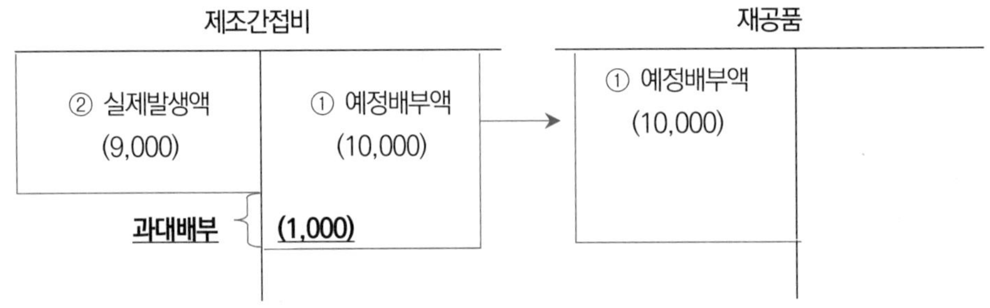

2. 과소배부 : 실제발생액 〉 예정배부액 ⟶ 불리한 차이(이익 감소)

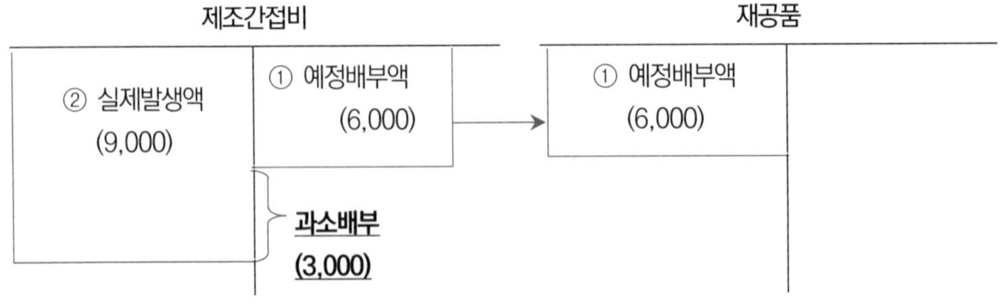

② 제조간접비 배부차이 처리방법 

재무제표는 실제원가계산에 의하여 작성되어야 하므로 기중에 예정 배부된 제조간접비는 실제치가 아니므로 **기말에 재공품, 제품, 매출원가에 포함된 예정제조간접비를 실제발생액으로 조정하여야 한다.**

㉠ 무배분법(재고자산에 배분하지 아니하는 방법)

- **매출원가조정법**
- **영업외손익조정법**

  두 가지 방법은 제조간접비 배부차이를 전액 매출원가 또는 영업외손익에서 가감조정하는 방법이다.

과소배부시			
(차) 매출원가 또는 영업외비용	XXX	(대) 제조간접비	XXX
과대배부시			
(차) 제조간접비	XXX	(대) 매출원가 또는 영업외수익	XXX

㉡ 비례배분법(재고자산에 배분하는 방법)

- **총원가기준 비례배분법**

  기말재공품, 기말제품, 매출원가의 총원가(기말잔액) 비율에 따라 배부차이를 배부하는 방법
- **원가요소별(제조간접비)비례배분법**

  기말재공품, 기말제품, 매출원가에 포함된 제조간접비 금액 비율에 따라 배부차이를 배부하는 방법 이 경우 **가장 정확한 방법으로 차이 조정 후 기말재공품, 기말제품, 매출원가의 금액은 실제원가계산에 의한 금액과 정확히 일치한다.**

<예제 3-1> 정상개별원가계산

㈜지구는 #101(헬리콥터), #102(전투기), #103(여객기)가 작업 중에 있으며, 이들과 관련하여 발생된 원가 및 자료는 다음과 같다.

	#101	#102	#103	합계
직접재료비	500,000원	600,000원	900,000원	2,000,000원
직접노무비	700,000원	600,000원	700,000원	2,000,000원
기계작업시간	100시간	200시간	200시간	500시간
직접노동시간	400시간	300시간	300시간	1,000시간

정상개별원가계산에 의하여 원가계산을 한다. 연초에 연간제조간접비를 3,355,000원과 연간 기계시간 기준을 550시간으로 예상하였다. 이 경우 각 작업에 배부되는 예정제조간접비를 구하시오. 또한 공장 전체 제조간접비 발생액이 3,000,000원으로 집계되었는데, 배부차이에 대해서 매출원가조정법으로 회계처리하시오.

해답

1. 제조간접비 예정배부율(기계작업시간 기준)

   예정제조간접비 합계(3,355,000)/예정 기계작업시간합계(550) = 6,100원/기계작업시간

2. 제조간접비 예정배부액

<table>
<tr><th></th><th>#101</th><th>#102</th><th>#103</th><th>합계</th></tr>
<tr><td>직접재료비</td><td>500,000원</td><td>600,000원</td><td>900,000원</td><td>2,000,000원</td></tr>
<tr><td>직접노무비</td><td>700,000원</td><td>600,000원</td><td>700,000원</td><td>2,000,000원</td></tr>
<tr><td rowspan="2">제조간접비
(예정배부액)</td><td>610,000원
(100시간×6,100)</td><td>1,220,000원
(200시간×6,100)</td><td>1,220,000원
(200시간×6,100)</td><td rowspan="2"><u>② 3,050,000원
(예정배부합계)</u></td></tr>
<tr><td colspan="3"><u>① 실제조업도×예정배부율</u></td></tr>
<tr><td>기계작업시간
(실제조업도)</td><td>100시간</td><td>200시간</td><td>200시간</td><td>500시간</td></tr>
</table>

3. 배부차이 : 50,000원 과대배부

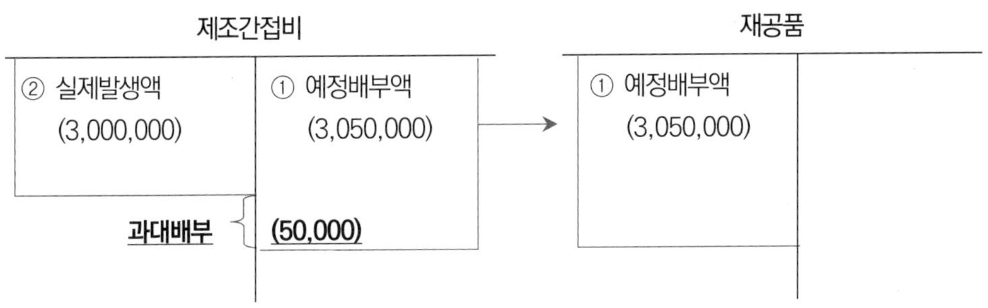

4. 배부차이에 대한 회계처리

(차) 제조간접비 50,000원 (대) 매출원가 50,000원

<예제 3-2> 정상개별원가계산

(주)지구는 직접노동시간을 기준으로 하여 제조간접비를 예정배부하고 있다. 회사는 연초에 연간 제조간접비를 1,200,000원, 직접노동시간을 2,400시간으로 예상하였다.

회사의 당기말 각 계정잔액은 다음과 같다. 이들은 제조간접비 배부차이를 조정하기 전의 금액이다.

	재 공 품	제　품	매출원가	합　계
직접재료비	200,000	150,000	150,000	500,000
직접노무비	100,000	150,000	250,000	500,000
제조간접비	200,000	300,000	500,000	1,000,000
합계	500,000	600,000	900,000	2,000,000

제조간접비 실제발생액은 1,200,000원이었다.

1. 제조간접비 예정배부율을 구하시오.
2. 제조간접비 배부차이를 구하시오.
3. 제조간접비 배부차이를 다음의 각 방법에 따라 조정하는 회계처리를 하시오.
   (1) 매출원가조정법 또는 영업외손익조정법
   (2) 총원가기준 비례배분법
   (3) 원가요소별 비례배분법

해답

1. 제조간접비 예정배부율(직접노동시간 기준)
   예정제조간접비 합계(1,200,000)/예정 직접노동시간합계(2,400) = 500원/직접노동시간

2. 제조간접비 배부차이 : 과소배부 : 실제발생액 〉 예정배부액

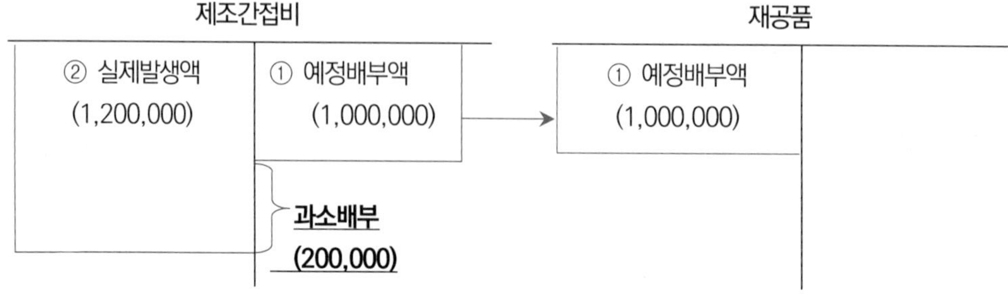

3. 제조간접비 배부차이 처리
   (1) 매출원가 조정법 또는 영업외손익조정법

(차) 매 출 원 가 (또는 영업외비용)	200,000	(대) 제조간접비	200,000

   (2) 총원가기준 비례배분법

	총원가	배분비율	배분액
재 공 품	500,000	25%*1	+50,000*2
제　　품	600,000	30%	+60,000
매출원가	900,000	45%	+90,000
합　　계	2,000,000	100%	+200,000

*1. 500,000÷ 2,000,000　　*2. 200,000 × 25%

(차) 재 공 품	50,000	(대) 제조간접비(배부차이)	200,000
제　　품	60,000		
매출원가	90,000		

   (3) 원가요소별 비례배분법

	제조간접비배부액	배분비율	배분액
재 공 품	200,000	20%	+40,000
제　　품	300,000	30%	+60,000
매출원가	500,000	50%	+100,000
합　　계	1,000,000	100%	+200,000

(차) 재 공 품	40,000	(대) 제조간접비(배부차이)	200,000
제　　품	60,000		
매출원가	100,000		

연/습/문/제

 객관식

01. 다음은 개별원가계산에 대한 설명이다. 옳지 않은 것은?

① 종합원가계산에 비해 원가의 계산과정이 단순하여 원가의 정확성은 떨어진다.
② 조선업, 건설업 등과 같이 수요자의 주문에 기초하여 제품을 생산하는 업종에서 주로 사용한다.
③ 종합원가계산에 비해 각 제품별로 원가를 집계하기 때문에 직접원가와 간접원가의 구분이 보다 중요한 의미를 갖는다.
④ 개별원가계산은 완성품환산량을 산정할 필요는 없다.

02. (주)대동은 제조간접비를 직접노무시간으로 배부하고 있다. 당해 연도초의 제조간접비 예상액은 6,000,000원이고 예상직접노무시간은 50,000시간이다. 당기말 현재 실제제조간접비 발생액이 6,150,000원이고 실제직접노무시간이 52,500시간일 경우 당기의 제조간접비 과소(과대)배부는 얼마인가?

① 150,000(과소배부)
② 150,000(과대배부)
③ 250,000(과소배부)
④ 250,000(과대배부)

03. 개별원가계산시 제조간접원가 배부차이를 안분할 때 전혀 영향이 없는 항목은?

① 재무상태표상 재고자산가액
② 손익계산서상 매출원가
③ 당기총제조원가
④ 재무상태표상 자본총계

04. 제조간접비 과소배부액을 매출원가법과 원가요소비례법으로 정리하는 경우에 대한 설명으로 틀린 것은?

① 원가요소비례법을 적용하는 경우가 재무상태표상의 자산이 더 크게 계상된다.
② 당기순이익은 원가요소비례법이 매출원가법에 비하여 더 크게 계상된다.
③ 재무상태표상의 자본은 원가요소비례법이 더 크게 계상된다.
④ 원가요소비례법이 매출원가법보다 매출원가가 더 크게 계상된다.

05. (주)원가는 제조간접비를 직접노무비로 배부한다. 당해 연도초 제조간접비 예상액은 6,000,000원이고 예상직접노무비는 5,000,000원이다. 당기말 현재 실제제조간접비 발생액이 6,150,000원이고 실제직접노무비가 5,200,000원일 경우 당기의 제조간접비 과소(과대)배부는 얼마인가?

① 90,000원(과소배부) ② 150,000원(과소배부)
③ 90,000원(과대배부) ④ 150,000원(과대배부)

06. 제조간접비 배부차이를 총원가비례배분법으로 조정하고 있는 정상원가계산에서 배부차이 전액을 매출원가계정에서 조정한다면 영업이익의 변화에 대한 설명으로 옳은 것은?

- 과대배부액 : 800,000원
- 기말재공품 : 1,000,000원
- 기말제품 : 1,000,000원
- 매출원가 : 2,000,000원

① 400,000 증가 ② 400,000 감소 ③ 800,000 증가 ④ 변화없음

07. (주)정상의 제조간접비 예정배부 및 작업별 제조원가는 다음과 같다. 20×1년 중 작업번호가 #201, #202, #203인 세 가지 작업을 시작하여 #201, #202가 완성되었고, #201은 판매되었다. 20×1년 중 제조간접비 실제발생액은 1,200,000원이었다. 제조간접비 배부차이를 매출원가조정법, 비례배분법, 영업외손익법으로 회계처리 할 경우 매출총이익을 가장 크게 하는 방법은?

	#201	#202	#203	합 계
직접재료비	150,000원	150,000원	200,000원	500,000원
직접노무비	250,000원	150,000원	100,000원	500,000원
제조간접비	500,000원	300,000원	200,000원	1,000,000원
합 계	900,000원	600,000원	500,000원	2,000,000원

① 영업외손익법 ② 비례배분법 ③ 매출원가조정법 ④ 모두 동일하다

08. 제조간접비를 예정배부율을 이용하여 제조간접비를 배부하는 경우 실제 발생한 총제조간접비와 차이가 발생하게 된다. 이러한 차이를 조정하는 방법으로서 비례배분법, 매출원가조정법, 기타손익법이 있다. 각 방법별로 조정하였을 경우 재무상태표상의 자산가액이 가장 크게 계상되는 방법은?

	과대배부된 경우	과소배부된 경우
①	매출원가조정법	원가비례배분법
②	원가비례배분법	기타손익법
③	매출원가조정법	기타손익법
④	원가비례배분법	매출원가조정법

09. 제조간접비 예정배부율법에 의하여 원가계산을 하고 있으며 기말에 제조간접비 배부차액을 총원가비례법에 의하여 조정하고 있을 때 다음 자료에 대한 설명으로 틀린 것은?

매출원가	기말재공품	기말제품
50,000원	20,000원	30,000원
기말재공품을 감소시키는 제조간접비 배부차액조정액은 3,000원이다.		

① 예정배부된 제조간접비가 15,000원 과대배부되었다.
② 배부차액 조정으로 당기순이익이 7,500원 증가한다.
③ 재무상태표에 기록될 재고자산가액은 47,000원이다.
④ 매출원가가감법 보다 당기순이익이 7,500원 작다.

주관식

01. 개별원가계산을 채택하고 있는 목성(주)의 생산과 관련한 원자자료는 다음과 같으며, 당기말 현재 제조지시서 #101 · #102가 완성되었고, #103은 미완성상태인 경우 당기총제조원가는 얼마인가?

제조지시서	#101	#102	#103	계
전기이월	5,000			5,000
직접재료비	3,000	5,000	2,000	10,000
직접노무비	3,000	3,500	2,000	8,500
제조간접비	1,500	3,000	2,000	6,500
계	12,500	11,500	6,000	30,000

02. (주)정일정밀은 개별원가계산을 사용한다. 제조간접비는 직접노무비의 150%이다. 작업#01에서 발생한 직접재료비는 500,000원 제조간접비는 2,250,000원이다. 또한, 작업#07에서 발생한 직접재료비는 1,000,000원 직접노무비는 1,800,000원이다. 작업#01의 직접노무비(ⓐ)와 작업#07의 총제조원가(ⓑ)는 얼마인가?

03. (주)대전산업은 개별원가계산제도를 채택하고 있으며, 제품 갑의 작업원가표는 아래와 같을 때 제품 갑의 제조원가는 얼마인가?

• 직접재료 투입액	100,000원
• 직접노동시간	200시간
• 직접노무원가 임률	500원/시간
• 전력사용시간	350시간
• 제조간접원가 예정배부율(직접노동시간당)	750원

04. (주)강건은 직접노동시간을 기준으로 제조간접원가를 예정배부하고 있다. 연간제조간접원가를 400,000원, 직접노동시간을 20,000시간으로 예상하고 있다. 아래의 작업지시서가 3월중 시작되어 완성되었다. 기말제품원가는 얼마인가?(월초재공품 및 제품원가는 없다.)

> 직접재료원가 : 30,000원, 직접노무원가 : 20,000원, 직접노동시간 : 500시간

05. (주)대포는 제조간접비를 직접노무시간으로 예정배부하고 있다. 당기말 현재 실제제조간접비 발생액이 6,150,000원이고 실제직접노무시간이 50,000시간인 경우 당기의 제조간접비는 150,000원 과소배부된다는 것을 알았다. 이 경우 제조간접비 예정배부율은 직접노무시간당 얼마인가?

06. (주)금강산은 직접노동시간에 근거하여 제조간접비를 예정배부하고 있다. 실제직접노동시간은 700시간이었고, 예정직접노동시간은 800시간이었다. 실제제조간접비는 3,000,000원 발생했다. 만일 제조간접비를 200,000 과소배부했다면 제조간접비 노동시간당 예정배부율은 얼마인가?

07. ㈜한라는 정상원가계산(normal costing)을 적용하고 제조간접비 배부차이를 기말재고자산 및 매출원가에 포함된 제조간접비 예정배부액에 비례하여 조정할 경우 실제 발생한 제조간접비는 얼마인가?

구 분	매출원가	기말재공품	기말제품
배부차액조정 전 원가	5,000,000원	1,000,000원	2,000,000원
예정배부된 제조간접비	400,000원	300,000원	100,000원
제조간접비 배부차액 조정시 기말제품에 차감된 금액이 3,000원이다.			

08. 제조간접비 배부 시에 예정배부법을 사용하는 (주)ABC는 제조간접비 배부차이를 계산한 결과 제조간접비 배부차이 계정의 차변잔액이 500,000원 발생하였다. 배부차이를 총원가비례법을 이용하여 처리하는 경우 조정후 매출원가는 얼마인가?

구 분	재공품	완성품	매출원가
직접재료비	1,000,000	1,500,000	500,000
직접노무비	1,000,000	1,500,000	2,000,000
제 조 경 비	1,000,000	1,000,000	500,000
계	3,000,000	4,000,000	3,000,000

09. 다음의 자료를 이용하여 제조간접원가 과대배부액 1,000,000원을 총원가비례법을 적용하여 배부할 경우 기말재공품의 가액은 얼마인가?

구 분	재공품	완성품	매출원가
직접재료비	1,000,000	1,500,000	500,000
직접노무비	1,000,000	1,500,000	2,000,000
제 조 경 비	1,000,000	1,000,000	500,000
계	3,000,000	4,000,000	3,000,000

연/습/문/제 답안

객관식

1	2	3	4	5	6	7	8	9
①	②	③	④	③	①	①	①	③

[풀이-객관식]

01. 개별원가계산은 종합원가계산보다 원가계산과정이 복잡하나 원가의 정확성은 더 높다.

02. 예정배부율 = 제조간접원가예산(6,000,000) ÷ 예정배부기준수(50,000) = 120원/시간

제조간접비

② **실제발생액** (6,150,000)	① 예정배부액 (52,500×120 =6,300,000)
과대배부 (150,000)	

03. 제조간접원가 배부차이는 매출원가 기말제품 기말재공품 비율로 안분계산하므로 재고자산가액 및 매출원가가 영향을 받으며 매출원가의 변동으로 당기순이익 및 자본총계가 변동된다.

04. 과소배부시 회계처리를 보면 원가요소비례법이 매출원가법보다 작게 계상됨을 알 수 있다.

구 분	회 계 처 리			
매출원가법	(차) 매출원가	xxx	(대) 제조간접비	xxx
원가요소비례법	(차) 매출원가 재 공 품 제 품	xx xx xx	(대) 제조간접비	xxx

05. 예정배부율 = 제조간접원가예산(6,000,000) ÷ 예정배부기준수(5,000,000) = 1.2원/직접노무비

제조간접비

② **실제발생액** **(6,150,000)**	① 예정배부액 **5,200,000(직접노무비) × 1.2**
과대배부(?) **(90,000)**	**=6,240,000)**

06. ① 총원가비례법

구 분	금 액	원가요소비율	제조간접비 배부차액
매출원가	2,000,000원	50%	**⊖400,000원 과대배부(감소)**
기말재공품	1.000,000원	25%	
기말 제품	1,000,000원	25%	
합 계	4,000,000원		⊖800,000과대배부

② 매출원가조정법 : 800,000 감소

매출원가조정법적용시 총원가비례배분법보다 매출원가가 추가 400,000원 감소하므로 영업이익은 400,000원 증가

07. 제조간접비가 과소배부된 경우 매출원가조정법은 전액이 매출원가로, 비례배분법은 일부가 매출원가로 처리(일부는 제품 및 재공품에 배분)되는 반면, 영업외손익법은 전액이 영업외비용으로 처리된다. 따라서 **영업외손익법의 경우 매출원가로 배분되는 금액이 전혀 없으므로 매출총이익이 가장 크게 계산**된다.

08. 매출원가조정법이나 기타손익법의 경우 제조간접비의 배부차이로 인하여 재무상태표상의 자산가액은 변동이 없으나 비례배분법의 경우 과대배부시 재공품, 제품, 매출원가의 가액이 감소하며, 과소배부시 증가한다. 따라서 재무상태표상의 자산가액을 비교할 때 과대배부시 매출원가조정법 및 기타손익법이 가장 크며 과소배부시 원가비례배분법이 가장 작다.

09.

구 분	금 액	원가요소비율	제조간접비 배부차액
매출 원가	50,000원	50%	⊖7,500원
기말재공품	20,000원	20%	⊖3,000원
기말 제품	30,000원	30%	⊖4,500원
합 계	100,000원		⊖15,000원(= 3,000원/20%)

① 제조간접비 배부차액조정액이 기말재공품을 감소시킨다는 점에서 제조간접비가 과대배부되었다는 점을 확인할 수 있다.

② 당기순이익은 매출원가에서 조정되는 배부차액만큼 증가한다.

③ 재무상태표에 기록될 재고자산가액은 기말재공품 17,000원과 기말제품 25,500원으로 총 42,500원이다. 이는 각 자산별로 배부될 배부차액을 차감한 잔액의 합이다.

④ 매출원가가감법하에서는 배부차액 전액이 매출원가에서 조정되므로 매출원가가 35,000원으로 계상되나 총원가비례법에서는 매출원가 42,500원으로 계상되어 당기순이익은 매출원가가감법보다 7,500원 작다.

주관식

01	25,000	02	ⓐ 1,500,000 ⓑ 5,500,000	03	350,000
04	60,000	05	120	06	4,000
07	776,000	08	3,150,000	09	2,700,000

[풀이-주관식]

01. 당기총제조원가 = 직접재료비(10,000) + 직접노무비(8,500) + 제조간접비(6,500) = 25,000원

02. 작업#01직접노무비 × 150% = 2,250,000(제조간접비)

작업#07당기총제조원가 = 1,000,000 + 1,800,000 + 1,800,000 × 150%

03. 제조원가 = 직접재료비 + 직접노무비 + 제조간접비

= 100,000원 + 200시간 × 500원/시간 + 200시간 × 750원 = 350,000원

04. 제조간접원가 예정배부율 : 400,000/20,000 = 20(시간당)

제품원가 : 30,000 + 20,000 + (500시간 × 20) = 60,000원

05.

제조간접비

② 실제발생액 (6,150,000)	① 예정배부액 (50,000시간 × ? = 6,000,000)
	과소배부 (150,000)

예정배부율 = 120원

06.

제조간접비

② 실제발생액 (3,000,000)	① 예정배부액 (700시간 × 예정배부율 = 2,800,000)
	과소배부 (200,000)

따라서 예정배부율은 4,000원이다.

07. 제조간접비 배부차이 내역

구 분	매출원가	기말재공품	기말제품	합 계
예정배부된 제조간접비	400,000원	300,000원	100,000원	800,000원
배부차액배분비율	50%	37.5%	12.5%	100%
과대배부액⊖	?	?	⊖3,000원	⊖A

A = 3,000원/12.5% = 24,000원

실제발생제조간접비 = 800,000원 - 24,000원 = 776,000원

08. 배부차이차변 잔액 ⇨ 과소배부 500,000원

	총원가	배분비율	배분액
재 공 품	3,000,000	30%	+150,000
완 성 품	4,000,000	40%	+200,000
매출원가	3,000,000	30%	+150,000
합 계	10,000,000	100%	+500,000

(차) 재 공 품	150,000원	(대) 제조간접비배부차이	500,000원
제 품	200,000원		
매출원가	150,000원		

조정후 매출원가 = 3,000,000 + 150,000 = 3,150,000원

09. 제조원가가 과대배부액은 총원가비례법에 따라 배부된 금액을 재공품에서 감소시킨다.

재공품에 배부될 금액 = 1,000,000원 × 3,000,000원/10,000,000원 = 300,0000원

기말재공품가액 = 3,000,000원 - 300,000원 = 2,700,000원

Chapter

종합원가계산 4

로그인 전산세무 2급

NCS회계 - 4 원가계산

제1절 의의와 절차

1. 종합계산의 의의

종합원가계산이란 단일 종류의 제품을 연속적으로 대량 생산하는 경우에 적용되는 원가계산형태로서, 종류와 성격이 동일한 제품을 연속적으로 대량 생산하는 경영형태(소품종 대량생산)에 적합한 원가계산방법으로서 전자제조업 · 화학업 · 제지업 · 철강업 · 정유업 등의 업종에서 주로 이용되고 있다.

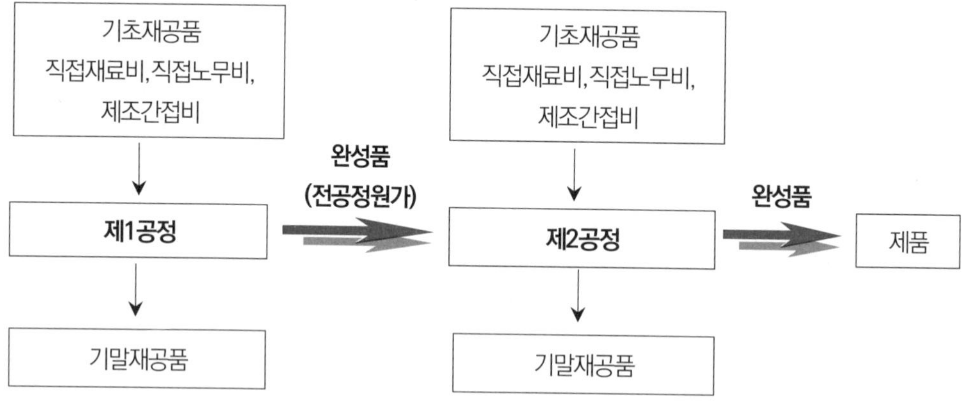

재공품(1공정)

기초재고	XXX	**완 성 품**	**XXX**
직접재료비	XXX		
직접노무비	XXX		
제조간접비	XXX		
		기말재고	XXX
계		계	

재공품(2공정)

기초재고	XXX	**제 품**	**XXX**
전공정원가	XXX		
직접재료비	XXX		
직접노무비	XXX		
제조간접비	XXX	기말재고	XXX
계		계	

2. 종합원가계산의 종류

① 단순종합원가계산(단일공정종합원가계산)

단일제품, 단일공정을 통하여 연속적으로 생산하는 형태의 원가계산방법이다(예 : 얼음제조업).

② 공정별종합원가계산

동일 종류의 제품을 두 개 이상의 제조공정을 거쳐 연속적으로 대량생산하는데 사용되는 원가계산방법이다(제지업, 제당업 등).

③ 조별종합원가계산

단일 종류가 아닌 여러 종류의 제품을 연속적으로 대량생산하는 경우에 제품의 종류마다 조를 설정하여 조별로 종합원가계산을 하는 방법이다(통조림제조, 자동차제조).

④ 등급별종합원가계산

동일한 공정에서 동일한 재료를 사용하여 계속적으로 동일한 종류의 제품을 생산하나 품질, 모양, 크기, 무게 등이 서로 다른 제품을 생산하는 기업에서 사용하는 원가계산방법이다(예 : 양조업, 제화업, 정유업).

3. 종합원가계산의 절차

〈1단계〉 물량흐름파악

〈2단계〉 완성품환산량 계산

〈3단계〉 배분할 원가 요약(원가요소별로 기초재공품원가와 당기발생원가의 파악)

〈4단계〉 완성품환산량당 단위당 원가계산

〈5단계〉 완성품원가와 기말재공품원가 계산

4. 완성품환산량

완성품환산량이란 각 공정에서 수행한 총작업량을 완성품 기준으로 변형하는 경우에 환산되는 완성품의 수량을 의미한다.

완성품환산량 = 수량 × 완성도(진척도)

제2절 평균법과 선입선출법(원가흐름의 가정)

1. 평균법

기초재공품(전기의 기말재공품)의 완성도를 무시하고 당기에 착수한 것으로 가정하여 기초재공품원가와 당기투입원가를 구별하지 않고 완성품과 기말재공품에 배부하는 방법이다.

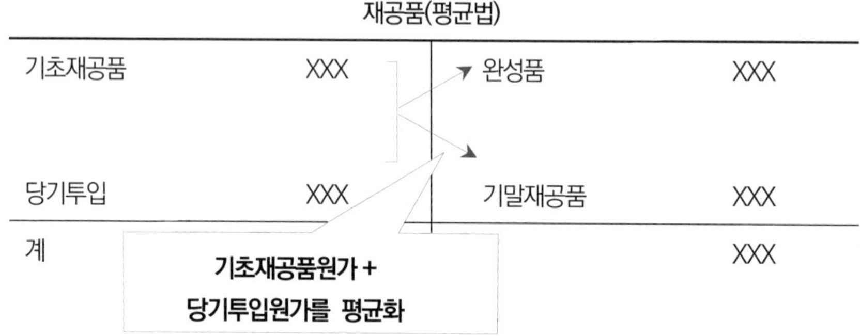

2. 선입선출법

기초재공품 부터 먼저 완성시키고 난 후에 당기 투입 분을 완성시킨다는 가정 하에 원가계산하는 방법이다. 선입선출법이 실제 물량흐름에 충실한 방법이다.

재공품(선입선출법)

기초재공품	XXX ①	완성품(기초재공품)	XXX
		(당기착수)	XXX
당기투입	XXX ②	기말재공품	XXX
계		계	XXX

당기투입원가

완성품원가 = 기초재공품원가 +당기투입원가

<예제 4-1> 종합원가계산

1. 기초재공품 : 1,000개(가공비 진척도 40%)
   ① 재료비 : 180,000원　　　　② 가공비 : 16,000원

2. 당기투입량 : 7,000개
   ① 재료비 : 700,000원　　　　② 가공비 : 244,000원

3. 기말재공품 : 2,000개(가공비진척도 25%)

4. **재료비는 공정초에 투입되고 가공비는 공정전반에 걸쳐 균등하게 발생한다.**
   평균법과 선입선출법에 의한 완성품원가와 기말재공품원가를 구하시오.

해답

〈선입선출법과 평균법의 물량흐름〉

1. 선입선출법 : **완성품을 기초재공품과 당기투입 완성분으로 나누어 계산한다.**

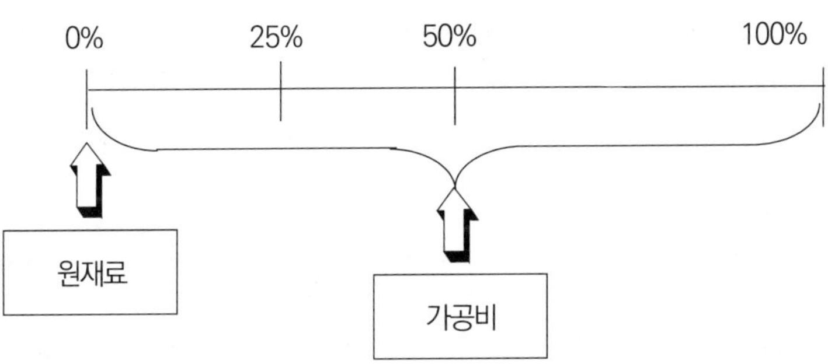

∴ 완성품

- **기초재공품(60%)(1,000개)**
- 당기투입완성(100%)(5,000개)

∴ 기말재공품(25%)(2,000개)

2. 평균법 : **기초재공품은 당기에 착수한 것으로 가정한다.**

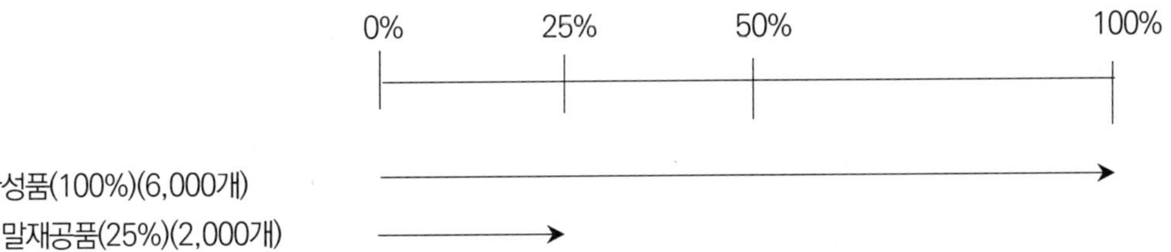

3. 평균법에 의한 종합원가계산

〈1단계〉 물량흐름파악(평균법) / 〈2단계〉 완성품환산량 계산

평균법				재료비	가공비
기초재공품	1,000(40%)	완성품	6,000(100%)	**6,000**	**6,000**
당기투입	7,000	기말재공품	2,000(25%)	**2,000**	**500**
계	8,000	계	8,000	**8,000**	**6,500**

	재료비	가공비
〈3단계〉 원가요약 (기초재공품원가+당기투입원가)	180,000+700,000 = 880,000	16,000+244,000 = 260,000
	8,000개	6,500개
〈4단계〉 완성품환산량당 단위원가	=@110	=@40

〈5단계〉 완성품원가와 기말재공품원가계산

- 완성품원가=6,000개×@110원+6,000개×@40원=900,000원
- 기말재공품원가=2,000개×@110원+500개×@40원=240,000원

재공품(평균법)

기초재공품원가	196,000원	**완성품원가**	**900,000원**	⇨ 제품계정 차변으로 대체
당기투입원가	944,000원	**기말재공품원가**	**240,000원**	⇨ B/S상의 재공품
계	**1,140,000원**	계	**1,140,000원**	

일치(검증)

5. 선입선출법에 의한 종합원가계산

〈1단계〉 물량흐름파악(선입선출법) 〈2단계〉 완성품환산량 계산

선입선출법				재료비	가공비
기초재공품	1,000(40%)	완성품	6,000		
		-기초재공품	1,000(60%)	0	600
		-당기투입분	5,000(100%)	5,000	5,000
당기투입	7,000	기말재공품	2,000(25%)	2,000	500
계	8,000	계	8,000	7,000	6,100

	재료비	가공비
〈3단계〉 원가요약(당기투입원가)	700,000	244,000
	7,000개	6,100개
〈4단계〉 완성품환산량당단위원가	=@100	=@40

〈5단계〉 완성품원가와 기말재공품원가계산

- 완성품원가 = 기초재공품원가 + 당기 투입 완성품원가
  = (180,000원 + 16,000원) + 5,000개 × @100원 + 5,600개 × @40원
  = 920,000원
- 기말재공품원가 = 2,000개 × @100원 + 500개 × @40원 = 220,000원

재공품(선입선출법)

기초재공품원가	196,000원	완성품원가	920,000원	⇒ 제품계정 차변으로 대체
당기투입 원가	944,000원	기말재공품원가	220,000원	⇒ B/S상의 재공품
계	1,140,000원	계	1,140,000원	

선입선출법과 평균법의 수량차이는 **기초재공품의 완성품 환산량차이**이다.

평균법의 완성품환산량 = 선입선출법의 완성품환산량 + 기초재공품의 완성품 환산량

기초재공품의 완성품 환산량 : 재료비 1,000×100% = 1,000개
가공비 1,000× 40% = 400개

제3절 공손

1. 기본개념

공손품은 즉 **정상품에 비하여 품질이나 규격이 미달되는 불합격품**을 말한다.

공손이 발생한 경우 공손품원가를 어떻게 처리할 것인가의 문제가 발생되는데 정확한 제품원가계산을 위하여 공손을 인식하여 원가계산을 할 수도 있고, 정확성은 떨어지나 계산의 편의를 위하여 공손을 인식하지 않을 수도 있다.

작업폐물(SCRAP)이란 투입된 원재료로부터 발생하는 찌꺼기나 조각을 말하며, 판매가치가 상대적으로 작은 것을 말한다.

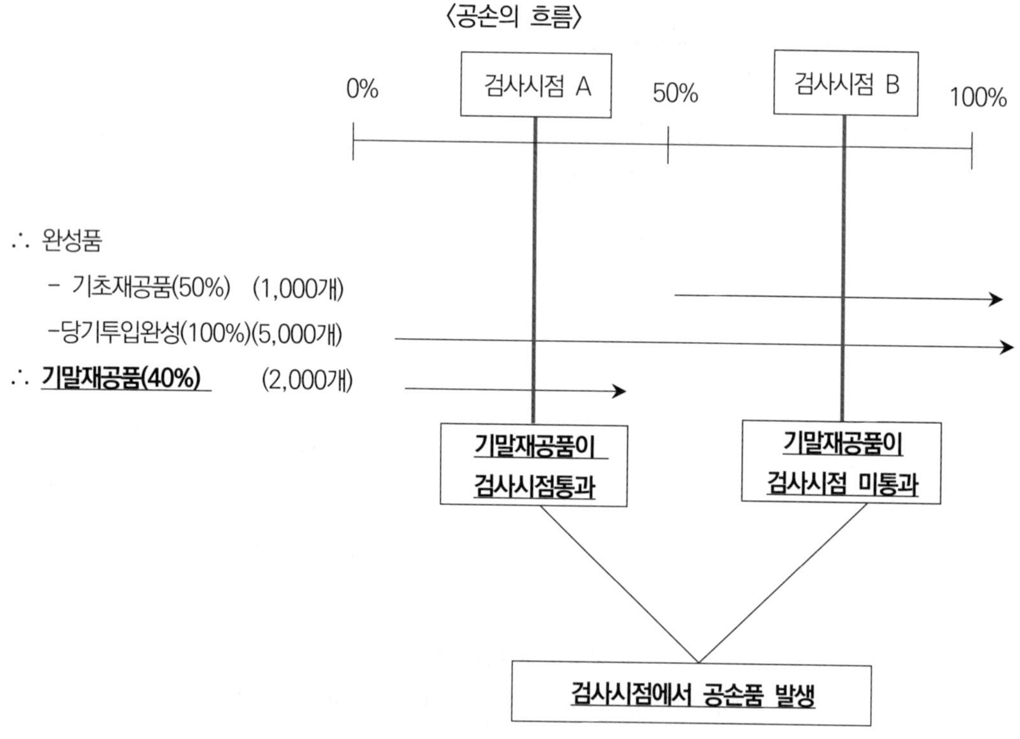

☞ 공손의 기본가정: 모든 공손은 당기에 착수한 물량에서 모두 발생한 것으로 가정한다.
따라서 모든 공손의 가공비 완성도는 검사시점이 된다.

2. 정상공손과 비정상공손

① 정상공손

정상공손은 생산과정에서 어쩔 수 없이 발생하는 공손을 말하는 것으로 이것은 기업이 통제할 수 없는 공손이다.

이러한 정상공손원가는 정상품(완성품)원가와 기말재공품에 가산하여야 한다.

검사시점에서 하자가 발생하였다면 공손품으로 분류하고, 하자가 없다고 판단하면 정상품으로 분류한다.

따라서 **정상공손원가는 기말재공품이 검사시점을 통과하였으면 완성품과 기말재공품에 배분하고 기말재공품이 검사시점을 미통과하였으면 완성품에만 배분한다.**

② 비정상공손

비정상공손은 갑작스런 정전, 기계 고장, 작업자의 부주의로 발생하는데, 제조활동을 효율적으로 수행하면 방지할 수 있는 통제가능한 공손으로서 **비정상공손원가는 영업외비용으로 처리**한다.

재 공 품

기초재공품원가	완성품원가
	공손원가
	- 정상공손원가 ⇨ **정상품(완성품, 기말재공품)에 가산**
	- 비정상공손원가 ⇨ **영업외비용**
당기투입원가	기말재공품
계	계

〈공손품 회계처리〉

정상공손원가	제조원가	**기말재공품이 검사시점 통과**	**완성품과 기말재공품에 배부**
		기말재공품이 검사시점 미통과	완성품에만 배부
비정상공손원가	영업외비용		

<예제 4-2> 공손품 수량계산

1. 기초재공품 : 1,000개(70%)
2. 당기투입량 : 9,000개
3. 완 성 품 : 8,000개
4. 기말재공품 : 1,900개(60%)
5. 검사는 완성도 50%인 시점에서 실시하고, 정상공손은 당기 합격한 수량의 1%로 가정하고, 정상공손수량과 비정상공손수량은 얼마인가?

해답

재 공 품

기초재공품(70%)	1,000개	완성품	8,000개
		공손품 (100개) 정상공손	**89개**
		비정상공손	**11개**
당기투입	9,000개	기말재공품(60%)	1,900개
계	10,000개	계	10,000개

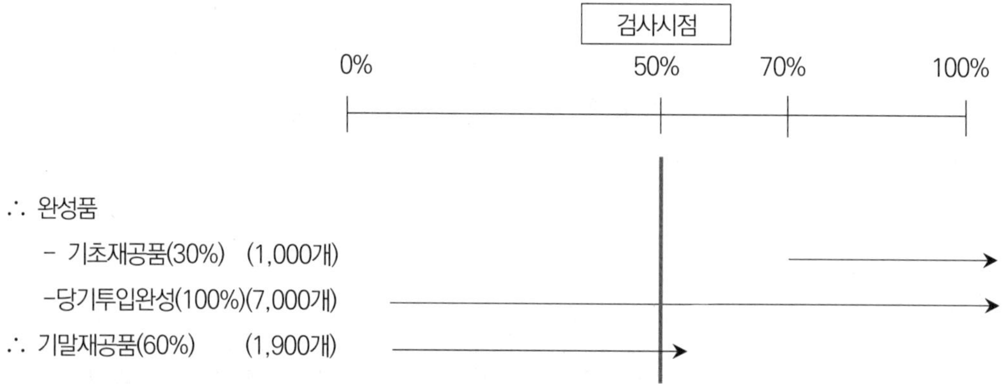

기초재공품(70%)은 전기에 검사시점(50%)을 통과했고, 기말재공품(60%)은 당기에 검사시점을 통과했다.
합격품 = 당기완성품수량 + 기말재공품수량 - 기초재공품수량(검사시점 이미 통과)
  = 8,000개 + 1,900개 - 1,000개 = 8,900개
정상공손수량 = 합격한 수량의 1% = 89개

연/습/문/제

 객관식

01. 다음 중 원가계산방법에 대한 설명으로 틀린 것은 무엇인가?

① 직접원가계산은 변동제조원가, 변동판매비와관리비만을 제품원가에 포함시키고 고정제조원가, 고정판매비와관리비는 기간원가로 처리하는 방법이다.

② 정상원가계산에서 직접재료비와 직접노무비는 실제원가로 계산되지만, 제조간접비는 예정배부율을 사용하여 제품에 배부된다.

③ 개별원가계산은 조선업, 건설업 등 다품종소량생산 방식의 기업에 적합한 원가계산 방법이다.

④ 종합원가계산은 일정기간 동안의 총제조원가를 생산된 수량으로 나누어 단위당원가를 계산하므로 기간별 원가계산 방법이라고 할 수 있다.

02. 선입선출법 및 평균법하의 종합원가계산에 대한 설명이다. 틀린 것은?

① 기초재공품원가는 평균법적용시에 완성품단위당원가계산에 영향을 미친다.

② 기초재공품의 완성도는 선입선출법에서만 고려대상이다.

③ 기말재공품의 완성도는 선입선출법에서만 고려대상이다.

④ 어떠한 경우라도 당기총제조원가는 동일하다.

03. 종합원가계산에 대한 다음의 설명 중에서 틀린 것은?

① 평균법은 전기에 이미 착수된 기초재공품의 기완성도를 무시하고 기초재공품이 당기에 착수된 것처럼 가정하고 원가계산을 한다.

② 선입선출법에 비해 평균법은 당기의 성과를 이전의 기간과 독립적으로 평가할 수 있는 보다 적절한 기회를 제공한다.

③ 기초재공품이 없다면 평균법이든 선입선출법이든 기말재공품원가는 동일하다.

④ 선입선출법에서는 공손품은 모두 당기에 착수된 물량에서 발생한 것으로 보고 원가계산을 한다.

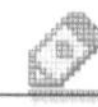

04. 다음 중 종합원가 계산에 관한 설명으로 틀린 것은?

① 평균법에 의할 때 원가계산시 기초재공품의 완성도는 계산상 불필요하다.
② 선입선출법에 의할 때 원가계산시 기말재공품의 완성도는 계산상 불필요하다.
③ 기초재공품이 없는 경우 평균법과 선입선출법에 의한 완성품환산량이 동일하다.
④ 평균법에 의한 완성품환산량은 선입선출법을 적용한 경우와 비교하여 항상 크거나 같다.

05. 종합원가계산에 의한 원가계산의 경우, 당기 기말재공품 완성률이 과대 산정된 경우 이 오류로 인하여 [완성품환산량]과 [완성품환산량 단위원가]에 각각 미치는 영향으로 옳은 것은?

① 과대, 과소 ② 과소, 과소
③ 과소, 과대 ④ 과대, 과대

06. ㈜해왕성은 종합원가계산에 의한 제품원가계산을 하고 있다. 20x1년 제조활동과 관련된 다음 자료를 이용하여 평균법과 선입선출법에 의하여 원가계산한 결과를 비교한 것으로 옳지 않은 것은?

- 당기완성량 : 1,500개
- 기말재공품 : 100개(재료비 완성도 100%, 가공비 완성도 20%)
- 당기투입원가 : 재료비 210,000원, 가공비 900,000원
- 기초재공품 수량은 없다.
- 당기 중 공손 및 감손은 전혀 발생하지 않았다.
- 재료는 공정초기에 전량 투입된다.

① 완성품 환산량은 평균법이 선입선출법보다 크다.
② 재료비의 완성품 환산량은 평균법이나 선입선출법 모두 1,600개이다.
③ 기말재공품의 원가는 평균법이나 선입선출법 모두 동일하다.
④ 당기제품제조원가는 평균법이나 선입선출법 모두 동일하다.

07. 종합원가계산제도 하에서, 재료 Y는 70% 진행시점에서 투입되며 가공원가는 일정하게 투입된다. 80%가 완료된 재공품의 완성품 환산량에는 어떤 원가가 포함되는가?

	재료원가	가공원가		재료원가	가공원가
①	불 포 함	불 포 함	②	포 함	포 함
③	포 함	불 포 함	④	불 포 함	포 함

08. 종합원가계산시 기말재공품의 완성도가 과대평가된 경우 다음 각 방법별 당기순이익에 미치는 영향으로 올바른 것은?

	선입선출법	평균법		선입선출법	평균법
①	과소	과대	②	과소	과소
③	과대	과소	④	과대	과대

09. 기말재공품의 완성도가 60%인데, 이를 30%로 잘못 파악하여 종합원가계산을 실행한다면 어떤 결과가 발생하는가?

① 당기 완성품의 완성품환산량이 과대계상된다.
② 기말재공품의 완성품환산량이 과대계상된다.
③ 완성품환산량 단위당 원가가 과소계상된다.
④ 기말재공품의 원가가 과소계상된다.

10. 다음 공손에 대한 설명 중 틀린 것은?

① 공손이 정상적으로 발생하고 특정작업과 관련된 경우 공손원가는 특정작업의 원가에 가산한다.
② 비정상공손원가는 작업폐물로 처리되므로 제조원가에 가산되면 안된다.
③ 종합원가계산에서 정상공손원가를 제조원가에 재배분시 배부기준은 검사시점을 통과한 합격품의 물량이다.
④ 공손품은 품질이나 규격이 일정한 기준에 미달하는 불량품이다.

11. 공손이 전혀 없는 경우 종합원가계산에 대한 설명으로 틀린 것은?

① 평균법이든 선입선출법이든 상관없이 당기총제조원가는 항상 동일하다.
② 기초재공품이 없다면 평균법이든 선입선출법이든 항상 동일한 결과가 도출된다.
③ 평균법이든 선입선출법이든 기말재공품원가는 항상 동일하다.
④ 기말재공품이 없다면 평균법이든 선입선출법이든 당기완성품제조원가는 항상 동일한 결과가 도출된다.

주관식

01. (주)대양은 공정별 종합원가계산제도(선입선출법)을 채택하고 있다. 원재료는 1공정의 초기에 전량 투입되며, 가공원가는 전공정에 걸쳐 균등하게 발생한다. 관련자료가 아래와 같을 때 제1공정의 가공비에 대한 완성품 환산량은?

	수 량	완 성 도
기초재공품	700단위	30%
당 기 착 수	5,100단위	
2공정대체	5,200단위	
기말재공품	600단위	60%

02. (주)아름은 종합원가계산에 따라 제품의 원가를 계산하고 있다. 재료는 공정초기에 80%가 투입되고, 완성시에 나머지가 투입되며 가공비는 공정전반에 걸쳐 균등하게 발생한다. 기초재공품과 당기착수액에 대한 자료가 다음과 같고, 완성품 수량이 25,000개이고, 기말 재공품의 완성도가 30%일 때 선입선출법에 따른 기말재공품의 완성품 환산량은 얼마인가?

구 분	수 량	완성도	재료비	가공비
기초재공품	3,000개	50%	1,500,000원	2,250,000원
당기착수액	27,000개	-	29,260,000원	50,000,000원

03. (주)강건은 20x1년 10월 1일 현재 완성도가 60%인 월초재공품 4,000개를 보유하고 있다. 직접재료원가는 공정 초기에 투입되고, 가공원가는 전 공정을 통해 균등하게 투입된다. 10월 중에 34,000개가 생산에 착수되었고, 36,000개가 완성되었다. 10월말 현재 월말재공품은 완성도가 40%인 2,000개이다. 10월의 완성품환산량 단위당 원가를 계산할 때 평균법에 의한 완성품환산량 직접재료원가(ⓐ), 가공원가(ⓑ)가 선입선출법에 의한 완성품환산량보다 몇 개 더 많은가?

04. 기초재공품은 1,000개(80%), 완성품은 3,000개이고, 기말재공품은 800개(완성도 50%)인 경우 선입선출법에 의한 종합원가계산에서 재료비(ⓐ) 및 가공비 완성품 환성량(ⓑ)은 몇 개인가? (재료는 공정 30%시점에 전량 투입되며, 가공비는 전공정에 균일하게 투입된다.)

05. 종합원가계산 하에서, 평균법에 의한 경우 당기제품 제조원가가 다음과 같다. 선입선출법을 적용하는 경우의 당기제품 제조원가는 얼마인가?

- 기초재공품 0개
- 완성품 7,000개
- 당기착수 재료비 500,000원 가공비 ?원
- 당기착수량 10,000개
- 기말재공품 3,000개(완성도 50%)
- 당기제품제조원가 1,050,000원
- 원재료는 공정 초기에 투입되며, 가공비는 일정하게 투입된다.

06. (주) 고려는 선입선출법에 의한 종합원가계산을 적용하고 있다. 다음은 20x1년의 원가자료이다. 재료는 공정초기에 전액 투입되며, 가공비는 공정전반에 걸쳐 균등하게 발생한다고 가정했을 때 기말재공품 금액은 얼마인가?

	수량	완성도	재료비	가공비
기 초 재 공 품	2,000개	40%	2,500,000원	2,000,000원
당 기 착 수	13,000개		14,300,000원	15,240,000원
당 기 완 성	12,000개			
기 말 재 공 품	3,000개	50%		

07. 단일제품을 대량생산하고 있다. 원재료는 공정의 초기에 전량투입되고, 가공비는 공정전반에 걸쳐 균등하게 발생된다.(평균법을 사용한다)완성품 원가는?

		완성품환산량		
	물량의 흐름	재료비	가공비	합 계
•기초재공품	200개(40%)			
•당 기 착 수	1,200개			
•당 기 완 성	1,300개	1,300개	1,300개	
•기말재공품	100개(60%)	100개	60개	
	1,400개	1,400개	1,360개	
•기초재공품원가		124,000원	40,000원	164,000원
•당기발생원가		324,000원	164,000원	488,000원
•합 계		448,000원	204,000원	

08. 다음 자료에 의하여 종합원가계산(평균법 적용)을 적용하고 있는 명진(주)의 기말재공품원가를 계산하면 얼마인가? 단, 공손품은 비정상적이고 잔존가치가 없으므로 전액 영업외비용으로 처리한다.

- 기초재공품원가 : 920,000원
- 당기총제조비용 : 6,280,000원
- 완성품수량 : 520개
- 기말재공품수량 : 300개 (완성도 60%)
- 공손품수량 : 50개 (완성도 40%)
- 모든원가는 제조공정에 따라 균등하게 발생한다.

09. (주)수원산업은 평균법에 의한 종합원가계산을 실시하고 있다. 재료는 공정의 초기에 전량 투입되고 가공비는 제조진행에 따라 균등하게 발생한다. 다음 자료를 이용하여 정상공손수량(ⓐ)과 비정상공손수량(ⓑ)을 계산하면 각각 얼마인가?

- 기초재공품 500개(완성도 60%)
- 당기착수량 6,500개
- 완성품수량 5,200개
- 공 손 품 800개

다만, 검사는 완성도 50%인 시점에서 실시하고, 당기 검사에서 합격한 수량의 10%는 정상공손으로 간주한다. 기말재공품의 완성도는 70%이다.

10. 선입선출법에 의한 종합원가계산제도를 적용하고 있는 회사의 다음 자료에 의하여 기초재공품의 완성도를 계산하면 얼마인가?

구 분	수 량	완 성 도
기초재공품	2,000단위	?
당기착수완성품	8,000단위	
기말재공품	1,000단위	70%

가공비는 균등하게 발생하며 당기발생 가공비는 190,000원이며,
가공비완성품단위당원가는 20원이다.

연/습/문/제 답안

객관식

1	2	3	4	5	6	7	8	9	10	11
①	③	②	②	①	①	②	④	④	②	③

[풀이-객관식]

01. **직접원가계산이란 직접비(직접재료비,직접노무비,직접경비,변동제조간접비)만 제품원가에 포함**시키고, **고정제조간접비를 기간원가(비용)으로 처리하는 방법**이다.

02. **기말재공품의 완성도는 선입선출법이든 평균법이든 상관없이 모두 고려대상**이다.

03. 당기의 성과를 전기 이전의 기간과 독립적으로 평가할 수 있는 적절한 기회를 제공하는 방법은 선입선출법이다.

04. 선입선출법이나 평균법 공히 기말재공품의 완성도 동일하나 종합원가계산에 반드시 필요하다.

05. 완성률 과대 ⇒ 완성품환산량 과대 산정 ⇒ 환산량 단원당 원가의 분모 과대계상⇒ 환산량 단위원가 과소 계상

06. 종합원가계산시 기초재공품이 없는 경우 선입선출법이나 평균법의 경우 완성품환산량, 기말재공품의 원가, 당기제품제조원가 등 모든 것이 동일하다.

07.

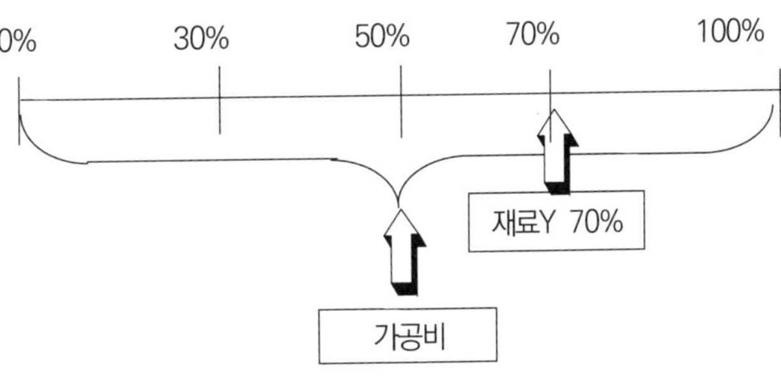

∴ 기말재공품(80%)

재공품의 완성도가 80%이므로, 재료 Y는 70%시점에서 전량 투입되며, 가공원가는 완성품대비 80% 투입되었다.

08. 선입선출법이나 평균법의 경우 기말재공품의 완성수량을 계산하는 경우 반드시 완성도를 고려하여 계산하므로 **완성도가 과대평가**된 경우 **기말재공품의 완성수량이 과대계상**되어 **기말재공품가액이 과대계상**되므로 **당기제품제조원가가 과소계상**된다. 따라서 당기순이익은 과대계상된다.
09. 기말재공품의 완성도를 과소인식하여, 기말재공품의 완성품 환산량이 적어지게 되므로, 기말재공품에 배부되는 가공비의 원가가 과소계상되게 된다.
10. 작업폐물이란 원재료를 가공하는 과정에서 발생하는 매각 또는 이용가치가 있는 폐물로써 공손품과는 별개의 개념이다.
11. **기초재공품의 존재여부에 따라 기말재공품원가는 달라진다.**
기말재공품이 없다면 **당기제품제조원가=기초재공품+당기총제조원가**가 된다. 이럴 경우 선입선출법 또는 평균법이든 간에 당기제품제조원가는 동일하다.

주관식

01	5,350	02	5,500	03	ⓐ 4,000개 ⓑ 2,400개
04	ⓐ 2,800개 ⓑ 2,600개	05	1,050,000	06	5,100,000
07	611,000	08	1,800,000	09	ⓐ 570개 ⓑ 230개
10	60%				

[풀이-주관식]

01. 〈1단계〉 물량흐름파악 〈2단계〉 완성품환산량 계산

선입선출법		재료비	가공비
완 성 품			
-기초재공품	700(70%)	0	**490**
-당기투입분	4,500(100%)	4,500	**4,500**
기말재공품	600(60%)	600	**360**
계	5,800	**5,100**	**5,350**

02.

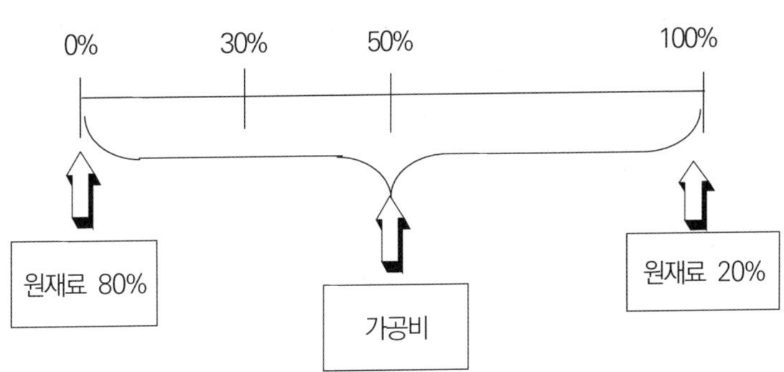

∴ 완성품

- 기초재공품(50%)(3,000개) →
- 당기투입완성 (22,000개) →

∴ **기말재공품(30%) (5,000개)** →

기말재공품의 수량은 3,000개+27,000개-25,000개=5,000개이다.

재료비 완성품환산량=5,000 × 80%=4,000개

가공비 완성품환산량=5,000 × 30%=1,500개

따라서, 기말재공품 완성품 환산량은 5,500개이다.

03. 선입선출법과 평균법의 수량차이는 기초재공품의 완성품 환산량차이이다.

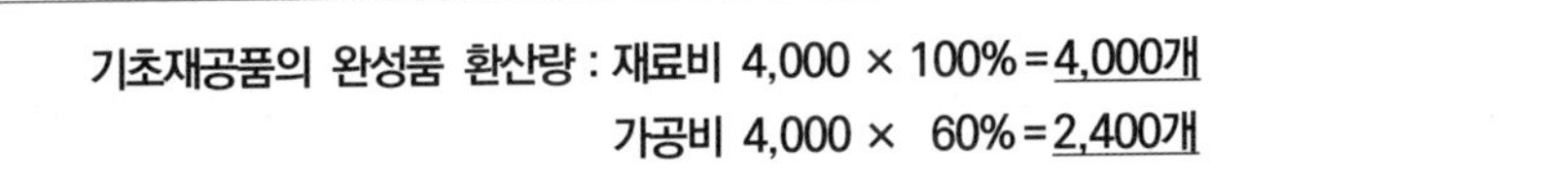

기초재공품의 완성품 환산량 : 재료비 4,000 × 100%=<u>4,000개</u>
가공비 4,000 × 60%=<u>2,400개</u>

04.

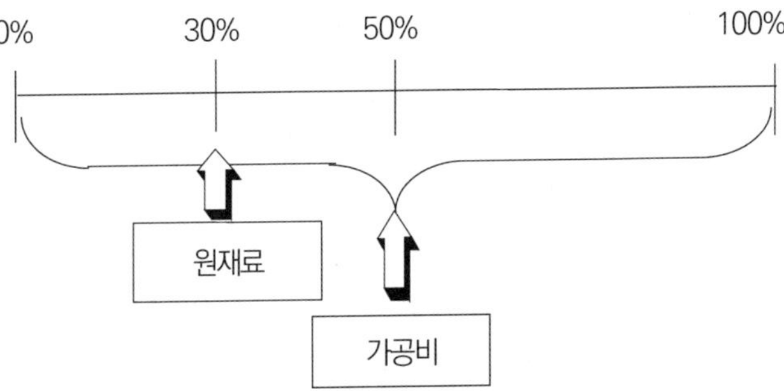

∴ 완성품

- 기초재공품(20%)(1,000개) →
- 당기투입완성 (2,000개) →

∴ 기말재공품(50%) (800개) →

재료비 완성품 환산량=2,000개+800개=**<u>2,800개</u>**

가공비 완성품 환산량=1,000개×(1-80%)+2,000개+(800개×50%)=**<u>2,600개</u>**

05. **<u>기초 재공품 재고액이 없는 경우에는 평균법과 선입선출법에 의한 제품제조원가는 같다.</u>** 따라서 평균법에 의한 당기제품제조원가 1,050,000원이 정답이다.

06. 〈1단계〉 물량흐름파악 〈2단계〉 완성품환산량 계산

선입선출법			재료비	가공비
	완 성 품			
	-기초재공품	2,000(60%)	0	1,200
	-당기투입	10,000	10,000	10,000
	기말재공품	3,000(50%)	3,000	1,500
	계	15,000	**13,000**	**12,700**

	재료비	가공비
〈3단계〉 원가요약(당기투입원가)	14,300,000	15,240,000
〈4단계〉 완성품환산량당 원가	13,000개	12,700개
	=@1,100	=@1,200

〈5단계〉 기말재공품원가계산

- 기말재공품원가=3,000개×@1,100원+1,500개×@1,200원=5,100,000원

07. •환산량 단위당원가-재료비 : 448,000원/1,400개=320원

-가공비 : 204,000원/1,360개=150원

•완성품원가 : (1,300개×320원)+(1,300개×150원)=611,000원

08. 〈1단계〉 물량흐름파악 〈2단계〉 완성품환산량 계산

평균법			원가(직접재료비+직접노무비+제조간접비)
	완 성 품	520	520
	공 손 품	50(40%)	20
	기말재공품	300(60%)	180
	계	870	**720**

〈3단계〉 원가요약	<u>920,000+6,280,000</u>
〈4단계〉 완성품환산량당 단위원가	720개
	=@10,000원

〈5단계〉 기말재공품원가=180개×@10,000원=,800,000원

09.

재공품

기초재공품(60%)	500개	완성품	5,200개
		공손품 **정상공손**	**570개**
		(800개) **비정상공손**	**230개**
당기투입	6,500개	기말재공품 (70%)	1,000개
계	7,000개	계	7,000개

합격품 = 완성품 + 기말재공품(검사시점 50%를 통과) - 기초재공품(검사시점을 전기에 통과)

= 5,200개 + 1,000개 - 500개 = 5,700개

정상공손은 합격품의 10%이므로 570개이고 나머지 230개가 비정상공손수량이다.

10. 〈1단계〉 물량흐름파악 〈2단계〉 완성품환산량 계산

선입선출법		재료비	가공비
	완 성 품		
	-기초재공품 2,000**(?%)**		**?(800개)**
	-당기투입분 8,000(100%)		8,000
	기말재공품 1,000(70%)		700
	계 11,000		**?(9,500)**
	〈3단계〉 당기투입원가		190,000원
	〈4단계〉 단위원가		20원

∴ 기초재공품완성도 = 1 - 800단위/2,000단위 = 60%

Chapter

결합원가계산 5

NCS회계 - 4 원가계산

1. 결합원가계산의 의의

동일한 **원재료로부터 동일한 제조공정을 거쳐 동시에 생산되는 두 종류 이상의 서로 다른 제품을 결합제품**이라 하고, 이러한 동일한 제조공정의 원가를 각 결합제품에 배부하여야 하는데 이를 결합원가계산이라 한다.

결합제품의 대표적인 예로 정유산업의 원유가 가솔린, 등유, 경유와 기타제품으로 가공되고, 한우가 등심, 안심, 갈비와 기타 제품으로 가공되는 것이 있다.

결합제품은 크게 **연산품(주산물)과 부산물**로 나눈다.

연산품(주산물)이란 결합제품 중 상대적으로 판매가치가 비교적 큰 제품을 말한다.

부산물이란 연산품의 제조과정에서 부수적으로 생산되는 제품으로서 연산품에 비하여 상대적으로 판매가치가 작은 제품을 말한다.

정유업에서 있어서 연산품은 가솔린, 등유, 중유 등을 말하고 부산물은 아스팔트를 예로 들 수 있다.

2. 결합원가배분

결합원가를 이해하기 위해서 공정도를 그려보도록 하겠다.

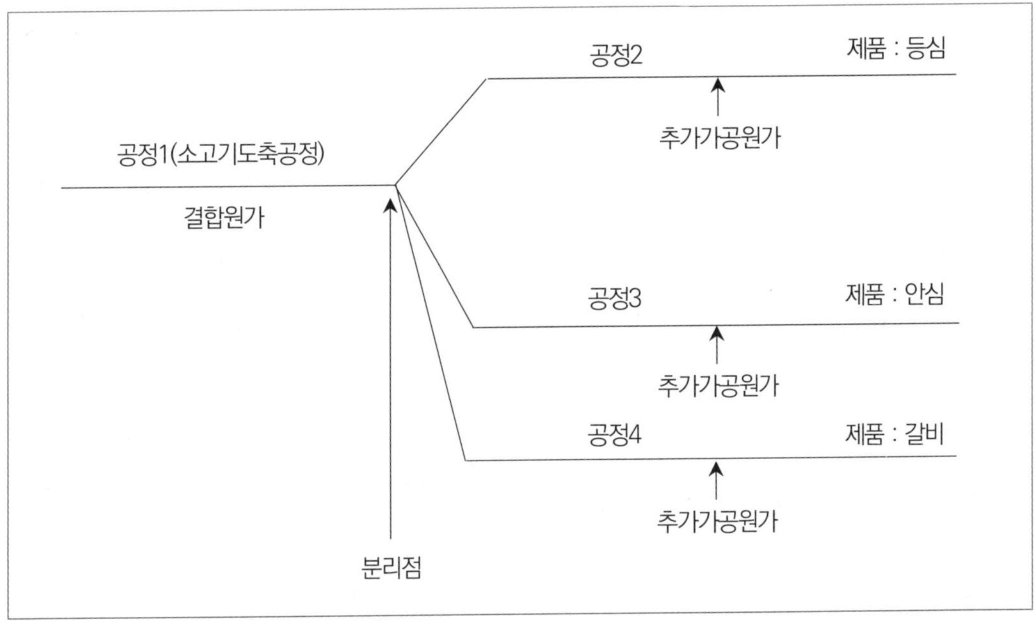

공정1에서 발생된 결합원가를 개별제품(연산품)에 배분해야 하는데 **결합원가와 연산품간의 명백한 인과관계를 파악하기 어려우므로** 인위적인 방법에 의하여 결합원가를 배분해야 한다. 따라서 **정확한 제품원가계산이 불가능**하다.

(1) 물량기준법

연산품의 물리적 특성인 생산량, 중량, 부피, 면적 등 **분리점에서의 물량을 기준**으로 하여 결합원가를 배분하는 방법이다.

(2) 판매가치기준법

연산품의 **분리점에서의 판매가치(분리점에서 생산량 × 분리점에서 판매가격)**를 기준으로 하여 결합원가를 배분하는 방법이다.

(3) 순실현가치법

판매시점에서의 연산품의 **순실현가치(=개별제품의 최종판매가액 - 추가가공원가 - 판매비)**를 기준으로 하여 결합원가를 배분하는 방법이다.

(4) 균등이익율법

개별제품의 최종판매가치에 대하여 매출총이익률이 같아지도록 결합원가를 배분하는 방법이다. 이 방법을 적용하면 기업전체 매출총이익률과 개별제품의 매출총이익률이 같아진다.

<예제 5-1> 결합원가계산

당기에 사업을 개시한 (주)지구는 동일한 공정에서 4,000,000원을 투입하여 제품 X,Y,Z를 함께 생산하였다. 다음 자료를 이용하여 물음에 답하시오.

제품	생산량 (KG)	분리점에서 판매가치(KG당)	최종생산량 (개)	추가 가공원가(원)	단위당 판매가격(원)
X	250	12,000	200	500,000	30,000
Y	450	8,000	400	300,000	10,000
Z	300	15,000	250	200,000	20,000

1. 물량기준법에 의하여 결합원가를 배분하시오.
2. 판매가치기준법에 의하여 결합원가를 배분하시오.
3. 순실현가치법에 의하여 결합원가를 배분하고 단위당 제조원가를 계산하시오.

해답

[공정도]

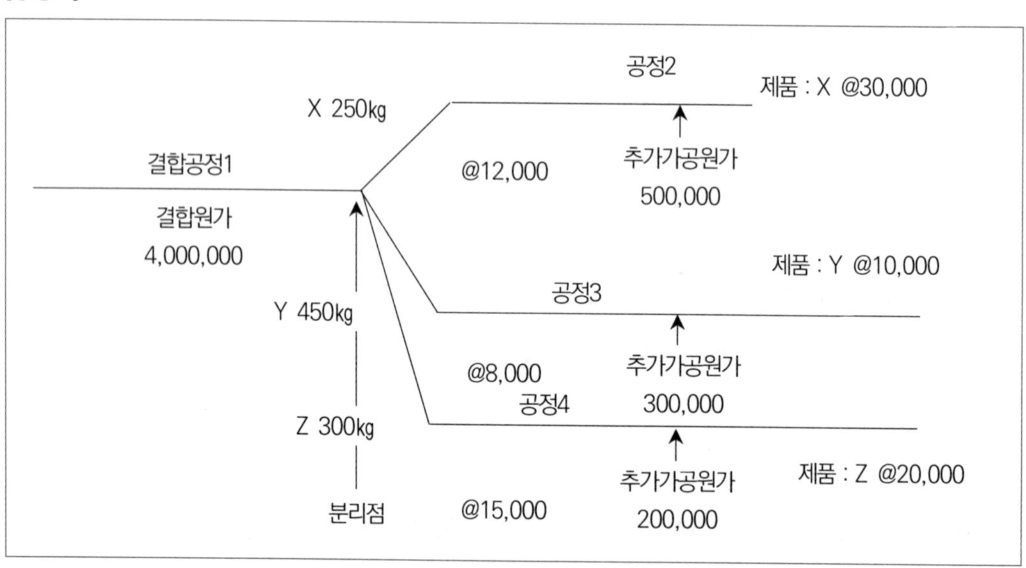

1. 물량기준법

- **분리점에서의 생산량**으로 결합원가를 계산한다.

제품	생산량	결합원가배분액
X	250	4,000,000 × 250/1,000 = 1,000,000
Y	450	4,000,000 × 450/1,000 = 1,800,000
Z	300	4,000,000 × 300/1,000 = 1,200,000
계	1,000	4,000,000

2. 판매가치기준법 : **분리점에서 생산량**으로 판매가치를 환산하여 계산한다.

제품	총판매가액	결합원가배분액
X	250 × 12,000 = 3,000,000	4,000,000 × 3,000,000/11,100,000 = 1,081,081
Y	450 × 8,000 = 3,600,000	4,000,000 × 3,600,000/11,100,000 = 1,297,297
Z	300 × 15,000 = 4,500,000	4,000,000 × 4,500,000/11,100,000 = 1,621,622
계	11,100,000	4,000,000

3. 순실현가치법 : **최종판매시점에서의 생산량**에 대하여 순실현가치를 계산한다.

① 결합원가배분

제품	순실현가치	결합원가배분액
X	200 × 30,000 − 500,000 = 5,500,000	4,000,000 × 5,500,000/14,000,000 = 1,571,429
Y	400 × 10,000 − 300,000 = 3,700,000	4,000,000 × 3,700,000/14,000,000 = 1,057,143
Z	250 × 20,000 − 200,000 = 4,800,000	4,000,000 × 4,800,000/14,000,000 = 1,371,428
계	14,000,000	4,000,000

② 총제조원가와 단위당 제조원가

제품	총제조원가	단위당제조원가
X	1,571,429 + 500,000 = 2,071,429	2,071,429/200개 = 10,357
Y	1,057,143 + 300,000 = 1,357,143	1,357,143/400개 = 3,393
Z	1,371,428 + 200,000 = 1,571,428	1,571,428/250개 = 6,286

3. 부산물의 회계처리(= 작업폐물의 회계처리)

부산물과 작업폐물은 연산품에 비하여 판매가치가 현저히 낮으므로 연산품과 같은 방법으로 결합원가를 배분할 수 없다.

생산기준법이란 생산시점에서 **부산물을 순실현가치로 평가**하여 결합원가에서 부산물의 순실현가치를 차감한 금액을 연산품에 배분하는 방법이다.

판매기준법이란 부산물에 결합원가를 배분하지 않고 부산물의 판매시점에서 부산물의 판매이익을 잡이익으로 처리하는 방법이다.

구 분		생산기준법	판매기준법
부산물인식시점		**부산물 생산시**	**부산물 판매시**
회계처리	생산시	부산물 XX / 재공품 XX	없음
	판매시	현 금 XX / 부산물 XX	현 금 XX / 잡이익 XX
분리점에서 평가액		**부산물의 순실현가치 (결합원가가 배분됨)**	**0 (결합원가가 배분되지 않음)**
연산품에 배분되는 결합원가		**결합원가 - 부산물의 순실현가치**	**결합원가**

연/습/문/제

 객관식

01. (주)금강은 주산물 A와 부산물 B를 생산하고 있으며 부산물 B의 처분액을 전액 영업외수익으로 처리하고 있다. (주)금강이 발생된 제조원가를 모두 주산물 A에만 부담시키는 회계처리를 하는 경우 미치는 영향으로 옳지 않은 것은?

① 당기순이익 과소계상　　② 매출총이익 과소계상
③ 매출원가 과대계상　　④ 영업이익 과소계상

02. 원가배부에 관한 설명 중 옳지 않은 것은?

① 결합원가의 배부는 원가통제의 목적이나 투자의사결정에 도움을 주지 못한다.
② 원가배부의 기준은 가능한 한 인과관계를 반영하는 것이어야 한다.
③ 제조간접비를 보다 더 정확하게 배부하기 위하여 부문별 원가계산을 한다.
④ 원가통제의 목적을 위해서는 반드시 실제발생원가를 기준으로 배부해야 한다.

03. 다음 중 결합원가의 배분에 대한 설명으로 맞는 것은?

① 각 제품별 수량(kg)을 기준으로 결합원가를 배분하는 물량기준법을 적용하는 경우 추가가공 후 최종판매제품에 대한 단위수량(kg)당 제조원가는 일정하다.
② 배분의 대상이 되는 원가는 분리점에 도달하기까지 발생한 결합원가에 한하며, 분리점 이후의 추가가공원가는 배분대상이 되지 아니한다.
③ 순실현가치법을 적용하는 경우 분리점에서의 판매가치에 대한 매출총이익의 비율인 분리점에서의 매출총이익률은 모든 제품이 동일하다.
④ 분리점에서의 판매가치를 기준으로 결합원가를 배분하는 판매가치법은 개별제품의 최종판매가격에서 추가가공원가를 차감한 잔액을 판매가치로 사용한다.

04. 연산품 A와 B는 결합생산된 후 각각 추가가공을 거쳐 판매된다. 다른 모든 조건은 변동사항이 없고, 연산품 A의 분리점에서의 판매가치만 증가한다면 A와 B의 매출총이익은 어떻게 변하는가?(결합원가는 분리점에서의 판매가치에 의해 배분된다고 가정)

① A는 증가하고 B는 감소한다.
② A는 감소하고 B는 증가한다.
③ A와 B모두 감소한다.
④ A는 증가하고 B는 변동없다.

05. 연산품원가계산(결합원가배분)에 대한 설명으로 잘못된 것은?

① 물량기준법의 장점은 적용이 간편하고 연산품 각각의 판매가격을 알 수 없는 경우에도 사용이 가능하다는 것이다.
② 상대적 판매가치법은 분리점에서 판매가치가 없는 결합제품이 존재할 경우에도 사용가능하다.
③ 순실현가치법은 각 연산품의 순실현가치를 기준으로 결합원가를 배부하는 방법이다.
④ 균등매출총이익율법은 모든 개별제품(연산품)의 매출총이익율이 같아지도록 결합원가를 배부하는 방법을 말한다.

주관식

01. (주)수성은 원재료를 가공하여 완제품A 100개와 반제품B 200개를 생산하며 이때 발생한 총원가는 100,000원이고, 반제품B는 추가가공비 300,000원을 투자하여 완제품C 200개를 생산하며 기초 및 기말재고는 없다. 이 경우 각 제품별 판매가격이 다음과 같을 때 회사의 매출총이익 최대가 되는 매출액은 얼마인가?(추가가공하지 아니할 경우 추가가공비는 전액 발생하지 아니하며 제시된 자료이외의 것은 무시하기로 한다.)

구 분	판매가격
제 품A	1,000원
반제품B	1,500원
제 품C	2,500원

02. 당기에 사업을 개시한 (주)광주산업은 동일한 공정에서 30,000,000원을 투입하여 제품 X,Y,Z를 함께 생산하였다. 다음 자료를 이용하여 순실현가치법에 의하여 제품 Y의 단위당 원가를 계산하면 얼마인가?

제품	생산량(단위)	판매량(단위)	총 추가가공원가(원)	단위당 판매가격(원)
X	940	720	1,200,000	30,000
Y	445	182	1,250,000	50,000
Z	416	442	2,952,000	72,000

03. 다음은 연산품을 생산하는 (주)명성의 원가자료이다. 순실현가치법에 의하여 결합원가를 배부하는 경우 연산품 C에 배부되는 결합원가가 3,850,000원으로 계산되었다면, 결합원가 총액은 얼마인가?

연산품	수량(단위)	단위당판매가치(원)	연산품별 총 추가가공비(원)
A	23	200,000	190,000
B	70	60,000	420,000
C	50	113,000	1,240,000

04. (주)일산은 당기의 결합원가를 10,000,000원 투입하여 연산품 A, B와 부산물 X를 생산하였다. 기초제품은 없으며 결합원가를 연산품에 배분할 때 순실현가치를 이용하고 있으며 다음 자료를 이용하여 **생산기준법(ⓐ) 및 판매기준법(ⓑ)**에 의하여 부산물의 회계처리를 한다고 가정할 경우 연산품에 배부해야할 결합원가는 각각 얼마인가?

제품	생산량	판매량	추가가공원가	판매가격
A	5,000개	4,500개	1,000,000원	10,000원
B	3,000개	2,700개	1,500,000원	5,000원
X	1,000개	500개	500,000원	1,000원

05. 서울은 다음과 같이 결합공정과 추가가공공정을 통해 제품을 생산하며, 분리점에서 순실현가능가치를 기준으로 결합원가를 배부한다. 각 공정의 기초 및 기말 재공품이 없는 경우 제품 '갑'에 배부될 결합원가는 얼마인가?(단, 원 단위 미만은 절사한다.)

	결합공정	추가가공공정
내용	• 결합공정에서는 원재료를 투입하여 '갑', '을' 두 종류의 제품을 생산하였으며, 결합원가는 총 50,000원이었다. • 제품 '갑'은 27,000원에 판매되고, 제품 '을'은 추가공정을 거쳐 제품 '병'으로 판매된다.	• 추가가공공정을 거쳐 제품 '병'이 생산되었으며 추가가공원가는 총 20,000원이 발생되었고 제품 '병'은 70,000원에 판매된다. • 추가가공공정 과정에서 부산물 '정'이 생산되었으며 '정'은 3,000원에 즉시 판매할 수 있다. 부산물은 생산시점에 순실현가능가치로 인식한다.

연/습/문/제 답안

객관식

1	2	3	4	5
①	④	②	②	②

[풀이-객관식]

01. 부산물 B에 대한 수익이 모두 영업외수익으로 계상되므로 이에 대한 제조원가도 영업외비용으로 계상되어야 영업이익이 합리적으로 계산될 것이다. 그러나, 부산물 B에 대한 제조원가도 모두 주산물 A에 배부되므로 제조원가가 과대계상되는 영향을 미친다.
제조원가 과대 → 매출원가 과대 → 매출이익 과소 → 영업이익 과소 → 당기순이익은 불변(영업외수익계상)

02. 원가통제의 목적으로 경영자는 기중에도 원가에 대한 정보를 필요로 한다.
따라서, 예정배부나 표준원가를 이용하여 배부한 원가로 의사결정에 필요한
정보를 수집한다. 또한 **결합원가의 배부는 단지 제품원가계산을 위한 수단으로서 원가통제/투자의사결정에 큰 도움을 주지 못한다.**

03. ① 추가가공원가가 각 제품별로 다르므로 최종판매제품에 단위 수량당 제조원가는 상이하다.
③ **순실현가치법을 적용시 매출총이익율은 제품별로 상이**하다.
④ **분리점에서의 판매가치를 기준으로 배분**한다.

04. A의 판매가치가 증가되면 결합원가를 더 많이 배분받을 것이고, 이로 인해 매출원가는 증가된다. 따라서 A는 매출이익이 감소된다. B는 적게배분되고, 매출총이익은 증가한다.

05. **상대적 판매가치법은 분리점에서 판매가치가 없는 결합제품에 대해서는 사용할 수 없는 단점**이 있다. 이에 반해, **순실현가치법은 분리점에서 판매가치를 알 수 없는 경우에도 사용할 수 있다는 장점**이 있다.

주관식

01	400,000	02	21,685	03	11,000,000
04	ⓐ 9,500,000 ⓑ 10,000,000	15	16,875원		

[풀이-주관식]

01. 제품A와 반제품B를 생산하여 판매하는 경우 매출총이익
= 100개 × 1,000원 + 200개 × 1,500원 - 100,000원 = 300,000원
완제품A와 C를 생산하여 판매하는 경우 매출총이익
= 100개 × 1,000원 + 200개 × 2,500원 - 100,000원 - 300,000원 = 200,000원
따라서, 완제품A와 반제품B를 생산판매하는 경우가 매출총이익이 크며 이때의 매출액은 400,000원이다.

02.

제품	생산량	판매가격	총판매가격	가공원가	순실현가치	배부액	총원가	단위당원가
X	940	30,000	28,200,000	1,200,000	27,000,000	10,800,000	12,000,000	12,766
Y	**445**	**50,000**	**22,250,000**	**1,250,000**	**21,000,000**	**8,400,000**	**9,650,000**	**21,685**
Z	416	72,000	29,952,000	2,952,000	27,000,000	10,800,000	13,752,000	33,057
계					75,000,000	30,000,000		

☞ 결합원가를 배부하는 것이므로 생산량으로 순실현가치를 계산하여야 한다.

03.

연산품	총판매가치(원)	추가가공비(원)	순실현가치(원)	배부율	결합원가
A	4,600,000	190,000	4,410,000	35%	
B	4,200,000	420,000	3,780,000	30%	
C	**5,650,000**	**1,240,000**	**4,410,000**	**35%**	**3,850,000**
합계			12,600,000	100%	**11,000,000**

결합원가 × 배부율 = 배부액　　결합원가 = 3,850,000/35%

04. **생산기준법은 부산물이 생산되는 시점에서 부산물의 원가를 순실현가치로 평가**하여 기록하고 최초 결합원가에서 부산물의 순실현가치를 차감한 금액을 연산품에 배분하는 방법이다. 그러나 **판매기준법은 부산물에 결합원가를 배부하지 아니하고 부산물의 판매시점에서 부산물의 판매이익을 잡이익으로 계상하는 방법**이므로 결합원가 총액은 연산품에 배부된다.

- 생산기준법하의 연산품에 배분될 결합원가
  = 결합원가 - 부산물의 순실현가치 = 10,000,000원 - (1,000개 × 1,000원 - 500,000원)
  = 9,500,000원
- 판매기준법하의 연산품에 배분될 결합원가 = 발생된 총 결합원가 = 10,000,000원

05. **생산기준법이므로 부산물의 순실현가치를 차감하여 결합원가를 연산품에 배분하는 방법**이다.

제품	순실현가치	배분율	배분결합원가
갑	27,000	33.75%	***16,875원***
병(부산물 포함)	**70,000(병) − [20,000(추가가공원가) − 3,000(정의 순실현가치)] = 53,000**	66.25%	33,125원
계	80,000	100%	50,000원

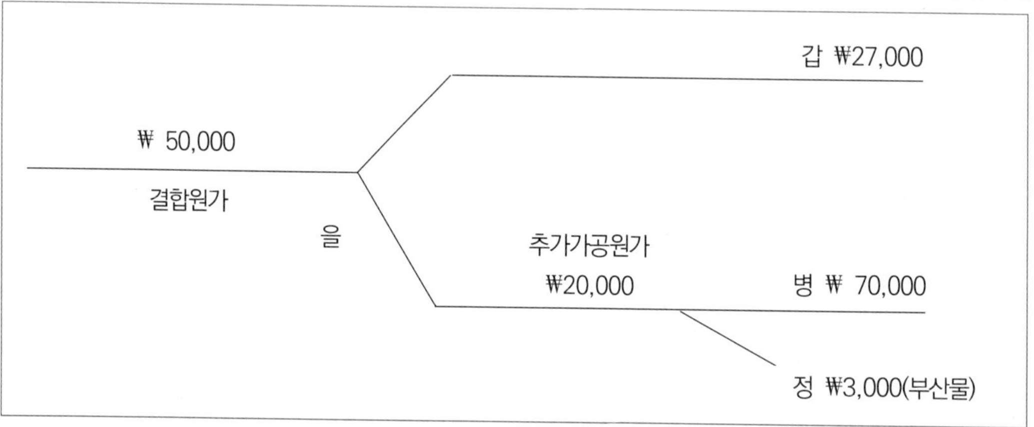

Chapter

표준원가계산 6

로그인 전산세무 1급

Login

NCS회계 - 4 원가계산

제1절 개 요

1. 표준원가계산의 의의 및 유용성

① 직접재료비, 직접노무비, 변동제조간접비, 고정제조간접비에 대하여 사전에 설정해 놓은 **표준원가(SQ × SP)를 이용하여 제품원가계산**을 한다.
→ 신속한 제품원가계산

② 표준원가를 사용하면 실제원가계산의 문제점인 **제품단위원가가 변동되지 않는다.**

③ 실제원가(AQ × AP)와 표준원가와의 차이을 분석함으로써 **성과평가에 유용**하다.

④ 기업이 연초에 수립한 계획을 수치화하여 **예산을 편성하는데 기초**가 된다.

⑤ 표준원가는 평가한 결과가 **실제원가와 유사한 경우에 편의상 사용할 수 있다.**
그리고 정기적으로 검토하여야 하며 현재 상황에 맞게 조정하여야 한다.

		실제원가계산	표준원가계산
직접재료비		실제원가(AQ × AP)	**표준원가(SQ × SP)**
직접노무비		실제원가(AQ × AP)	**표준원가(SQ × SP)**
제조간접비	변동	실제원가(AQ × AP)	**표준원가(SQ × SP)**
	고정	실제발생액	**표준배부액(SQ × SP)**

AQ(Actual Quantity) : 실제투입량 AP(Actual Price) : **실제가격**
SQ : **실제산출량에 허용된 표준투입량(표준조업도)** SP(Standard Price) : **표준가격**

2. 표준원가계산의 한계

① 표준원가의 설정이 쉽지 않으며, **표준원가를 설정하는데 시간과 비용이 많이 소요**된다.
② 표준원가는 **재무적 측정치(원가통제)만을 강조하고 비재무적 측정치(품질, 납기 등)을 도외시** 한다.
③ 표준원가와 실제원가와의 차이에 대해서 어느 정도까지 관리해야 할지 **객관적인 기준이 없다.**

3. 표준원가의 종류

① 이상적 표준 : 최선의 조건(완전 이상적인 조업조건)하에서만 달성할 수 있는 최저목표원가를 말하는데, 현실적 표준을 설정하기 위한 출발점으로 생각하면 된다.
② 정상적 표준 : 정상적인 조업수준이나 능률수준에 대하여 설정된 표준원가로서, 이상 또는 우발적인 상황을 제거한 것이다.
③ 현실적 표준 : 매우 능률적인 작업환경하에서 달성가능한 표준원가로서 정상적인 기계고장이나 공손, 종업원의 휴식시간 등을 고려한 원가이다. 따라서 종업원의 동기부여에 긍정적인 영향을 미친다. 현재 **표준원가계산제도에서의 표준원가라 하면 일반적으로 현실적 표준원가를 많이 사용**하고 있다.

제2절 차이분석

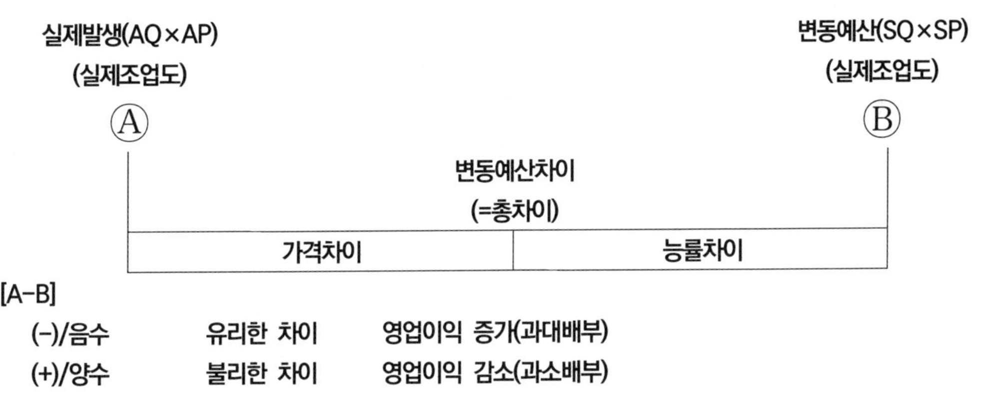

[A-B]

(-)/음수	유리한 차이	영업이익 증가(과대배부)
(+)/양수	불리한 차이	영업이익 감소(과소배부)

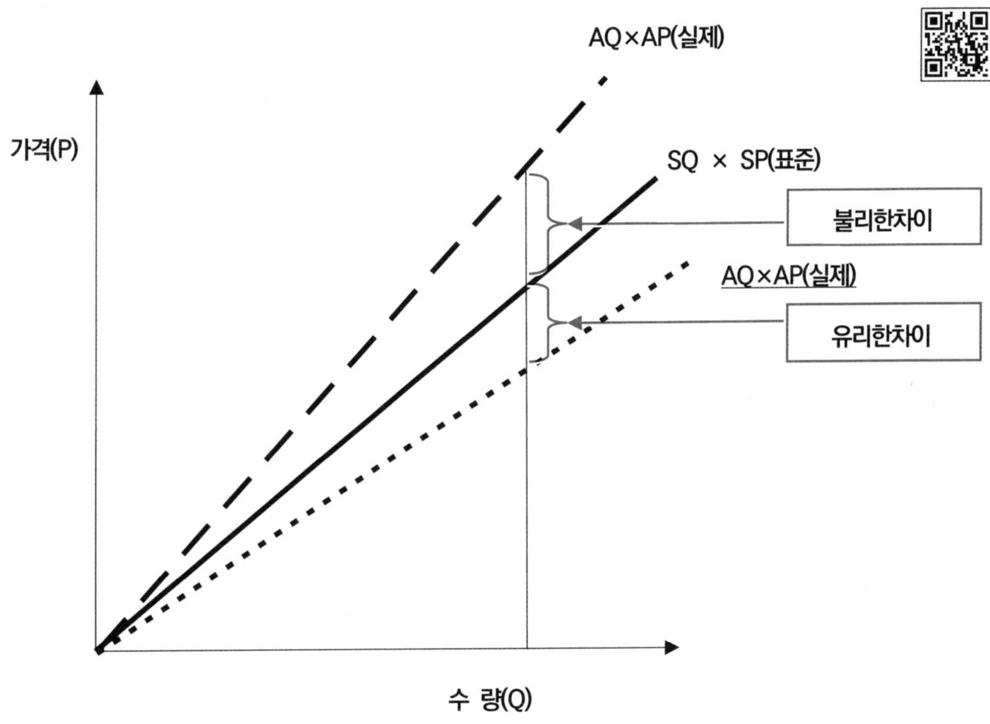

1. 변동제조원가 차이분석

(1) 차이분석(직접재료비, 직접노무비, 변동제조간접비) : <u>재료가격차이를 사용시점에서 분리하는 경우</u>

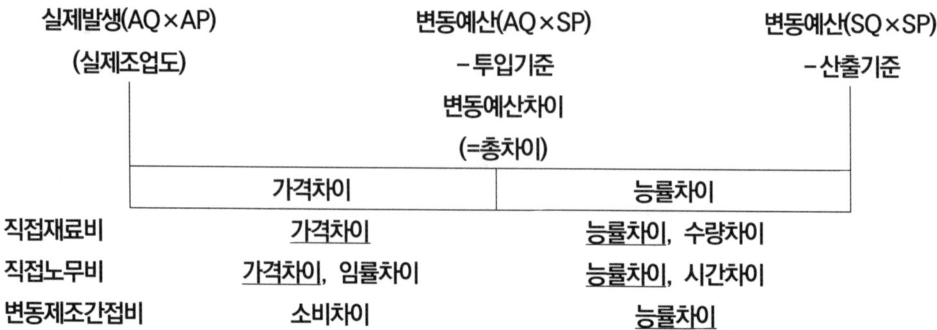

(2) 재료가격차이를 **<u>구입시점에서 분리</u>**하는 경우(직접재료비)

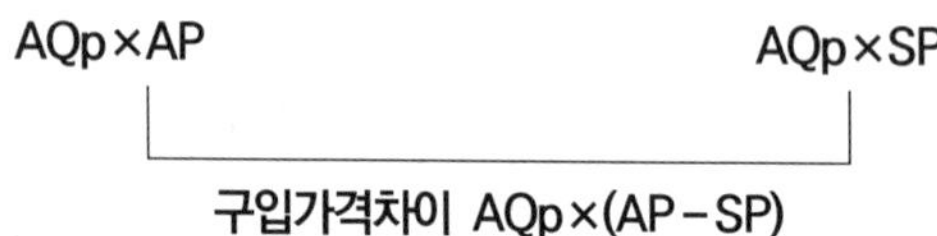

[사용시점]

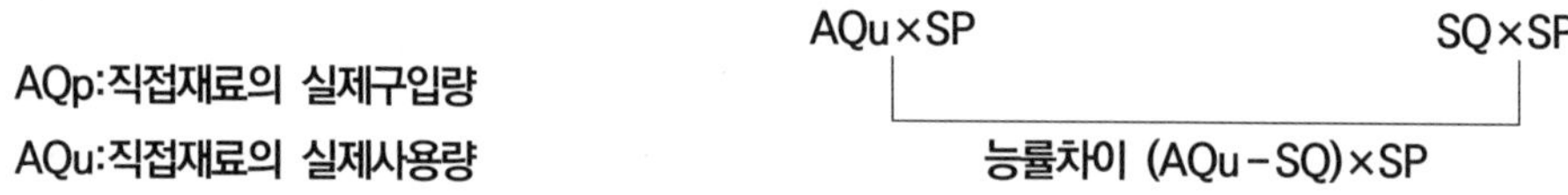

재료가격차이를 <u>구입시점에서 분리하는 경우 다음과 같은 장점</u>이 있다.

① 성과에 대한 정보(가격차이)를 적시에 얻기 위해서는 **<u>원가차이의 계산은 빠를수록 좋다.</u>**

② 원재료계정이 표준원가로 기록되므로 **<u>원가흐름의 가정이 필요없게 되어 회계처리가 간편해진다.</u>**

<예제 6-1> 직접재료원가차이

(주)지구는 표준원가계산제도를 채택하고 있으며, 제품생산에 사용되는 재료의 표준투입량은 제품 1단위당 2kg이고 kg당 100원이다. 당기 예상 생산량은 2,000단위였으나 실제 생산량은 2,200단위였으며 당기 중 직접재료 5,000kg을 550,000원에 외상구입하여 4,510kg을 사용하였다.

1. 직접재료원가 가격차이를 재료의 **사용시점**에 분리한다고 가정하고, 가격차이와 능률차이를 계산하시오.
2. 직접재료원가 가격차이를 재료의 **구입시점**에 분리한다고 가정하고, 가격차이와 능률차이를 계산하시오.

해답

표준원가는 AQ, AP, SQ, SP를 찾아내어 차이분석에 넣어 계산하는 것이 핵심이다.

AQ	AP	SQ	SP
5,000kg(구입) 4,510kg(사용)	110원	2,200개×2kg=4,400kg	100원/kg

1. 직접재료원가 가격차이를 재료의 **사용시점**에 분리하는 경우

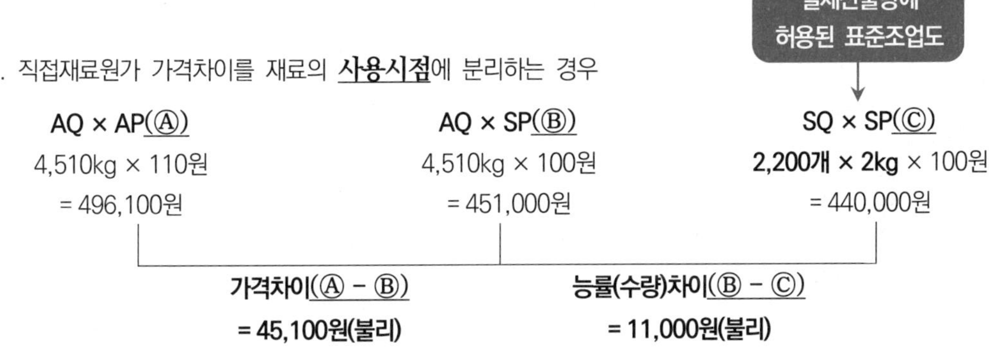

2. 직접재료원가 가격차이를 재료의 **구입시점**에 분리하는 경우

[구입시점]

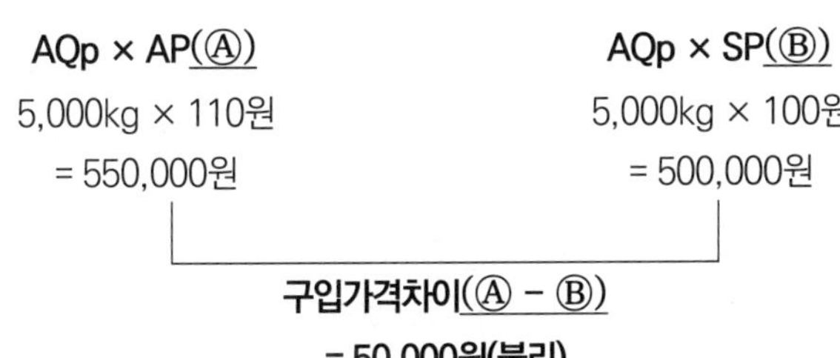

[사용시점]

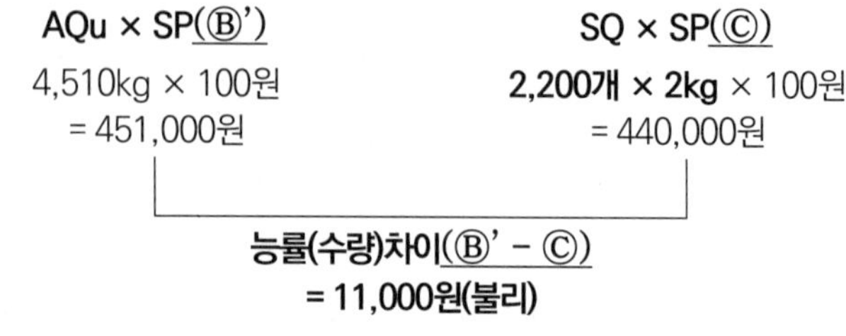

<예제 6-2> 직접노무원가차이

(주)지구는 표준원가계산제도를 채택하고 있으며, 제품생산에 2시간의 직접노동시간이 소요되며 시간당 표준임률은 100원이다. 당기 예상 생산량은 2,000단위였으나 실제 생산량은 1,900단위였으며 이에 3,750시간이 소요되었으며, 실제발생한 직접노무원가는 390,000원이다.
직접노무원가의 가격차이(임률차이)와 능률차이(시간차이)를 계산하시오.

해답

AQ	AP	SQ	SP
3,750시간	?(104)	1,900단위×2시간=3,800시간	100원/시간
390,000원		380,000원	

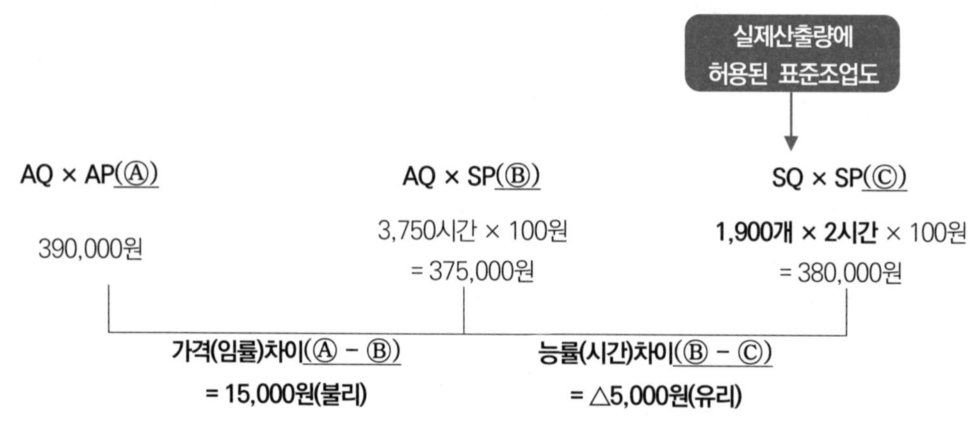

<예제 6-3> 변동제조간접원가차이

(주)지구는 제조간접원가에 대한 표준원가를 다음과 같이 추정하였다.

연간추정생산량 8,000단위 연간제조간접비 = 100,000원 + 10원 × 직접노동시간 제품 1단위당 표준직접노동시간 2시간

당기에 발생한 실제변동제조간접비는 220,000원이며, 당기생산량은 10,000단위로서 직접노동시간은 18,500시간이다. 변동제조간접원가에 대한 소비차이와 능률차이를 구하시오.

해답

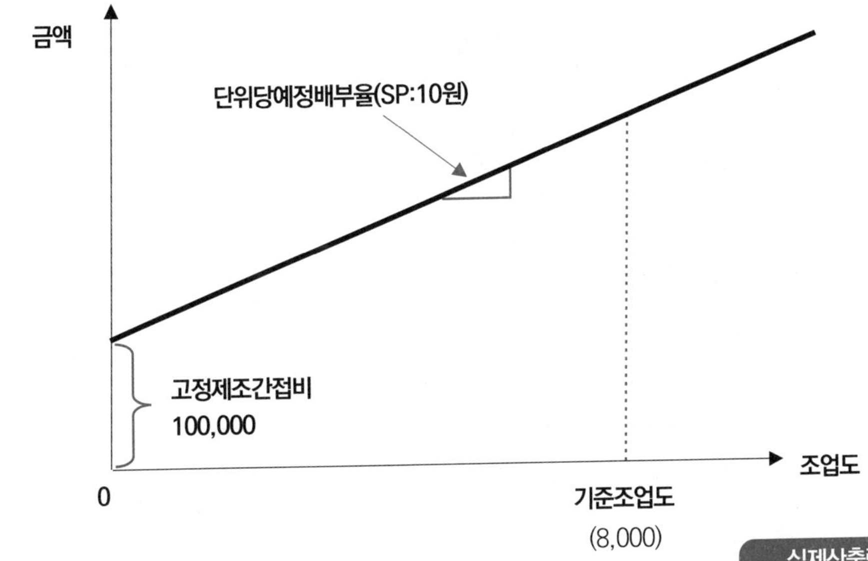

실제산출량에 허용된 표준조업도

AQ × AP(Ⓐ)	AQ × SP(Ⓑ)	SQ × SP(Ⓒ)
220,000원	18,500시간 × 10원 = 185,000원	10,000개 × 2시간 × 10원 = 200,000원

가격(소비)차이(Ⓐ − Ⓑ) = 35,000원(불리)

능률차이(Ⓑ − Ⓒ) = △15,000원(유리)

2. 고정제조간접원가 차이분석

(1) 기준조업도

조업도란 기업이 보유한 자원의 활용정도를 나타내는 수치인데, 산출량인 생산량, 판매량으로 표시하거나 투입량인 직접노동시간, 기계 작업시기간 등으로 표시할 수 있다.

기준조업도란 정상원가계산이나 표준원가계산에서 사용되는 제조간접비 표준(예정)배부율을 계산하기 위해 미리 설정해 놓은 조업도를 말한다.

> **기준조업도의 종류** 참고
>
> 1. 이상 조업도 : 유휴설비의 발생이 전혀 발생하지 않는 달성 가능한 최대조업도
> 2. 실제 최대조업도 : 정상적인 여유시간(기계수선, 휴일 등)을 허용하면서 달성할 수 있는 최대조업도
> 3. 정상조업도 : 수요의 계절적 변동을 평준화 시기키기에 긴 기간에 걸친 평균 연간조업도

(2) 고정제조간접원가의 차이분석의 특징 

① 고정제조간접원가는 **조업도와 관계없이 일정하게 발생하므로 투입－산출관계가 존재하지 않는다.** 따라서 **가격차이와 능률차이로 분리할 수 없다.** 따라서 원가통제목적상 실제발생액과 예산을 총액으로 비교하여 그 차이 전액을 예산차이로 관리한다.

② 제품원가계산목적상 **고정제조간접원가를 예정배부시 고정제조간접원가의 예산과 배부액 사이에 차이가 발생하는데 이러한 차이를 조업도 차이**라 한다. 이러한 조업도차이는 기준조업도와 실제산출량에 허용된 표준조업도와의 차이가 있을 때 발생한다.

(3) 차이분석

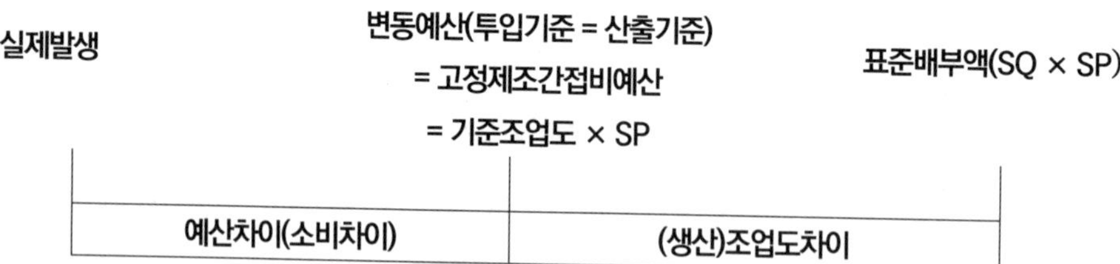

〈조업도 차이〉

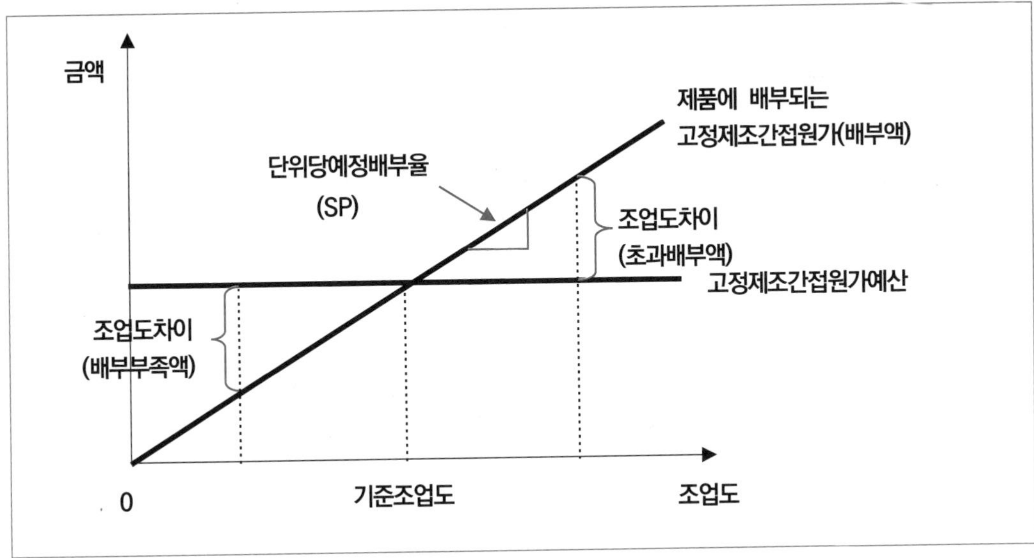

<예제 6-4> 고정제조간접원가차이

(주)지구는 제조간접원가에 대한 표준원가를 다음과 같이 추정하였다.

> 연간추정생산량 8,000단위
> 연간제조간접비 = 100,000원 + 10원 × 직접노동시간
> 제품 1단위당 표준직접노동시간 2시간

당기에 발생한 실제고정제조간접비는 120,000원이며, 당기생산량은 10,000단위이다. 고정제조간접조원가에 대한 예산차이와 조업도차이를 구하시오.

해답

1. 고정제조간접원가 표준배부율(SP) = 고정제조간접비예산/기준조업도
   = 100,000원/8,000단위 = 12.5원

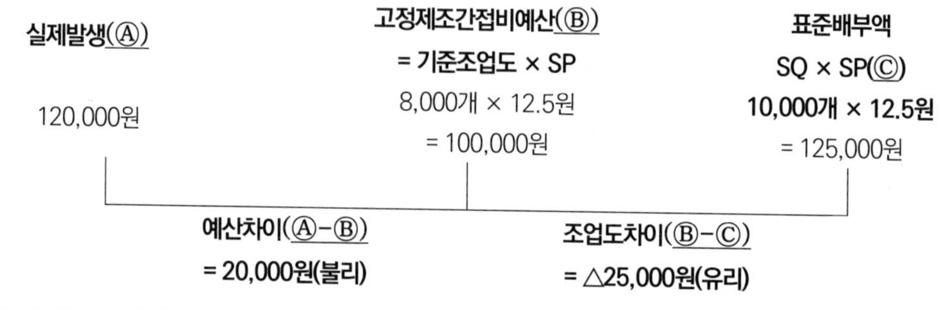

3. 원가차이 발생원인

	직접재료비	직접노무비	제조간접비
가격차이 (임률차이 소비차이) (AP-SP)	- 재료시장의가격변동 - 긴급주문 - 가격할인	- 임률의 변경 - 정시외 작업증가	- 물가의 변동 - 계절적인 소비량의 증가 - 예산편성의 오류
능률차이 (수량차이 시간차이) (AQ-SQ)	- 생산방법의 변경 - 불량재료 사용 - 가공상의 실패	- 근로자의 과다배치 - 작업방법의 변경 - 작업자의 불성실	- 능률차이:직접노무비와 동일 - 조업도차이:제품수요감퇴/기계고장/생산계획의 차질

4. 제조간접비에 대한 여러 가지 차이분석(3분법,2분법,1분법)

4분법이란 총제조간접원가를 변동제조간접원가와 고정제조간접원가로 나누어서 차이를 계산하는 방법을 말한다. 위에서 계산한 것이 4분법이다. 4분법을 사용하기 위해서는 변동제조간법원가와 고정제조간접원가의 실제발생액을 명확히 구분할 수 있어야 한다. 그러나 실무적으로 준변동원가와 같은 항목은 구분이 어렵기 때문에 아래와 같은 간편법을 사용하기도 한다.

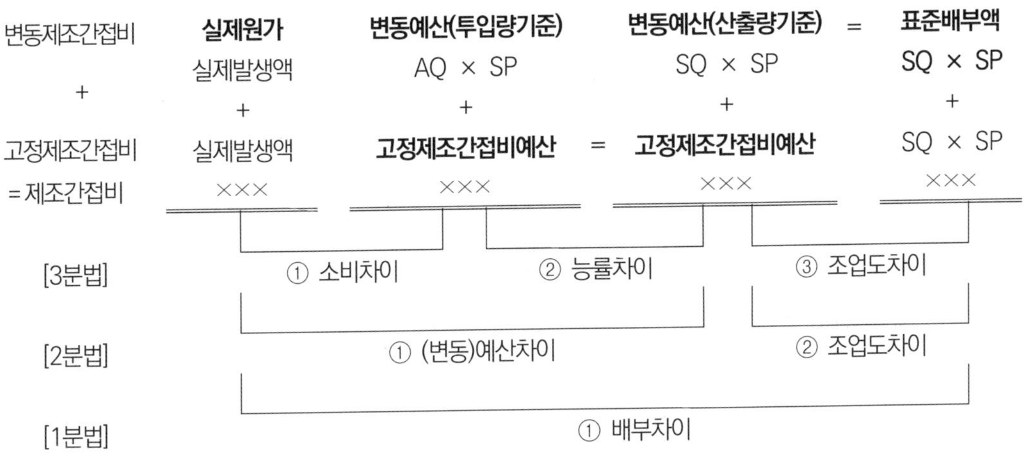

제3절 원가차이의 배분

개별정상원가의 제조간접비 배부차이 처리방법과 거의 유사하다.

(1) 매출원가 조정법 : 모든 원가차이를 매출원가에 가감하는 방법이다.

(2) 영업외손익법 : 모든 원가차이를 영업외손익으로 처리하는 방법이다.

(3) 총원가비례배분법 : 매출원가와 재공품, 제품의 총액 기준으로 원가차이를 배분하는 방법이다.

(4) 원가요소별 비례배분법 : 각 계정의 총원가에 포함된 원가요소별 금액의 비율로 배분하는 방법이다.

재료	구입(구입시점)가격차이	재료능률차이를 포함 각 계정의 재료원가 비율
	능률차이	각 계정의 재료원가비율
노무원가차이		각 계정의 노무원가비율
제조간접원가차이		각 계정의 제조간접원가비율

제4절 표준종합원가계산

표준원가계산은 개별원가계산이나 종합원가계산을 사용하는 기업 모두에게 적용할 수 있다. 그러나 종합원가계산을 사용하는 기업에서 적용하는 것이 매우 유용하다. 왜냐하면 종합원가계산은 동일한 제품에 대해서 대량연속생산하므로 표준원가를 한번 설정해 놓으면 계속적으로 이를 사용할 수가 있어서 효율성이 매우 크기 때문이다.

표준종합원가계산의 특징을 보면 다음과 같다.

1. **완성품 환산량단위당 원가를 계산하지 않는다.** 왜냐하면 사전에 정해 놓은 제품 단위당 표준원가가 완성품환산량 단위당 원가가 되기 때문이다.
2. **선입선출법을 적용해야 한다.[전기 성과와 당기 성과를 명확하게 구분하여야 한다.]**
3. **기초재공품원가와 당기발생원가는 역산해서 구한다.**

<예제 6-5> 표준종합원가계산

1. 제품 단위당 표준원가는 다음과 같다. 완성품원가와 기말재공품원가를 구하시오.

직접재료비	50원
직접노무비	9원
변동제조간접비	6원
고정제조간접비	15원
계	80원

2. 기초재공품 : 1,000개(가공비 진척도 40%)

3. 당기투입량 : 7,000개

4. 기말재공품 : 2,000개(가공비진척도 25%)

5. **재료비는 공정초에 투입되고 가공비는 공정전반에 걸쳐 균등하게 발생한다.**

해답

〈1단계〉 물량흐름파악(선입선출법) 〈2단계〉 완성품환산량 계산

선입선출법				재료비	가공비
기초재공품	1,000(40%)	완성품	6,000		
		-기초재공품	1,000(60%)	0	600
		-당기투입분	5,000(100%)	5,000	5,000
당기투입	7,000	기말재공품	2,000(25%)	2,000	500
계	8,000	계	8,000	**7,000**	**6,100**

〈3단계〉 원가요약

- 기초재공품원가(표준)	50,000[*2] +	12,000[*3]	= 62,000
역산[*1] ↑ - 당기제조원가(표준)	350,000[*4] +	183,000[*5]	= 533,000

〈4단계〉 완성품환산량당 단위원가(표준) @50(표준) @30(표준)

〈5단계〉 완성품원가와 기말재공품원가계산

- 완성품원가 (표준) = 6,000개 × @80 = 480,000원
- 기말재공품원가(표준) = 2,000개 × @50원 + 500개 × @30원 = 115,000원

*1. 4단계에서 역산하여 구한다.
*2. 1,000개 × @50
*3. 400개 × @30
*4. 7,000개 × @50
*5. 6,100개 × @30

연/습/문/제

객관식

01. 표준원가계산의 유용성과 한계점에 대한 내용이다. 가장 틀린 것은?

① 예산과 실제원가의 차이분석을 통하여 효율적인 원가통제의 정보를 제공한다.
② 표준원가를 이용하므로 제품원가계산과 회계처리가 신속 간편하다.
③ 과학적이고 객관적인 표준원가설정이 간단하여 시간과 비용이 절약된다.
④ 표준원가계산제도는 내부의사결정을 위한 제도로서 기업회계기준에서는 실제원가와 유사한 경우 사용할 수 있다.

02. 다음 괄호 안에 들어갈 알맞은 용어로 연결된 것은?

- (가)은 사전에 객관적이고 합리적인 방법에 의하여 산정한 원가를 이용하여 제조원가를 계산하는 경우에 적용한다.
- (나)은 동일 종류 또는 다른 종류의 제품을 연속하여 반복적으로 생산하는 생산형태에 적용한다.
- (다)은 원가요소의 실제발생액을 비목별 계산을 거쳐 원가부문별로 계산한 후 제품별로 제조원가를 집계한다.

	가	나	다
①	표준원가계산	실제원가계산	종합원가계산
②	실제원가계산	종합원가계산	표준원가계산
③	표준원가계산	종합원가계산	실제원가계산
④	실제원가계산	표준원가계산	종합원가계산

03. 다음 표준원가계산제도와 관련된 설명 중 틀린 것은?

① 종합원가계산제도에서 적용할 수 있다.

② 기말에 원가차이를 매출원가에서 조정할 경우 불리한 차이는 매출원가에서 차감하고 유리한 차이는 매출원가에 가산한다.

③ 원가발생의 예외를 관리하여 원가통제에 적절한 원가계산방법이다.

④ 직접재료원가 가격차이를 원재료 구입시점에서 분리하든 사용시점에서 분리하든 직접재료원가 능률차이에는 영향을 주지 않는다.

04. 다음 중 표준원가계산에 대한 설명으로 틀린 것은?

① 표준원가계산방법을 선택한 경우에는 실제원가와 상관없이 표준원가로 계산된 재고자산의 금액을 재무상태표 금액으로 결정하여야 한다.

② 표준원가계산은 사전에 객관적이고 합리적인 방법에 의하여 산정한 원가를 이용하되 그 표준원가는 회사 사정을 고려하여 현실적으로 달성가능하도록 설정하여야 한다.

③ 표준직접재료원가 설정시 표준소비가격은 과거 및 현재의 시장가격과 장래에 예측되는 가격동향 등 제반 경제적 여건을 고려하여 설정하여야 한다.

④ 표준원가계산시 표준원가와 실제발생원가의 차액인 원가차이는 원가계산 기간별로 산정하여야 한다.

05. 다음 중 표준원가계산제도와 관련된 설명 중 틀린 것을 모두 고르시오.

> ㉠ 원가발생의 예외에 의한 관리를 할 수 없다.
> ㉡ 직접재료원가차이를 원재료 구입시점에서 분리하든 사용시점에서 분리하든 직접재료원가 능률차이에는 영향을 미치지 않는다.
> ㉢ 기말에 원가차이를 매출원가에서 조정할 경우 불리한 차이는 매출원가에 가산하고 유리한 차이는 매출원가에 차감한다.
> ㉣ 제품의 완성량만 파악하면 표준원가를 산출할 수 있으므로 신속하게 원가정보를 제공할 수 있다.
> ㉤ 직접재료원가 능률차이 계산식은 (표준소비량-실제소비량)×실제가격으로 표현할 수 있다.

① ㉠, ㉡　　② ㉡, ㉢

③ ㉢, ㉣　　④ ㉠, ㉤

06. 표준원가계산과 차이분석에 대한 설명으로 잘못된 것은?

① 직접재료원가의 능률차이는 재료의 구입시점에서 인식하는 방법과 재료의 사용시점에서 인식하는 방법에 따라 결과가 다르게 나타난다.

② 직접노무원가의 가격차이(임률차이)는 실제직접노동시간 × (표준임률 - 실제임률)로 구할 수 있다.

③ 3분법에 따른 제조간접원가 차이분석에서는 고정제조간접원가 실제발생액과 변동제조간접원가 실제발생액을 합산하여 계산하므로, 각각의 금액을 반드시 구해야 하는 것은 아니다.

④ 고정제조간접원가는 능률차이는 항상 발생하지 않으며 예산차이와 조업도차이만 발생한다.

07. 다음 중 표준원가계산과 관련된 설명으로 가장 거리가 먼 것은 어느 것인가?

① 표준원가계산은 표준원가를 이용하여 원가계산을 하기 때문에 원가계산을 신속하게 할 수 있다.

② 표준원가계산은 예산과 실제원가를 기초로 차이를 분석하여 예외에 의한 관리를 통해 효율적인 원가통제가 가능하다.

③ 과학적이고 객관적인 표준원가를 설정하는 것이 쉽지 않고, 표준원가를 설정하는데 시간과 비용이 많이 든다.

④ 표준원가계산제도를 채택하면 실제원가와는 관계없이 언제나 표준원가로 계산된 재고자산이 재무제표에 보고되게 된다.

08. 다음 표준원가계산제도와 관련된 설명 중 틀린 것은?

① 제품의 완성량만 파악하면 표준원가를 산출할 수 있으므로 신속하게 원가정보를 제공할 수 있다.

② 기말에 원가차이를 매출원가에서 조정할 경우 불리한 차이는 매출원가에 가산하고 유리한 차이는 매출원가에서 차감한다.

③ 원가발생의 예외를 관리하여 원가통제에 적절한 원가계산방법이다.

④ 표준원가계산방법을 선택한 경우에는 실제원가와 상관없이 표준원가로 계산된 재고자산의 금액을 반드시 재무상태표 금액으로 결정하여야 한다.

주관식

01. 당월 직접노무원가발생액은 1,922,000원이며 이에 대한 실제작업시간은 6,200시간이었다. 당월에 제품 1,000개를 생산하였고, 제품단위당 표준작업시간이 6시간, 제품단위당 표준노무원가가 1,740원이라면 직접노무원가 시간차이(또는 능률차이)는 얼마인가?

02. 당기 중에 발생된 직접노무비 자료는 아래와 같다. 당기 중 실제직접노동시간을 계산하면?

- 표준직접노동시간 : 4,500시간
- 실제직접노무비 : 700,000원
- 표준임률 : 100원/시간
- 임률차이 : 50,000원(불리)

03. ㈜새나라의 5월 직접노무비 자료는 다음과 같다. 직접노무비 능률차이는?

- 직접노무비 임률차이 : 6,000원(불리)
- 노무비 총액 : 130,000원
- 실제직접노동시간 : 40,000시간
- 표준직접노동시간 : 41,000시간

04. (주)세정은 표준원가계산 제도를 채택하고 있다. 제품 10,000개를 생산하였을 경우 총 직접노동시간은 50,000시간으로 추정하고 있으며 표준임률은 시간당 1,000원이다. 당기 실제 제품 생산량은 12,000개였고, 실제 작업시간은 55,000시간이었다. 당기에 2,750,000원 만큼 불리한 임률차이가 발생하였다면 실제임률은 얼마이겠는가?

05. 표준원가계산을 적용하는 (주)LK전자의 20x1년 3월 중 재료비에 대한 원가자료는 다음과 같다. 재료비 가격차이(ⓐ)와 수량(능률)차이(ⓑ)는 얼마인가?

- 예상생산량 : 5,000단위
- 실제생산량 : 5,500단위
- 실제수량 : 160,000kg
- 실제단가 : 550원/kg
- 표준수량 : 30kg/단위
- 표준단가 : 520원/kg

06. 다음은 (주)로마의 20x1년 제조활동과 관련된 자료이다. (주)로마의 20x1년도 변동제조간접원가 능률차이는?

> • 단위당 표준 직접노무시간 : 3시간
> • 실제 직접노무시간 : 15,000시간
> • 생산된 제품단위 : 4,200개
> • 변동제조간접원가 표준 : 표준 직접노무시간당 5원
> • 실제변동제조간접원가 : 60,000원

07. 다음 자료에 의하여 표준원가계산을 적용하는 (주)정밀기계의 변동제조간접비 능률차이를 계산하면 얼마인가?

> (1) 제품단위당 표준원가자료
> 변동제조간접비 3시간 × @\500 = 1,500원
> (2) 당기 실제생산량 1,300단위에 대한 실제발생원가자료
> 변동제조간접비 2,080,000원(작업시간 4,200시간)

08. 제품 12,200단위가 생산될 때, 변동제조간접원가 38,720원과 고정제조간접원가 124,700원이 발생하였다. 변동제조간접비 표준원가배부율이 1.5원이고 고정제조간접비 표준원가는 120,000원이다. 표준배부율은 25,000기계시간을 기준으로 계산되었다. 제품 단위당 표준기계시간은 2시간이다. 총 24,200기계시간이 실제 발생하였다. 고정제조간접원가 조업도차이는 얼마인가?

09. 표준원가계산제도를 사용하여 제품원가를 계산할 경우 다음 자료를 이용하여 실제발생한 고정제조간접원가는 얼마인가?

> • 정상조업도 : 300단위
> • 실제생산량 : 250단위
> • 조업도차이 : 1,500원 불리
> • 예산생산량 : 220단위
> • 예산차이 : 2,500원 유리
> • 제품 단위당 고정제조간접비 배부율 : 30원

10. 표준원가계산제도하에서 표준원가와 실제원가간의 차이를 매출원가가감조정법을 적용한다고 할 경우 다음 자료를 이용하여 기말제품재고액을 계산하면 얼마인가?

구 분	실제발생원가	투입량기준변동예산	표준배부액 (산출량기준변동예산)
직 접 재 료 비	1,000,000원	900,000원	1,100,000원
노 무 비	1,000,000원	1,100,000원	900,000원
변동제조간접비	1,000,000원	1,200,000원	1,000,000원
고정제조간접비	1,000,000원	900,000원	1,200,000원
당기 완성된 제품은 100개이며 90개는 판매되었고 기초재고자산은 없다.			

11. 다음 자료에 의하여 표준원가계산 방법을 적용하는 (주)표준의 제조간접비 소비차이를 계산하면 얼마인가? 단, (주)표준은 제조간접비 차이를 소비차이, 능률차이, 조업도차이의 세 가지로 분석하고 있다.

- 직접노동시간당 배부율 : 변동제조간접비 30원, 고정제조간접비 200원
- 실제직접노동시간 : 8,200시간
- 표준직접노동시간 : 8,100시간
- 실제제조간접비 : 3,350,000원
- 고정제조간접비예산 : 3,200,000원

12. 다음 자료에 의하여 표준원가계산에 의한 월말 재공품원가를 계산하면 얼마인가?(단, 재료는 공정초기에 전량 투입되며, 주어진 자료 이외의 상황은 고려하지 않는다)

1. 제품단위당 표준원가
   - 직접재료원가 : 5kg × @200원 = 1,000원
   - 직접노무원가 : 3시간 × @600원 = 1,800원
   - 변동제조간접원가 : 3시간 × @400원 = 1,200원
   - 고정제조간접원가 : 3시간 × @100원 = 300원
2. 월초재공품은 없으며, 당월착수수량은 10,000단위이고, 당월완성수량은 8,000단위이며, 월말재공품의 완성도는 40%이다.

연/습/문/제 답안

객관식

1	2	3	4	5	6	7	8
③	③	②	①	④	①	④	④

[풀이-객관식]

01. 표준원가계산제도에 있어 표준원가 선정이 과학적이고 객관적으로 설정하기가 쉽지 않으며 표준원가를 설정하는데 상당한 시간과 비용이 소요된다.

03. **불리한 차이는 매출원가에 가산**하고 **유리한 차이는 매출원가에 차감**한다.

04. 표준원가법 등의 원가측정방법은 그러한 방법으로 **평가한 결과가 실제 원가와 유사한 경우에 편의상 사용**할 수 있다.

05. ㉠ 표준원가분석은 실제발생액을 집계하여 이를 표준과 비교하여 차이를 산출하고 구체적인 원인별로 차이를 분석할 수 있으므로 **원가발생의 예외에 의한 관리를 할 수 있다.**

㉤ 직접재료원가 능률차이 계산식은 (표준소비량-실제소비량)×표준가격으로 표현할 수 있다.

06. **직접재료원가의 능률차이**는 재료의 구입시점에서 인식하든 재료의 사용시점에서 인식하든 **항상 동일하다.**

07. 표준원가와 실제원가가 상당한 차이가 있는 경우에는 표준원가를 실제의 상황에 맞게 조정하여야 한다.

08. 표준원가법 등의 원가측정방법은 그러한 방법으로 **평가한 결과가 실제 원가와 유사한 경우에 편의상 사용**할 수 있다.

주관식

01	58,000(불리한 차이)	02	6,500시간	03	3,100(유리한 차이)
04	1,050	05	ⓐ 4,800,000(불리) ⓑ 2,600,000(유리)	06	12,000(불리)
07	150,000(불리)	08	2,880(불리)	09	6,500
10	420,000	11	96,000(유리)	12	4,640,000

[풀이-주관식]

01. ***AQ, AP, SQ, SP를 구하는게 표준원가의 핵심입니다.***

AQ	AP	SQ	SP
6,200시간	?(310원/시간)	1,000개×6 =6,000시간	1,740원/6시간 =290원
1,922,000원		–	

AQ × AP(Ⓐ)
6,200시간 × **AP**
= 1,922,000원

AQ × SP(Ⓑ)
6,200시간 × 290원
= 1,798,000원

SQ × SP(Ⓒ)
1,000개×6시간 × 290원
= 1,740,000원

가격차이(Ⓐ - Ⓑ)

능률(시간)차이(Ⓑ – Ⓒ)?= 58,000원(불리)

02.

AQ	AP	SQ	SP
?	?	4,500시간	100원/시간
700,000원		–	

AQ × AP(Ⓐ)
? × AP
= 700,000원

AQ × SP(Ⓑ)
6,500시간 × 100원/시간
= 650,000원

SQ × SP(Ⓒ)

가격(임률)차이(Ⓐ - Ⓑ)= 50,000(불리)

능률차이(Ⓑ - Ⓒ)

03.

AQ	AP	SQ	SP
40,000시간	?(3.25원)	41,000시간	?
130,000원		–	

AQ × AP(Ⓐ)
130,000원

AQ × SP(Ⓑ)
40,000시간 × **3.1원/시간**
= 124,000원

SQ × SP(Ⓒ)
41,000시간 × **3.1원/시간**
= 127,100원

가격(임률)차이(Ⓐ - Ⓑ)= 6,000(불리)

능률차이(Ⓑ – Ⓒ)?= △3,100(유리)

04.

AQ	AP	SQ	SP
55,000시간	?	?	1,000원/시간

AQ × AP(Ⓐ)	AQ × SP(Ⓑ)	SQ × SP(Ⓒ)
55,000시간 × **?(1,050원)** = 57,750,000원	55,000시간 × 1,000원 = 55,000,000원	

가격(임률)차이(Ⓐ - Ⓑ)= 2,750,000(불리) **능률차이(Ⓑ - Ⓒ)?**

05.

AQ	AP	SQ	SP
160,000kg	550원/kg	5,500단위×30kg =165,000	520원/kg
?(88,000,000원)		?(85,800,000원)	

AQ × AP(Ⓐ)	AQ × SP(Ⓑ)	SQ × SP(Ⓒ)
160,000kg × 550원 = 88,000,000원	160,000kg × 520원 = 83,200,000원	165,000kg × 520원 = 85,800,000원

가격차이(Ⓐ - Ⓑ)= 4,800,000(불리) **능률차이(Ⓑ - Ⓒ)= △2,600,000(유리)**

06.

AQ	AP	SQ	SP
15,000시간	?(4원/시간)	4,200개×3시간 =12,600시간	5원/시간
60,000원		?	

AQ × AP(Ⓐ)	AQ × SP(Ⓑ)	SQ × SP(Ⓒ)
	15,000시간 × 5원 = 75,000원	12,600시간 × 5원 = 63,000원

능률차이(Ⓑ - Ⓒ)= 12,000(불리)

07.

AQ	AP	SQ	SP
4,200시간	?	1,300단위×3시간 =3,900시간	500원/시간
2,080,000원		?(1,950,000)	

AQ × AP(Ⓐ)	AQ × SP(Ⓑ)	SQ × SP(Ⓒ)
	4,200시간 × 500원 = 2,100,000원	3,900시간 × 500원 = 1,950,000원

능률차이(Ⓑ - Ⓒ)?
= 150,000(불리)

08. SP = 고정제조간접비예산/기준조업도 = 120,000원/25,000기계시간 = 4.8/기계시간

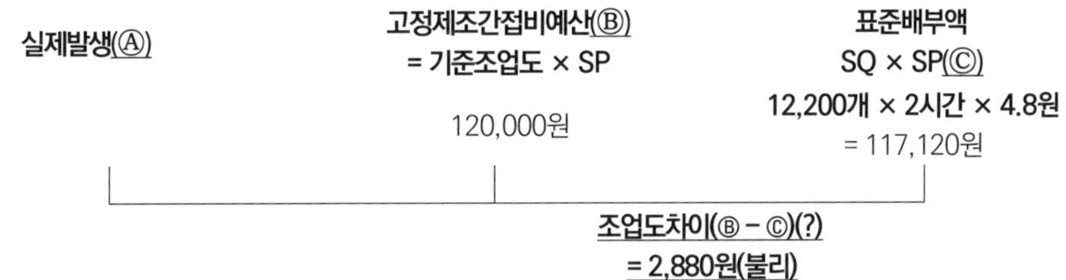

09.

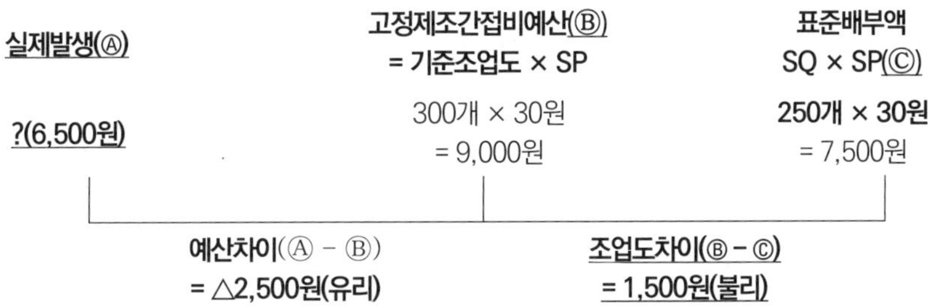

10. 제품제조원가 = 표준배부액 = 4,200,000원

단위당 제품원가 = 4,200,000원/100개 = 42,000원/개

원가차이를 매출원가가감조정법을 사용하므로 기말제품재고자산에는 영향을 미치지 않는다.

따라서 기말제품재고액은 42,000 × 10개 = 420,000원이 된다.

11. 변동제조간접비(AQ × SP) = 8,200시간 × 30원 = 246,000원

고정제조간접비예산 = 3,200,000원

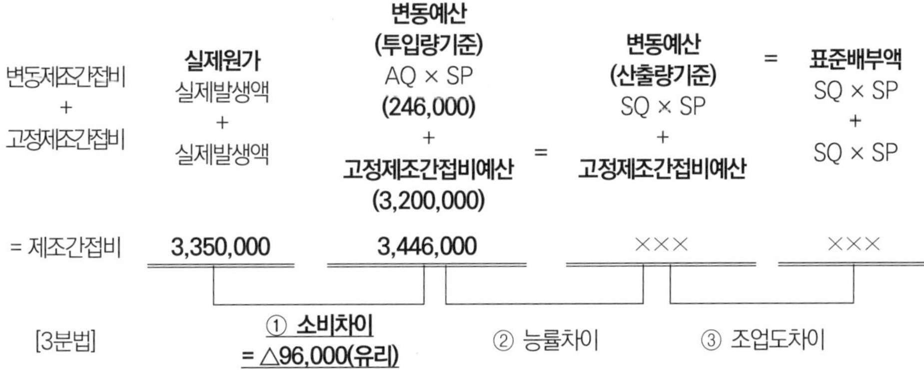

12. 표준종합원가계산은 환산량단위당원가를 계산할 필요가 없다.

〈1단계〉 물량흐름파악 〈2단계〉 완성품환산량 계산

	선입선출법		재료비	가공비
	완 성 품	8,000	8,000	8,000
	기말재공품	2,000(40%)	2,000	800
	계	10,000	10,000	8,800

기말재공품원가 = 기말재공품재료원가 + 기말재공품 가공원가

= <u>2,000개×1,000원(표준)+800개×(1,800원+1,200원+300원 : 표준)</u> = <u>4,640,000원</u>

Part III

부가가치세

Chapter

부가가치세의 기본개념 1

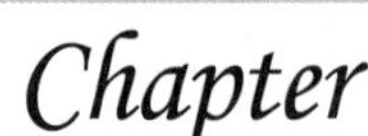

Login

NCS세무 - 3 부가가치세 신고

제1절 부가가치세의 특징

구 분	내 용
일반 소비세	원칙적으로 모든 재화 또는 용역의 공급에 대하여 모두 과세하는 일반소비세이다 **(특정 재화는 개별소비세).**
소비형 부가가치세	소비지출에 해당하는 부가가치만을 과세대상으로 한다.
전단계 세액공제법	부가가치세법은 전단계세액공제법을 채택하고 있으므로 과세대상을 부가가치가 아니라 거래(즉 재화 또는 용역의 공급과 재화의 수입)간의 매출과 매입의 차이에 과세하는 것으로 규정하고 있다.
간접세	납세의무자는 부가가치세법상 사업자 등이고 담세자는 최종소비자이다.
소비지국 과세원칙	현행 부가가치세법에서는 국가 간의 이중과세를 조정하기 위하여 소비지국과세원칙을 채택하고 있다(VS 생산지국 과세원칙).
면세제도 도입	세부담의 역진성을 완화하기 위하여 특정 재화 또는 용역의 공급에 대해서는 부가가치세 과세대상에서 제외시키는 면세제도를 두고 있다. ☞ 세부담 역진성: 소득이 낮은 사람이 세부담을 더 많이 지는 것을 의미한다.
다단계거래세	부가가치세는 재화와 용역의 생산과정에서 소비과정에 이르는 모든 유통단계에서 각 단계마다 과세하는 다단계거래세이다.

제2절 납세의무자

1. 납세의무자의 개요

부가가치세의 납세의무자는 사업자이고, 부가가치세의 부담은 최종소비자가 지게 되는 것이다.

2. 사업자

(1) 사업자의 개념

사업자란 영리목적의 유무에 불구(국가나 지방자치단체 등도 포함)하고 사업상 독립적으로 재화 또는 용역을 공급하는 자이다.

㉠ **계속 반복적으로 재화나 용역을 공급**한다.

㉡ **사업이 독립성(인적, 물적)**이 있어야 한다.

(2) 사업자의 분류

유 형		구 분 기 준	부가가치세 계산구조	증빙발급
부가가치세법	일반과세자	① 법인사업자	**매출세액 – 매입세액**	**세금계산서**
		② 개인사업자		
	간이과세자	개인사업자로서_**직전 1역년의 공급대가가 8,000만원에 미달**하는 자	**공급대가×부가가치율×10%**	세금계산서[*1] 또는 영수증
소득세법	면세사업자	부가가치세법상 사업자가 아니고 소득세법(법인세법)상 사업자임.	납세의무 없음	계산서

*1. 직전연도 공급대가 합계액의 4,800만원이상의 간이과세자는 세금계산서를 발급해야 한다.

제3절 납세지(사업장별 과세원칙)

1. 납세지의 개념

부가가치세법상 납세지는 사업장별로 판정한다. 사업자는 각 사업장별로 다음과 같은 납세의무의 이행을 하여야 한다.

① 사업자등록

② 세금계산서의 발급 및 수취

③ 과세표준 및 세액의 계산

④ 신고 · 납부 · 환급

⑤ 결정 · 경정 및 징수

☞ 결정 : 법인이 무신고시 과세관청이 납세의무를 확정하는 것
경정 : 법인이 신고한 금액에 오류가 있어 과세관청이 재확정하는 것

2. 사업장

(1) 사업장의 범위 : **업종별 특성을 이해하세요.**

구 분	사 업 장
광업	광업사무소의 소재지
제조업	최종제품을 완성하는 장소
건설업 · 운수업과 부동산매매업	① 법인 : 당해 **법인의 등기부상 소재지**
	② 개인 : **업무를 총괄하는 장소**
부동산임대업	당해 부동산의 등기부상의 소재지
수자원개발사업	그 사업에 관한 업무를 총괄하는 장소
무인자동판매기를 통한 사업	**그 사업에 관한 업무를 총괄하는 장소**
비거주자 · 외국법인	국내사업장
기타	사업장 외의 장소도 사업자의 신청에 의하여 사업장으로 등록할 수 있다. 다만, 무인자동판매기를 통한 사업의 경우에는 그러하지 아니하다.

(2) 특수한 경우의 사업장 여부

직 매 장	사업장에 해당
하 치 장	사업장에 해당하지 않음
임시사업장	기존 사업장에 포함됨

3. 주사업장 총괄납부 및 사업자단위과세

(1) 주사업장 총괄납부제도의 개념

한 사업자가 2 이상의 사업장을 가지고 있는 경우 원칙적으로 각 사업장별로 납세의무가 있다.

사업자는 주사업장 총괄납부신청에 의해 각 **사업자의 납부세액 또는 환급세액을 통산하여 주된 사업장에서 납부하거나 환급받을 수 있는데**, 이를 주사업장 총괄납부라 한다.

(2) 사업자 단위의 과세제도의 개념

2 이상의 사업장이 있는 사업자가 당해 사업자의 본점 또는 주사무소에서 총괄하여 **신고·납부할** 수 있다. 이 경우 당해 사업자의 본점 또는 주사무소는 신고·납부와 관련한 부가가치세법의 적용에 있어서 각 사업장으로 간주하므로 **납부 이외에 신고도 본점 또는 주사무소에서 총괄하여 처리할 수 있다는 점이 중요한 차이점**이다.

〈주사업장총괄납부와 사업자단위 과세의 비교〉

구 분	주사업장총괄납부	사업자단위과세
주사업장 또는 사업자단위과세사업장	- 법인 : 본점 또는 지점 - 개인 : 주사무소	- **법인 : 본점** - 개인 : 주사무소
효 력	- 총괄납부	- 총괄신고·납부 - 사업자등록, 세금계산서발급, 결정 등
	- 판매목적 타사업장 반출에 대한 공급의제 배제	
신청 및 포기	**- 계속사업자의 경우 과세기간 개시 20일전 (승인사항이 아니다)**	

☞ 단일사업장인 단위과세사업자가 신규사업장 개설(사업개시일부터 20일 이내 변경등록신청)시 즉시 사업자단위과세·주사업장 총괄납부신청 가능

제4절 과세기간

1. 과세기간

부가가치세법상 과세기간은 원칙적으로 제1기(1.1~6.30), 제2기(7.1~12.31)로 나누어져 있다. 사업자는 **과세기간 종료일(폐업하는 경우에는 폐업일이 속하는 달의 말일)로부터 25일 이내에 과세기간의 과세표준과 세액을 신고·납부**를 해야 하는 데 이를 확정신고납부라고 한다.

구 분	과 세 기 간	
일반사업자	(제1기) 1월 1일부터 6월 30일까지	☞ 간이과세자는 1기로서 1.1~12.31이다.
	(제2기) 7월 1일부터 12월 31일까지	
신규사업자	① 신규사업자의 경우 : 사업개시일 ~ 당해 과세기간의 종료일	
	② 사업개시 전 등록의 경우 : 등록일(등록신청일) ~ 당해 과세기간의 종료일	
폐 업 자	① 폐업자의 경우 : 당해 과세기간 개시일*1 ~ 폐업일**(폐업일이 속하는 달의 다음달 25일까지 신고납부)**	
	② 사업개시 전에 등록한 후 사업을 미개시한 경우 : 등록일(등록신청일) ~ 사실상 그 사업을 개시하지 아니하게 되는 날	

*1. 사업개시일

제조업	제조장별로 재화의 제조를 개시하는 날
광 업	사업장별로 광물의 채취·채광을 개시하는 날
기 타	재화 또는 용역의 공급을 개시하는 날

2. 예정신고기간

부가가치세법은 각 과세기간마다 예정신고기간을 설정하여 사업자에게 예정신고기간에 대한 과세표준과 세액을 **예정신고기한이 종료되는 날로부터 25일 이내에 신고·납부**하도록 하여야 하는데 이를 예정신고납부라 한다.

구 분	예정신고기간
일반사업자	(제1기) 1월 1일부터 3월 31일까지
	(제2기) 7월 1일부터 9월 30일까지
신규사업자	1) 신규사업자의 경우 : 사업개시일 ~ 예정신고기간 종료일
	2) 사업개시 전 등록의 경우 : 등록일(등록신청일) ~ 예정신고기간의 종료일

제5절 사업자등록

1. 사업자등록의 신청

사업자등록을 하고자 하는 자는 사업장마다 **사업개시일로부터 20일 이내**에 사업장 관할세무서장에게 등록하여야 한다.

구 분	첨부서류	예 외
법 인	법인 등기부 등본	사업개시 전 등록 : 법인설립 등기 전에 등록 시 발기인의 주민등록등본
법령에 의하여 허가를 받거나 등록 또는 신고를 하여야 하는 사업의 경우	사업허가증사본 · 사업등록증 사본 또는 신고필사본	사업개시 전 등록 : 사업허가신청서 사본, 사업등록신청서 사본, 사업계획서
사업장을 임차한 경우	임대차계약서사본	

☞ **사업자등록신청을 받은 세무서장은 그 신청내용을 조사한 후 <u>사업자등록증을 2일 이내에 신청자에게 발급</u>하여야 한다.**

〈사업자등록 미행시 불이익〉

1. 미등록가산세	**<u>사업자등록신청일 전일까지의 공급가액에 대하여 1%</u>**
2. 매입세액불공제	사업자등록 전 매입세액은 원칙적으로 공제받을 수 없다. 다만 과세기간이 끝난 후 20일 이내에 사업자 등록신청 시 해당 과세기간의 매입세액은 공제받을 수 있다. 따라서 사업자 등록 전에는 **<u>대표자의 주민등록번호분으로 세금계산서를 발급</u>**받아야 매입세액을 공제받을 수 있다.

2. 사업자등록의 사후관리

(1) 사업자등록증의 정정신고 및 재교부

사업자가 다음에 해당하는 경우에는 지체 없이 사업자등록정정신고서에 사업자등록증 및 임차한 상가건물의 해당 부분의 도면(임대차의 목적물 또는 그 면적의 변경이 있거나 상가건물의 일부분을 임차 갱신하는 경우에 한함)을 첨부하여 관할세무서장에게 제출하며, 사업자등록의 정정신고를 받은 세무서장은 법정기한 내에 경정내용을 확인하고 사업자등록증의 기재사항을 정정하여 등록증을 재교부한다.

사업자등록 정정사유	재교부기한
∴ **상호를 변경하는 때**	**당일**
∴ 법인 또는 국세기본법에 의하여 법인으로 보는 단체 외의 단체 중 소득세법상 1거주자로 보는 단체의 대표자를 변경하는 때	2일 이내
∴ **상속(증여는 폐업사유임)**으로 인하여 사업자의 명의가 변경되는 때	
∴ 임대인, 임대차 목적물 · 그 면적, 보증금, 차임 또는 임대차기간의 변경이 있거나 새로이 상가건물을 임차한 때	
∴ 사업의 종류에 변동이 있는 때	
∴ 사업장(사업자 단위 신고 · 납부의 경우에 종된사업장 포함)을 이전하는 때	
∴ 공동사업자의 구성원 또는 출자지분의 변경이 있는 때	
∴ 사업자 단위 신고 · 납부의 승인을 얻은 자가 총괄사업장을 이전 또는 변경하는 때	

(2) 휴업 · 폐업 등의 신고

사업자가 휴업 또는 폐업하거나 사업개시 전에 등록한 자가 사실상 사업을 개시하지 아니하게 되는 때에는 휴업(폐업)신고서에 사업자등록증과 주무관청에 폐업신고를 한 사실을 확인할 수 있는 서류의 사본을 첨부하여 관할세무서장에게 제출한다.

Chapter 2

과세거래

NCS세무 - 3 부가가치세 신고

부가가치세법상 과세대상, 즉 과세거래는 다음과 같이 규정하고 있다.

① **재화의 공급** ② **용역의 공급**
③ **재화의 수입(개인도 과세됨)**

제1절 재화의 공급

1. 재화의 개념

재화란 재산적 가치가 있는 모든 유체물과 무체물을 말한다. 다만, 유체물 중 그 자체가 소비의 대상이 되지 아니하는 수표·어음·주식·채권 등의 유가증권은 재화에 포함되지 아니한다.

구 분	구 체 적 범 위
유체물	상품, 제품, 원료, 기계, 건물과 기타 모든 유형적 물건
무체물	가스, 전기, 동력, 열, 기타 관리할 수 있는 자연력 또는 특허권, 실용신안권, 어업권 등 재산적 가치가 있는 유체물 이외의 모든 것

2. 공급의 범위

(1) 재화의 실지공급

구 분	내 용
계약상의 원인	① 매매계약 : 현금판매 · 외상판매 · 할부판매 · 장기할부판매 · 조건부 및 기한부판매 · 위탁판매 기타 매매계약에 의하여 재화를 인도 · 양도하는 것
	② 가공계약
	③ 교환계약
	④ 현물출자 등 : 기타 계약상의 원인에 의하여 재화를 인도 · 양도하는 것
법률상의 원인	경매 · 수용 기타 법률상 원인에 의하여 재화를 인도 · 양도하는 것 * 소정법률에 따른 공매 · 경매 및 일정한 수용은 재화의 공급으로 보지 않는다.

(2) <u>재화의 공급으로 보지 아니하는 경우</u>

구 분	내 용
① 담보제공	질권 · 저당권 또는 양도담보의 목적으로 동산 · 부동산 · 부동산상의 권리를 제공하는 것. 다만, 재화가 채무불이행 등의 사유로 사업용자산인 담보물이 인도되는 경우에는 재화의 공급으로 본다. ☞ 양도담보: 채권담보의 목적으로 담보물의 소유권을 채권자에게 이전하고, 채무자가 변제하지 않으면 채권자가 그 목적물로부터 우선변제를 받게 되나, 채무자가 변제시 목적물을 그 소유자에게 반환하는 것을 말한다.
② 사업의 포괄적 양도	사업장별로 그 사업에 관한 모든 권리와 의무를 포괄적으로 승계시키는 사업의 양도는 재화의 공급으로 보지 않는다.
③ 조세의 물납	사업자가 사업용 자산을 상속세 및 증여세법, 지방세법 및 종합부동산세법의 규정에 의하여 물납을 하는 것은 재화의 공급으로 보지 않는다.
④ 신탁재산*1	㉠ 위탁자로부터 수탁자에게 신탁재산을 이전시 ㉡ 신탁의 종료로 인하여 수탁자로부터 위탁자에게 신탁재산을 이전시 ㉢ 수탁자가 변경되어 새로운 수탁자에게 신탁재산을 이전하는 경우
⑤ 공매/강제경매	국세징수법에 의한 공매, 민사집행법의 강제경매에 의하여 재화를 인도 · 양도하는 것은 과세되는 재화의 공급으로 보지 않는다.
⑥ 수용시 받는 대가	법률등에 따른 수용절차에 있어서 수용대상인 재화의 소유자가 그 재화에 대한 대가를 받는 경우에는 재화의 공급으로 보지 아니한다.

***1. 수탁자가 위탁자로부터 이전받아 신탁목적에 따라 관리하고 처분할 수 있는 재산**

(3) 재화의 간주공급(무상공급)

구　분	내　용
① 자가공급	㉠ 면세사업에 전용
	㉡ 비영업용 소형승용차 또는 그 유지에의 전용
	㉢ 판매목적 타 사업장에의 반출 : **다만 주사업장총괄납부 또는 사업자단위 과세의 경우 공급의제를 배제한다.**
② 개인적 공급	**작업복, 작업모, 작업화, 직장체육비, 직장문화비(실비변상 또는 복지후생적 목적), 연간 10만원 이하 경조사와 인당 연간 10만원 이하의 명절·기념일 등과 관련된 재화공급은 과세 제외**
③ 사업상 증여	**예외 : 다음에 해당하는 경우에는 사업상 증여로 보지 않는다.** ① 증여하는 재화의 대가가 주된 거래인 재화공급의 대가에 포함되는 것 (=부수재화) ② 사업을 위하여 대가를 받지 아니하고 다른 사업자에 인도하는 견본품 ③ 불특정다수인에게 광고선전물을 배포하는 것 ④ **당초 매입세액이 공제되지 않은 것** ⑤ **법에 따라 특별재난지역에 무상공급하는 물품** ⑥ 자기적립마일리지*등으로만 전액을 결제받고 공급하는 재화 (* 재화등을 공급하고 마일리지를 적립해준 사업자에게서 구입할 때에만 사용할 수 있는 마일리지)
④ 폐업시 잔존재화	또한, 사업개시 전에 등록한 경우로서 사실상 사업을 개시하지 아니하게 되는 때에도 동일하다

〈재화의 간주공급〉 

구　분		공급시기	과세표준
1. 자가공급	① 면세사업에 전용	**사용·소비되는 때**	**시가**
	② 비영업용승용자동차와 그 유지를 위한 재화		
	③ 판매목적 타사업장 반출	**반출하는 때**	**취득가액 (+가산)**
2. 개인적공급		**사용·소비되는 때**	**시가**
3. 사업상증여		**증여하는 때**	
4. 폐업시 잔존재화		**폐업하는 때**	

☞ *당초매입세액 불공제시 공급의제 배제(예외: 직매장반출)*

제2절 용역의 공급

용역이란 재화 이외의 재산적 가치가 있는 모든 역무 및 그 밖의 행위를 말한다.

1. 공급의 범위

(1) 용역의 실지공급

① 역무를 제공하는 것(인적용역의 공급)

② 재화·시설물을 사용하게 하는 것(부동산임대)

[**전·답, 과수원의 임대와 공익사업관련 지역권등 대여는 제외**]

③ 권리를 사용하게 하는 것(권리의 대여 : 특허권의 대여)

〈가공계약〉 

용역의 공급	재화의 공급
상대방으로부터 인도받은 재화에 대하여 **자기가 주요자재를 전혀 부담하지 않고** 단순히 가공만 하여 주는 것	자기가 주요자재의 **전부 또는 일부를 부담하고** 상대방으로부터 인도받은 재화에 공작을 가하여 새로운 재화를 만드는 것
☞ **예외(건설업) : 건설업자가 건설자재의 전부 또는 일부를 부담하는 경우에도 용역의 공급으로 본다.**	

(2) 용역의 간주공급

① 자가공급

사업자가 자기의 사업을 위하여 직접 용역을 무상공급하여 다른 동업자와의 과세형평이 침해되는 경우로서 기획재정부령이 정하는 용역에 대하여는 자기에게 용역을 공급하는 것으로 본다. 그러나 현재 기획재정부령이 별도로 규정한 사항은 없으므로 용역의 자가공급은 현실적으로 과세되지 않는다.

② 무상공급

대가를 받지 않고 타인에게 용역을 공급하는 것은 용역의 공급으로 보지 않는다.

다만, 특수관계자간 부동산 무상임대용역은 과세한다.

제3절 재화의 수입

재화의 수입이란 다음에 해당하는 물품을 우리나라에 반입하는 것(보세구역을 거치는 것은 보세구역에서 반입하는 것)을 말한다.

① 외국으로부터 우리나라에 도착된 물품(외국의 선박에 의하여 공해에서 채집되거나 잡힌 수산물을 포함한다)으로서 수입신고가 수리되기 전의 것

② 수출신고가 수리된 물품[수출신고가 수리된 물품으로서 선적되지 아니한 물품을 보세구역에서 반입하는 경우는 제외한다]

보세구역 

참고

보세구역이란 우리나라의 영토 중 관세의 부과를 유예한 일정구역을 말한다.
따라서 외국으로부터 재화가 보세구역으로 반입된 시점에서는 수입으로 보지 아니하고, 보세구역에서 반출된 시점에 수입으로 본다.

1. 외국 → 보세구역(A사업자)	**수입으로 보지 아니함.**
2. 보세구역(A사업자) → 보세구역(B사업자) 3. 보세구역외(C사업자) → 보세구역(A사업자)	재화 또는 용역의 공급
4. 보세구역(B사업자) → 보세구역외(D사업자)	**재화의 수입**

재화의 수입시 세관장이 공급가액 중 관세가 과세되는 부분에 대하여는 부가가치세를 거래징수하고 수입세금계산서를 발급해야 한다.

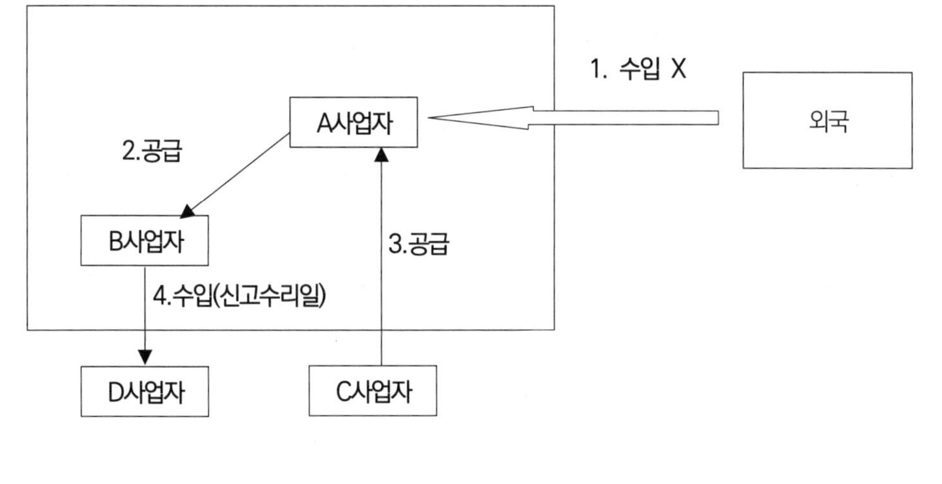

제4절 거래시기(= 공급시기)

1. 재화의 공급시기

(1) 원칙

구 분	공급시기
① 재화의 이동이 필요한 경우	재화가 인도되는 때
② 재화의 이동이 필요하지 아니한 경우	재화가 이용가능하게 되는 때
③ 위의 규정을 적용할 수 없는 경우	재화의 공급이 확정되는 때

(2) 구체적 재화의 공급시기

① 일반적인 경우

구 분	재화의 공급시기
현금판매 · 외상판매 또는 할부판매	재화가 인도되거나 이용가능하게 되는 때
반환조건부 · 동의조건부 · 기타 조건부 판매	그 조건이 성취되어 판매가 확정되는 때
☞ 반환조건부(반품조건부) 판매: 재화의 인도시점에서 일정기간 이내에 재화를 반품할 수 있는 조건을 붙여서 판매하는 것	
기한부 판매	기한이 경과되어 판매가 확정되는 때
재화의 공급으로 보는 가공의 경우	가공된 재화를 인도하는 때
자가공급(면세전용,비영업용소형승용차 유지등) **개인적공급**	**재화가 사용 · 소비되는 때**
자가공급(판매목적 타사업장 반출)	**재화를 반출하는 때**
사업상증여	재화를 증여하는 때
폐업시 잔존재화	**폐업하는 때(폐업신고일 X)**
무인판매기에 의한 공급	무인판매기에서 현금을 인취하는 때
사업자가 보세구역 내에서 보세구역 외의 국내에 재화를 공급하는 경우	당해 재화가 수입재화에 해당하는 때에는 수입신고수리일

구 분		재화의 공급시기
수출재화	**내국물품의 국외반출 · 중계무역방식의 수출**	**수출재화의 선적일(또는 기적일)**
	원양어업 · 위탁판매수출	수출재화의 공급가액이 확정되는 때
	위탁가공무역방식의 수출 · 외국인도수출	외국에서 당해 재화가 인도되는 때
	☞ 중계무역방식수출: 외국으로부터 수입한 물품을 보세구역 이외의 국내에 반입하는 것을 금지하고 수출하는 것(수입신고가 수리되기 전의 물품으로서 보세구역에 보관하는 물품을 외국으로 반출하는 것도 포함) 위탁판매수출: 물품을 무환(무상)수출하여 해당 물품이 판매된 범위 안에서 대금을 결제하는 계약에 의한 수출 위탁가공무역(임가공무역)방식수출: 원료의 전부 또는 일부를 외국에 수출하거나 외국에서 조달하여 이를 가공한 후 가공물품을 수입하거나 제 3국에 수출하는 무역형태 외국인도수출: 수출대금은 국내에서 영수하지만 국내에서 통관되지 아니한 수출물품을 외국으로 인도하는 수출	

② 기타의 경우

구 분	요 건	공급시기
장기할부판매	• 재화를 공급하고 2회 이상으로 분할하여 대가를 받고 • 당해 재화의 인도일의 다음날부터 최종 부불금 지급기일까지의 기간이 1년 이상인 것	**대가의 각 부분을 받기로 한 때**
완성도기준지급	재화의 제작기간이 장기간을 요하는 경우에 그 진행도 또는 완성도를 확인하여 그 비율만큼 대가를 지급하는 것	
중간지급조건부	재화가 인도되기 전 또는 이용가능하게 되기 전에 계약금 이외의 대가를 분할하여 지급하고, 계약금 지급일로부터 잔금지급일까지의 기간이 6개월 이상인 경우	
계속적 공급	전력 기타 공급단위의 구획할 수 없는 재화의 계속적 공급하는 경우	

☞ 완성도기준지급 및 중간지급조건부의 경우 재화인도일, 용역완료일 이후에 받는 대가는 재화의 인도시점, 용역제공의 완료시점이 공급시기이다.

2. 용역의 공급시기

(1) 원칙

용역의 공급시기는 역무가 제공되거나 재화 · 시설물 또는 권리가 사용되는 때로 한다.

(2) 거래형태별 용역의 공급시기

구	분	공급시기
일반적	① 통상적인 공급의 경우(할부판매 포함)	역무의 제공이 완료되는 때
	② 완성도기준지급 · 중간지급조건부 · 장기할부 또는 기타 조건부 용역공급, 공급단위를 구획할 수 없는 용역의 계속적 공급의 경우	대가의 각 부분을 받기로 한 때
	③ 위의 규정을 적용할 수 없는 경우	역무제공이 완료되고 그 공급가액이 확정되는 때
특수	① **부동산임대보증금에 대한 간주임대료**	**예정신고기간 종료일 또는 과세기간 종료일**
	② 2 과세기간 이상에 걸쳐 부동산임대용역을 공급하고 그 대가를 선불 또는 후불로 받는 경우에 월수에 따라 안분 계산한 임대료	

3. 공급시기의 특례

구 분	공 급 시 기
폐업시	폐업 전에 공급한 재화 또는 용역의 공급시기가 폐업일 이후에 도래하는 경우에는 그 **폐업일**을 공급시기로 한다.
세금계산서 선발급시	**재화 또는 용역의 공급시기가 되기 전**에 재화 또는 용역에 대한 **대가의 전부 또는 일부를 받고, 그 받은 대가에 대하여 세금계산서 또는 영수증을 발급하면 그 세금계산서 등을 발급하는 때**를 각각 그 재화 또는 용역의 공급시기로 본다.
	공급시기가 도래하기 전에 대가를 받지 않고 세금계산서 또는 영수증을 발급하는 경우에도 그 발급하는 때를 재화 또는 용역의 공급시기로 본다. ① 장기할부판매 ② 전력 기타 공급단위를 구획할 수 없는 재화 또는 용역을 계속적으로 공급하는 경우
	2. 예외 ① 사업자가 재화 또는 용역의 공급시기 이전에 세금계산서를 발급하고 그 세금계산서 발급일로부터 **7일 이내에 대가를 지급받는 경우**에는 그 발급하는 때를 세금계산서 발급시기로 본다. ② 위 '①'의 규정에도 불구하고 일정요건을 충족하는 경우 세금계산서를 발급 받은 후 7일 경과 후 대가를 지급하더라도 그 발급받은 때를 세금계산서의 발급시기로 본다.

제5절 거래 장소(과세권의 판정기준)

구 분		공급장소
재화의 공급장소	① 재화의 이동이 필요한 경우	재화의 이동이 개시되는 장소
	② 재화의 이동이 필요하지 아니한 경우	재화의 공급시기에 재화가 소재하는 장소
용역의 공급장소	① 원칙	역무가 제공되거나 재화 · 시설물 또는 권리가 사용되는 장소
	② 국내외에 걸쳐 용역이 제공되는 국제운송의 경우에 사업자가 비거주자 또는 외국법인일 때	여객이 탑승하거나 화물이 적재되는 장소
	③ 전자적 용역*1	용역을 공급받는 자의 사업장 소재지 · 주소지 · 거소지

*1. 이동통신단말장치 또는 컴퓨터 등에 저장되어 구동되거나, 저장되지 아니하고 실시간으로 사용할 수 있는 것(게임, 동영상파일, 소프트웨어 등 저작물 등으로 전자적 방식으로 처리하여 음향 및 영상 등의 형태로 제작된 것)

영세율과 면세

Chapter 3

로그인 전산세무 1급

Login

NCS세무 - 3 부가가치세 신고

제1절 영세율

1. 영세율의 취지

(1) 이중과세의 방지(**소비지국과세원칙**)

(2) 외화획득 장려

2. 영세율의 적용대상자

(1) 과세사업자(간이과세자 포함)

(2) 상호면세주의

외국에서 대한민국의 거주자 또는 내국법인에게 동일한 면세를 하는 경우에 한하여 비거주자 또는 외국법인인 사업자에게 영의 세율을 적용한다.

3. 영세율의 적용대상

(1) 수출하는 재화

직수출, 내국신용장 · 구매확인서에 의한 공급, 한국국제협력단[*1]에 공급하는 재화, 법정요건에 의하여 공급하는 수탁가공재화

*1. 외교부 산하기관으로 정부차원의 대외무상협력사업을 전담하는 준정부기관

① 직수출의 재화 범위

내국물품 외국 반출 : 수출업자가 자기 명의와 계산으로 내국물품을 외국으로 반출

② 내국신용장(Local L/C) · 구매확인서 등에 의한 공급(간접수출 또는 국내수출)

(2) 국외에서 제공하는 용역

국외에서 제공하는 용역이란 용역의 제공장소가 국외인 용역을 말한다(예 : 해외건설용역). 이 경우 영세율 적용과 관련하여 거래상대방, 대금결제 방법에 불구하고 영세율을 적용한다.

(3) 선박 · 항공기의 외국항행용역

국내에서 국외로, 국외에서 국내로 또는 국외에서 국외로 수송하는 것

(4) 기타 외화를 획득하는 재화 또는 용역

국내거래이지만 그 실질이 수출 등과 동일한 것이거나 외화획득이 되는 거래

구　분	비　고
1. 국내에서 비거주자 또는 외국법인에게 공급하는 일정한 재화 또는 용역	대금을 외국환은행에서 원화로 받는 것에 한함.
2. 법소정 수출재화임가공용역	**수출업자와 직접 도급계약에 의해 수출재화를 임가공하는 용역**
3. 외국을 항행하는 선박 및 항공기 또는 원양어선에 공급하는 재화 또는 용역	
4. 우리나라에 상주하는 외교공관과 이에 준하는 국제기구, 국제연합군 또는 미국군에게 공급하는 재화 또는 용역(외화 수령여부 불문)	

(5) 조세특례제한법상 영세율 적용대상 재화 또는 용역

국가 간의 이중과세문제의 해결이나 수출산업의 지원육성이 아닌 조세정책 목적에 의하여 영세율 적용하는 특징이 있다.

4. 영세율 증명서류 및 영세율매출명세서 제출

영세율이 적용되는 경우에는 부가가치세 예정신고서 또는 확정신고서에 영세율 적용대상임을 증명하는 서류와 **영세율매출명세서**를 첨부하여 제출하여야 한다.

영세율증명서류를 제출하지 않는 경우에도 영세율 적용대상임이 확인되는 경우에는 영세율을 적용한다. 그러나 영세율과세표준신고불성실가산세가 적용된다.

구 분	첨 부 서 류
1. 수출하는 재화	수출실적명세서, 수출계약서 사본 또는 외화입금증명서 내국신용장(구매확인서)에 의한 공급의 경우에는 내국신용장(구매확인서) 사본 또는 수출대금입금증명서
2. 국외에서 제공하는 용역	외화입금증명서 또는 국외에서 제공하는 용역에 관한 계약서
3. 선박, 항공기 외국항행용역	외화입금증명서

제2절 면세

1. 면세대상

<table>
<tr><th>구 분</th><th>면 세 대 상</th></tr>
<tr><td>기초생활
필수품</td><td>㉠ 미가공 식료품 등(식용에 공하는 농산물 · 축산물 · 수산물 · 임산물 포함) 국내외 불문
㉡ 국내 생산된 식용에 공하지 아니하는 미가공 농 · 축 · 수 · 임산물
<table><tr><th></th><th>국내생산</th><th>해외수입</th></tr><tr><td>식용</td><td rowspan="2">면세</td><td>면세</td></tr><tr><td>비식용</td><td>과세</td></tr></table>㉢ 수돗물(생수는 과세)
㉣ 연탄과 무연탄(유연탄, 갈탄, 착화탄은 과세)
㉤ 여성용 생리처리 위생용품, 영유아용 기저귀 · 분유(액상형분유 포함)
㉥ 여객운송용역[시내버스, 시외버스, 지하철, 마을버스, 고속버스(우등제외) 등]
(전세버스, 고속철도, 택시는 과세)
㉦ 주택과 이에 부수되는 토지의 임대용역(겸용주택은 주택분 면적이 클 때)</td></tr>
</table>

구 분	면 세 대 상
국민후생 용역	㉠ 의료보건용역과 혈액, 장의(장례용역)**(약사가 판매하는 일반의약품은 과세, 미용목적 성형수술 과세, 산후조리원은 면세)** ㉡ **수의사가 제공하는 동물진료 용역(가축 등에 대한 진료용역, 기초생활수급자가 기르는 동물에 대한 진료용역, 기타 질병예방 목적의 동물 진료용역으로 농식품부 장관이 고시하는 용역)** ㉢ 교육용역(허가분)⇒ **운전면허, 무도학원은 과세** ☞ 미술관, 박물관 및 과학관에서 제공하는 교육용역도 면세
문화관련 재화용역	㉠ 도서[도서대여 및 실내 도서 열람용역 포함] · 신문(인터넷신문 구독료 포함) · 잡지 · 관보 · 뉴스통신**(광고는 과세)** ㉡ 예술창작품(창작공연 포함) · 예술행사 · 문화행사 · 비직업운동경기 ㉢ 도서관 · 과학관 · 박물관 · 미술관 · 동물원 · 식물원에의 입장
부가가치 구성요소	㉠ 금융 · 보험용역 ㉡ **토지의 공급(토지의 임대는 제외)** ㉢ 인적용역**(변호사 · 공인회계사 · 세무사 · 관세사 등의 인적용역은 제외)**
기타의 재화용역	㉠ 우표 · 인지 · 증지 · 복권 · 공중전화**(수집용 우표는 과세)** ㉡ 종교 · 자선 · 학술 등 기타 공익을 목적으로 하는 단체가 공급하는 재화 · 용역 ㉢ 국가 · 지방자치단체 · 지방자치단체조합이 공급하는 재화 · 용역 [제외: 국가 등이 운영하는 주차장 용역] ㉣ **국가 · 지방자치단체 · 지방자치단체조합 또는 공익단체에 무상공급하는 재화 · 용역**

2. 부동산의 공급과 임대

부동산의 공급(재화의 공급)	부동산의 임대(용역의 제공)
1. 토지의 공급 : 면세 2. 건물의 공급 : ① 원칙 : 과세 ② 예외 : 국민주택규모 이하의 주택은 면세	1. 원칙 : 과세 2. 예외 : **주택 및 주택의 부수토지 임대는 면세**

☞ **국민주택: 국민주택기금으로부터 자금을 지원받아 건설되는 주거전용면적이 85㎡(약 25.7평) 이하인 주택**

3. 주택 및 그 부수토지의 임대용역에 대한 면세

(1) 주택의 부수토지

주택부수토지	MAX[①,②] ① 건물이 정착된 면적×5배(도시지역, 도시지역 외 : 10배) ② 주택의 연면적
☞ 일반적으로 ①의 면적이 크나, 고층건물의 경우에는 ②와 비교하여야 한다.	

☞ 도시지역: 인구와 산업이 밀집되어 있거나 밀집이 예상되어 당해 지역에 체계적인 개발, 정비, 관리, 보전 등이 필요한 지역

(2) 겸용주택

	주택면적 〉 사업용건물면적	주택면적 ≤ 사업용건물면적
건물	전체를 주택으로 본다.	주택과 사업용건물을 안분한다.
부수토지	전체를 주택의 부수토지로 본다.	안분하여 주택의 부수토지를 계산한다.

4. 면세포기

(1) 면세포기 대상

① **영세율 적용대상이 되는 재화·용역**

② **학술연구단체 또는 기술연구단체가 실비 또는 무상으로 공급하는 재화용역**

(2) 면세포기 절차

① 계속사업자

면세를 포기하고자 하는 사업자는 면세포기신고서에 의하여 관할세무서정에게 신고하고 지체없이 사업자등록을 하여야 한다. **면세포기에는 시기의 제한이 없으며 언제든지 가능하다(즉 과세관청의 승인을 필요로 하지 않는다).**

② 신규사업자

면세포기신고서를 사업자등록신청서와 함께 제출할 수 있다.

(3) 면세포기의 효력

① 효력발생시기

면세를 포기하면 과세사업자로 전환된다. 즉 사업자등록 이후의 공급분부터 적용된다.

② 면세의 재적용

<u>면세포기를 한 사업자는 신고한 날로부터 3년간 부가가치세 면세를 적용받지 못한다.</u>

3년이 경과한 후 다시 부가가치세의 면세를 적용받고자 하는 때에는 면세적용신고서와 함께 발급받은 사업자등록증을 제출하여야 한다.

5. 면세와 영세율의 차이점

<table>
<tr><th rowspan="2">구 분</th><th colspan="2">내 용</th></tr>
<tr><th>면 세</th><th>영 세 율</th></tr>
<tr><td>기본원리</td><td>일정거래에 납세의무 면제
① 매출세액 : 거래징수 없음
② <u>매입세액 : 환급되지 않음</u></td><td>일정 과세거래에 0%세율 적용
① 매출세액 : 0
② <u>매입세액 : 전액환급</u></td></tr>
<tr><td><u>취지</u></td><td><u>세부담의 역진성 완화</u></td><td><u>국제적 이중과세의 방지</u>
<u>수출산업의 지원</u></td></tr>
<tr><td>대상</td><td>기초생활필수품 등</td><td>수출 등 외화획득 재화·용역의 공급</td></tr>
<tr><td>면세정도</td><td>부분면세(불완전면세)</td><td>완전면세</td></tr>
<tr><td rowspan="2">부가가치세법상 의무</td><td>부가가치세법상 각종 의무를 이행할 필요가 없으나 다음의 협력의무는 있다.
① 매입처별세금계산서합계표 제출의무
② 대리납부의무</td><td>영세율 사업자는 부가가치세법상 사업자이므로 부가가치세법상 제반의무를 이행하여야 한다.</td></tr>
<tr><td colspan="2">[세금계산서 합계표제출의무]
<table><tr><th></th><th>과세사업자(영세율)</th><th>면세사업자(면세)</th></tr><tr><td>매출</td><td>○</td><td>×(계산서를 발행)</td></tr><tr><td>매입</td><td>○</td><td>○</td></tr></table></td></tr>
<tr><td>사업자여부</td><td>부가가치세법상 사업자가 아님</td><td>부가가치세법상 사업자임</td></tr>
</table>

☞ 대리납부: 국내사업자가 공급하는 용역에 대해서 부가가치세가 과세되나, 국내사업장이 없는 비거주자 또는 외국법인이 국내에서 용역을 공급하는 경우 공급자가 부가가치세법에 따른 사업자가 아니므로 과세거래에 해당하지 않는다. 따라서 공급자를 대신하여 공급받는 자가 그 대가에서 부가가치세를 징수하여 납부하도록 하고 있는데 이를 '대리납부'라 한다.

연/습/문/제

 객관식

01. 부가가치세에 대한 다음 설명 중 맞지 않는 것은?

① 선박건조업자가 어선을 건조하여 자신이 경영하는 수산업에 직접 사용하는 경우 해당 선박의 공급에 대한 부가가치세가 과세된다.

② 택시회사에서 영업용으로 사용하기 위한 택시를 구입한 경우 매입세액을 공제받을 수 있다.

③ 의류생산회사에서 자체 생산한 의류를 무상으로 종업원의 작업복으로 제공하는 경우 부가가치세가 과세된다.

④ 사업자가 판매의 장려를 위하여 거래상대방 실적에 따라 재화를 제공하는 경우 부가가치세가 과세된다.

02. 일반과세자인 (주)안동의 다음 거래 중 현행 부가가치세법상의 과세거래인 재화의 공급이 아닌 것으로 묶은 것은?

> 가. 회사 소유의 부동산을 불법 무단점유하여 사용한 대가를 소송을 통하여 100,000,000원을 수령하다.
> 나. 감가상각내용연수가 경과한 차량(장부가액'0'원)을 중고자동차 매매상에게 100,000원에 판매하다.
> 다. 회사가 구입한 비영업용소형승용차를 대표이사의 개인적인 용도로 사용하고 있다.
> 라. (주)서울이 보유한 기계장치와 당사가 보유한 기계장치를 서로 교환하였다.

① 가, 나　　② 가, 다

③ 나, 다　　④ 나, 라

03. 현행 부가가치세법상 재화의 간주공급에 대한 설명으로 틀린 것은?

① 사업자가 사업과 관련하여 취득한 재화를 자기의 다른 사업장에서 원료로 사용하기 위하여 반출하는 경우는 자가공급으로 보지 아니한다.

② 사업자가 사업과 관련하여 취득한 재화를 실비변상적 목적으로 자기의 사용인에게 무상으로 공급하는 것은 개인적공급으로 보지 아니한다.

③ 사업자가 사업과 관련하여 취득한 재화를 자기재화의 판매촉진을 위하여 거래상대자의 판매실적에 따라 장려금품으로 공급하는 것은 사업상증여로 보지 아니한다.

④ 사업자가 사업과 관련하여 취득한 재화로서 사업자가 사업의 종류를 변경하는 경우 변경전 사업에 대한 잔존재화는 폐업시 잔존재고로 보지 아니한다.

04. 다음 상황에서 부가가치세법상 원칙적인 공급시기와 공급가액으로 짝지어진 것 중 가장 올바른 것은?

- 가람건설(주)는 태양건설(주)에게 20x1년 1월 1일에 건물 8억원을 매각하기로 하였다.
- 잔금청산과 함께 소유권이 이전되며 동일자로 사용가능하다.
- 대금결제방법은 다음과 같다.

계약금	중도금	잔금
2억(20×1년 1월 1일)	3억(20×1년 3월 1일)	3억(20×1년 5월 20일)

	공급시기	공급가액		공급시기	공급가액
①	20x1년 5월 20일	8억	②	20x1년 1월 1일	2억
③	20x1년 3월 1일	3억	④	20x1년 5월 20일	3억

05. 부가가치세법상 사업자단위과세제도에 대한 설명 중 옳지 않은 것은?

① 세금계산서 교부는 본점 또는 주사무소에서 일괄로 교부한다.

② 사업자단위과세사업자가 자기 사업과 관련하여 취득한 재화를 판매목적으로 타사업장에 반출하는 경우에도 원칙적으로 재화의 공급으로 보지 아니한다.

③ 법인의 경우 지점을 총괄사업장(=사업자단위과세사업장)으로 할 수는 없다.

④ 사업자단위과세사업자로 등록한날 로부터 3년이 경과하기까지는 사업자단위과세를 포기할 수 없다.

06. 다음 중 부가가치세법상 납세지에 대한 설명으로 틀린 것은?

① 판매시설을 갖춘 장소인 직매장은 별도의 사업장으로서 사업자등록의 대상이 된다.
② 사업자단위과세사업자의 경우에도 사업자등록은 사업장별로 각각 하여야한다.
③ 주사업장총괄납부의 경우 법인은 지점도 주사업장으로 선택이 가능하다.
④ 부가가치세는 사업장마다 신고 및 납부하는 것이 원칙이다.

07. 다음 중 부가가치세법상 면세에 대한 설명으로 잘못된 것은?

① 면세사업자는 부가가치세법상 사업자는 아니지만 매입세금계산서합계표의 제출과 같은 협력의무는 이행하여야 한다.
② 면세는 부가가치세의 상대적인 역진성을 완화하기 위하여 주로 기초생활필수품 및 용역에 대하여 적용하고 있다.
③ 면세는 기초생활필수품 및 용역을 공급하는 영세사업자를 위한 제도이므로 당해 사업자의 선택에 따라 제한 없이 면세를 포기할 수 있다.
④ 면세사업자는 세금계산서를 발급할 수 없고 당해 과세사업자로부터 발급받은 세금계산서상 매입세액은 납부세액에서 공제받을 수 없다.

08. 작년부터 계속하여 개인사업(일반과세자)을 하는 김미숙은 경기악화로 인하여 20x1년 8월 20일 폐업하였다. 이 경우 부가가치세법 및 소득세법상의 과세기간은?

	소득세법	부가가치세법		소득세법	부가가치세법
①	1. 1 ~ 8. 20	7. 1 ~ 12. 31	②	1. 1 ~ 12. 31	7. 1 ~ 8. 20
③	1. 1 ~ 8. 20	1. 1 ~ 12. 31	④	1. 1 ~ 12. 31	1. 1 ~ 8. 20

09. 다음 중 부가가치세법상 공급시기에 대한 설명으로 틀린 것은?

① 무인판매기를 이용하여 재화를 공급하는 경우 공급시기는 해당 사업자가 무인판매기에서 현금을 꺼내는 때
② 외국인도수출에 의하여 재화를 공급하는 경우 공급시기는 수출재화의 공급가액이 확정되는 때
③ 둘 이상의 과세기간에 걸쳐 부동산임대용역을 공급하고 대가를 선불로 받는 경우에 월수로 안분계산한 임대료의 공급시기는 예정신고기간 또는 과세기간의 종료일
④ 장기할부판매에 의하여 재화를 공급하는 경우 공급시기는 대가의 각 부분을 받기로 한 때

10. 당사는 (주)해성에 제품을 5/10일 인도하였으며 4/20일 선수금을 수령한 거래에 대하여 세금계산서를 발급하고자 한다. 각 일자마다 현행 부가가치세법에서 인정하는 세금계산서를 발행할 수 없는 날짜는?

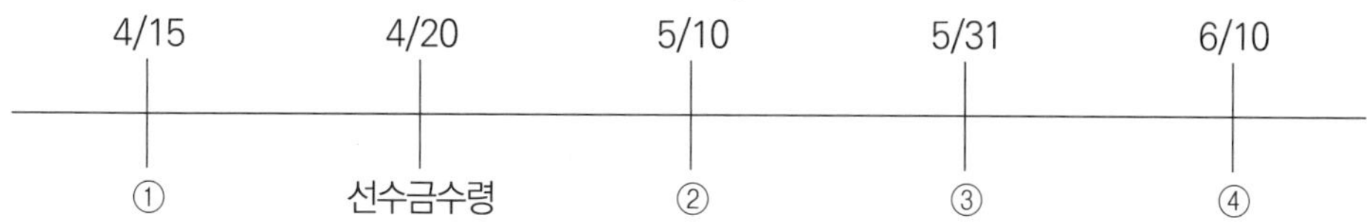

11. 다음 중 부가가치세법상 면세 재화 또는 용역에 해당하지 않는 것은?

① 등록된 자동차운전학원에서 지식 및 기술 등을 가르치는 교육용역
② 김치를 단순히 운반의 편의를 위하여 일시적으로 비닐포장 등을 하여 공급
③ 일반 시내버스 사업에서 제공하는 여객운송용역
④ 국민주택규모를 초과하는 주택에 대한 임대용역

12. 다음은 부가가치세법상 면세에 대한 설명이다. 틀린 것은?

① 면세포기신고를 한 사업자는 신고한 날부터 3년간은 면세를 적용받지 못한다.
② 주택과 부수토지의 임대는 면세를 적용하고 있다.
③ 면세대상이 되는 재화가 영세율적용의 대상이 되는 경우에는 면세포기신청서를 제출하고 승인을 얻은 경우에 한하여 면세포기가 가능하다.
④ 신규로 사업을 개시하는 경우에는 면세포기신고서를 제출할 수 있다.

13. 다음 중 부가가치세법상 면세대상에 해당하는 것은 무엇인가?

① 겸용주택 임대시 주택면적이 사업용건물면적보다 큰 경우 사업용건물의 임대용역
② 운행 형태가 고속인 시외버스 운송사업에 제공되는 자동차에 의한 여객운송 용역 중 우등고속
③ 의사가 제공하는 요양급여의 대상에서 제외되는 진료용역 중 탈모치료술
④ 지방자치단체에 취득원가 그대로 이익없이 공급하는 재화

14. 부가가치세법은 공급시기가 되기 전에 대가를 받지 않고 세금계산서를 발급하는 경우 그 발급한 때를 재화 또는 용역의 공급시기로 보는 특례를 두고 있다. 다음의 공급시기 중 이에 해당하지 않는 것은?

① 중간지급조건부의 공급시기
② 장기할부판매의 공급시기
③ 전력 기타 공급단위를 구획할 수 없는 재화를 계속적으로 공급하는 경우의 공급시기
④ 장기할부 또는 통신 등 그 공급단위를 구획할 수 없는 용역을 계속적으로 공급하는 경우의 공급시기

15. 다음 중 부가가치세법상 주사업장총괄납부제도와 사업자단위과세제도에 대한 설명으로 잘못된 것은?

구분	주사업장총괄납부	사업자단위과세제도
① 개념	둘 이상의 사업장이 있는 경우 사업장의 납부세액 또는 환급세액을 통산하여 주된 사업장에서 납부하거나 환급받는 제도	둘 이상의 사업장이 있는 경우 사업장이 아닌 사업자 단위로 모든 납세의무를 이행하는 제도
② 효과	납부(환급)만 총괄	모든 의무(등록, 세금계산서 수수, 세액계산, 신고, 납부 등)를 총괄
③ 주사업장	법인 : 본점, 또는 지점 중 선택 가능 개인 : 주사무소에서만 가능	법인 : 본점에서만 가능 개인 : 주사무소에서만 가능
④ 신청	신규사업자는 주된 사업장의 사업개시일로부터 20일 이내 총괄납부 신청	신규사업자는 사업개시일로부터 20일 이내 사업자 단위로 사업자등록 신청

16. 다음 중 부가가치세법상 납세지에 대한 설명으로 틀린 것은?

① 원칙적으로 사업자는 각 사업장마다 부가가치세를 신고 및 납부하여야 한다.
② 사업자 단위 과세 사업자는 그 사업자의 본점 또는 주사무소에서 총괄하여 신고 및 납부할 수 있다.
③ 주사업장 총괄 납부제도는 주된 사업장에서 납부세액 또는 환급세액을 통산하여 납부 또는 환급받을 수 있는 제도를 말한다.
④ 하치장 또한 사업장으로써 납세지의 기능을 할 수 있다.

 주관식

01. 다음 내용 중 부가가치세법상 면세에 해당하는 것을 모두 고르시오.

① 의사의 주름살제거수술용역	② 볼룸댄스(무도)과정을 가르치는 학원
③ 자동차운전학원	④ 비식용 미가공 식료품(국산)
⑤ 수의사의 애완동물진료용역	⑥ 뉴스통신
⑦ 장의업자가 제공하는 장의용역	⑧ 공동주택 내 복리시설인 어린이집 임대용역

02. 다음 내용 중 부가가치세법상 면세에 해당하는 것을 모두 고르시오.

① 등록된 자동차운전학원에서 지식 및 기술 등을 가르치는 교육용역
② 김치를 단순히 운반의 편의를 위하여 일시적으로 비닐포장 등을 하여 공급
③ 일반 시내버스 사업에서 제공하는 여객운송용역
④ 국민주택규모를 초과하는 주택에 대한 임대용역

연/습/문/제 답안

객관식

1	2	3	4	5	6	7	8	9	10	11	12	13	14	15
③	②	③	①	④	②	③	②	②	④	①	③	①	①	④
16														
④														

[풀이-객관식]

01. 사업자가 자기의 사업과 관련하여 복리후생적인 목적으로 자기의 사용인에게 무상으로 공급하는 작업복 등은 재화의 공급의제에 해당하지 아니한다.

02. 재화나 용역의 공급은 사업자가 계약상 또는 법률상 모든 원인에 의하여 재화를 인도 양도하는 것을 말한다.

가. 불법 무단점유이므로 계약상 또는 법률상 원인이 아니므로 과세거래가 아니다.

다. 간주공급 중 개인적 공급에 해당하는 **당초 매입세액이 공제되지 아니한 재화의 경우에는 간주공급에서 배제하고 있다.**

03. 사업자가 자기 재화의 판매촉진을 위하여 거래상대자의 판매실적에 따라 일정율의 장려금품을 지급 또는 공급하는 경우에 금전으로 지급하면 과세표준에서 공제하지 아니하며, 재화로 공급하면 사업상 증여에 해당되어 과세한다.

04. 재화의 인도 이전에 계약금 외의 대가를 분할하여 지급하나, **계약금을 지급하기로 한 날부터 잔금을 지급하기로 한 날이 6월 미만이므로 중간지급조건부에 해당하지 아니한다.** 따라서 재화 인도시점인 20×1년 5월 20일이 공급시기가 되며, 공급가액은 8억원이 된다.

05. **과세기간 개시 20일 전 포기신고서를 제출**하면 된다.

06. 사업자단위과세사업자의 경우에는 사업장별로 사업자등록을 하지 아니하고, 사업자의 본점 또는 주사무소에서 사업자등록을 한다.

07. 면세포기의 신고 면세는 사업자를 위한 제도가 아니라 소비자를 위한 제도이므로 **영세율적용대상이 되는 등 일정한 경우에 한하여 포기**할 수 있다.

08. 과세기간은 국세의 과세표준계산에 기초가 되는 기간으로서 소득세법상의 과세기간은 1. 1 ~ 12. 31까지이며 거주자의 사망이나 출국하는 경우에만 사망일 또는 출국일에 과세기간이 종료한다. 그리고 부가가치세법상의 과세기간은 1. 1 ~ 6. 30, 7. 1 ~ 12. 31로 구분하고 있으며 **폐업하는 경우에는 과세기간개시일부터 폐업일까지를 과세기간**으로 정하고 있다.
09. **외국인도수출**에 의하여 재화를 공급하는 경우 공급시기는 **외국에서 해당 재화가 인도되는 때**이다.
10. 세금계산서는 재화의 공급시기 즉 인도시점(5/10)에 발행하는 것이 원칙이다. 그러나 세금계산서의 발급특례에 의하여 월합계세금계산서를 **월의 말일자를 발행일자로 하여 발행하여 다음달 10일까지 발급**할 수 있다. 또한 공급시기 이전에 세금계산서를 발행(4/15)하여 발급하는 경우 발급일로부터 7일내에 대가를 수령한 경우에는 세금계산서로서의 효력을 인정하고 있다. 그러나 공급시기 이후인 6/10의 세금계산서 발행은 부가가치세법에서 인정하지 아니한다.
11. **자동차운전학원에서 제공되는 교육용역은 과세대상**이다. **주택의 임대는 규모에 상관없이 모두 면세이다.**
12. 면세포기는 신청이 아닌 신고에 해당하므로 **과세당국의 승인을 요하지 않는다.**
13. 주택부분의 면적이 사업용건물 부분의 면적보다 큰 경우에는 그 전부를 주택의 임대로 보아 부가가치세가 면세된다. 고속버스(우등고속 제외)도 면세 적용한다.
14. ②,③,④는 공급시기로서 열거되어 있으나, ①은 열거되어 있지 않다.
15. 신규사업자는 주된 사업장의 **사업자등록증을 받은 날로부터 20일 이내에 총괄납부신청이 가능**하다. 추가로 사업장을 개설하는 경우에는 **추가 사업장의 사업개시일부터 20일이내 신청서를 제출**하여야 한다.
16. 재화를 보관하고 관리할 수 있는 시설만 갖춘 장소로서 **하치장(荷置場)으로 신고된 장소는 사업장으로 보지 아니한다.**

주관식

01	④ ⑥ ⑦ ⑧	02	②③④	

[풀이-주관식]

01. ① 미용목적성형수술은 과세 ② 무도학원은 과세 ③ **자동차운전학원 과세**, ⑤ **수의사의 애완동물진료용역은 과세**(기초생활수급자가 기르는 애완동물진료용역은 면세)
02. **자동차운전학원에서 제공되는 교육용역은 과세대상**이다.

과세표준과 세금계산서

Chapter 4

로그인 전산세무 1급

NCS세무 - 3 부가가치세 신고

제1절 과세표준

1. 공급유형별 과세표준

대원칙(과세표준) : 시가

(1) 기본원칙

① 금전으로 대가를 받는 경우	그 대가
② 금전 외의 대가를 받는 경우	**자기가 공급한 재화 또는 용역의 시가**
③ 부당하게 낮은 대가를 받은 경우 (특수관계자에게 재화 · 용역을 공급하는 경우)	

(2) 과세표준계산에 포함되는 항목/ 포함하는 항목

구 분	내 용
과세표준에 포함되지 않는 항목	① 매출에누리와 환입액, 매출할인 ② 구매자에게 도달하기 전에 파손 · 훼손 · 멸실된 재화의 가액 ③ 재화 또는 용역의 공급과 직접 관련되지 않는 국고보조금과 공고보조금 ④ **반환조건부 용기대금 · 포장비용** ⑤ 용기 · 포장의 회수를 보장하기 위하여 받는 보증금 등 ⑥ 대가와 구분하여 기재한 경우로서 당해 종업원에 지급한 사실이 확인되는 봉사료 ⑦ 계약 등에 의하여 확정된 대가의 지연지급으로 인해 지급받는 연체이자
과세표준에 포함하는 항목	① 할부판매의 이자상당액 ② 대가의 일부분으로 받는 운송비, 포장비, 하역비, 운송보험료, 산재보험료 등
과세표준에서 공제하지 않는것	① **대손금** ② **판매장려금(단, 현물지급시 간주공급에 해당됨)** ③ 하자보증금

2. 거래형태별 과세표준

구 분	과세표준
외상판매 및 할부판매의 경우	공급한 재화의 총가액
장기할부판매 완성도기준지급 · 중간지급조건부로 재화 · 용역을 공급하거나 계속적인 재화 · 용역을 공급하는 경우	**계약에 따라 받기로 한 대가의 각 부분**
마일리지 결제시	**자기적립 마일리지 등으로 결제받은 금액은 제외**

3. 대가를 외국통화 기타 외국환으로 받은 경우의 과세표준

구 분		과세표준
공급시기 도래 전에 외화수령	환 가	**그 환가한 금액**
	미환가	**공급시기(선적일)**의 외국환거래법에 의한 **기준환율 또는 재정환율**에 의하여 계산한 금액
공급시기 이후에 외국통화로 지급받은 경우		

<예제 4-1> 과세표준1

1. 4월 01일 미국기업인 애플사에 제품($15,000) 수출계약을 체결하고 계약금으로 $1,500을 보통예금으로 수취하다.(환율 : 1,200원/$)
2. 4월 30일 애플사에 제품을 선적을 완료하고 나머지 잔금은 선적 후 15일 이내 받기로 하다.(선적일 기준환율 : 1,250원/$, 수출신고일 기준환율 : 1,230원/$)

   4월 1일 선수금을 원화로 환가한 경우와 환가하지 않는 경우 **각각 부가가치세법상 과세표준과 기업회계기준으로 회계처리**하시오.

해답

1.	(차) 보통예금 1,800,000원 (대) 선 수 금 1,800,000원

2. 부가가치세법상 과세표준으로 회계처리

구분	회계처리
환 가	(차) 선 수 금 1,800,000원 (대) 제품매출 18,675,000원*1 외상매출금 16,875,000원
	***1. 과세표준 : $1,500 × 1,200원 + $13,500 × 1,250원 = 18,675,000원**
미환가	(차) 선 수 금 1,800,000원 (대) 제품매출 18,750,000원*1 외상매출금 16,875,000원 외환차손 75,000원*2
	***1. 과세표준 : $15,000 × 1,250원(선적일 환율) = 18,750,000원** ***2. 외환차손 : $1,500 × (1,250원 − 1,200원) = 75,000원**

3. 기업회계기준상 매출액으로 회계처리

→ 환가나 미환가나 동일한 회계처리가 된다. 다만 부가가치세법 상 과세표준만 다르게 된다.

구분	회계처리
환 가	과세표준(공급가액) : $1,500×1,200원+$13,500×1,250원=18,675,000원
	(차) 선 수 금 1,800,000원 (대) 제품매출 18,750,000원*1 외상매출금 16,875,000원 외환차손 75,000원
	*1. 제품매출: $15,000 × 1,250원 = 18,750,000원***(인도시점의 환율로 매출인식)***
미환가	2번의 미환가로 회계처리한 것과 동일

4. 재화의 수입에 대한 과세표준

세관장이 수입업자에게 수입세금계산서 발급시 과세표준은 다음과 같다.

수입재화의 경우	관세의 과세가격+관세+개별소비세, 주세, 교통 · 에너지 · 환경세+교육세, 농어촌특별세

☞ **관세의 과세가격: 관세를 부과하기 위한 수입물품의 과세표준이 되는 가격을 말하는데, 수입자가 실제로 지불한 가격에 가산요소를 조정한 것을 말한다.**

5. 과세표준 계산특례

(1) 간주공급 

원 칙	**당해 재화의 시가**
감가상각자산	**간주시가 = 취득가액×(1 – 체감률×경과된 과세기간의 수)** ☞ 체감률 : 건물, 구축물인 경우 5%, 기타 25% 취득가액 : 매입세액을 공제받은 해당 재화의 가액(취득세등 기타부대비용 제외)
판매목적 타사업장 반출	취득가액을 과세표준으로 하되, 당해 취득가액에 일정액을 가산하여 공급하는 경우에는 당해 공급가액으로 한다.

(2) 부동산임대용역(전세금 또는 임대보증금)의 과세표준

간주임대료 = 해당 기간의 임대보증금×정기예금 이자율×임대일수/365일(366일)

(3) 공통사용재화(과세+면세)를 공급시

$$\text{재화의 공급가액} \times \text{직전과세기간}^{*1}\text{의} \ \frac{\text{과세되는 공급가액}}{\text{총공급가액}}$$

*1. 세금계산서를 발행하기 위하여 직전과세기간으로 한다.

6. 수입금액(과세표준명세서)

수입금액에 포함되는 것	수입금액에 포함되지 않는 것
소득세법상 수입금액으로 상품 · 제품매출액등 사업상증여, 개인적공급은 수입금액에 포함	**고정자산매각, 직매장공급,** 간주임대료(원칙) 등 소득세 수입금액에서 제외되는 금액

[신고서 상 과세표준명세서의 수입금액]

63회 전산세무1급 부가가치세 신고서 작성문서 중 "사업상 증여금액은 수입금액에서 제외하여야 함"이라고 되어 있고 사업상증여 금액을 수입금액에서 제외하였으나 이는 부가가치세 신고서 작성요령에 위배되는 작성방법이다.)

[부가세 신고서 작성요령]

❹ 과 세 표 준 명 세				
업 태	종 목	생산요소	업종 코드	금 액
(27)				
(28)				
(29)				
(30) 수입금액 제외				
(31) 합 계				

❹ 과세표준 명세란

(27) ~ (31) : 과세표준 합계액(9)을 업태, 종목, 생산요소별로 적되, 생산요소는 임의적 기재사항으로 2015. 1. 1. 이후 신고분부터 적습니다. (30)수입금액제외란은 고정자산매각, 직매장공급 등 소득세수입금액에서 제외되는 금액을 적고, (31)란의 합계액이 (9)란의 금액과 일치해야 합니다.

소득세법 25조 ②항의 총수입금액을 보면 "거주자가 재고자산(在庫資産) 또는 임목을 **가사용으로 소비하거나** 종업원 또는 **타인에게 지급한 경우에도 이를 소비하거나 지급하였을 때의 가액에 해당하는 금액은** 그 소비하거나 지급한 날이 속하는 과세기간 의 사업소득금액 또는 기타소득금액을 계산할 때 **총수입금액에 산입한다."**

즉, 개인적공급과 사업상증여에 대해서 총수입금액 산입하여야 한다고 규정하고 있다. 따라서 사업상증여금액을 포함하여 과세표준명세 수입금액란에 입력해야 한다.

당연히 법인세법상 수입금액과 소득세법상 수입금액이 다르다. 간주공급에 대하여 차이를 보면 다음과 같다.

	법인세법상 수입금액	소득세법상 수입금액
1. 자가공급	×	×
2. 개인적공급	×	○
3. 사업상 증여	×	○
4. 폐업시 잔존재화	×	×

출제회사가 법인이라 법인세법상 수입금액을 입력해서는 안된다. <u>**필자가 국세청이 운영하는 홈택스에 법인을 입력해 보았다.**</u>

(주) 천안경영아카데미 법인사업자 312-86-01323

제출여부 ▸▸▸▸ 작성중입니다. | 미리보기

과세표준명세

- 업종별 과세표준명세내역을 입력하는 화면입니다.
- 매출금액을 **업종별**로 구분하여 입력하십시오.

아래 입력사항에서 입력한 금액의 합계는
이미 작성한 매출금액의 합계 [　　] 와 일치하여야 합니다.

(단위 : 원)

업종코드		업태	종목	금액
749939	코드조회	전문, 과학 및 기술서비스업	그외 기타 분류안된 전문, 과학 및 기술 서비스업	
	코드조회			
	코드조회			
	코드조회			
749939		기타금액(수입금액 제외분)		
		합계		0

※ 2개 이상의 업종이 있는 경우에는 업종코드를 조회하여 추가 또는 정정 하십시오.

<u>**법인이라 하더라도 과세표준 명세서 수입금액에는 소득세법상 수입금액을 입력해야 한다.**</u>

그러나 수험생들이 가장 원하는 것은 전산세무1급 자격증 합격이 목표이기 때문에 <u>전산세무시험에서만 사업상증여금액을 수입금액에 포함하지 말고</u>, 추후 취업 후 부가가치신고시에는 위의 사항을 유념하시기 바랍니다.

<예제 4-2> 과세표준2

다음 자료에 의하여 20x1년 2기 부가가치세 <u>**과세표준과 수입금액**</u>을 계산하시오. 사업자는 주사업장총괄납부에 해당한다.

1. 제품공급가액 : 10,000,000원(매출할인, 에누리금액 50,000원이 차감 후 금액임.)
2. 대손금(공급가액) : 6,000,000원(1의 제품공급가액에 포함되어 있지 않다.)
3. 장려물품제공액 : 원가 3,000,000원(시가 3,500,000원)
4. 현금 지급 판매장려금 : 3,000,000원
5. 제품 중 대표자 개인적 사용분 : 원가 3,000,000원(시가 5,000,000원)
6. 특수관계자에 대한 매출액 : 10,000,000원(시가 15,000,000원)
7. 판매목적 타사업장 반출 : 5,000,000원
8. 기술개발을 위하여 원재료 사용 : 1,000,000원(시가 1,500,000원)

9. 대가를 받지 않고 거래처에 증여한 견본품 : 500,000원
10. 제품을 이재민구호품으로 서울시에 기탁 : 5,000,000원(시가 10,000,000원)
11. 원재료를 면세사업을 위하여 직접 사용 : 1,000,000원(시가 2,000,000원))
 * 원재료를 매입시 매입세액이 공제되지 않았다.
12. 상품을 회사체육대회에 경품으로 사용하였다 : 2,500,000원(시가 2,000,000원)
 * 상품매입시 매입세액이 공제되었다.
13. 과세사업에 사용하던 기계장치를 면세사업에 전용하였다.(취득연월일 : 20x0년 3월 5일 취득가액 1,000,000원 취득시 매입세액을 공제받았다. 시가 700,000원)

해답

	과세표준	수입금액	비 고
1. 제품 공급가액	10,000,000	10,000,000	**매출할인 · 에누리, 환입은 제외**
2. 대손금	6,000,000	6,000,000	**대손금은 과세표준에서 공제하지 않고 대손세액공제로 공제함**
3. 장려물품	3,500,000	3,500,000	장려물품은 **시가**가 과세표준임
4. 판매장려금	–	–	현금판매장려금은 미공제
5. 개인적공급	5,000,000	5,000,000	개인적 공급의 과세표준은 **시가**임
6. 특수관계자매출	15,000,000	15,000,000	특수관계자에 대한 매출은 **시가**임
7. 직매장반출	–	–	**주사업장총괄납부는 공급의제배제**
8. 타계정대체	–	–	**기술개발을 위하여 원재료사용은 간주공급이 아님**
9. 견본품	–	–	**견본품은 간주공급에서 제외됨.**
10. 기부금	–	–	**국가 등에 무상으로 공급하는 재화 · 용역은 면세임**
11. 면세전용	–	–	**당초매입세액이 공제되지 않은 것은 간주공급에 해당하지 않음.**
12. 직장체육비	–	–	**직장체육비는 간주공급에서 제외**
13. 면세전용(간주시가)	250,000	–	**경과된 과세기간수 : 3기 간주시가 = 1,000,000 × (1 – 25% × 3기)**
합계	39,750,000	39,500,000	

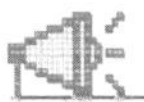

제2절 세금계산서

1. 세금계산서 및 영수증의 종류

구 분		발급하는 자
세금계산서	(일반적인)세금계산서 또는 전자세금계산서	사업자가 공급받는 자에게 발급
	수입세금계산서	**세관장이 수입자에게 발급**
영수증	신용카드매출전표(직불카드, 선불카드 포함)	사업자가 주로 일반 소비자에게 발급
	현금영수증	
	(일반적인)영수증	**간이과세자(직전공급대가 합계액이 48백만원 미만 등)등이 발급**

(1) 전자세금계산서

① 발급의무자 : 법인사업자(무조건 발급) 및 개인사업자(일정규모이상)

〈전자세금계산서 발급의무 개인사업자〉

공급가액(과세+면세) 기준년도	기준금액	발급의무기간
20x0년	8천만원	20x1. 7. 1~20x2. 6.30

☞ 개인사업자가 사업장별 재화 등의 공급가액이 일정규모 이상인 해의 다음해 제 2기 과세기간과 그 다음해 제1기 과세기간은 전자세금계산서 의무발급기간이다.

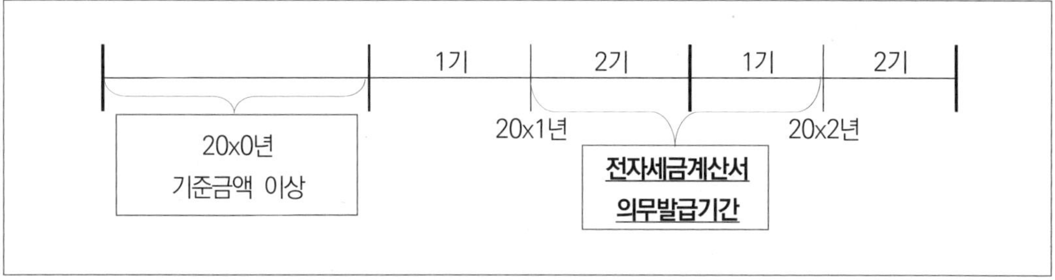

② **발급기한 : 다음달 10일까지 가능**

③ 전송 : 전자세금계산서 **발급일의 다음날**까지 전송

④ 혜택

㉠ <u>**세금계산합계표 제출의무면제**</u>

㉡ 세금계산서 5년간 보존의무면제

㉢ 직전연도 사업장별 공급가액 3억원 미만인 개인사업자에 대하여 전자세금계산서 발급세액공제(발급건당 200원, 연간한도 100만원)가 적용된다.

구분	월합계세금계산서(1월)		
	작성일자	발급기한	전송기한
종이세금계산서	**1월 31일**	**~2월 10일**	–
전자세금계산서			<u>**발급일 다음날**</u>

⑥ <u>**전자세금계산서관련 가산세(원칙 : 공급자)**</u>

구분	내용	가산세율
1. 미발급	전자세금계산서 발급의무자가 전자세금계산서를 확정신고기한까지 미발급 **(예) 작성일자 1.1 ~ 6.30인 경우 7.25까지 미발급** - <u>**전자세금계산서 발급의무자가 종이세금계산서 발급**</u>	2% (1%)
2. 지연발급	공급시기가 속하는 다음달 10일이 지나서 확정신고기한내 발급 **(예) 작성일자 1.1 ~ 6.30인 경우 7.25까지 발급**	1%
3. 지연전송	**전송기한이 지난 후 확정신고기한(7/25, 익년도 1/25)까지 전송** **(예) 8월 3일분을 8월 5일 ~ 익년도 1월 25일까지 전송**	0.3%
4. 미전송	**전송기한이 지난 후 확정신고기한까지 미전송** **(예) 8월 3일분을 익년도 1.25일까지 미전송**	0.5%

[공급시기에 따른 전자세금계산서 발급 관련 가산세] 

공급시기	발급기한	<u>**지연발급(1%)**</u>	<u>**미발급(2%)**</u>
3.11	~ 4.10	4.11 ~ 7.25	<u>***7.25(확정신고기한)까지 미발급***</u>

[공급받는자의 지연수취가산세 및 매입세액공제여부]

	4.11~7.25	7.26~익년도 7.25	익년도 7.26 이후 수취
매입세액공제	○	○	×
지연수취가산세(0.5%)	○	○	×

[전자세금계산서 전송관련 가산세]

발급시기	전송기한	**지연전송(0.3%)**	**미전송(0.5%)**
4.05	~4.06	4.07~7.25	7.25까지 미전송시

■ 매입자발행세금계산서

사업자가 재화 또는 용역을 공급하고 거래시기에 세금계산서를 발급하지 않는 경우**[거래건당 공급대가가 5만원 이상인 거래]** 그 재화 또는 용역을 공급받은 자는 관할세무서장의 확인을 받아 세금계산서를 발행할 수 있는데 이것을 '매입자발행세금계산서'라 한다. **과세기간의 종료일부터 1년(개정세법 24) 이내 발급 신청**할 수 있다.

부도 · 폐업 등으로 매출자가 수정세금계산서 발행이 어려운 경우 매입자가 수정세금계산서의 매입자발행세금계산서 발행이 허용된다.

(2) 영수증

세금계산서의 필요적 기재사항 중 공급받는 자의 등록번호와 부가가치세를 기재하지 않은 증빙서류를 영수증이라 한다.

이러한 영수증을 발급받더라도 매입세액공제를 받을 수 없으나 **예외적으로 신용카드 영수증, 현금영수증에 대해서는 매입세액공제가 허용된다.**

전자계산서 참고

전자계산서는 소득세법 및 법인세법상 규정이다.

<발급의무자>

㉠ 법인사업자

㉡ 개인사업자

- 전자세금계산서 의무발급대상사업자로서 면세사업 겸업자
- 직전 과세기간 사업장별 총수입금액(과+면세)이 기준금액 이상인 사업자

2. 세금계산서의 발급시기

(1) 일반적인 발급시기

<table>
<tr><td>원 칙</td><td colspan="2">재화 또는 용역의 공급시기에 발급하여야 한다.
다만, 일반적인 공급시기가 도래하기 전에 대가의 전부 또는 일부를 받고서 이에 대한 세금계산서를 발급한 때에도 인정된다.</td></tr>
<tr><td rowspan="2">특 례</td><td>공급시기 전 발급</td><td>① 재화 또는 용역의 공급시기 전에 세금계산서를 발급하고, 발급일로부터 7일 이내에 대가를 지급받은 경우에도 인정된다.
② 위 ①의 규정에도 불구하고 대가를 지급하는 사업자가 일정 요건을 모두 충족하는 경우에는 세금계산서를 발급받은 후 7일 경과 후 대가를 지급하더라도 그 발급받은 때를 세금계산서의 발급시기로 본다.</td></tr>
<tr><td>공급시기 후 발급</td><td>월합계세금계산서는 예외적으로 재화 또는 용역의 공급일이 속하는 달의 다음달 10일까지 세금계산서를 발급할 수 있다.
☞ 기한 말일이 토요일, 공휴일인 경우에는 그 다음날까지 발급할 수 있다.
① 거래처별로 1역월의 공급가액을 합계하여 당해 월의 말일자를 발행일자로 하여 세금계산서를 발급하는 경우
② 거래처별로 1역월 이내에서 사업자가 임의로 정한 기간의 공급가액을 합계하여 그 기간의 종료일자를 발행일자로 하여 세금계산서를 발급하는 경우
③ 관계 증빙서류 등에 의하여 실제거래사실이 확인되는 경우로서 당해 거래일자로 하여 세금계산서를 발급하는 경우</td></tr>
</table>

☞ 월합계세금계산서 발급예

<table>
<tr><th colspan="2">공급시기</th><th>발행일자(작성연월일)</th><th>발급기한</th></tr>
<tr><td colspan="2">1.1 ~ 1.31</td><td>1.31</td><td rowspan="4">2.10</td></tr>
<tr><td rowspan="3">1월</td><td>1.1 ~ 1.10</td><td>1.10</td></tr>
<tr><td>1.11 ~ 1.20</td><td>1.20</td></tr>
<tr><td>1.21 ~ 1.31</td><td>1.31</td></tr>
<tr><td colspan="2">1.11 ~ 2.10</td><td colspan="2">1역월내(달력상 1달)에서만 가능하다.</td></tr>
</table>

(2) 발급특례(위탁판매)

수탁자가 재화를 인도하는 때에 **수탁자가 위탁자를 공급자로 하여 세금계산서를 발급하며, 위탁자가 재화를 직접 인도하는 경우에는 수탁자의 사업자등록번호를 부기**하여 위탁자가 세금계산서를 발급할 수 있다.

(3) 세금계산서의 수정

① 당초 공급한 재화가 환입된 경우

환입된 날을 작성일자로 하여 비고란에 당초 세금계산서 작성일자로 부기한 후 (-)표시를 하여 발급한다.

② 착오시

세금계산서를 발급한 후 그 기재사항에 관하여 착오 또는 정정사유가 발생한 경우에는 부가가치세의 과세표준과 세액을 경정하여 통지하기 전까지 세금계산서를 수정하여 발행할 수 있다.

③ 공급가액의 증감시

당초의 공급가액에 추가되는 금액 또는 차감되는 금액이 발생한 경우에는 그 **증감사유가 발생한 날에** 세금계산서를 수정하여 발행할 수 있다.

④ 계약해제시 수정세금계산서는 **계약해제일**을 공급일자로 하여 수정발급한다.

⑤ **재화 등의 공급 후 내국신용장이나 구매확인서가 개설 · 발급된 경우(과세기간 종료 후 25일 이내)**

작성일자는 **당초 세금계산서 작성일자를 기재(비고란에 내국신용장 등의 개설일 · 발급일을 부기)**한다.(총 3장의 세금계산서가 발행된다.)

⑥ 세율적용이 잘못되거나 **면세거래를 과세거래로 잘못 적용한 경우**

⑦ 착오여부에 관계없이 필요적 기재사항 등이 잘못 적힌 경우 확정신고기한 다음날부터 1년까지까지 수정발급이 허용된다.

<예제 4-3> 수정세금계산서

6월10일 거래처 화성에 납품한 제품(공급가액 1,000,000 부가세 별도)에 대하여 전자세금계산서를 발급, 회계처리 하였고, 이 거래와 관련하여 내국신용장이 7월 15일에 발급되었다. 부가가치세법에 맞게 전자세금계산서를 발행하였다. 대금은 7월30일에 받을 예정이다. 부가세법에 맞게 회계처리를 하시오.

해답

1. 6월 10일 : 수정전자세금계산서(과세)

(차) 외상매출금(화성)	△1,100,000	(대) 제 품 매 출	△1,000,000
		부가세예수금	△100,000

2. 6월 10일 : 수정영세율전자세금계산서

(차) 외상매출금(화성)	1,000,000	(대) 제 품 매 출	1,000,000

3. 세금계산서 또는 영수증 발급의무 면제

(1) 택시운송사업자, 노점, 행상, 무인판매기를 이용하여 재화·용역을 공급하는 자

(2) 전력(또는 도시가스)을 실지로 소비하는 자(사업자가 아닌 자에 한함)를 위하여 전기사업자(또는 도시가스사업자)로부터 전력(도시가스)을 공급받는 명의자가 공급하는 재화·용역

(3) 도로 및 관련 시설 운용 용역을 공급하는 자 → 공급받는 자가 요구하는 경우에 발급

(4) 소매업을 영위하는 자가 제공하는 재화·용역 → 공급받는 자가 요구하는 경우에 발급

(5) 목욕, 이발, 미용업을 영위하는 자가 공급

(6) 간주공급에 해당하는 재화의 공급(직매장반출은 발급)

(7) 부동산임대용역 중 간주임대료

(8) 영세율 적용대상 재화·용역

다만 내국신용장(구매확인서)에 의한 공급하는 재화와 한국국제협력단에 공급하는 재화는 제외

(9) 기타국내사업장이 없는 비거주자 또는 외국법인에게 공급하는 재화·용역

〈영수증발급대상 사업의 세금계산서 발급의무〉

영수증발급대상사업	세금계산서 발급 요구시
1. 목욕, 이발, 미용업 **2. 여객운송업(전세버스운송사업은 제외)** **3. 입장권을 발행하여 영위하는 사업**	**세금계산서 발급금지** **(다만 감가상각자산의 경우는 예외)**
4. 소매업 등 영수증 발급대상사업	세금계산서를 발급하여야 함.

4. 세금계산서합계표 등의 제출

(1) 세금계산합계표의 제출

전자세금계산서를 적법발급하고 기한내 전송시 제출의무가 면제된다.

(2) 현금매출명세서의 제출

사업서비스업 중 변호사, 공인회계사, 세무사, 건축사, 부동산 중개업 등의 사업을 영위하는 사업자는 현금매출명세서를 예정신고 또는 확정신고와 함께 제출하여야 한다.

(3) 부동산임대공급가액명세서의 제출

5. 신용카드 매출전표(직불카드, 기명식 선불카드, 현금영수증 포함)

(1) 신용카드 매출전표 등 발행세액공제[☞신용카드매출전표등 발행금액 집계표]

- 직전연도 공급가액 10억원이하 개인사업자만 해당됨

공제액 = MIN[① 신용카드매출전표발행 금액 등의 1.3%, ② 연간 1,000만원]

(2) 매입세액의 공제허용[☞신용카드매출전표등 수령명세서(갑)]

신용카드매출전표 등 수령명세서를 제출하고, 확정신고를 한 날로부터 5년간 보관할 것

연/습/문/제

 객관식

01. 부가가치세법상 과세표준에 대한 다음 설명 중 옳지 않은 것은?

① 재화를 공급한 후의 그 공급가액에 대한 할인액, 대손금 또는 장려금은 과세표준에서 공제하지 아니한다.

② 재화의 공급에 대하여 부당하게 낮은 대가를 받거나 대가를 받지 아니하는 경우에는 자기가 공급한 재화의 시가를 과세표준으로 한다.

③ 장기할부판매의 경우에는 계약에 따라 받기로 한 대가의 각 부분을 과세표준으로 한다.

④ 폐업시 잔존재화에 대하여는 시가를 과세표준으로 한다.

02. 부가가치세법상 세금계산서에 관한 설명으로 옳지 않은 것은?

① 법인사업자 및 직전 연도(2023년)의 사업장별 재화 및 용역의 공급가액(과세+면세)의 합계액이 0.8억원 이상인 개인사업자는 반드시 전자적 방법으로 세금계산서를 발행하여야 한다.

② 택시운송 사업자, 노점 또는 행상을 하는 자가 공급하는 재화나 용역의 경우 세금계산서 발급의무가 면제된다.

③ 영세율이 적용되는 재화의 공급이 법령에서 정하는 내국신용장에 의한 수출인 경우에는 세금계산서 발급의무가 있다.

④ 소매업을 하는 사업자는 공급받는 자가 세금계산서 발급을 요구하지 아니하는 경우에도 반드시 세금계산서를 발행하여야 한다.

03. 부가가치세법에 의하여 수정세금계산서의 발급사유와 작성일자를 잘못 연결한 것은?

① 당초 공급한 재화가 환입된 경우 - 재화가 환입된 날

② 계약의 해제로 인하여 재화가 공급되지 아니한 경우 - 당초 재화공급일

③ 공급가액이 추가되는 경우 - 증가사유가 발생한 날

④ 필요적 기재사항 등이 착오로 잘못 기재된 경우-당초 세금계산서의 작성일자

04. 현행 부가가치세법상 전자세금계산서에 대한 설명이다. 틀린 것은?

① 법인사업자가 부가가치세가 과세되는 재화나 용역을 공급한 경우에는 전자세금계산서를 발급하여야 한다.

② 전자세금계산서의 발급시기는 일반세금계산서의 발급시기와 동일하다.

③ 발급된 전자세금계산서는 발급일로부터 다음날 국세청으로 전송하여야 한다.

④ 전자세금계산서 수취의무자는 법인사업자이며 개인사업자는 제외된다.

05. 부가가치세법상 세금계산서의 발행과 관련된 사항이다. 아래의 거래와 관련하여 적법하게 발행되지 않은 경우는?

> 당초발행내역 : 4월 11일에 재화를 공급하고 과세분 세금계산서(공급가액:1,000만원) 를 발행하였다.

① 일부 재화(공급가액 : 200만원)가 5월 15일에 반품처리되어 5월 15일자로 수정세금계산서(공급가액 : △200만원)를 발행하였다.

② 당초 계약이 8월 15일에 해제된 경우, 8월 15일자로 수정세금계산서(공급가액 : △1,000만원)를 발행하였다.

③ 당초 거래와 관련하여 장려금 명목으로 100만원을 지급하기로 하고, 5월 30일에 매매대금 수령 시 장려금을 차감하여 수령하고, 동일자로 수정세금계산서(공급가액 : △100만원)를 발행하였다.

④ 당초 거래와 관련하여 7월 10일에 내국신용장이 개설되어, 4월 11일자로 영세율세금계산서를 발행하고, 4월 11일자로 과세분 수정세금계산서(공급가액 : △1,000만원)를 발행하였다.

06. 다음과 같은 상황에 대한 세금계산서 발급행위로서 잘못 된 것은?

공급시기	공급가액	부가가치세
20x1년 10월 10일	10,000,000	1,000,000
20x1년 10월 20일	10,000,000	1,000,000
20x1년 10월 31일	10,000,000	1,000,000

① 10월 31일 공급분에 대해 작성연월일을 10월 31일로 하여 세금계산서 작성하여 동일자로 발급한 경우

② 10월 31일 공급분에 대해 작성연월일을 10월 31일로 하여 세금계산서 작성하여 11월 7일에 발급한 경우

③ 10월 공급분을 합계하여 작성연월일을 10월 31일로 하여 세금계산서 작성하고 11월 10일에 발급한 경우

④ 10월 10일/10월 20일/10월 31일 각각에 대해 10일, 20일, 31일을 작성연월일로 하여 세금계산서 3장을 작성하고, 11월 13일에 발급한 경우

07. 다음 중 부가가치세법상 세금계산서에 대한 설명으로 맞는 것은?

① 과세거래를 면세거래로 혼동하여 계산서를 발급한 경우에는 공급시기를 작성일자로 하여 수정세금계산서를 발급하여야 한다.

② 재화 수입시 수입신고필증상 기재된 사업장과 당해 재화를 사용소비할 사업장이 상이한 때에는 수입재화를 실지로 사용소비할 사업장명의로 수입세금계산서를 발급받을 수 있다.

③ 위탁판매의 경우에 수탁자가 재화를 인도하는 때에는 수탁자가 자신을 공급자로 하여 세금계산서를 발급하고 위탁자의 등록번호를 부기하여야 한다.

④ 간주임대료에 대한 부가가치세를 임차인이 부담하는 때에는 간주임대료에 대한 세금계산서를 임대인이 임차인에게 발급하여야 한다.

08. 다음 중 부가가치세법상 수정세금계산서의 사유에 따른 절차가 바르게 나열되지 않은 것은?

	사유	발급매수	작성일자	수정신고 유무
①	재화의 환입	1매	환입된 날	수정신고 없음
②	내국신용장 사후개설	2매	내국신용장 개설일	수정신고 없음
③	공급가액 변동	1매	변동된 날	수정신고 없음
④	이중발급(착오)	1매	처음 작성일자	과세기간이 다를 경우 수정신고

09. 다음 중 부가가치세법상 공급받는 자가 세금계산서 발급을 요구하는 경우 세금계산서를 발급해야 하는 것은?

① 미용실의 미용용역
② 택시운송 사업자의 택시운송 용역
③ 공급의제 중 개인적 공급
④ 소매업

10. 다음 중 부가가치세법상 수정세금계산서에 대한 설명으로 가장 옳지 않은 것은?

① 수정세금계산서는 당초 세금계산서를 적법하게 발급한 이후에 기재사항 등에 변경사유가 발생하면 법령에 따라 발급할 수 있다.

② 필요적 기재사항 등이 착오 외의 사유로 잘못 적힌 경우에는 재화나 용역의 공급일이 속하는 과세기간에 대한 확정신고기한 다음날부터 1년까지 수정세금계산서를 작성할 수 있다. 다만, 과세표준과 세액을 경정할 것을 미리 알고 있는 경우에는 제외한다.

③ 계약의 해제로 인하여 재화 또는 용역이 공급되지 아니한 경우에는 작성일은 계약해제일로 적어 수정세금계산서를 발급해야 한다.

④ 재화 또는 용역을 공급한 후 공급시기가 속하는 과세기간 종료 후 25일 이내에 내국신용장이 개설된 경우에는 작성일은 내국신용장 개설일로 적어 수정세금계산서를 발급해야 한다.

11. 다음 중 부가가치세법상 세금계산서 발급에 관한 설명으로 가장 옳지 않은 것은?

① 전자세금계산서 의무발급 개인사업자가 전자세금계산서를 발급하여야 하는 기간은 사업장별 재화 및 용역의 공급가액의 합계액이 0.8억원 이상인 해의 다음 해 제2기 과세기간과 그 다음 해 제1기 과세기간으로 한다.

② 법인사업자가 계약의 해제로 수정세금계산서를 발급해야하는 경우 그 작성일자는 계약의 해제일이다.

③ 도매업을 영위하는 법인사업자가 재화를 판매하고 우선적으로 신용카드매출전표 등을 발급하는 경우 세금계산서를 발급하지 않아야 한다.

④ 개인사업자가 공급시기가 되기 전에 재화 또는 용역에 대한 대가의 전부 또는 일부를 받고, 그 받은 대가에 대하여 세금계산서를 발급하는 것은 올바른 세금계산서 발급이 아니다.

주관식

01. 다음은 20x1. 9. 3. 폐업한 (주)광주의 제2기 과세기간에 대한 부가가치세 과세표준과 관련된 자료(부가가치세 별도)이다. (주)광주의 부가가치세 과세표준은 얼마인가?(단, (주)광주는 총괄납부 및 사업자단위과세를 적용하지 않는다)

(1) 총매출액 : 70,000,000원
(2) 직매장 반출액의 가액 : 3,000,000원
(3) 폐업시 잔존재화(상품)의 시가 : 4,000,000원(장부가액은 2,000,000원)
(4) 폐업시 잔존재화(비품)의 시가 : 10,000,000원(20x0.12.31. 취득시 비품가액은 15,000,000원이었으며, 매입세액을 공제받았다)

02. 20x1년 8월, 1억원에 취득한 차량운반구는 과세사업에 사용하여 왔으나, 20x2년 10월부터 과세사업에의 사용을 중지하고 면세사업에 전용하였다. 이로 인해 증가하는 20x2년 2기 부가가치세 과세표준은 얼마인가? (단, 해당 기계설비의 전용당시 장부가액은 8천만원이고, 시가는 9천만원이다)

03. 부가가치세법상 재화 또는 용역의 공급이 다음과 같을 때, 세금계산서 발급의무 대상에 해당하는 공급가액의 합계액은 얼마인가?

(1) 외국으로 직수출액 : 10,000,000원 (2) 내국신용장에 의한 수출액 : 15,000,000원 (3) 거래처에 무상으로 증여한 제품의 가액 : 8,000,000원 (4) 특수관계자에게 현물출자한 기계장치 금액 : 30,000,000원 (5) 부동산 간주임대료 용역 : 350,000원

04. 다음 중 부가가치세법상 수정세금계산서 발급가능한 것을 모두 고르시오.

① 처음 공급한 재화가 환입된 경우 ② 필요적 기재사항을 착오 외로 잘못 기재한 경우 ③ 착오에 의한 전자세금계산서가 이중 발행 된 경우 ④ 일반과세자에서 간이과세자로 과세유형이 전환된 후 과세유형전환 전에 공급한 재화 또는 용역에서 가, 나, 다의 사유가 발생한 경우

05. 부가가치세법상 세금계산서의 발급시기의 특례규정으로서 재화 또는 용역의 공급일이 속하는 달의 다음달 10일까지 발급할 수 있는 경우로 가장 옳을 것을 모두 고르시오.

① 거래처별로 1역월의 공급가액을 합계하여 당해 월 말일자를 발행일자로 하여 세금계산서를 발급하는 경우 ② 관계증빙서류 등에 의하여 실제거래사실이 확인되는 경우로서 당해 거래일자를 발행일자로 하여 세금계산서를 발급하는 경우 ③ 거래처별로 1역월이내에서 사업자가 임의로 정한 기간의 공급가액을 합계하여 그 기간의 종료일자를 발행일자로 하여 세금계산서를 발급하는 경우

06. 다음 중 부가가치세법상 수정세금계산서 발급가능한 것을 모두 고른 것은?

① 처음 공급한 재화가 환입된 경우 ② 필요적 기재사항을 착오 외로 잘못 기재한 경우 ③ 착오에 의한 전자세금계산서가 이중 발행 된 경우 ④ 영수증 발급대상 간이과세자에서 일반과세자로 과세유형이 전환된 후 과세유형전환 전에 공급한 재화 또는 용역에서 가, 나, 다의 사유가 발생한 경우

07. 다음 자료를 근거로 하여 일반과세사업자인 ㈜세무의 20x1년 제2기 부가가치세 확정신고시 과세표준을 계산한 것으로 옳은 것은?

- 10월 3일 : 거래처에 6,000,000원(공급가액)의 상품을 판매하였다.
- 10월 15일 : 온라인 오픈마켓 사이트를 통해서 매출이 발생하였고 총매출액은 5,000,000원(공급가액)이며 오픈마켓 사이트에 지급한 수수료는 500,000원이다.
- 11월 20일 : $10,000에 수출하기로 계약한 물품을 선적하였다. 대금을 11월 15일에 수령하여 원화로 환가하였다.(11월 15일 환가환율 : ₩1,020/$, 11월 20일 기준환율 : ₩1,000/$)
- 12월 12일 : 10월 3일 거래분에 대한 대금수령이 지연되어 연체이자 200,000원을 수령하였다.

연/습/문/제 답안

객관식

1	2	3	4	5	6	7	8	9	10	11
①	④	②	④	③	④	②	②	④	④	④

[풀이-객관식]

01. 매출할인액은 과세표준에 포함하지 아니한다.

02. 소매업 또는 미용, 욕탕 및 유사 서비스업을 경영하는 자가 공급하는 재화 또는 용역은 세금계산서 발급이 불가하나 다만, **소매업의 경우에는 공급받는 자가 세금계산서 발급을 요구하는 경우에 발급**해 주어야 한다.

03. 계약의 해제로 인하여 재화가 공급되지 아니한 경우에는 **계약해제일을 작성일자로 기재**하여 발급한다.

04. 전자세금계산서 수취의무자는 법인과 거래하는 모든 사업자이므로 개인사업자도 당연히 수취하여야 한다.

05. 장려금은 과세표준에서 공제하지 않으므로 수정세금계산서 발행대상이 아니다.

06. 거래처별로 1역월 이내에서 사업자가 임의로 정한 기간의 공급가액을 합계하여 그 기간의 종료일자를 발행일자로 하여 세금계산서를 발급하는 경우에는 재화 또는 용역의 **공급일이 속하는 달의 다음 달 10일까지 세금계산서를 발급**할 수 있다. 따라서, 발급행위를 11월 10일까지 했다면 정당한 세금계산서 발급행위로 볼 수 있다.

07. ① 과세거래를 면세거래로 혼동하여 계산서를 발급한 경우에는 세금계산서를 미발급한 것이므로 수정세금계산서를 발급할 수 없다.
③ 위탁매매에 있어서는 위탁자가 직접 재화를 공급하거나 공급받은 것으로 보므로 위탁판매의 경우 공급자는 수탁자가 아닌 위탁자로 하여야 한다.
④ 간주임대료에 대한 부가가치세를 임대인과 임차인 중 누가 부담하였는지를 불문하고 세금계산서를 발급하거나 발급받을 수 없다.

08. **내국신용장 사후개설의 작성일자는 처음 세금계산서 작성일**이다.

09. **소매업은 공급받는 자가 세금계산서의 발급을 요구하는 경우에는 세금계산서를 발급**해야 한다.

10. 재화 또는 용역을 공급한 후 공급시기가 속하는 **과세기간 종료 후 25일 이내에 내국신용장이 개설**된 경우에는 작성일은 당초 **세금계산서 발급일을 적어 수정세금계산서를 발급**해야 한다.

11. 사업자가 공급시기가 되기 전에 재화 또는 용역에 대한 **대가의 전부 또는 일부를 받고, 그 받은 대가**에 대하여 세금계산서를 발급하면 그 **세금계산서 등을 발급하는 때**를 각각 그 재화 또는 용역의 공급시기로 본다.

주관식

01	84,500,000	02	50,000,000	03	45,000,000
04	① ② ③ ④	05	① ② ③	06	① ② ③
07	21,200,000				

[풀이-주관식]

01. 70,000,000+3,000,000(간주공급)+4,000,000(간주공급은 시가)+간주시가 [15,000,000×(1 - 25%×2)]=84,500,000

폐업시 잔존재화(상품)은 시가가 과세표준이며, 감가상각대상자산의 경우 간주(의제)시가를 적용하여 과세표준을 산정한다. 또한 총괄납부사업자가 아닐 경우 직매장반출은 간주공급에 해당한다.

02. 간주시가=취득가액×(1 - 체감율×경과된과세기간의 수)

=100,000,000×(1 - 25%×2)=50,000,000원

03. (1), (3), (5)는 세금계산서 발급의무가 없다.

06. 일반과세자에서 간이과세자로 과세유형이 전환된 후 과세유형전환 전에 공급한 재화 또는 용역에서 ①, ②, ③의 사유가 발생한 경우 수정세금계산서의 발급사유가 된다. **영수증 발급대상 간이과세자는 영수증을 발급했으므로 수정세금계산서 발급대상이 아니다.**

07. 과세표준=6,000,000(거래처 매출)+5,000,000(오픈마켓 매출)+10,200,000(직수출)

=21,200,000원

※ 지급지연으로 인한 연체이자는 과세표준에서 제외되고 공급시기 도래 전에 원화로 환가한 경우에는 환가한 금액이 과세표준임.

Chapter

납부세액의 계산 5

로그인 전산세무 1급

NCS세무 - 3 부가가치세 신고

제1절 매출세액의 계산

1. 대손세액공제[☞실무 : 대손세액공제신고서]

사업자가 과세재화 · 용역을 공급한 후 공급받는 자의 파산 등으로 인하여 부가가치세를 거래징수하지 못하는 경우에는 그 대손세액을 매출세액에서 차감할 수 있으며, 이 경우 공급받은 자는 그 세액을 매입세액에서 차감한다.

만약 외상매출금 등이 대손처리되는 경우 공급자는 거래징수하지 못한 부가가치세를 납부하는 불합리한 결과를 방지하기 위함이다.

(1) 대손세액공제액

$$\text{대손세액공제액} = \text{대손금액(부가가치세 포함)} \times \frac{10}{100}$$

(2) 대손사유

공급받는 자에게 법인세법 등의 규정에 따라 대손금으로 인정되는 사유가 발생하여 회수할 수 없는 경우에 한정한다.

주요 대손사유는 다음과 같다.

① 민법 등에 따라 **소멸시효가 완성된 채권**

② 소정법에 따른 회생계획인가의 결정 또는 법원의 면책결정에 따라 회수불능으로 확정된 채권

③ 민사집행법의 규정에 따라 채무자의 재산에 대한 경매가 취소된 압류채권

④ 『서민의 금융생활지원에 관한 법률』에 따른 채무의 조정을 받아 신용회복지원협약에 따라 면책으로 확정된 채권

⑤ **부도발생일로부터 6개월 이상 지난 어음·수표 및 외상매출금(중소기업의 외상매출금으로서 부도발생일 이전의 것에 한함-저당권설정분은 제외)**

⑥ **중소기업의 외상매출금 및 미수금으로서 회수기일로부터 2년이 경과한 외상매출금 등(특수관계인과의 거래는 제외)**

⑦ 채무자의 파산·강제집행·사업폐지·사망 등으로 인하여 회수할 수 없는 채권

☞ 강제집행: 사법상의 의무를 이행하지 않는 자에 대하여 국가 권력으로 의무를 이행케하는 절차

⑧ **회수기일이 6개월 이상 지난 채권 중 채권가액이 30만원 이하**(채무자별 채권가액의 합계액)인 채권

⑨ 회생계획인가결정에 따라 채권을 출자전환하는 경우

(3) 대손세액공제의 범위 및 시기

재화 또는 용역의 **공급일로부터 10년가 지난 날이 속하는 과세기간에 대한 확정신고기한**까지 대손세액공제대상이 되는 사유로 인하여 확정되는 대손세액이어야 한다.

(4) 공제신청

대손세액공제는 사업자가 **확정신고시** 대손세액공제와 대손이 발생한 사실을 증명하는 서류를 제출(국세정보통신망에 의한 제출 포함)하는 경우에 한하여 적용한다.

(5) 대손세액의 처리방법(공급하는자 VS 공급받는자)

구 분	공급자	공급받는자
1. 대손확정	대손세액(-)	**대손처분받은세액(-)**
	매출세액에 **차감**	매입세액에 차감
2. 대손금 회수 또는 변제한 경우	대손세액(+)	**변제대손세액(+)**
	매출세액에 **가산**	매입세액에 가산

<예제 5-1> 대손세액관련

다음은 과세사업자인 (주)지구의 매출채권에 관련된 자료이다. 이를 토대로 요구사항에 답하시오.

1. 20×1년 6월 2일에 (주)천왕의 어음(2,200,000원)이 부도처리된 것을 국민은행으로 통보 받았다.
2. 20×1년 12월 15일에 (주)금강의 파산으로 인하여 외상매출금 1,100,000원이 부가가치세법상 대손으로 확정되었다.(대손충당금은 충분하고 대손세액공제를 신청할 것이다)
3. 20×1년 12월 18일(부도확인일 20x1년 6월 2일)에 (주)천왕의 어음(2,200,000원)에 대하여 대손처리하다.(대손충당금은 충분하고 대손세액공제를 받을 예정이다)
4. 20×2년 3월 15일에 (주)금강으로부터 대손처리한 외상매출금 중 일부인 440,000원(부가가치세포함)을 현금회수하였다.

   (1) ㈜지구의 회계처리를 하고, 대손세액공제여부를 판단하시오.

   (2) ㈜지구의 부가가치세 확정신고서(20×1년 2기, 20×2년 1기)에 반영하시오.

구 분	금 액	세 율	세 액
대 손 세 액 가 감			
합 계			

해답

1. 회계처리

<table>
<tr><td rowspan="2">1.</td><td>(차) 부도어음과수표 2,200,000</td><td>(대) 받 을 어 음 2,200,000</td></tr>
<tr><td colspan="2">☞ 부도가 발생하였다고 대손처리하면 안된다. 추후 회수가능성을 확인하고 대손처리하고, 부도 발생시 기타비유동자산으로 처리한다.
<u>부도어음과 수표는 부도발생일로부터 6월이 경과해야 대손세액공제대상이다.</u></td></tr>
<tr><td rowspan="2">2.</td><td>(차) 대손충당금 1,000,000
부가세예수금 100,000</td><td>(대) 외상매출금 1,100,000</td></tr>
<tr><td colspan="2">☞ 20×2년 1월 25일 부가세신고시 100,000원을 대손세액공제를 받게 된다
<u>부도어음과 수표는 부도발생일로부터 6월이 경과했으므로 대손세액공제대상이다.</u></td></tr>
<tr><td>3.</td><td>(차) 대손충당금 2,000,000
부가세예수금 200,000</td><td>(대) 부도어음과수표 2,200,000</td></tr>
<tr><td rowspan="2">4.</td><td>(차) 현 금 440,000</td><td>(대) 대손충당금 400,000
부가세예수금 40,000</td></tr>
<tr><td colspan="2">☞ 회수한 대손세액 40,000원을 매출세액에서 가산하여 납부한다.</td></tr>
</table>

2. ㈜지구의 부가가치세 확정신고서(20×1년 2기, 20×2년 1기)

구 분	금 액	세 율	세 액
(20x1년 2기)			
대 손 세 액 가 감		매출세액에 차감 →	△300,000
(20x2년 1기)			
대 손 세 액 가 감		매출세액에 가산 →	40,000

<예제 5-2> 과세표준 및 매출세액

다음은 제조업을 영위하는 ㈜지구의 20×1년 제2기 확정신고를 위한 자료이다.

1. 20×1. 10. 1부터 12. 31까지의 매출거래

과세	국내판매	전자세금계산서 발행 매출액 (VAT 미포함) 신용카드매출전표 발행분 (VAT 포함) 일반영수증(고정자산매각)발행 (VAT 포함)	50,000,000원 33,000,000원 22,000,000원
	수 출 분	내국신용장에 의한 공급분 직수출분	40,000,000원 60,000,000원
	기타	거래처에 제품 무상 증정(원가 1,200,000 시가 1,800,000)	
면세		면세재화를 공급하고 계산서 발급 매출액	15,000,000원

2. 간주임대료(전세보증금 : 100,000,000원이었는데, 11월 1일 120,000,000원으로 인상하였다. 당해연도 총일수는 365일, 정기예금이자율은 2%로 가정한다.)를 반영하고 간주임대료 계산시 소숫점 첫째자리 이하는 절사하시오.(소득세법상 총수입금액에 산입되지 않는다.)
3. 과세사업에 사용하던 건물을 다음과 같은 조건으로 공급하기로 약정하고, 세법 규정에 따라 적정하게 세금계산서를 교부하였다.

일 자	구 분	금 액	비 고
20x1년 5월 1일	계약금	10,000,000원	
20x1년 10월 01일	중도금	20,000,000원	
20x1년 11월 30일	잔 금	20,000,000원	잔금청산시 인도

4. 20×1년 2기 예정신고 누락분 매출내역 : 직매장반출(세금계산서 교부분, VAT 미포함) 10,000,000원
5. 대손발생내역 : 20×1.1기에 대손처리하였던 매출채권 중 일부인 5,500,000원(부가가치세 포함, 20×0년 매출분)을 회수하였다.

다음의 부가가치세 신고서와 과세표준명세를 작성하시오.

구 분		금 액	세 율	세 액
과 세	세 금 계 산 서 발 급 분	#1	10/100	
	매 입 자 발 행 세 금 계 산 서		10/100	
	신 용 카 드 · 현 금 영 수 증	#2	10/100	
	기 타	#3	10/100	
영 세 율	세 금 계 산 서 교 부 분	#4	0/100	
	기 타	#5	0/100	
예 정 신 고 누 락 분		#6		
대 손 세 액 가 감				#7
합 계				

과세표준 명세			
업 태	종 목	코드	금 액
제 조 업	전 자 제 품	XXXXXX	#8
수 입 금 액 제 외	전 자 제 품	XXXXXX	#9
합 계			

면세수입금액			
업 태	종 목	코드	금 액
제 조 업	XX업	XXXXXX	#10
수 입 금 액 제 외			
합 계			
계산서 발급 및 수 취 내 역	계산서발급금액		#11
	계산서 수취금액		

해답

(1) 국내판매(세금계산서) 매출액 : 50,000,0000원 → #1

(2) 국내판매(신용카드) 매출액 : 30,000,0000원 → #2

(3) 국내판매(고정자산매각) : 20,000,0000원 → #3, #9

(4) 수출(내국신용장) 매출액 : 40,000,0000원 → #4

(5) 직수출 매출액 : 60,000,0000원 → #5

(6) 간주공급(사업상증여) : 1,800,000원 → #3

(7) 면세재화 : 15,000,0000원 → #10, #11

(8) 간주임대료 : [100,000,000원 × 31일(10월) + 120,000,000원 × 61일(11월, 12월)]
÷ 365일 × 2% = 570,958원 → #3, #9

(9) 중간지급조건부 거래(10/1,11/30) : 40,000,000원 → #1, #9

*** 중간지급조건부의 공급시기는 대가의 각 부분을 받기로 한 때이고, 유형자산의 매각이므로 수입금액에서 제외된다.**

(10) 예정신고누락(직매장반출) : 10,000,000원 → #6, #9

(11) 대손세액회수 : 5,5000,000원 × 10/110 = 500,000원 → #7

[신고서]

구 분		금 액	세 율	세 액
과 세	세금계산서 발급분	90,000,000	10/100	9,000,000
	매입자발행세금계산서		10/100	
	신용카드 · 현금영수증	30,000,000	10/100	3,000,000
	기 타	22,370,958	10/100	2,237,095
영 세 율	세금계산서 교부분	40,000,000	0/100	
	기 타	60,000,000	0/100	
예정신고누락분		10,000,000		1,000,000
대손세액가감				500,000
합계		252,370,958		15,737,095

과세표준 명세			
업 태	종 목	코드	금 액
제 조 업	전 자 제 품	xxxxxx	181,800,000
수 입 금 액 제 외	전 자 제 품	xxxxxx	**70,570,958**
합 계			**252,370,958**

← 고정자산매각 직매장반출 간주임대료

면세수입금액			
업 태	종 목	코드	금 액
제 조 업	XX업	xxxxxx	15,000,000
수 입 금 액 제 외			
합 계			15,000,000
계산서 발급 및 수 취 내 역	계산서발급금액		15,000,000
	계산서 수취금액		

제2절 매입세액의 계산

1. 세금계산서 수취분 매입세액

(1) 공제되는 매입세액

공제대상매입세액은 자기의 사업을 위하여 사용되었거나 사용될 재화·용역의 공급 또는 재화의 수입에 대한 세액이다.

(2) 매입자발행세금계산서에 의한 매입세액공제 특례

(3) 매입세액 불공제

사 유		상 세 내 역
협력의무 불이행	① 세금계산서 미수취·불명분 매입세액	발급받은 세금계산서의 필요적 기재사항의 전부 혹은 일부가 누락된 경우
	② 매입처별세금계산합계표 미제출·불명분매입세액	미제출 및 필요적 기재사항이 사실과 다르게 기재된 경우(단, 공급가액이 사실과 다른 경우에는 실제가액과 차액)
	③ 사업자등록 전 매입세액	**공급시기가 속하는 과세기간이 끝난 후 20일 이내에 등록을 신청한 경우 등록신청일부터 공급시기가 속하는 과세기간 개시일(1.1 또는 7.1)까지 역산한 기간 내의 것은 제외한다.**
부가가치 미창출	④ **사업과 직접 관련 없는 지출**	업무무관자산 취득 관련세액
	⑤ **비영업용소형승용차 구입·유지·임차**	8인승 이하, 배기량 1,000cc 초과(1,000cc 이하 경차는 제외), 지프형승용차, 캠핑용자동차, 이륜자동차(125cc초과) 관련 세액
	⑥ **기업업무추진비(접대비) 및 이와 유사한 비용의 지출에 대한 매입세액**	
	⑦ **면세사업과 관련된 매입세액**	
	⑧ **토지관련 매입세액**	토지의 취득 및 조성 등에 관련 매입세액

2. 예정신고누락분

공제받을 수 있는 매입세액을 부가가치세 예정신고시 누락하여 공제를 받지 못한 경우에는 부가가치세 확정신고시 공제를 받을 수 있다.

<예제 5-3> 매입세액

다음은 제조업을 영위하는 ㈜지구의 20×1년 제2기 확정신고를 위한 자료이다.

1. 20×1. 10. 1부터 12. 31까지의 매입거래

원재료매입	전자세금계산서 수취분 (VAT 미포함) 신용카드매출전표 발행분 (VAT 포함) 영수증 수취분 (VAT 포함) 전자영세율세금계산서	50,000,000원 33,000,000원 22,000,000원 10,000,000원
기업업무추진비 (접대비)	전자세금계산서 수취분(VAT 미포함)	5,000,000원
기계구입	전자세금계산서 수취분(VAT 미포함)	40,000,000원
대손금 변제	대손금의 일부를 변제 (VAT 포함) * 20×1년 1기에 매입세액에서 차감하여 신고	1,100,000원

다음 신고서를 작성하시오.

구 분		금 액	세 율	세 액
세금계산서수취분	일반매입	#1		#5
	수출기업수입분납부유예*1			
	고정자산매입	#2		#6
예정신고누락분				
매입자발행세금계산서				
그밖의공제매입세액		#3		#7
합계				
공제받지못할매입세액		#4		#8
차감계				

*1. 수출기업(중소제조업)의 자금부담을 덜어주기 위해 수입시 납부하는 부가세를 부가세 예정·확정신고할 때까지 유예하는 제도이다.

해답

(1) 원재료(세금계산서) 매입분 : 50,000,0000원 → #1　　5,000,000원 → #5

(2) 원재료(신용카드) 매입분　: 30,000,0000원 → #3　　3,000,000원 → #7

(3) 영수증수취분은 매입세액공제를 받을 수 없음

(4) 원재료(영세율세금계산서)매입분 : 10,000,0000원 → #1

(5) 기업업무추진비(세금계산서) 수취분 : 5,000,000원 → #1, #4　　500,000원 → #5, #8

(6) 기계구입(세금계산서) : 40,000,000원 → #2　　4,000,000원 → #6

(7) 변제대손세액(그 밖의 공제매입세액) : 100,000원 → #7

구 분		금 액	세 율	세 액
세금계산서 수취분	일반매입	65,000,000		5,500,000
	수출기업수입분납부유예			
	고정자산매입	40,000,000		4,000,000
예정신고누락분				
매입자발행세금계산서				
그 밖의 공제매입세액		30,000,000		3,100,000
합계		135,000,000		12,600,000
공제받지 못할 매입세액		5,000,000		500,000
차감계		130,000,000		12,100,000

3. 신용카드매출전표등 수령명세서 제출분 매입세액 [☞실무 : 신용카드매출전표등 수령명세서(갑)]

다음은 **신용카드매출전표 등을 수취하더라도 매입세액공제 대상이 되지 않는다.**

1. 세금계산서 발급불가 사업자 : 면세사업자
2. 영수증발급 대상 간이과세자 : 직전 공급대가 합계액이 4,800만원 미만 등
3. **세금계산서 발급 불가업종**
　① **목욕, 이발, 미용업**
　② **여객운송업(전세버스운송사업자 제외)**
　③ **입장권을 발행하여 영위하는 사업**
4. **공제받지 못할 매입세액**

<예제 5-4> 신용카드등 매입세액공제

다음은 10월부터 12월까지 공급가액과 부가가치세를 구분 기재한 신용카드매출전표 및 현금영수증을 교부받은 내용이다. 신용카드매출전표 등 수령명세서에 입력할 공제되는 매입세액을 구하시오.

구 분	거래처명	거래 일자	발행금액 (VAT포함)	공급자 업종	거래내용	비 고
현대카드 (법인카드)	향초	10.10	220,000원	소매업 (일반과세자)	거래처 선물구입비용	
	초원	11.03	440,000원	음식점업 (일반과세자)	직원 회식대 (복리후생비)	
	박진헤어샵	11.15	110,000원	서비스업 (일반과세자)	회사모델의 미용비	
신한카드 (종업원명의 일반카드)	장수탕	11.25	110,000원	목욕업 (일반과세자)	직원의 야근목욕비용	
	KG마트	11.30	880,000원	소매업 (일반과세자)	컴퓨터 구입	
	허욱영 변호사	12.05	770,000원	변호사 (일반과세자)	법률 자문료	세금계산서 수취
현금영수증	알파문구	12.15	165,000원	소매업 (간이과세자*1)	사무용품구입	
	(주)동양고속	12.15	55,000원	운송업 (일반과세자)	우등고속버스 출장비	
	서울카센터	12.16	132,000원	서비스업 (일반과세자)	소나타수리비	차량수리비

***1. 직전연도 공급대가 합계액이 4,800만원 미만 간이과세자로서 영수증 발급사업자**

해답

거래처	대상여부	매입세액 공제
향초	공제받지못할매입세액(접대관련 매입세액)	×
초원	사업관련매입세액	40,000원
박진헤어샵	세금계산서 발급불가 업종(미용업)	×
장수탕	세금계산서 발급불가 업종(목욕업)	×
KG마트	사업관련매입세액	80,000원
허욱영변호사	세금계산서 수취	×
알파문구	간이과세자 중 영수증 발급 간이과세자	×
(주)동양고속	세금계산서 발급불가 업종(여객운송업)	×
서울카센터	공제받지못할매입세액(비영업용 소형승용차관련)	×
매입세액 공제 계		120,000원

4. 의제매입세액공제[☞실무:의제매입세액공제신고서]

(1) 의제매입세액의 공제요건

① 적용대상자

일반과세사업자에 대해서만 적용된다.

② **면세농산물 등을 과세재화 · 용역의 원재료로 사용**

면세농산물 등을 원재료로 하여 제조 · 가공한 재화 또는 창출한 용역의 공급에 대하여 과세되는 경우(면세포기에 따라 영세율이 적용되는 경우는 제외)이어야 한다. 여기서 '면세농산물 등'이란 면세로 공급받은 농산물 · 축산물 · 수산물 · 임산물(1차 가공된 것, 미가공 식료품 및 소금 포함)을 말한다.

③ 증빙서류의 제출

의제매입세액공제신고서와 매입처별계산서합계표, 신용카드매출전표등수령명세서를 관할 세무서장에게 제출하여야 한다. 다만, **제조업을 영위하는 사업자가 농 · 어민으로부터 면세농산물 등을 직접 공급받는 경우에는 의제매입세액공제신고서만을 제출한다(즉, 농어민에게는 영수증을 수취해도 무방하다는 표현이다).**

(2) 의제매입세액의 계산

면세농산물 등의 매입가액 × 공제율

업 종			공제율
음식점업	과세유흥장소		**2/102**
	위 외 음식점업자	법인	**6/106**
		개인사업자	**8/108*[1]**
제조업	**일반**		**2/102**
	중소기업 및 개인사업자		**4/104*[2]**
위 외의 사업			**2/102**

*1. 연매출 4억 이하는 9/109
*2. 개인사업자 중 과자점업, 도정업, 제분업 등은 6/106

의제매입세액은 면세농산물 등을 **공급받은 날(=구입시점)이 속하는 과세기간의 예정 신고시 또는 확정신고시 공제**한다.

여기서 **면세농산물 등의 매입가액은 운임 · 보험료 등의 부대비용을 제외한 가액을 말하며, 수입농산물등의 경우에는 관세의 과세가격**을 말한다.

(3) 한도 = 과세표준(면세농산물관련) × 한도비율 × 의제매입세액공제율

<table>
<tr><th colspan="2"></th><th colspan="4">한도비율</th></tr>
<tr><td colspan="2">법인사업자</td><td colspan="4">50%</td></tr>
<tr><td rowspan="3">개인</td><td>과세표준이 1억원 이하</td><td rowspan="3">음식점업</td><td>75%</td><td rowspan="3">이외</td><td rowspan="2">65%</td></tr>
<tr><td>과세표준이 2억원 이하</td><td>70%</td></tr>
<tr><td>과세표준이 2억원 초과</td><td>60%</td><td>55%</td></tr>
</table>

한도 계산은 확정신고시에만 적용한다.

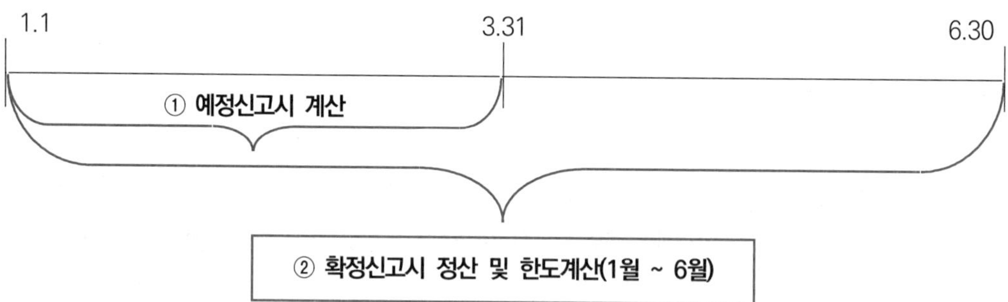

☞ 의제매입세액 한도계산시 1역년 단위로 계산가능

① 1역년동안 계속 제조업 영위

② 제1기 과세기간에 공급받은 면세농산물등의 가액의 비중이 75% 이상 또는 25% 미만

<예제 5-5> 의제매입세액

20×1년 1기 확정과세기간에 대한 의제매입세액을 계산하고 의제매입세액에 대한 회계처리(6월 30일)를 하시오. 단, (주)지구는 과세사업과 면세사업을 겸영하는 **중소제조업자**이며, 면세농산물은 과세사업에 사용된다고 가정한다.

1. 1기 의제매입과 관련한 매출내역

예정신고	확정신고	계
25,000,000	35,000,000	60,000,000

2. 1기 예정신고시 의제매입세액 신고내역
 ① 의제매입세액 공제대상 면세매입금액: 7,000,000원
 ② 의제매입세액공제액: 269,230원

3. 1기확정(4~6월)시 면세재화 구입내역

구 분	구입일	상호(성명)	품 명	매입가액	증 빙	비 고
사업자 매입분	4.01	한세축산	축산물	3,000,000	계산서	현금매입
	5.03	영일축산	축산물	2,200,000	영수증	
	6.12	해일수산	해산물	1,800,000	신용카드	
	6.21	우일수산	해산물	2,500,000	계산서	100,000원은 재고자산으로 보유
농, 어민 매입분	4.12	김한세	견과류	1,800,000	영수증	운임 100,000원이 포함되어 있다.
	5.05	이세무	견과류	4,000,000	영수증	50%는 (주)목성에 양도하고, 나머지는 과세사업에 사용

위의 매입한 품목들은 “원재료” 계정으로 처리되었다.

해답

(1) 의제매입세액 대상여부 판단

구 분	상 호	품 명	매입가액	증 빙	대 상 여 부
사업자 매입분	한세축산	축산물	3,000,000	**계산서**	
	영일축산	축산물	×	영수증	**사업자 매입분은 계산서등을 수취하여야 한다.**
	해일수산	해산물	1,800,000	**신용카드**	
	우일수산	해산물	2,500,000	계산서	**구입시점에서 공제**
농·어민 매입분	김한세	견과류	1,700,000	**영수증**	매입가액은 순수매입가액을 의미
	이세무	견과류	2,000,000	**영수증**	면세재화로 양도시 대상에서 제외되고, **제조업의 경우 농어민 매입분은 영수증도 가능**
합 계			11,000,000		

(2) 의제매입세액계산

	예정 (1~3월)	확정 (4~6월)	계
①공급가액(면세매입관련)	25,000,000	35,000,000	60,000,000
②면세매입금액	7,000,000	11,000,000	18,000,000
③한도(①×50% : 법인)	–		30,000,000
④Min[②,③]	–		18,000,000
공제율	4/104(중소제조업)		
⑤당기 의제매입세액공제액(1~6월)	④×공제율		692,307
⑥예정신고시 의제매입세액공제			269,230
⑦확정신고시 의제매입세액공제	(⑤–⑥)		423,077

(3) 회계처리(6월 30일 – 일반전표입력)

(차) 부가세대급금 423,077원 (대) 원 재 료(타계정대체) 423,077원

5. 재활용폐자원 등에 대한 매입세액공제[☞실무 : 재활용폐자원공제신고서]

(1) 공제요건

① 적용대상자: **과세사업자(재활용폐자원 및 중고품을 수집)**

② 국가등 부가가치세 **과세사업을 영위하지 않는 사업자(계산서 또는 영수증)와 영수증발급대상자 간이과세자(일반영수증)**로부터 구입

☞ **일반과세사업자에게 구입시 대상에서 제외된다.**

(2) 매입세액의 계산

구 분	매입세액공제액
재활용폐자원:고철, 폐지, 폐건전지, 폐타이어등	공제대상금액[*1]의 3/103
수출용중고자동차(1년 미만인 자동차는 제외)	공제대상금액의 10/110

*1. 공제대상금액 = MIN(①, ②)

① 재활용폐자원 취득가액　　② 재활용폐자원 공급가액×80% − 세금계산서 수령폐자원 매입가액

☞ **재활용폐자원에 대해서만 예정신고시 계산 및 확정신고시 정산**

<예제 5-6> 재활용폐자원 매입세액공제

다음 자료를 이용하여 20x1년 1기 확정신고기간(20x1. 4. 1. ~ 20x1. 6. 30.)의 재활용폐자원 세액공제액을 계산하시오.

1. 예정신고기간 중의 영수증 수취를 통한 재활용폐자원 거래내액은 없고, 확정신고기간중 거래내역은 다음과 같다.

거래일	공급자	품명	수량(㎏)	취득가액(원)	증빙
4. 30	고철상사(일반과세사업자)	고철	100	4,000,000	영수증
5. 11	김길동(비사업자)	파지	300	5,000,000	영수증
6. 30	한신바이오	고철	200	7,000,000	계산서

2. 1기 과세기간 중 재활용관련 매출액과 세금계산서 매입액은 다음과 같다.

구분	매출액	매입공급가액(세금계산서)
예정분	40,000,000원	30,000,000원
확정분	60,000,000원	35,000,000원

해답

(1) 공제대상여부 판단

① 고철상사는 일반과세사업자(세금계산서 발급사업자)이므로 재활용폐자원세액공제 불가

② 개인(비사업자)이므로 재활용 폐자원 매입세액공제 가능(5,000,000원)

③ 한신바이오로부터 계산서를 수취했으므로 재활용 폐자원 매입세액공제 가능(7,000,000원)

∴ 공제대상 재활용폐자원 취득가액 = 12,000,000원

(2) 재활용폐자원매입세액 계산

㉮ 공제대상금액 = MIN(①,②) = 12,000,000원

① 재활용폐자원 취득가액 = 12,000,000원

② 재활용폐자원 공급가액×80% - 세금계산서 수령폐자원 매입가액
= 100,000,000 × 80% - 65,000,000 = 15,000,000원

㉯ 재활용폐자원 매입세액 = 12,000,000×3/103 = 349,514원

[재활용폐자원매입세액]

	예정(1~3월)	확정(4~6월)	계
① 재활용관련 매출액	40,000,000	60,000,000	100,000,000
② 재활용관련 매입가액(세금계산서)	30,000,000	35,000,000	65,000,000
③ 한도(①×80% - ②)	-		15,000,000
④ 재활용폐자원취득가액	-	12,000,000	12,000,000
⑤ Min[③, ④]	-		12,000,000
공제율	3/103(폐자원)		
⑥ 당기 재활용매입세액공제액(1~6월)	⑤×공제율		349,514
⑦ 예정신고시 재활용매입세액공제			0
⑧ 확정신고시 재활용매입세액공제	(⑥-⑦)		349,514

6. 겸영사업자 공통매입세액 안분계산[☞실무:공제받지못할매입세액명세서]

(1) 안분계산 계산방법

① 원칙

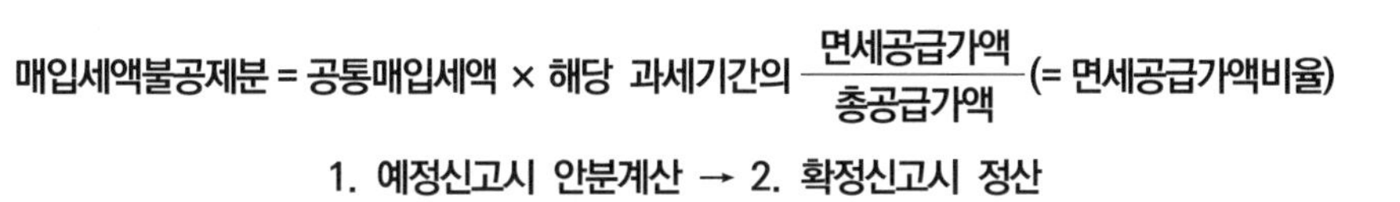

$$\text{매입세액불공제분} = \text{공통매입세액} \times \text{해당 과세기간의 } \frac{\text{면세공급가액}}{\text{총공급가액}} (= \text{면세공급가액비율})$$

1. 예정신고시 안분계산 → 2. 확정신고시 정산

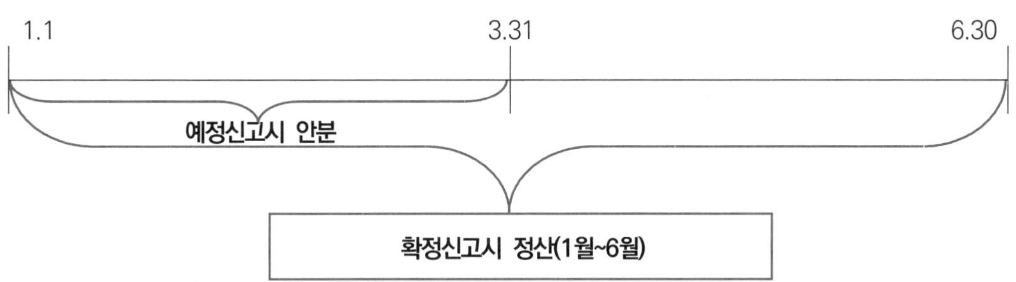

② <u>공통사용재화를 동일과세기간에 매입하고 공급시</u>

$$\text{매입세액불공제분} = \text{공통매입세액} \times \underline{\text{직전 과세기간의}} \frac{\text{면세공급가액}}{\text{총공급가액}} (= \text{면세공급가액비율})$$

☞ 공통사용재화를 공급시 직전 과세기간으로 과세표준을 안분계산했으므로, 해당 자산의 공통매입세액도 직전과세기간의 면세공급가액비율로 안분계산한다.

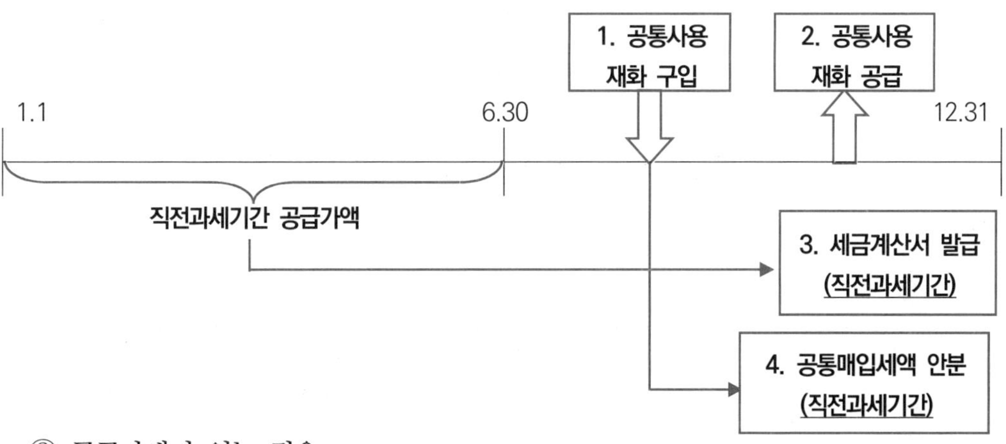

③ 공급가액이 없는 경우

당해 과세기간중에 과세사업과 면세사업의 공급가액이 없거나 어느 한 사업의 공급가액이 없는 경우에 공통매입세액 안분계산은 다음 순서에 의한다.

㉠ 매입가액 비율 → ㉡ 예정공급가액비율 → ㉢ 예정사용면적비율
(단, 건물의 경우 ㉢, ㉠, ㉡ 순으로 안분계산한다.)

(2) 안분계산의 배제

다음의 경우에는 안분계산을 하지 않고 공통매입세액 전액을 공제받는 매입세액으로 한다.

1. 해당 과세기간의 총공급가액 중 면세공급가액이 5% 미만인 경우의 공통매입세액(다만, 공통매입세액이 5백만원 이상인 경우는 제외한다.)
2. 해당 과세기간의 공통매입세액이 5만원 미만인 경우의 매입세액
3. 재화를 공급하는 날이 속하는 과세기간에 신규로 사업을 개시하여 직전 과세기간이 없는 경우 해당 공통사용재화에 대한 매입세액

<예제 5-7> 공통매입세액의 안분과 정산1

다음 자료를 보고 당사(과세 및 면세 겸영사업자)의 1기 예정 부가가치세 신고시 공통매입세액을 안분계산하고, 1기 확정신고시 정산하시오. 단, 아래의 매출과 매입은 모두 관련 세금계산서 또는 계산서를 적정하게 수수한 것이며, 과세분 매출과 면세분 매출은 모두 공통매입분과 관련된 것이다.

(1) 1.1 ~ 3.31 매입매출내역

(단위 : 원)

구 분		공급가액	세 액	합계액
매출내역	과세분	40,000,000	4,000,000	44,000,000
	면세분	60,000,000	-	60,000,000
	합 계	100,000,000	4,000,000	104,000,000
매입내역	공통분	50,000,000	5,000,000	55,000,000

(2) 4.1 ~ 6.30 매입매출내역

구 분		공급가액	세 액	합계액
매출내역	과세분	50,000,000	5,000,000	55,000,000
	면세분	50,000,000	-	50,000,000
	합 계	100,000,000	4,000,000	105,000,000
매입내역	공통분	30,000,000	3,000,000	33,000,000

해답

(1) **공통매입세액의 안분계산(예정신고)**

공통매입세액(1월~3월) × 해당 과세기간(1월~3월)의 $\frac{\text{면세공급가액}}{\text{총공급가액}}$

$= 5,000,000 \times \frac{60,000,000}{100,000,000}$ = 3,000,000(예정신고시불공제매입세액)

(2) **공통매입세액의 정산(확정신고)**

총공통매입세액(1월~6월) × 해당 과세기간(1월~6월)의 $\frac{\text{면세공급가액}}{\text{총공급가액}}$ − **예정신고시 불공제매입세액**

$= 8,000,000 \times \frac{110,000,000}{200,000,000}$ − **3,000,000(1월~3월신고시 불공제매입세액)**

= 1,400,000(확정신신고시 불공제매입세액)

<예제 5-8> 공통매입세액의 안분계산2

다음 자료를 보고 당사(과세 및 면세 겸영사업자)의 1기 과세기간의 납부세액을 계산하시오. 과세사업과 면세사업에 공통으로 사용하는 자산을 25,000,000원(부가가치세 별도)에 20x1년 4월 15일 구입하고, 20x1년 6월25일에 10,000,000원(부가가치세 별도)에 해당 자산을 처분하였다. 매출과 매입은 모두 관련 세금계산서 또는 계산서를 적정하게 수수한 것이며, 과세분 매출과 면세분 매출은 모두 공통매입분과 관련된 것이다.

〈1.1 ~ 6.30 매입매출내역〉 (단위 : 원)

구 분		공급가액	세 액	합계액
매출내역	광고료수입	40,000,000	4,000,000	44,000,000
	신문판매수입	60,000,000	-	60,000,000
	합 계	100,000,000	4,000,000	104,000,000
매입내역	공통분(1건)	25,000,000	2,500,000	27,500,000

〈공급가액 명세내역〉

구 분	20x0년 제1기	20x0년 제2기	20x1년 제1기
광고료수입	70,000,000	65,000,000	40,000,000
신문판매수입	30,000,000	60,000,000	60,000,000
계	100,000,000	125,000,000	100,000,000

해답

1. 공통사용자산의 처분시 과세표준 및 면세사업관련 매입세액

① **과세표준**

$$\text{과세표준} = \text{공통재화의 공급가액} \times \textbf{직전과세기간}\text{의 } \frac{\text{과세공급가액}}{\text{총공급가액}}$$

$$= 10,000,000 \times \frac{65,000,000}{125,000,000} = 5,200,000$$

② **공통매입세액안분계산**(공통사용재화를 동일과세기간에 매입하고 공급시)

$$\text{매입세액불공제분} = \text{공통매입세액} \times \textbf{직전 과세기간}\text{의 } \frac{\text{면세공급가액}}{\text{총공급가액}}$$

$$= 2,500,000 \times \frac{60,000,000}{125,000,000} = 1,200,000$$

2. 납부세액의 계산

구 분		공급가액	세 액
매출세액(A)	과세분	45,200,000*1	4,520,000
	영세분	–	–
	합 계	45,200,000	4,520,000
매입세액(B)	세금계산서수취분	25,000,000	2,500,000
	면세사업관련		(1,200,000)
납부세액(A – B)			**3,220,000**

*1. 40,000,000 + 5,200,000

7. 겸영사업자의 납부 · 환급세액의 재계산[☞실무:공제받지못할매입세액명세서]

(1) 재계산요건

① 공통으로 사용되는 자산으로서 **감가상각자산에 한정**한다.

② 당초 **매입세액공제 또는 안분계산의 대상이 되었던 매입세액에 한정**한다.

③ **면세비율의 증가 또는 감소**

해당 과세기간의 면세비율과 해당 감가상각자산의 취득일이 속하는 과세기간(그 후의 과세기간에 재계산한 때에는 그 재계산한 과세기간)의 **면세비율간의 차이가 5% 이상**이어야 한다.

(2) 재계산방법

공통매입세액 × (1 – 감가율 × 경과된 과세기간의 수) × 증감된 면세비율

① 감가율 : **건물, 구축물의 경우에는 5%, 기타의 감가상각자산의 경우에는 25%**로 한다.

② 경과된 과세기간의 수 : 과세기간의 개시일 후에 감가상각자산을 취득하거나 재계산대상에 해당하게 된 경우에는 **그 과세기간의 개시일에 해당 재화를 취득하거나 재계산대상에 해당하게 된 것으로 보고 계산한다.(초기산입 말기불산입)**

③ 증감된 면세비율

당초 적용된 비율	재계산시 적용되는 비율
면세공급가액비율	면세공급가액비율
면세사용면적비율	면세사용면적비율

(3) 재계산시점 : **확정신고시**에만 적용한다.

(4) 적용배제

① 재화의 공급의제에 해당하는 경우

② 공통사용재화의 공급에 해당하여 부가가치세가 과세된 경우

<예제 5-9> 납부환급세액의 재계산

다음의 내용을 토대로 20×1년 1기의 공통매입세액 불공제분과 차기 이후 각 과세기간의 납부세액에 가산 또는 차감될 세액을 계산하시오.

1. 20×1년 과세사업과 면세사업에 공통으로 사용되는 자산의 구입내역

계정과목	취득일자	공급가액	부가가치세	비고
기계장치	X1. 4. 1.	10,000,000원	1,000,000원	
공장건물	X1. 6. 10.	100,000,000원	10,000,000원	
상 품	X1. 6. 20.	1,000,000원	100,000원	

2. 공급가액 내역

구 분	20X1년 제1기	20X1년 제2기	20X2년 제1기	20X2년 제2기
과세사업	100,000,000	80,000,000	90,000,000	100,000,000
면세사업	100,000,000	120,000,000	120,000,000	100,000,000
총공급가액	200,000,000	200,000,000	210,000,000	200,000,000

해답

1. 면세공급가액 비율 검토

	20x1년		20x2년	
	1기	2기	1기	2기
면세공급가액비율	50%	60%	57.1%	50%
전기대비 증가비율	-	10%	-2.9%	-10%*
재계산여부	-	O	×	O

* 20x2년 1기에 재계산을 하지 않았으므로 20x1년 2기와 비교하여 계산한다.

2. 재계산내역

과세 기간	면세공급가액 비율 증가	매입세액 불공제 및 재계산내용
X1년 1기	-	11,100,000원×50% = 5,550,000원(매입세액불공제)***상품포함 계산**

과세 기간	면세공급가액 비율 증가	매입세액 불공제 및 재계산내용
X1년 2기	10%	**감가상각자산에 한정하므로 상품은 계산대상에서 제외한다.** 기계장치 : 1,000,000원 × (1 – 25% × 1) × (60% – 50%) = 75,000원 건　물 : 10,000,000원 ×(1 – 5% × 1) × (60% – 50%) = 950,000원 **→ 납부세액에 가산**
X2년 1기	-2.9%	면세공급가액 증가비율이 5%미만이므로 재계산 생략
X2년 2기	-10%	기계장치 : 1,000,000원 × (1 – 25% × 3) × (50% – 60%) = – 25,000원 건　물 : 10,000,000원 ×(1 – 5% × 3)× (50% – 60%) = – 850,000원 **→ 납부세액에 차감(환급세액)**

제3절 자진납부세액의 계산

1. 공제세액

(1) 전자신고에 대한 세액공제

납세자가 직접 전자신고방법에 따라 **부가가치세 확정신고**를 하는 경우에는 해당납부세액에 **1만원**을 공제하거나 환급세액에 가산한다.

(2) 신용카드매출전표 발행공제 등

- 직전년도 공급가액 10억원이하 개인사업자만 해당됨

공제액 = MIN[① 신용카드매출전표발행 금액 등의 1.3%, ② 연간 1,000만원]

(3) 예정신고미환급세액

예정신고시 환급세액이 발생하더라도 환급하여 주지 아니하고 확정신고시 공제세액의 “예정신고미환급세액”으로 하여 납부할 세액에서 공제한다.

(4) 예정고지세액

개인사업자와 영세법인사업자(직전 과세기간 과세표준 1.5억원 미만)에 대하여는 관할세무서장이 각 예정신고기간마다 직전 과세기간에 대한 납부세액의 50%에 상당하는 금액을 결정하여 예정신고기한내에 징수하도록 규정하고 있다. 따라서 예정신고기간에 납부한 세액은 확정신고시 공제세액의 “예정고지세액”으로 하여 납부할 세액에서 공제한다.

2. 가산세의 감면(국세기본법)

① 천재 등으로 인한 가산세의 감면

② 수정신고 등에 의한 가산세 감면

㉠ **수정신고에 따른 감면**

법정신고기한 경과 후 2년 이내에 수정신고를 한 경우(**과소신고가산세와 초과환급신고가산세 및 영세율과세표준신고불성실가산세만 해당**됨)에는 다음의 구분에 따른 금액을 감면한다.

〈법정신고기한이 지난 후 수정신고시〉

~1개월 이내	~3개월 이내	~6개월 이내	~1년이내	~1년6개월 이내	~2년 이내
90%	75%	50%	30%	20%	10%

㉡ **기한후 신고에 따른 감면**

법정신고기한 지난 후 기한후 신고를 한 경우(**무신고가산세만 해당함**) 다음의 구분에 따른 금액을 감면한다.

〈법정신고기한이 지난 후 기한후신고시〉

~1개월 이내	~3개월 이내	~6개월 이내
50%	30%	20%

㉢ 세법에 따른 제출·신고·가입·등록·개설의 **기한이 지난 후 1개월 이내에 해당 세법에 따른 제출 등의 의무를 이행하는 경우 해당 가산세액의 50%를 감면**한다.

3. 부가가치세법상 가산세

(1) 미등록가산세 등 : 공급가액의 1%

① 미등록가산세: 사업개시일로부터 20일 이내에 사업자등록을 신청하지 않은 경우

② 허위등록가산세: 사업자가 타인명의(배우자는 타인으로 보지 아니한다)로 사업자등록을 하고 사업을 영위하는 경우

(2) 세금계산서 불성실가산세

1) 부실기재(불명)의 경우 : 부실기재한 공급가액의 1%

발급한 세금계산서의 필요적 기재사항의 전부 또는 일부가 적혀있지 아니하거나 사실과 다른 경우

2) 미발급등의 경우 : 미발급(2%) · 가공세금계산서(3%) · 위장세금계산서(2%, 신용카드매출전표 포함)

① 세금계산서를 확정신고기한까지 발급하지 않는 경우(미발급) 2%

☞ **전자세금계산서 발급대상자가 종이세금계산서 발급시 : 공급가액의 1%**

② 둘이상의 사업장을 보유한 사업자가 재화등을 공급한 사업장이 아닌 **자신의 다른 사업장 명의로 세금계산서를 발급시** : 1%

③ **가공세금계산서 등**

재화 등을 공급하지 아니하고 세금계산서(신용카드매출전표등 포함)등을 발급한 경우와 공급받지 아니하고 세금계산서 등을 발급받은 경우: 3%

④ 타인명의로 세금계산서 등(위장세금계산서)을 발급하거나 발급받은 경우 : 2%

⑤ 재화 등을 공급하고 세금계산서 등의 공급가액을 과다하게 기재하여 공급하거나 공급받은 경우: 실제보다 과다하게 기재한 부분에 대한 공급가액의 2%

3) 지연발급의 경우 : 공급가액의 1%

발급시기가 지난 경우로서 **해당 과세기간의 확정신고기간내** 발급한 경우

공급시기(예)	발급기한	**지연발급(1%)**	**미발급(2%)**
3.11	~4.10	4.11~7.25	7.25까지 미발급

4) 세금계산서 발급명세 미전송 및 지연전송

전자세금계산서를 발급한 사업자가 국세청장에 세금계산서 발급명세를 전송하지 아니한 경우

지연전송	전자세금계산서 전송기한이 지난 후 **확정신고 기한(7/25, 익년도 1/25)까지 전송시**	공급가액의 0.3%
미전송	확정신고기한(7/25, 익년도 1/25)까지 발급명세를 전송하지 않는 경우	공급가액의 0.5%

(3) 매출처별세금계산서 합계표 불성실가산세

① 부실기재(불명)의 경우 : 공급가액의 0.5%

거래처별 등록번호 또는 공급가액의 전부 또는 일부가 기재되지 아니하였거나 사실과 다르게 기재된 경우

② 미제출 : 공급가액의 0.5%

확정신고시 매출처별세금계산서 합계표를 제출하지 아니한 경우

☞ **제출기한이 지난 후 1개월 이내에 제출하는 경우 해당가산세의 50%를 감면한다.**

③ 지연제출의 경우 : 지연제출한 공급가액의 0.3%

☞ 예정신고시 미제출분을 확정신고시 제출하는 경우만 지연제출에 해당한다.

(4) 매입처별세금계산서 합계표 불성실가산세

① 지연수취 및 공급시기 오류기재 : 공급가액의 0.5%

㉠ 재화 또는 용역의 공급시기 이후에 발급받은 세금계산서로서 해당 공급시기가 속하는 **과세기간의 확정신고 기한내**에 발급받은 경우

㉡ 공급시기 이후 세금계산서를 발급받았으나, 실제 공급시기가 속하는 **과세기간의 확정신고기한 다음날부터 1년 이내에 발급받은 것**으로서 수정신고 · 경정청구하거나, 거래사실을 확인하여 결정 · 경정

㉢ 공급시기 이전 세금계산서를 발급받았으나, 실제 공급시기가 30일 이내에 도래하고 거래사실을 확인하여 결정 · 경정

② 미제출 후 경정시 제출 : 공급가액의 0.5%

☞ 신용카드매출전표등을 미제출 후 경정시 제출함으로서 매입세액공제시도 적용

③ 과다기재 : 과다기재하여 신고한 공급가액의 0.5%

제출한 매입처별세금계산서 합계표(신용카드수령명세서 추가)의 기재사항 중 공급가액을 사실과 다르게 과다기재하여 신고한 경우

(5) **신고불성실가산세**

① 무신고가산세

사업자가 법정신고기한 내에 세법에 따른 과세표준신고서를 제출하지 않은 경우

무신고가산세 = 일반무신고납부세액의 20%(부당의 경우 40%)

참고

부당한방법의 예시

1. 이중장부의 작성 등 장부의 거짓 기록
2. 거짓증명 또는 거짓문서의 작성
3. 거짓증명 등의 수취(거짓임을 알고 수취한 경우에 한함)
4. 장부와 기록의 파기
5. 재산의 은닉이나 소득 · 수익 · 행위 · 거래의 조작 또는 은폐
6. 그 밖에 국세를 포탈하거나 환급 · 공제받기 위한 사기 그밖의 행위

② 과소신고가산세(초과환급신고가산세)

사업자가 법정신고기한 내에 과세표준신고서를 제출한 경우로서 신고한 과세표준이 세법에 따라 신고해야 할 과세표준(과세표준이 0보다 작은 경우에는 0으로 본다)에 미달한 경우

과소신고가산세 = 일반과소신고납부세액의 10%(부당의 경우 40%)

☞ 법정신고기한 경과 후 2년 이내에 수정신고시에는 과소신고 가산세의 90%, 10%를 감면한다.

(6) 납부지연가산세

사업자가 납부기한내에 부가가치세를 납부하지 아니하거나 납부한 세액이 납부하여야 할 세액에 미달한 경우와 사업자가 환급받은 세액이 세법에 따라 환급받아야 할 세액을 초과하는 경우

납부지연가산세 = ① + ② ① *미납세액(또는 초과환급받은 세액) × 기간[*1] × (1.9~2.2)[*2] / 10,000* ② 법정납부기한까지 미납세액 × 3%(**납부고지서에 따른 납부기한까지 완납하지 아니한 경우에 한정**함) ☞ *수정신고시에는 관할 관청으로부터 납부고지서가 발급 전이므로 ②가 적용되지 않으므로, ①로 납부지연가산세를 계산하면 됨*

*1. 납부기한의 다음날부터 납부일까지의 일수를 말한다.
*2. 시행령 정기개정(매년 2월경)시 결정 → 2024년은 2.2

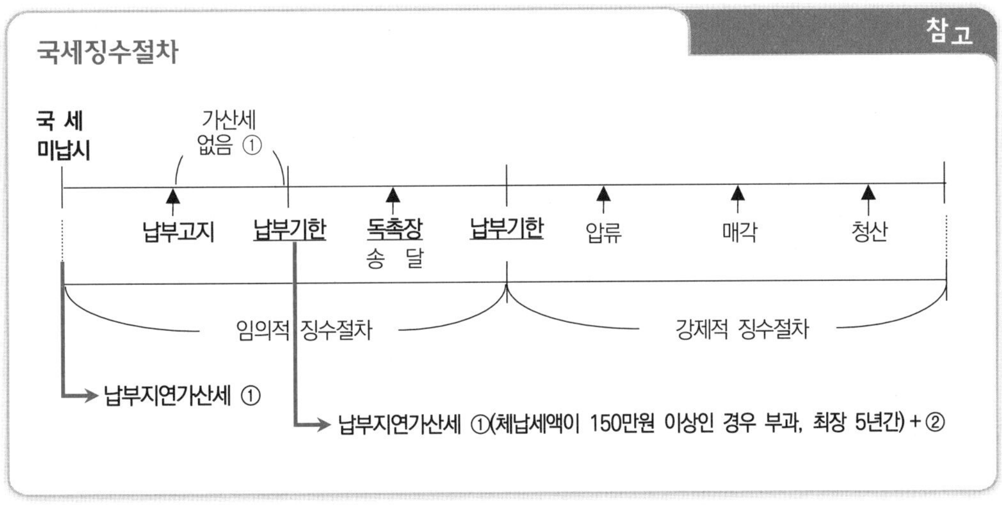

(7) <u>영세율과세표준신고불성실가산세</u>

영세율이 적용되는 과세표준을 신고하지 아니하거나, 신고해야할 금액에 미달하게 신고한 경우 또는 영세율 첨부서류를 제출하지 않은 경우

<u>영세율과세표준신고불성실가산세 = 무신고 또는 미달신고한 과세표준의 0.5%</u>

☞ <u>법정신고기한 경과 후 2년 이내에 수정신고시에는 과소신고 가산세의 90%, 10%를 감면한다.</u>

(8) 현금매출명세서 미제출가산세

변호사 · 공인회계사 · 세무사 · 건축사 · 변리사 · 부동산중개업을 영위하는 사업자가 현금매출명세서를 제출하지 않거나 누락된 수입금액이 있는 경우

미제출 또는 누락금액의 1%

(9) 부동산임대공급가액명세서 미제출가산세

부동산임대업자가 부동산임대공급가액명세서를 제출하지 않거나 제출한 수입금액이 사실과 다르게 적혀 있는 경우

<u>미제출 또는 누락금액의 1%</u>

〈가산세중복적용배제〉

우선 적용되는 가산세	적용배제 가산세
1. 미등록 등(1%)	세금계산서불성실(지연발급, 부실기재) 전자세금계산서 지연전송, 미전송가산세 매출처별세금계산서합계표불성실
2. 세금계산서 미발급(2%)	미등록가산세 등 **전자세금계산서 지연, 미전송가산세** 세금계산서 불성실 가산세(부실기재) **매출처별세금계산서합계표불성실가산세**
3. 세금계산서 지연발급(1%)	**전자세금계산서 지연, 미전송가산세** 세금계산서 불성실 가산세(부실기재) **매출처별세금계산서합계표불성실가산세**
4. 세금계산서 지연(0.3%), 미전송(0.5%)	**매출처별세금계산서합계표불성실가산세**
5. 세금계산서 부실기재(1%)	전자세금계산서 지연, 미전송가산세 매출처별세금계산서합계표불성실가산세
6. 세금계산서 불성실외 (2%,3%) - 가공발급(3%), 허위발급 등	미등록 가산세등 매출(입)처별세금계산서합계표불성실가산세
7. 신고·납부지연 가산세 및 영세율과세표준신고불성실 가산세의 적용시 예정신고납부와 관련하여 부과되는 부분에 대하여는 확정신고납부와 관련하여 가산세를 부과하지 아니한다.	

〈세금계산서 발급시기에 따른 처리〉

		매입자		공급자
		매입세액 공제	세금계산서 불성실가산세	**세금계산서 불성실가산세**
공급시기교부/선세금계산서		O	X	X
공급시기후 1. 익월 10일까지 발급 **2. 동일과세기간 내 발급**		 O O	 X **지연수취(0.5%)**	 X **지연발급(1%)**
3. **과세기간 경과 후 발급**	**확정신고기간내**	O	**지연수취(0.5%)**	**지연발급(1%)**
	~경과 후 1년 이내	O	**지연수취(0.5%)**	**미발급(2%)**
	~경과 후 1년 초과	X	X	

〈가산세 계산방법-매출 · 매입세금계산서 누락〉

			확정신고(7/25, 익년도 1/25)	수정신고(확정신고 이후)
대 상			**예정신고누락분을 확정신고시 제출**	**확정(예정)신고누락분을 수정신고시**
신고기한			확정신고시(7/25, 1/25)	관할세무서장이 결정/경정전까지
신고서 작성			**부가가치세확정신고서 예정신고 누락분에 기재**	**기존 확정신고서에 수정기재 (누락분을 합산)**
가산세	매출	전자 세금계산서	**- 미발급 : 2%(종이세금계산서 발급시 1%)** **- 지연발급 : 1%**	
		전자세금 계산서전송	**- 지연전송 : 0.3%(~7/25, ~익년도 1/25 까지 전송시)** **- 미전송 : 0.5%(확정신고기한까지 미전송시)**	
	매입	지연수취	- 0.5%(확정신고기한의 다음날부터 1년이내까지 수취)	
		세금계산서 합계표불성실	- 부실기재 : 0.5%(과다기재액)	
	신고 불성실	*일반*	**- 미달신고세액의 10%(75%감면)**	**- 미달신고세액의 10%*1**
		영 세 율 과세표준	**- 공급가액의 0.5%(75%감면)**	**- 공급가액의 0.5%*1**
		*1. 2년 이내 수정신고시 90%, 75%, 50%, 30%, 20%, 10% 감면		
	납부지연		**- 미달납부세액 × 미납일수 ×2.2/10,000**	

			기한후신고 **(전산세무1급에서는 기한후 신고서 문제가 자주 출제됩니다.)**
대 상			**확정(예정)신고까지 과세표준신고서를 제출하지 아니한 경우**
신고기한			관할세무서장이 결정하여 통지하기 전까지
신고서 작성			새로 작성
가산세	매출	**전자세금계산서 미발급등**	**- 미발급 : 2%(종이세금계산서 발급시 1%)** **- 지연발급 : 1%**
		전자세금계산서 전송관련	**- 지연전송 : 0.3%(~7/25, ~익년도 1/25까지 전송시)** **- 미전송 : 0.5%(지연전송 기한까지 미전송시)**
	매입	지연수취	- 0.5%(확정신고기한의 다음날부터 1년이내까지 수취)
		세금계산서 합계표불성실	- 부실기재 : 0.5%(과다기재액)
	신고 불성실	***일반***	**- 무신고세액의 20%**
		영세율 과세표준	**- 공급가액의 0.5%**
		☞ **1월 이내 신고시 50%, 1개월 ~ 3개월 이내 30%, 3개월~6개월이내 신고시 20% 감면**	
	납부지연		**- 무납부세액 × 미납일수 ×2.2/10,000**
과세표준 명세			**신고구분에 기한후과세표준을 선택하고, 기한후신고일을 반드시 입력한다.**

전자세금계산서 미발급(5,500,000)

〈매출매입신고누락분-전자세금계산서 발급 및 전송〉

구분				공급가액	세액
매출	과세	세금	종이	4,000,000	400,000
			전자	1,000,000	100,000
		기타		2,000,000	200,000
	영세	세금	종이	1,500,000	-
			전자	3,500,000	-
		기타		2,000,000	-
매입	세금계산서 등			3,000,000	300,000
미달신고(납부)					400,000

영세율과세표준신고불성실(7,000,000원)

신고, 납부지연(400,000원)

<예제 5-10> 가산세1(기한후 신고)

(주)지구는 제1기 부가가치세 확정신고를 기한(7월 25일) 내에 하지 못하여 7월 31일에 기한후신고로 신고 및 납부하려고 한다. 일반무신고에 의한 가산세율, **납부지연가산세 계산시 1일 2/10,000로 가정**하고, 가산세를 계산하시오.

매출누락분(VAT 미포함)	매입누락분(VAT 미포함)
- ⓐ전자세금계산서[1] : 700,000원 종이세금계산서 : 300,000원 - ⓑ신용카드영수증 : 500,000원 - ⓒ현금영수증발행분 : 1,500,000원 - ⓓ영세율전자세금계산서[2] : 2,000,000원 - ⓔ직수출 : 1,000,000원	- ⓕ매입전자세금계산서(원재료) : 1,000,000원 - ⓖ매입전자영세율세금계산서 : 500,000원

[매출전자세금계산서 내역]

번호	작성일자	발급일자	전송일자	상호	공급가액	세액	종류
1	3.11	4.9	4.14	㈜설악	700,000	70,000	일반
2	4.30	5.20	5.21	㈜계룡	2,000,000	0	영세율

해답

〈매출매입신고누락분〉

구 분				공급가액	세액
매출	과세	세 금	종이	ⓐ300,000	30,000
			전자	**ⓐ700,000(지연전송)**	70,000
		기 타		ⓑ500,000 + ⓒ1,500,000	200,000
	영세	세 금	종이		–
			전자	**ⓓ2,000,000(지연발급)**	–
		기 타		ⓔ1,000,000	–
매입	세금계산서 등			ⓕ1,000,000+ⓖ500,000	ⓕ100,000
무신고(납부)					**200,000**

☞ 세금계산서 발급 및 전송

공급시기	발급기한	지연발급(1%)	미발급(2%)
3.11	~4.10	**4.11~7.25**	7.25까지 미발급
	발급일자	**지연전송(0.5%)**	미전송(1%)
	4.9	**4.11~7.25**	7.25까지 미전송

공급시기	발급기한	**지연발급(1%)**	**미발급(2%)**
4.30	~5.10	**5.11~7.25**	7.25까지 미발급

1. 전자세금계산서 미발급	**300,000원** × 1%(종이세금계산서발급시) = 3,000원
2. 전자세금계산서 지연발급	**2,000,000원** × 1% = 20,000원 ☞ **전자세금계산서 전송관련가산세가 중복적용배제**
3. 전자세금계산서 지연전송	**700,000원** × 0.3% = 2,100원 ☞ **전자세금계산서 전송관련 가산세가 적용되면, 매출처별세금계산서 합계표 불성실가산세는 중복적용배제.**
4. 영세율과세표준신고불성실	**3,000,000원** × 0.5% × (1 – 50%) = 7,500원 ☞ **1개월 이내 기한후신고시 50% 감면**

5. 신고불성실(무신고 20%)	**200,000원** × 20% × (1 – 50%) = 20,000원 ☞ 1개월 이내 기한후신고시 50% 감면
6. 납부지연	**200,000원** × 6일 × 2(가정)/10,000 = 240원 ☞ 일수 : 7월 26일 ~ 7월 31일
계	**52,840원**

<예제 5-11> 가산세2

제1기 예정 부가가치세 신고 후 나중에 다음과 같은 거래 자료를 추가로 발견하여 제1기 확정부가가치세 신고서에 반영하고자 한다. 가산세(신고·납부일 : 7월 25일)를 계산하시오. 신고불성실가산세는 일반과소 신고에 의한 가산세율을 적용하고 **납부지연가산세 계산 시 미납일수는 91일, 1일 2/10,000로 가정**한다.

1. 3월 장부상 미반영된 제품의 반출액

	원 가	시 가
견 본 품 용	5,000,000원	6,000,000원
종 업 원 상 여 금	12,000,000원	15,000,000원
하 치 장 적 재 용	30,000,000원	40,000,000원
계	47,000,000원	61,000,000원

2. 3월 30일날 수출업자 마이크로(주)에 대한 제품매출에 대해 전자세금계산서를 발급하였으나, 동 내국신용장이 4월 15일 개설되어 영세율전자세금계산서를 발급하고, 전자세금계산서에 대한 (-)전자세금계산서를 발급·전송하였다.
   ① 3월 30일 전자세금계산서 공급가액 20,000,000원, 부가가치세 2,000,000원
   ② 3월 30일 수정전자세금계산서 공급가액 -20,000,000원, 부가가치세 -2,000,000원
   ③ 3월 30일 영세율수정전자세금계산서 공급가액 20,000,000원, 부가가치세 0원
   (※ 전자세금계산서는 적법발급 후 다음날 전송하였으나, 전자세금계산서 3매가 모두 예정신고시 누락되었다.)

3. 3월 15일 (주)수정상사에 대한 원재료 매입전자세금계산서 1건 (공급가액 5,500,000원, 세액 550,000원)

해답

1. 간주공급 : 종업원상여로 지급한 제품만 간주공급임.
2. **예정신고기간중 재화 공급하고 거래징수한 세금계산서를 교부했으나 확정신고기간 중에 내국신용장이 개설되어 교부한 영세율 수정세금계산서는 당초 예정신고분에 대한 수정신고와 함께 제출하거나 당해 확정신고와 함께 제출할 수 있는 것임.**
   전자세금계산서를 적법발급 후 다음날 전송하였으므로 전자세금계산서 관련가산세가 적용되지 않는다.
   수정세금계산서(2매)는 4월 15일 내국신용장 개설로 인하여 추가발생된 것이므로 영세율 신고불성실가산세는 부과하지 아니합니다.

〈매출매입신고누락분-내국신용장 사후개설〉

구 분			공급가액	세액
매출	과세	세금(전자)		
		기 타	15,000,000(종업원상여)	1,500,000
	영세	세금(전자)		-
		기 타		-
매입	세금계산서 등		5,500,000	550,000
미달신고(납부) →신고, 납부지연가산세				**950,000**

1. 신고불성실	**950,000원** × 10% × (1 − 75%) = 23,750원 * 3개월이내 수정신고시 75% 감면
2. 납부지연	**950,000원** × 91일 × 2(가정)/10,000 = 17,290원
계	**41,040원**

<예제 5-12> 가산세3(기한후신고)

제2기 확정 부가가치세신고를 법정신고기한에 하지 아니하였다. 익년도 2월 5일에 기한후신고와 동시에 추가 납부할 부가가치세액을 납부하고자 한다. 이에 해당하는 가산세를 계산하시오. 다음 거래만 있다고 가정하며, 전자매출세금계산서는 **세법상 공급시기에 모두 적정하게 발급하였으나 국세청에 확정신고기한까지 전송하지 못하였다.** 또한 일반무신고에 해당하며, **납부지연가산세 계산 시 일수는 11일, 1일 2/10,000**로 가정한다.

구분		작성일자	상호	공급가액	세액
매출	전자세금계산서	12월 3일	한라상회㈜	4,500,000원	450,000원
		12월 3일	㈜계룡	△1,000,000원	△100,000원
매입	전자세금계산서	12월10일	㈜백두상회	2,000,000원	200,000원

해답

매출거래와 반품거래를 동시에 누락한 매출전자세금계산서의 **미전송가산세 계산시 각각의 공급가액의 합계액(음수의 경우 절대값)으로 하여 가산세를 계산**한다.

〈매출매입신고누락분 – 전자세금계산서 미전송〉

구 분			공급가액	세액
매출	과세	세금(전자)	**4,500,000-1,000,000**(미전송)	350,000
		기 타		
	영세	세금(전자)		
		기 타		–
매입	세금계산서 등		2,000,000	200,000
무신고(납부) ⇒ 신고 · 납부지연				**150,000**

구분	계산
1. 전자세금계산서 미전송	(4,500,000 + | – 1,000,000|) ×0.5% = 27,500원
2. 신고불성실(**무신고 20%**)	**150,000원** × 20% ×(1 – 50%) = 15,000원 ☞ **1개월 이내 기한후 신고시 한 경우 50% 감면**
3. 납부지연	**150,000원** × 11일 × 2(가정)/10,000 = 330원
계	**42,830원**

<예제 5-13> 가산세4(부당과소신고)

5월 20일에 20,000,000원(공급가액) 재화를 공급하였으나, **조세회피목적으로 고의로 전자세금계산서를 발급하지 아니하였으며** 확정신고와 그 납부에 있어서 누락하였다. 그러나 **8월 20일에 수정신고 동시에 미달세액을 추가자진납부**하였다. 관련 가산세를 계산하시오.(**납부지연가산세 계산시 1일 2/10,000로 가정한다.**)

해답

〈매출매입신고누락분〉

구 분			공급가액	세액
매출	과세	세금(전자)		
		기 타	*20,000,000(미발급)*	2,000,000
	영세	세금(전자)		-
		기 타		-
매입	세금계산서 등			
미달신고(납부)⇒신고 · 납부 불성실				**2,000,000**

1. 전자세금계산서 미발급(2%)	20,000,000원 × 2% = 400,000원
2. 신고불성실(**부당 40%**)	**2,000,000원** × 40% × **(1 - 90%) =** 80,000원 ☞ **법정신고기한(7월 25일)이 지난후 1개월 이내 수정신고시 90% 감면**
3. 납부지연	**2,000,000원** × 26일 × 2(가정)/10,000 = 10,400원 ☞ **미납기간 : 7.26~8.20** (아래 표 참조)
계	**490,400원**

	7월	8월	계
일수	6일	20일	26일

<예제 5-14> 가산세5(전자세금계산서 지연발급)

1기 예정 부가가치세 신고 시에 누락된 다음 자료를 포함하여 1기 확정 부가가치세 신고시 가산세를 계산하시오. 납부지연 가산세 적용 시 **미납일수는 91일, 1일 2/10,000로 가정**하며 일반과소신고가산세율을 적용하기로 한다.

- 2/28 : 나임대로부터 받은 공장임차료 1,000,000원(부가가치세 별도)을 현금지급하고 교부받은 종이세금계산서
- 3/30 : 제품 2,000,000원(부가가치세 별도)을 (주)누리상사에 현금매출하고 교부한 전자세금계산서(**4월 30일에 지연 발급함**)
- 3/31 : 제품 3,000,000원을 (주)영세에 현금매출하고 교부한 **영세율전자세금계산서(익일 국세청에 전송** 했으나, 예정신고서에는 미포함하였다.)

해답

공급시기	세금계산서 발급기한	지연발급가산세(1%)	미발급가산세(2%)
3.30	~4.10	4.11~7.25	7.25까지 미발급시

〈매출매입신고누락분〉

<table>
<tr><th colspan="3">구 분</th><th>공급가액</th><th>세액</th></tr>
<tr><td rowspan="4">매출</td><td rowspan="2">과세</td><td>세금(전자)</td><td>2,000,000(지연발급)</td><td>200,000</td></tr>
<tr><td>기 타</td><td></td><td></td></tr>
<tr><td rowspan="2">영세
(영세율과세표준)</td><td>세금(전자)</td><td>3,000,000(적법전송)</td><td>–</td></tr>
<tr><td>기 타</td><td></td><td>–</td></tr>
<tr><td>매입</td><td colspan="2">세금계산서 등</td><td>1,000,000</td><td>100,000</td></tr>
<tr><td colspan="4">미달신고(납부)→신고 · 납부지연가산세</td><td>100,000</td></tr>
</table>

구분	계산
1. 전자세금계산서 지연발급(1%)	**2,000,000원** × 1% = 20,000원
2. 영세율과세표준신고 불성실	**3,000,000원** × **0.5%** × (1 – 75%) = **3,750원** ☞ 3개월 이내 수정신고시 75% 감면
3. 신고불성실	**100,000원** × 10% × (1 – 75%) = 2,500원 ☞ 3개월 이내 수정신고시 75% 감면
4. 납부지연	**100,000원** × 91일 ×2(가정)/10,000 = 1,820원
계	**28,070원**

연/습/문/제

객관식

01. 부가가치세법과 관련한 다음 설명 중 잘못된 것은?

① 공통사용재화에 대한 납부 및 환급세액의 재계산은 확정신고시에만 적용한다.
② 법인사업자도 의제매입세액공제가 가능하다.
③ 대손세액공제는 확정신고 때 가능하다.
④ 간이과세자는 영세율이 적용되지 않는다.

02. 부가가치세법상 일반과세자인 (주)갑이 20x1년 1기 부가가치세 확정신고를 이행하지 아니하고, 20x1년 8월 9일에 기한후신고와 동시에 세금을 납부하였다. 이에 대한 가산세에 대한 설명 중 올바르지 아니한 것은? (단, 부당한 방법의 무신고는 아니며, 법정신고기한이 공휴일이나 토요일이 아니다.)

- 재화 공급가액 : 50,000,000원**(매출 전자세금계산서를 교부하였고 다음날 전송하였다.)**
- 공급받은 재화의 공급가액 : 30,000,000원(전액 매입세액공제 가능한 적법한 전자세금계산서 수취하였음)

① 무신고 가산세는 400,000원이다.
② 매입처별세금계산서합계표 미제출가산세는 0원이다.
③ 매출처별세금계산서합계표 미제출가산세는 0원이다.
④ 납부지연 가산세(1일 2/10,000로 가정)는 6,000원이다.

03. 다음 자료를 보고 부가가치세법 규정상 잘못된 것을 고르시오.

〈자료 1〉
20X1년 3월 31일에 (주)갑은 전자부품 제조업을 하고 있는 (주)을에게 제품 10,000,000원(부가가치세 별도)을 국내 공급하고 전자세금계산서를 발급하였고 동시에 국세청에 전송하였으나 부가가치세 1기 예정신고시 이에 대한 공급가액을 누락한 채 신고하였다. (주)갑은 이에 대한 신고를 부가가치세 1기 확정신고시 예정신고누락분으로 하여 신고할 예정이다.

〈자료 2〉
20X1년 6월 30일에 (주)병은 전자부품 제조업을 하고 있는 (주)정에게 원재료 10,000,000원(부가가치세 별도)을 공급하였으나 이에 대한 세금계산서는 7월 11일에 전자적인 형태로 발급하였다. 7월 10일은 토요일 및 공휴일이 아니며, (주)병은 세금계산서 발급특례를 적용하여 발급일의 다음달 10일까지 세금계산서를 발급하는 사업자이고 동 거래는 당초 매입세액공제가 가능한 거래이다.

① (주)갑은 부가가치세 1기 확정신고시 예정신고누락분과 관련하여 매출처별세금계산서합계표불성실가산세, 신고불성실가산세 그리고 납부지연가산세를 부담하여야 한다.
② (주)을이 만약 부가가치세 1기 예정신고시 매입세액공제를 공제받지 않았다면 확정신고시 가산세 부담없이 매입세액공제를 받을 수 있다.
③ (주)병은 세금계산서 지연발급에 대한 가산세로 공급가액의 1%에 해당하는 금액을 납부세액에 더하거나 환급세액에서 뺀다.
④ (주)정은 해당 거래에 대해서 매입세액공제를 받을 수 있다. 다만, 지연수취가산세가 적용된다.

04. 다음의 경우 현행 부가가치세법 규정에 대한 설명으로 틀린 것은?

갑이 을에게 재화(공급가액 : 10,000,000원, 부가세 : 1,000,000원)를 공급하였으나 병의 명의로 을에게 세금계산서를 교부하였다.

① 갑은 매출처별세금계산서합계표 불성실가산세 100,000원이 적용된다.
② 병은 세금계산서불성실가산세 200,000원이 적용된다.
③ 을은 매입세액불공제가 적용된다.
④ 갑은 세금계산서불성실가산세 200,000원이 적용된다.

05. 다음 중 부가가치세법상 의제매입세액 공제에 대한 설명으로 가장 틀린 것은?

① 의제매입세액 공제 시 공제대상이 되는 원재료의 매입가액은 운임 등의 부대비용을 제외한 매입원가로 한다.
② 의제매입세액은 면세농산물 등을 사용 또는 소비하는 날이 속하는 과세기간의 예정신고 또는 확정신고 시에 공제한다.
③ 의제매입세액을 공제받은 후 면세농산물 등을 그대로 양도 또는 인도하는 경우에는 의제매입세액을 재계산하여야 한다.
④ 면세농산물 등을 원재료로 하여 제조 또는 가공한 재화 또는 창출한 용역의 공급이 과세되는 경우에 적용된다.

06. (주)청솔은 과세사업과 면세사업에 공통으로 사용될 기계장치 구입과 관련하여 부가가치세법상 고려하여야 하는 것에 대한 설명이다. 가장 확실하게 틀린 것은?

① 예정과세기간에 구입하였다면 예정과세기간의 공급가액비율로 매입세액을 안분계산한다.
② 구입과세기간 다음 과세기간부터는 면세비율이 5%이상 변동이 있는 경우 납부(환급)세액 재계산을 한다.
③ 차기 과세기간에 기계장치를 처분하는 경우 직전 과세기간의 공급가액비율로 안분계산하여 과세표준을 계산한다.
④ 구입과세기간의 공통매입세액이 20만원 이하인 경우 안분계산을 생략한다.

07. 다음 중 20x3년 2기 부가가치세 신고시 과세표준 및 매출세액에 반영되는 것은?

① 겸영사업자가 20x0년 1기에 과세사업에 사용하기 위해 취득하고 매입세액공제를 받은 기계장치를 20x3년 2기에 면세로 전용한 경우
② 회사가 생산한 제품의 일부를 거래처에 견본품으로 제공하는 경우
③ 겸영사업자가 부가가치세가 면세되는 재화나 용역을 공급하는 경우
④ 폐업을 하는 경우 잔존재화 중에 기존에 매입세액을 공제 받은 재화

08. 다음 중 부가가치세 계산 시 매출세액에서 공제받을 수 없는 매입세액은 무엇인가?

① 교부받은 세금계산서에 대한 매입처별세금계산서합계표를 확정신고 시까지 제출하지 아니하였으나 기한 후 과세표준신고서와 함께 제출하여 관할 세무서장이 결정하는 경우
② 재화 또는 용역의 공급시기 이후에 교부받은 세금계산서로서 당해 공급 시기가 속하는 과세기간 내에 교부받은 경우
③ 사업자등록을 신청한 사업자가 사업자등록증 교부일까지의 거래에 대하여 당해 사업자 또는 대표자의 주민등록번호를 기재하여 세금계산서를 교부받은 경우
④ 귀금속 도매업을 영위하는 회사에서 귀금속 운반용으로 소형승용자동차(1,500CC, 5인승)를 구입하고 세금계산서를 교부받은 경우

09. 다음 중 현행 세법상 신용카드매출전표에 대한 취급으로 잘못된 것은?

① 영수증교부대상 사업자가 재화 또는 용역을 공급하고 신용카드매출전표를 발행하는 경우에는 원칙적으로 발행금액의 100분의 1.3을 납부세액에서 공제한다.
② 일반과세자로부터 재화 또는 용역을 공급받고 부가가치세액이 별도로 구분 가능한 신용카드매출전표를 교부받은 경우에 일정한 요건을 갖춘 경우 납부세액에서 공제받을 수 있다.
③ 근로소득이 있는 거주자가 재화 또는 용역을 공급받고 신용카드매출전표를 교부받은 때에는 일정금액을 근로소득금액에서 공제받을 수 있다.
④ 부가가치세액이 별도로 구분 표시되어 있는 경우 신용카드매출전표는 부가가치세법상 세금계산서에 해당한다.

10. 부가가치세법상 일반과세자의 가산세에 대한 내용 중 틀린 것은?

① 매출처별세금계산서합계표를 확정신고시 제출하지 아니한 경우 공급가액의 0.5%를 과세한다.
② 재화 또는 용역의 공급시기 이후에 발급받은 세금계산서로서 당해 공급시기가 속하는 과세기간 확정신고기한 내에 발급받은 경우 공급가액의 0.5%를 과세한다.
③ 재화 또는 용역의 공급시기가 속하는 과세기간(세금계산서 발급특례에 해당하는 경우에는 그 과세기간 말의 다음 달 10일)의 확정신고기한내까지 세금계산서를 발급하지 아니한 경우 공급가액의 1%를 과세한다.
④ 전자세금계산서 전송관련 가산세가 적용되면 매출처별 세금계산 합계표 불성실 가산세가 적용되지 아니한다.

11. 부가가치세법상 대손세액공제와 관련된 설명으로 틀린 것을 고르시오.

① 수표 또는 어음의 부도발생일부터 6월이 지난 경우에 대손세액공제를 받을 수 있다. 다만, 사업자가 채무자의 재산에 대하여 저당권을 설정하고 있는 어음 또는 수표를 제외한다.

② 대손세액의 계산은 대손금액에 10/110을 곱하여 계산한다.

③ 대손세액이 확정되어 확정일이 속하는 과세기간에 자기의 매출세액에서 대손세액을 차감하였으나 그 후 사업자가 대손금액의 전부 또는 일부를 회수한 경우에는 회수한 대손금액에 관련된 대손세액을 회수한 날이 속하는 과세기간의 매출세액에 더한다.

④ 대손세액으로 공제받을 수 있는 범위는 사업자가 부가가치세가 과세되는 재화 또는 용역을 공급한 후 그 공급일로부터 3년이 지난 날이 속하는 과세기간에 대한 확정신고기한까지 대손이 확정되는 대손세액으로 한다.

12. 다음 중 부가가치세법상 세금계산서불성실가산세에 관한 규정으로 잘못된 것은?

① 발급한 세금계산서의 필요적 기재사항의 전부 또는 일부가 적혀있지 아니하거나 사실과 다른 경우 부실기재한 공급가액의 1%

② 세금계산서의 발급시기가 지난 경우로서 해당 과세기간의 확정신고기한 내 발급한 경우 지연발급한 공급가액의 1%

③ 전자세금계산서 전송기한이 지난 후 공급시기가 속하는 과세기간의 확정신고기한까지 국세청장에게 발급명세를 전송시 지연전송한 공급가액의 1%

④ 재화 등을 공급하지 아니하고 세금계산서를 발급한 경우 발급한 공급가액의 3%

13. 매입처별세금계산서합계표를 제출시 매입세액공제를 적용받지만 가산세가 부과되는 경우는?

① 기한후 신고시 제출하는 경우

② 경정시 경정기관 확인을 거쳐 제출하는 경우

③ 수정신고시 제출하는 경우

④ 예정신고시 제출할 합계표를 확정신고시 제출하는 경우

14. 다음 중 부가가치세법상 공통매입세액의 안분계산에 대한 설명으로 가장 틀린 것은?

① 해당 과세기간의 총공급가액 중 면세공급가액이 5% 미만인 경우의 공통매입세액은 예외 없이 공통매입세액 전부를 매출세액에서 공제한다.

② 공통매입세액 안분계산 시 과세사업과 면세사업의 공급가액이 없는 경우에는 원칙적으로 면세사업의 매입가액비율, 예정공급가액비율, 예정사용면적비율의 순으로 적용한다. 다만, 예정사용면적비율을 우선 적용하는 예외가 있다.

③ 공통매입세액을 ②의 경우와 같이 안분하여 계산한 경우 과세사업과 면세사업의 공급가액 또는 사용면적이 확정되는 과세기간에 대한 납부세액을 확정신고를 할 때에 정산한다.

④ 해당 과세기간 중의 공통매입세액이 5만원 미만인 경우 안분계산 없이 공통매입세액 전부를 매출세액에서 공제한다.

주관식

01. 부가가치세법상 일반과세자(과세표준 3억)인 개인사업자 갑은 음식점을 영위하고 있으며, 20X1년 5월 17일에 사업자등록 신청하여, 20X1년 5월 20일에 사업자등록증을 교부받았다. 20X1년 1기 부가가치세 확정신고하면서 공제받을 수 있는 매입세액은 얼마인가?(아래 사항 이외에 세금계산서 또는 계산서 관련 사항은 모두 적법하다)

매입일자	작성일자 및 교부일자	내역	거래금액 (부가가치세 제외한 공급가액)
4.15	4.15 (대표자 주민번호 기재분)	주방설비	30,000,000원
4.29	4.29 (대표자 주민번호 기재분)	인테리어 비용	50,000,000원
5.25	5.25	과 일	10,800,000원
6.15 6.30	6.30 (교부일자는 7.05)	조미료	3,000,000원

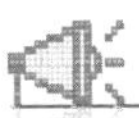

02. 다음 주어진 자료를 보고 20x1년도 제2기 확정신고시 대손세액공제액은 얼마인가?

(1) 매출채권의 대손 발생 내역

공급일	상호 및 사업자등록번호	계정과목	대손금액	비고
20x0.10.29.	내일산업(120-02-37862)	받을어음	4,400,000원	20x1.3.16.(부도발생일)
20x0.11.10.	㈜미래컴즈 (127-86-29567)	외상매출금	5,500,000원	20x1.11.12. (파산법에 의한 파산)
20x0.12.13.	㈜현실건설 (466-87-00235)	외상매출금	6,600,000원	20x1.10.23. (부도발생일)

(2) 대손된 매출채권 회수 내역

- 20x1. 12. 23. 전기에 대손처리 되었던 ㈜공간라인(125-81-23636)에 대한 매출채권(13,200,000원)을 회수하였다.

03. 다음은 10월부터 12월까지 신용카드매출전표를 발급받은 내용이다. 「신용카드매출전표 등 수령명세서(갑)」에 기재되는 매입세액을 구하시오.

사용한 신용카드내역	거래처명 (등록번호)	성명 (대표자)	거래 일자	발행금액 (VAT 포함)	공급자의 업종 등	거 래 내 용
삼성카드 (법인카드, 사업용카드) 번호 : 4321-8765-1601-1234	성한카센타 (138-08-42674)	김성한	10.20	440,000원	서비스업, 일반과세자	업무용경차(1,000cc) 수리비용
	듬박이 (135-05-92228)	김미선	11.14	550,000원	요식업, 일반과세자	직원 회식대 (복리후생비)
	건영상사 (805-08-15689)	정미라	12.19	660,000원	소매업, 간이과세자*1	업무용계산기 구입
신한카드 (종업원 윤혜지 명의 일반카드) 번호 : 1234-5678-9010-4407	천지고속버스 (608-08-16506)	송일국	10.25	165,000원	여객운송업, 일반과세자	직원의 출장교통비
	컴퓨터사랑 (222-23-33658)	김정란	11.30	1,100,000원	소매업, 일반과세자	노트북 구입 (자산처리 한다)

*1. 영수증발급 대상 간이과세자

04. 3번문제에서 「건물 등 감가상각자산취득명세서」에 기재되는 매입세액을 구하시오.

05. 당사는 중소기업(제조업)을 영위하는 법인이고, 20x1년 2기 확정(10.1.~12.31.) 부가가치세 신고시 의제매입세액을 구하시오.

매입일자	공급자	사업자번호 (또는 주민등록번호)	물품명	매입가액	증빙자료	수량
20x1.10.05	홍이린 (농민)	650621-1036915	농산물	10,400,000	현금으로 지급하고 적격증빙없음	100
20x1.12.09	㈜대웅상사	123-81-77081	수산물	29,400,000	계산서	45

※ 제2기 과세기간의 의제매입과 관련된 제품매출액은 예정신고기간에 150,000,000원, 확정신고기간에 100,000,000원이 발생하였다. 제2기 예정 부가가치세신고시 의제매입세액 적용 매입가액은 26,000,000원이며 의제매입세액 공제액은 1,000,000원이다.

※ 제1기에 공급받은 면세농산물 등의 가액을 1역년에 공급받은 면세농산물등의 가액으로 나누어 계산한 비율은 60%이다.

06. 당사는 과세사업과 면세사업을 겸영하는 사업자이다. 다음 자료에 의하여 20x1년 제1기 확정 신고기간에 대한 공통매입세액에 대한 불공제되는 매입세액을 구하시오.

〈공급가액 내역〉

구분	20x0년 2기	20x1년 제1기 예정신고기간	20x1년 제1기 확정신고기간
면세사업	360,000,000원	100,000,000원	200,000,000원
과세사업	540,000,000원	400,000,000원	300,000,000원

① 20x1년 제1기 과세사업과 면세사업 공통 매입세금계산서 : 50,000,000원(공급가액)

② 예정신고기간(1월 1일 ~ 3월 31일)의 공통매입세액에 대한 불공제매입세액은 1,000,000원으로 가정한다.

07. 다음 자료를 이용하여 매입세액불공제 내역을 검토하고 공통매입세액에 대한 납부세액을 재계산하여 20x1년 2기 확정신고와 관련한 환급 또는 납부세액을 계산하시오.

공통재화의 취득 및 사용내역	과목	취득연월일	공급가액	부가가치세
	기계장치	20x0. 04. 10.	80,000,000원	8,000,000원
	건물	20x0. 07. 22.	200,000,000원	20,000,000원
면세비율	20x0년		20x1년	
	1기	2기	1기	2기
	14%	15%	18%	22%

08. 다음의 자료를 토대로 20X1년 제2기 부가가치세 확정신고시 차가감납부할 세액을 구하시오. 가산세 계산시 적용할 **미납일수는 92일, 1일 2.5/10,000로 가정**하고, 부당과소신고가 아니다.

(1) 매출사항

거래일자	거래내용	공급가액(원)	비고
10월 1일	상품매출	200,000,000	전자세금계산서 발급/전송
11월 30일	상품수출	30,000,000	직수출
12월 8일	상품매출	120,000,000	신용카드매출전표 발행

(2) 매입사항

거래일자	거래내용	공급가액(원)	비고
11월 10일	상품 구입	100,000,000	전자세금계산서 수령
12월 30일	공장건물 구입 (구입과 동시에 철거함)	300,000,000	전자세금계산서 수령

(3) 예정신고 누락분

거래일자		거래내용	공급가액(원)	비고
매출	7월 10일	상품 수출	30,000,000	직수출분 누락
	8월 30일	판매를 목적으로 회사의 지점사업장(주사업장총괄납부 또는 사업자단위과세는 별도로 신청하지 않았다.)으로 반출	?	취득가액 : 3,200,000원 시가 : 5,000,000원 세금계산서 미발행
매입	8월 28일	대표이사명의 신용카드로 직원회식대 지출	1,000,000	매입세액 공제요건 충족
	9월 10일	상품 구입	4,000,000	전자세금계산서 수취

09. 당사는 제1기 부가가치세 확정신고를 하지 못하였으며, 07월 31일에 기한후신고를 하고자 한다. 기한후 신고시 차가감납부할 세액을 구하시오.(단, 가산세는 일반무신고 가산세를 적용하며, **미납일수는 6일, 1일 2.5/10,000로 가정**한다.)

1. 매출 내역
   - 4/1 : ㈜하루에게 재화를 55,000,000원(VAT포함)에 공급하고 전자세금계산서를 발급함.
   - 5/1 : 홍길동에게 재화를 3,300,000원(VAT포함)에 공급하고 신용카드로 결제를 받음.
   - 6/2 : 김정숙에게 재화를 550,000원(VAT포함)에 공급하고 현금영수증을 발급함.
2. 매입 내역
   - 4/1 : ㈜내일로부터 원재료 33,000,000원(VAT포함)을 공급받고 전자세금계산서를 발급받음.
   - 6/4 : 공장에서 사용할 소모품 330,000(VAT포함)을 구입하고 법인카드로 결제함.

   *** 매출 · 매입에 대한 전자세금계산서는 적법하게 발급되었다.**

10. 당사는 20x1년 1기 확정 부가가치세 신고를 20x1년 7월 20일 완료한 후 다음의 내용이 누락된 것을 발견하여 20x1년 8월 20일 수정신고하고자 한다. 수정신고시 가산세를 계산하시오. **납부지연가산세 계산시 미납일수 26일,1일 2.5/10,000로 가정**한다.

1. 20x1년 6월 20일 공급한 매출(거래처: ㈜명왕성, 공급가액 10,000,000원, 부가세 1,000,000원, 외상거래임)분에 대하여 20x1년 7월 24일 전자세금계산서를 발행한 내용이 누락되었다.
2. 신고불성실가산세는 일반가산세를 적용한다.

11. 당사는 제1기 확정 부가가치세를 법정신고기한인 7월 25일에 신고 납부하였으나, 8월 14일에 다음과 같은 내용이 누락된 것을 알고 수정신고 및 납부하고자 한다. 수정신고시 가산세를 계산하시오. (신고불성실가산세는 일반가산세를, **납부지연가산세 계산시 일수는 20일, 1일 2.5/10,000로 가정**한다.)

(1) 외국법인인 거래처에 수출한 재화에 대한 신고를 누락하였다.(직수출)

거래처명	선적일	수출 신고일	대금 결제일	환율			외화 금액
				선적일	수출 신고일	대금 결제일	
라로체	6.27.	6.29.	7.10.	1,100원/$	1,020원/$	1,150원/$	$3,000

(2) 5월 3일 : ㈜대상라이프에게 소형승용차(2,000cc)를 공급대가 13,200,000원에 현금판매한 사실을 누락하였다.(세금계산서 미발급분)

(3) 사무실 6월분 임차료에 대한 종이발급분 매입 세금계산서를 누락하였다.

• 공급가액 : 2,000,000원(부가가치세 별도) • 공급자 : 미림빌딩 • 일자 : 6월 30일

12. 당사는 20x1년 1기 부가가치세 확정신고시 아래의 거래에 대한 신고를 누락하여 이에 대한 수정신고를 20x1년 8월 25일에 하고자 한다. 부가가치세 수정신고시 가산세를 계산하시오. 신고불성실가산세는 일반가산세를 적용하고, **납부지연가산세 계산시 미납일수는 31일, 1일 2/10,000로 가정**한다.

- 5월 3일 : 제품판매, 공급가액 40,000,000원, 부가가치세 4,000,000원, 종이세금계산서 발급(거래처: 건영상사)
- 6월 10일 : 제품판매, 공급가액 10,000,000원, 부가가치세 1,000,000원, 세금계산서 발행하지 아니함(거래처:(주)해피정밀)

연/습/문/제 답안

객관식

1	2	3	4	5	6	7	8	9	10	11	12	13	14	
④	①	①	①	②	④	④	④	④	③	④	③	②	①	

[풀이-객관식]

02. ① 무신고가산세는 2,000,000 × 20% × 50% = 200,000원이다. 법정신고기한 경과 후 **1개월 이내에 기한 후 신고시 무신고가산세의 50%**를 경감한다.
③ 전자세금서를 발급 후 다음 날 전송시 매출처별 세금계산서 합계표 제출이 면제된다.
④ 납부지연 가산세 : 2,000,000×15일×2(가정)/10,000 = 6,000원

03. **전자세금계산서를 발급**하고 **세금계산서 발급명세를 전송**한 경우에는 매출처별세금계산서합계표불성실가산세가 적용되지 않는다. 따라서 ①의 경우 신고불성실가산세와 납부지연가산세만 적용된다.

04. **갑과 병은 세금계산서불성실가산세(위장세금계산서)가 공급가액의 2%가 적용**되며 세금계산서불성실가산세와 매출처별세금계산서합계표불성실가산세가 **동시에 적용**되는 경우에는 **세금계산서불성실가산세가 적용**된다.

05. 의제매입세액은 면세농산물 등을 **공급받은 날이 속하는 과세기간**의 예정신고 또는 확정신고 시에 공제한다.

06. 구입과세기간의 공통매입세액이 5만원 미만인 경우 생략한다.

07. ① 과세기간이 1회 지날 때마다 **25% 감가율이 적용되는데, 4회 이상 경과**하였으므로 과세되지 않는다.
② 견본품의 제공은 재화의 간주공급 대상에서 제외된다.
③ 면세 재화나 용역을 공급하는 경우 부가가치세 과세대상에 포함되지 않는다.

08. 영업용이라 함은 운수업(예를 들어, 택시회사)에서와 같이 승용차를 직접 영업에 사용하는 것을 말하므로 도매업의 경우 상품운반용으로 사용하는 경우에도 비영업용소형승용자동차에 해당하여 매입세액이 불공제된다.

09. **신용카드매출전표**는 일정한 경우에 세금계산서에 상응하는 세제혜택을 부여하고 있을 뿐 **부가가치세법상 영수증**에 해당한다.

10. 재화 또는 용역의 공급시기가 속하는 과세기간(세금계산서 발급특례에 해당하는 경우에는 그 과세기간 말의 다음 달 10일)의 신고기한까지 **세금계산서를 발급하지 아니한 경우 공급가액의 2%**를 과세한다.
11. 대손세액으로 공제받을 수 있는 범위는 사업자가 부가가치세가 과세되는 재화 또는 용역을 공급한 후 그 **공급일로부터 10년가 지난 날이 속하는 과세기간에 대한 확정신고기한까지** 대손이 확정되는 대손세액으로 한다.
12. 전자세금계산서 **지연전송가산세는 공급가액의 0.3%**이다.
13. 경정시 사업자가 **경정기관 확인을 거쳐** 해당 경정기관에 제출하여 매입세액을 공제받는 경우 **공급가액의 0.5% 가산세(지연수취가산세)**를 납부세액에 더하거나 환급세액에서 뺀다.
14. 해당 과세기간의 총공급가액 중 면세공급가액이 5퍼센트 미만인 경우의 공통매입세액은 공제되는 매입세액으로 한다. 다만, **공통매입세액이 5백만원 이상인 경우는 제외**한다.

주관식

01	9,100,000	02	-300,000	03	190,000
04	100.000	05	1,530,769	06	500,000
07	1,420,000	08	21,921,500	09	2,555,480
10	116,500	11	256,650	12	688,750

[풀이-주관식]

01. • **공급시기가 속하는 과세기간이 끝난 후 20일 이내에 등록신청한 경우 그 과세기간내의 매입세액은 공제가능하다.**(4월 15일/29일 8,000,000원)
   • 개인 음식점의 의제매입세액 공제율은 8/108이다.(10,800,000×8/108=800,000원)
   • **월합계 세금계산서는 해당월의 말일자를 작성일자로 하여 다음달 10일**(토요일 또는 공휴일인 경우에는 다음날)까지 교부할 수 있다.(6월 30일분 300,000원)

02. 대손세액공제신고서

공급일	거래처	판단	대손금액	대손세액
20x0.10.29.	내일산업	20x1.3.16.(부도발생일)로 6개월 경과	4,400,000	400,000
20x0.11.10.	㈜미래컴즈	20x1.11.12. 파산법에 의한 파산	5,500,000	500,000
20x0.12.13.	㈜현실건설	20x1.10.23(부도발생일)로부터 6개월 미경과	-	-
-	㈜공간라인	대손처리 매출채권 회수	-13,200,000	-1,200,000
계				-300,000

[참고-대손세액공제신고서]

대손확정일	대손금액	공제율	대손세액	거래처		대손사유
20x1-09-17	4,400,000	10/110	400,000	내일산업	5	부도(6개월경과)
20x1-11-12	5,500,000	10/110	500,000	(주)미래컴즈	1	파산
20x1-12-23	-13,200,000	10/110	-1,200,000	(주)공간라인	7	대손채권 회수

☞ **부도발생일이 3월 16일이므로 대손확정일은 6개월 경과한날 9월 17일이 된다.**

03. 신용카드매출전표등 수령명세서

거래처명	대상여부	매입세액공제
성환카센터	일반과세자이고 경차 수리비용(1000CC 이하)이므로 대상	40,000원
듬박이	일반과세자이고 회식은 업무관련이므로 매당	50,000원
건영상사	영수증발급 대상 간이과세자로부터 구입시 매입세액공제는 없음	×
천지고속버스	여객운송업은 세금계산서 발급불가업종임	×
컴퓨터사랑	일반과세자이고 업무관련 매입세액임.	100,000원
신용카드 수취관련 매입세액 공제 계		***190,000원***

[참고-신용카드매출전표등 수령명세서]

월/일	구분	공급자	공급자(가맹점) 사업자등록번호	카드회원번호	기타 신용카드 등 거래내역 합계		
					거래건수	공급가액	세액
10-20	사업	성한카센타	138-08-42674	4321-8765-1601-1234	1	400,000	40,000
11-14	사업	듬박이	135-05-92228	4321-8765-1601-1234	1	500,000	50,000
11-30	신용	컴퓨터사랑	222-23-33658	1234-5678-9010-4407	1	1,000,000	100,000

04. 건물등 감가상각자산 취득명세서

컴퓨터는 비품에 해당하므로 감가상각자산 매입세액에 해당한다.

[참고 - 건물 등 감가상각자산 취득명세서]

	거래처별 감가상각자산 취득명세						
	월/일	상호	사업자등록번호	자산구분	공급가액	세액	건수
1	11-30	컴퓨터사랑	222-23-33658	기타	1,000,000	100,000	1

05. 의제매입세액공제신고서

① 의제매입세액 대상여부 판단

상호	증 빙	판단	구입금액
홍이린	**적격증빙**	제조업일 경우 적격증빙이 없어도 대상	10,400,000
(주)대웅상사	계산서	대상	29,400,000
			39,800,000

② 음식점업(법인)

	예정(1~3월)	확정(4~6월)	계
① 공급가액(면세매입관련)	150,000,000	100,000,000	250,000,000
② 면세매입금액	26,000,000	39,800,000	65,800,000
③ 한도(①×50% : 법인)	-		125,000,000
④ Min[②,③]	-		**65,800,000**
공제율	**4/104(중조제조업)**		
⑤ 당기 의제매입세액공제액(7~12월)	④×공제율		2,530,769
⑥ 예정신고시 의제매입세액공제			1,000,000
⑦ 확정신고시 의제매입세액공제	**(⑤-⑥)**		**1,530,769**

[참고-의제매입세액공제신고서]

① 홍이린

취득일자	구분	물품명	수량	매입가액	공제율	의제매입세액	건수
20X1-10-05	농어민매입	농산물	100	10,400,000	4/104	400,000	1

② ㈜대웅상사

취득일자	구분	물품명	수량	매입가액	공제율	의제매입세액	건수
20X1-12-09	계산서	수산물	45	29,400,000	4/104	1,130,769	1

③ 한도계산

면세농산물등 | 제조업 면세농산물등

가. 과세기간 과세표준 및 공제가능한 금액등 (불러오기)

과세표준			대상액 한도계산		B. 당기매입액	공제대상금액 [MIN (A,B)]
합계	예정분	확정분	한도율	A. 한도액		
250,000,000	150,000,000	100,000,000	50/100	125,000,000	65,800,000	65,800,000

나. 과세기간 공제할 세액

공제대상세액		이미 공제받은 금액			공제(납부)할세액 (C-D)
공제율	C. 공제대상금액	D. 합계	예정신고분	월별조기분	
4/104	2,530,769	1,000,000	1,000,000		1,530,769

06. 공통매입세액 정산

$$\textbf{총공통매입세액(1월~6월)} \times \text{해당 과세기간(1월~6월)의 } \frac{\text{면세공급가액}}{\text{총공급가액}} (\text{면세공급가액비율}) - \textbf{예정신고시 불공제매입세액}$$

$$= 5{,}000{,}000 \times \frac{300{,}000{,}000}{1{,}000{,}000{,}000} (30\%) - \textbf{1,000,000(1월~3월신고시 불공제매입세액)}$$

= ***500,000(확정신신고시 불공제매입세액)***

[참고-공통매입세액의 정산내역]

공제받지못할매입세액내역 | 공통매입세액안분계산내역 | 공통매입세액의정산내역 | 납부세액또는환급세액재계산

산식	구분	(15)총공통 매입세액	(16)면세 사업확정 비율			(17)불공제매입 세액총액 ((15)*(16))	(18)기불공제 매입세액	(19)가산또는 공제되는매입 세액((17)-(18))
			총공급가액	면세공급가액	면세비율			
1. 당해과세기간의 공급가액기준		5,000,000	1,000,000,000.00	300,000,000.00	30.000000	1,500,000	1,000,000	500,000

07. 납부 · 환급세액 재계산

① 면세공급가액 비율

	취득연월	취득당시 면세비율	신고당시 면세비율	면세증가율
건물	20x0.07	15%	22%	7%
기계장치	20x0.04	14%		8%

20x0년 2기 20x1년 1기에는 면세비율이 5% 이상 변동되지 않았으므로 납부 · 환급세액 재계산을 하지 않는다.

② 환급세액 재계산(면세비율이 감소했으므로 환급세액 발생) 건물만 대상

계정과목	①재화의 매입세액	②경과된 과세기간 수	③경감률 [1-(체감율×②)]	④증감된 면세공급 가액율	⑤가산 또는 공제되는 매입세액 (①×③×④)
1. 건물	20,000,000	2	90%	7%	1,260,000
2.기타자산	8,000,000	3	25%	8%	160,000
계					1,420,000

[참고-납부세액 또는 환급세액의 재계산]

공제받지못할매입세액내역 | 공통매입세액안분계산내역 | 공통매입세액의정산내역 | 납부세액또는환급세액재계산

자산	(20)해당재화의매입세액	(21)경감률[1-(체감율*경과된과세기간의수)]				(22)증가 또는 감소된 면세공급가액(사용면적)비율					(23)가산또는공제되는매입세액((20)*(21)*(22))
		취득년월	체감율	경과과세기간	경감율	당기		직전		증가율	
						총공급	면세공급	총공급	면세공급		
1.건물,구축물	20,000,000	20x0/07	5	2	90					7.0000	1,260,000
2.기타자산	8,000,000	20x0/04	25	3	25					8.0000	160,000

08. 부가가치세 2기 확정신고서(10~12월)

구 분			공급가액	세 액	비고
매출세액(A)	과세분(10%)	세금	200,000,000	20,000,000	
		기타	120,000,000	12,000,000	
	영세분(0%)	세금		-	
		기타	30,000,000		
	예정신고누락분		33,200,000	320,000	
	합 계		383,200,000	32,320,000	
매입세액(B)	세금수취분		400,000,000	40,000,000	
	예정신고누락분		5,000,000	500,000	
	기타				
	불공제		300,000,000	30,000,000	공장건물 구입시 철거(토지매입세액)
	합 계		105,000,000	10,500,000	
공제세액(C)	전자신고		-	-	
가산세(D)				101,500	
납부세액				***21,921,500***	(A-B-C+D)

〈매출매입신고누락분-가산세 계산〉

구 분			공급가액	세액
매출	과세	세 금(전자)		
		기 타	3,200,000(미발급)	320,000
	영세	세 금(전자)		
		기 타	30,000,000	
매입	세금계산서 등		5,000,000	500,000
미달신고(납부) ← 신고 · 납부지연 가산세				△180,000

☞ 사업자단위과세사업자 또는 총괄납부사업자가 아니므로 판매목적 타사업장 반출시 세금계산서를 발급하여야 하고, 미발급시 미발급 가산세를 부과한다.

1. 전자세금계산서 미발급(2%)	**3,200,000원** × 2% = 64,000원
2. 영세율과세표준신고 불성실	**30,000,000원** × 0.5% × (1 − 75%) = 37,500원 * 3개월 이내 수정신고시 75% 감면
계	**101,500원**

09. 기한후 신고

구 분			공급가액	세 액	비고
매출세액(A)	과세분(10%)	세금	50,000,000	5,000,000	
		기타	3,500,000	350,000	
	영세분(0%)	세금			
		기타			
	합 계		53,500,000	5,350,000	
매입세액(B)	세금수취분	일반	30,000,000	3,000,000	
		고정			
	예정신고누락분				
	그 밖의 공제 매입세액		300,000	30,000	
	불공제				
	합 계			3,030,000	
공제세액(C)	전자신고				
가산세(D)				235,480	
납부세액				*2,555,480*	(A − B − C + D)

〈매출매입신고누락분〉

구	분		공급가액	세액
매출	과세	세 금(전자)	50,000,000	5,000,000
		기 타	3,000,000+500,000	350,000
	영세	세 금(전자)		
		기 타		
매입	세금계산서 등		30,000,000+300,000	3,030,000
미달신고(납부) – 신고 및 납부지연 가산세				2,320,000

1. 신고불성실(**무신고 20%**)	**2,320,000원** × 20% × (1 – 50%) = 232,000원 ☞ **1개월 이내 기한후 신고시 한 경우 50% 감면**
2. 납부지연	**2,320,000원** × 6일 × 2.5(가정)/10,000 = 3,480원
계	**235,480원**

10. 확정신고누락분에 대한 가산세(수정신고)

〈세금계산서 발급가산세〉

공급시기	발급기한	지연발급(1%)	미발급(2%)
6.20	~7.10	7.11~7.25	7.25까지 미발급

〈매출매입신고누락분〉

구	분		공급가액	세액
매출	과세	세 금(전자)	10,000,000(지연발급)	1,000,000
		기 타		
	영세	세 금(전자)		
		기 타		
매입	세금계산서 등			
미달신고(납부) ← 신고 · 납부지연 가산세				1,000,000

1. 전자세금계산서 지연발급(1%)	**10,000,000원** ×1% = 100,000원
2. 신고불성실(1개월 이내 수정신고)	**1,000,000원** × 10% × (1 – 90%) = 10,000원 * 1개월 이내 수정신고시 90% 감면
3. 납부지연	**1,000,000원** × 26일 ×2.5(가정)/10,000 = 6,500원
계	116,500원

11. 확정신고누락분에 대한 가산세(수정신고)

〈매출매입신고누락분〉

구	분		공급가액	세액
매출	과세	세 금(전자)		
		기 타	12,000,000(미발급)	1,200,000
	영세	세 금(전자)		
		기 타	3,300,000	
매입	세금계산서 등		2,000,000	200,000
미달신고(납부) ← 신고 · 납부지연 가산세				**1,000,000**

1. 전자세금계산서 미발급(2%)	**12,000,000원** × 2% = 240,000원
2. 영세율과세표준신고 불성실	**3,300,000원** × 0.5% × (1 − 90%) = 1,650원 * 1개월 이내 수정신고시 90% 감면
3. 신고불성실	**1,000,000원** × 10% × (1 − 90%) = 10,000원 * 1개월 이내 수정신고시 90% 감면
4. 납부지연	**1,000,000원** × 20일 × 2.5(가정)/10,000 = 5,000원
계	**256,650원**

12. 확정신고누락분에 대한 가산세(수정신고)

〈매출매입신고누락분〉

구	분		공급가액	세액
매출	과세	세 금(전자)	40,000,000(종이)	4,000,000
		기 타	10,000,000(미발급)	1,000,000
	영세	세 금(전자)		
		기 타		
매입	세금계산서등			
미달신고(납부) − 신고 · 납부지연 가산세				5,000,000

1. 전자세금계산서 미발급(2%) - 종이세금계산서 발급(1%)	**10,000,000원** × 2% = 200,000원 **40,000,000원** × 1% = 400,000원
2. 신고불성실	**5,000,000원** × 10% × (1 − 90%) = 50,000원 * 1월 이내 수정신고시 90% 감면
3. 납부지연	**5,000,000원** × 31일 ×2(가정)/10,000 = 31,000원
계	681,000원

Chapter

신고와 납부 6

로그인 전산세무 1급

NCS세무 - 3 부가가치세 신고

제1절 예정신고와 납부

1. 예정신고 · 납부

(1) 규정

사업자는 각 예정신고기간에 대한 과세표준과 납부세액(또는 환급세액)을 당해 예정신고기간 종료 후 25일 이내에 사업장 관할세무서장에게 신고 · 납부하여야 한다.

(2) 유의할 사항

① **예정신고시 가산세는 적용하지 않지만 신용카드매출전표 발행세액공제(개인사업자)는 적용받을 수 있다.**

② 사업자가 신청에 의해 조기환급 받은 경우 이미 신고한 부분은 예정신고대상에서 제외한다.

2. 개인사업자 등의 예정신고의무 면제

(1) 원칙 : 고지에 의한 징수

개인사업자와 **영세법인사업자(직전과세기간 과세표준 1.5억 미만)** 대해서는 예정신고의무를 면제하고 예정신고기간의 납부세액을 사업장 관할세무서장이 결정 · 고지하여 징수한다.

다만, **<u>징수세액이 50만원 미만이거나 간이과세자에서 해당 과세기간 개시일 현재 일반과세자로 변경된 경우에는 이를 징수하지 아니한다.</u> 또한 재난 등의 사유로 납부할 수 없다고 인정하는 경우도 고지징수를 안한다.**

다음에 해당하는 자는 각 예정신고기간에 대한 과세표준과 납부세액(또는 환급세액)을 신고할 수 있다.

① 휴업 또는 사업부진으로 인하여 각 예정신고기간의 공급가액 또는 납부세액이 직전 과세기간 공급가액 또는 납부세액의 1/3에 미달하는 자.

② 각 예정신고기간분에 대하여 조기환급을 받고자 하는 자.

(2) 고지세액의 징수

사업장 관할 세무서장은 각 예정신고기간마다 다음 산식에 의한 금액(1천원 미만의 단수가 있을 때에는 그 단수금액은 버림)을 결정하여 납부(납세)고지서를 발부하고 해당 예정신고기한내에 징수한다.

직전 과세기간에 대한 납부세액의 50%

제2절 확정신고와 납부

1. 확정신고와 납부기한

사업자는 각 과세기간에 대한 과세표준과 납부세액(또는 환급세액)을 그 과세기간 종료 후 25일 이내에 사업장 관할세무서장에게 신고 · 납부(환급세액의 경우에는 신고만 하면 됨)하여야 한다.

2. 유의사항

① 부가가치세 확정신고대상은 각 과세기간에 대한 과세표준과 납부세액 또는 환급세액으로 한다. **다만, <u>예정신고 및 조기환급 신고시 이미 신고한 부분은 확정신고대상에서 제외한다.</u>**

② **<u>확정신고시는 가산세와 공제세액(신용카드매출전표 발행세액공제, 예정신고 미환급세액, 예정고지세액)이 모두 신고대상에 포함된다.</u>**

제3절 환급

1. 일반환급

환급세액 발생시 관할 세무서장은 **각 과세기간별**로 해당 과세기간에 대한 환급세액을 그 확정신고기한 경과 후 **30일 이내**에 사업자에게 환급하여야 한다. 다만, 결정 · 경정에 의하여 추가로 발생한 환급세액은 지체없이 사업자에게 환급하여야 한다.

2. 조기환급

(1) 조기환급대상

① **영세율 대상이 적용되는 때**

② **사업설비(감가상각자산)를 신설, 취득, 확장 또는 증축하는 때**

③ **재무구조개선계획*을 이행중인 사업자**

* 법원의 인가결정을 받은 회생계획, 기업개선계획의 이행을 위한 약정

(2) 조기환급기간

예정신고기간 또는 과세기간 최종 3월 중 매월 또는 매 2월을 말한다.

조기환급기간		가능여부	신고기한	비 고
매월	1.1~1.31	O	2.25	
	2.1~2.28		3.25	
	3.1~3.31		4.25	
매2월	1.1~2.28	O	3.25	
	2.1~3.31	O	4.25	
	3.1~4.30	×	-	예정신고기간과 과세기간 최종3월(확정신고)기간이 겹쳐서는 안된다.
예정신고기간	1.1~3.31	O	4.25	
확정신고기간	4.1~6.30	O	7.25	

(3) 조기환급신고와 환급

조기환급기간 종료일부터 25일 이내에 조기환급기간에 대한 과세표준과 환급세액을 신고하여야 하고, 관할 세무서장은 **조기환급신고 기한 경과 후 15일 이내에 사업자에게 환급**하여야 한다.

(4) 조기환급신고의 간주

조기환급을 적용받는 사업자가 조기환급기간 이외의 기간에 대한 예정신고서 또는 확정신고서를 제출한 경우에는 조기환급에 관하여 신고한 것으로 본다. 다만, 사업설비를 신설·취득·확장 또는 증축한 경우에는 건물등감가상각자산취득명세서를 첨부하여 하고, 이 경우 관할세무서장은 신고기한 경과 후 15일 이내에 사업자에게 환급하여야 한다.

(5) 유의사항

조기환급세액은 **영세율이 적용되는 공급분에 관련된 매입세액/시설투자에 관련된 매입세액을 구분하지 아니하고 사업장별로 전체 매출세액에서 매입세액을 공제하여 계산**한다.

Chapter

7 간이과세자

로그인 전산세무 1급

NCS세무 - 3 부가가치세 신고

제1절 개요

1. 범위

(1) 일반적인 기준

간이과세자는 직전 1역년의 공급대가의 합계액이 8,000만원(각 사업장 매출액합계액으로 판정)에 미달하는 개인사업자로 한다. **다만, 간이과세가 적용되지 아니하는 다른 사업장을 보유하고 있는 사업자는 그러하지 아니하다.**

직전연도 공급대가 합계액이 4,800만원 이상인 과세유흥장소 및 부동산임대사업자는 간이과세자에서 배제한다.

또한 **법인사업자의 경우에는 어떠한 경우에도 간이과세적용을 받을 수 없다.**

(2) 간이과세 적용배제업종

간이과세 기준금액에 해당하는 경우에도 사업자가 간이과세가 적용되지 않는 다른 사업장을 보유하고 있거나 사업자가 다음의 사업을 영위하면 간이과세를 적용받지 못한다.

① 광업

② 제조업

③ 도매업(소매업을 겸영하는 경우를 포함) 및 상품중개업

④ 부동산매매업

⑤ 일정한 기준에 해당하는 부동산임대업 및 과세유흥장소 영위사업
⑥ 건설업
⑦ 전문 · 과학 · 기술서비스업, 사업시설관리 · 사업지원 및 임대 서비스업
⑧ 전문직 사업서비스업(변호사업, 공증인업, 세무사업, 공인회계사업, 건축사업, 의료업, 손해사정인업 등)
⑨ 소득세법상 복식부기의무자
⑩ 일반과세자로부터 양수한 사업

이외에도 부가가치세법에서는 간이과세배제업종을 나열하고 있다.

(3) 신규사업개시자

신규로 사업을 시작하는 개인사업자는 사업을 시작한 날이 속하는 연도의 공급대가의 합계액이 8,000만원에 미달될 것으로 예상되는 때에는 사업자등록신청시 간이과세 적용신고서를 사업장 관할세무서장에게 제출하여야 한다.

2. 세금계산서 발급의무

(1) 원칙 : 세금계산서 발급

(2) 예외 : 영수증 발급

① 간이과세자중 신규사업자 및 직전연도 공급대가합계액이 4,800만원 미만인 경우
② 주로 사업자가 아닌자에게 재화 등을 공급하는 경우(소매업, 음식점업, 음식점업, 미용 및 욕탕 등)
다만 소매업, 음식점업, 숙박업 등은 공급받는 자가 요구하는 경우 세금계산서 발급의무

(3) 통지

<u>발급 적용기간 개시 20일 전</u>까지 영수증 발급대상자인지 여부를 해당 사업자에게 통지(발급적용기간 개시당일까지 사업자등록증에 세금계산서 발급대상 여부를 정정하여 발급)

3. 신고 및 납부

(1) 과세기간 : 1.1~12.31(1년)

(2) 예정부과제도

① 예정부과기간 : 1.1~6.30

② 고지징수 : 직전납부세액의 1/2을 고지징수(7/25), **50만원 미만은 소액부징수**

③ 예외 : 사업부진(직전예정부과기간의 3분1에 미달시)시 신고·납부할 수 있다.
세금계산서를 발급한 간이과세자는 예정부과기간에 대하여 신고 및 납부(7/25)해야 한다.

제2절 간이과세자의 세액계산

1. 세액계산구조

공급대가 (×) 부가가치율 (×) 세율	공급가액+부가가치세 해당 업종의 부가가치율(15~40%) 10%
납부세액	
(-) 공제세액 (+) 가산세	세금계산서 등을 발급받은 매입액(공급대가)×0.5%(=매입세액×5.5%) 신용카드매출전표발행세액공제, 전자세금계산서 발급세액공제 등 세금계산서 발급 및 미수취가산세 적용
자진납부세액	**환급세액이 없다**

2. 일반과세자와 간이과세자의 비교

구 분	일반과세자	간이과세자
적용대상자	- 개인, 법인 불문	- **개인사업자에 한함** - **공급대가 8,000만원 미만**
납부세액	매출세액 - 매입세액	공급대가 × 부가가치율 × 10%
신고기간	1, 2기	**1기 : 1.1 ~ 12.31**
세금계산서	세금계산서 또는 영수증발급	**원칙 : 세금계산서 발급** 예외 : 영수증 발급
대손세액공제	적용됨	규정없음.
매입세액	매입세액으로 공제	공급대가 × 0.5%(=매입세액×5.5%)
의제매입세액	업종제한없음	**배제**
신용카드매출전표 발행세액공제	발행금액의 1.3% (개인사업자만 해당)	발행금액의 1.3%
납부의무면제	없음	**공급대가 4,800만원 미만**
포기제도	없음	간이과세를 포기하고 일반과세자가 될 수 있고, 다시 포기신고의 철회가 가능*[1](개정세법 24) *1. 24.7.1 이후 신고하는 분부터 적용
기장의무	장부비치기장의무가 있음	**발급받은 세금계산서와 발급한 영수증**을 보관한 때에는 **장부비치기장의무를 이행**한 것으로 봄
가산세	- 미등록가산세 : 공급가액의 1%	- 미등록가산세:공급대가의 0.5%

☞ 간이과세를 포기하고 일반과세자 사업자로 신고한 자는 간이과세자를 **포기한 날부터 3년이 되는 날이 속하는 과세기간까지는 간이과세자에 대한 규정을 적용받지 못하나, 2024.7.1.이후 신고하는 분부터 포기신고의 철회가 가능하다.(개정세법 24)**

연/습/문/제

 객관식

01. 현행 부가가치세법에 대한 설명으로 가장 틀린 것은?

① 신규로 사업을 개시하는 자는 원칙적으로 사업장마다 사업개시일로부터 20일내에 등록하여야 한다.

② 주사업장에서 총괄납부하고자 하는 사업자는 과세기간 개시 20일 전에 신청하여야 한다.

③ 간이과세포기신고는 일반과세자로 적용을 받고자하는 달의 전달 20일까지 신고하여야 한다.

④ 하치장 설치신고는 하치장 설치일로부터 10일 이내에 하치장 관할 세무서장에게 신고한다.

02. 다음 중 부가가치세 환급과 관련된 설명 중 틀린 것은?

① 영세율 적용으로 인한 부가가치세 조기환급신고에 오류가 있어 세액을 경정하는 경우 환급불성실가산세를 적용한다.

② 5월 10일에 사업설비 확장으로 환급세액이 발생한 법인사업자가 가장 빨리 환급받으려면 4월 1일부터 5월 31일까지를 조기환급기간으로 6월 25일까지 조기환급신고를 하여야 한다.

③ 일반적인 환급은 각 예정신고기간 또는 확정신고기간별로 당해 과세기간에 대한 환급세액을 신고기한 경과 후 30일 내에 환급하여야 한다.

④ 조기환급신고에 대한 환급은 조기환급신고기한 경과 후 15일 이내에 환급하여야 한다.

03. 부가가치세법상 일반과세자의 신고 및 납부에 관한 다음의 설명 중 가장 올바르지 않은 것은?

① 사업자는 예정신고 및 조기환급신고한 경우에는 이미 신고한 내용을 제외하고 과세표준과 납부세액을 확정신고해야 한다.

② 각 예정신고기간에 신규로 사업을 개시한 법인사업자는 예정신고를 해야 한다.

③ 조기환급대상은 영세율이 적용되는 때와 사업설비를 신설, 취득 등을 하는 때에 한한다.

④ 총괄납부사업자는 주사업장 관할세무서장에게 종된 사업장분을 합산하여 신고, 납부해야 한다.

04. 다음 중 부가가치세법상 예정신고와 확정신고를 비교한 것으로 잘못된 것은?

① 매출처별세금계산서합계표 지연제출 가산세는 예정신고기간에는 발생하지 않고 확정신고기간에만 발생한다.

② 대손세액공제의 신청은 확정신고기간에는 가능하나 예정신고기간에는 신청하지 못한다.

③ 의제매입세액공제의 신청은 예정신고 때에는 신고만 하고, 확정신고 때에는 예정분과 확정분에 대하여 정산을 하여 한도액을 검토한다.

④ 매입세액 불공제분에 대하여 면세공급가액의 비율이 6% 이상 변화하여 재계산을 하는 것은 확정신고기간에만 한다.

05. 다음은 부가가치세법상 일반과세자의 부가가치세 신고와 납부에 관련한 설명이다. 틀린 것은?

① 총괄납부승인을 얻은 개인사업자라도 예정신고의무가 없다.

② 의제매입세액을 공제받고자 하는 사업자는 의제매입세액공제신고서와 매입처별계산서합계표 또는 신용카드매출전표 등 수취명세서를 제출하는 것을 원칙으로 한다.

③ 부가가치세 납부지연 가산세는 초과환급의 경우에도 적용된다.

④ 부가가치세법상 환급세액은 언제나 확정신고기한 경과 후 30일 내에 환급한다.

06. 부가가치세법상 일반과세자의 신고납부와 관련한 설명 중 잘못된 것은?

① 개인사업자는 주사무소만을 총괄납부사업장으로 할 수 있다.

② 시설투자 등으로 인한 부가가치세 환급신청은 반드시 확정신고기한에만 가능하다.

③ 음식업을 영위하는 법인사업자도 의제매입세액공제가 가능하나 신용카드발행세액공제는 되지 않는다.

④ 자기의 사업과 관련하여 생산 취득한 재화를 사업과 관계없이 사용 · 소비하는 경우에는 세금계산서를 발행할 의무가 없다.

07. 다음 부가가치세와 관련된 내용 중 틀린 것은?

① 각 예정신고기간에 신규로 사업을 개시한 개인사업자는 예정신고의무가 없다.

② 직전 과세기간에 대한 납부세액이 없는 개인사업자는 반드시 예정신고를 하여야 한다.

③ 각 예정신고기간분에 대해 조기환급을 받고자 하는 개인사업자는 예정신고를 할 수 있다.

④ 재화 또는 용역의 공급에 대해 영세율이 적용되는 경우와 사업설비를 신설, 취득, 확장 또는 증축하는 경우에는 조기환급 신고기한 경과 후 15일 내에 환급세액을 환급받을 수 있다.

연/습/문/제 답안

객관식

1	2	3	4	5	6	7	8	9	10	11	12			
③	③	④	④	④	②	②	①	④	③	②	③			

[풀이]

01. 사업자가 간이과세를 포기함으로써 일반과세자가 되고자 하는 경우에는 **그 적용을 받고자 하는 달의 전달 마지막 날까지 간이과세 포기신고**를 하여야 한다.

02. **예정신고기간에 대하여는 환급이 이루어지지 아니한다.**

03. 주사업장 총괄납부의 경우에는 **납부만을 주된 사업장에서 하고, 신고는 각 사업장별**로 해야 한다.

04. 납부환급세액 재계산은 **면세공급가액의 비율이 5% 이상** 증감시 한다.

05. 조기환급의 경우에는 (예정 또는 확정 또는 조기환급) **신고기한 경과 후 15일 내에 환급**한다.

06. 예정신고기간 중(영세율등 조기환급기간)에도 환급이 가능하다.

07. 개인사업자는 예정신고에 대해서 고지징수가 원칙이나 예외적으로 조기환급신고 등을 할 수 있다.

08. 폐업하는 경우에는 **폐업일이 속하는 달의 다음달 25일 내 신고**하여야 한다.

09. 간이과세를 포기한 후 일반과세를 적용받으려는 달의 1일부터 **3년이 되는 날이 속하는 과세기간까지는 간이과세 재적용이 불가**하다.

10. 간이과세를 포기하고 일반과세를 적용받으려는 자는 일반과세자에 관한 규정을 적용받으려는 달의 **전달의 마지막 날까지 간이과세 포기신고**를 해야 한다.

11. 간이과세자가 일반과세자로 변경되는 경우, 간이과세로 적용되는 과세기간은 그 변경 이전 1월 1일부터 6월 30일까지이다. 따라서 **일반과세자로서 적용받게 되는 과세기간은 7월 1일부터 12월 31일까지**이다.

12. 간이과세를 포기하고 일반과세를 적용받으려는 자는 일반과세자에 관한 규정을 적용받으려는 달의 **전달의 마지막 날까지 간이과세 포기신고**를 해야 한다.

주관식

01	① ② ③	02	㉠ 1.5억 ㉡ 500,000	

01. **간이과세자에 대한 면세농산물 등 의제매입세액공제 적용을 배제**한다.

분/개/연/습

[1] 매출처 ㈜아일에 제품 30,000,000원(부가가치세 별도)을 매출하고 1월 4일에 수령한 선수금(12,500,000원)을 제외한 나머지 대금은 어음(만기 3개월)으로 수령하고, 전자세금계산서를 교부하였다.(선수금 수령시 세금계산서를 발부하지 않았다)

[과세유형] **[공급가액]** **[세액]**

[분개]

[2] 당사는 3월 26일에 거래한 (주)조은와의 제품매출 중 4월 20일에 일부가 환입되어 부가가치세법에 따라 (-)수정전자세금계산서(공급가액 -5,000,000원, 세액 -500,000원)를 발행하였다. 이와 관련하여 수정전자세금계산서에 대한 회계처리를 하시오. 단, 작성일자는 세법에 따른 규정(당초 공급한 재화가 환입된 경우)에 따라 작성하였고 회계처리시 계정과목은 외상매출금과 제품매출에서 직접 차감하기로 한다.

[과세유형] **[공급가액]** **[세액]**

[분개]

[3] (주)태문에 제품을 납품하는 과정에서 다음과 같은 문제가 발생하였으며 이러한 문제를 고려하여 부가가치세법상의 매출전자세금계산서를 발행하였다.

① 4월 20일 회사는 (주)태문으로부터 제품 100개를 개당 1,000원에 납품주문을 받았다.
(부가가치세 별도)
② 4월 29일 제품이 인도되어, (주)태문에서 제품을 검수하는 과정 중 10개의 제품에서 미미한 하자가 발생하여 10개의 제품에 대하여 개당 100원씩 판매가격을 인하하고 검수를 완료하였다.
③ 대금은 한달 후에 받기로 하였다.

[과세유형] **[공급가액]** **[세액]**

[분개]

[4] 당사는 수출업자와 수출재화임가공용역계약을 체결한 (주)서울에 제품(공급가액 50,000,000원, 부가가치세 별도)을 외상으로 납품하고 전자세금계산서는 부가가치세법 규정을 준수하여 발행 교부하였다.

[과세유형] **[공급가액]** **[세액]**

[분개]

[5] 10월 31일에 삼라기업(주)에 50,000,000원(부가세 별도) 외상으로 제품을 매출하였으나, 10일 이내에 매출대금을 회수하여 2% 매출할인을 해주었다. 이에 대하여 현행 부가가치세법에 따라 발행된 전자세금계산서의 적절한 회계처리를 행하시오. 회계처리시 외상매출금과 제품매출에서 직접 차감한다.

[과세유형] **[공급가액]** **[세액]**

[분개]

[6] 당사는 5월 20일에 (주)한강무역에 제품 10,000,000원(부가가치세 별도)을 판매한 바 있다. (주)한강무역은 이 거래에 대하여 외국환은행장으로부터 7월 8일자 외화획득용 '구매확인서'를 발급받아 이를 당사에 제출하였다. 이와 관련하여 추가로 발행된 수정전자세금계산서에 대한 회계처리(5월 20일)를 하시오.

[과세유형] **[공급가액]** **[세액]**

[분개]

[7] 회사는 (주)금성에 완성도지급기준에 의하여 20x0년 1월 25일에 발주한 금형제작이 완성되어 20x2년 3월 31일 인도받았다. 잔금 20,000,000원(부가가치세 별도)은 당초 지급약정일에 보통예금으로 지급하였으며, 현행 부가가치세법에 의하여 (주)금성으로부터 매입전자세금계산서를 수취하였다. (금형은 비품으로 회계처리한다)

완성도	완성도 달성일	대금지급약정일	금액(부가가치세 별도)	비 고
30%	20x0. 11. 30	20x0. 12. 5	30,000,000원	선급금 처리함
80%	20x1. 11. 30	20x1. 12. 5	50,000,000원	
100%	20x2. 3. 31	20x2. 3. 31	20,000,000원	

[과세유형] **[공급가액]** **[세액]**

[분개]

[8] 비수출업체인 (주)길동상회와 다음과 같은 임가공계약 내용에 의해 제품을 납품하고 세법에 적합한 전자세금계산서를 교부하였다. 대금은 11월 6일에 현금으로 입금된 착수금을 상계한 잔액을 보통예금으로 받았다. 다만, 착수금에 대해서는 선전자세금계산서를 교부한 바 있다.

계 약 내 용(공급가액)		
계 약 일 자	20x1년 11월 6일	
총계약 금액	35,000,000원	
착 수 금	20x1.11. 6.	5,000,000원
납품기일 및 금액	20x1.11.13.	30,000,000원

[과세유형] **[공급가액]** **[세액]**

[분개]

[9] 영국 ABC사로부터 주문받은 제품(USD $50,000)을 5월 20일 선적하였다. 대금은 4월20일 받은 선수금(USD $40,000로 원화로 실제 환전한 금액은 38,000,000원이다.)과 6월말에 수령하기로 한 잔액(USD $10,000)이다. 대금수수내역 및 기준환율은 다음과 같고, 동 거래에 대하여 부가가치세법상 과세표준으로 선적일의 회계처리를 하시오.

일 자	금액	기준환율
4월 20일	$40,000	$1=1,000
5월 20일		$1=1,200
6월 30일	$10,000	$1=1,100

[과세유형] **[공급가액]** **[세액]**

[분개]

[10] (주)혜민기업은 사용중이던 건물을 농산산업에 매각하였다. 토지와 건물을 합하여 매각대금은 300,000,000원(부가가치세별도)이고 관련자료는 다음과 같다. 계약조건에 따라 전자세금계산서와 계산서를 발행하였다. 매각대금은 보통예금계좌에 입금되었다.

구 분	토 지	건 물
기준시가	150,000,000원	50,000,000원

- 토지와 건물의 공급가액을 기준시가 비율로 안분계산함.
- 장부가액 : 토지 200,000,000원, 건물 500,000,000원,
  건물감가상각누계액 400,000,000원

[과세유형] **[공급가액]** **[세액]**

[분개]

[11] (주)건영리스로부터 운용리스계약에 의해 공장에서 사용할 기계장치를 도입하여 계약내용대로 이행하였다. 다음 제시된 계약내용을 검토하여 5월 31일 계산서에 대한 회계처리를 하시오.

도입일자	20x1. 5. 1.	기계장치가액	25,000,000
월리스료	1,000,000 (매1개월 후불, 계산서 수령)		
결제일자	매월말일	대금결제방법	현금지급

[과세유형] **[공급가액]** **[세액]**

[분개]

[12] 수성(주)의 매출실적이 당초 목표를 초과하여 본사와의 약정에 따라 판매장려금을 본사의 제품(원가 15,000,000원, 시가 20,000,000원)으로 제공하였다.

[과세유형] **[공급가액]** **[세액]**

[분개]

[13] 미국의 ABC사에 총 $25,000에 수출하기로 계약한 제품을 4월 3일 선적하고, 4월 1일에 수취한 계약금 $2,500을 제외한 나머지 대금은 4월 30일에 받기로 하다. 단, 4월 1일에 외화예금 통장으로 수취한 계약금은 나머지 대금을 수령한 후 일시에 원화로 환가하기로 하였다.

4월 1일 기준환율 1$ = 1,000원　　4월 3일 기준환율 1$ = 1,100원
4월 30일 기준환율 1$ = 1,150원

[과세유형] **[공급가액]** **[세액]**

[분개]

[14] 당사는 브라질의 Amazon사에 제품 직수출(FOB조건수출)을 진행하였다. 총 수출대금은 $35,000이고, 1월 30일에 수령한 계약금 $3,500(수령 후 바로 3,500,000원으로 환가함)을 제외한 잔금을 선적일인 2월 12일에 보통예금으로 수령하여 2월 15일에 환가하였다.

- 1월 30일 기준환율 : 1,000원/달러
- 2월 12일 기준환율 : 1,200원/달러
- 2월 15일 기준환율 : 1,100원/달러

[과세유형] **[공급가액]** **[세액]**

[분개]

분/개/연/습 답안

[1]

유형	매출과세	공급가액	30,000,000	세액	3,000,000
(차) 선 수 금((주)아일)		12,500,000	(대) 제 품 매 출		30,000,000
받을어음((주)아일)		20,500,000	부가세예수금		3,000,000

[2]

유형	매출과세	공급가액	-5,000,000	세액	-500,000
(차) 외상매출금		-5,500,000	(대) 제 품 매 출		-5,000,000
((주)조은)			부가세예수금		-500,000

☞ 당초 공급한 재화가 환입된 경우 재화가 환입된 날을 작성일자로 적고 비고란에 당초 세금계산서 작성일자를 부기한 후 붉은색 글씨로 쓰거나 부(負)의 표시를 하여 발급한다

[3]

유형	매출과세	공급가액	99,000	세액	9,900
(차) 외상매출금		108,900	(대) 제 품 매 출		99,000
((주)태문)			부가세예수금		9,900

☞ 공급가액=(100개－10개)×1,000원+10개 × 900원=99,000원
재화의 공급시기 및 세금계산서 교부시기는 인도일이다. 따라서 인도일은 4월 29일이다.

[4]

유형	매출과세	공급가액	50,000,000	세액	5,000,000
(차) 외상매출금		55,000,000	(대) 제 품 매 출		50,000,000
((주)서울)			부가세예수금		5,000,000

☞ 수출임가공용역계약의 경우 수출업자와 직접 도급계약에 의한 경우만 영세율이 적용되며 기타의 경우에는 영세율이 적용되지 아니한다.

[5]

유형	매출과세	공급가액	-1,000,000	세액	-100,000
(차) 외상매출금		-1,100,000	(대) 제 품 매 출		-1,000,000
(삼라기업(주))			부가세예수금		-100,000

[6]

- 5월20일자 수정세금계산서(당초세금계산서 취소)

유형	매출과세	공급가액	-10,000,000	세액	-1,000,000

(차) 외상매출금 ((주)한강무역) -11,000,000 (대) 제 품 매 출 -10,000,000
부가세예수금 -1,000,000

- 5월20일자 수정세금계산서(영세율세금계산서)

유형	매출영세	공급가액	10,000,000	세액	0

(차) 외상매출금 ((주)한강무역) 10,000,000 (대) 제 품 매 출 10,000,000

☞ 재화 또는 용역을 공급한 후 공급시기가 속하는 <u>과세기간 종료 후 25일 이내</u>에 구매확인서가 발급된 경우 그 <u>작성일자는 당초 세금계산서 작성일자를 적고</u> 비고란에 구매확인서의 발급일자를 부기하여 영세율 적용분은 검은색 글씨로 세금계산서를 작성하여 발급하고, 추가하여 당초에 발급한 세금계산서의 내용대로 세금계산서를 붉은색 글씨로 또는 부(負)의 표시를 하여 작성하고 발급한다.

[7]

유형	매입과세	공급가액	20,000,000	세액	2,000,000

(차) 비 품 100,000,000 (대) 보 통 예 금 22,000,000
부가세대급금 2,000,000 선 급 금((주)금성) 80,000,000

☞ 완성도지급기준의 경우 부가가치세법상의 공급시기는 대가의 각 부분을 받기로 한때이다.

[8]

유형	매출과세	공급가액	30,000,000	세액	3,000,000

(차) 선수금((주)길동상회) 5,000,000 (대) 제 품 매 출 35,000,000
보 통 예 금 33,000,000 부가세예수금 3,000,000

- 선세금계산서 교부시

(차) 보 통 예 금 5,500,000 (대) 선 수 금 5,000,000
부가세예수금 500,000

[9]

유형	매출수출	공급가액	50,000,000	세액	0

(차) 선수금(ABC) 38,000,000 (대) 제 품 매 출 50,000,000
외상매출금(ABC) 12,000,000

☞ 수출의 경우 공급시기는 선적일이며 과세표준은 선적일의 기준환율을 적용하여 계산한다. 다만 공급시기 도래 전에 원화로 환가한 경우에는 그 환가한 금액이 과세표준이 된다. 따라서 동 거래의 부가가치세법상 과세표준은 선수금을 제외한 $10,000에 대하여는 선적일 현재의 기준환율을 적용하고 선수금은 실제로 환전한 금액이므로 총 과세표준은 50,000,000원이다.

[10]

- 계산서

유형	매출면세	공급가액	225,000,000	세액	0

- 세금계산서

유형	매출과세	공급가액	75,000,000	세액	7,500,000

(차) 감가상각누계액	400,000,000	(대) 건 물	500,000,000
보 통 예 금	307,500,000	토 지	200,000,000
		부가세예수금	7,500,000

☞ 건물의 과세표준 = $300,000,000 \times \frac{50,000,000}{200,000,000}$ = 75,000,000원

[11]

유형	매입면세	공급가액	1,000,000	세액	0

(차) 임차료(제)	1,000,000	(대) 현 금	1,000,000

☞ 리스사업자는 면세사업자이므로 리스료에 대해서 계산서를 발급한다.

[12]

유형	매출건별	공급가액	20,000,000	세액	2,000,000

(차) 판매장려금	17,000,000	(대) 제품(타계정으로대체)	15,000,000
		부가세예수금	2,000,000

☞ 판매장려금의 경우 금전으로 지급하는 경우에는 재화의 공급에 해당하지 아니하며 현물로 지급하는 경우에는 사업상 증여이므로 현물의 시가를 과세표준에 포함한다.

[13]

유형	매출수출	공급가액	27,500,000	세액	0

(차) 선 수 금	2,500,000	(대) 제 품 매 출	27,500,000
외상매출금	24,750,000		
외환차손	250,000		

☞ 계약금을 외화상태로 보유한 경우 과세표준은 선적일의 기준환율을 적용한다.
과세표준 = $25,000 × 1,100원/$ = 27,500,000원
외상매출금 = $22,500 × 1,100원/$ = 24,750,000원

[14]

유형	매출수출	공급가액	41,300,000	세액	0

(차) 선 수 금	3,500,000	(대) 제 품 매 출	42,000,000
보통예금	37,800,000		
외환차손	700,000		

☞ 과세표준 = 3,500,000 + ($31,500 × 1,200) = 41,300,000원
제품매출 = $35,000 × 1,200 = 42,000,000원

Part Ⅳ

소득세

Chapter

기본개념/종합소득 1

로그인 전산세무 1급

NCS세무 - 3 원천징수 NCS세무 - 4 종합소득세 신고

제1절 소득세의 의의

1. 소득세의 특징

1. 응능과세제도		부담 능력에 따른 과세(VS 응익과세제도)
2. 직접세		납세자와 담세자가 동일
3. 열거주의 과세방법		**이자 · 배당 · 사업소득은 유형별 포괄주의**
4. 개인단위과세제도		
5. 과세방법	종합과세	소득의 원천에 불문하고 모든 종류의 소득을 합산하여 과세하는 것 (이자, 배당, 사업, 근로, 연금 및 기타소득)
	분리과세	**일정금액 이하(20백만원)인 금융소득,** 일용근로소득, 복권당첨소득 등에 대하여 원천징수로써 납세의무를 종결
	분류과세	간헐적으로 발생되는 퇴직소득, 양도소득을 종합소득과 구별
6. 초과누진세		
7. 원천징수제도		

2. 납세의무자

소득세의 납세의무자는 원칙적으로 자연인인 개인(거주자 및 비거주자)에 한정된다.

1. 거주자 (무제한 납세의무자)	국내에 주소를 두거나 **1과세기간 중 183일** 이상 거소를 둔 개인	**국내 + 국외 원천소득**
2. 비거주자 (제한납세의무자)	거주자가 아닌 개인	**국내원천소득**

여기서 거소란 주소지 외의 장소 중 상당기간에 걸쳐 거주하는 장소로서 주소와 같이 밀접한 일반적 생활관계가 형성되지 않는 장소를 말한다.

3. 과세기간

소득세법상 과세기간은 1역년주의(1.1-12.31)이고 예외적으로 납세의무자의 사망 또는 출국 시 예외적인 과세기간을 두고 있다.

구 분	과 세 기 간	확정신고기한
원 칙 (신규사업/폐업)	1.1~12.31	익년도 5.1~5.31
사망시	1.1~사망한 날	**상속개시일이 속하는 달의 말일부터 6개월이 되는 날**
출국시	1.1~출국한 날	출국일 전일

4. 납세지

거 주 자	**주소지**로 한다. 다만, 주소지가 없는 경우에는 그 거소지로 한다. 사업소득이 있는 거주자가 사업장소재지를 납세지로 신청한 때에는 "그 사업장소재지"를 납세지로 지정할 수 있다.
비거주자	주된 국내사업장의 소재지(국내사업장이 없는 경우에는 국내원천소득이 발생하는 장소)

제2절 금융소득(이자 · 배당소득)

1. 이자소득

(1) 이자소득의 범위

① 예금이자

② 채권 또는 증권의 이자와 할인액

③ 채권 또는 증권의 환매조건부 매매차익

☞ 환매조건부채권: 금융기관이 고객에게 일정기간 후에 금리를 더해 되사는 조건으로 발행하는 채권.

④ 보험기간이 10년 미만인 저축성보험의 보험차익(2003. 12. 31. 이전 계약 체결분 7년)

☞ **보장성보험에 대한 보험금은 비열거소득에 해당한다.**

⑤ 비영업대금의 이익

비영업대금이라 함은 자금대여를 영업으로 하지 아니하고 일시적 · 우발적으로 금전을 대여하는 것을 말한다. 다만 사업성이 있는 경우에는 사업소득으로 과세한다.

	자금대여	성 격	소득 구분
금융업	**영업대금의 대여**	**사업적**	**사업소득**
금융업이외	**비영업대금의 대여**	**일시우발적**	**이자소득**

⑥ 직장공제회 초과반환금(1999년 1월 1일 이후 가입자에 한함)

☞ **직장공제회: 법률에 의하여 설립된 공제회 · 공제조합(이와 유사한 단체를 포함)으로서 동일직장이나 직종에 종사하는 근로자들의 생활안정, 복리증진 또는 상호부조 등을 목적으로 구성된 단체를 말한다.**

⑦ 위와 유사한 소득으로서 금전사용에 따른 대가로서의 성격이 있는 것

⑧ 이자부복합금융거래*1에서 발생한 이익

***1. 이자소득을 발생시키는 거래와 파생상품이 결합된 경우 해당 파생상품의 거래 · 행위로부터 이익**

(2) 이자소득이 아닌 것

① 사업관련 소득

물품을 매입할 때 대금의 결제방법에 따라 에누리되는 금액, 외상매출금이나 미수금을 약정기일 전에 지급함으로써 받는 할인액, 외상매출금이나 미수금의 지급기일을 연장하여 주고 추가로 지급받는 금액(**소비대차전환분 제외**) 등은 이자소득으로 보지 아니한다.

☞ **소비대차 : 당사자 일방이 금전 기타 대체물의 소유권을 상대방에게 이전할 것을 약정하고, 상대방은 그와 동종 · 동질 · 동량의 물건을 반환할 것을 약정하는 계약**

② 손해배상금에 대한 법정이자

	손해배상금	법정이자
법원의 판결 또는 화해에 의하여 지급받을 경우 (육체적 · 정신적 · 물리적 피해)	**과세제외**	**과세제외**
계약의 위약 · 해약	**기타소득**	**기타소득**

(3) 비과세이자소득: 공익신탁의 이익

☞ 공익신탁 : 재산을 공익목적(종교, 자선, 학술등)에 사용하기 위하여 신탁하는 것

(4) 이자소득의 수입시기 : **권리의무확정주의**

구 분		수 입 시 기
① 채권 등의 이자와 할인액	무기명	그 지급을 받는 날
	기 명	약정에 의한 지급일
② 예금의 이자	보통예금 · 정기예금 · 적금 또는 부금의 이자	원칙 : 실제로 이자를 지급받는 날 1. 원본에 전입하는 뜻의 특약이 있는 이자는 그 특약에 의하여 "원본에 전입된 날" 2. 해약으로 인하여 지급되는 이자는 그 "해약일" 3. 계약기간을 연장하는 경우에는 그 "연장하는 날"
③ 통지예금의 이자		**인출일**
④ 채권 또는 증권의 환매조건부 매매차익		약정에 따른 당해 채권 또는 증권의 환매수일 또는 환매도일. 다만, 기일 전에 환매수 또는 환매도하는 경우에는 그 환매수 또는 환매도일
⑤ 저축성보험의 보험차익		보험금 또는 환급금의 지급일. 다만, 기일 전에 해지하는 경우에는 그 해지일
⑥ 직장공제회의 초과반환금		약정에 따른 공제회 반환금의 지급일
⑦ 비영업대금의 이익		약정에 따른 이자지급일. 다만, 이자지급일의 약정이 없거나 약정에 따른 이자지급일 전에 이자를 지급하는 경우에는 그 이자지급일
⑧ 유형별 포괄주의에 따른 이자소득		약정에 의한 상환일로 함. 다만, 기일 전에 상환하는 때에는 그 상환일

☞ **통지예금: 현금을 인출할 때에 사전 통지가 요구되는 예금을 말한다. 일정일 전에 예고하고 인출하기 때문에 정기예금 다음 가는 이자율을 적용하고 있다.**

2. 배당소득

(1) 배당소득의 범위

① 일반적인 이익배당

② 의제배당

③ 법인세법에 의하여 배당으로 처분된 금액(인정배당)

④ 집합투자기구의 이익(구 : 투자신탁의 이익)

☞ 집합투자기구(펀드) : 2인 이상의 투자자로부터 금전 등을 모아 일상적인 운용지시를 받지 아니하면서 재산적 가치가 있는 투자 대상자산을 운용하고 그 결과를 투자자에게 배분하여 귀속시키는 것을 의미한다.

⑤ 공동사업에서 발생하는 소득금액 중 손익분배비율에 상당 금액

공동사업 이익배분	공동사업자(경영참가시)	사업소득
	출자공동사업자(경영미참가시)	배당소득

⑥ 위와 유사한 소득으로서 <u>수익분배의 성격이 있는 것</u>

⑦ 배당부복합금융거래[*1]에서 발생한 이익

*1. 배당소득을 발생시키는 거래와 파생상품이 결합된 경우 해당 파생상품의 거래·행위로부터 이익

(2) 비과세 배당소득: 장기보유우리사주 등에서 발생한 배당소득(조특법)

(3) 배당소득금액의 계산

배당소득금액 = 배당소득 총수입금액 + 귀속법인세(10% – 개정세법 24)

참고

***1. 귀속법인세**

배당소득에 대해서는 법인단계에서 법인세가 과세되고 다시 주주 단계에서 소득세가 과세된다.
즉 이러한 이중과세를 조정하기위하여 Gross-Up제도를 채택하고 있다.
해당 배당소득에 대해 과세된 법인세상당액(귀속법인세)를 배당소득 총수입금액에 가산하여 소득세를 계산한 다음, 그 귀속법인세를 소득세 산출세액에서 공제(배당세액공제)하는 방식이다.
따라서 **귀속법인세 = 배당소득총수입금액 × 10%(개정세법 24)**가 된다.

(4) 배당소득의 수입시기

일반배당	• 무기명주식의 이익배당 : 실제지급일 • 기명주식의 이익배당 : 잉여금처분결의일
인정배당	당해 사업연도의 결산확정일
기타 유사한 소득	그 지급을 받은 날

3. 금융소득의 과세방법 

과세방법	범　위	원천징수세율
1. 무조건 분리과세	- 비실명 이자 · 배당소득 - 직장공제회 초과반환금 - 법원보관금의 이자소득 - 분리과세신청 장기채권의 이자	45% 기본세율 14% 30%*(2017.12.31.이전 발행)*
2. 무조건종합과세	- 국외에서 받은 이자 · 배당소득 - 원천징수되지 않는 금융소득 - **출자공동사업자의 배당소득**	- - 25%
3. 조건부종합과세	- 일반적인 이자소득 · 배당소득 - 비영업대금이익	14% 25%

① **2천만원(출자공동사업자의 배당소득제외)을 초과하는 경우 … 종합과세**
② **2천만원 이하인 경우 … 분리과세(조건부 종합과세만)**

제3절 사업소득

1. 사업소득의 범위

"사업"이라 함은 자기의 계산과 위험 아래 영리 목적이나 대가를 받을 목적으로 독립적으로 경영하는 업무로서 계속적이고 반복적으로 행사하는 것을 말한다.

소득세법은 열거주의에 따라 다음의 사업만을 과세대상으로 한다.

① 농업(**작물재배업중 곡물 및 기타 식량작물 재배업 제외**)·수렵업·임업·어업·광업·제조업·전기가스 및 수도사업·도매업·소매업·소비자용품수리업·숙박업·음식점업·운수업·창고업·통신업·금융업·보험업

② 건설업(주택신축판매업 포함)

③ 부동산업, 임대업 및 사업서비스업

☞ **부동산임대업소득의 범위**

ⓐ **부동산 또는 부동산상의 권리(전세권, 부동산임차권 및 지역권과 지상권의 설정·대여)의 대여**

☞ 전세권: 타인의 부동산을 일정기간 그 용도에 따라 사용, 수익한 후 그 부동산을 반환시 전세금의 반환을 받는 권리
지상권: 타인의 토지에 건물, 공작물 등을 소유하기 위하여 그 토지를 사용할 수 있는 권리
지역권: 자기의 토지의 이용가치를 증가시키기 위하여 타인의 토지를 일정한 방법(통행 또는 수로)으로 이용하는 권리

ⓑ 공장재단 또는 광업재단의 대여로 인하여 발생하는 소득

☞ 공장재단: 공장에 있는 토지, 기계 등의 일부 또는 전부로써 이루어진 기업재산으로서 소유권과 저당권의 목적이 되는 것을 말한다. 기업의 담보능력이 커진다.
광업재단: : 광업권과 광업권에 기하여 광물을 채굴·취득하기 위한 각종 설비 및 이에 부속하는 사업의 설비로 구성되는 일단의 기업재산으로서 법에 따라 소유권과 저당권의 목적이 되는 것을 말한다.

ⓒ 광업권자·조광권자·덕대가 채굴에 관한 권리를 대여함으로 인하여 발생하는 소득

☞ 광업권: 광구에서 등록을 받은 광물 등을 채굴할 수 있는 권리
조광권: 설정행위에 의하여 타인의 광구에서 광물을 채굴할 수 있는 권리(덕대와 같은 개념이다.)

④ 부동산매매업

⑤ 교육서비스업

☞ 유아교육법에 따른 유치원과 초·중등 교육법 및 고등교육법에 따른 학교는 제외

⑥ 보건 및 사회복지사업

⑦ 사회 및 개인서비스업, 가사서비스업 등

⑧ 가구내 고용활동에서 발생하는 소득

⑨ **복식부기의무자가 차량 및 운반구 등 사업용 유형자산(감가상각자산)을 양도함으로써 발생하는 소득**

⑩ 위 소득과 유사한 소득으로서 **영리를 목적으로 자기의 계산과 책임 하에 계속적·반복적으로 행하는 활동**을 통하여 얻는 소득(유형별포괄주의)

2. 비과세사업소득

(1) 농지대여소득

다만, **농지(전답)를 주차장 등으로 사용하게 함으로 발생하는 소득은 사업소득에 해당된다.**

(2) 1개의 주택을 소유하는 자의 주택임대소득(고가주택의 임대소득은 제외)

☞ 고가주택 : 기준시가 12억원을 초과하는 주택

(3) 농어가부업소득 등

① 시행령에서 정한 농어가부업규모의 축산에서 발생하는 소득은 전액 비과세

② ①외의 소득으로서 **연간 3,000만원 이하의 소득**

③ 어업소득(어로어업·양식어업 소득) : 5천만원 이하(개정세법 24)

(4) 전통주의 제조소득(수도권지역 외의 읍·면지역): 연 1,200만원 이하의 소득

(5) 조림기간이 5년 이상인 임목의 벌채 또는 양도로 발생하는 소득

조림기간 5년 이상인 임지의 임목의 벌채 또는 양도로 발생하는 소득으로서 필요경비를 차감한 후 **연 600만원 이하의 소득금액은 비과세**한다.

(6) 작물재배업에서 발생하는 소득(10억원 이하의 작물재배)

☞ 곡물 및 기타 식량작물재배업은 사업소득에서 과세제외

3. 사업소득의 과세방법

사업소득은 모두 종합소득에 합산하여 과세하는 것이 원칙이나, 예외적으로 **주택임대소득의 수입금액이 2천만원이하**일 경우 **종합소득 확정신고시 세액계산을 종합과세방법과 분리과세방법 중 선택이 가능하다.**

그리고 대부분의 사업소득에 대하여는 원천징수를 하지 않지만, 예외적으로 원천징수되는 사업소득이 있다.

(1) 원천징수

1) **특정사업소득에 대한 원천징수**

① 특정사업소득: **수입금액의 3%를 원천징수**

㉠ 의료보건용역(수의사의 용역을 포함)

㉡ 저술가 · 작곡가 등이 제공하는 인적용역

② 원천징수

국내에서 거주자나 비거주자에게 특정사업소득을 지급하는 자는 당해 수입금액의 3%를 원천징수하여 그 징수일이 속하는 달의 다음달 10일까지 납부하여야 한다.

2) **봉사료수입금액에 대한 원천징수**

부가가치세가 면제되는 접대부 · 댄서와 이와 유사한 용역을 제공하는 자에게 지급하는 **특정봉사료수입금액(봉사료금액이 공급가액의 20%를 초과)에 대해서는 5%를 원천징수**한다.

(2) 사업소득에 대한 연말정산

간편장부대상자인 보험모집인 또는 방문방매원등(신청한 경우에 한함)에게 모집수당 또는 판매수당 등의 사업소득을 지급하는 원천징수의무자는 해당 사업소득에 대한 소득세의 연말정산을 하여야 한다.

원천징수의무자는 다음연도 2월분 사업소득을 지급하는 때(미지급시 2월말까지) 또는 해당 사업자와 거래계약을 해지하는 달의 사업소득을 지급하는 때에 연말정산을 하여야 한다.

이처럼 연말정산된 사업소득 외의 다른 소득이 없는 경우에는 해당 소득자는 해당 과세기간에 대한 과세표준 확정신고를 하지 않아도 된다.

4. 사업소득금액의 계산

사업소득금액은 해당 과세기간의 총수입금액에서 이에 소요된 필요경비를 공제하여 계산하며 전년도에 사업소득에서 발생한 이월결손금이 있는 경우에는 이를 공제한다.

<기업회계기준과 세법의 차이 조정>

세법과 기업회계기준에서의 수익과 비용에 대해서 98% 이상 동일하나, 2% 미만이 차이가 난다. 이러한 차이를 조정하는 것을 세무조정이라고 한다.

	기업회계기준	세 법	
수익(≒총수입금액)	실현주의	권리확정	**"권리의무확정주의"**
비용(≒필요경비)	수익 · 비용대응의 원칙	의무확정	

기업회계	세무조정		소득세법
수익	(+)총수입금액산입	(-)총수입금액불산입	**총수입금액**
-			**-**
비용	(+)필요경비 산입	(-)필요경비 불산입	**필요경비**
=	**+가산 : 총수입금액산입+필요경비 불산입**		**=**
당기순이익	**-차감 : 총수입금액불산입+필요경비산입**		**사업소득금액**

(1) 총수입금액 

해당 과세기간에 수입하였거나 수입할 금액의 합계액으로 한다.

총수입금액산입	총수입금액불산입
ⓐ 사업수입금액(매출에누리와 환입, 매출할인 제외) ⓑ 장려금등 기타 이와 유사한 성질의 급여 ⓒ 사업과 관련된 자산수증이익 · 채무면제이익 ⓓ **사업과 관련하여 생긴 보험차익(퇴직연금운용자산)** ⓔ **가사용으로 소비된 재고자산** ⓕ 간주임대료 Ⓖ **사업용 유형자산(부동산 제외)양도가액(복식부기의무자)** Ⓗ 기타(전속계약금 등)	ⓐ 소득세 등의 환급액 ⓑ 부가가치세 매출세액 ⓒ **재고자산 이외(고정자산)의 자산의 처분이익 (복식부기의무자 제외)** ⓓ 국세환급가산금[*1]

*1. 국세환급금에 가산되는 법정이자 상당액

> **참고**
>
> **개인사업자(복식부기의무자) 업무용 승용차**
>
> Ⅰ. 업무용 승용차의 매각가액 총수입금액 산입 및 과세대상소득
> 1. 과세대상 : 사업소득계산시 감가상각비를 필요경비로 산입한 업무용승용차 (부가세법상 매입세액 불공제 대상 승용차)
> 2. 과세대상소득 : (매각가액 - 매각시 세무상 장부가액)×감가상각비 필요경비 반영비율
>
> Ⅱ. 업무용 승용차의 필요경비(감가상각비)
> 정액법, 내용년수 5년을 적용한 감가상각비를 필요경비로 인정

간주임대료(소득세 VS 부가가치세) 참고

구분	소득세법(장부작성)	부가가치세법
1. 적용대상자	제한없음	제한없음
2. 적용제외 대상자산	2주택이하는 제외[*1] *1. ***3주택이상 소유 & 보증금합계액 3억 초과는 적용*** ☞ 주택수 및 보증금 합계액에서 제외되는 소형주택 ① 전용면적 40㎡ & ② 기준시가 2억 이하	주택은 제외(당연면세)
3. 총수입금액/과세표준	[보증금등 적수－임대용부동산의 건설비상당액적수] ÷ 365(366) × 정기예금이자율 – <u>임대사업에서 발생한 금융수익</u>	보증금등 × 정기예금이자율 × 과세대상기간의 일수/365(366)

(2) 필요경비 

해당 과세기간의 총수입금액에 대응하는 비용을 말한다.

필요경비산입	필요경비불산입
ⓐ 판매한 상품 등에 대한 원료의 매입가액과 그 부대비용 ⓑ 종업원의 급여 ⓒ 사업용자산에 대한 비용 및 감가상각비 ⓓ **복식부기의무자의 사업용 유형자산 양도 시 장부가액** ⓔ 상대편에게 지급하는 장려금 등 ⓕ 한도 이내의 기부금(**법인세법과 동일**)	ⓐ **소득세와 지방소득세** ⓑ **벌금·과료와 과태료와 강제징수비** ⓒ **감가상각비 중 상각범위액을 초과하는 금액** ⓓ **대표자의 급여와 퇴직급여** ⓔ **<u>재고자산 이외(고정자산)의 자산의 처분손실</u> (복식부기의무자 제외)** ⓕ **<u>가사(집안 일)관련경비와 초과인출금[*1]에 대한 지급이자</u>** ⓖ 한도 초과 업무용 승용차 관련 비용등(복식부기의무자)

***1. 초과인출금 : 부채(충당금과 준비금은 제외)의 합계액이 사업용자산의 합계액을 초과하는 것을 말한다.**

참고

사업자의 장부 기장 의무

1. 장부의 비치 · 기장

사업자는 소득금액을 계산할 수 있도록 증명서류 등을 갖춰 놓고 그 사업에 관한 모든 거래사실이 객관적으로 파악될 수 있도록 복식부기에 따라 장부를 기록 · 관리하여야 한다.

다만, 업종 · 규모등을 고려하여 업종 일정규모 미만의 사업자는 간편장부에 관한 거래 사실을 기록할 수 있다.

① 복식부기의무자 : 간편장부대상자에 해당되지 않는 사업자

② 간편장부대상자.

㉠ 당해 과세기간에 신규로 사업을 개시한 사업자

㉡ 직전과세기간의 수입금액 합계액이 업종별 기준금액에 미달하는 사업자

☞ **수입금액에 사업용 유형자산 처분에 따른 수입금액 제외**

직전연도 사업소득 수입금액	장부신고자	
업 종 별	복식부기의무자	간편장부대상자
농업 · 임업 및 어업, 광업, 도매 및 소매업, 부동산매매업 등	3억원이상	3억원미만
제조업, 숙박 및 음식점업, 건설업, 운수업, 출판 · 영상 · 방송통신 및 정보서비스업, 금융 및 보험업 등	1.5억원이상	1.5억원미만
부동산임대업, 전문 · 과학 및 기술서비스업, 교육서비스업, 보건업 및 예술 · 스포츠 및 여가 관련 서비스업등	0.75억원이상	0.75억원미만

☞ **전문직사업자(의사,변호사 등)은 반드시 복식장부를 기록해야 한다.**

2. 장부기록시 혜택 및 미기록시 불이익

기록시혜택	미기록시 불이익
1. 결손시 인정받고 향후 10년간 결손금공제가 적용 2. 간편장부대상자가 복식부기에 의하여 장부기록시 기장세액공제 3. 고정자산에 대한 감가상각비를 계상시 비용으로 인정	1. 추계로 소득세를 신고하므로 결손시에도 불인정 2. 직전사업연도 수입금액이 4,800만원 이상이면 무기장가산세 부담

5. 총수입금액과 필요경비의 귀속연도(권리의무확정주의)

구 분	사업소득의 수입시기
1. 상품등의 판매	인도한 날
2. 1이외의 자산 매매	대금청산일
3. 시용판매	상대방이 구입의사를 표시한 날
4. 위탁판매	수탁자가 위탁품을 판매하는 날
5. 인적용역제공*1	**용역대가를 지급받기로 한 날 또는 용역제공을 완료한 날 중 빠른 날**

*1. 연예인 및 직업운동선수 등이 계약기간을 초과하는 일신 전속계약에 대한 대가를 일시에 받는 경우에는 계약기간에 따라 해당 대가를 균등하게 안분한 금액을 각 과세기간 종료일에 수입한 것으로 한다.

6. 법인세법과의 차이

(1) 제도의 차이

구 분	법인세법	소득세법
1. 과세대상소득	- 각사업연도소득, 청산소득, 토지등 양도소득	- 종합 · 퇴직 · 양도소득
2. 과세원칙 및 방법	- 순자산증가설(포괄주의) - 종합과세	- 소득원천설(열거주의) - 종합 · 분류 · 분리과세
3. 과세기간	- 정관등에서 정하는 기간	1.1~12.31
4. 납세지	본점, 실질적 관리장소의 소재지 등	거주자의 주소지 등

(2) 각사업연도소득과 사업소득금액의 차이

구 분	법인세법	소득세법
1.이자, 배당금수익	- 각 사업연도 소득에 포함	- 사업소득에서 제외(금융소득)
2.유가증권처분손익	- 익금 또는 손금	- 사업소득에세 제외 ☞ 양도소득으로 과세될 수 있음
3. 고정자산처분손익	- 익금 또는 손금	- 과세제외(기계 · 비품 등) ☞ 부동산등의 처분이익 발생 시 양도소득으로 과세될 수 있음 ☞ 복식부기의무자는 과세

구 분		법인세법	소득세법
4. 자산수증이익, 채무면제익		사업관련 여부에 관계없이 익금	사업과 관련이 있는 경우에만 총수입금액산입
5. 대표자 급여 및 퇴직급여		손금	필요경비불산입
6. 기업업무추진비(접대비)		법인 전체로 계산함.	각 사업장별로 기업업무추진비한도액을 계산하여 적용함.
7. 현물 기부금		장부가액	MAX[시가, 장부가액]
8. 소득처분	사외유출	귀속자의 소득세 납세의무 유발	귀속자의 소득으로 처분하지 않고 사업주가 인출하여 증여한 것으로 본다.
	유보	세무조정금액이 사내에 남아있는 경우 유보로 처분하여 별도관리한다.	

제4절 근로소득

1. 근로소득의 개념

① 근로의 제공으로 인하여 받는 봉급 · 급료 · 상여 · 수당 등의 급여
② 법인의 주주총회 · 사원총회 등 의결기관의 결의에 의하여 상여로 받는 소득
③ 법인세법에 의하여 상여로 처분된 금액(인정상여)
④ 퇴직함으로써 받는 소득으로서 퇴직소득에 속하지 아니하는 소득
⑤ 종업원등 또는 대학의 교직원이 지급받는 직무발명보상금(고용관계 종료 전 지급되는 보상금에 한정)
☞ **퇴직 후 지급받으면 기타소득**으로 과세

(1) 근로소득에 포함되는 항목

① 기밀비 · 교제비 · 여비

㉠ 기밀비(판공비 포함) · 교제비 등의 명목으로 받는 것으로서 업무를 위하여 사용된 것이 분명하지 아니한 급여

㉡ 여비의 명목으로 정기적으로 받는 연액 또는 월액의 급여

② 공로금 · 위로금 · 학자금

종업원이 받는 공로금 · 위로금 · 학자금 · 장학금(종업원의 자녀가 사용자로부터 받는 학자금 · 장학금 포함) 등 이와 유사한 성질의 급여

③ 각종 수당

㉠ 근로수당 · 가족수당 · 출납수당 · 직무수당 · 시간외근무수당 등

㉡ 보험회사 · 증권회사 등 금융기관의 내근사원이 받는 집금수당과 보험가입자의 모집 · 증권매매의 권유 · 저축의 권장으로 인한 대가 · 기타 이와 유사한 성질의 급여

㉢ 기술수당 · 보건수당 · 연구수당 등

④ 회사로부터 받는 경제적 이익

㉠ 출자임원이 주택을 제공받음으로써 얻는 이익. 다만, **비출자임원(소액주주임원 포함)과 종업원이 사택을 제공받음으로써 얻는 이익은 비과세 근로소득**으로 본다.

㉡ 모든 임직원이 주택자금을 저리 또는 무상으로 대여 받음으로서 얻는 이익
다만 **중소기업 종업원의 주택구입 · 임차자금 대여이익은 비과세근로소득**으로 본다.

〈사택제공 및 주택자금대여〉

	사택제공이익	주택자금대여이익
출자임원	근로소득	근로소득 **(중소기업 종업원은 비과세)**
소액주주(1% 미만)임원, 비출자임원	**비과세** 근로소득	
종업원		

㉢ 종업원이 보험계약자이거나 종업원 또는 그 배우자 · 가족을 보험수익자로 하는 보험과 관련하여 사용자가 부담하는 보험료

㉣ 임원 또는 사용인이 회사로부터 주식매수선택권을 부여받아 이를 행사함으로써 얻은 이익

☞ **주식매수선택권(stock option):** 법인의 경영 · 기술혁신 등에 기여하였거나 기여할 능력을 갖춘 임직원등에게 낮은 가격으로 당해 법인의 신주를 매입할 수 있도록 부여한 권리

(2) 근로소득으로 보지 아니하는 것

① **경조금 : 사업자가 사용인에게 지급한 경조금 중 사회통념상 타당하다고 인정되는 금액**

② 퇴직급여로 지급하기 위하여 적립되는 급여

☞ 대가의 명칭여하에 관계없이 퇴직을 원인으로 지급받는 공로금 · 위로금은 원칙적으로 퇴직소득으로 본다.

2. 비과세 근로소득

(1) 실비변상적 성질의 급여

① 일직료 · 숙직료 또는 여비로서 실비변상정도의 금액

② **자가운전보조금(월 20만원 이내)**

종업원이 소유차량(임차차량 포함)을 종업원이 직접 운전하여 사용자의 업무수행에 이용하고 시내 출장 등에 소요된 실제여비를 지급받는 대신에 그 소요경비를 해당 사업체의 규칙 등에 의하여 정하여진 지급기준에 따라 받는 금액

③ 선원이 받는 승선수당, 경찰공무원이 받는 함정근무수당 · 항공수당, 소방공무원이 받는 함정근무수당 · 항공수당 · 화재진화수당(월 20만원이내)

④ 초 · 중등교육법에 의한 교육기관의 교원이 받는 연구보조비(월 20만원 이내)

⑤ 방송 · 통신 · 신문사 등의 기자가 받는 취재수당(월 20만원이내)

(2) 생산직근로자의 연장근로수당 등

① 비과세요건

㉠ **공장 또는 광산에서 근로를 제공하는 생산 및 관련 종사자, 어업을 영위하는 자에게 고용되어 근로를 제공하는 자**

㉡ **직전년도 총급여액이 3,000만원 이하로서 월정액급여*가 210만원 이하인 자**

* 월정액급여=급여총액-상여 등 부정기적 급여-실비변상적 성질의 급여(자가운전보조금 등) -연장 · 야간 · 휴일근로수당 등-복리후생성질의 급여

㉢ 통상임금에 가산하여 받는 연장근로 · 휴일근로 · 야간근로수당일 것

② 비과세금액

㉠ 광산근로자 · 일용근로자 : 전액 비과세

㉡ **'㉠' 외의 생산직근로자 : 연 240만원 비과세**

(3) 식사와 식사대

① **사내급식 등을 통하여 근로자가 제공받는 식사 기타 음식물 : 전액 인정**

② **식사 · 음식물을 제공받지 아니하는 근로자가 받는 식사대* : 월 20만원**

* 만일 식사 기타 음식물을 제공받으면서 식사대를 지급받으면, 식사대는 전액 과세된다.

(4) 복리후생적 성질의 급여

① 사택제공이익 : 비출자임원, 소액주주임원, 종업원에게 제공

② 중소기업 종업원의 주택자금 저리 대여이익

③ 단체순수보장성 보험 및 단체환급부보장성 보험 중 70만원 이하의 보험료

(5) 기타의 비과세 근로소득

① 각종 법률에 의하여 받는 금액

㉠ 산업재해보상보험법에 의하여 지급받는 요양급여 · 휴업급여 · 장해급여 · 유족급여 및 장의비 또는 근로의 제공으로 인한 부상 · 질병 또는 사망과 관련하여 근로자나 그 유족이 지급받는 배상 · 보상 또는 위자의 성질이 있는 급여

㉡ 고용보험법에 의하여 받는 실업급여 및 육아휴직급여와 산전후 휴가급여 등

② 본인 학자금

교육 · 훈련기간이 6월 이상인 경우에는 당해 교육기간을 초과하여 근무하지 않는 경우에 지급받은 금액을 반납할 것을 조건으로 한다.

③ 출산 · 보육 관련 급여

㉠ 근로자 또는 그 배우자의 출산이나 6세 이하의 자녀보육관련 급여로서 월 20만원(개정세법 24)이내의 금액

㉡ 육아기 근로시간 단축급여에 대하여 비과세

㉢ 배우자 출산휴가 급여

④ 국외근로시 받은 급여

㉠ 일반근로자 : **국외 등에서 근로를 제공하고 받는 보수 중 월 100만원**(외항선원, 원양어업 선원 및 해외건설 근로자는 500만원-개정세법 24) 이내의 금액

㉡ 공무원 등 : 국외 등에서 근무하고 받는 수당 중 당해 근로자가 국내에서 근무할 경우에 지급받을 금액 상당액을 초과하여 받는 금액

⑤ 건강보험료 등의 사용자부담금

국민건강보험법 · 고용보험법 · 국민연금법 · 근로자퇴직급여보장법 등에 의하여 국가 · 지방자치단체 또는 사용자가 부담하는 부담금

⑥ 「발명진흥법」 상 지급받는 **직무발명보상금(고용관계 종료전 지급)으로서 7백만원(개정세법 24) 이하의 보상금**

3. 근로소득의 과세방법

(1) 근로소득자(종합과세소득)

매월분의 급여 또는 상여지급시 근로소득 **간이세액표에 의하여 소득세를 원천징수하고 다음연도 2월분 급여지급시 연말정산**을 한다.

(2) 일용근로자 - 분리과세소득

일용근로자란 근로를 제공한 날 또는 시간에 따라 급여를 계산하거나 근로를 제공한 날 또는 시간의 근로성과에 따라 급여를 계산하여 받는 자로서 근로계약에 따라 **일정한 고용주에게 3개월 이상(건설공사: 1년 이상) 계속 고용되어 있지 않는 업무종사자**를 말한다.

원천징수세액 = [일급여액 - 150,000원] × 6% - 근로소득세액공제(산출세액 × 55%)
= [(일급여액 - 150,000원) × 6%] ×(1 - 55%)

4. 근로소득금액의 계산

(1) 계산구조

근로소득금액 = 근로소득 총수입금액* - 근로소득공제(공제한도 2천만원)

* 근로소득 총수입금액 = 근로소득 - 비과세소득 - 분리과세소득

(2) 근로소득공제

근로소득공제는 근로기간이 1년 미만인 경우에도 월할 공제하지 아니하고 전액 공제한다. 다만, 당해 연도의 총급여액이 공제액에 미달하는 경우에는 당해 연도 총급여액을 공제액으로 한다.

구 분	공제액 한도
500만원 이하	**총급여액[*1] × 70%**
500만원 초과 1,500만원 이하	350만원 + (총급여액 - 500만원) × 40%
1,500만원 초과 4,500만원 이하	750만원 + (총급여액 - 1,500만원) × 15%
4,500만원 초과 1억원 이하	1,200만원 + (총급여액 - 4,500만원) × 5%
1억원초과	1,475만원 + (총급여액 - 1억원) × 2%

*1. 총급여액 = 근로소득 - 비과세 근로소득

5. 근로소득의 수입시기

급 여	근로를 제공한 날
잉여금처분에 의한 상여	잉여금처분결의일
인정상여	해당 사업연도 중 근로를 제공한 날
주식매수선택권	**행사한 날**

제5절 연금소득

1. 연금소득의 범위

(1) 공적연금

① 국민연금 : 국민연금법에 의하여 지급받는 각종 연금

② 특수직 연금 등 : 공무원연금법 · 군인연금법 · 사립학교교직원연금법 등에 의하여 지급받는 각종 연금

〈국민연금과 공무원연금의 과세체계〉

구 분		~2001년 까지	2002년~
1.연금납입시		소득공제불인정 또는 50% 소득공제	**전액소득공제**
2.수령시	① 연금수령	**과세제외**	연금소득으로 과세
	② 일시금수령		퇴직소득으로 과세

(2) 연금계좌(사적연금)

① 퇴직연금

㉠ 퇴직보험의 보험금을 연금형태로 지급받는 경우 당해 연금 또는 이와 유사한 것으로서 퇴직자가 지급받는 연금

㉡ 근로자퇴직급여보장법에 따라 지급받은 연금

② 개인연금 : 연금저축에 가입하고 연금형태로 지급받는 소득 등

③ 기타연금

위 '①' 내지 '②'와 유사하고 연금형태로 지급받는 것으로서 세법이 정하는 것

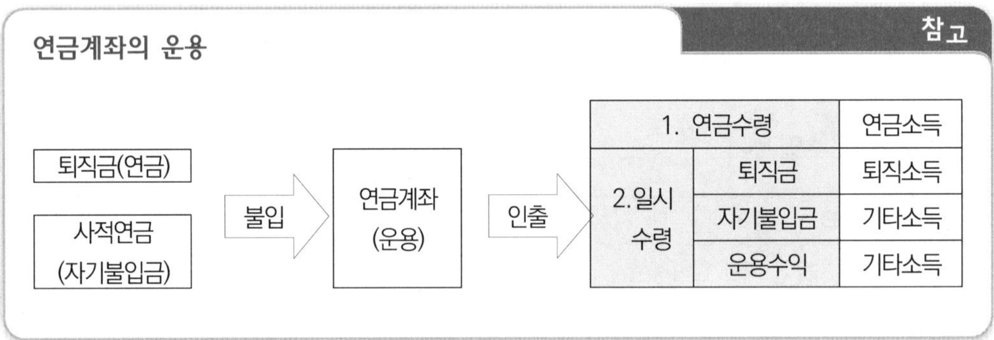

2. 비과세 연금소득

① 국민연금법에 의하여 지급받는 장애연금
② 공무원연금법 · 군인연금법 등에 의하여 지급받는 장해연금 · 상이연금
③ 산업재해보상보험법에 의하여 지급받는 각종 연금
④ 국군포로대우등에 관한 법률에 따른 국군포로가 지급받는 연금

3. 연금소득의 과세방법

(1) 공적연금 : 종합과세

원천징수의무자가 매월 공적연금소득을 지급하는 때에는 연금소득 간이세액표에 의하여 소득세를 원천징수한다. 연말정산은 다음연도 1월분 지급시 한다.

(2) 연금계좌에서 연금수령시(사적연금)

① 1,500만원(개정세법 24) 이하 : 저율 · 분리과세(5%~3%)
② 1,500만원(개정세법 24) 초과 : (세액계산시) 종합과세하거나 **15% 분리과세를 선택**할 수 있다.

4. 연금소득금액의 계산

연금소득금액 = 연금소득 총수입금액 – 연금소득공제

① 연금소득 총수입금액 = 연금소득 – 비과세소득 – 분리과세소득
② 연금소득공제 : **연금소득공제의 한도는 900만원으로 한다**.

5. 연금소득의 수입시기

① 공적연금소득 : 연금을 지급받기로 한 날
② 연금계좌에서 받는 연금소득 : 연금을 수령한 날
③ 그 밖의 연금소득 : 해당 연금을 지급받은 날

제6절 기타소득

1. 기타소득의 범위

기타소득은 이자소득, 배당소득, 사업소득, 근로소득, 연금소득, 퇴직소득, 양도소득 이외의 소득으로서 다음에 열거된 소득으로 한다(열거주의).

(1) 80% 추정필요경비가 적용되는 기타소득

기타소득의 범위	필요경비
① 공익법인이 주무관청의 승인을 받아 시상하는 상금 및 부상과 다수가 순위 경쟁하는 대회에서 입상자가 받는 상금 및 부상	MAX [①수입금액의 80%, ②실제 소요경비]
② **계약의 위약 또는 해약으로 인하여 받는 위약금과 배상금중 주택입주지체상금**	
③ 서화·골동품의 양도로 발생하는 소득*1(개당 양도가액 6천만원 이상인 것)	

*1. 양도가액이 1억원 이하 또는 보유기간이 10년 이상 경우 90% 필요경비

(2) 60% 추정필요경비가 적용되는 기타소득

기타소득의 범위	필요경비
① **인적용역을 일시적으로 제공하고 지급받는 대가** ㉠ 고용관계 없이 다수인에게 강연을 하고 강연료 등의 대가 용역 ㉡ 라디오·텔레비전방송 등을 통하여 해설·계몽 또는 연기의 심사 등을 하고 받는 보수 또는 이와 유사한 성질의 대가는 받는 용역 ㉢ 변호사·공인회계사·세무사·건축사·측량사·변리사 기타 전문적 지식 또는 특별한 기능을 가진 자가 당해 지식 또는 기능을 활용하여 보수 또는 기타 대가를 받고 제공하는 용역 ㉣ '㉠ 내지 ㉢' 외의 용역으로서 고용관계 없이 수당 또는 이와 유사한 성질의 대가를 받고 제공하는 용역	MAX [①수입금액의 60%, ②실제 소요경비]
② **일시적인 문예창작소득**(문예, 학술, 미술, 음악, 사진에 속하는 창작품) ㉠ 원고료 ㉡ 저작권사용료인 인세 ㉢ 미술·음악 또는 사진에 속하는 창작품에 대하여 받는 대가	
③ **광업권, 어업권, 산업재산권, 산업정보, 산업상 비밀, 영업권(점포임차권 포함)**, 토사석의 채취허가에 따른 권리, 지하수의 개발·이용권 기타 이와 유사한 자산이나 권리를 양도 또는 대여하고 그 대가로 발생하는 소득	
④ 공익사업과 관련된 지상권·지역권의 설정·대여소득	
⑤ 통신판매중개를 통하여 물품 또는 장소를 대여(연 500만원 이하)	

(2) 실제발생경비만 필요경비가 인정되는 소득

기타소득의 범위	필요경비
① 상금, 현상금, 포상금, 보로금 또는 이에 준하는 금품	실제발생경비
② **저작자 또는 실연자 · 음반제작자 · 방송사업자 외**의 자가 저작권 또는 저작인접권의 양도 또는 사용의 대가로 받는 금품 ☞ 저작자등에게 귀속되면 사업소득임	
③ 영화필름 · 라디오 · 텔레비전방송용 테이프 또는 필름, 기타 이와 유사한 자산이나 권리의 양도 · 대여 또는 사용의 대가로 받는 금품	
④ **물품 또는 장소를 일시적으로 대여하고 사용료로서 받는 금품**	
⑤ 계약의 위약 또는 해약으로 인하여 받는 위약금과 배상금, 부당이득 반환시 지급받는 이자	
⑥ 유실물의 습득 또는 매장물의 발견으로 인하여 보상금을 받거나 새로 소유권을 취득하는 경우 그 보상금 또는 자산	
⑦ 무주물의 점유로 소유권을 취득하는 자산	
⑧ 거주자 · 비거주자 또는 법인과 특수관계가 있는 자가 그 특수관계로 인하여 당해 거주자 등으로부터 받는 경제적 이익으로 급여 · 배당 또는 증여로 보지 아니하는 금품	
⑨ **재산권에 관한 알선수수료 · 사례금**	
⑩ 법인세법에 의하여 처분된 기타소득	
⑪ 연금저축의 해지일시금(불입계약기간 만료 후 연금 외의 형태로 지급받는 금액 포함)	
⑫ 퇴직전에 부여받은 주식매수선택권을 퇴직 후에 행사하거나 고용관계 없이 주식매수선택권을 부여받아 이를 행사함으로써 얻는 이익 종업원등 또는 대학의 교직원이 퇴직한 후에 지급받는 직무발명보상금	
⑬ **뇌물 및 알선수재 및 배임수재에 의하여 받는 금품** ☞ 알선수재 : 금품을 받고 다른 사람의 직무에 관해 잘 처리해주도록 알선한 죄 배임수재 : 다른 사람의 일을 처리하는 사람이 그 임무에 관하여 부정한 청탁을 받고 재산상의 이익을 취함.	
⑭ 승마투표권 및 경륜 · 경정법에 의한 승자투표권의 환급금	단위투표금액 합계액
⑮ 슬롯머신(비디오게임 포함) 및 투전기 기타 이와 유사한 기구를 이용하는 행위에 참가하여 받는 당첨금품 등	당첨 당시 슬롯머신 등에 투입한 금액

기타소득의 범위	필요경비
⑯ 복권 · 경품권 기타 추첨권에 의하여 받는 당첨금품	실제발생경비
⑰ 사행행위등 규제 및 처벌특례법에 규정하는 행위에 참가하여 얻은 재산상의 이익	
⑱ 종교인소득 ☞ 근로소득 신고시 인정	의제필요경비

2. 비과세 기타소득

① 국가유공자등예우및지원에관한법률에 의하여 받는 보훈급여금 · 학습보조비 및 귀순북한동포보호법에 의하여 받는 정착금 · 보로금 및 기타금품

② 국가보안법 등에 의하여 받는 상금과 보로금 등

③ **종업원등 또는 대학의 교직원이 퇴직한 후에 지급받는 직무발명보상금으로서 700만원(개정세법 24) 이하의 금액(근로소득에서 비과세되는 직무발명보상금이 있는 경우에는 해당 금액을 차감한다.)**

④ 상훈법에 의한 훈장과 관련하여 받는 상금과 부상 등

⑤ 국군포로의 송환 및 대우 등에 관한 법률에 따라 받는 정착금 등

⑥ 문화재보호법에 따라 국가지정문화재로 지정된 서화 · 골동품의 양도로 발생하는 소득

⑦ **서화 · 골동품을 박물관 또는 미술관에 양도함으로써 발생하는 소득**

3. 기타소득의 과세방법

(1) 무조건 분리과세

① **각종 복권당첨소득, 승마투표권 · 승자투표권의 환급금, 슬롯머신의 당첨금품은 20%(당첨금품등이 3억원을 초과하는 경우 당해 초과분에 대하여는 30%)** 세율로 소득세를 원천징수당함으로써 납세의무가 종결된다.

② 서화 · 골동품의 양도소득 : 20%

③ 연금계좌 납입시 세액공제분과 운용수익 부분 연금외 수령시 : 15%

(2) 무조건 종합과세

뇌물 및 알선수재 및 배임수재에 의하여 받는 금품

(3) 선택적 분리과세

연 300만원 이하의 기타소득금액은 분리과세 또는 종합과세를 선택에 의할 수 있다.

(4) 과세최저한

1. 원칙	기타소득금액이 건별로 **5만원 이하**[*1]인 경우 ☞ 연금계좌에서 발생하는 기타소득은 과세최저한 적용제외
2. 예외	1. 승마투표권 등의 환급금으로서 건별로 해당 권면에 표시된 금액의 합계액이 10만원 이하이고 가. 적중한 개별 투표당 환급금이 10만원이하인 경우 나. 단위 투표금액당 환급금이 단위 투표금액의 100배이하이면서 적중한 개별 투표당 환급금이 200만원 이하인 경우
	2. 복권당첨금, 슬롯머신 등의 당첨금품 등이 **건별로 200만원 이하**인 경우

4. 기타소득금액의 계산

기타소득금액 = 기타소득 총수입금액* – 필요경비

* 기타소득 총수입금액 = 기타소득금액 – 비과세소득 – 분리과세소득

5. 기타소득의 수입시기

(1) 원칙

지급을 받은 날로 한다**(현금주의).**

(2) 예외

① 법인세법에 의하여 처분된 기타소득에 대하여는 당해 법인의 당해 사업연도의 결산확정일로 한다.

② 광업권 · 어업권 · 산업재산권 등의 자산이나 권리를 양도하거나 대여하고 받은 기타소득은 인도일 · 사용수익일 중 빠른 날로 한다. 다만, 대금청산 전에 자산을 인도 또는 사용 · 수익하였으나 대금이 확정되지 아니한 경우 대금지급일

〈개별 소득의 특징〉

사업소득	근로소득	기타소득
계속 · 반복적(사업적)	**고용계약**	**일시 · 우발적**
	[강 사 료]	
학원강사(사업자)	대학교 시간강사	정치인 특강

종교인 소득 참고

1. 기타소득 중 종교인 소득으로 명시(근로소득으로 신고가능)
2. 소득의 범위: 종교인이 종교단체(민법 제32조에 따라 설립된 비영리단체로부터)받는 소득
3. 비과세소득 : 종교활동을 위하여 통상적으로 사용할 목적으로 지급받은 금액(종교활동비), 종교활동과 관련있는 학자금, 식사대(월 20만원 이하) 등
4. 필요경비: MAX[의제필요경비, 실제 소요된 필요경비]

2천만원 이하	80%
2천만원 초과 4천만원 이하	1,600만원+2천만원 초과금액의 50%
4천만원 초과 6천만원 이하	2,600만원+4천만원 초과금액의 30%
6천만원 초과	3,200만원+6천만원 초과금액의 20%

5. 원천징수 : 종교인 소득 간이세액표에 따라 원천징수, 원천징수시 반기 납부특례적용
6. 연말정산 : 다음연도 2월분 종교인소득 지급시(2월말까지)

연/습/문/제

객관식

01. 다수인에게 강연을 하고 강연료 2,000,000원을 받는 사람의 경우 발생하는 소득세의 과세문제에 대한 설명으로 틀린 것은?

① 고용관계에 의하여 받은 강연료라면 근로소득으로 분류된다.
② 강의를 전문적으로 하고 있는 개인프리랜서라면 사업소득으로 분류된다.
③ 일시적이고 우발적으로 발생한 강연료라면 기타소득으로 분류된다.
④ 근로소득자의 경우, 강연료 소득 발생시 반드시 합산하여 종합소득세 신고해야 한다.

02. 다음 중 보험차익에 대한 소득세의 과세에 대한 설명으로 틀린 것은?

① 저축성보험의 보험차익으로서 보험기간이 10년 이상인 경우 소득세가 과세되지 아니한다.
② 사업용 고정자산의 손실로 취득하는 보험차익은 사업소득으로 보아 소득세가 과세된다.
③ 사업주가 가입한 근로자퇴직급여보장법에 따른 퇴직보험계약의 보험차익은 이자소득으로 보아 소득세가 과세된다.
④ 피보험자의 질병이나 부상 등 신체상의 상해로 인한 보험차익은 소득세가 과세되지 아니한다.

03. 소득세법상 총수입금액에 대응하여 지출된 비용을 필요경비로 공제할 수 있는 소득은 어느 것인가?

① 이자소득　　② 근로소득　　③ 기타소득　　④ 배당소득

04. 소득지급자가 거주자에게 지급하는 소득의 분류에 대한 설명이다. 틀린 것은?

① 고용계약에 의하여 소득을 지급받는 경우 근로소득에 해당한다.
② 고용관계 없이 일시적 우발적으로 지급받는 경우 기타소득에 해당한다.
③ 고용관계 없이 계속적 반복적으로 지급받는 경우 사업소득에 해당한다.
④ 지상권을 대여하고 받은 대가는 기타소득에 해당한다.

05. 다음 중 소득세법상 서화 · 골동품의 양도로 발생하는 소득에 대한 설명으로 틀린 것은?

① 당해 과세기간에 양도한 서화 · 골동품의 양도가액의 합계가 6천만원 이상인 경우 과세한다.
② 골동품의 경우 제작 후 100년을 넘은 것에 한정한다.
③ 서화 · 골동품을 박물관 또는 미술관에 양도함으로써 발생하는 소득은 비과세한다.
④ 양도일 현재 생존해 있는 국내 원작자의 작품은 제외한다.

06. 다음 중 소득세법상 비과세되는 소득에 대한 설명으로 틀린 것은?

① 1주택 소유자의 주택임대소득(고가주택 임대소득 제외)
② 농가부업규모의 축산부업소득
③ 이자소득 중 공익신탁의 이익
④ 법원에 납부한 경락대금에서 발생한 이자소득

07. 다음 중 소득세법상 비과세 근로소득에 해당하지 않는 것은?

① 종업원이 소유차량을 직접 운전하여 사용자의 업무수행에 이용하고 실제여비를 지급받는 대신 사업체 지급기준에 따라 받는 금액 중 월 20만원 이내의 금액
② 근로자 또는 그 배우자의 출산이나 6세 이하의 자녀보육관련 급여로서 월 20만원 이내의 금액
③ 발명진흥법상 지급받는 직무발명보상금으로서 7백만원을 초과하는 보상금
④ 일반근로자가 국외 등에서 근로를 제공하고 받는 보수 중 월 100만원(외항선원, 원양선원 및 해외건설 근로자는 500만원) 이내의 금액

08. 현행 소득세법상 소득별 소득금액의 계산에 대한 설명으로 틀린 것은?

① 이자소득과 배당소득은 필요경비가 인정되지 아니하므로 배당소득에 대한 귀속법인세액을 고려하지 않는 경우 해당 과세기간의 총수입금액이 소득금액이 된다.
② 사업소득 중 부동산임대소득은 임대료수입에 간주임대료를 가산한 금액에서 필요경비를 차감한 금액을 소득금액으로 한다.
③ 연금소득은 실제필요경비를 입증하기가 어려우므로 실제입증된 필요경비와 총수입금액의 80% 중 큰 금액을 총수입금액에서 차감하여 소득금액을 산정한다.
④ 근로소득은 총급여액에서 근로소득공제를 차감한 금액을 근로소득금액으로 한다.

09. 개인사업자(복식부기의무자가 아님)의 총수입금액 · 필요경비 및 법인사업자의 익금 · 손금의 범위와 관련된 차이를 설명한 것이다. 틀린 것은?

	구 분	범 위 비 교	
		법인사업자	개인사업자
①	고정자산처분이익	익금항목	총수입금액불산입항목
②	유가증권평가이익	익금항목	총수입금액불산입항목
③	대표 및 대표이사의 급여	손금항목	필요경비불산입항목
④	사업용자산의 감가상각비	손금항목	필요경비해당항목

10. 다음 중 과세대상 근로소득에 해당하지 않는 것은?

① 비출자임원이 사택을 제공받음으로써 얻는 이익
② 중소기업이 아닌 종업원이 주택자금을 저리 또는 무상으로 대여 받음으로서 얻는 이익
③ 종업원이 보험계약자이거나 종업원 또는 그 배우자, 가족을 보험수익자로 하는 보험과 관련하여 사용자가 부담하는 보험료
④ 임원 또는 사용인이 회사로부터 주식매수선택권을 부여받아 이를 근무기간 중 행사함으로써 얻은 이익

11. 소득세법상 원천징수세율과 관련된 다음 설명 중 가장 옳지 않은 것은?

① 기타소득금액에 대한 원천징수 세율은 4%이다.
② 비영업대금의 이익에 대한 원천징수 세율은 25%이다.
③ 공급대가와 구분 기재한 봉사료에 대한 원천징수세율은 5%이다.
④ 일용근로자의 급여에 대한 원천징수세율은 6%이다.

12. 현행 소득세법상 사업소득 중 부동산임대업소득의 간주임대료에 대한 설명으로 틀린 것은?

① 부동산임대업소득이 있는 모든 거주자는 원칙적으로 총수입금액에 산입하여야 한다.
② 고가주택을 제외하고 주택의 보증금에 대하여는 간주임대료 계산을 하지 않는다.
③ 장부에 의하여 신고하는 경우 수입이자와 할인료 및 수입배당금을 차감한다.
④ 추계신고를 하는 경우에는 건설비 상당액 적수를 고려하지 않는다.

13. 거주자 이강세는 20x1년에 우연히 다음과 같은 소득이 발생하였다. 소득세법적용에 대한 설명으로 틀린 것은?

> ㉮ 다수인에게 강연을 하고 받은 강연료 : 5,000,000원
> ㉯ 현대백화점에서 경품추첨에 당첨이 되어 시가 10,000,000원 상당의 자동차를 받았다.
> ㉰ 로또복권에 당첨되어 50,000,000원을 받았다.

① ㉮의 소득은 고용관계여부에 따라 소득구분이 달라질 수 있다.
② ㉰의 경우 원천징수세율이 30%가 적용된다.
③ 모두 기타소득이라면 종합과세할 수 있는 기타소득금액은 12,000,000원이다.
④ 모두 기타소득이라면 원천징수세액은 12,400,000원이다.(지방소득세별도)

14. 소득세법상 거주자 나예뻐는 신인연예인으로서 (주)제멋대로 프로덕션과 20x1년 1월에 20년 전속계약을 체결하고 1억원 전속계약금을 일시불로 받았다. 이에 대한 실제필요경비가 전혀 없다고 가정할 때 당 전속계약금에 대한 다음 설명 중 올바른 것은?

① 전속계약금은 사업소득으로서, 20x1년 귀속되는 총수입금액은 1억원이다.
② (주)제멋대로 프로덕션이 4,400,000원을 원천징수하고 차액인 95,600,000원을 지급한다.
③ 나예뻐는 20x1년 종합소득세 확정신고시 5,000,000원의 사업소득을 다른 종합소득과 합산신고한다.
④ 전속계약금은 기타소득으로서, 20x1년 귀속되는 총수입금액은 5,000,000원이므로 분리과세를 선택할 수 있다.

15. 다음의 소득세법상 기타소득 중 최소한 총수입금액의 60%를 필요경비로 인정하는 것만 고르면 몇 개인가?

> ㉠ 계약의 위약 또는 해약으로 인해 받는 위약금과 배상금 중 주택입주지체상금
> ㉡ 일시적인 문예창작소득
> ㉢ 뇌물
> ㉣ 전속계약금
> ㉤ 세무사 등 전문자격사가 해당 지식을 이용하여 일시적으로 용역제공하고 받은 대가
> ㉥ 재산권 알선수수료

① 5개 ② 4개 ③ 3개 ④ 2개

16. 다음 각각의 상황에 따라 소득세법상 소득구분과 원천징수세액(지방소득세 포함)을 바르게 연결한 것은?

상황 1	(주)세무는 판매모집수당으로 김도진씨에게 지급할 사업수입금액 1,000,000원이 있다. 김도진씨는 계속적으로 동 업무를 수행하면서 대가를 수령하고 있다.
상황 2	대학교수인 서이수씨는 일시적으로 (주)세무에서 특강을 진행하고 강연료 1,000,000원을 지급받았다. 서이수씨는 당해 연도에 이 건 외의 강연료를 지급받은 적은 없다.

	〈상황1〉	〈상황2〉
①	사업소득 33,000원	기타소득 88,000원
②	사업소득 6,600원	기타소득 220,000원
③	기타소득 44,000원	사업소득 33,000원
④	기타소득 220,000원	사업소득 6,600원

17. 다음은 소득세법의 내용이다. (a)와 (b)에 들어갈 말로 알맞은 것은?

> 초과인출금이란 (a)의 합계액이 (b)의 합계액을 초과하는 금액을 의미한다. 초과인출금에 대한 지급이자는 필요경비를 불산입한다.

	(a)	(b)
①	부채(충당금과 준비금은 제외)	사업용자산
②	부채(충당금과 준비금을 포함)	사업용자산
③	사업용자산	부채(충당금과 준비금은 제외)
④	사업용자산	부채(충당금과 준비금을 포함)

18. 현행 소득세법에 의한 기장의무자는 간편장부대상자와 복식부기의무자로 구분한다. 다음의 설명 중 간편장부대상자에 적용되는 것은 모두 몇 개인가?

> ㉠ 사업장 이전 사유로 임대차계약에 따라 임차사업장의 원상회복을 위하여 시설물을 철거하는 경우 장부가액과 처분가액의 차액을 필요경비로 산입한다.
> ㉡ 토지 및 건물을 제외한 사업용 유형자산을 양도함으로써 발생한 소득은 사업소득이다.
> ㉢ 업무용승용차를 매각하는 경우 그 매각가액을 매각일이 속하는 과세기간의 사업소득금액을 계산할 때에 총수입금액에 산입한다.

① 0개 ② 1개 ③ 2개 ④ 3개

주관식

01. 다음은 김세무씨의 20x1년도 소득자료이다. 김세무씨의 20x1년도 종합소득금액은 얼마인가?

- 이자소득 : 은행예금이자 15,000,000원(비과세 이자소득 6,000,000원 포함)
- 배당소득 : 주권상장법인으로부터 받은 배당소득 10,000,000원
- 사업소득 : 건설업 사업소득금액 6,000,000원,
  부동산임대업 사업소득금액 2,000,000원
- 기타소득 : 일시적인 문예창작으로 인한 원고료 18,000,000원(기타소득의 필요경비는 확인되지 아니함)

02. 거주자 홍길동(50세의 미혼)의 다음 자료를 이용하여 세부담이 최소화 되는 방향으로 종합소득금액을 계산하면 얼마인가?

- 은행예금이자 : 10,000,000원
- 비상장법인의 현금배당금 : 5,000,000원
- 기타소득에 해당하는 원고료 7,000,000원
- 근로소득금액 15,000,000원

03. 다음은 소득세법상 복식부기의무자의 사업소득에 대한 자료이다. 총수입금액을 계산하면 얼마인가?

- 매출액 : 100,000,000원
- 기계장치의 양도가액 : 50,000,000원
- 판매장려금 수령액 : 5,000,000원
- 공장건물의 양도가액 : 70,000,000원
- 이자수익 : 1,000,000원
- 관세환급금: 6,000,000원

04. 다음은 사원 김수철에 대한 9월 급여자료이다. 과세되는 총급여액을 구하시오.

(1) 수당

(단위:원)

급여	기본급	육아수당	자가운전보조금	식대	직책수당
금액	5,000,000	200,000	200,000	150,000	300,000

(2) 기타

· 회사는 구내식당을 운영하지 않고 있으며 별도의 식사 제공은 하지 않는다.
· 회사 정책상 6세이하 자녀 1인당 10만원씩 육아수당을 지급받고 있다.
· 위 자가운전보조금과 별도로 **본인명의 임차차량**을 업무용으로 사용함에 따른 실제 여비도 지급받는다.

05. 사원 김지원의 9월 30일 지급한 급여내역은 다음과 같다. 과세되는 총급여액을 구하시오.

김지원의 9월 급여내역
- 기본급 : 2,600,000원
- 식　대 : 100,000원(별도의 식사를 제공받고 있음.)
- 직책수당 : 200,000원
- 자가운전보조금 : 200,000원(본인소유 차량을 업무에 이용하고 실비정산을 받지 않음.)
- 육아수당 : 200,000원(6세 이하의 자녀 2명, 맞벌이 부부임.)

06. 다음 자료를 이용하여 3월 귀속분(지급일 4월 10일) 급여자료에 대하여 과세되는 총급여액을 구하시오.

성명	기본급	식대	자가운전 보조금	연구보조비	계
윤서이	2,500,000원	150,000원	300,000원	200,000원	3,150,000원

1. 식대를 지급하는 대신 별도의 식사는 제공하지 않는다.
2. 자가운전보조금은 본인소유의 차량을 업무에 사용하고 정액으로 받는 수당이다.
3. 기업부설연구소의 연구원으로 재직중이다.

연/습/문/제 답안

객관식

1	2	3	4	5	6	7	8	9	10	11	12	13	14	15
④	③	③	④	①	④	③	③	②	①	①	②	②	③	④
16	17	18												
①	①	②												

[풀이-객관식]

01. 기타소득으로 분류된 경우 필요경비로 60%가 인정되므로 기타소득금액은 80만원으로서 **기타소득금액이 300만원 이하의 경우 납세의무자의 선택에 따라 종합합산 할 수 있다.** 따라서 반드시 합산하여 종합소득세 신고하는 것은 아니다.

02. 사업자의 **퇴직연금운용자산에서 발생한 보험차익은 사업소득으로 과세**된다.

03. 기타소득은 총수입금액에 대응하여 지출된 비용으로 입증된 비용은 필요경비로 공제한다.

04. **지상권의 대여로 받은 대가는 사업소득**에 해당한다.

05. **개당 · 점당 또는 조당 양도가액이 6천만원 이상인 경우**에 과세한다.

06. 법원에 납부한 경락대금에서 발생한 이자소득은 14%로 원천징수한 후 분리과세한다.

07. 발명진흥법상 지급받는 직무발명보상금으로서 7백만원(개정세법 24)을 초과하는 보상금은 근로소득으로 과세되고 **7백만원(개정세법 24) 이하의 금액에 대해서만 비과세 대상**이 된다.

08. 연금소득은 총연금액에서 연금소득공제를 차감한 금액을 소득금액으로 한다.

09. 유가증권평가이익은 법인사업자도 익금불산입대상이다.

10. 비출자임원이나 소액주주임원과 종업원이 사택을 제공받음으로써 얻은 이익은 비과세근로소득으로 본다.

11. 기타소득금액에 대한 원천징수세율은 20%(**무조건분리과세대상인 복권당첨금으로서 3억 초과분은 30%**, **부득이한 사유로 인한 연금외의 수령분은 15%** 등)

12. 거주자가 3주택 이상을 소유하고 주택과 주택부수토지를 임대하고 받은 보증금 등의 합계액이 3억원을 초과하는 경우에는 간주임대료를 계산한다.

13. 기타소득의 원천징수세율은 20%이다.

		총수입금액	필요경비	기타소득금액	원천징수세액
㉮ 강연료	선택적	5,000,000	3,000,000	2,000,000	400,000
㉯ 경품	선택적	10,000,000	-	10,000,000	2,000,000
㉰ 로또	무조건분리과세	50,000,000	-	50,000,000	10,000,000
합 계		65,000,000	3,000,000	62,000,000	12,400,000

종합과세 기타소득금액 = ㉮2,000,000 + ㉯10,000,000원 = 12,000,000원

14. • 연예인 및 직업운동선수 등이 **사업활동과 관련하여 받는 전속계약금은 사업소득**으로 한다.

• 인적용역제공의 사업소득 총수입시기는 용역대가를 **지급받기로 한 날** 또는 용역의 제공을 **완료한 날 중 빠른 날**. 다만, 연예인 및 직업운동선수 등이 계약기간 1년을 초과하는 일신전속계약에 대한 대가를 일시에 받는 경우에는 **계약기간에 따라 해당 대가를 균등하게 안분한 금액**을 각 과세기간 종료일에 수입한 것으로 한다.

• 월수의 계산은 해당 계약기간의 개시일이 속하는 달이 1개월 미만인 경우에는 1개월로 하고 해당 계약기간의 종료일이 속하는 달이 1개월 미만인 경우에는 이를 산입하지 아니한다.

15. **주택입주지체상금 : 필요경비 80%**

일시적인 문예창착소득, 전문자격사 일시적 용역대가: 필요경비(60%)

뇌물, 재산권알선수수료: 실제발생경비

전속계약금 : 사업소득

16. 계속적, 반복적으로 인적용역을 제공하고 지급받는 소득금액은 사업소득으로 구분하고 고용관계 없이 다수인에게 강연을 하고 받는 강연료는 최소한 60% 필요경비의제를 받을 수 있는 기타소득이다. 사업소득은 총지급액의 3.3%(지방소득세 포함), 기타소득은 기타소득금액의 22%(지방소득세 포함)를 원천징수한다.

상황1(사업소득) = 1,000,000 × 3.3%(지방소득세 포함) = 33,000원

상황2(기타소득) = 1,000,000 × (1 - 60%) × 22%(지방소득세 포함) = 88,000원

18. ㉡과 ㉢은 복식부기의무자만 적용한다.

주관식

01	15,200,000	02	17,800,000	03	161,000,000
04	5,500,000	05	2,900,000	06	2,600,000

[풀이-주관식]

01. 금융소득은 이자소득 9,000,000원과 배당소득 10,000,000원의 합계액 19,000,000원이므로 분리과세된다.
- 사업소득금액 = 6,000,000 + 2,000,000 = 8,000,000원
- 기타소득금액 = 18,000,000 × (1 – 60%) = 7,200,000원(기타소득금액이 300만원을 초과하므로 모두 종합과세된다)
- 종합소득금액 = 8,000,000 + 7,200,000 = 15,200,000원

02. • 은행예금이자와 비상장법인의 현금배당금은 **금융소득으로서 2천만원 이하이므로 전액 분리과세**된다.
- 기타소득인 원고료는 필요경비가 60%인정되므로 기타소득금액은 2,800,000원이며 이는 선택적 종합과세대상소득이다. 즉 원천징수세율이 20%이므로 종합소득세 신고시 적용되는 세율이 20%이하라면 종합과세를 선택하는 것이 세부담이 최소화된다. 따라서 종합소득금액은 17,800,000원으로서 종합소득세 신고시 적용되는 세율은 15% 이하가 적용될 것이므로 기타소득은 종합과세를 한다.

03. 총수입금액 = 매출액(100,000,000) + 기계장치의 양도가액(50,000,000)
+ 수령한 판매장려금(5,000,000) + 관세환급금(6,000,000) = 161,000,000원
공장건물의 양도는 양도소득이고 이자수익은 이자소득에 해당한다.

04. 자가운전보조금 : 과세(**실제여비 수령**),
비과세 = 육아수당(200,000-개정세법 24) + **식대(150,000, 한도 200,000원)** = 350,000원
총급여액(과세) = 지급총액(5,850,000) - 비과세근로소득(350,000) = 5,500,000원

05. 비과세 = 자가운전보조금 (200,000) + 육아수당(200,000 - 개정세법 24) = 400,000원
과세 : 식대 → 별도의 식사를 제공받으므로 식대는 모두 과세.
총급여액(과세) = 지급총액(3,300,000) - 비과세근로소득(400,000) = 2,900,000원

06. 비과세 = 식대(150,000) + 자가운전보조금(200,000) + 연구보조비(200,000) = 550,000원
총급여액(과세) = 지급총액(3,150,000) - 비과세근로소득(550,000) = 2,600,000원

Chapter

소득금액계산의 특례 2

로그인 전산세무 1급

NCS세무 - 4 종합소득세 신고

제1절 부당행위계산의 부인

법인세법의 경우와 거의 같으며, 소득세법상 적용되는 대상소득은 **배당소득(출자공동사업의 배당소득만 해당한다), 사업소득, 기타소득과 양도소득**에 한한다.

제2절 공동사업 

1. 공동사업장의 소득금액계산

사업소득이 발생하는 사업을 **공동으로 경영하고 그 손익을 분배하는 공동사업**의 경우에는 해당 사업을 경영하는 장소(공동사업장)를 **1거주자로 보아 공동사업장별로 그 소득금액을 계산**한다.

2. 공동사업의 소득분배

(1) 원칙 : 손익분배비율에 의한 소득분배

(2) 예외 : **공동사업합산과세**

거주자 1인과 그와 **특수관계에 있는 자**가 공동사업자에 포함되어 있는 경우로서 손익분배비율을 **거짓으로 정하는 등의 사유**가 있는 경우에는 손익분배비율에 따른 소득분배규정에 불구하고 그 **특수관계자의 소득금액은 주된 공동사업자(손익분배비율이 큰 공동사업자)의 소득금액으로 본다.**

제3절 결손금과 이월결손금의 공제

1. 결손금과 이월결손금의 의의

결손금이란 소득금액계산시 필요경비가 총수입금액을 초과하는 경우 동 금액을 말하며, 이월결손금이란 동 결손금이 다음 연도 이후로 이월된 경우 이를 말한다.

소득세법상 결손금과 이월결손금은 사업소득(결손금은 양도소득에서도 발생)에서만 발생한다.

2. 결손금 및 이월결손금의 공제

(1) 결손금 공제(수평적 통산) 

사업소득의 결손금[**부동산임대업(주거용건물 임대업 제외)에서 발생한 결손금은 무조건 다음연도로 이월하여 해당 부동산임대업의 소득금액에서만 공제**]은 종합소득금액계산시 다음 순서로 공제한다.

사업소득(부동산임대업) → 근로소득 → 연금소득 → 기타소득 → 이자소득 → 배당소득

(2) 이월결손금 공제(수직적 통산) 

이월결손금은 당해 이월결손금이 **발생한 연도의 종료일부터 일정기간 이월하여** 과세연도의 소득금액 계산시 먼저 발생한 이월결손금부터 순차로 공제한다.

〈결손금의 공제기간〉

2020년 이후	2009년~2019년	2008년 이전
15년	**10년**	**5년**

① 사업소득의 이월결손금

사업소득의 이월결손금은 종합소득금액계산시 다음 순서로 공제한다.

사업소득(부동산 임대업의 소득금액을 포함) → 근로소득 → 연금소득 → 기타소득 → 이자소득 → 배당소득

② 사업소득중 부동산임대업

부동산임대업(주거용 건물 임대업 제외)에서 발생한 이월결손금은 당해 부동산임대업 소득금액에서만 공제한다.

(3) 이월결손금공제의 배제

소득금액을 추계신고, 결정, 경정하는 경우에는 이월결손금공제를 배제한다.

다만, 천재·지변 기타 불가항력으로 인하여 장부·기타 증빙서류가 멸실되어 추계하는 경우에는 이월결손금공제를 적용한다.

(4) 결손금소급공제

① **중소기업의 사업소득(부동산임대업의 결손금제외)에서 발생한 결손금**

② 결손금 발생연도와 그 직전연도의 소득세를 신고기한 내에 신고한 경우

③ 과세표준 확정신고기한 내에 소급공제환급신청을 한 경우

직전 과세기간 해당 중소기업의 사업소득에 대한 종합소득세액을 환급받을 수 있다.

연/습/문/제

객관식

01. 박인순씨의 종합소득자료가 다음과 같을 때 소득세법상 잘못된 설명은?

> • 사업소득(부동산임대업) : 2,200만원
> • 사업소득금액 : 결손금 3,300만원
> • 근로소득금액 : 1,000만원
> • 기타소득금액(종합과세대상 간주) : 1,300만원

① 사업소득의 결손금은 먼저 사업소득(부동산임대업)과 통산한다.
② 이 소득자의 경우 근로소득세액공제를 받을 수 있다.
③ 이 소득자의 경우 종합소득금액은 1,200만원이다.
④ 당해연도에 사업소득(부동산임대업 - 주거용 건물 임대업 제외)에서 결손이 발생했다면 타소득과 통산은 불가능하다.

02. 손익분배비율의 허위나 조세회피의도가 전혀 없이 아버지와 아들이 자동차 부품공장을 운영하고 있다. 이러한 공동사업과 관련된 현행 소득세법에 대한 설명으로 맞는 것은?

① 아버지와 아들이 과세기간 종료일 현재 동일한 세대를 구성하고 생계를 같이 해도 각각 소득세 납세의무를 진다.
② 공동사업장을 1거주자로 보아 그 공동사업장의 소득금액을 계산하여 그 공동사업장의 소득만으로 소득세납세의무를 이행한다.
③ 공동사업장의 대표자인 아버지에 대한 급여는 필요경비로 인정된다.
④ 소득세법상의 모든 가산세는 거주자별로 각각 계산한다.

03. 다음 중 소득세법상 공동사업장에 대한 설명으로 가장 옳은 것은?

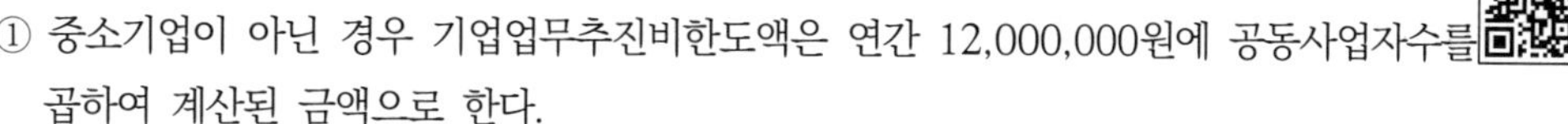

① 중소기업이 아닌 경우 기업업무추진비한도액은 연간 12,000,000원에 공동사업자수를 곱하여 계산된 금액으로 한다.

② 공동사업장에 대한 소득금액 경정은 원칙적으로 공동사업장 관할세무서장이 행하고, 국세청장이 중요하다고 인정하는 경우 대표공동사업자의 주소지 관할세무서장이 행한다.

③ 복식부기의무자 또는 간편장부대상자의 기장의무 규정은 공동사업자의 단독사업장과 관계없이 공동사업장을 1거주자로 보아 별도로 적용한다.

④ 삼촌은 생계를 같이하고 손익분배 비율을 허위로 정하는 경우에도 공동사업소득금액의 합산대상에 해당하지 아니한다.

04. 소득세법상 결손금과 이월결손금의 공제에 관한 설명 중 올바르지 않은 것은?

① 당해연도에 결손금이 발생하고 이월결손금이 있는 경우에 당해연도의 결손금을 먼저 소득금액에서 공제한다.

② 2019년 발생한 사업소득의 결손금은 10년간 이월공제가 가능하다.

③ 중소기업에 해당하는 경우 소급공제가 가능하다.

④ 부동산임대업(주거용 건물 임대업 제외)에서 발생한 결손금은 타소득에서 공제할 수 있다.

05. 다음 중 소득세법상 종합소득세 계산에 대한 설명으로 틀린 것은?

① 2019년 부동산임대소득(주거용 건물 임대업 제외)에서 발생한 결손금은 다른 종합소득에서 공제할 수 없고 이후에 발생하는 부동산임대소득에서 10년간 이월하여 공제한다.

② 부동산매매업을 영위하는 거주자가 특수관계있는 자에게 시가 10억원인 재고자산을 9억원에 양도하는 경우에는 10억원에 양도한 것으로 보아 소득금액을 계산할 수 있다.

③ 피상속인의 소득금액에 대한 소득세를 상속인에게 과세할 경우 이를 상속인의 소득금액에 대한 소득세와 합산하여 계산하여야 한다.

④ 당해 연도의 사업소득금액에 대하여 추계신고하는 경우에는 천재 · 지변 기타 불가항력의 사유가 아닌 경우 이월결손금을 공제받을 수 없다.

06. 다음 중 소득세법상 결손금과 이월결손금에 대한 설명으로 틀린 것은?

① 부동산임대업(주거용 건물 임대업 제외)을 제외한 일반적인 사업에서 발생한 결손금은 근로소득금액, 연금소득금액, 기타소득금액, 이자소득금액, 배당소득금액, 부동산임대사업소득금액에서 순서대로 공제한다.

② 부동산임대업(주거용 건물 임대업 제외)에서 발생한 결손금은 다른 소득금액에서 공제하지 않고 다음 과세기간으로 이월된다.

③ 해당 과세기간에 일반사업소득에서 결손금이 발생하고 전기에서 이월된 이월결손금도 있는 경우에는 당해 과세기간에 발생한 결손금을 먼저 다른소득금액에서 공제한다.

④ 중소기업을 영위하는 거주자의 부동산임대업을 제외한 사업소득 결손금 중 다른 소득금액에서 공제한 후의 금액이 있는 경우에는 소급공제하여 환급신청이 가능하다.

07. 다음 중 소득세법상 결손금과 이월결손금에 관한 내용으로 틀린 것은?

① 사업소득의 이월결손금은 사업소득→근로소득→연금소득→기타소득→이자소득→배당소득의 순서로 공제한다.

② 사업소득의 이월결손금은 해당 이월결손금이 발생한 과세기간의 종료일부터 15년 이내에 끝나는 과세기간의 소득금액을 계산할 때 과거에 발생한 과세기간의 이월결손금부터 순서대로 공제한다.

③ 결손금 및 이월결손금을 공제할 때 해당 과세기간에 결손금이 발생하고 이월결손금이 있는 경우에는 결손금을 먼저 소득금액에서 공제한다.

④ 주거용 건물 임대 외의 부동산임대업에서 발생한 이월결손금은 타소득에서 공제할 수 있다.

08. 다음 소득세법상 결손금과 이월결손금의 공제에 대한 설명 중 적절하지 않은 것은?

① 주거용 건물의 임대사업에서 발생한 결손금은 다른 소득금액에서 공제하지 않고 다음 과세기간으로 이월시킨다.

② 2020년 발생한 결손금은 15년간 이월공제가 가능하다.

③ 결손금 및 이월결손금을 공제할 때 해당 과세기간에 결손금이 발생하고 이월결손금이 있는 경우에는 그 과세기간의 결손금을 먼저 소득금액에서 공제한다.

④ 추계신고나 추계조사결정의 경우 이월결손금 공제를 하지 않는다.

주관식

1. 다음은 소득세법상 공동사업과 관련한 설명이다. 올바른 설명을 모두 고르시오.

① 공동사업자 각 구성원의 다른 개별사업장도 통합하여 하나의 사업장으로 본다. ② 공동사업을 경영하는 각 거주자간에 약정된 손익분배비율이 없는 경우 지분비율에 의해 분배한다. ③ 공동사업장에서 발생한 결손금은 공동사업장 단위로 이월되거나 이월결손금 공제 후 배분한다. ④ 구성원이 동일한 공동사업장이 3이상인 경우에는 각각의 공동사업장은 직전연도의 수입금액을 기준으로 기장의무를 판단한다.

연/습/문/제 답안

객관식

1	2	3	4	5	6	7	8
②	①	③	④	③	①	④	①

[풀이-객관식]

01. 사업소득과 통산하면 **근로소득금액이 0이 되므로, 근로소득세액공제를 받을 수 없다.**

02. 소득금액 계산은 공동사업장별로 계산하여 **손익분배비율에 따라 배분된 소득금액**에 대하여 **거주자별로 각각 소득세 납세의무**를 진다.
공동사업장의 대표자에 대한 급여는 필요경비를 인정되지 아니하며 소득세법상 일부가산세는 사업장별로 계산하여 손익분배비율에 따라 배분되는 것도 있다.

03. ① 공동사업장을 1거주자로 보아 연간 12,000,000원(중소기업이 아님)을 기초금액으로 한다.
② 공동사업에서 발생하는 **소득금액의 경정은 대표공동사업자의 주소지 관할세무서장**이 한다.
④ 공동사업소득금액의 합산대상이 되는 특수관계자에 삼촌도 포함된다.

04. **부동산임대업(주거용 건물 임대업 제외)에서 발생한 결손금**은 다른 종합소득에서 공제할 수 없고 이후에 발생하는 **부동산임대업 사업소득에서 이월하여 공제**한다.

05. 피상속인의 소득세를 상속인에게 과세하는 것은 납세의무의 승계로 인한 과세일뿐 상속인의 소득금액과 합산하여 누진세율로 과세하고자 하는 것은 아니므로 상속인의 소득금액에 대한 소득세와 합산하지 아니하고 구분하여 계산하여야 한다.

06. 부동산임대업을 제외한 일반적인 사업에서 발생한 결손금은 부동산임대업 소득금액에서 먼저 공제하고 남은 결손금(사업소득의 결손금)을 ①근로소득금액, ②연금소득금액, ③기타소득금액, ④이자소득금액, ⑤배당소득금액에서 순서대로 공제한다.

07. **부동산임대업에서 발생한 이월결손금은 부동산임대업의 소득금액만에서 공제**한다.

08. **주거용 건물에서 발생한 결손금**은 해당 **사업소득금액(부동산임대업 소득금액 포함)을 계산할 때 먼저 공제**하고, 남은 금액은 근로소득금액, 연금소득금액, 기타소득금액, 이자소득금액, 배당소득금액에서 순서대로 공제한다.

주관식

01	②

[풀이-주관식]

01. ① 각 구성원의 다른 개별사업장 또는 다른 공동사업장과는 별개로 본다.

③ 공동사업장에서 발생한 결손금은 공동사업장 단위로 이월되거나 이월결손금 공제 후 소득금액을 배분하는 것이 아니라 각 **공동사업자별로 분배되어 공동사업자 각각의 다른 소득금액**과 통산한다.

④ 공동사업장을 1거주자로 보아 장부기장의무 및 장부비치의무를 적용하고, 만일 **구성원이 동일한 공동사업장이 2이상인 경우에는 직전연도의 수입금액을 합산하여 기장의무를 판단**한다.

☞ 구성원이 동일한 공동사업장이 2 이상인 경우에는 공동사업장 전체의 직전연도 수입금액의 합계액을 기준으로 일정규모 미만 사업자 여부를 판단한다.(국세청 질의회신 내용)

Chapter 3 종합소득 과세표준 및 세액계산

로그인 전산세무 1급

NCS세무 - 3 원천징수 NCS세무 - 4 종합소득세 신고

제1절 종합소득 과세표준의 계산구조

종합소득금액	
(-) 종합소득공제	소득세법과 조세특례제한법에 의한 공제
종합소득과세표준	

이러한 종합소득공제는 다음과 같이 분류한다.

구 분	종 류	근거법령
1. 인적공제	1. 기본공제 2. 추가공제	소득세법
2. 물적공제	1. 공적연금 보험료공제 2. **특별소득공제(사회보험료, 주택자금)**	소득세법
	3. 신용카드소득공제 4. 기타 소득공제(개인연금저축, 주택마련저축)	조세특례제한법

제2절 종합소득 인적공제

1. 기본공제(인당 150만원) 

<table>
<tr><th rowspan="2"></th><th rowspan="2">공제대상자[*1]</th><th colspan="2">요 건</th><th rowspan="2">비 고</th></tr>
<tr><th>연 령</th><th>연간소득금액[*2]</th></tr>
<tr><td>1. 본인공제</td><td>해당 거주자</td><td>-</td><td>-</td><td></td></tr>
<tr><td>2. 배우자공제</td><td>거주자의 배우자</td><td>-</td><td rowspan="7"><u>100만원 이하
(종합 + 퇴직 + 양도소득금액의 합계액)
다만 근로소득만 있는 경우 총급여 5백만원 이하</u></td><td rowspan="7"><u>장애인은 연령제한을 받지 않는다.
그러나 소득금액의 제한을 받는다.</u></td></tr>
<tr><td rowspan="6">3. 부양가족공제</td><td>직계존속(계부계모 포함[*3])</td><td><u>60세 이상</u></td></tr>
<tr><td>직계비속(의붓자녀)과 입양자</td><td><u>20세 이하</u></td></tr>
<tr><td>형제자매</td><td><u>20세 이하/
60세 이상</u></td></tr>
<tr><td>국민기초생활보호대상자</td><td>-</td></tr>
<tr><td>위탁아동(6개월 이상)</td><td>18세 미만[*4]</td></tr>
</table>

*1. 직계비속(또는 입양자)과 그 직계비속의 그 배우자가 모두 장애인에 해당하는 경우에는 그 배우자도 기본공제 대상자에 포함된다.

*2. <u>XX소득금액과 XX소득과 다른 표현이다. XX소득금액이란 필요경비(또는 소득공제)를 공제 후 금액을 말한다.</u>

*3. 직계존속이 재혼한 배우자를 직계존속 사후에도 부양하는 경우 포함

*4. 보호기간이 연장된 위탁아동 포함(20세 이하인 경우)

2. 추가공제 

기본공제 대상자를 전제로 하고 <u>**추가공제는 중복하여 적용가능**</u>하다.

1. 경로우대공제	기본공제 대상자가 <u>**70세 이상**</u>인 경우	<u>**100만원/인**</u>
2. 장애인공제	기본공제대상자가 <u>**장애인**</u>[*1]인 경우	<u>**200만원/인**</u>
3. 부녀자공제	해당 과세기간의 종합소득금액이 3천만원 이하인 거주자로서 1. 배우자가 없는 여성으로서 기본공제대상인 부양가족이 있는 세대주인 경우 or 2. 배우자가 있는 여성인 경우	<u>**50만원**</u>
4. 한부모소득공제	배우자가 없는 자로서 기본공제대상자인 직계비속 또는 입양자가 있는 경우 ☞ <u>***부녀자공제와 중복적용 배제***</u>	<u>**100만원**</u>

<u>* 국가유공자 등 예우 및 지원에 관한 법률에 의한 상이자, 항시 치료를 요하는 중증환자 등</u>

3. 인적공제 관련사항 

(1) 공제대상가족인 생계를 같이하는 자의 범위

해당 과세기간 종료일 현재 주민등록표상의 동거가족으로서 당해 거주자의 주소 또는 거소에서 현실적으로 생계를 같이하는 자이어야 한다. 다만 **다음의 경우는 동거하지 않아도 생계를 같이하는 것으로 본다.**

① 배우자 및 직계비속, 입양자(항상 생계를 같이하는 것으로 본다) ② 이외의 동거가족의 경우에는 취학, 질병의 요양, 근무상·사업상 형편 등으로 본래의 주소에서 일시 퇴거한 경우 ③ 주거의 형편에 따라 별거하고 있는 직계존속

(2) 공제대상자의 판정시기

공제대상자에 해당하는지의 여부에 대한 판정은 **해당 연도의 과세기간 종료일 현재의 상황**에 따른다.

다만, **과세기간 종료일전에 사망 또는 장애가 치유된 자는 사망일 전일 또는 치유일 전일의 상황**에 따른다.

또한 **연령기준이 정해진 공제의 경우 해당 과세기간 중에 기준연령에 해당하는 날이 하루라도 있는 경우 공제대상자**가 된다.

세법상연령 = 연말정산연도 – 출생연도

즉 1964년생인 경우 당해연도(2024년)기준으로 60살이 되므로 직계존속인 경우 연령요건이 충족된다.

[소득요건-요약] 

종합+퇴직+양도소득금액의 합계액으로 판단			소득요건 충족여부
1. 근로소득	상용근로자	**총급여액 5,000,000원 이하인 자**	충족
		총급여액 5,000,000원 (근로소득금액 1,500,000원) 초과자	**미충족**
	일용근로자	**무조건 분리과세**	**충족**
2. 금융소득	국내예금이자 등 (무조건+조건부)	2천만원 이하(분리과세)	충족
		2천만원 초과(종합과세)	미충족
3. 기타소득	**복권 등**	**무조건 분리과세**	**충족**
	뇌물 등	**무조건 종합과세(1백만원 초과)**	**미충족**
	기타소득금액	**1백만원 이하**	**충족**
		1백만원 초과~3백만원 이하	**선택적 분리과세**
		3백만원 초과자	미충족

<예제 3-1> 인적공제

다음은 관리직 직원 이은영(여성근로자, 총급여액 30,000,000원)씨 부양가족내용이다. 기본공제 및 추가공제, 자녀세액공제여부를 판단하시오.

가족	이름	연령	소득현황	비 고
배우자	김길동	48세	총급여 6,000,000원	
부친	이무식	75세	이자소득금액 8,000,000원	국외이자소득 (원천징수대상소득이 아님)
모친	박정금	71세	사업소득금액 900,000원	
시어머니	이미영	63세	일용근로소득 10,000,000원	-
딸	김은정	22세	대학원생	장애인
아들	김두민	12세	고등학생	
동생	이두리	19세	퇴직소득금액 500,000원 양도소득금액 700,000원	장애인

해답

1. 인적공제 판단

가족	이름	요 건		기본 공제	추가공제 (자녀)	판 단
		연령	소득			
본인	이은영	-	-	○	부녀자	
배우자	김길동	-	×	×	-	**총급여액이 5백만원초과자**
부친	이무식 (75)	○	×	×	-	**국외이자소득은 무조건 종합과세이므로 종합소득금액 1백만원 초과자**
모친	박정금 (71)	○	○	○	경로우대	종합소득금액 1백만원 이하자로서 추가공제는 기본공제대상자에 한함
시어머니	이미영 (63)	○	○	○	-	**일용근로소득은 무조건분리과세소득임.**
딸	김은정 (22)	×	○	○	장애인, 자녀	**장애인은 연령요건을 따지지 않음**
아들	김두민 (12)	○	○	○	자녀	
동생	이두리 (19)	○	×	×	-	종합+퇴직+양도소득금액으로 판단

[참고] 인적공제액 계산

가족	대상자	세법상 공제액	인적공제액
1. 기본공제	본인, 모친, 시어머니, 딸, 아들	1,500,000원/인	7,500,000원
2. 추가공제			
① 부녀자	본인	500,000원	500,000원
② 장애인	딸	2,000,000원/인	2,000,000원
③ 경로	모친	1,000,000원/인	1,000,000원
합 계			11,000,000원

제3절 소득공제(물적공제)

1. 연금보험료공제

종합소득이 있는 거주자가 공적연금 관련법에 따른 기여금 또는 개인부담금(이하 “연금보험료”라 한다)을 납입한 경우에는 해당 과세기간의 종합소득금액에서 그 과세기간에 납입한 연금보험료를 공제한다.

① 국민연금법에 따라 부담하는 연금보험료
② 공적연금(공무원연금 등)에 의한 기여금 또는 부담금

2. 주택담보노후연금 이자비용공제

① 공제대상자 : **연금소득이 있는 거주자**가 주택담보노후연금을 받은 경우

② 공제한도 : 200만원(연금소득금액을 초과하는 경우 초과금액은 없는 것으로 한다.)

3. 특별소득공제

(1) (사회)보험료공제

근로소득이 있는 거주자(일용근로자는 제외한다)가 해당 과세기간에 「국민건강보험법」, 「고용보험법」 또는 「노인장기요양보험법」에 따라 근로자가 부담하는 보험료를 지급한 경우 그 금액을 해당 과세기간의 근로소득금액에서 공제한다.

국민건강보험료, 고용보험료, 노인장기요양보험료	전액

(2) 주택자금공제

① 대상자

특별소득공제신청을 한 **근로소득자로서 세대주인 자**가 해당 주택자금공제를 적용받을 수 있다.

② 공제대상과 금액

구 분	대 상	공 제 액
무주택 세대주(<u>세대구성원도 요건 충족시 가능</u>)로서 근로소득이 있는 거주자가 국민주택(주거용 오피스텔도 추가) 규모이하		
1. 주택임차자금	국민주택규모의 주택을 임차하기 위하여 차입한 차입금의 원리금(원금과 이자)을 상환하는 경우	상환액의 40%
2. 장기주택저당 차입금	무주택자인 세대주가 **기준시가 6억원 이하(개정세법 24)인 주택**을 취득하기 위하여 차입한 장기주택저당차입금의 이자를 지급하는 경우(한도 600~2,000만원, 개정세법 24)	이자상환액 전액

4. 주택마련저축소득공제 : 청약저축, 주택청약종합저축, 근로자 주택마련저축

대 상	공 제 액
과세연도 중 주택을 소유하지 않은 세대의 세대주가 해당 과세연도에 법에 따른 청약저축 · 주택청약저축에 납입한 금액이 있는 경우	불입액의 40%

5. 신용카드 등 사용금액에 대한 소득공제

(1) 공제대상자

① 본인, 배우자, 직계존비속 등<u>(소득요건이 적용되나, 연령요건은 적용되지 않는다.)</u>

② **<u>형제자매는 대상자에서 제외된다.</u>**

☞ **<u>근로기간 지출한 비용만 소득공제대상</u>**

(2) 신용카드 범위 : 신용카드, 현금영수증, 직불카드, 기명식선불카드, 기명식 선불전자지급수단 또는 전자화폐 등

(3) 사용금액제외 : **<u>해외사용분 제외</u>**

① **사업소득과 관련된 비용 또는 법인의 비용**

② 보험료, 리스료

③ 교육비(학원비는 공제 대상임)

④ 제세공과금(국세, 지방세, 아파트관리비, 고속도로 통행료 등)

⑤ 상품권 등 유가증권구입비

⑥ 취득세 등이 부과되는 재산의 구입비용<u>(중고자동차의 경우 구입금액의 10% 공제)</u>

⑦ 전기료, 수도료, 가스료, 전화료 등

⑧ 기부금 및 소득세법에 따라 세액공제를 적용받는 월세액

⑨ 국가, 지방자치단체, 지방자치단체조합에 지급하는 사용료, 수수료 등의 대가

☞ 다만 우체국 택배, 부동산임대업, 기타 운동시설 운영, 보건소에 지급하는 비용은 신용카드 등 사용액에 포함됨.

⑩ **면세점(시내 · 출국장 면세점, 기내면세점 등) 사용금액**

(4) 공제율

전통시장 · 대중교통	도서 · 공연 · 박물관 등	직불카드, 현금영수증, 제로페이	신용카드
40%	30%	30%	15%

(5) 특별세액공제와 중복가능

① **의료비특별세액공제**

② **교육비특별세액공제(취학전 아동의 학원비 및 체육시설수강료, 중 · 고등학생교복구입비용)**

(6) 공제한도 : 300만원

(7) 추가공제

① 전통시장사용분

② 대중교통비

③ **총급여 7천만원 이하자의 도서 · 신문(종이신문만 대상) · 공연비, 박물관 · 미술관 · 영화관람료** 등

<예제 3-2> 신용카드등 공제

다음 신용카드 사용금액에 공제대상여부를 판단하시오.(모두 생계를 같이하는 부양가족에 해당한다)

명 세	공제여부
1. 본인의 구청 헬스장 이용료	
2. 모(50세, 소득없음)의 생활용품 구입	
3. 처(정기예금 이자소득금액 3천만원)의 유흥비용	
4. 처(소득없음)의 성형수술비용	
5. 본인의 대학원 수업료	
6. 본인의 현금서비스	
7. 본인의 물품구입비(법인사용경비)	
8. 자녀(만 6세)의 미술학원비	
9. 본인의 중고자동차 구입비 20,000,000원	
10. 처제명의의 카드로 생활용품구입비	
11. 사회복지공동모금회에 신용카드로 결제하여 기부	
12. 월세를 신용카드로 결제하고, 소득세법에 따라 월세 세액공제를 받음.	
13. 회사 입사 전에 사용한 본인의 생활비 현금영수증 수취액	
14. 본인 해외여행으로부터 입국시 기내 면세점 사용분	
15. 본인 생활용품을 구입하고 제로페이로 결제	
16. 총급여액 7천만원 이하자의 종이신문 구독비	
17. 본인(총급여액 7천만원 이하자)의 영화관람료	

해답

명 세	공제여부
1. 국가등에 지급하는 사용료 등은 제외되나, 운동시설에 지급하는 이용액은 포함된다.	○
2. 신용카드 공제는 소득요건만 충족되면 된다.	○
3. **정기예금은 20백만원까지 분리과세소득**이다. 따라서 소득요건을 충족하지 못한다.	X
4. 성형수술비용은 의료비세액공제대상이 아니나, 신용카드공제는 대상이다.	○
5. 본인의 대학원 수업료는 교육비세액공제대상이나, 신용카드공제는 제외된다.	X
6. 현금서비스는 신용카드공제대상에서 제외된다.	X
7. 법인사용경비와 사업소득의 경비는 신용카드공제대상에서 제외된다.	X
8. 취학전 자녀의 학원비는 교육비세액공제와 신용카드공제가 중복적용된다.	○
9. 중고자동차 구입가액의 10%는 신용카드공제대상이다.	○
10. **형제자매**의 신용카드사용은 공제대상에서 제외된다.	X
11. 특례(법정)기부금에 해당하나, 신용카드공제대상에서 제외된다.	X
12. 월세공제액은 신용카드공제대상에서 제외된다.	X
13. 재직기간에 지출한 비용에 대해서만 공제대상임	X
14. 면세점에서 사용금액은 대상에서 제외	X
15. 제로페이 사용금액도 공제대상임(직불카드에 준하는 공제율 적용)	○
16. 총급여액 7천만원 이하자의 종이신문구독비는 추가공제가 된다.	○
17. 총급여액 7천만원 이하자의 영화관람료도 추가공제대상임.	○

6. 개인연금저축소득공제

대 상(거주자 본인 명의)	공 제 액
2000.12.31 이전 가입 분	불입액의 40%와 72만원 중 적은 금액

☞ **2001.1.1. 이후 가입분은 연금저축으로 연금계좌납입세액공제가 적용**

7. 소득공제 종합한도

(1) 공제한도 : 2,500만원

(2) 공제한도 소득공제

① 소득세법상 특별소득공제(건강보험료, 고용보험료 등은 제외)

② 조세특례제한법상 청약저축, 신용카드 등 사용금액, 우리사주조합출자에 대한 소득공제등

제4절 종합소득세액의 계산

1. 종합소득세액의 계산구조

	종합소득과세표준	
(×)	세율	
	종합소득산출세액	
(−)	세액공제 · 감면	**배당세액공제**, 외국납부세액공제, 근로소득세액공제, **특별세액공제** 등
	종합소득결정세액	
(+)	가산세	
(−)	기납부세액	중간예납세액, 원천징수세액, 수시부과세액
	차감납부할세액	

2. 기본세율

과세표준	세 율
1,400만원 이하	**6%**
1,400만원 초과 5,000만원 이하	84만원[*1] + 1,400만원을 초과하는 금액의 15%
5,000만원 초과 8,800만원 이하	624만원[*2] + 5,000만원을 초과하는 금액의 24%
8,800만원 초과 1.5억 이하	1,536만원 + 8,800만원을 초과하는 금액의 35%
1.5억 초과 3억 이하	3,706만원 + 1.5억원 초과하는 금액의 **38%**
3억 초과 5억 이하	9,406만원 + 3억원 초과하는 금액의 **40%**
5억 초과 10억 이하	1억7천406만원 +5억원 초과하는 금액의 **42%**
10억 초과	3억8천406만원+10억 초과하는 금액의 **45%**

***1. 14,000,000×6%=840,000**

***2. 840,000+(50,000,000−14,000,000)×15%=6,240,000**

아래 금액도 같은 구조로 계산된다.

3. 세액공제

(1) 소득세법상 세액공제

구 분	공제요건	세액공제
1. 배당세액공제	배당소득에 배당가산액을 합산한 경우	**배당가산액(10% - 개정세법 24)**
2. 기장세액공제	간편장부대상자가 복식부기에 따라 장부를 기장한 경우	- 기장된 사업소득에 대한 산출세액의 20% - 한도액 : 1,000,000원
3. 외국납부세액공제	외국납부세액이 있는 경우	- 외국납부세액 - 한도액 : 국외원천소득분
4. 재해손실세액공제	재해상실비율이 자산총액의 20% 이상인 경우	- 산출세액(사업소득) × 재해상실비율 - 한도액 : 재해상실 자산가액
5. 근로소득세액공제	근로소득이 있는 경우	- 산출세액(근로)의 55%, 30% - 한도액 : 500,000~660,000원 (일용근로자는 55%이고, 한도는 없다.)
6. 자녀세액공제	종합소득이 있는 거주자	8세 이상 기본공제대상 자녀
7. 연금계좌납입	종합소득이 있는 거주자	
8. 특별세액공제	근로소득이 있는 거주자(일용근로자 제외)	

(2) 조세특례제한법상 세액공제

구 분	공제요건	세액공제
월세세액공제 (개정세법 24)	**- 해당과세기간 총급여액이 8천만원 이하인 (종합소득금액이 7천만원 이하)인 근로자와 기본공제 대상자** **- 준주택 중 다중생활시설(예:고시원)도 대상**	- 월세액의 15%, 17% (공제대상 월세액 한도 1,000만원) ☞ **국민주택(전용면적 85㎡) 규모 이하 또는 기준시가 4억원 이하 주택 임차**
전자신고 세액공제	- 납세자가 직접 전자신고 - 세무대리인이 대리 전자신고	- 2만원 - 2만원/신고건수(한도:3백만원)
기부정치자금 세액공제	- 본인이 정치자금을 기부시	- 10만원 이하 : 100/110공제 - 10만원 초과 : 15% 공제
고향사랑 기부금	**- 주민등록상 거주지를 제외한 지방자치단체에 기부한 경우**	**- 10만원 이하 : 100/110 공제** - 10만원 초과~5백만원 이하 : 15% 공제
성실사업자	의료비 및 교육비 세액공제	해당액의 일정률

4. 자녀세액공제 

(1) 기본세액공제

종합소득이 있는 거주자의 **기본공제대상자에 해당하는 자녀(입양자 및 위탁아동을 포함한다)** 및 손자녀(개정세법 24)에 대해서는 다음의 금액을 종합소득산출세액에서 공제한다. 다만 **아동수당[*1]의 지급으로 인하여 8세 이상의 자녀에 한한다**.

1명	15만원
2명	20만원(개정세법 24)
2명 초과시	35만원+**30만원/초과인당**

*1. 만 8세미만 아동에게 월 10만원씩 지급함으로써 아동의 건강한 성장환경을 조성하여 아동의 기본적 권리와 복지 증진에 기여하기 위하여 도입한 제도

(2) 출산입양세액공제: 첫째 30만원 둘째 50만원 셋째 이상 70만원

5. 연금계좌세액공제 : 대상액의 12%, 15%

종합소득이 있는 거주자가 연금계좌에 납입한 금액(이연퇴직소득, 다른 계좌에서 이체된 금액 제외) 중 12%, 15%를 해당 과세기간의 종합소득산출세액에서 공제한다.

해당액=MIN[① MIN(연금저축, 600만원)+퇴직연금, ② 연 900만원]

6. 특별세액공제

(1) 표준세액공제: 특별소득공제와 특별세액공제 미신청

근로소득이 있는 자	**13만원**
근로소득이 없는 거주자	7만원(성실사업자 12만원)

☞ 조특법상 기부금공제(정치자금 등)을 신청한 경우 표준세액공제가 배제됨

(2) 특별세액공제 공통적용요건

〈공통 적용요건〉 

구 분	보험료		의료비	교육비		기부금
	일반	장애인		일반	장애인특수	
연령요건	○(충족)	×(미충족)	×	×	×	×
소득요건	○	○	×	○	×	○
세액공제액	**12%**	**15%**	**15~30%**	**15%**		**15%, 30%**

☞ **근로기간 지출한 비용만 세액공제대상이(예외 : 기부금세액공제은 1년 동안 지출한 금액이 대상이 된다)되며, 일정 사유발생(혼인, 이혼, 별거, 취업등)한 날까지 지급 금액만 대상이다.**

(3) 보장성보험료세액공제: 대상액의 12%, 15%

① 보장성보험료*1	기본공제대상자를 피보험자로 하는 보장성보험료와 **주택임차보증금(보증대상 3억 이하) 반환 보증 보험료***3	연100만원 한도	12%
② 장애인전용 보장성보험료*2	기본공제대상자 중 장애인을 피보험자 또는 수익자로 하는 보장성보험료	연100만원 한도	15%

*1. 만기에 환급되는 금액이 납입보험료를 초과하지 아니하는 보험(만기에 환급되는 금액이 납입보험료를 초과하는 보험을 저축성보험이라고 한다.)

*2. 장애인전용보장성보험의 계약자(장애인)에 대하여 보장성보험료와 장애인전용보장성보험보험료 규정이 동시에 적용되는 경우 그 중 하나만을 선택하여 적용한다.

*3. 임대인이 전세금을 반환하지 않는 경우 그 반환을 책임지는 보험

<예제 3-3> 보험료 세액공제

다음 보험료 납부 자료에 대하여 세액공제대상여부를 판단하시오
(아래 내용은 모두 생계를 같이하는 부양가족에 해당한다).

명 세	공제여부
1. 배우자(소득없음)의 저축성 보험료 납입액	
2. 모친(64세, 소득없음)의 상해보험료(당해연도 8월에 해약)	
3. 배우자(근로소득 총급여액 6,000,000원)를 피보험자로 하는 생명보험료	
4. 본인의 현직장 근무전에 납부한 암 보장 보험료	
5. 장남(기타소득금액 : 350만원)의 장애인 전용 보장성보험료	
6. 본인 주택임차보증금(임차보증금 4억) 반환 보증보험료	

해답

공 제 이 유	공제여부
1. 보장성보험만 대상임	×
2. 해약하더라도 해당 연도에 불입한 보험료는 세액공제가능	○
3. 소득요건을 충족하지 않아 대상에서 제외(근로소득 총급여액 5백만원 초과자)	×
4. 보험료는 근로소득이 발생한 기간에 불입한 보험료만 대상임.	×
5. 장애인 전용 보장성보험료는 연령요건을 충족하지 않아도 되나 소득요건은 충족하여야 한다.	×
6. 주택임차보증금 반환 보증 보험료(***보증대상 임차보증금 3억원 이하***)도 보험료세액공제 대상	×

(4) 의료비세액공제 : 대상액의 15~30%

① 의료비의 공제대상액 계산

		세액공제율
난임시술비	**임신을 위하여 지출하는 시술비용**	30%
미숙아 등	**미숙아 · 선천성 이상아에 대한 의료비**	20%
특정	**㉠ 본인** **㉡ (과세기간 개시일) 6세 이하(개정세법 24)** **㉢ (과세기간 종료일) 65세 이상인 자** ㉣ 장애인 ㉤ 중증질환자, 희귀난치성질환자 또는 결핵환자 등	15%
일반	난임, 미숙아 등, 특정의료비 이외	

② 세액공제 대상 의료비

세액공제대상의료비	대상제외 의료비
㉠ 질병의 예방 및 치료에 지출한 의료비 ㉡ 치료, 요양을 위한 의약품(한약 포함) 구입비 ㉢ 장애인보장구 구입 · 임차비용 ㉣ 보청기 구입비용 ㉤ 의사 등의 처방에 따라 의료용구를 직접 구입 또는 임차하기 위하여 지출한 비용 ㉥ **시력보정용안경 · 콘택트렌즈 구입비용(1인당 50만원 이내)** ㉦ **임신관련비용**(초음파검사, 인공수정을 위한 검사 · 시술비) ㉧ **출산관련분만비용**(의료법상 의료기관이어야 한다.) ㉨ 보철비, 임플란트와 **스케일링비** ㉩ **예방접종비**, **의료기관에 지출한 식대**, **건강검진비** ㉪ 라식 수술비 및 근시교정시술비 ㉫ **산후조리원에 지출한 비용(출산 1회당 2백만원 한도)**	㉠ **국외의료기관에 지출한 의료비** ㉡ **건강증진을 위한 의약품 구입비** ㉢ **미용목적 성형수술비** ㉣ **간병인에 대한 간병비용** ㉤ **실손의료보험금으로 보전받은 금액**

<예제 3-4> 의료비세액공제

다음 의료비자료에 대하여 세액공제대상여부를 판단하고 특정, 난임, 일반의료비로 구분하시오(아래 내용은 모두 생계를 같이하는 부양가족에 해당한다).

명 세	난임/미숙아/특정/일반
1. 장녀(25세, 사업소득금액 500만원)의 건강증진약품구입	
2. 자(15세, 소득없음)의 쌍꺼풀 수술비용	
3. 처(장애인, 기타소득금액 1억원)의 보청기 구입비용	
4. 부(58세, 복권당첨소득 1억)의 수술 후 간병인(미인가)에 대한 비용	
5. 형(50세)의 신종플루 검사비	
6. 자(22세)의 콘텍트 렌즈구입비 100만원	
7. 총급여액 8천만원의 근로자 배우자의 1회 출산 산후조리비용 4백만원	
8. 부(60세)의 미국 병원에서 대장암치료비	
9. 처(근로소득금액 5백만원)의 장애인 보장구 구입비용	
10. 자(6세, 소득없음)의 진료비용을 보험회사로부터 수령한 보험금으로 지급한 경우	
11. 본인의 사고로 일반응급환자이송업체 소속 구급차 이용비	
12. 본인의 의료기관에서 발급받은 진단서 발급비용	
13. 배우자의 임신을 위하여 지출한 체외수정시술비	
14. 아버지(결핵환자)의 병원 치료비	
15. 본인 암 치료비 5백만원(실손의료보험금 2백만원을 보전받음)	
16. 자(0세)의 미숙아 의료비	
17. 자(**과세기간 개시일 현재 6세**)의 독감예방접종비	

해답

공제이유	난임/미숙아/특정/일반
1. 건강증진 약품구입은 의료비세액공제대상에서 제외	×
2. **미용목적 성형수술비용**은 의료비세액공제대상에서 제외	×
3. 보청기 구입비용 세액공제대상이고, 장애인(특정) 의료비임. *** 의료비세액공제는 소득요건, 연령요건의 제한을 받지 아니함.**	특정(장애인)
4. 미인가간병인에게 지급한 **간병비는 의료비세액공제대상에서 제외**	×
5. **의료비세액공제는 소득요건, 연령요건의 제한을 받지 아니함.**	일반
6. **시력보정용 지출비용은 연간 1인당 50만원 한도**	일반
7. 급여액 관계없이(개정세법 24) **산후조리비용(한도 2,000,000원)**	일반
8. 국외 의료기관에 지출한 의료비는 대상에서 제외	×
9. **의료비세액공제는 소득요건, 연령요건의 제한을 받지 아니함.**	특정(장애인)
10. 근로자가 부담한 의료비가 아니므로 공제대상의료비가 아님	×
11. 의료기관이 아닌 구급차 이용료는 공제대상에서 제외	×
12. 진단서 발급비용은 의료비 공제대상에서 제외	×
13. **난임부부가 임신을 위하여 지출하는 체외수정시술비는 난임시술비임.**	난임
14. 결핵환자일 경우 전액공제 적용된다.	특정(중증환자)
15. 실손의료보험금 2백만원을 차감한 3백만원만 공제대상의료비임.	특정(본인)
16. **미숙아와 선천성 이상아에 대한 의료비는 20% 세액공제율이 적용**된다.	미숙아
17. 6세 이하의 의료비는 특정의료비임.(개정세법 24)	특정(6세 이하)

(5) 교육비세액공제 : 대상액의 15%

① 원칙

1. 본인	1) 전액(**대학원 교육비는 본인만 대상**) 2) 직무관련수강료 : 해당 거주자가 직업능력개발훈련시설에서 실시하는 직업능력개발훈련을 위하여 지급한 수강료 다만, 근로자수강지원을 받은 경우에는 이를 차감한 금액으로 한다.
2. 기본공제대상자 (직계존속 제외)	학교, 보육시설 등에 지급한 교육비(대학원 제외) 1) **대학생 : 900만원/인** 2) **취학전아동, 초중고등학생 : 300만원/인** ☞ *취학전 아동의 학원비도 공제대상*
3. 장애인특수교육비	**한도없음(직계존속도 가능)**

② 세액공제대상교육비

세액공제대상교육비	세액공제불능교육비
㉠ 수업료, 입학금, 보육비용, 수강료 및 그 밖의 공납금 ㉡ 학교, 유치원, 어린이집, 유치원, 학원 및 체육시설(**취학전 아동의 경우만 해당**)에 지급한 급식비 ㉢ 학교에서 구입한 교과서대금(초중고의 학생만 해당) ㉣ **중고등학생의 교복구입비용(연 50만원 한도)** ㉤ **방과후 학교나 방과후 과정 등의 수업료 및 특별활동비**(학교등에서 구입한 도서구입비와 학교 외에서 구입한 초중고의 방과후 학교 수업용 도서구입비) ㉥ **국외교육기관(유치원, 초중고, 대학교)에 지출한 교육** ㉦ **본인 든든학자금 및 일반 상환학자금 대출의 원리금 상환액** ☞ 대출금 상환연체로 인하여 추가 지급하는 금액과 생활비대출금액은 제외 ㉧ **초 · 중 · 고등학생 수련활동, 수학여행 등 현장체험학습비(한도 30만원)** ㉨ **대학입학 전형료, 수능응시료**	㉠ **직계존속의 교육비 지출액**(장애인특수교육비 제외) ㉡ **소득세 또는 증여세가 비과세되는 학자금 (=장학금)** ㉢ **학원수강료(취학전 아동은 제외)** ㉣ **학자금 대출을 받아 지급하는 교육비**

<예제 3-5> 교육비 세액공제

다음 교육비자료에 대하여 세액공제대상여부를 판단하시오.
(아래 내용은 모두 생계를 같이하는 부양가족에 해당한다)

명 세	공제여부
1. 배우자 대학원 수업료	
2. 모친(근로소득 총급여액 310만원)에 대한 사이버대학 등록금	
3. 자(17세, 소득없음)의 고등학교 급식비	
4. 배우자의 혼인 전 대학교 등록금(혼인 전에는 장인의 기본공제대상자임)	
5. 자(6세)의 태권도장 수업비(교습과정 법정요건 충족)	
6. 자(15세, 고등학생)의 방과후 학교 수업료 및 방과후 도서구입대(학교이외에서 구입)	
7. 자(6세)의 학습지 비용	
8. 부(60세, 장애인)의 장애인 특수 교육비	
9. 자(만18세)의 고등학교 기숙사비	
10. 동생(만 25세, 소득없음)의 대학교 등록금	
11. 자(만 15세)의 수학여행 현장체험학습비 50만원	
12. 본인 든든학자금 원리금 상환액(대학 학자금 대출로 교육비공제를 받지 않음)	
13. 자(만 18세)의 대학 입학전형료와 수능응시료	

해답

명 세	공제여부
1. **대학원수업료는 본인만 해당**됨.	×
2. 직계존속의 교육비지출액은 공제불가이나 **장애인 특수교육비는 공제가능**	×
3. 급식비도 교육비 공제대상임	○
4. **혼인 전 교육비는 공제대상에서 제외**됨. 장인이 세액공제를 받을 수 있음.	×
5. **취학전아동의 학원비(보육시설, 유치원, 학원, 체육시설)는 공제대상임.**	○
6. 방과후 학교 수강료도 공제대상임 **(초중고등학교의 방과후 도서구입비는 학교이외에서 구입한 것도 대상임.)**	○
7. 학습지는 교육비공제대상에서 제외됨.	×
8. **직계존속의 장애인특수교육비는 공제대상임.**	○
9. 학교기숙사비, 학생회비, 학교버스이용료는 제외됨.	×
10. **교육비는 연령요건을 충족하지 않아도 됨.**	○
11. **수련활동 등 현장체험학습비(한도 30만)**	○

명　　　　　세	공제여부
12. **든든 학자금 및 일반 상환 학자금 대출의 원리금 상환액도 대상**	○
13. **대학입학전형료와 수능응시료도 세액공제대상임.**	○

(6) 기부금세액공제 

기부금세액공제는 근로소득이 있는 거주자와 근로소득이 없는 종합소득자**(사업소득자는 필요경비 공제)**로서 기본공제대상자의 기부금지출액을 말한다.

1천만원 이하	대상액의 15%
1천만원 초과	대상액의 30%

☞고액기부(3천만원 초과)에 대한 공제율 : 40%(개정세법 24)

① 기부금 종류

1. 특례기부금	1. 국가등에 무상으로 기증하는 금품 2. 국방헌금과 위문금품 3. 이재민구호금품(천재 · 지변) 4. 사립학교등에 지출하는 기부금 5. 사회복지공동모금회에 출연하는 금액 6. 특별재난지역을 복구하기 위하여 자원봉사한 경우 그 용역의 가액
2. 우리사주조합에 지출하는 기부금-우리사주조합원이 아닌 거주자에 한함	
3. 일반기부금	1. 종교단체 기부금 2. 종교단체외 ① **노동조합에 납부한 회비,** 사내근로복지기금에 지출기부금 ② 사회복지등 공익목적의 기부금 ③ **무료 · 실비 사회복지시설 기부금** ④ 공공기관 등에 지출하는 기부금

② 기부금이월공제

기부금이 한도액을 초과한 경우와 **기부금세액공제를 받지 못한 경우**(종합소득산출세액을 초과) 10년간* 이월하여 기부금세액공제를 받을 수 있다.

* 2013.1.1. 이후 지출분부터 적용

<예제 3-6> 기부금 세액공제

다음 기부금자료에 대하여 세액공제대상여부를 판단하고, 기부금을 분류하시오 (모두 생계를 같이하는 부양가족에 해당한다).

명 세	특례	일반
1. 본인 명의로 사회복지시설 기부		
2. 본인 명의로 대학교동창회 후원금		
3. 동생 명의로 교회 건축헌금		
4. 부인 명의로 특별재난지역을 복구하기 위하여 자원봉사한 경우		
5. 부인 명의로 종친회 기부금		
6. 아버님(58세) 명의로 이재민 구호금품		
7. 아들(23세)명의로 국방헌금 지출액		
8. 본인 명의의 정당에 기부한 정치자금		
9. 노사협의회에 납부한 회비		
10. 본인(천안 거주)의 고향인 충북 옥천에 기부(10만원)		

해답

명 세	특례	일반
1. 사회복지시설에 대한 기부금은 일반기부금		○
2. 대학교동창회 기부금은 비지정기부금임.	-	-
3. 직계존속, 형제자매 기부금도 세액공제 대상임.		○
4. 특별재난지역의 자원봉사 용역은 특례기부금임.	○	
5. 종친회 기부금은 비지정기부금임.	-	-
6. 연령요건을 충족하지 않아도 됨.	○	
7. 연령요건을 충족하지 않아도 되며, 국방헌금지출액은 특례기부금임.	○	
8. **본인 정치기부자금은 10만원이하 100/110 세액공제를 적용하고, 초과분은 15% 세액공제 적용**	조특법상 세액공제 (정치자금)	
9. 노사협의회에 납부한 회비는 기부금에서 제외(노동조합비는 일반기부금)	×	
10. 고향사랑기부금 : **10만원 이하는 100/110, 10만원 초과 5백만원 이하는 15% 세액공제대상이다.**	조특법상 세액공제 (고향사랑)	

〈특별세액공제와 신용카드공제 중복적용 여부〉

구 분			특별세액공제	신용카드 공제
보장성보험료			○	×
의료비	공제대상		○	○
	공제제외		×	○
교육비	학원비	취학전 아동	○	○
		이외	×	○
	(중 · 고등학생)교복구입비		△(한도 50만원)	○
기부금			○	×

〈근로소득자와 사업소득자〉

구 분		근로소득자	사업소득자
인적공제		○	○
물적소득 공제	공적연금보험료	○	○
	특별소득공제	○	×
	신용카드 소득공제	○	×
연금계좌납입세액공제		○	○
표준세액공제		13만원	7만원(성실사업자:12만원)
특별세액 공제	보장성보험료세액공제	○	×
	의료비세액공제	○	△*1
	교육비세액공제	○	△*1
	기부금세액공제	○	×*2(필요경비 산입)
월세세액공제		○	△*1

*1. 성실사업자 등은 공제가 가능하다.

*2. 연말정산대상 사업소득자등은 기부금세액공제가능

참고

성실사업자(소득세 및 조세특례제한법)

	소득세법	조특법
요건 (모두 충족)	① 신용카드가맹점 및 현금영수증가맹점으로 모두 가입한 사업자 또는 전사적 자원관리·판매시점 정보관리시스템설비를 도입한 사업자 ② 장부를 비치·기장하고 그에 따라 소득금액을 계산하여 신고할 것 ③ 사업용계좌를 신고하고, 사업용계좌를 사용하여야 할 금액의 3분의 2 이상을 사용할 것	① 소득세법상 성실사업자 ② 해당과세기간 개시일 현재 2년이상 계속사업 ③ 직전 3개 과세기간의 연평균수입금액을 50% 초과하여 신고할 것 ④ 국세의 체납사실 등을 고려하여 시행령[*1]으로 요건 지정
혜 택	표준세액공제	의료비·교육비특별세액공제+월세세액공제

***1.시행령: 법률에 의해 위임된 사항과 그 시행에 필요한 사항을 규정하는 것을 목적으로 제정한 법령**

연/습/문/제

 객관식

01. 현행 소득세법에 따른 기본공제대상자는 원칙적으로 다음의 요건을 모두 충족하는 자를 말한다. 이때 기본공제대상자 요건 3가지를 모두 충족한 경우에 적용되는 특별세액공제항목은?

기본공제 대상자 요건	• 소득금액이 100만원 이하(근로소득만 있는 경우 총급여 500만원 이하)여야 한다. • 생계를 같이해야 한다. • 나이가 20세 이하이거나 60세 이상이어야 한다.

① 일반보장성 보험료세액공제 ② 의료비 세액공제
③ 교육비 세액공제 ④ 기부금 세액공제

02. 다음은 20x1년 말 현재 소득세법상 생계를 같이하는 부양가족에 대한 설명이다. 이 중 본인(근로소득자)의 소득공제 대상에 해당될 수 없는 사람은 누구인가?

① 갑(48세) : 본인의 배우자로서 당해연도 근로제공으로 총급여로 300만원을 수령하였다.
② 을(18세) : 본인의 자녀이고, 부동산임대소득금액 100만원이 있다.
③ 병(21세) : 본인의 자녀(장애인)이고, **일보에 원고가 당선되어 1,600만원을 받았다.
④ 정(76세) : 본인의 부친으로서, 농가부업소득 1,200만원이 있다.

03. 다음 중 소득세법에 의한 종합소득공제 항목 또는 세액공제 항목 중 근로소득이 있는 거주자만이 공제받을 수 있는 것은?

① 한부모소득공제 ② 보장성보험료세액공제
③ 자녀세액공제 ④ 경로우대자공제

04. 다음은 소득세법상 종합소득공제 및 세액공제에 대한 설명이다. 옳지 않은 것은?

① 의료비세액공제가 적용되는 기본공제대상자는 연령 및 소득금액의 제한을 받지 아니한다.
② 추가인적공제는 모두 기본공제대상자를 기준으로 요건을 판단한다.
③ 기본공제대상자인 직계존속을 위하여 지급한 수업료로서 대학생인 경우에는 1인당 연 900만원을 한도가 세액공제대상이 된다.
④ 자녀세액공제는 종합소득이 있는 거주자에게 적용된다.

05. 다음 중 소득세법상 종합소득공제에 대한 설명이다. 틀린 것은?

① 총급여 5,000,000원의 근로소득만 있는 45세의 배우자는 기본공제 대상자에 해당한다.
② 종합소득이 있는 거주자와 생계를 같이 하면서 퇴직소득금액이 2,000,000원이 있는 32세의 장애인인 형제는 기본공제 대상자에 해당하지 아니한다.
③ 기본공제대상자가 아닌 자는 추가공제대상자가 될 수 없다.
④ 배우자가 사업소득금액 70만원과 일용직이 아닌 근로소득금액 50만원이 있는 경우에는 배우자공제를 받을 수 있다.

06. 다음 중 소득세법상 의료비세액공제의 대상이 되는 의료비지출액이 아닌 것은?

① 시력보정용 안경구입비
② 진찰 · 치료 · 질병예방을 위하여 의료기관에 지급한 비용
③ 건강증진을 위한 의약품 구입비
④ 보청기를 구입하기 위하여 지출한 비용

07. 다음 중 소득세법상 특별세액공제에 대한 설명으로 틀린 것은?

① 보험료세액공제는 장애인전용보장성보험료에 대해 연간 지출액 100만원 한도로 15%를 공제한다.
② 근로소득이 있는 거주자의 경우 항목별 특별세액공제 · 항목별 특별소득공제 · 월세세액공제의 신청을 하지 않은 경우 연 12만원의 표준세액공제를 적용한다.
③ 국내소재 의료기관에 지급한 의료비에 한해서만 의료비세액공제를 적용한다.
④ 초등학생 교복구입비는 교육비세액공제 대상이 아니다.

08. 다음은 근로소득자인 이중앙씨가 20x1년에 지출한 내역이다. 다음 중 소득세법상 특별세액공제율이 다른 항목은?(단, 제시된 항목은 항목별 한도 내의 세액공제대상금액이라 가정한다)

① 본인의 자동차보험료 50만원
② 총급여액이 500만원인 부모님(67세)의 입원비 200만원
③ 소득이 없는 고등학생 자녀의 교복구입비 40만원
④ 본인이 지출한 특례기부금 100만원

09. 다음 중 근로소득자가 20x1년 지출한 특별세액공제 내역에서 소득세법상 특별세액공제 적용률이 가장 높은 내용은?

① 2천 5백만 원의 종교단체기부금 중 1천만원 초과분
② 근로자 본인의 보장성보험
③ 근로자의 자녀인 소득이 없는 중학생 딸의 안경구입비
④ 근로자의 자녀인 소득이 없는 대학생 아들의 대학교등록금

10. 다음 중 소득세법상 종합소득공제에 대한 설명으로 틀린 것은?

① 기본공제대상자가 아닌 자는 추가공제대상자가 될 수 없다.
② 총급여액 5,000,000원 이하의 근로소득만 있는 57세의 배우자는 기본공제대상자에 해당한다.
③ 배우자가 일용근로소득이 아닌 근로소득금액 500,000원과 사업소득금액 550,000원이 있는 경우 기본공제대상자에 해당한다.
④ 종합소득이 있는 거주자와 생계를 같이 하면서 양도소득금액이 4,000,000원이 있는 51세의 장애인인 형제는 기본공제대상자에 해당하지 아니한다.

11. 현행 소득세법에 대한 설명 중 잘못된 것은?

① 현행 소득세율은 1,400만원 이하의 구간에서는 6%세율을 적용한다.
② 근로소득(일용근로소득 제외)이 있는 거주자의 표준세액공제액은 10만원이다.
③ 종합소득이 있는 거주자의 기본공제대상자에 해당하는 8세이상 자녀가 2인인 경우 자녀세액공제는 연 35만원이다.
④ 근로자는 신용카드 및 현금영수증의 사용액이 총급여액의 25%초과하면 소득공제 혜택을 받는다.

12. 다음 중 해당 과세기간의 총급여액이 7천만원을 초과하는 경우 적용받을 수 없는 소득공제 및 세액공제는 어느 것인가?

> 가. 신용카드 등 사용금액에 대한 소득공제 중 도서 · 신문 · 공연비 등 지출분에 대한 추가공제액
> 나. 월세 세액공제
> 다. 특별소득공제 중 장기주택저당차입금의 이자상환액 소득공제
> 라. 의료비 세액공제 중 산후조리원에 지출한 비용(출산 1회당 200만원 이내의 금액)

① 가, 나, 다, 라 ② 나 ③ 나, 라 ④ 가

주관식

01. 사업용 계좌개설 신고한 성실사업자인 여성(종합소득금액 3천만원 이하)에 대한 다음 자료에 의한 소득세법상 종합소득공제액은 얼마인가?

> ① 배우자 ② 25세인 장남 ③ 13세인 차남
> ④ 7세인 장녀 ⑤ 72세인 아버지
> ⑥ 각각 연간소득금액이 없으며 생계를 함께 하고 있다.

02. 다음은 사원 김수철(사무직)에 대한 부양가족 자료이다. 부양가족은 주어진 자료의 소득 외에는 존재하지 않으며 모두 생계를 같이 하고 있다. 부양가족 공제는 요건이 충족되는 경우 세부담 최소화를 위해 모두 김수철이 적용받기로 한다. 인적공제와 자녀세액공제를 판단하시오.

〈부양가족 자료〉

성명	관계	연령(만)	소득 및 기타
김수철	본인	55세	세대주(총급여 55,800,000원)
오윤희	배우자	47세	근로소득자(총급여 5,000,000원)
강윤주	김수철의 어머니	60세	장애인(장애인복지법), 저작권사용료인 인세 총수입금액 6,000,000원
김현우	자녀	3세	소득 없음
김현준	자녀	0세	소득 없음
김현철	동생	17세	고등학생,일용근로소득 총수입금액 10,000,000원

03. 다음 자료에 의하여 박기석(세대주)씨의 부양가족자료이다. 부양가족은 주어진 자료의 소득 외에는 존재하지 않으며 모두 생계를 같이 하고 있다. 인적공제와 자녀세액공제를 판단하시오.

〈부양가족 자료〉

성명	관계	연령(만)	소득 및 기타
박기석	본인	49세	
박일호	부	79세	주거형편상 20x1년 10월 5일 이사를 했으며 부친은 토지를 양도하면서 발생한 양도소득금액 2천만원 발생
신현진	모	74세	
배현진	배우자	47세	전업주부
박서진	자녀	17세	고등학생, 일용근로소득 60일간 소득(일당 8만원)
박서희	자녀	15세	

연/습/문/제 답안

객관식

1	2	3	4	5	6	7	8	9	10	11	12			
①	③	②	③	④	③	②	①	①	③	②	④			

[풀이-객관식]

01. 특별세액공제는 모두 기본적으로 생계를 같이해야 한다.

	연령요건	소득요건
보험료세액공제	○	○
의료비세액공제	×	×
교육비세액공제	×	○
기부금세액공제	×	○

02. 장애인은 연령요건에는 제약이 없으나, 소득금액에는 제한이 있다. 일시적인문예창작소득은 기타소득으로서 필요경비 60%를 제외하면 기타소득금액 6,400,000원으로서, 소득금액이 100만원 이하의 대상자에서 제외되어 기본공제대상자가 아니다.

03. **보장성보험료세액공제는 근로소득자에 한하여 적용되는 항목**이다.

04. 교육비세액공제대상자는 기본공제대상자 중 본인, 배우자, 직계비속, 형제자매, 입양자, 위탁아동만 적용되며 원칙적으로 직계존속은 제외한다.

05. **소득금액의 합계액이 100만원(근로소득만 있는 경우, 총급여 500만원) 이하**인 자에 한하여 공제 가능함.

06. 건강증진을 위한 의약품 구입비는 의료비세액공제대상이 아니다.

07. **근로소득자의 표준세액공제는 연 13만원을 종합소득산출세액에서 공제**한다.

08. 보험료 세액공제율은 12%이다. 다른 항목의 세액공제율은 15%이다.

09. 1천만원 이상의 고액 **기부금 중 1천만원 초과분에 대한 특별세액공제 적용률은 30%**이다.
안경구입비, 대학교등록금 등은 15%, 보장성보험 등은 12%의 적용률을 적용한다.

10. 기본공제 대상자 판정 시 배우자는 나이요건의 제한을 받지 않으나 소득요건의 제한을 받으므로 소득금액의 합계액이 100만원(근로소득만 있는 경우 총급여 500만원) 이하인 경우에 기본공제를 적용받을 수 있다. 종합소득금액 = 근로소득금액(500,000) + 사업소득금액(550,000) = 1,050,000원
→**100만원초과자→소득요건 미충족**

11. 특별공제 및 특별세액공제를 신청하지 않은 근로소득이 있는 거주자는 13만원과 법정요건을 충족하는 사업자(성실사업자)는 12만원의 표준세액공제를 적용한다.

12. 특별소득공제 중 장기주택저당차입금 이자상환액 소득공제와 산후조리비용(개정세법 24)는 총급여액에 관계없이 공제 가능하다. 월세 세액공제도 총급여액 8천만원 이하자(개정세법 24)도 적용이 가능하다.

주관식

01	9,000,000원	02	해설참고	03	해설참고

[풀이-주관식]

01

가족	요 건		기본공제	추가공제	판 단
	연령	소득			
본인	–	–	○	부녀자	1. 기본공제 5명: 7,500,000원 2. 부녀자 공제 : 500,000원 3. 경로우대공제: 1,000,000원
배우자	–	○	○	–	
장남(25)	×	○	×	–	
차남(13)	○	○	○	–	
장녀(7)	○	○	○	–	
아버지(72)	○	○	○	경로	

02. 인적공제 및 자녀세액공제(김수철)

관계	요 건		기본공제	추가(자녀)	판 단
	연령	소득			
본인(세대주)	–	–	○		
배우자	–	○	○		총급여액 5백만원이하자
모(60)	○	×[*1]	부		저작권자의 인세는 사업소득임. 따라서 소득요건을 미충족한다.
자1(3)	○	○	○		
자2(0)	○	○	○	출산(2)	
동생(17)	○	○	○		일용근로소득은 분리과세소득임.

*1. 저작자의 저작권 사용료는 사업소득이고 저작자외의 자에게 귀속되는 저작권 사용료는 기타소득에 해당된다. 당초 답안은 기타소득으로 보아 소득요건도 충족한다고 보았으나, 제시된 답안은 잘못된 답안이다. 따라서 사업소득으로 보아야 하고 소득요건이 미충족되므로 *기본공제대상자에서 제외한 것이 정확한 답안이다.(인용)*

03. 인적공제 및 자녀세액공제(박기석)

관계	요 건		기본공제	추가(자녀)	판 단
	연령	소득			
본인(세대주)	-	-	○		
부(79)	○	×	부		소득금액 1백만원초과자
모(74)	○	○	○	경로	주거형편상 별거 인정
배우자	-	○	○		
자1(17)	○	○	○	자녀	**일용근로소득은 분리과세소득**
자2(15)	○	○	○	자녀	

퇴직소득

Chapter 4

로그인 전산세무 1급

NCS세무 - 3 원천징수

제1절 퇴직소득의 범위

1. 범위

① 공적연금 관련법에 따라 받는 일시금*1

② 사용자 부담금을 기초로 하여 현실적인 퇴직을 원인으로 지급받는 소득

③ 위 ①의 소득을 지급하는 자가 퇴직소득의 일부 또는 전부를 지연하여 지급하면서 지연지급에 대한 이자를 함께 지급하는 경우 해당 이자

④ 「과학기술인공제회법」에 따라 지급받는 과학기술발전장려금

⑤ 「건설근로자의 고용개선 등에 관한 법률」에 따라 지급받는 퇴직공제금

⑥ 소기업 · 소상공인이 폐업 · 법인해산 등 법정사유로 공제부금에서 발생하는 소득(예: 노란우산공제)

*1 퇴직일시금 : [근로자퇴직급여 보장법] 등에 따라 지급받는 일시금

Ⓐ 퇴직연금제도 및 개인퇴직계좌에서 지급받는 일시금

Ⓑ 확정기여형퇴직연금 및 개인퇴직계좌에서 중도인출되는 금액

Ⓒ 연금을 수급하던 자가 연금계약의 중도해지 등을 통하여 받는 일시금

연금수령시	연금소득
일시금수령시	퇴직소득

☞ **해고예고수당 : 사용자가 30일 전에 예고를 하지 아니하고 근로자를 해고하는 경우 근로자에게 지급하는 해고예고수당은 퇴직소득으로 본다.**

☞ 퇴직을 사유로 지급하는 퇴직위로금은 원칙적으로 퇴직소득에 해당하고, 전별금(떠나는 사람에게 작별할 때 주는 돈)은 퇴직소득에서 제외

현실적 퇴직	현실적 퇴직에 해당하지 않는 경우
① **종업원이 임원이 된 경우** ② 합병·분할 등 조직변경, 사업양도 또는 직·간접으로 출자관계에 있는 법인으로의 전출이 이루어진 경우 ③ **법인의 상근임원이 비상근임원이 된 경우** ④ **비정규직근로자가 정규직근로자로 전환된 경우** ☞ ①~④의 경우 퇴직급여를 실제로 받지 아니한 경우 퇴직으로 보지 아니 할 수 있다. ⑤ **법에 따라 퇴직급여를 중간 정산하여 지급한 경우** ⑥ 법에 따라 퇴직연금제도가 폐지된 경우	① **임원이 연임된 경우** ② 법인의 대주주의 변동으로 인하여 계산의 편의, 기타사유로 전사용인에게 퇴직급여를 지급한 경우 ③ 기업의 제도·기타 사정 등을 이유로 퇴직금을 1년기준으로 매년 지급하는 경우 ④ 비거주자의 국내사업장 또는 외국법인의 국내지점의 근로자가 본점(본국)으로 전출하는 경우 등

〈임원퇴직금 한도〉

1. 임원퇴직금 한도액	퇴직한날부터 소급하여 3년[*1]동안 지급받은 총급여의 연평균환산액 × 10% × 2020년 이후의 근속연수[*2] **× 2[*3]** *1. 근무기간이 3년 미만인 경우에는 월수로 계산한 해당 근무기간을 말하여, 1개월 미만의 기간이 있는 경우에는 이를 1개월로 본다. *2. 1년 미만의 기간은 월수로 계산하되, 1개월 미만의 기간이 있는 경우에는 이를 1개월로 한다. *3. 2012~2019 적립된 퇴직소득은 3배
2. 한도적용대상 임원퇴직금	**퇴직소득금액 – 2011년말 퇴직가정시 지급받을 퇴직소득[*1]** *1. 퇴직소득금액 $\times \frac{\text{2011년말이전근속연수}}{\text{전체근속연수}}$

2. 비과세퇴직소득

① 근로의 제공으로 인한 부상·질병 또는 사망과 관련하여 근로자나 그 유가족이 받는 연금과 위자료의 성질이 있는 급여

② 국민연금법, 고용보험법 등 각종 법률에 따라 받는 노령연금, 장해연금, 유족연금 등

제2절 퇴직소득의 계산

1. 계산구조

	퇴 직 소 득 금 액	퇴직급여액
	환 산 급 여 액	**(퇴직소득금액 – 근속연수공제)÷근속연수×12**
(–)	환 산 급 여 차 등 공 제	
	퇴 직 소 득 과 세 표 준	
×	세 율	**기본세율**
=	퇴 직 소 득 산 출 세 액	과세표준×기본세율÷12×근속연수
–	외 국 납 부 세 액 공 제	이월공제가 되지 않는다.(종합소득세는 5년간 이월공제 적용)
	퇴 직 소 득 결 정 세 액	⇨ 원천징수세액

(1) 근속연수 공제

근속년수	공 제 액
5년 이하	100만원 × 근속년수
5년 초과 10년 이하	500만원 + 200만원 × (근속년수- 5년)
10년 초과 20년 이하	1,500만원 + 250만원 × (근속년수-10년)
20년 초과	4,000만원 + 300만원 × (근속년수-20년)

☞ **1년 미만인 기간이 있는 경우에는 이를 1년으로 본다.**

(2) 차등공제

환산급여	차 등 공 제
800만원 이하	환산급여의 100%
7,000만원 이하	800만원 +800만원 초과분의 60%
1억원이하	4,520만원 +7,000만원 초과분의 55%
3억원 이하	6,170만원 +1억원 초과분의 45%
3억원 초과	15,170만원 +3억원 초과분의 35%

2. 퇴직소득에 대한 과세방법

1. 분류과세	종합소득에 합산하지 않고 별도로 과세한다.
2. 원천징수	원천징수일이 속하는 다음달 10일까지 정부에 납부하여야 한다. **다만, 국외 근로소득이 있는 사람이 퇴직함으로써 받는 퇴직소득은 원천징수하지 않는다.**

3. 퇴직소득의 수입시기

1. 일반적인 퇴직소득	- 퇴직한 날
2. 잉여금처분에 따른 퇴직급여	- 해당 법인의 잉여금 처분 결의일
3. 이외의 퇴직소득	- 소득을 지급받은 날

Chapter

납세절차 등

5

로그인 전산세무 1급

NCS세무 - 3 원천징수 NCS세무 - 4 종합소득세 신고

제1절 원천징수

1. 원천징수세율

구 분			원천징수 여부	세 율
종합소득	금융소득	이 자	○	- **지급액의 14%(비실명 45%)** - **비영업대금의 이익과 출자공동사업자의 배당소득은 25%**
		배 당		
	특정사업소득		○	- **인적용역과 의료 · 보건용역의 3%** - **봉사료의 5%**
종합소득	근 로 소 득		○	- 간이세액표에 의하여 원천징수 - **일용근로자의 근로소득에 대해서는 6%**
	연 금 소 득		○	- 공적연금 : 간이세액표에 의하여 원천징수 - 사적연금 : 3%~5%
	기 타 소 득		○	**기타소득금액의 15% 또는 20%(3억 초과 복권당첨소득 30%)**
퇴 직 소 득			○	기본세율
양 도 소 득			×	

2. 원천징수신고납부

구 분	원천징수신고납부기한
1. 원칙	징수일이 속하는 달의 다음달 10일
2. 예외	반기별납부사업자 : **상시고용인원이 20인 이하**인 소규모 업체로서 세무서장의 승인을 얻은 경우 ① 징수일이 1월 1일 ~ 6월 30일 : 7월 10일 ② 징수일이 7월 1일 ~12월 31일 : 다음연도 1월 10일

3. 지급시기의제

소득을 미지급시 지급한 것으로 의제하여 원천징수를 하여야 한다.

1. 이자소득	**총수입금액의 수입시기**
2. 배당소득	**잉여금처분에 의한 배당: 처분결의일부터 3월이 되는 날** 다만 11.1~12.31결의분은 다음연도 2월말 (예) 2월 28일 주주총회에서 현금 배당 100원 지급결의 5월 28일 결의일부터 3개월 내에 미지급 ⇒ 지급한 것으로 의제(원천징수 14원) 6월 10일 원천징수이행상황신고서 신고 및 납부
3. 근로소득 및 퇴직소득	1. **1~11월분: 12/31** 2. **12월분: 익년도 2월말** 3. **잉여금처분상여 및 잉여금처분 퇴직소득: 결의일부터 3월** **다만 11.1~12.31 결의분은 다음연도 2월말**
4. 법인세법상 인정 배당 · 상여 등	1. 법인이 신고 : 신고일 또는 수정신고일 2. 정부가 결정 · 경정하는 경우 : 소득금액 변동통지서 수령일

<예제 5-1> 원천징수이행상황신고서

다음 5월분 소득지급자료를 보고 원천징수이행상황신고서를 작성하시오.

1. 정규근로자 급여지급내역

	기본급여및제수당(원)			
	기본급	상여	식대	지급합계
김갑동외 3명	9,000,000	1,200,000	400,000	10,600,000
	공제액(원)			
	국민연금 등	근로소득세	지방소득세	공제합계
	620,000	72,000	7,200	699,200

• '식대' 항목은 소득세법상 비과세요건을 충족한다.

2. 중도퇴사자 연말정산내역

	급여지급내역(1월~퇴사시)			
	기본급	상여	식대	지급합계
김갑순	10,000,000	2,700,000	500,000	13,200,000
	연말정산내역			
	근로소득세	지방소득세	합계	
	△50,000	△5,000	△55,000	

3. 공장 일용근로자 급여지급내역

성명	총지급액(원)	비 고
이태백	3,000,000	일당 300,000원으로서 10일간 근무하고 총지급액에서 소득세등을 차감하고 지급하였다.

4. 퇴직금지급내역

성명	퇴직금(원)	공제액(원)		
		소득세	지방소득세	공제합계
김갑순	25,000,000	120,0000	12,000	132,000

5. 기타의 소득 지급내역

성명	총지급액(원)	지 급 사 유
박영수	2,000,000	회사에 고용되어 있지 않으며, 일시적 강연대가로 지급한 금액이다.
김재숙	1,000,000	회사에 고용되지 있지 않으며, 사례금으로 지급하였다.
정헌영	1,200,000	홈페이지를 관리해 주고 고용관계없이 매월 유지보수 실적에 따라 수수료를 지급하다.
권덕길	500,000	건물 매입시 알선수수료 대가임. 권덕길은 비사업자임.
강마에	200,000	저작자에 대한 대가임
곽현화	300,000	회사 창립기념일에 초대된 유명개그맨에 대한 출연료임.
나미애	500,000	배당소득에 대한 지급이다.
(주)건호	1,000,000	(주)건호는 제조업을 하고 있으며, 회사의 차입금에 대한이자이다.

- 총지급액에서 원친징수세액을 차감하고 지급하였다.
- 당사는 매월별 원천징수세액 납부대상사업자이다.
- 전월분 원천징수이행상황신고서상의 차월이월환급세액은 320,000원이었으며, 환급세액에 대하여는 일체의 환급신청을 하지 않았다.

6. 4월 지급분 사업소득(1명)에 대한 신고가 누락되어 총지급액 2,000,000원과 사업소득세 60,000원과 그에 대한 가산세 3,000원에 대한 수정신고를 하였다. 이에 대한 내용을 5월 원천징수이행상황신고서에 직접 반영한다.

해답

1. 총지급액에는 비과세소득(식대)를 제외하고 입력한다.
2. **소득세등에는 소득세만 입력한다.(지방소득세는 지방자치단체에 신고납부)**
3. 중도퇴사자의 연말정산은 중토퇴사(A02)에 기재한다.
4. 일용근로자의 원천징수세액

   [(일급여 − 150,000원) × 6% ×(1 − 55%)] × 근무일수

   = [(300,000원 − 150,000원) × 6% × 45%] × 10일 = 40,500원(지방소득세 별도)

5. 기타의 소득

성명	소득구분	총수입금액	필요경비	소득금액	원천징수세율	원천징수세액
박영수	기타소득 (강연료)	2,000,000	1,200,000	800,000	20	160,000
김재숙	기타소득 (사례금)	1,000,000	-	1,000,000	20	200,000
권덕길	기타소득 (알선수수료)	500,000	-	500,000	20	100,000
기타소득계		**3,500,000**	**1,200,000**	**2,300,000**		**460,000**
성명	소득구분	총수입금액	필요경비	소득금액	원천징수세율	원천징수세액
정헌영	사업소득	1,200,000	-	1,200,000	3	36,000
강마에	사업소득	200,000	-	200,000	3	6,000
곽현화	사업소득	300,000	-	300,000	3	9,000
사업소득계		**1,700,000**		**1,700,000**		**51,000**
나미애	배당소득	500,000	-	500,000	14	70,000
(주)건호	이자소득	1,000,000	-	1,000,000	25	250,000

6. 사업소득 누락분에 대해서 수정신고(세액) A90에 소득세 60,000원과 가산세 3,000원을 반영한다.
7. 전월미환급세액⑫에 320,000원을 입력하고, 근로소득부터 순차적으로 당월조정환급세액(⑲,⑨)에 반영하면 당월 납부세액⑩이 756,500원이 된다.

①신고구분							②귀속연월	20×1년 05월
매월	반기	수정	연말	소득처분	환급신청	☑ 원천징수이행상황신고서 ☐ 원천징수세액환급신청서	③지급연월	20×1년 05월

1. 원천징수 명세 및 납부세액(단위 : 원)

소득자 소득구분			코드	원천징수명세: 소득지급(과세 미달, 일부 비과세 포함) ④인원	⑤총지급액	징수세액 ⑥소득세등	⑦농어촌특별세	⑧가산세	⑨당월 조정 환급세액	납부 세액 ⑩소득세 등(가산세 포함)	⑪농어촌특별세
개인(거주자·비거주자)	근로소득	간이세액	A01	4	10,200,000	72,000					
		중도퇴사	A02	1	12,700,000	△50,000					
		일용근로	A03	1	3,000,000	40,500					
		연말정산	A04								
		가감계	A10	6	25,900,000	62,500			62,500		
	퇴직소득		A20	1	25,000,000	120,000			120,000		
	사업소득	매월징수	A25	3	1,700,000	51,000					
		연말정산	A26								
		가감계	A30	3	1,700,000	51,000			51,000		
	기타소득		A40	3	3,500,000	460,000			86,500	373,500	
	연금소득	매월징수	A45								
		연말정산	A46								
		가감계	A47								
	이자소득		A50	1	1,000,000	250,000				250,000	
	배당소득		A60	1	500,000	70,000				70,000	
	저축해지 추징세액 등		A69								
	비거주자 양도소득		A70								
법인	내·외국법인원천		A80								
수정신고(세액)			A90			60,000		3,000		63,000	
총합계			A99	15	57,600,000	1,073,500		3,000	320,000	756,500	

2. 환급세액 조정(단위 : 원)

전월 미환급 세액의 계산: ⑫전월 미환급 세액	⑬기환급 신청 세액	⑭차감 잔액 (⑫-⑬)	당월 발생 환급세액: ⑮일반 환급	⑯신탁재산 (금융회사 등)	⑰그밖의 환급세액: 금융회사 등	합병 등	⑱조정대상 환급세액 (⑭+⑮+⑯+⑰)	⑲당월조정 환급 세액계	⑳차월이월 환급세액 (⑱-⑲)	㉑환급 신청액
320,000		320,000					320,000	320,000		

제2절 연말정산(근로소득)

1. 연말정산의 시기

구 분	시 기	신고납부
(1) 일반(계속근로자)	**다음해 2월분 급여 지급시**	**3월 10일까지**
(2) 중도퇴사	**퇴직한 달의 급여를 지급하는 때**	**다음달 10일까지**
(3) 반기별납부자	다음해 2월분 급여 지급시	신고 : 3월 10일까지 납부 : 7월 10일까지

<예제 5-2> 연말정산

다음 자료는 여성근로자인 김선미(총급여액 4천만원)의 연말정산관련 자료이다. 공제받을 수 있는 공제는 모두 공제받도록 하고 세부담이 최소화되도록 한다.

〈부양가족사항(모두 생계를 같이하고 있음)〉

이름	연령	관계	참 고 사 항
김선미	43세	본 인	소득자 본인
이기동	45세	배우자	당해연도 퇴직소득금액 15,000,000원이 있으며, 청각장애인임.
김선규	71세	부 친	일용근로자로서 일당 10만원씩 100일간 소득이 있음
박명순	68세	모 친	은행이자소득금액 15,000,000원과 배당소득(상장법인)의 2,000,000원이 있음.
이철민	21세	자	대학휴학중으로서 장애인임.
이선영	18세	자	고등학생(시각장애인)
이선미	5세	자	4월 1일 입양함.
이재식	38세	동 생	장애인으로서 복권당첨소득 3억이 있음.

〈연말정산 추가자료〉

항 목	내 용
보 험 료	• 배우자 자동차보험료 : 800,000원 • 동생 장애인전용보험료 : 500,000원(소득자본인 신용카드 사용)
의 료 비	• 배우자성형수술비 : 600,000원(치료목적으로 지출) • 부친 간병비용 : 300,000원 • 본인 1회 출산 산후조리비용 : 2,800,000원 • 본인 콘택트렌즈구입비 : 1,500,000원(배우자 신용카드 사용)
교 육 비	• 부친의 노인대학 등록금 : 7,500,000원 • 고등학생 자녀 등록금외 : 1,300,000원* (* 급식비 200,000원, 방과후 도서구입비 80,000원, 수능응시료 100,000원 포함)
주택저축	• 배우자 명의 주택청약저축 : 1,000,000원
기 부 금	• 모친명의 정치자금기부금 : 3,000,000원 • 본인(천안 거주)의 고향인 충북 옥천에 기부: 150,000원 • 본인명의 사회복지공동모금회 기부 : 800,000원 • 동생명의 사회복지시설 기부금 : 70,000원
신용카드	• 본인명의 신용카드 사용액 : 30,000,000원(미술관 입장료 1백만원 포함) • 부친명의 제로페이 사용액 : 3,000,000원 • 배우자명의 신용카드 사용액 : 10,000,000원 • 고등학생 직불카드 사용액 : 1,000,000원
월세	• 월세지출액 7,000,000원(월세 세액공제 요건 충족)

1. 인적공제 및 자녀세액공제/출산입양 세액공제여부를 판단하시오.

가족	요 건		기본 공제	추가공제 (자녀)	판 단
	연령	소득			
본 인	–	–			
배우자	–				
부친(71)					
모친(68)					
자1(21)					
자2(18)					
자3(5)					
동생(38)					

2. 연말정산대상금액을 입력하시오.

[소득공제]		
1. 신용카드	① 신용카드 ② 현금영수증 ③ 직불카드(제로페이) ④ 도서 · 공연비(미술관 · 박물관, 영화관람료)	
[특별세액공제]		
1. 보장성보험료	① 일반 ② 장애인전용	
2. 의료비	① 특정 ② 일반	
3. 교육비	① 배우자 ② 대학생 ③ 취학전아동, 초중고 ④ 장애인특수교육비	
4. 기부금	① 정치자금 - 10만원 이하 - 10만원 초과 ② 고향사랑 - 10만원 이하 - 10만원 초과 ③ 특례기부금 ④ 일반기부금 ⑤ 일반기부금(종교단체)	
[월세 세액 공제 - 조특법]		

해답

1. 인적공제 판단

가족	요건		기본공제	추가공제(자녀)	판 단
	연령	소득			
본 인	-	-	○	부녀자	맞벌이여성(배우자가 있는 여성근로자)
배우자	-	×	×	-	**퇴직소득 1백만초과자**
부친(71)	○	○	○	경로우대	일용근로소득은 분리과세대상임
모친(68)	○	○	○	-	**20백만원 이하의 금융소득은 분리과세 소득임.**
자1(21)	×	○	○	장애인, 자녀	장애인은 연령요건을 따지지 않음
자2(18)	○	○	○	장애인, 자녀	
자3(5)	○	○	○	출산입양(셋째)	8세이상 자녀일 경우 자녀세액공제
동생(38)	×	○	○	장애인	복권당첨소득은 분리과세대상임.

2. 연말정산 추가자료 입력

〈연말정산 대상 판단〉

항 목	요건		내 용	대 상
	연령	소득		
보험료	○	○	• 배우자는 소득요건을 충족하지 못한다. • 동생 장애인전용보험료	× 500,000원
의료비	×	×	• 배우자의 **치료목적의 성형수술비는 대상임.** • 부친 **간병비는 대상에서 제외** • 산후조리비용**(한도 2백만원)**은 대상임. • 본인 **콘택트렌즈구입비(500,000원 한도)**	600,000원 (장애) × 2,000,000원 (본인) 500,000원 (본인)
교육비	×	○	• **직계존속의 교육비는 대상에서 제외** • 고등학생 자녀 등록금 : 급식비와 방과후도서구입비 및 **수능응시료**도 포함	× 1,300,000원
주택저축			• 본인명의만 가능하다.	×
기부금	×	○	• 정치자금기부금은 본인명의만 가능 • 고향사랑기부금 : 본인만 가능 • 본인명의 사회복지공동모금회 • 동생명의 사회복지시설 기부	× 150,000원 800,000원 (특례) 70,000원 (일반)

항 목	요건		내 용	대 상
	연령	소득		
신용카드	×	○	• 신용카드사용액 : 30,000,000원(본인) - 500,000원(보험료) - 미술관(1,000,000원) = 28,500,000원 • 부친명의 제로페이 사용액 : 3,000,000원 • 배우자는 소득요건을 충족하지 못함. • 직불카드 사용액 : 1,000,000원	28,500,000원 (신용) 1,000,000원 (도서) 3,000,000원 (직불) × 1,000,000원 (직불)
월세	**무주택 세대주등**		• **총급여액 8천만원(개정세법 24) 이하인 무주택 세대주(세대원도 가능) 전용면적 85㎡ 이하 또는 기준시가 4억 이하**	7,000,000원

[연말정산대상금액]

[소득공제]		
1. 신용카드	① 신용카드 ③ 직불카드(제로페이) ④ 도서 · 공연비(미술관 · 박물관, 영화관람료)	28,500,000 4,000,000 1,000,000
[특별세액공제]		
1. 보장성보험료	① 일반 ② 장애인전용	500,000
2. 의료비	① 특정의료비(본인)	3,100,000
3. 교육비	① 대학생 ② 취학전아동, 초중고	1,300,000
4. 기부금	① 고향사랑 - 10만원 이하 - 10만원 초과 ② 특례기부금 ③ 일반기부금	100,000 50,000 800,000 70,000
[월세 세액 공제 - 조특법]		7,000,000

〈총급여액 4천만원일 경우 종합소득금액-Kclep프로그램 확인가능함.〉

21.총급여		40,000,000
22.근로소득공제		11,250,000
23.근로소득금액		28,750,000

제3절 소득세 신고·납부절차

1. 소득세 신고절차

구 분	내 용	신고여부	납부기한
1. 중간예납	사업소득이 있는 거주자가 상반기(1월 ~ 6월)의 소득세를 미리 납부하는 절차	고지납부	11월 30일
2. 사업장 현황신고	**면세사업자(개인)**의 총수입금액을 파악하기 위한 제도	자진신고	**다음연도 2월 10일까지**
3. 확정신고	소득세법상 소득이 있는자가 소득세를 확정신고납부하는 것 ☞성실신고확인대상 사업자 : 5. 1~ 6.30	자진신고	다음연도 5월말까지

2. 중간예납

(1) 중간예납대상자

사업소득이 있는 거주자는 중간예납 의무가 있다.

다만, 다음에 해당하는 사람은 중간예납 의무가 없다.

① 신규사업자

② 사업소득 중 수시 부과하는 소득

③ 보험모집인, 방문판매인 등 연말정산대상 사업소득으로서 원천징수의무자가 직전연도에 사업소득세의 연말정산을 한 경우

④ 납세조합이 소득세를 매월 원천징수하여 납부하는 경우

(2) 징수

고지납부가 원칙**(소액부징수 : 50만원 미만인 때에는 징수하지 않는다.)**

(3) 신고납부: 11월 1일부터 11월 30일까지

① 임의적 신고대상자 : 사업부진으로 **중간예납기준액의 30%**에 미달시 중간예납추계액을 신고 납부할 수 있음

② 강제적 신고대상자 : 중간예납기준액이 없는 거주자(복식부기의무자)가 당해 연도의 중간예납기간 중 종합소득이 있는 경우에는 중간예납세액을 신고 · 납부하여야 함

☞ 중간예납기준액 : 직전년도 종합소득에 대한 소득세로서 납부하였거나 납부하여야 할 세액
중간예납추계액(세액) : 당해년도 1.1~6.30까지 종합소득에 대한 소득세 추계액

3. 사업장현황신고 : 개인면세사업자

개인면세사업자가 5월의 종합소득 확정신고를 하기 전에 1년간의 수입금액을 미리 신고하는 제도를 사업장현황신고라고 한다.

4. 지급명세서 제출의무

(1) 제출의무자 : 소득세납세의무가 있는 개인에게 소득을 국내에서 지급하는 자

(2) 제출기한

① **원칙 : 익년도 2월말일**

② **근로소득, 퇴직소득, 원천징수대상사업소득 : 익년도 3월 10일**

③ 일용근로자의 근로소득 : 지급일이 속하는 달의 다음달 말일(매월단위 제출)

④ 휴업(폐업)의 경우 : 휴업(폐업)일이 속하는 달의 다음다음 달 말일

5. 근로소득 등 간이지급명세서 제출의무

(1) 제출의무자 : 상용근로소득, 원천징수대상 사업소득,
인적용역관련 기타소득을 지급하는 자(개정세법 24)

(2) **제출기한 : 상용근로소득(반기 단위제출, 반기말 다음달 말일)**
원천징수대상 사업소득 및 인적용역 관련 기타소득
(매월단위 제출, 다음달 말일)(개정세법 24)

6. 확정신고와 납부

(1) 과세표준확정신고

당해 연도의 소득금액(종합소득 · 퇴직소득 · 양도소득)이 있는 거주자는 당해 소득의 과세표준을 당해 연도의 다음 연도 5월 1일부터 5월 31일(**성실신고확인대상자는 1개월 연장**)까지 납세지 관할세무서장에게 신고하여야 한다.

이러한 과세표준 확정신고는 해당 **과세기간의 과세표준이 없거나 결손금액이 있는 경우에도 하여야 한다.**

〈확정신고 의무제외자〉

① **근로소득만 있는 자**
② **퇴직소득만 있는 자**
③ **연말정산대상 연금소득만 있는 자**
④ **연말정산대상 사업소득만 있는 자**
⑤ 위 ①·② 또는 ②·③ 또는 ②·④ 소득만 있는 자
⑥ 분리과세이자소득 · 분리과세배당소득 · 분리과세연금소득 및 분리과세기타소득만이 있는 자
⑦ 위 ① 내지 ⑤에 해당하는 자로서 분리과세이자소득 · 분리과세배당소득 · 분리과세연금소득 및 분리과세기타소득(원천징수되지 아니하는 소득은 제외)이 있는 자

(2) 분납

납부할 세액(가산세 및 감면분 추가납부세액은 제외)이 **1천만원을 초과하는 거주자는 다음의 세액을 납부기한 경과 후 2개월이내**에 분납할 수 있다.

① 납부할 세액이 2천만원 이하인 때에는 1천만원을 초과하는 금액
② 납부할 세액이 2천만원을 초과하는 때에는 그 세액의 50% 이하의 금액

7. 소액부징수

① 원천징수세액이 1천원 미만인 경우(**이자소득과 인적용역 사업소득*으로서 계속적 · 반복적 활동을 통해 얻는 소득**은 제외)

* 2024.7.1. 이후 지급하는 분부터 적용(개정세법 24)

② 납세조합의 징수세액이 1천원 미만인 경우

③ ***중간예납세액이 50만원*** 미만인 경우

8. 성실신고 확인제도

성실한 납세를 위하여 필요하다고 인정되어 수입금액이 일정규모 이상의 사업자(성실신고확인대상사업자)는 종합소득과세표준 확정신고시 비치 · 기록된 장부와 증명서류에 의하여 계산한 사업소득금액의 적정성을 세무사 등이 확인하고 작성한 확인서를 납세지 관할 세무서장에게 제출하여야 한다.

(1) 사업자 범위 : 해당 과세기간의 수입금액의 합계액이 일정금액이상인 개인사업자

① 농업, 도매 및 소매업, 부동산매매업등	15억원 이상
② 제조업, 건설업, 음식점업, 금융 및 보험업 등	7.5억원 이상
③ 부동산임대업, 교육서비스업등	5억원 이상

☞ 수입금액에 사업용 유형자산 처분에 따른 수입금액 제외

(2) 성실신고확인서 제출 : 사업소득금액의 적정성을 세무사 등이 확인하고 작성한 확인서를 납세지 관할세무서장에게 신고

(3) 성실신고확인서 관련 혜택 및 제재

① **확정신고기한 연장: 익년 6월 30일까지**

② 의료비 및 교육비, 월세 세액공제를 허용함.

③ **성실신고 확인비용에 대한 세액공제(60%, 연 120만원한도)**

④ 미제출가산세: MAX(산출세액의 5%, 수입금액의 0.02%)

⑤ 미제출시 세무조사 가능

9. 소득세법상 주요가산세

종 류	적 용 대 상	가산세액
1. 지급명세서 불성실가산세	지급명세서 기한내에 미제출 또는 제출된 지급명세서의 내용이 불분명한 경우	미제출 · 불분명 지급금액 × 1% **(기한후 3개월 이내에 제출시에는 0.5%)**
2. **계산서 등 또는 계산서 합계표 불성실가산세**	- 계산서를 미교부 부실기재한 경우 또는 합계표를 제출하지 않거나 부실기재한 경우 - 가공 및 위장계산서 등(현금영수증 포함)를 수수한 경우	**- 미발급, 가공 및 위장수수 × 2%** **- 지연발급 × 1%** **- 계산서 합계표 미제출 × 0.5% (지연제출 0.3%)** ☞ 소규모사업자 제외
3. **원천징수납부지연 가산세**	원천징수세액의 미납부 · 과소납부	MIN[①, ②] **① 미달납부세액 × 3%+미달납부세액 × 2.2/10,000×미납일수** **② 미달납부세액의 10%**

종 류	적 용 대 상	가산세액
4. 지출증빙 미수취가산세 (증빙불비가산세)	사업자가 **건당 3만원 초과분에 해당하는 경비 등을 지출하고 임의증빙서류를 수취**한 경우	**미수취금액 중 필요경비 인정액 × 2%** ☞ 소규모사업자 및 소득금액이 추계되는 자 제외
5. 영수증수취 명세서제출 불성실가산세	사업자가 영수증수취명세서(**건당 3만원 초과**)를 제출하지 아니하거나 불분명하게 제출한 경우	미제출 · 불분명금액 × 1% ☞ 소규모사업자 및 소득금액이 추계되는 자 제외
6. 무기장가산세	간편장부대상자 또는 복식부기의무자가 장부를 비치하지 않거나 허위로 기장하는 경우	미기장/누락기장한 소득금액에 대한 산출세액 × 20%
7. 사업용계좌 관련가산세	복식부기의무자가 사업용계좌를 미사용 또는 미신고한 경우	미사용금액 × 0.2%
8. 기타	업무용승용차 관련비용 명세서 미제출가산세, 신용카드매출전표미발급가산세, 현금영수증미발급가산세 등이 있다.	

* **소규모사업자:** ① 신규사업개시자
② 직전연도 사업소득의 수입금액합계액이 4,800만원에 미달하는 자
③ 연말정산되는 사업소득만 있는 자

참고

사업용계좌

1. 사용의무자 : 복식부기의무자
2. 사용거래
   ① 거래의 대금을 금융회사 등을 통하여 결제하거나 결제받는 경우
   ② 인건비 및 임차료를 지급하거나 지급받는 경우
3. 신고기한 : 과세기간의 개시일부터 6개월 이내에 사업장 또는 주소지 관할세무서장에게 신고

<예제 5-3> 가산세

10월 귀속 급여 관련 원천징수 신고는 11월 10일 정상적으로 신고 납부하였다.
회계담당자의 실수로 인하여 11월 26일 다음의 사업소득과 기타소득자료가 누락된 것을 확인하였다. 누락된 사업소득 및 기타소득에 대해서 원천징수관련 가산세(**1일 2/10,000로 가정**)를 계산하시오. 추가납부세액은 11월 30일 신고 납부하는 것으로 한다.

소득자	소득구분	지급년월일	귀속년월	지급액	비 고
박지성	사업소득	10.31	10월	2,000,000	**봉사료**로 지급한 것이다.
아이유	기타소득	10.20	10월	2,000,000	신입사원교육관련 초청강사의 강사료를 지급한 것이다.

해답

1. 원천징수세액

성명	소득구분	총수입금액	필요경비	소득금액	원천징수세율	원천징수세액
박지성	사업소득	2,000,000		2,000,000	5%	100,000
아이유	기타소득	2,000,000	1,200,000	800,000	20%	160,000
계		4,000,000	1,200,000	2,800,000	-	260,000

2. 원천징수납부지연(불성실) 가산세

MIN[①, ②] = ① 과소납부세액 × 3% + 과소납부세액 × 2(가정)/10,000 × 미납일수(20일)
② 과소납부세액의 10%

미달납부세액	①	②	MIN[①, ②]
260,000	8,840	26,000	8,840

연/습/문/제

객관식

01. 다음 중 소득세법상 원천징수 세율로 틀린 것은?

① 이자소득 중 비영업대금의 이익 : 25%
② 배당소득 중 출자공동사업자의 배당소득 : 15%
③ 기타소득 중 복권당첨금 : 소득금액이 3억원 초과시 초과분에 대하여는 30%
④ 기타소득 중 연금계좌납입액을 연금외수령한 소득 : 15%

02. 다음 소득 중 소득세법에 규정된 원천징수세율이 가장 높은 것은?

① 비실명금융소득　② 출자공동사업자의 배당소득
③ 기타소득　④ 3억원을 초과하는 복권당첨소득

03. 다음 중 소득세법상 간편장부대상자(소규모사업자에는 해당하지 아니함)에게 적용되지 아니하는 가산세는 무엇인가?

① 증빙불비가산세　② 사업용계좌미사용가산세
③ 지급명세서보고불성실가산세　④ 무기장가산세

04. 다음 중 소득세법상 규정된 금액으로 틀린 것은?

① 일시적인 인적용역 제공에 따른 기타소득금액의 과세최저한 : 3만원 이하
② 원천징수 소액부징수 : 1천원 미만(이자소득 제외)
③ 일용근로자의 근로소득공제액 : 일당 15만원
④ 중간예납세액의 소액부징수 : 50만원 미만

05. 다음은 소득세법상 원천징수에 관한 설명이다. 잘못된 것은?

① 일용근로소득은 원천징수로서 과세가 종결되는 완납적 원천징수이다.
② 근로소득에 대하여는 다음해 1월 급여를 지급하는 때 연말정산을 통해 소득세를 정산하게 된다.
③ 원천징수대상 사업소득을 지급하는 개인이 사업자인 경우에만 원천징수의무를 진다.
④ 일정한 사업소득 또는 봉사료 수입금액에 대한 소득세의 원천징수세율은 3% 또는 5%이다.

06. 다음 중에서 현행 소득세법상 소득세를 납부하여야 하는 경우는 무엇인가?

① 근로소득에 대한 원천징수세액 합계액 800원
② 50,000원인 비실명배당소득
③ 기타소득인 원고료 10만원
④ 공익신탁의 이익

07. 다음 중 현행 소득세법상 분리과세되는 종합소득에 해당하지 않는 것은?

① 무조건 분리과세되는 경우 외의 이자소득과 배당소득으로서 그 소득의 합계액이 4천만원 이하이면서 원천징수된 소득
② 1,500만원 초과 사적연금액
③ 일용근로자의 근로소득
④ 이자소득 중 직장공제회 초과반환금

08. 소득세법상 성실신고확인 제도에 대한 설명으로 틀린 것은?

① 성실신고확인대상사업자가 성실신고확인서를 제출하는 경우 종합소득과세표준 확정신고는 그 과세기간의 다음 연도 5월 1일부터 6월 30일까지 하여야 한다.
② 성실신고확인대상사업자는 의료비 및 교육비에 대해서 특별세액공제를 허용한다.
③ 성실신고확인대상사업자가 성실신고확인서를 제출하는 경우에는 성실신고 확인에 직접 사용한 비용의 60%를 120만원의 한도 내에서 세액공제한다.
④ 성실신고확인대상사업자가 소득세를 신고하지 않은 때에는 성실신고확인서 미제출가산세와 무신고가산세 중 큰 금액을 적용한다.

09. 다음 중 소규모사업자를 제외한 사업자에 있어 소득세법상 증빙미수취가산세 대상인 것은?

① 택시비 5만원을 현금으로 지급하고 영수증을 받은 경우
② 토지를 1억원에 구입하고 계산서를 받지 않았으나 매매계약서 사본을 세무서에 제출한 경우
③ 영수증 발급 대상 간이과세자인 임대인에게 임차료 2백만원을 지급하고 송금명세서를 세무서에 제출한 경우
④ 경기도 과천시에 있는 빵집(간이과세자이며 신용카드가맹점이 아님)에서 빵을 5만원에 구입하고 간이영수증을 받은 경우

10. 다음 중 소득세법상 성실신고확인제도에 대한 내용으로 옳지 않은 것은?

① 성실신고확인 대상 사업자는 당기 수입금액(사업용 유형자산을 양도함으로써 발생한 수입금액은 제외)의 합계액이 업종별로 법에 정한 금액 이상인 개인사업자를 말한다.
② 의료비세액공제와 교육비세액공제 및 월세세액공제를 적용받을 수 있다.
③ 성실신고확인대상 사업자가 성실신고확인서를 제출하는 경우에는 성실신고 확인비용에 대한 세액공제를 적용 받을 수 있다.
④ 성실신고확인대상 사업자가 성실신고확인서를 제출하는 경우 종합소득과세표준 확정신고를 그 과세기간의 다음연도 5월 1일부터 5월 31일까지 해야 한다.

주관식

01. 다음은 원천징수되는 소득을 나열한 것이다. 원천징수세율이 높은 것부터 순서대로 나열한 것은?

(1) 100만원 상당 상장주식 배당소득	(2) 1억원 복권당첨소득
(3) 접대부 봉사료 수입금액	(4) 의료보건용역 사업소득

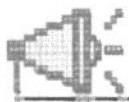

02. 다음은 제조공장 생산부서에 근무하는 김성실에 대한 연말정산자료이다. 김성실의 연말정산 관련 자료를 세부담이 최소화되는 방향으로 아래의 양식에 금액을 적으시오.

(1) 김성실의 부양가족은 다음과 같다.

관계	이름	연령(만)	비고
배우자	최아내	51세	총급여 20,000,000원
부친	김부친	87세	중증환자임. 소득없음.
자녀	김자녀	12세	소득없음.

(2) 김부친은 중증환자로서 취업이나 취학이 곤란한 상태이며 의사가 발행한 장애인증명서를 제출하였다.

(3) 김성실이 납부한 손해보험료 내역은 다음과 같다.

계약자	피보험자	납부액
김성실	최아내	1,000,000원
김성실	김자녀	700,000원

(4) 김성실이 지급한 의료비는 다음과 같다.

부양가족	금액	비 고
김성실	5,000,000원	안경구입비 70만원 포함되어 있음
최아내	3,000,000원	
김부친	4,000,000원	
김자녀	1,000,000원	

(5) 김성실이 지급한 교육비는 다음과 같다.

부양가족	금액	비 고
김성실	4,000,000원	대학원 박사과정 등록금
김자녀	2,500,000원	초등학교 체험학습비 500,000원과 초등학교 교복구입비 600,000원이 포함되어 있음

〈부양가족요건〉

관계	요 건		기본 공제	추가 (자녀)	판 단
	연령	소득			
본인(세대주)					
부(87)					
배우자					
자녀(12)					

〈연말정산〉

[특별세액공제]		
1. 보장성 보험료	① 일반	
2. 의료비	① 특정(본인,장애인,65세 이상, 중증, 6세 이하) ② 일반	
3. 교육비	① 본 인 ② 초중고	

03. 다음 자료에 의하여 김서우씨에 대하여 연말정산 관련 자료를 세부담이 최소화되는 방향으로 아래의 양식에 금액을 적으시오.

(1) 김서우씨와 생계를 같이하는 동거가족은 다음과 같다.

관계	이름	연령(만)	비고
본인	김서우	54세	
부	김일광	80세	주거형편상 별거하고 있으며 소득은 없다.
모	최애순	74세	
배우자	이은미	47세	총급여액 5,300,000원
자녀	김서수	18세	일용근로소득 30일간소득(일당 10만원)
자녀	김서희	16세	소득 없음
동생	김서원	43세	

(2) 다음은 홈택스에서 조회한 자료이다. 김서우씨가 공제가능한 모든 공제를 적용받고자 한다.

과 목	명 세	금 액	비 고
보 험 료	본인의 자동차 손해보험료	900,000원	
	장남의 생명보험료	1,200,000원	
의 료 비	부친의 디스크수술비	2,000,000원	
	장남의 맹장수술비	1,100,000원	
	동생의 치료목적의 성형수술비	3,000,000원	미용목적이 아님
교 육 비	배우자 대학원 수업료	6,000,000원	
	장남 고등학교 수업료	2,200,000원	
	장녀 중학교 수업료	1,800,000원	

과　목	명　세	금　액	비　고
기부금	본 인	2,000,000원	한국세무사회 공익재단 [일반기부금 단체)]성금
	장 남	800,000원	국군장병위문금품
	동 생	1,500,000원	종교단체기부금

〈부양가족요건〉

관계	요　건		기본 공제	추가 (자녀)	판　　단
	연령	소득			
본　인					
부(80)					
모(74)					
배우자					
자1(18)					
자2(16)					
형제(43)					

〈연말정산〉

[특별세액공제]		
1. 보험료	① 일반	
2. 의료비	① 특정(본인, 장애인, 65세 이상, 중증, 6세 이하) ② 일반	
3. 교육비	① 초중고	
4. 기부금	① 특례기부금 ② 일반기부금 ③ 일반기부금(종교단체)	

연/습/문/제 답안

객관식

1	2	3	4	5	6	7	8	9	10
②	①	②	①	②	②	①	④	④	④

[풀이-객관식]

01. 배당소득 중 **출자공동사업자의 배당소득에 대한 원천징수세율은 25%**이다.

02. ① **비실명금융소득 : 45%**
  ② 출자공동사업자의 배당소득 : 25%
  ③ 기타소득 : 20%
  ④ **3억원을 초과하는 복권당첨소득 : 30%**

03. 사업용계좌에 대한 가산세는 복식부기의무자에 한하여 적용된다.

04. **기타소득금액이 5만원 이하인 경우에 소득세를 과세하지 아니한다.**

05. 근로소득에 대한 연말정산은 원천징수의무자가 당해연도의 다음 연도 2월분의 근로소득을 지급하는 때 하게 된다.

06. **비실명배당소득**은 분리과세대상 배당소득으로서 **45%으로 원천징수**된다.
원천징수세액(이자소득원천징수세액 제외) 1천원 미만은 소액부징수, 기타소득인 원고료 10만원은 소득금액(10만원 × 40% = 40,000원) 5만원 이하로서 과세최저한 기타소득, 공익신탁의 이익은 비과세이자소득이다.

07. 금융소득의 종합과세기준금액은 2천만원이다. 그리고 **공적연금액을 제외한 사적연금액은 1,500만원(개정세법 24) 초과 시에도 분리과세를 선택할 수 있다.**

08. 성실신고확인대상사업자가 **무신고한 경우**에는 **성실신고확인서 미제출가산세와 신고불성실 가산세를 별도로 적용**한다.

09. 읍면 소재 간이과세자로서 신용카드 가맹점이 아닌 사업자로부터 3만원이 초과하는 간이영수증을 받는 것은 가산세 대상이 아니나, **읍면 외 지역의 경우 가산세 대상**이 된다.

10. 성실신고확인대상 사업자가 성실신고확인서를 제출하는 경우 종합소득과세표준 확정신고를 그 과세기간의 다음연도 **5월 1일부터 6월 30일(1개월 연장)**까지 해야 한다.

주관식

01	(2)(1)(3)(4)	02	해설참고	03	해설참고

[풀이-주관식]

01. (1) 배당소득:14% (2) 복권당첨소득:20% (3) 봉사료수입금액:5% (4) 의료보건용역:3%

02. 연말정산(김성실)

(1) 부양가족요건 판단

관계	요 건		기본 공제	추가 (자녀)	판 단
	연령	소득			
본인(세대주)	-	-	○		
부(87)	○	○	○	경로,장애(3)	
배우자	-	×	부		총급여액 5백만원 초과자
자녀(12)	○	○	○	자녀	

(2) 연말정산

항 목	요건		내역 및 대상여부	입력
	연령	소득		
보 험 료	○ (×)	○	• 배우자 손해보험료(소득요건 미충족) • 자녀 손해보험료	× ○(일반 700,000)
의 료 비	×	×	• 본인 의료비(**안경은 500,000 한도**) • 배우자 의료비 • 부친 의료비 • 자녀 의료비	○(본인 4,800,000) ○(일반 3,000,000) ○(장애 4,000,000) ○(일반 1,000,000)
교 육 비	×	○	• 본인 **대학원 등록금(본인만 대상)** • 자녀 교육비(**체험학습비 30만원 한도, 교복구입비는 중고등학생만 인정)**	○(본인 4,000,000) ○(초등 1,700,000)

[특별세액공제]		
1. 보장성 보험료	① 일반	700,000
2. 의료비	① 특정(본인, 장애인, 65세 이상, 중증, 6세 이하) ② 일반	8,800,000 4,000,000
3. 교육비	① 본 인 ② 초중고	4,000,000 1,700,000

03. 연말정산(김서우)

(1) 부양가족요건 판단

관계	요 건		기본 공제	추가 (자녀)	판 단
	연령	소득			
본 인	-	-	○		
부(80)	○	○	○	경로	**직계존속의 경우 주거형편상 별거를 해도 부양가족으로 인정**
모(74)	○	○	○	경로	
배우자	-	×	부		총급여액 5백만원 초과자
자1(18)	○	○	○	자녀	일용근로소득은 분리과세소득
자2(16)	○	○	○	자녀	
형제(43)	×	○	부		

(2) 연말정산

항 목	요건		내역 및 대상여부	입력
	연령	소득		
보 장 성 보 험 료	○ (×)	○	• 본인 자동차 보험료 • 장남의 생명보험료	○(일반 900,000) ○(일반 1,200,000)
의 료 비	×	×	• 부친 수술비 • 장남 수술비 • 동생 **치료목적 성형수술비**	○(65세 이상 2,000,000) ○(일반 1,100,000) ○(일반 3,000,000)
교 육 비	×	○	• 배우자 대학원 등록금 ☞ **대학원은 본인만 대상** • 장남고등학교 수업료 • 장녀중학교 수업료	× ○(초중고 2,200,000) ○(초중고 1,800,000)
기부금	×	○	• 본인 공익재단기부 • 장남 국군장병위문금품 • 동생 종교단체	○(일반 2,000,000) ○(특례 800,000) ○(종교 1,500,000)

[특별세액공제]		
1. 보험료	① 일반	2,100,000
2. 의료비	① 특정(본인,장애인,65세 이상, 중증, 6세 이하) ② 일반	2,000,000 4,100,000
3. 교육비	① 초중고	4,000,000
4. 기부금	① 특례기부금 ② 일반기부금 ③ 일반기부금(종교단체)	800,000 2,000,000 1,500,000

Part V

실무능력

➤➤➤ 전산세무1급 실무시험 출제내역

1. 전표입력	12점	일반전표 및 매입매출전표 입력
2. 부가가치세	10점	**부가가치세 수정, 기한후 신고서(가산세) 및 전자신고** **부가가치세 부속명세서**
3. 결산자료입력	8점	수동결산 및 자동결산 **법인세 계산 및 입력**
4. 원천징수	10점	**사원등록(인적공제)**/ 급여자료입력/ **연말정산** 원천징수이행상황신고서 및 **전자신고** **기타소득, 사업소득, 금융소득자료 입력**
5. 법인조정	30점	**법인세 세무조정 및 과세표준 및 세액조정계산서**
계	70점	

백데이타 다운로드 및 설치

1. 도서출판 어울림 홈페이지(www.aubook.co.kr)에 접속한다.
2. 홈페이지에 상단에 자료실 - 백데이타 자료실을 클릭한다.
3. 자료실 - 백데이터 자료실 - [로그인 전산세무1급(회계부가소득)] 백데이터를 선택하여 다운로드 한다.
4. 데이터를 다운받은 후 실행을 하면, [내컴퓨터 ➜ C:₩KcLepDB ➜ KcLep] 폴더 안에 4자리 숫자폴더 저장된다.
5. 회사등록메뉴 상단 F4(회사코드재생성)을 실행하면 실습회사코드가 생성된다.

이해가 안되시면 도서출판 어울림 홈페이지에 공지사항(81번)
"로그인 케이렙 실습데이타 다운로드 및 회사코드 재생성 관련 동영상"을 참고해주십시오.

Chapter

재무회계 실무능력 1

NCS회계 - 3 회계정보시스템 운용 NCS세무 - 3 세무정보시스템 운용

제1절 전표입력

1. 일반전표 입력

부가가치세가 없는 모든 거래를 입력하며, 분개자료는 제 장부 및 재무제표에 자동으로 반영된다.

2. 매입매출입력

매입매출전표입력은 **부가가치세와 관련된 거래를 입력하는 것**을 말한다.

(1) **상단부입력 : 부가가치세 신고서 반영**

① **입력자료에 따른 유형을 선택한다.**
유형은 주고받은 증빙(세금계산서, 계산서, 신용카드영수증, 현금영수증 등)을 보고 판단해서 선택하여야 한다.

[매출]

코드	유 형	내 용
11	**과세**	**세금계산서(세율10%)**를 교부한 경우 선택
12	**영세**	**영세율세금계산서(세율 0%)**를 교부한 경우 선택
13	**면세**	면세재화를 공급하고 **계산서**를 교부한 경우 선택
14	**건별(무증빙)**	1. 과세재화를 공급하고 **일반영수증 또는 미발행**한 경우 선택 2. **간주공급 시 선택**
16	**수출**	**직수출** 등의 국외거래시 선택
17	**카과(카드과세)**	**과세재화**를 공급하고 **신용카드로** 결제받은 경우 선택
18	**카면(카드면세)**	**면세재화**를 공급하고 **신용카드**로 결제받은 경우 선택
22	**현과(현금과세)**	**과세재화**를 공급하고 **현금영수증**을 발행한 경우 선택

19.카영(카드영세), 20.면건(면세건별-무증빙), 21.전자, **23.현면(현금면세)**, 24.현영(현금영세율)이 있다.

[매입]

코드	유 형	내 용
51	**과세**	**세금계산서(세율 10%)**를 교부받은 경우 선택하나, 불공제인 경우 54(불공)을 선택
52	**영세**	**영세율세금계산서(세율 0%)**를 교부받은 경우 선택
53	**면세**	**면세재화**를 공급받고 **계산서**를 교부받은 경우 선택
54	**불공**	**세금계산서(세율 10%)**를 교부받았지만, **매입세액이 불공제** 2. 사업과 직접 관련없는 지출 3. 비영업용소형승용차 관련 4. 기업업무추진비 관련 6. 토지의 자본적 지출관련
55	**수입**	재화의 수입 시 세관장이 발행한 **수입세금계산서** 입력시 선택
57	**카과(카드과세)**	**매입세액이 공제가능한 신용카드매출전표**를 교부받은 경우 선택
58	**카면(카드면세)**	**면세재화/용역을 구입하고 신용카드매출전표**를 교부받은 경우 선택
61.	**현과(현금과세)**	**매입세액이 공제가능한 현금영수증**을 교부받은 경우 선택

59.카영(카드영세), 60.면건(면세건별-무증빙), **62.현면(현금면세)**이 있다.

② 거래품목이 2개 이상인 경우에는 상단의 F7(**복수거래**)를 클릭하면 보조화면이 표시되고 복수거래화면에 품명·수량·단가를 입력하면 된다.

③ 영세율(12.영세, 16.수출등) 입력시 영세율구분을 선택하셔야 합니다.

부가세(영세율)유형	코드	영세율매출내용
16.수출 등	1	**직접수출(대행수출 포함)**
16.수출 등	2	중계무역등의 수출
12.영세, 19.카영, 24.현영 등	3	**내국신용장·구매확인서에 의하여 공급하는 재화**
16.수출 등	6	국외에서 제공하는 용역
12.영세등	10	수출재화임가공용역

④ 적요의 입력은 생략하나 특정거래에 대해서 적요번호를 입력하여야 한다.

타계정대체(재고자산)	8.타계정으로 대체액 원가명세서 반영분
의제매입세액공제	6.의제매입세액공제신고서 자동반영분
재활용폐자원매입세액공제	7.재활용폐자원매입세액공제신고서 자동반영분

⑤ **예정신고 누락분 전표입력**

Shift+F5를 클릭하거나 상단의 F11(간편집계)을 클릭하여, **예정누락분을 선택하고, 확정신고 개시년월을 입력한다**.

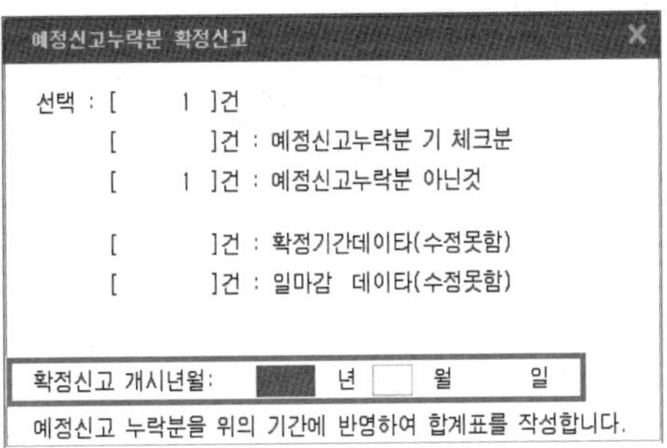
예정신고누락분 확정신고

선택 : [1]건
[ ]건 : 예정신고누락분 기 체크분
[1]건 : 예정신고누락분 아닌것
[ ]건 : 확정기간데이타(수정못함)
[ ]건 : 일마감 데이타(수정못함)

확정신고 개시년월: 년 월 일
예정신고 누락분을 위의 기간에 반영하여 합계표를 작성합니다.

⑥ 수정세금계산서 발급방법

㉠ 과세 유형을 선택하고 상단의 F11(간편집계)를 클릭하여 SF11(수정세금계산서)을 선택한다.

㉡ 수정세금계산서 사유를 선택하고, 당초분 승인번호등을 입력한다.

수정세금계산서 사유입력 및 발행

수정세금계산서 사유 : 1.기재사항 착오.정정　　0.수정사유 입력

구분	년	월	일	번호	유형	품목	수량	단가	공급가액	부가세	거래처	사업/주민번호

㉢ 나머지 매입매출전표사항을 입력하면 된다.

(2) 하단부입력 : 재무제표에 반영

분개유형(1.현금, 2.외상, 3.혼합, 4.카드 등)을 선택하여 분개를 한다.

(3) 전자세금계산서 발행(시험에서 출제된 적은 없습니다.)

1. 매입매출전표에 전자"부"로 하여 전표입력한다.
2. "전자세금계산서 발행"에서 기간을 주고 거래처 코드에서 Enter를 치서 미발행거래처를 선택(체크)하고, 하단의 수신자를 클릭하여 사용여부/담당자명/메일주소를 입력한다.(수신자가 입력되지 않으면 전자세금계산서가 발행되지 않는다.)
3. 상단의 F3(전자발행)을 클릭하여 전자세금계산서를 발행한다.
4. "베스트빌 로그인" 화면에 아이디와 비번을 동일하게 "kacpta"를 입력한다.
5. 국세청전송화면에 인증서암호가 이미 입력되었으므로 확인버튼만 클릭한다.
6. 전자세금계산서 발행 화면에서 정상적으로 발행된 것을 확인할 수 있고, 매입매출전표의 전자가 "여"로 체크되어 있는 것을 확인할 수 있다.

[전표 입력 선택]

거래증빙		전표입력
1. 세금계산서 발급 및 수취		매입매출전표 입력
2. 신용카드매출전표 등 발급		매입매출전표 입력
3. 신용카드매출전표 등 수취	매입세액공제	매입매출전표 입력
	매입세액불공제	**일반전표 입력**

<예제1 - 1> 전표입력

- 입력시 유의사항 -

- 일반적인 적요의 입력은 생략하지만, **타계정 대체거래는 적요 번호를 선택하여 입력**한다.
- 세금계산서 · 계산서 수수 거래 및 **채권 · 채무 관련 거래는 별도의 요구가 없는 한 반드시 기등록된 거래처코드를 선택하는 방법으로 거래처명을 입력**한다.
- 제조경비는 500번대 계정코드를, 판매비와관리비는 800번대 계정코드를 사용한다.
- 회계처리 시 계정과목은 등록된 계정과목 중 가장 적절한 과목으로 한다.
- 매입매출전표를 입력하는 경우 입력화면 하단의 분개까지 처리하고, **세금계산서 및 계산서는 전자 여부를 입력하여 반영**한다.

다음은 (주)지구(0301)의 거래이다. 다음거래 자료에 대하여 적절한 회계처리를 하시오. 각각의 문제는 별도 언급이 없는 한 독립적인 거래라 가정한다.

[일반전표입력]

[1] 1월 1일 당사는 장기적인 자금운영을 목적으로 (주)대마가 발행한 다음의 사채를 현금으로 취득하였다.

- 사채발행일 20×1년 1월 1일
- 액면가액 1,000,000원 표시이자율 : 연 10%
- 이자지급 : 매년 말 후급 만기 : 20×3년 12월 31일

취득당시 시장이자율은 12%, 20×1년말 시장이자율은 9% 이었다.

12%의 3년 연금현가계수는 2.40183이고, 12%의 3년 현가계수는 0.71178이다.

[2] 4월 2일 공장신축을 위하여 건물과 토지를 구입하고 그 토지에 있던 구건물을 철거하였다. 토지와 구건물 구입대금으로 현금 3,000,000원과 자사보통주(주당 액면가액 5,000원, 시가 8,400원) 500주를 발행하여 교부하였고, 구건물의 철거비용과 토지 등기비 705,000원이 현금으로 지출되었다.

[3] 4월 3일 지점 건물 건설을 위한 토지를 당사의 주주인 정갑수씨로부터 아무런 조건없이 무상으로 기증받고 취득세 등 이전비용 4,200,000원을 전액 현금으로 지급하였다. 토지의 기준시가와 공정가치는 각각 90,000,000원과 110,000,000원이다.

[4] 4월 4일 (주)지구의 감자전 자본에 관한 자료는 다음과 같다고 가정한다.

• 보통주 자본금(1,000,000주, 1,000원/주당)	100,000,000원
• 주식발행초과금	3,000,000원
• 감자차익	500,000원
• 처분전 이익잉여금	3,567,000원
• 자본총계	107,067,000원

당사는 사업축소를 위하여 발행중인 보통주 3,000주를 주당 1,200원에 매입하여 소각하고 대금은 당좌수표를 발행하여 지급하였다.

[5] 4월 5일 3월 10일에 취득한 자기주식 200주(주당 12,000원)중 100주를 주당 7,200원에 현금을 받고 매각하였다. 단, 기타의 자본잉여금 중 자기주식처분이익계정에는 300,000원의 잔액이 있다고 가정한다. 이를 반영하여 기업회계기준에 따라 회계처리를 하시오.

[6] 4월 6일 액면가액 20,000,000원인 사채 중 액면가액 15,000,000원을 13,200,000원에 중도 상환하기로 하고 상환대금은 당좌수표로 지급하다. 상환일 현재 사채할인발행차금 잔액은 2,000,000원이라고 가정한다.

[7] 전기의 이익잉여금처분계산서의 내역이라고 가정한다.

이익잉여금처분계산서

20x0. 1. 1 ~ 20x0. 12. 31

처분확정일 20x1. 2. 20

Ⅰ. 미처분이익잉여금		31,223,000원
1. 전기이월이익잉여금	25,600,000원	
2. 당기순이익	5,623,000원	
Ⅱ. 임의적립금 이입액		
1. 배당평균적립금	3,000,000원	3,000,000원
Ⅲ. 합 계		34,223,000원
Ⅳ. 이익잉여금 처분액		16,000,000원
1. 이익준비금	1,000,000원	
2. 현금배당주1)	10,000,000원	
3. 주식배당	500,000원	
4. 사업확장적립금	4,500,000원	
Ⅴ. 차기이월미처분이익잉여금		18,223,000원

주1) 현금배당과 주식배당은 20x1년 3월 20일 현금과 주식으로 지급하였다.(원천징수는 고려하지 않는다)

1. 처분결의일 회계처리

2. 지급일 회계처리

[8] 4월 8일 당사와 동일 업종을 영위하는 (주)은하를 매수합병(포괄양도양수에 해당함)하고 합병대금 12,000,000원은 당좌수표를 발행하여 지급하다. 합병일 현재 (주)은하의 자산은 토지(장부가액 8,000,000원, 공정가액 9,300,000원)와 특허권(장부가액 580,000원, 공정가액 1,400,000원)뿐이며 부채는 없다.

[9] 4월 9일 거래처 (주)주성전자으로 부터 3월 5일에 영세율전자세금계산서를 교부받은 상품매입대금 전액을 외환은행의 외화 보통예금 통장에서 송금하여 결제하고 다음과 같은 거래계산서를 교부받다.

환전/송금/금매매 거래계산서

거 래 일 : 20x1년 4월 9일 고객명 : (주)지구

거래종류 : 국내자금당발이체 실행(창구)

구분	통화	외화금액	환율	원화금액
외화대체	USD	1,000.00	1,266.00	1,266,000

적요
당발이체수수료 : 10,000원
내신외화금액 : USD 1,000.00 내신원화금액 : 10,000원
수취인 : (주)주성전자

[10] 4월 10일 대표이사가 업무용으로 사용할 3,000cc 승용차를 구입시 이에 대하여 의무적으로 구입해야 하는 액면가액 1,000,000원, 공정가치 700,000원인 채권(매도가능증권으로 분류된다)을 액면가액으로 취득하면서 채권에 대한 대가는 현금으로 지급하였다.

[11] 4월 11일 이월결손금 15,000,000원의 보전을 위하여 주식 5주를 1주로 병합하는 감자를 실시하였다. 감자 전 당사의 자본은 자본금 20,0000,000원(액면가액 @1,000원, 주식수 20,000주)과 이월결손금 뿐이라 가정한다. 감자차손은 없다고 가정한다.

[12] 4월 12일 당사의 확정급여형(DB형) 퇴직연금에 대하여 신한은행(퇴직연금운용사업자)으로부터 계약에 따른 퇴직연금운용수익 1,000,000원(수수료 차감전 금액)이 지급되었음을 통지받았다. 단, 퇴직연금운용수익과 관련된 운용수수료가 50,000원이 발생하였다.

[13] 4월 13일 장기투자목적으로 구입한 (주)K사의 주식(시장성 있음) 300주를 1주당 20,000원에 처분하고 대금은 보통예금에 입금되었다. 주식처분에 따른 증권거래세 30,000원과 거래수수료 12,000원은 현금으로 지급하였다.

> ※ (주)K사 주식의 취득 및 변동내역
> - 20x0.10.20 500주 취득 (주당 18,000원 소요)
> - 20x0.12.31 시가 : 1주당 22,000원

[14] 4월 14일 영업부사원 이주몽씨의 퇴직으로 인하여 퇴직금을 다음과 같이 정산후 보통예금계좌에서 지급하였다. 회사는 퇴직급여충당부채를 설정하고 있다.

> - 퇴직금 총액 18,000,000원
> - 국민연금(퇴직금)전환금 회사납부액 2,000,000원
> - 전세자금 대여액 5,000,000원(임직원등 단기채권에 계상되어 있음)
> - 퇴직소득세 및 지방소득세 500,000원
> - 기초퇴직급여충당부채잔액 10,000,000원(당기에 상기외의 퇴직금지급내역은 없다)

해답

[1]	(차)	매도가능증권(투자)	951,963	(대)	현 금	951,963

☞ 매도가능증권의 취득원가 100,000원 × 2.40183 + 1,000,000원 × 0.71178 = 951,963원

[2]	(차)	토 지	7,905,000	(대)	자 본 금	2,500,000
					주식발행초과금	1,700,000
					현 금	3,705,000
[3]	(차)	토 지	114,200,000	(대)	현 금	4,200,000
					자산수증이익	110,000,000
[4]	(차)	자 본 금	3,000,000	(대)	당 좌 예 금	3,600,000
		감 자 차 익	500,000			
		감 자 차 손	100,000			

☞ 감자차손은 감자차익(자본잉여금)과 우선적으로 상계하고, 잔액은 자본조정으로 계상한다.

[5] (차) 현 금 720,000 (대) 자 기 주 식 1,200,000
자기주식처분이익 300,000
자기주식처분손실 180,000

[6] (차) 사 채 15,000,000 (대) 당 좌 예 금 13,200,000
사채할인발행차금 1,500,000
사채상환이익 300,000

☞ **사채할인발행차금 = 2,000,000원 × 15,000,000원/20,000,000원 = 1,500,000원**

[7] 1. 처분결의일(2월 20일)
(차) 이월이익잉여금 13,000,000 (대) 미 지 급 배 당 금 10,000,000
배당평균적립금 3,000,000 미교부주식배당금 500,000
사업확장적립금 4,500,000
이익준비금 1,000,000

2. 지급일(3월 20일)
(차) 미지급배당금 10,000,000 (대) 현 금 10,000,000
미교부주식배당금 500,000 자 본 금 500,000

[8] (차) 토 지 9,300,000 (대) 당 좌 예 금 12,000,000
특 허 권 1,400,000
영 업 권 1,300,000

[9] (차) 외상매입금 1,250,000 (대) 보 통 예 금 1,266,000
((주)주성전자) 현 금 10,000
외 환 차 손 16,000
수수료비용(판) 10,000

☞ **3월 5일 매입매출전표 조회 → 외상매입금 1,250,000원 확인**

[10] (차) 차량운반구 300,000 (대) 현 금 1,000,000
매도가능증권(투자) 700,000

[11] (차) 자 본 금 16,000,000 (대) 이월결손금 15,000,000
감 자 차 익 1,000,000

☞ **감자액 = 20,000,000 × 4/5 = 16,000,000원**

[12] (차) 퇴직연금운용자산(신한은행) 950,000 (대) 이 자 수 익 1,000,000
수수료비용(판) 50,000

[13]	(차)	보 통 예 금	6,000,000	(대) 매도가능증권(투자)	6,600,000
		매도가능증권평가익	1,200,000	현 금	42,000
				투자자산처분익 (매도가능증권처분익)	558,000

☞ 20x0년 기말평가 : 500주(평가익 주당 4,000원)
(차) 매도가능증권(투자) 2,000,000 (대) 매도가능증권평가익 2,000,000
상계해야 할 매도가능증권평가익 : 4,000원×300주

[14]	(차)	퇴직급여충당부채	10,000,000	(대) 국민연금전환금	2,000,000
		퇴직급여(판)	8,000,000	임직원등 단기채권(이주몽)	5,000,000
				예 수 금	500,000
				보 통 예 금	10,500,000

[매입매출전표입력]

[1] 4월 01일 국고보조금에 의해 취득한 기계장치를 (주)토성에 외상(매각대금 10,000,000원 부가가치세 별도)으로 처분하고 전자세금계산서를 교부하였다. 처분하기 전까지 감가상각비와 감가상각누계액은 적정하게 회계처리되어 있으며, 기계장치의 내용은 다음과 같다.

• 기계장치	30,000,000원	• 국고보조금(기계장치 차감)	11,617,500원
• 감가상각누계액	6,765,000원		

[2] 4월 02일 회사는 신한은행으로부터 은행업무용으로 사용하던 중고 포터트럭을 11,000,000원에 현금으로 구입하였다. 신한은행은 동 포터트럭 판매에 대하여 관련 세법상의 규정을 준수하여 증빙을 전자 발행하였다.

[3] 회사는 (주)토성에 제품을 납품하는 과정에서 다음과 같은 문제가 발생하였으며 이러한 문제를 고려하여 부가가치세법상의 전자세금계산서를 발급하였다. 관련 자료를 입력하시오.

① 4월 01일 회사는 (주)토성에 제품 100개를 개당 1,000원에 납품주문을 받았다.(부가가치세별도)
② 4월 02일 주문받은 제품을 회사가 직접 운송하던 도중에 부주의로 5개가 파손된 것을 확인하였다. 파손 제품을 추가로 납품하지는 않는다.
③ 4월 03일 (주)토성에서 제품을 검수하는 과정에서 10개의 제품에서 미미한 하자가 발생하여 10개의 제품에 대하여 개당 100원씩 판매가격을 인하하기로 하고 검수를 완료하였다.
④ 대금은 한달 후에 받기로 하였다.

[4] 4월 04일 당사는 화성에 공장을 신축할 계획으로 건축물이 있는 토지를 취득하고 즉시 그 건축물은 철거를 하였다. 동 건축물 철거작업과 관련하여 현대건설로부터 10,000,000원(부가세 별도)의 전자세금계산서를 교부받았으며, 대금의 30%는 현금으로 나머지는 한달 후에 지급하기로 하였다.

[5] 4월 05일 미국의 지맨스사에 총 $25,000에 수출하기로 계약한 제품을 4월 5일 선적하고, 4월 1일에 수취한 계약금 $2,500을 제외한 나머지 대금은 4월 30일에 받기로 하다. 단, 4월 1일에 외화예금 통장으로 수취한 계약금은 나머지 대금을 수령한 후 일시에 원화로 환가하기로 하였다.

- 4월 1일 기준환율 1$ = 1,000원
- 4월 5일 기준환율 1$ = 1,100원
- 4월 30일 기준환율 1$ = 1,150원

[6] 회사는 영종(주)에 제품(공급가액 : 15,000,000원 부가가치세 1,500,000원)을 외상으로 납품하고 3월 31일 전자세금계산서를 발급하였다.(회계처리 됨) 동 거래는 수출과 관련된 것으로서 구매확인서는 4월 15일자로 발급받았다. 이와 관련하여 당사는 부가가치세법의 규정에 의하여 수정전자세금계산서를 발급하였다. **상단의 SF11(수정세금계산서)를 클릭하여 수정사유를 선택하고 전표를 작성한다.**

[7] 4월 07일 제품매출처 (주)우리의 4월 7일 현재의 외상매출금 잔액을 다음과 같이 전액 회수하였다. 이에 대하여 현행 부가가치세법에 따라 발행된 (-)전자세금계산서의 회수내용을 회계처리하시오. 회계처리시 제품매출에서 직접 차감한다.

사전약정에 의하여 550,000원은 할인하여 주고, 4,000,000원은 (주)우리 발행의 약속어음(20x1.5.10.만기)으로 받았으며 잔액은 당사 보통예금계좌로 입금되었다.

[8] 4월 09일 당사는 수출업자와 수출재화임가공용역계약을 체결한 (주)우리에 제품(공급가액 50,000,000원, 부가가치세 별도)을 외상으로 납품하고 전자세금계산서는 부가가치세법 규정을 준수하여 발행 교부하였다.

[09] 4월 30일 ㈜토성에 건물을 임대하고 4월분 월세(공급가액 1,000,000원 부가가치세액 100,000원)를 다음달 10일 받기로 하고 전자세금계산서를 발급하다. **당사는 부동산임대업을 주업으로 하는 것으로 가정한다.**

[10] 4월 08일 사용중이던 건물을 (주)토성에 매각하였다. 토지와 건물을 합하여 매각대금은 300,000,000원(부가가치세 별도)이고 관련자료는 다음과 같다. 계약조건에 따라 전자세금계산서와 계산서를 발행하였으며, 매각대금은 보통예금계좌에 입금되었다. 분개는 전자세금계산서 하단에 토지와 건물을 합하여 회계처리하시오.

구 분	토 지	건 물
기준시가	150,000,000원	50,000,000원

- 토지와 건물의 공급가액을 기준시가 비율로 안분계산함.
- 장부가액 : 토지 200,000,000원, 건물 500,000,000원, 건물감가상각누계액 400,000,000원

[11] 3월 10일 (주)드림의 매출실적이 당초 목표를 초과하여 당사와의 약정에 따라 판매장려금을 본사의 제품(원가 15,000,000원, 시가 20,000,000원)으로 제공하였다. 본 거래는 1기 예정신고시 누락되었다. 1기 확정신고시에 반영되도록 입력하시오.

해답

[1]

유형	공급가액	세액	공급처	전자	분개
11(과세)	10,000,000	1,000,000	(주)토성	여	혼합

(차) 감가상각누계액 6,765,000 (대) 기 계 장 치 30,000,000
국고보조금(기계) 11,617,500 부가세예수금 1,000,000
미 수 금 11,000,000
유형자산처분손 1,617,500

[2]

유형	공급가액	세액	공급처	전자	분개
53(면세)	11,000,000		신한은행	여	현금

(차) 차량운반구 11,000,000 (대) 현 금 11,000,000

☞ 업무용으로 사용하던 재화를 공급하는 경우 그 재화가 비록 과세재화일지라도 주된 사업의 과세면세여부에 따라 판단한다. 따라서 신한은행은 금융업으로서 주된 사업이 면세이므로 포터트럭의 공급은 면세로서 계산서가 발행된다.

[3]

유형	공급가액	세액	공급처	전자	분개
11(과세)	94,000	9,400	(주)토성	여	외상

(차) 외상매출금 103,400 (대) 제 품 매 출 94,000
부가세예수금 9,400

- 재화의 공급시기 및 세금계산서 교부시기는 인도일이다. 따라서 인도일(검수완료일)은 4월 3일이다.
- 재화의 공급가액계산시 운송도중 파손품 및 하자로 인한 가격할인액 즉 매출에누리는 과세표준에 포함되지 아니한 것이므로 세금계산서교부시 공급가액에는 제외된다.
- 과세표준 = 95개 × 1,000원 − 10개 × 100원 = 94,000원

[4]

유형	공급가액	세액	공급처	전자	분개
54(불공.토지관련)	10,000,000	1,000,000	현대건설	여	혼합

(차) 토　　지　11,000,000　(대) 현　　금　3,300,000
미지급금　7,700,000

☞ 토지의 조성등을 위한 자본적지출에 관련된 매입세액은 토지관련 매입세액으로서 매입세액이 공제되지 아니한다.

[5]

유형	공급가액	세액	공급처	분개
16(수출-1.직접수출)	27,500,000		지맨스사	혼합

(차) 선 수 금　2,500,000　(대) 제품매출　27,500,000
외상매출금*　24,750,000
외환차손　250,000

☞ 계약금을 외화상태로 보유한 경우 과세표준은 선적일의 기준환율을 적용한다.
과세표준 = $25,000 × 1,100원/$ = 27,500,000원
외상매출금 = $22,500 × 1,100원/$ = 24,750,000원

[6] 3월 31일 수정세금계산서(상단의 SF11(수정세금계산서)를 클릭하고 사유 5번 입력)

유형	공급가액	세액	공급처	전자	분개
11(과세)	-15,000,000	-1,500,000	영종(주)	여	외상

(차) 외상매출금　-16,500,000　(대) 제품매출　-15,000,000
부가세예수금　-1,500,000

3월31일 영세율수정세금계산서(상단의 SF11(수정세금계산서)를 클릭하고 사유 5번 입력)

유형	공급가액	세액	공급처	전자세금	분개
12(영세-3.내국신용장등)	15,000,000		영종(주)	여	외상

(차) 외상매출금　15,000,000　(대) 제품매출　15,000,000

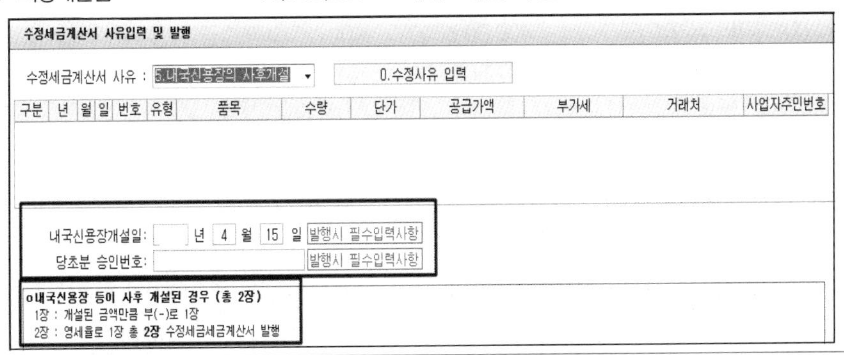

☞ 재화 또는 용역을 공급한 후 공급시기가 속하는 과세기간 종료 후 25일 이내에 구매확인서가 발급이 되는 경우에는 당초 공급시기를 작성일자로 하여 기 발급한 과세세금계산서에 대하여 수정세금계산서와 영세율수정세금계산서를 발급하여야 한다.→전표 상단에 수정이라는 표시가 나타난다.

[7]

유형	공급가액	세액	공급처	전자	분개
11(과세)	-500,000	-50,000	(주)우리	여	혼합

(차)		(대)	
받을어음	4,000,000	제품매출	-500,000
보통예금	2,050,000	부가세예수금	-50,000
		외상매출금	6,600,000

☞4월 7일 ㈜우리 거래처원장 외상매출금 조회

거래처분류 ~ 거 래 처 00108 (주)우리 ~ 00108 (주)우리

코드	거래처	등록번호	대표자명	전일이월	차변	대변	잔액	(담당)코	(담당)!
00108	(주)우리	203-23-30209	김아산	6,600,000			6,600,000		

[8]

유형	공급가액	세액	공급처	전자	분개
11(과세)	50,000,000	5,000,000	(주)우리	여	외상

(차)		(대)	
외상매출금	55,000,000	제품매출	50,000,000
		부가세예수금	5,000,000

☞ 수출임가공용역계약의 경우 수출업자와 직접 도급계약에 의한 경우만 영세율이 적용되며 기타의 경우에는 영세율이 적용되지 아니한다.

[9]

유형	공급가액	세액	공급처	전자	분개
11(과세)	1,000,000	100,000	(주)토성	여	외상

(차)		(대)	
외상매출금	1,100,000	임대료수입(411)	1,000,000
		부가세예수금	100,000

☞ 부동산임대업을 주업으로 한다고 하였으므로 상거래로서 외상매출금과 임대료수입(411)계정을 사용해야 한다.

[10]

유형	공급가액	세액	공급처	전자	분개
13(면세)	225,000,000		(주)토성	-	분개없음
11(과세)	75,000,000	7,500,000	(주)토성	여	혼합

(차)		(대)	
감가상각누계액(건물)	400,000,000	부가세예수금	7,500,000
보통예금	307,500,000	건물	500,000,000
		토지	200,000,000

☞ 감정가액, 기준시가, 장부가액 순으로 안분계산한다.

☞ 건물의 과세표준 = $300,000,000 \times \frac{50,000,000}{200,000,000}$ = 75,000,000원

[11] <u>예정신고누락분은 Shift + F5 를 클릭하여 확정신고 개시년월(4월)을 입력하여 확정신고에 반영한다.</u>

유형	공급가액	세액	공급처	분개
14(건별)	20,000,000	2,000,000	(주)드림	혼합

(차)		(대)	
판매장려금(판)	17,000,000	제품(타계정으로 대체)	15,000,000
		부가세예수금	2,000,000

☞ 판매장려금의 경우 금전으로 지급하는 경우에는 재화의 공급에 해당하지 아니하며 현물로 지급하는 경우에는 사업상 증여이므로 현물의 시가를 과세표준에 포함한다.

제2절 고정자산등록

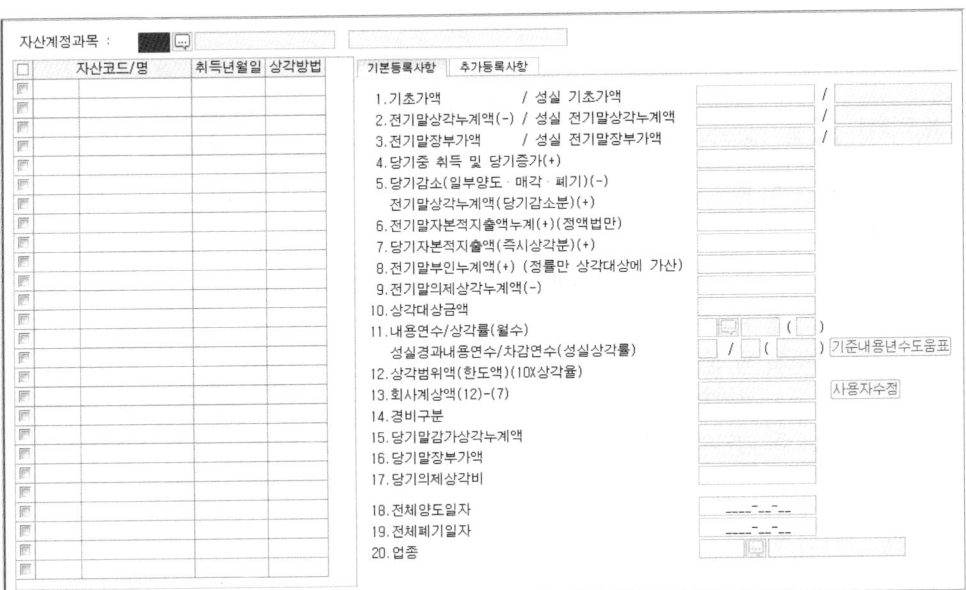

(1) 당기에 신규 취득한 자산은 기초가액에 입력하지 않고 [4.당기중 취득 및 당기증가] 란에 입력하여야 한다.

☞ 무형자산은 직접법으로 상각하므로 기초가액에 전기말 장부가액(취득가액-상각누계액)을 입력한다.

(2) 13.회사계상액(일반상각비)가 자동 계산된다. [사용자수정]을 클릭하면 회사계상상각비를 수정할 수 있다.

(3) 고정자산의 간편등록

전표입력시 계정과목이 고정자산(유무형자산)일 경우 계정과목이 있는 라인에서 Enter를 치면 고정자산을 간편하게 등록을 할 수 있다.

제3절 결 산

1 결산자료 입력하기

수동결산 (12월 31일 일반전표 입력)	1. 퇴직급여충당부채환입과 대손충당금 환입, 재고자산 비정상감모손실은 반드시 수동결산으로 입력한다. 2. 문제에서 결차, 결대로 입력하라고 제시했으면 반드시 결차, 결대를 사용하여 수동결산을 입력한다.
자동결산	1. 재고자산의 기말재고액(상품, 제품, 원재료, 재공품) 2. 유무형자산의 상각비 3. 퇴직급여충당부채 당기 전입액 4. 채권에 대한 대손상각비(보충법) 5. 법인세계상(맨마지막에 입력한다.) ☞ ② ③ ④ ⑤는 수동결산도 가능하다.
순서	수동결산 → 자동결산

(1) 자동결산항목 : 결산일 및 매출원가와 원가경비 선택

① [결산자료입력]메뉴를 클릭하여 결산일자를 **1월부터 12월까지로** 선택한다.

② F4(원가설정)를 클릭하여 제품매출원가를 선택한다.

③ 결산완료 및 수정방법

㉠ 상단의 F3(전표추가)를 클릭하여 일반전표에 결산분개를 자동으로 반영합니다.

㉡ 수정은 상단의 CF5(결산분개삭제)를 클릭하여 삭제하고 다시 입력 후 F3(전표추가)를 하면 된다.

2 재무제표 확정

재무제표는 일정한 순서 즉 **제조원가명세서, 손익계산서, 이익잉여금 처분계산서, 재무상태표 순**으로 작성해야 한다.

전산세무1급 시험에서 이익잉여금처분계산서 작성문제가 나오면 상기 순서대로 해야 에러가 나오지 않습니다.

(1) 제조원가명세서

[결산/재무제표], [제조원가명세서]를 조회한 후 Esc(종료)로 종료한 후 제조원가명세서를 확정한다.

(2) 손익계산서

[결산/재무제표], [손익계산서]를 조회한 후 Esc(종료)로 종료한 후 손익계산서를 확정한다.

(3) 이익잉여금처분계산서

[결산/재무제표], [이익잉여금처분계산서]를 조회한 후 Esc(종료)로 종료한 후 이익잉여금처분계산서를 확정한다. 손익계산서를 확정하면 이익잉여금처분계산서에 당기순이익이 자동반영된다.

이익잉여금처분계산서의 **당기/전기 처분확정일(주주총회일)을 입력**하고 이익잉여금 처분액(처분예정액)을 해당란에 입력한다.

해당 라인에 커서를 위치하고 F4(칸추가)를 하면 과목을 입력할 수 있는 칸이 추가됩니다.

그리고 **상단의 F6(전표추가)를 클릭하면 12월31일 일반전표에 반영**한다.

<예제 1 - 2> 결산자료입력

(주)화성(0302)의 거래내용은 다음과 같다. 다음 자료를 이용하여 결산전표를 입력하시오. 각각의 문제는 별도 언급이 없는 한 독립적인 거래라 가정한다.

[1] 20×0년 12월 1일에 장기소유 목적으로 구입한 태공(주) 주식 600주(1주당 액면가액 10,000원)를 @98,000원으로 취득하였으나, 20x0년 결산시 공정가액 @95,000원으로 평가하였다. 20x1년 12월 31일자 회계처리를 하시오. 단, 이 주식은 태공(주)이 금융기관으로부터 당좌거래 정지처분을 당하여 주식의 회수가능액이 20,000,000원으로 평가되었다

[2] 손익계산서상 금액을 검토한 결과 다음과 같은 내용이 발견되었다.

① 보험료 중에는 20x2년 1월 1일 ~ 20x2년 4월 20일 기간에 대한 지출액 370,000원이 포함되어 있다. ② 조사결과 결산일 현재 관리부의 소모품 중 미사용액은 729,000원으로 밝혀졌다.

[3] 회사가 기말현재 보유한 외화자산 부채는 다음과 같다. 동 외화자산에 대하여 기업회계기준이 정하는 바에 따라 회계처리하시오. 기업회계기준에 의한 적정한 기말환율은 $1 =1,100원이고 평가손익은 각각 인식한다. 다만, 거래처코드입력은 생략하기로 한다.

계정 과목	외화가액	장부가액
보통 예금 외상매출금	$2,000 $5,000	2,000,000원 4,500,000원
단기차입금	$10,000	10,000,000원

[4] 결산일 현재 정기예금과 장기차입금에 대한 내용이다. 기업회계기준에 따라 회계처리를 하시오. 단, 이자계산은 월할계산으로 하되 1월 미만은 1월로 한다.

과목	거래처	발생일자	만기일자	금액	이자율	이자지급일(수령일)
정기 예금	국민은행	20x1.7.10	20x2.7.10	10,000,000	6%	매년 7.10
장기 차입금	신한은행	20x0.10.1	20x2.9.30	50,000,000	7%	매년 4월 1일과 10월 1일에 6개월분씩 지급(후지급함)

[5] 회사는 당기초 재무상태표상 영업권 미상각 잔액(장부가액)이 8,000,000원이 있다. 영업권은 전기 초에 설정되어 전기 초부터 사용하였고 모든 무형자산은 사용가능한 시점부터 5년간 상각한다.

[6] 8월 1일 구입한 다음의 기계장치를 기업회계기준에 따라 정률법으로 감가상각비를 계상하시오.

구 분	금 액	비 고
취 득 가 액 운 반 비 기계장치 설치비용 기계장치 시운전비용	24,000,000원 200,000원 100,000원 700,000원	• 내용연수 : 5년 • 상각률 : 0.451 • 월할상각 적용함
합 계	25,000,000원	

[7] 퇴직급여추계액은 다음과 같다. 퇴직급여충당부채는 퇴직급여추계액의 100%를 설정한다.

구 분	퇴직급여추계액	설정전퇴충잔액
생산직	72,000,000원	0
사무직	8,000,000원	10,000,000

[8] 기말재고자산의 내역은 다음과 같다.

내 역	실사금액(원)	장부금액(원)	순실현가치
상 품	29,000,000원	29,000,000원	29,000,000원
원재료*1	8,500,000원	9,300,000원	8,500,000원
재공품	3,000,000원	3,000,000원	3,500,000원
제 품*2	12,000,000원	12,500,000원	13,000,000원

※ 회사는 실지재고조사법에 의하여 재고수량을 파악하고 있으며, 순실현가치는 일반기업회계기준상 저가법의 사유로 인하여 발생된 것이다.

*1. 원재료의 실사금액과 장부금액의 차이는 비정상상감모에 의한 것이다.

*2. 제품의 실사금액과 장부금액의 차이는 정상감모에 의한 것이다.

[9] 당사는 매출채권(당좌자산)에 대해서 1%, 미수금에 대해서 2%의 대손충당금을 설정하기로 한다.

[10] 법인세 등은 결산서상 법인세차감전순이익(699,570,684원이라 가정)에 대하여 현행 세법에 의한 세율을 적용한 법인세와 지방소득세(독립세)를 계상한다. 단, 선납세금계정에는 법인세중간예납액과 원천징수세액이 포함되어 있다.

- 법인세등 추산액 = ① + ②
  ① 법인세 산출세액 - 법인세 감면세액(4,000,000원) ② 법인세분 지방소득세

[11] 당기 이익잉여금에 대한 처분내역은 다음과 같다.

(1) 당기처분예정일 : 20X2년 2월 28일, 전기처분확정일 : 20X1 2월 28일

(2) 현금배당액 : 5,000,000원

(3) 이익준비금 : 현금배당액의 10%

(4) 사업확장적립금 : 300,000원

(5) 기타임의적립금 : 1,300,000원

해답

1. 수동결산(대손충당금환입과 퇴직급여충당부채환입은 수동으로 입력)
2. 재고자산 비정상감모손실도 수동입력한다.
3. 최종적으로 자동결산(기말재고자산입력, 법인세등) 입력 후 상단의 전표추가를 한다.

[수동결산] 1~4

[1] (차) 투자증권손상차손 38,800,000 (대) 매도가능증권(투자) 37,000,000*1
매도가능증권평가손실 1,800,000*2

☞ 기말매도가능증권 장부가액(손상차손인식전) = 600주 × 95,000원 = 57,000,000원

*1. 57,000,000 – 20,000,000 = 37,000,000원

*2. 20x0년 매도가능증권평가손실 = 600주 × (98,000원 – 95,000원) = 1,800,000원

[2] (차) 선급비용 370,000 (대) 보 험 료(판) 370,000
소 모 품 729,000 소모품비(판) 729,000

[3] (차) 보통예금 200,000 (대) 외환환산이익 1,200,000
외상매출금 1,000,000
(차) 외화환산손실 1,000,000 (대) 단기차입금 1,000,000

☞ 기업회계기준에 의한 외화자산 부채의 기말 평가는 화폐성 외화자산부채만 평가하도록 규정하고 있다.

구 분	계정과목	외화가액	장부가액	평가액	평가손익
화폐성외화자산	보통예금	$2,000	2,000,000원	2,200,000원	200,000원
	외상매출금	$5,000	4,500,000원	5,500,000원	1,000,000원
화폐성외화부채	단기차입금	$10,000	10,000,000원	11,000,000원	△1,000,000원

[4] (차) 미수수익(국민은행) 300,000*1 (대) 이자수익 300,000
이자비용 875,000*2 미지급비용(신한은행) 875,000

*1. 10,000,000 × 6% × 6(7.11~12.31)/12 = 300,000원

*2. 50,000,000 × 7% × 3(10.1~12.31)/12 = 875,000원

[자동결산] 5~10 결산자료입력에서 직접 입력하는 것이 편하므로 자동결산으로 입력하시기 바랍니다.(재고자산 제외)

[5] (차) 무형고정자산상각비(판) 2,000,000 (대) 영 업 권 2,000,000

☞ 무형자산상각비 = 취득가액/내용년수 = 장부가액/잔여내용년수 = 8,000,000/4년 = 2,000,000원

[6] (차) 감가상각비(제) 4,697,916 (대) 감가상각누계액(기계) 4,697,916

☞ 당기감가상각비 = 장부가액 × 상각률 = 25,000,000 × 0.451 × 5개월/12개월 = 4,697,916

[7] **[수동결산] 환입은 수동으로 입력한다.**

(차) 퇴직급여충당부채 2,000,000 (대) 퇴직급여충당부채환입(판) 2,000,000

[수동] 또는 [자동] → 설정은 자동으로 입력하는 것이 편하다.

(차) 퇴 직 급 여(제) 72,000,000 (대) 퇴직급여충당부채 72,000,000

☞ 다음과 같이 수동결산으로 입력하는 것도 가능하다.

(차) 퇴 직 급 여(제) 72,000,000 (대) 퇴직급여충당부채 70,000,000
퇴직급여충당부채환입(판) 2,000,000

[8] [수동결산] 비정상감모

(차) 재고자산감모손실 800,000 (대) 원 재 료(타계정) 800,000

☞ 재공품, 제품 : 재고자산평가이익은 인식하지 않는다.(저가법)

[자동결산]

상 품	29,000,000	**(실사금액입력)**
원 재 료	8,500,000	
재 공 품	**3,000,000**	**(실사금액입력 – 저가법)**
제 품	**12,000,000**	

〈합계잔액시산표〉

차변 잔액	차변 합계	계정과목	대변 합계	대변 잔액
52,550,000	1,042,385,832	〈재 고 자 산〉	989,885,832	50,000
29,050,000	100,000,000	상 품	70,950,000	
		매 입 할 인	50,000	50,000
12,000,000	386,452,916	제 품	374,452,916	
8,500,000	171,480,000	원 재 료	162,980,000	
3,000,000	384,452,916	재 공 품	381,452,916	

[9] **[대손상각비 조회내역] – 결산자료입력에서 F8(대손상각)을 클릭하여 조회하고, 미수금은 직접 계산**

구 분	잔 액	설정율	설정전 대손충당금	추가설정 대손충당금
외상매출금	193,290,000	1%	2,630,000	–697,100
받을어음	112,000,000	1%	350,000	770,000
미 수 금	5,000,000	2%	0	100,000

(수동결산) 환입은 수동으로 입력한다.

(차) 대손충당금(외상) 697,100 (대) 대손충당금환입(판) 697,100

(자동결산) 받을어음과 미수금의 대손상각비는 결산자료에서 직접 입력한다.

☞ 다음과 같이 수동결산으로 입력하는 것도 가능하다.

(차) 대손충당금(외상) 697,100 (대) 대손충당금환입(판) 697,100
대손상각비(판) 770,000 대손충당금(받을) 770,000
기타의대손상각비(영) 100,000 대손충당금(미수금) 100,000

〈합계잔액시산표〉

- 매출채권의 1%, 미수금 잔액의 2%가 설정되어야 한다.

차변		계정과목	대변	
잔액	합계		합계	잔액
193,290,000	232,290,000	외 상 매 출 금	39,000,000	
	997,100	대 손 충 당 금	2,930,000	1,932,900
112,000,000	114,000,000	받 을 어 음	2,000,000	
		대 손 충 당 금	1,120,000	1,120,000
10,000,000	15,000,000	단 기 대 여 금	5,000,000	
300,000	300,000	미 수 수 익		
5,000,000	5,000,000	미 수 금		
		대 손 충 당 금	100,000	100,000

[10] [자동결산]

법인세는 최종적으로 계산하여 입력하셔야 합니다. 그리고 법인세 입력 후 전표(손익관련)를 수정하시면 안됩니다.

- 법인세차감전이익 : 699,570,684원
- 법인세산출세액 : 200,000,000원 × 10% + (699,570,684원 - 200,000,000원) × 20%
  = 119,914,136원

① 119,914,136 - 4,000,000 = 115,914,136원

② 법인세분 지방소득세 : 119,914,136(산출세액) × 10% = 11,991,413원

- 법인세 등 : 127,905,549원
- 미지급세금(미지급법인세) : 127,905,549원 - 5,000,000원 = 122,905,549원
- 선납세금 : 5,000,000원 입력 후 상단의 전표추가

[11] **제조원가명세서(12월) → 손익계산서(12월) 조회후 이익잉여금처분계산서에 다음 사항을 입력 후 전표추가**

당기처분예정일 : 20X2년 2월 28일, 전기처분확정일 : 20X1년 2월 28일

이 익 준 비 금 : 500,000　　기타임의적립금 : 1,300,000

사업확장적립금 : 300,000

현 금 배 당 : 5,000,000

☞ 칸추가는 상단의 F4(칸추가)후 기타임의적립금 계정코드 및 과목 입력

Chapter

부가가치세 실무능력 2

로그인 전산세무 1급

NCS세무 - 3 세무정보시스템 운용 NCS세무 - 3 부가가치세 신고

전산세무1급에서 출제되는 주요 서식을 보면 다음과 같다.

주요 서식	내 용
1. 신고서(★★★★★) (제일 중요하고 핵심임)	**-예정신고 누락분에 대한 수정신고(가산세 계산)** **-확정신고에 대한 수정신고(가산세 계산)** **-기한후신고서(가산세 계산)**
2. 신용카드매출전표발행집계표	개인사업자의 경우 신용카드매출전표 등을 발행시 **발행금액(공급대가)**의 일정율을 세액공제해 준다.
3. 부동산임대공급가액명세서	부동산임대업을 영위하는 사업자의 필수명세서
4. 의제매입세액공제신고서	겸영사업자가 **면세농산물 등을 가공 후 과세재화로 공급**시 일정액을 매입세액으로 공제해주고 있다.
5. 대손세액공제신고서 **(대손변제세액신고서)**	대손세액공제신고서는 대손이 확정된 과세기간의 **확정신고시에만 공제**해 준다. 매입자 입장에서는 대손변제세액신고서라 한다.
6. 매입세액불공제내역	일반적인 불공제매입세액과 **겸영사업자의 매입세액을 안분계산하여 매입세액불공제내역을 작성**한다.

주요 서식	내 용
7. 수출실적명세서	외국으로 재화를 직접 수출하여 영세율 적용시 작성한다.
8. 신용카드매출전표등 수령명세서(갑)	일반과세자로부터 재화나 용역을 공급받고 부가가치세액이 별도로 구분 가능한 신용카드매출전표 등을 수령시 매입세액으로 공제해 준다.
9. 건물등감가상각자산취득명세서	조기환급을 받고자 하는 경우에 제출하는 부속서류
10. 전자신고	**부가가치세 신고서를 국세청 홈택스로 신고**

☞ 부속서류입력은 LOGIN전산세무2급(회사코드 : 2003.(주)낙동)과 동일합니다.

제1절 신용카드매출전표등 발행금액집계표

부가가치세가 과세되는 재화 또는 용역을 공급하고 세금계산서의 발급시기에 여신전문금융업법에 의한 신용카드매출전표 등을 발급하거나, 대통령이 정하는 전자적 결제수단에 의하여 대금을 결제받는 경우 및 현금영수증을 발행하는 경우에는 그 발행금액 또는 결제금액의 1.3%에 상당하는 금액을 납부세액을 한도로 공제한다(연간 10백만원 한도).

1. 인적사항

상호[법인명]		성명[대표자]		사업등록번호	___-__-_____
사업장소재지					

2. 신용카드매출전표 등 발행금액 현황

구 분	합 계	신용 · 직불 · 기명식 선불카드	현금영수증	직불전자지급 수단 및 기명식선불 전자지급수단
합 계				
과세 매출분				
면세 매출분				
봉 사 료				

공급대가로 입력해야 함

3. 신용카드매출전표 등 발행금액중 세금계산서 교부내역

세금계산서발급금액		계산서발급금액	

[매입매출전표]에서 17:카과 18:카면 22:현과등으로 입력된 내용이 자동으로 반영되며, 신용카드 매출 건수 및 발급금액이 집계되어 표시된다.

(1) 신용카드매출전표 등 발행금액현황

과세매출분은 **공급대가로 입력**한다. 면세매출분은 공급가액을 입력한다.

(2) 신용카드매출전표 등 발행금액 중 세금계산서(계산서) 교부내역

과세매출분 중 **세금계산서를 발행한 금액(공급대가)과 면세매출분 중 계산서를 발행한 금액**을 입력한다.

example 예제 따라하기 **신용카드매출전표 등 발행금액집계표** 

(주)낙동(2003)를 선택하여 다음의 사항을 입력하시오.

1. 다음 거래를 매입매출전표에 입력하시오.
   ① 6월 23일 : 비사업자인 김기수에게 제품을 2,200,000원을 판매하고 당사가 가맹된 현금영수증을 발행하였다.
   ② 6월 25일 : (주)설악전기에 제품을 3,000,000원(부가가치세 별도)에 외상판매하고 전자세금계산서를 발행하여 주었다. 그러나 하루 뒤에 (주)설악전기의 자금부족으로 대금 전액을 비씨카드로 결제받고 신용카드매출전표를 발행하여 주었다(6월 25일 1장의 매입매출전표로 회계처리하시오).
2. 다음 자료를 추가 반영하여 신용카드매출전표발행집계표를 작성하고, 1기 확정부가가치세 신고서에 반영하시오. **추가반영자료는 매입매출전표에 입력하지 마시오.**.
   6월 30일 : (주)지리전자에게 제품을 1,100,000원(공급대가)을 판매하고 대금 전액을 비씨카드에 의해 결제하고 신용카드매출전표를 발행하였다.

해답

1. 매입매출전표입력

①

일자	유형	공급가액	세액	공급처	분개
06.23	22.현과	2,000,000	200,000	김기수	현금

(차) 현　금	2,200,000	(대) 제 품 매 출	2,000,000
		부가세예수금	200,000

②

일자	유형	공급가액	세액	공급처	전자	분개
06.25	11.과세	3,000,000	300,000	(주)설악전기	1.여	**카드**

(차) 외상매출금	3,300,000	(대) 제 품 매 출	3,000,000
(비씨카드)		부가세예수금	300,000

☞ **분개유형을 "카드"로 선택하면 신용카드매출전표발행금액집계표에 자동반영된다.**

2. 신용카드매출전표발행금액집계표(4월~6월)

① 조회기간을 입력하면 자동으로 매입매출전표에 입력한 것을 불러오나, F4(새로불러오기)를 클릭하여 입력한 데이터를 새로 불러올 수도 있다.

2. 신용카드매출전표 등 발행금액 현황

구 분	합 계	신용 · 직불 · 기명식 선불카드	현금영수증	직불전자지급 수단 및 기명식선불 전자지급수단
합 계	5,500,000	3,300,000	2,200,000	
과세 매출분	5,500,000	3,300,000	2,200,000	
면세 매출분				
봉 사 료				

3. 신용카드매출전표 등 발행금액중 세금계산서 교부내역

세금계산서발급금액		계산서발급금액	

② (주)지리전자의 신용카드발행금액(공급대가) 1,100,000원을 신용.직불카드.기명식선불카드(과세매출분 3,300,000원)에 가산하여 직접 입력한다.

2. 신용카드매출전표 등 발행금액 현황

구 분	합 계	신용 · 직불 · 기명식 선불카드	현금영수증	직불전자지급 수단 및 기명식선불 전자지급수단
합 계	6,600,000	4,400,000	2,200,000	
과세 매출분	6,600,000	4,400,000	2,200,000	
면세 매출분		가산하여		
봉 사 료		직접 입력		

3. 신용카드매출전표 등 발행금액중 세금계산서 교부내역

세금계산서발급금액	3,300,000	계산서발급금액	

3. 1기 확정부가가치세 신고서(4~6월)

매입매출전표에 입력한 것은 신고서에 반영되나, 미입력분(추가반영자료)을 직접 입력(신용카드 · 현금영수증 : 과세표준 1,000,000원 세액 100,000원-(주)지리전자)한다.

신용카드 매출전표등 발행공제 ⑲에 2,200,000원에서 3,300,000원으로 수정하여 직접 입력한다.

반드시 상단의 F7(저장)를 클릭하여 부가가치세신고서를 저장하고 나온다.

구분			번호	정기신고금액 금액	세율	세액
과세표준및매출세액	과세	세금계산서발급분	1	3,000,000	10/100	300,000
		매입자발행세금계산서	2		10/100	
		신용카드 · 현금영수증발행분	3	3,000,000	10/100	300,000
		기타(정규영수증외매출분)	4			
	영세	세금계산서발급분	5		0/100	
		기타	6		0/100	
	예정신고누락분		7			
	대손세액가감		8			
	합계		9	6,000,000	㉮	600,000
매입세액	세금계산서 수취분	일반매입	10			
		수출기업수입분납부유예	10			
		고정자산매입	11			
	예정신고누락분		12			
	매입자발행세금계산서		13			
	그 밖의 공제매입세액		14			
	합계(10)-(10-1)+(11)+(12)+(13)+(14)		15			
	공제받지못할매입세액		16			
	차감계 (15-16)		17		㉯	
납부(환급)세액(매출세액㉮-매입세액㉯)					㉰	600,000
경감공제세액	그 밖의 경감 · 공제세액		18			
	신용카드매출전표등 발행공제등		19	3,300,000		
	합계		20		㉱	
예정신고미환급세액			21		㉲	
예정고지세액			22		㉳	
사업양수자의 대리납부 기납부세액			23		㉴	
매입자 납부특례 기납부세액			24		㉵	
신용카드업자의 대리납부 기납부세액			25		㉶	
가산세액계			26		㉷	
차감.가감하여 납부할세액(환급받을세액)(㉰-㉱-㉲-㉳-㉴-㉵-㉶+㉷)					27	600,000
총괄납부사업자가 납부할 세액(환급받을 세액)						

직접입력

19.신용카드매출전표등 발행공제등은 발행가액(공급대가)을 입력한다.

☞ 신용카드매출전표발행세액공제는 개인사업자만 대상이나 전산세무시험의 경우 법인도 입력을 요구하는 경우가 있으므로 입력하도록 하십시오.

<u>부가세 신고서 작성시 상단의 CF11(작성방법 켜기)를 클릭하면</u>
<u>신고서 작성요령이 간략하게 나오므로 신고서 작성시 참고바랍니다.</u>

제2절 부동산임대공급가액명세서

사업자가 부동산임대용역을 공급하고 전세금 또는 임대보증금을 받는 경우에는 금전외의 대가를 받는 것으로 보아 간주임대료에 대하여 부가가치세를 부담하여야 한다.

간주임대료에 대한 부가가치세는 임대인과 임차인의 약정에 의하여 부담할 수 있으며, 이러한 **부가가치세는 부담하는 자의 세금과공과금(비용)으로 처리한다.**

코드	거래처명(임차인)	동	층	호

등록사항

1.사업자등록번호 ___-__-_____ 2.주민등록번호 ______-_______

3.면적(㎡) ㎡ 4.용도

5.임대기간에 따른 계약 내용

계약갱신일	임대기간	

6.계약내용	금액	당해과세기간계
보증금		
월세		
관리비		
7.간주 임대료		
8.과세표준		

일

소계			
월세		관리비	
간주임대료		과세표준	

전체합계					
월세등		간주임대료		과세표준(계)	

1. 임대건물 현황

① 동/층/호수 : 임대한 건물의 동, 층수(지상은 1, 2로 지하는 B1)와 호수를 입력한다.

② 상호(성명) : 임차인의 상호 또는 성명은 F2를 이용하거나 코드가 없을 경우 직접 입력한다.

2. 임대차계약내용

① 사업(주민)등록번호 : 임차인의 사업자등록번호(비사업자인 경우에는 주민등록번호)를 입력한다.

② 면적 : 임대면적을 평방미터로 입력한다.

③ 임대기간 : 임대한 전체 임대기간을 입력한다. **임대기간에 따라서 과세대상기간의 일수가 자동계산되므로 정확하게 입력하여야 한다.**

④ 계약내용 : 보증금, 월세, 관리비의 각 해당 금액을 입력한다.

⑤ 정기예금이자율 : **상단의 F6(이자율)을 클릭하여 수정하면 된다.**

3. 임대수입금액

임차인별로 입력된 금액은 전체합계/소계에 자동 집계된다.

example 예제 따라하기 부동산임대공급가액명세서 

(주)낙동(2003)를 선택하여 다음의 사항을 입력하시오.

1. 다음 자료에 의하여 부동산임대공급가액명세서(1기 예정)를 작성하고, 간주임대료에 대해서만 제1기 예정부가가치세신고서에 추가 반영하시오.
   ① 월세와 관리비는 정상적으로 세금계산서가 발급되어 처리되었다고 가정한다.
   ② 부동산 임대현황(103동)

층별	호수	상호	사업자 등록번호	면적 (㎡)	용도	계약내용(월)				관리비 (원)
						임대기간	보증금(원)	월세(원)		
지하 1층	001	속리 가든	210-39-84214	250	식당	2023.02.01~ 2025.01.31	50,000,000	200,000		100,000
1층	101	클린 청소	502-12 -84566	100	사무실	2022.02.01.~ 2024.01.31	10,000,000	200,000		100,000
						2024.02.01.~ 2026.01.31	15,000,000	200,000		100,000

   ③ **정기예금이자율은 2%로 가정**한다.

2. 간주임대료에 대한 부가가치세는 임대인이 부담하기로 하였다. 3월 31일자로 일반전표에 회계처리하시오.

해답

1. **정기예금이자율 확인 및 수정**

- 상단의 F6(이자율)을 클릭하여 정기예금이자율 2%인지 확인하고 상이하면 수정한다.
- 상단의 [일수 확인]을 클릭하면 일수가 세팅되어 있다.(교육용은 수정불가)

2. **부동산임대공급가액명세서(1월~3월; 1기 예정) 입력**

① 속리가든(F2)를 이용하여 상호 입력, 층은 B1)

No	코드	거래처명(임차인)	동	층	호
1	5101	속리가든	103	B1	001
2					

등록사항

1.사업자등록번호 210-39-84214 2.주민등록번호 ______-_______
3.면적(㎡) 250.00 ㎡ 4.용도 식당
5.임대기간에 따른 계약 내용

No	계약갱신일	임대기간		
1		2023-02-01	~	2025-01-31
2				

6.계약내용	금액	당해과세기간계	
보증금	50,000,000	50,000,000	
월세	200,000	600,000	
관리비	100,000	300,000	
7.간주 임대료	248,633	248,633	91 일
8.과세표준	548,633	1,148,633	

소계			
월세	600,000	관리비	300,000
간주임대료	248,633	과세표준	1,148,633

② 클린청소(상호, 사업자등록번호 직접입력)

〈계약갱신전〉

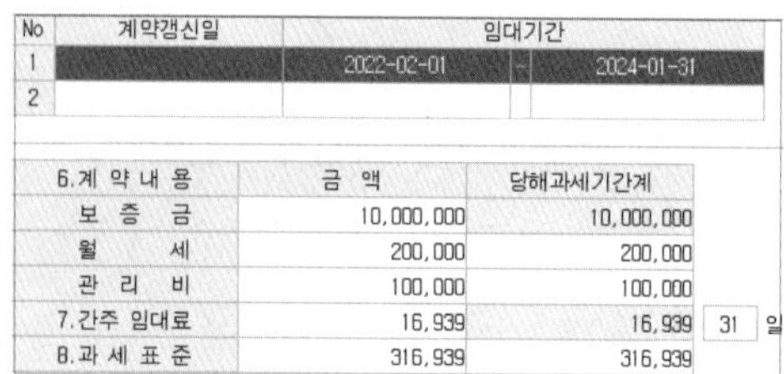

No	계약갱신일	임대기간		
1		2022-02-01	~	2024-01-31
2				

6.계약내용	금액	당해과세기간계	
보증금	10,000,000	10,000,000	
월세	200,000	200,000	
관리비	100,000	100,000	
7.간주 임대료	16,939	16,939	31 일
8.과세표준	316,939	316,939	

〈계약갱신후(계약갱신일 20x1.02.01)〉

No	계약갱신일	임대기간		
1		2022-02-01	~	2024-01-31
2	2024-02-01	2024-02-01	~	2026-01-31

6.계약내용	금액	당해과세기간계	
보증금	15,000,000	15,000,000	
월세	200,000	400,000	
관리비	100,000	200,000	
7.간주 임대료	49,180	49,180	60 일
8.과세표준	349,180	649,180	

③ 최종부동산임대공급가액명세서(1~3월)

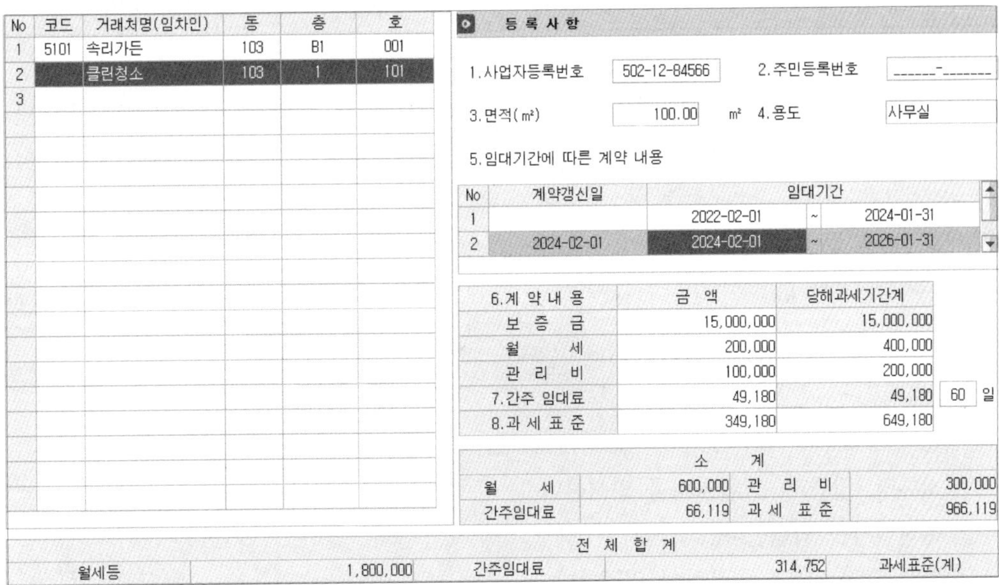

No	코드	거래처명(임차인)	동	층	호
1	5101	속리가든	103	B1	001
2		클린청소	103	1	101
3					

등록사항

1.사업자등록번호 502-12-84566 2.주민등록번호 ______-_______

3.면적(㎡) 100.00 ㎡ 4.용도 사무실

5.임대기간에 따른 계약 내용

No	계약갱신일	임대기간		
1		2022-02-01	~	2024-01-31
2	2024-02-01	2024-02-01	~	2026-01-31

6.계약내용	금액	당해과세기간계	
보증금	15,000,000	15,000,000	
월세	200,000	400,000	
관리비	100,000	200,000	
7.간주 임대료	49,180	49,180	60 일
8.과세표준	349,180	649,180	

소계			
월세	600,000	관리비	300,000
간주임대료	66,119	과세표준	966,119

전체합계				
월세등	1,800,000	간주임대료	314,752	과세표준(계)

반드시 입력된 자료를 확인 후 F11저장하고 나온다.

3. 1기예정부가가치세 신고서(1~3월) 직접입력

구분				금액	세율	세액
과세표준및	과세	세금계산서발급분	1		10/100	
		매입자발행세금계산서	2		10/100	
		신용카드 · 현금영수증발행분	3		10/100	
		기타(정규영수증외매출분)	4	314,752		31,475

반드시 입력된 자료를 F7(저장)하고 나온다.

4. 3월 31일 일반전표입력

(차) 세금과공과(판) 31,475 (대) 부가세예수금 31,475

☞ 매입매출전표입력(유형 : 건별)시 부가가치세 신고서에 자동반영된다.

일자	유형	공급가액	세액	공급처	분개
03.31	14.건별	314,752	31,475	-	혼합
(차) 세금과공과(판)			31,475 (대) 부가세예수금		31,475

제3절 영세율첨부서류제출명세서 및 내국신용장 전자발급명세서

사업자는 영세율이 적용되는 경우 수출실적명세서 또는 수출계약서사본, 내국신용장이나 구매확인서사본, 외화입금증명서 등을 첨부하여 제출하여야 한다.

[영세율 첨부명세서]

조회기간 : [ ]년 [ ]월 ~ [ ]년 [ ]월 구분 : [ ] 과세기간별입력

	(10)서류명	(11)발급자	(12)발급일자	(13)선적일자	(14)통화코드	(15)환율	당기제출금액		당기신고해당분	
							(16)외화	(17)원화	(18)외화	(19)원화

① 서류명, 발급자, 발급일자를 입력한다.
② 선적일자를 입력한다.
③ 통화코드는 F2를 이용하여 입력한다.
④ 환율은 기준환율 또는 재정환율을 입력한다.

[내국신용장, 구매확인서 전자발급명세서]

2. 내국신용장·구매확인서에 의한 공급실적 합계

구분	건수	금액(원)	비고
(9)합계(10+11)			
(10)내국신용장			
(11)구매확인서			

[참고] 내국신용장 또는 구매확인서에 의한 영세율 첨부서류 방법 변경(영 제64조 제3항 제1의3호
▶ 전자무역기반시설을 통하여 개설되거나 발급된 경우 내국신용장·구매확인서 전자발급명세서를 제출하고 이 외의 경우 내국신용장 사본을 제출함
=> 2011.7.1 이후 최초로 개설되거나 발급되는 내국신용장 또는 구매확인서부터 적용

3. 내국신용장·구매확인서에 의한 공급실적 명세서

(12)번호	(13)구분	(14)서류번호	(15)발급일	거래처정보		(17)금액	전표일자	(18)비고
				거래처명	(16)공급받는자의 사업자등록번호			

① 구분(내국신용장, 구매확인서)와 서류번호 등을 입력한다.
② 거래처정보와 금액을 입력한다.

제4절 수출실적명세서

사업자가 외국으로 재화를 직접 수출하는 경우 작성한다.

조회기간 : 년 월 ~ 년 월 구분 : 과세기간별입력

구분	건수	외화금액	원화금액	비고

	(13)수출신고번호	(14)선(기)적일자	(15)통화코드	(16)환율	금액		전표정보	
					(17)외화	(18)원화	거래처코드	거래처명

1. 수출재화

외국으로 직접 수출하는 재화의 총건수, 외화금액 합계, 원화금액의 합계로 하단에 입력한 자료가 자동집계된다.

2. 기타영세율적용

수출하는 재화 이외의 영세율적용분(국외제공용역 등)으로 세금계산서를 발급하지 않는 건에 대한 총건수, 외화금액 합계, 원화금액의 합계를 입력한다.

3. 수출신고번호: 수출신고서의 신고번호를 입력한다.

4. 선(기)적 일자 및 통화코드

통화코드는 기능키 F2를 누르면 외국통화를 도움 받을 수 있다. 원화일 경우에도 KRW로 입력해야 한다.

5. 환율 및 외화

수출재화의 **선적일자에 해당하는 기준환율 또는 재정환율을 입력**한다.

다만, 선적일 전에 환가한 경우에는 환가한 날의 환율을 입력한다.

example 예제 따라하기 수출실적명세서 

(주)낙동(2003)를 선택하여 다음의 자료를 토대로 1기 예정신고시 수출실적명세서를 작성하시오.

[자료 1] 다음은 국외제공용역에 해당한다.

상대국	공급시기	환전일	수출액	적용환율	
				선적(공급)시 기준환율	환전시적용환율
독일	01.22	02.22	$1,000	1,250원/$	1,240원/$

[자료 2] (1) 수출신고필증

제출번호 99999-99-9999999 ①신 고 자 강남 관세사	⑤신고번호 020-15-06-0138408-6	⑥신고일자 20x1/01/20	⑦신고구분 H	⑧C/S구분
②수 출 자 (주)낙동 부호 99999999 수출자구분 (B) 위 탁 자 (주소) (대표자) (통관고유부호) (주)낙동 1-97-1-01-9 (사업자등록번호) 120-81-23873		⑨거래구분 11	⑩종류 A	⑪결제방법 TT
		⑫목적국 JP JAPAN	⑬적재항 ICN 인천공항	
		⑭운송형태 40 ETC	⑮검사방법선택 A 검사희망일 20X1/01/20	
		⑯물품소재지		
③제 조 자 (통관고유부호) 제조장소	산업단지부호	⑰L/C번호	⑱물품상태	
		⑲사전임시개청 통보여부	⑳반송사유	
④구 매 자 (구매자부호)		㉑환급신청인(1:수출/위탁자, 2:제조자) 간이환급 ㉒환급기관		

• 품명 · 규격 (란번호/총란수 : 999/999)

㉓품 명 ㉔거래품명			㉕상표명		
㉖모델 · 규격		㉗성분	㉘수량	㉙단가(USD)	㉚금액(USD)
			1(EA)	10,000	10,000
㉛세번부호 9999.99-9999	㉜순중량	㉝수량		㉞신고가격(FOB)	$ 10,000 ₩10,000,000
㉟송품장부호	㊱수입신고번호		㊲원산지	㊳포장갯수(종류)	
㊴총중량	㊵총포장갯수		㊶총신고가격(FOB)	$ 10,000 ₩10,000,000	
㊷운임(₩)	㊸보험료(₩)		㊹결제금액	CFR - $ 11,000	
㊺수입화물 관리번호			㊻컨테이너번호		
㊼수출요건확인(발급서류명)					
※신고인기재란	㊽세관기재란				
㊾운송(신고)인 ㊿기간 YYYY/MM/DD부터 YYYY/MM/DD까지	51신고수리일자	20x1/01/20	52적재의무기한	20x1/02/20	

(2) 추가자료

① B/L(선하증권) 상의 **선적일자는 20x1년 2월 1일**이다.

② (주)낙동은 지맨스사의 수출대금으로 미화(통화코드 USD) $11,000를 결제받기로 계약하였다.

③ 2월 01일의 기준환율은 $1당 1,150원이다.

☞ 결제금액 CFR은 판매인이 목적지까지 계약물품을 운송하는데 필요한 비용과 운임을 지급하는 조건이다.

해답

구분	건수	외화금액	원화금액	비고
⑨합계	2	12,000.00	13,900,000	
⑩수출재화[=⑫합계]	1	11,000.00	12,650,000	
⑪기타영세율적용	1	1,000.00	1,250,000	

	□	(13)수출신고번호	(14)선(기)적일자	(15)통화코드	(16)환율	금액 (17)외화	(18)원화	전표정보 거래처코드	거래처명
1	□	020-15-06-0138408-6	20x1-02-01	USD	1,150.0000	11,000.00	12,650,000	00114	지맨스

example **예제 따라하기** **영세율 첨부서류 제출명세서와 수출실적명세서** 

(주)낙동(2003)를 선택하여 다음의 자료를 토대로 1기 확정신고시 영세율첨부서류제출명세서와 수출실적명세서를 작성하라.(매입매출전표입력은 생략한다)

[자료 1] 다음은 기타영세율에 해당한다.(모두 당기 신고해당분이다.)

서류명	발급자	발급일자	선적일자	통화코드	외화
외화입금증명서	국민은행	6.14.	6.4.	USD	$2,000
외화입금증명서	국민은행	6.25.	6.10.	JPY	¥100,000

[자료 2] 수출실적내용

수출신고번호	선적일	수출신고일	대금결제일	통화코드	외화	거래처
130-10-44-3332189-2	6. 10	6.7	6.25	USD	$2,000	지맨스

[자료 3] 기준환율

	6.4	6.7	6.10	6.14.	6.25
1USD당	1,050원	1,070원	1,050원	1,110원	1,200원
100¥당	1,100원	1,000원	1,150원	1,200원	1,180원

해답

1. 영세율첨부서류제출명세서(4월~6월)

- 해당란에 직접 입력하고, 환율은 선적일 환율을 입력한다.

		(10)서류명	(11)발급자		(12)발급일자	(13)선적일자	(14)통화코드	(15)환율	당기제출금액		당기신고해당분		과세유형	영세율구분	
									(16)외화	(17)원화	(18)외화	(19)원화		코드	구분명
1	□	외화입금증명서	98002	국민은행	20x1-06-14	2019-06-04	USD	1,050.0000	2,000.00	2,100,000	2,000.00	2,100,000			
2	□	외화입금증명서	98002	국민은행	20x1-06-25	2019-06-10	JPY	11.5000	100,000.00	1,150,000	100,000.00	1,150,000			

2. 수출실적명세서(4월~6월)

- 수출용은 직접 입력하고 기타영세율적용은 영세율첨부서류 제출명세서의 합계금액을 입력한다.

조회기간 : 년 04 월 ~ 년 06 월 구분 : 1기 확정 과세기간별입력

구분	건수	외화금액	원화금액
⑨합계	3	104,000.00	5,350,000
⑩수출재화[=⑫합계]	1	2,000.00	2,100,000
⑪기타영세율적용	2	102,000.00	3,250,000

		(13)수출신고번호	(14)선(기)적일자	(15)통화코드	(16)환율	금액		전표정보	
	□					(17)외화	(18)원화	거래처코드	거래처명
1		130-10-44-3332189-2	-06-10	USD	1,050.0000	2,000.00	2,100,000	00114	지맨스

제5절 영세율매출명세서

사업자는 영세율이 적용되는 경우 영세율매출명세서를 작성하여 제출하여야 한다. 매입매출전표에 영세율구분을 입력하면 자동적으로 작성되어 진다.

조회기간 년 월 ~ 년 월

부가가치세법 | 조세특례제한법

(7)구분	(8)조문	(9)내용	(10)금액(원)
부가가치세법	제21조	직접수출(대행수출 포함)	
		중계무역·위탁판매·외국인도 또는 위탁가공무역 방식의 수출	
		내국신용장·구매확인서에 의하여 공급하는 재화	
		한국국제협력단 및 한국국제보건의료재단에 공급하는 해외반출용 재화	
		수탁가공무역 수출용으로 공급하는 재화	
	제22조	국외에서 제공하는 용역	
	제23조	선박·항공기에 의한 외국항행용역	
		국제복합운송계약에 의한 외국항행용역	
	제24조	국내에서 비거주자·외국법인에게 공급되는 재화 또는 용역	
		수출재화임가공용역	
		외국항행 선박·항공기 등에 공급하는 재화 또는 용역	
		국내 주재 외교공관, 영사기관, 국제연합과 이에 준하는 국제기구, 국제연합군 또는 미국군에게 공급하는 재화 또는 용역	
		「관광진흥법」에 따른 일반여행업자 또는 외국인전용 관광기념품 판매업자가 외국인관광객에게 공급하는 관광알선용역 또는 관광기념품	
		외국인전용판매장 또는 주한외국군인 등의 전용 유흥음식점에서 공급하는 재화 또는 용역	
		외교관 등에게 공급하는 재화 또는 용역	
		외국인환자 유치용역	
(11) 부가가치세법에 따른 영세율 적용 공급실적 합계			
(12) 조세특례제한법 및 그 밖의 법률에 따른 영세율 적용 공급실적 합계			
(13) 영세율 적용 공급실적 총 합계(11)+(12)			

example 예제 따라하기 **영세율매출명세서,구매확인서전자발급명세서**

(주)낙동(2003)를 선택하여 다음의 자료를 매입매출전표에 입력(분개는 생략)하고, 이를 토대로 2기 예정신고시 구매확인서전자발급명세서와 영세율매출명세서를 작성하시오.

1. 7월 10일 ㈜서울에 구매확인서에 의하여 제품 10,000,000원을 외상매출하고 영세율전자세금계산서를 발급하다.

외화획득용원료 · 기재구매확인서

※ 구매확인서번호 : PKT2019123456

(1) 구매자 (상호) ㈜서울
(주소) 서울시 서초구 양재천로
(성명) 김서울
(사업자등록번호) 130-02-31754

(2) 공급자 (상호) ㈜낙동
(주소) 서울시 서초구 방배로 120
(성명) 임택근
(사업자등록번호) 111-02-49063

1. 구매원료의 내용

(3) HS부호	(4)품명 및 규격	(5)단위수량	(6)구매일	(7)단가	(8)금액	(9)비고
6115950000	At	120 DPR	20x1-07-10	USD 900	10,000,000원	
TOTAL		120 DPR			10,000,000원	

2. 세금계산서(외화획득용 원료 · 기재를 구매한 자가 신청하는 경우에만 기재)

(10)세금계산서 번호	(11)작성일자	(12)공급가액	(13)세액	(14)품목	(15)규격	(16)수량

(17) 구매원료 · 기재의 용도명세 : 원자재

위의 사항을 대외무역법 제18조에 따라 확인합니다.

확인일자 20x1년 07월 10일
확인기관 한국무역정보통신
전자서명 1208102922

제출자 : ㈜서울 (인)

2. 7월 20일 미국의 GM상사에 제품 $10,000을 선적하고 대금은 한달 후에 받기로 하다.
(선적일 환율 1,130/$)

해답

1. 매입매출전표입력

	일자	유형	공급가액	세액	공급처	전자	분개
①	07.10	**12.영세 (3.내국신용장등)**	10,000,000	-	(주)서울	여	0.분개없음

	일자	유형	공급가액	세액	공급처	분개
②	07.20	**16.수출 (1.직접수출)**	11,300,000		GM상사	0.분개없음

2. 내국신용장·구매확인서전자발급명세서(7~9월)

2. 내국신용장·구매확인서에 의한 공급실적 합계

구분	건수	금액(원)	비고
(9)합계(10+11)	1	10,000,000	
(10)내국신용장			
(11)구매확인서	1	10,000,000	

[참고] 내국신용장 또는 구매확인서에 의한 영세율 첨부서류 방법 변경(영 제64조 제3항 제1의3호)
▶ 전자무역기반시설을 통하여 개설되거나 발급된 경우 내국신용장·구매확인서 전자발급명세서를 제출하고 이 외의 경우 내국신용장 사본을 제출함
=> 2011.7.1 이후 최초로 개설되거나 발급되는 내국신용장 또는 구매확인서부터 적용

3. 내국신용장·구매확인서에 의한 공급실적 명세서

(12)번호	(13)구분	(14)서류번호	(15)발급일	거래처정보: 거래처명	거래처정보: (16)공급받는자의 사업자등록번호	(17)금액	전표일자	(18)비고
1	구매확인서	PK2019123456	20x1-07-10	(주)서울	130-02-31754	10,000,000		

3. 영세율매출명세서(7~9월)

부가가치세법 | 조세특례제한법

(7)구분	(8)조문	(9)내용	(10)금액(원)
부가	제21조	직접수출(대행수출 포함)	11,300,000
		중계무역·위탁판매·외국인도 또는 위탁가공무역 방식의 수출	
		내국신용장·구매확인서에 의하여 공급하는 재화	10,000,000
		한국국제협력단 및 한국국제보건의료재단에 공급하는 해외반출용 재화	
		수탁가공무역 수출용으로 공급하는 재화	
	제22조	국외에서 제공하는 용역	
	제23조	선박·항공기에 의한 외국항행용역	
		국제복합운송계약에 의한 외국항행용역	

제6절 현금매출명세서

사업서비스업 중 변호사, 공인회계사, 세무사, 건축사 등의 사업을 영위하는 사업자는 현금매출명세서를 예정신고 또는 확정신고와 함께 제출하여야 한다.

조회기간 : ____ 년 01 월 ~ ____ 년 03 월 구분 : 1기 예정 수입구분 :

공급가액	합계		현금매출		세금계산서		신용카드		현금영수증	
	건수	금액	건수	금액	건수	금액	건수	금액	건수	금액

의뢰인		거래일자	거래금액		
성명(또는 상호)	주민등록번호(또는 사업자등록번호)		공급대가	공급가액	부가세

조회기간을 입력하고 해당 의뢰인별로 현금매출을 입력하면 상단의 현금매출로 집계되고, 세금계산서등의 매출액은 직접 입력한다. ☞ **시험에서 출제된 적이 없습니다.**

제7절 대손세액(변제대손세액)공제신고서

사업자가 부가가치세가 과세되는 재화 또는 용역을 공급한 후 공급받는자의 파산 등으로 인하여 부가가치세를 거래징수하지 못한 경우에는 그 대손세액을 매출세액에서 차감할 수 있다.

또한 공급받는자는 매입세액공제를 받고 동 대손이 폐업 전에 확정되는 경우에는 그 확정된 날이 속하는 과세기간의 매입세액에서 대손세액을 차감한다.**(대손처분받은세액)** 그리고 대손세액을 매입세액에 차감한 후 대손금을 변제한 경우에는 변제일이 속하는 과세기간의 매입세액에 변제한 대손세액을 더한다.**(변제대손세액)** 이러한 대손세액공제신고서는 **확정신고시에만 공제된다.**

대손발생 | 대손변제

조회기간: ____ 년 ____ 월 ~ ____ 년 ____ 월

대손확정일	대손금액	공제율	대손세액	거래처	대손사유

1. 대손확정일(변제확정일)

대손 확정일(부도어음과 수표는 부도확인일로부터 6개월이 경과일)과 변제확정일을 입력한다.
만약 어음의 경우 부도발생일이 3월 16일 경우 대손확정일은 6개월이 경과한 9월 17일이 된다.

2. 대손금액(변제금액)을 입력한다.

대손금액은 공급가액과 세액을 포함한 공급대가를 입력한다.
대손세액공제를 받을 경우 "+" 금액으로 입력하고, 대손세액공제를 받았던 외상매출금을 다시 회수한 경우에는 "－" 금액으로 입력한다.

3. 대손사유(변제사유)를 선택한다.

1:파산
2:강제집행
3:사망,실종
4:정리계획
5:부도(6개월경과)
6:소멸시효완성
7:직접입력

example 예제 따라하기 | 대손세액공제신고서

(주)낙동(2003)을 선택하여 다음의 사항을 입력하시오.
다음 자료를 토대로 1기 부가가치세 확정신고시 대손세액공제신고서 및 부가가치세신고서를 작성하시오.

1. 전년도 10월 10일 ㈜주성전자에 제품 10,000,000원(부가가치세 별도)을 외상매출하고 동사발행어음을 수령하였다. **동 어음이 1월 30일 부도발생하였다.**
2. 전년도 6월 10일 오작상회(대표자 성명 : 김오작, 사업자번호 : 104-81-35120 소재지 : 서울시 서초구 방배동 130)에 공장에서 사용하던 설비를 5,000,000원(부가가치세 별도)에 외상으로 매각하였다. 오작상회는 3월 20일 현재 대표자가 실종되어 에어콘 판매대금을 회수할 수 없음이 객관적으로 입증되었다. 설비에는 저당권 등이 설정되어 있지 아니하다.
3. 거래처 대한전자의 파산으로 2019년도 대손처리(파산일 2019.9.10.)하여 대손세액공제를 받았던 외상매출금 3,300,000원(부가가치세 포함)이 5월 4일 대한전자로부터 전액 현금 회수되었다.

해답

1. 대손세액공제대상여부체크

<u>(주)주성전자는 부도 후 6개월 미경과로 대손세액공제 대상에서 제외됨.</u>

2. 대손세액공제신고서(4월~6월)

- 오작상회 : 거래상대방 상호는 하단에서 직접 입력

대손발생 | 대손변제

조회기간: 년 04 월 ~ 06 월 1기 확정

대손확정일	대손금액	공제율	대손세액	거래처		대손사유
-03-20	5,500,000	10/110	500,000	오작상회	3	사망,실종

성명	오작상회	사업자등록번호	104-81-35120
소재지	서초구 방배동 130	주민등록번호	______-______

- 대한전자 :대손확정일에 대손회수일(20x1.05.04) 또는 당초 대손확정일(파산일:2019.9.10.)을 입력하고, 거래상대방 상호는 F2로 선택하여 입력한다.

20x1-05-04	-3,300,000	10/110	-300,000	대한전자	1	파산

☞ 대손회수시 대손회수일 또는 당초 대손확정일을 입력한 것을 정답으로 처리한 적이 있었습니다. 부가세법 서식 작성요령에는 "⑤ - ⑫: 「부가가치세법」 제45조 제1항에 따라 대손세액을 공제받으려는 경우에 작성합니다." 라고 하며 명확한 규정은 없습니다. 그러나 서식에 "대손확정연월일"로 되어 있으므로 당초 대손확정일을 입력하는게 더 타당하다고 보여지나. 최근 기출문제에서 대손회수일을 정답으로 제시하는 경우가 많습니다.

3. 1기 확정 부가가치세 신고서(4월~6월)

- 부속서류에 입력하면 신고서에 자동으로 반영되나, 직접 입력도 가능하다. 대손세액은 대손세액가감란에 "-"금액으로 입력하여야 한다.

및 매출세액					
	영세	세금계산서발급분	5		0/100	
	영세	기타	6		0/100	
	예정신고누락분		7			
	대손세액가감		8			-200,000

직접입력도 가능

- 대손가감란에 커서로 이동하고, F11(원시데이타켜기)를 클릭하면 작성된 부속서류(대손세액공제신고서)의 금액을 확인할 수도 있다.

example 예제 따라하기 **대손세액변제신고서**

(주)낙동(2003)를 선택하여 2기 부가가치세 확정신고시 대손세액변제신고서 및 부가가치세 신고서에 반영하시오.
부도로 인해 20x1년 1기 부가가치세 확정신고시 공제받지 못할 매입세액(대손처분받은 세액)으로 신고하였던 대한전자에 대한 외상매입금 2,200,000원을 20x1년 10월 1일 전액 현금으로 상환하였다.

해답

1. 대손세액변제신고서(10월~12월)

대손발생 | 대손변제

조회기간: 년 10 월 ~ 년 12 월 2기 확정

변제확정일	변제금액	공제율	변제세액	거래처		변제사유
10-01	2,200,000	10/110	200,000	대한전자	7	대손금변제(부도)

2. 대손세액변제 신고시 부가가치세신고서

14.그밖의공제매입세액과 46.변제대손세액에 200,000원이 자동반영(직접입력도 가능하다.)된다.

매입세액	세금계산서 수취분	일반매입	10			
		수출기업수입분납부유예	10			
		고정자산매입	11			
	예정신고누락분		12			
	매입자발행세금계산서		13			
	그 밖의 공제매입세액		14			200,000
	합계(10)-(10-1)+(11)+(12)+(13)+(14)		15			200,000
	공제받지못할매입세액		16			
	차감계 (15-16)		17		ⓛ	200,000
납부(환급)세액(매출세액㉮-매입세액ⓛ)					ⓓ	-200,000
경감공제세액	그 밖의 경감·공제세액		18			
	신용카드매출전표등 발행공제등		19			
	합계		20		㉱	
예정신고미환급세액			21		㉲	
예정고지세액			22		㉳	
사업양수자의 대리납부 기납부세액			23		㉴	
매입자 납부특례 기납부세액			24		㉵	
신용카드업자의 대리납부 기납부세액			25		㉶	
가산세액계			26		㉷	
차감.가감하여 납부할세액(환급받을세액)(ⓓ-㉱-㉲-㉳-㉴-㉵-㉶+㉷					27	-200,000
총괄납부사업자가 납부할 세액(환급받을 세액)						

정누락분	합계		40			
	신용카드매출 수령금액합계	일반매입				
		고정매입				
	의제매입세액					
	재활용폐자원등매입세액					
	과세사업전환매입세액					
	재고매입세액					
	변제대손세액					
	외국인관광객에대한환급/					
	합계					
14.그 밖의 공제매입세액						
신용카드매출 수령금액합계표		일반매입	41			
		고정매입	42			
의제매입세액			43		뒤쪽	
재활용폐자원등매입세액			44		뒤쪽	
과세사업전환매입세액			45			
재고매입세액			46			
변제대손세액			47			200,000
외국인관광객에대한환급세액			48			
합계			49			200,000

제8절 신용카드매출전표등 수령명세서(갑)

사업자가 일반과세자로부터 재화 또는 용역을 공급받고 부가가치세액이 별도로 구분 가능한 신용카드매출전표 등을 발급받은 경우 신용카드매출전표 등 수령금액 합계표(갑)를 제출하고, 해당 신용카드매출전표 등을 보관하면 그 부가가치세액은 공제할 수 있는 매입세액으로 본다.

다음사항을 제외하고 신용카드매출전표수령금액합계표(갑)에 입력한다.

1. 세금계산서 발급불가사업자	면세사업자
2. 영수증발급 대상 간이과세자	직전연도 공급대가 합계액이 4,800만원 미만 등
3. 세금계산발급불가업종	① 목욕·이발·미용업 ② 여객운송업(전세버스운용사업은 제외) ③ 입장권을 발급하여 경영하는 사업
4. 불공제매입세액	기업업무추진비관련 매입세액 등

조회기간 : 년 월 ~ 년 월 구분

2. 신용카드 등 매입내역 합계

구분	거래건수	공급가액	세액

3. 거래내역입력

월/일	구분	공급자	공급자(가맹점) 사업자등록번호	카드회원번호	기타 신용카드 등 거래내역 합계		
					거래건수	공급가액	세액

매입매출전표입력에서 57.카과 61.현과로 입력된 모든 거래내용을 불러온다.

1. 카드구분

1.현금
2.복지
3.사업
4.신용

☞ **사업용신용카드 : 사업자가 사업용물품을 구입하는데 사용하는 신용카드를 국세청 현금영수증홈페이지에 등록한 신용카드**

example 예제 따라하기 **신용카드매출전표등 수령명세서(갑)**

(주)낙동(2003)을 선택하여 다음의 자료를 토대로 1기 예정신고시 신용카드매출전표 등 수령금액 합계표(갑)를 작성하고 부가가치세 신고서를 작성하시오.
1월부터 3월까지의 기간동안 재화나 용역을 공급받고 신용카드매출전표 (부가가치세 별도 기입분)를 수취한 내용이다. 카드회원번호(국세청에 등록한 신용카드)는 1234-5689-5114-8512로 동일하게 사용한 것으로 본다.

거래처명 (등록번호)	성명 (대표자)	거래 일자	발행금액 (VAT포함)	공급자 업종 (과세유형)	거래내용
두리슈퍼 (111-11-11119)	김두리	1.11	220,000원	소매업 (일반과세)	거래처 선물구입대
일동상회 (222-22-22227)	최일동	1.20	330,000원	음식점업 (일반과세)	직원회식대 (복리후생)
알파문구 (333-33-33336)	오알파	2.13	440,000원	소매업 (간이과세*1)	사무비품 구입
왕궁호텔 (555-55-55553)	박왕궁	2.20	550,000원	숙박업 (일반과세)	지방출장 숙박비
구찌 (105-05-54017)	송승헌	3.25	660,000원	소매업 (일반과세)	세금계산서 발급

*1. 영수증 발급대상 간이과세자임.

해답

1. 매입세액공제대상체크
   - 두리슈퍼 : 기업업무추진비라서 해당안됨.
   - 알파문구 : 영수증 발급대상 간이과세자라서 해당안됨.
   - 구찌 : 세금계산서를 발급했으므로 해당안됨.

조회기간 : 년 01 월 ~ 년 03 월 구분 1기 예정

2. 신용카드 등 매입내역 합계

구분	거래건수	공급가액	세액
합 계	2	800,000	80,000
현금영수증			
화물운전자복지카드			
사업용신용카드	2	800,000	80,000
기 타 신용카드			

3. 거래내역입력

월/일	구분	공급자	공급자(가맹점) 사업자등록번호	카드회원번호	기타 신용카드 등 거래내역 합계		
					거래건수	공급가액	세액
01-20	사업	일동상회	222-22-22227	1234-5689-5114-8512	1	300,000	30,000
02-20	사업	왕궁호텔	555-55-55553	1234-5689-5114-8512	1	500,000	50,000

2. 부가가치세신고서(1-3월)

<u>**매입매출전표입력를 입력하면 자동반영되나, 직접 입력해도 가능합니다.**</u>

구분				금액		세액
매입세액	세금계산서 수취분	일반매입	10			
		수출기업수입분납부유예	10			
		고정자산매입	11			
	예정신고누락분		12			
	매입자발행세금계산서		13			
	그 밖의 공제매입세액		14	800,000		80,000
	합계(10)-(10-1)+(11)+(12)+(13)+(14)		15	800,000		80,000
	공제받지못할매입세액		16			
	차감계 (15-16)		17	800,000	ⓛ	80,000
납부(환급)세액(매출세액㉮-매입세액ⓛ)					ⓓ	-80,000
경감공제세액	그 밖의 경감·공제세액		18			
	신용카드매출전표등 발행공제등		19			
	합계		20		ⓡ	

구분				금액		세액
	합계		40			
정누락분	신용카드매출 수령금액합계	일반매입				
		고정매입				
	의제매입세액					
	재활용폐자원등매입세액					
	과세사업전환매입세액					
	재고매입세액					
	변제대손세액					
	외국인관광객에대한환급/					
	합계					
14 그 밖의 공제매입세액						
신용카드매출 수령금액합계표		일반매입	41	800,000		80,000
		고정매입	42			

직접입력

제9절 의제매입세액공제신고서

일반과세사업자가 면세 농산물 등을 구입 후 과세재화로 제조·가공하거나 용역을 창출하는 경우에는 일정한 금액을 매입세액으로 의제하여 매출세액에서 공제한다.

관리용 | 신고용

※농.어민으로부터의 매입분에 대한 자료 입력시 주민등록번호, 품명, 수량은 필수입력 사항입니다.

공급자	사업자/주민등록번호

취득일자	구분	물품명	수량	매입가액	공제율	의제매입세액	건수
	합계						

	매입가액 계	의제매입세액 계	건수 계
계산서 합계			
신용카드등 합계			
농·어민등 합계			
총계			

면세농산물등 | 제조업 면세농산물등

가. 과세기간 과세표준 및 공제가능한 금액등 (불러오기)

과세표준			대상액 한도계산		B.당기매입액	공제대상금액 [MIN (A,B)]
합계	예정분	확정분	한도율	A.한도액		

나. 과세기간 공제할 세액

공제대상세액		이미 공제받은 금액			공제(납부)할세액 (C-D)
공제율	C.공제대상금액	D.합계	예정신고분	월별조기분	

[일반전표입력], [매입매출전표](53.면세, 58.카면, 60.면건, 62.현면)에서 원재료 등 계정의 **적요번호 6번 "의제매입세액공제신고서 자동반영분"**으로 입력된 자료가 있으면 상단의 F4(불러오기)를 클릭하여 전표에서 데이터를 불러온다.

1. 신고내용

(1) 예정신고 및 확정신고

① 구분 : **1.계산서, 2.신용카드등, 3.농·어민매입** 중 해당 유형을 선택한다.

② 공제율

<table>
<tr><th colspan="3">업 종</th><th>공제율</th></tr>
<tr><td rowspan="3">음식점업</td><td colspan="2">과세유흥장소</td><td>2/102</td></tr>
<tr><td rowspan="2">위 외 음식점업자</td><td>법인</td><td>6/106</td></tr>
<tr><td>개인사업자</td><td>8/108</td></tr>
<tr><td rowspan="2">제조업</td><td colspan="2">일반</td><td>2/102</td></tr>
<tr><td colspan="2">중소기업 및 개인사업자</td><td>4/104</td></tr>
<tr><td colspan="3">위 외의 사업</td><td>2/102</td></tr>
</table>

③ 의제매입세액 : 해당공제율을 선택하면 자동계산된다.

(2) 확정신고시 한도 계산

① 과세기간 과세표준 및 공제가능한 금액 등

㉠ 과세표준: 과세기간별 면세농산물 등과 관련하여 공급한 과세표준을 예정분과세표준과 확정분 과세표준을 각각 입력한다.

㉡ 한도율: **법인사업자는 50/100이다.**

㉢ 한도액은 과세표준합계에 한도율을 곱하여 자동 계산된다.

㉣ 당기매입액은 예정신고와 확정신고 의제매입세액 해당 매입가액의 합계액을 적습니다.

㉤ 공제대상금액이 자동계산된다.

② 과세기간 공제할 세액

㉠ 공제대상세액이 자동 계산된다.

㉡ 이미 공제받은 세액(예정신고분과 월별조기분)을 입력하면, 확정신고시 공제(납부)할 세액이 계산이 된다.

example 예제 따라하기 | 의제매입세액공제신고서 

㈜낙동(2003)를 선택하여 다음의 사항을 입력하시오.

당사는 과세사업과 면세사업을 겸영하는 **제조업자(중소기업)이며**, 면세농산물은 과세사업에 사용된다고 가정한다. 또한 기장된 내역은 무시하시오.

1. 1기 의제매입세액과 관련한 매출내역

예정신고	확정신고	계
15,000,000	25,000,000	40,000,000

2. 1기 예정신고시 의제매입세액 신고내역
   ① 의제매입세액 공제대상 면세매입금액: 5,000,000원
   ② 의제매입세액공제액: 192,307원
3. 1기 확정(4~6월)시 면세재화 구입내역

구 분	일자	상호 또는 성명	사업자번호 (주민등록번호)	품 명	매입가액	증 빙	수량
사업자 매입분	4.01	(주)한세	132-84-56586	축산물	3,300,000원	전자계산서 (현금매입)	10
	4.03	(주)영일	132-81-21354	축산물	1,000,000원	일반영수증 (현금매입)	10
	5.05	(주)상일	107-81-31220	수도 요금	150,000원	계산서 (현금매입)	5
	5.07	(주)해일	132-84-56475	해산물	2,540,000원	신용카드 (국민카드)	10
농, 어민 매입분	6.12	김한세	731013-1247017	견과류	1,160,000원	영수증 (현금매입)	10

4. **사업자매입분 거래중에서 의제매입세액 공제가 되는 거래에 대해서 매입매출전표에 입력하시오.**
5. **농어민매입분을 포함하여, 1기 확정과세기간에 대한 의제매입세액공제신고서와 부가가치세 신고서를 작성**하시오.
6. **6월 30일자로 의제매입세액공제와 관련한 적절한 회계처리를 일반전표에 입력**하시오.

해답

1. 의제매입세액공제 대상여부 체크

구 분	상호(성명)	품 명	매입가액	증 빙	대상여부
사업자 매입분	(주)한세	축산물	3,300,000원	계산서	
	(주)영일	축산물	×	일반영수증	**사업자 매입분은 적격증빙(계산서 등)을 수취하여야 한다.**
	(주)상일	수도요금	×	계산서	면세농산물 등이 대상이다.
	(주)해일	해산물	2,540,000원	신용카드	
농, 어민 매입분	김한세	견과류	1,160,000원	영수증(현금매입)	**제조업의 경우 농어민 매입분은 영수증도 가능**
계			7,000,000원		

2. 매입매출전표입력(의제매입세액공제대상)

①

일자	유형	공급가액	세액	공급처	전자	분개
04.01	53.면세	3,300,000	-	(주)한세	여	현금

(차) 원 재 료 3,300,000 (대) 현 금 3,300,000

6.의제매입세액공제신고서 자동반영분

②

일자	유형	공급가액	세액	공급처	분개
05.07	58.카면	2,540,000		(주)해일	카드

(차) 원 재 료 2,540,000 (대) 외상매입금(국민카드) 2,540,000

6.의제매입세액공제신고서 자동반영분

3. 의제매입세액공제 신고서(4월~6월)

① 의제매입공제대상 입력

조회기간을 입력하면 매입매출전표에 입력된 자료가 자동으로 불러온다.

수량과 매입가격을 확인하고, **공제율은 해당 업종(중소제조업 ; 4/104)에 맞게 수정 입력한다.**

공급자	사업자/주민등록번호
(주)해일	132-84-56475
(주)한세	132-84-56586

취득일자	구분	물품명	수량	매입가액	공제율	의제매입세액	건수
2021-04-01	계산서	축산물	10	3,300,000	4/104	126,923	1

또한 농어민 매입분(제조업)에 대해서는 영수증에 대해서도 공제가 가능하므로 매입매출전표에 입력하지 않는 것은 신고서에 직접 입력한다.

취득일자	구분	물품명	수량	매입가액	공제율	의제매입세액	건수
2021-06-12	농어민매입	견과류	10	1,160,000	4/104	44,615	1

- <u>신고서 하단에 의제매입세액이 자동집계된다.</u>

	매입가액 계	의제매입세액 계	건수 계
계산서 합계	3,300,000	126,923	
신용카드등 합계	2,540,000	97,692	
농·어민등 합계	1,160,000	44,615	
총계	7,000,000	269,230	

② 의제매입세액 및 공제(납부)할 세액 계산

- 과세표준(의제매입세액 관련)입력과 당기매입액(1기예정: 5,000,000 +확정:7,000,000), 예정신고시 공제받은 세액(192,307)을 입력

면세농산물등 | 제조업 면세농산물등

가. 과세기간 과세표준 및 공제가능한 금액등 　　불러오기

과세표준			대상액 한도계산		B.당기매입액	공제대상금액 [MIN (A,B)]
합계	예정분	확정분	한도율	A.한도액		
40,000,000	15,000,000	25,000,000	50/100	20,000,000	12,000,000	12,000,000

나. 과세기간 공제할 세액

공제대상세액		이미 공제받은 금액			공제(납부)할세액 (C-D)
공제율	C.공제대상금액	D.합계	예정신고분	월별조기분	
4/104	461,538	192,307	192,307		269,231

4. 부가가치세신고서(4~6월)

구분	항목	번호	금액		세액
매입세액	예정신고누락분	12			
	매입자발행세금계산서	13			
	그 밖의 공제매입세액	14	7,000,000		269,231
	합계(10)-(10-1)+(11)+(12)+(13)+(14)	15	7,000,000		269,231
	공제받지못할매입세액	16			
	차감계 (15-16)	17	7,000,000	㉯	269,231
납부(환급)세액(매출세액㉮-매입세액㉯)				㉰	-269,231
경감공제세액	그 밖의 경감·공제세액	18			
	신용카드매출전표등 발행공제등	19			
	합계	20		㉱	
소규모 개인사업자 부가가치세 감면세액		20		㉲	
예정신고미환급세액		21		㉳	
예정고지세액		22		㉴	

구분	항목		번호	금액		세액
누락분	수령금액합계	고정매입				
	의제매입세액					
	재활용폐자원등매입세액					
	과세사업전환매입세액					
	재고매입세액					
	변제대손세액					
	외국인관광객에대한환급/					
	합계					
14.그 밖의 공제매입세액						
신용카드매출 수령금액합계표	일반매입		41			
	고정매입		42			
의제매입세액			43	7,000,000	뒤쪽	269,231

자동반영

5. 일반전표입력(6월30일)

(차) 부가세대급금 269,231 　　(대) 원재료(8.타계정대체) 269,231

참고

의제매입세액의 환경등록(16.의제류 자동설정)

1. 환경등록에서 16. 의제류 자동설정에 의제매입공제율을 입력한다.

16 의제류 자동 설정	0.없음
의제매입공제율	2 / 102

2. 매입매출전표입력시 다음과 같은 보조화면이 나온다.

의제매입세액 또는 재활용세액 계산

의 제 류 구 분 : 1 0:해당없음 1:의제매입 2:재활용 3:구리스크랩등
0 : 해당없음 1 : 의제매입세액
2 : 재활용매입세액 3 : 구리스크랩등(2014.1.1이후부터)
매입(취득)금액 : 3,300,000
공 제 세 율 : 2 / 102
의제(공제)세액 : 64,705

3. 분개는 부가세대급금이 자동반영된다. 또한 의제매입세액공제신고서에도 자동반영된다.

구분	계정과목	적요	거래처	차변(출금)	대변(입금)
출금	0135 부가세대급금		00701 (주)한세	64,705	(현금)
출금	0153 원재료		00701 (주)한세	3,235,295	(현금)

☞ 1기 확정신고시에 상기처럼 의제매입세액을 분개 후 한도가 60,000원이 계산되었다고 가정하면, 한도 초과분 (4,705)에 대해서 6월 30일자로 다음과 같은 수정분개를 하여야 한다.

(차) 원재료 4,705 (대) 부가세대급금 4,705

참고

의제매입세액 한도계산시 1역년 단위로 계산가능

① 1역년동안 계속 제조업 영위

② 제1기 과세기간에 공급받은 면세농산물등의 가액의 비중이 75%이상 또는 25% 미만

<예제> 중소제조업(4/104)

	제1기 과세기간	제2기 과세기간	계
제품매출	5,000,000원	10,000,000원	15,000,000원
면세 원재료 매입	*1,040,000원(18.8%)*	4,500,000원	5,540,000원
의제매입세액 공제액	40,000원	–	

- 제조업 면세농산물 등탭으로 입력

면세농산물등 | 제조업 면세농산물등

가. 1역년 과세표준 및 제2기 과세기간 공제 가능한 금액등 (불러오기)

과세표준			대상액 한도계산		1역년 매입액			공제대상금액
합계	제1기	제2기	한도율	A.한도액	B.합계	제1기	제2기	[MIN (A,B)]
13,000,000	5,000,000	8,000,000	50/100	6,500,000	5,540,000	1,040,000	4,500,000	5,540,000

나. 과세기간 공제할 세액

공제대상세액		이미 공제받은 금액					공제(납부)할 세액 (C-D)
공제율	C.공제대상금액	D.총 합계	제1기	제2기			
				합계	예정신고분	월별조기분	
4/104	213,076	40,000	40,000				173,076

제10절 재활용폐자원세액공제신고서

재활용폐자원 및 중고자동차를 수집하는 사업자(일반과세자)가 국가 등 또는 부가가치세 과세사업을 영위하지 아니하는 자와 영수증 발급대상 간이과세자로부터 재활용폐자원 및 중고자동차를 취득하여 제조 또는 가공하거나 이를 공급시 일정한 금액을 매입세액으로 공제받을 수 있다.

조회기간 : 년 월 ~ 년 월 구분 : 공제(납부)세액 : 원 ※중요

관리용 | 신고용

(24)공급자 성명 또는 거래처 상호(기관명)	(24)공급자 주민등록번호또는 사업자등록번호	구분	(25) 건수	(26)품명	(27) 수량	(28)차량번호	(29)차대번호	(30)취득금액	(31)공제율	(32)공제액 ((30)*(31))
영수증수취분										
계산서수취분										
합계										

재활용폐자원 매입세액공제 관련 신고내용(이 란은 확정신고시 작성하며, 중고자동차(10/110)의 경우에는 작성하지 않습니다.) 불러오기

매출액			대상액한도계산		당기매입액			(16)공제가능한 금액(=(12)-(14))
(8)합계	(9)예정분	(10)확정분	(11)한도율	(12)한도액	(13)합계	(14)세금계산서	(15)영수증 등	

(17)공제대상금액(=(15)과 (16)의 금액중 적은 금액)	공제대상세액		이미 공제받은 세액			(23)공제(납부)할세액 (=(19)-(20))	{참고}9/109 공제액합계
	(18)공제율	(19)공제대상세액	(20)합계	(21)예정신고분	(22)월별조기분		

F6(불러오기)버튼을 클릭하면 입력된 데이터(적요번호 7번 재활용폐자원매입세액)가 있으면 자동 반영된다.

1. 신고내용입력

① 취득금액과 공제율(폐자원 3/103, 중고자동차 10/110)과 취득일자를 입력한다.

② 재활용폐자원 매입세액공제는 확정신고서 한도계산을 한다. 의제매입세액처럼 문제에서 주어진대로 입력하면 자동적으로 계산된다.

example 예제 따라하기 **재활용폐자원세액공제신고서**

(주)낙동(2003)을 선택하여 다음의 사항을 입력하시오.

1. **다음 매입 거래중에서 재활용폐자원세액공제가 되는 거래에 대해서 매입매출전표(원재료)에 입력하시오.**

일자	상호 또는 성명	사업자번호 (주민등록번호)	품 명	매입가액	증 빙
04.03	㈜경기	132-81-21354	고철	2,900,000원	전자계산서 (현금매입)
05.03	아산전기	132-81-21354	알루미늄	1,000,000원	전자세금계산서 (현금매입)
06.05	김기수	830208-2182630	고철	150,000원	영수증 (현금매입)

2. 예정신고기간 중의 재활용폐자원 거래내역은 없다.
3. 1기 과세기간 중 재활용관련 매출액과 세금계산서 매입액(사업용 고정자산 매입액은 없다.)은 다음과 같다.

구분	매출액(공급가액)	매입공급가액(세금계산서)
예정분	60,000,000원	40,000,000원
확정분	70,000,000원	55,000,000원

4. 1기 확정신고에 대한 재활용폐자원세액공제신고서를 작성하시오.
5. 그리고 6월 30일자로 재활용폐자원세액공제신고와 관련한 적절한 회계처리를 일반전표에 입력하시오.

해답

1. 재활용폐자원세액공제

아산전기는 세금계산서를 수취하였으므로 재활용폐자원세액공제대상이 아니다.

2. **매입매출전표입력**(재활용폐자원세액공제)

	일자	유형	공급가액	세액	공급처	전자	분개
①	04.03	53.면세	2,900,000	-	㈜경기	여	현금
	(차) 원재료		2,900,000	(대) 현금			2,900,000
	7.재활용폐자원매입세액공제신고서자동반영분						

	일자	유형	공급가액	세액	공급처	분개
②	06.05	60.면건	150,000		김기수	현금
	(차) 원재료		150,000	(대) 현 금		150,000
	7.재활용폐자원매입세액공제신고서자동반영분					

3. 재활용폐자원세액 신고서(4월~6월)

조회기간을 입력하면 매입매출전표에 입력된 자료가 자동으로 불러온다.(불러오지 않으면 상단의 불러오기를 해준다.) (25) 구분코드 : 2.기타재활용폐자원, 수량과 매입가격을 확인하고, **공제율 (폐자원은 3/103, 중고자동차는 10/110)은 해당 업종에 맞게 수정 입력한다**.

	□	(24)공급자 성명 또는 거래처 상호(기관명)	(24)공급자 주민등록번호또는 사업자등록번호	거래구분	(25)구분코드	(26)건수	(27)품명	(28)수량	(29)차량번호	(30)차대번호	(31)취득금액	(32)공제율	(33)공제액((31)*(32))	취득일자
1	□	(주)경기	132-81-21354	2.계산서	2.기타재활용폐자원	1	고철				2,900,000	3/103	84,466	2021-04-03
2	□	김기수	830208-2182630	1.영수증	2.기타재활용폐자원	1	고철				150,000	3/103	4,368	2021-06-05

4. 한도 계산

문제에서 주어진 매출액을 입력하고 당기매입액 세금계산서 구입과 당기 재활용폐자원 대상금액(3,050,000)을 (15)영수증 등에 입력하고, 이미 공제받은 세액이 있으면 (21).(22)란에 입력한다.

재활용폐자원 매입세액공제 관련 신고내용(이 란은 확정신고시 작성하며, 중고자동차(10/110)의 경우에는 작성하지 않습니다.) 불러.

매출액			대상액한도계산		당기매입액			(16)공제가능한 금액(=(12)-(14))
(8)합계	(9)예정분	(10)확정분	(11)한도율	(12)한도액	(13)합계	(14)세금계산서	(15)영수증 등	
130,000,000	60,000,000	70,000,000	80%	104,000,000	98,050,000	95,000,000	3,050,000	9,000,000

(17)공제대상금액(=(15)과 (16)의 금액중 적은 금액)	공제대상세액		이미 공제받은 세액			(23)공제(납부)할세액(=(19)-(20))	{참고}10/110 공제액합계
	(18)공제율	(19)공제대상세액	(20)합계	(21)예정신고분	(22)월별조기분		
3,050,000	3/103	88,834				88,834	

5. 일반전표입력(6월30일)

(차) 부가세대급금 88,834 (대) 원 재 료(8.타계정 대체) 88,834

제11절 건물 등 감가상각자산 취득명세서

사업자가 사업설비를 신설·취득·확장 또는 증축함으로써 조기환급을 받고자 하는 경우에는 건물 등 감가상각자산취득명세서를 첨부하여야 한다.

조회기간 년 월 ~ 년 월 구분

취득내역

감가상각자산종류	건수	공급가액	세 액	비 고
합 계				
건물 · 구축물				
기 계 장 치				
차 량 운 반 구				
기타감가상각자산				

거래처별 감가상각자산 취득명세

월/일	상호	사업자등록번호	자산구분	공급가액	세액	건수

1. 전표불러오기

F4(불러오기) 버튼을 클릭하면 아래와 같은 새로 불러오기 보조화면이 나타난다. 여기에서 각 계정별 코드와 계정과목을 선택 입력한 다음 버튼을 클릭하면 [매입매출전표]에 입력된 데이터가 자동으로 불러온다.

전표불러오기

기간 : 년 1 월 ~ 년 3 월

구 분	코 드	계정과목명
(1)건물 · 건축물	0202	건물
	0204	구축물
(2)기 계 장 치	0206	기계장치
(3)차량 운반구	0208	차량운반구
(4)기타감가상각자산	0212	비품

1. 코드도움은 F2, 삭제는 F5 입니다.
2. 계정과목은 매입매출전표에서 불러옵니다.
3. 계정과목 구간은 195~230, 471~500 까지 입니다.

확인 [Tab] 취소 [Esc]

example 예제 따라하기 | 건물등 감가상각자산 취득명세서 

(주)낙동(2003)를 선택하여 다음의 사항을 입력하시오.

다음 자료를 매입매출전표에 입력하고 **7월분 조기환급신고를 하고자 감가상각자산취득명세서를 작성하고 부가가치세 신고서를 작성**하시오. 부가가치세 신고일은 8월 25일이다.

1. 7월 1일 비품으로 사용할 초고속칼라프린터를 대한전자로부터 50,000,000원(부가가치세 별도)에 구입하고 대금은 전액 법인카드인 국민카드로 지급하였다. 수취한 신용카드매출전표가 부가가치세 공제요건을 만족하므로 별도의 세금계산서는 수취하지 아니하였다.
2. 7월 15일 (주)설악전기와 6월 1일 30,000,000원에 당사의 업무관리 S/W개발계약을 체결하고 개발을 의뢰한 바 있으며, 당일 완성되어 인수하고 전자세금계산서(공급가액 30,000,000원 부가가치세 3,000,000원)를 교부받았다. 대금은 전액 현금으로 지급하였다.(무형자산자산으로 계상할 것)

해답

1. 매입매출전표입력

	일자	유형	공급가액	세액	거래처	신용카드	분개
1.	07.01	57.카과	50,000,000	5,000,000	대한전자	국민카드	카드
	(차) 비 품		50,000,000	(대) 미 지 급 금(국민카드)			55,000,000
	부가세대급금		5,000,000				

	일자	유형	공급가액	세액	거래처	전자	분개
2.	07.15	51.과세	30,000,000	3,000,000	(주)설악전기	1.여	현금
	(차) 소프트웨어		30,000,000	(대) 현 금			33,000,000
	부가세대급금		3,000,000				

2. 건물등 감가상각자산취득명세서

(1) 상단의 F4불러오기를 클릭하여 추가계정과목(소프트웨어)을 입력한다.

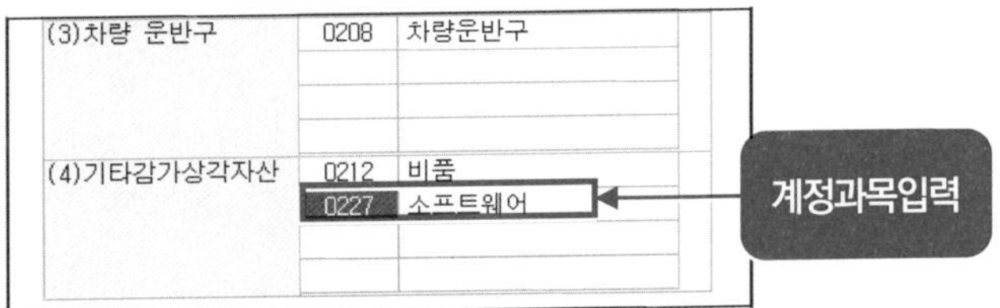

(2) 감가상각자산취득명세서(7월~7월)

취득내역

감가상각자산종류	건수	공급가액	세 액	비 고
합 계	2	80,000,000	8,000,000	
건물 · 구축물				
기 계 장 치				
차 량 운 반 구				
기타감가상각자산	2	80,000,000	8,000,000	

거래처별 감가상각자산 취득명세

	월/일	상호	사업자등록번호	자산구분	공급가액	세액	건수
1	07-01	대한전자	108-81-59726	기타	50,000,000	5,000,000	1
2	07-15	(주)설악전기	125-05-81909	기타	30,000,000	3,000,000	1

3. 부가가치세 조기환급신고서(7월1일~7월31일)

			번호	금액		세액
매입세액	세금계산서 수취분	일반매입	10			
		수출기업수입분납부유예	10			
		고정자산매입	11	30,000,000		3,000,000
	예정신고누락분		12			
	매입자발행세금계산서		13			
	그 밖의 공제매입세액		14	50,000,000		5,000,000
	합계(10)-(10-1)+(11)+(12)+(13)+(14)		15	80,000,000		8,000,000
	공제받지못할매입세액		16			
	차감계 (15-16)		17	80,000,000	ⓝ	8,000,000
납부(환급)세액(매출세액㉮-매입세액㉯)					㉰	-8,000,000
경감공제세액	그 밖의 경감 · 공제세액		18			
	신용카드매출전표등 발행공제등		19			
	합계		20		㉱	
예정신고미환급세액			21		㉲	

			번호	금액		세액
정누락분	합계		40			
	신용카드매출 수령금액합계	일반매입				
		고정매입				
	의제매입세액					
	재활용폐자원등매입세액					
	과세사업전환매입세액					
	재고매입세액					
	변제대손세액					
	외국인관광객에대한환급/					
	합계					
14.그 밖의 공제매입세액						
신용카드매출 수령금액합계표		일반매입	41			
		고정매입	42	50,000,000		5,000,000
의제매입세액			43		뒤쪽	

4. 과세표준명세서 작성

- <u>신고구분(3.영세율등 조기환급)</u>과 <u>신고년월일(20x1년 8월 25일)을 반드시 입력</u>한다.

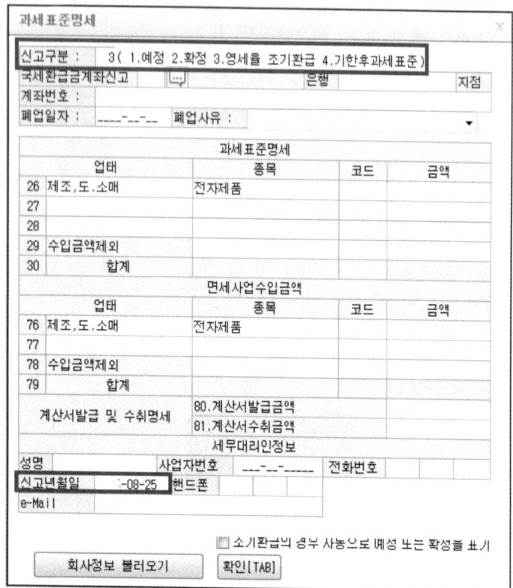

과세표준명세

신고구분 : 3 (1.예정 2.확정 3.영세율 조기환급 4.기한후과세표준)
국세환급금계좌신고 은행 지점
계좌번호 :
폐업일자 : ____-__-__ 폐업사유 :

	업태	종목	코드	금액
	과세표준명세			
26	제조,도.소매	전자제품		
27				
28				
29	수입금액제외			
30	합계			
	면세사업수입금액			
76	제조,도.소매	전자제품		
77				
78	수입금액제외			
79	합계			
	계산서발급 및 수취명세	80.계산서발급금액		
		81.계산서수취금액		

세무대리인정보

성명 | 사업자번호 ___-__-_____ | 전화번호
신고년월일 | -08-25 | 핸드폰
e-Mail

□ 조기환급의 경우 자동으로 예정 또는 확정을 표기

회사정보 불러오기 | 확인[TAB]

[신고서상의 세금계산서 수취분 중 고정자산 매입]

구분			번호	금액		세액
매입	세금계산서 수취분	일반매입	10			
		고정자산매입	11	30,000,000		3,000,000
	예정신고누락분		12			
	매입자발행세금계산서		13			

신고서상의 고정자산은 <u>**감가상각자산을 의미**</u>한다.

즉 매출세액보다 매입세액이 많으면 환급세액이 발생하는데, 사업자의 자금해소차원으로 조기환급 신고를 허용한다.

조기환급대상에는 영세율과 사업설비(감가상각)의 신설 등으로 규정하고 있는데, 부속서류로서 <u>**건물등 감가상각자산 취득명세서**</u>를 제출하여야 한다.

그러면 토지관련 매입세액(토지 구입은 당연히 면세이므로 신고서상에 반영되지 않고 과세표준 명세서에는 반영된다.)은 어디에 반영되는가? 당연히 토지관련 매입세액은 불공제매입세액이다.

57회 전산세무2급 기출문제에서 토지의 자본적 지출에 대해서 고정자산매입분에 기재하도록 제시되어 있고, 일부 인용으로 <u>**"토지의 자본적 지출액은 고정자산매입에 기재되어야 하지만, 프로그램 구조상 신고서의 세금계산서 수취분 일반매입에 기재됩니다. 따라서 일반매입에 500,000,000원, 고정자산매입에 0원이 기재된 것도 정답으로 인정합니다.(인용)**</u>"으로 되어 있는데, 이것은 잘못된 해석입니다. 인용된 답안이 정답이고 제시된 정답은 잘못된 것입니다.

KcLep이나 더존Smart-A에 토지의 자본적 지출에 대해서 매입매출전표(불공)에 입력하여 보시면 토지(감가상각자산이 아님)는 당연히 일반매입분에 반영됩니다.

필자가 직접 국세청 홈택스에 입력해 보았습니다.

1. 세금계산서 발급분 입력(공급가액 10,000,000원 세액 1,000,000원)

국세청 홈택스 | 신고서 작성 연습

[부가가치세 일반신고] 2013년 2기 월별신고 (종료월 11월) : 312-86-01323 (주) 천안경영아카데미

신고서불러오기
신고서작성
01 기본사항
02 신고서식 및 항목 선택
03 매출세액
04 매입세액
05 경감 · 공제세액
06 예정고지 · 예정신고
07 금지금매입자기납부세액
08 가산세
09 기타첨부서류입력
신고서(납부서) 출력
종료

04 매입세액

세금계산서발급받은분 — 발급받은 **세금계산서**가 있는 경우 작성합니다. (세금계산서수취분 고정자산포함)
한건씩 직접 입력하여 신고시 [작성]버튼 클릭 [작성] 전체금액 10,000,000
입력 및 회계프로그램을 이용하여 만든 파일 신고시 [불러오기]버튼(**암호화하지 않은 원본파일 선택**) [불러오기] 전체세액 1,000,000
일반매입금액 10,000,000 일반매입세액 1,000,000
고정자산매입금액 0 고정자산매입세액 0

건물등감가상각자산취득명세서
고정자산을 매입한 경우, 오른쪽의 작성버튼을 눌러 **건물등감가상각자산취득명세서**를 작성하십시오. (세금계산서수취분,신용카드매출전표등수취제출분 고정자산포함) [작성] 금액 0 세액 0

기타공제 매입세액
신용카드,의제매입,재활용,과세사업전환매입세액, 재고매입,변제대손세액,고금의제매입세액이 있는 경우 작성합니다. [작성] 금액 0 세액 0

매입세액 차감계 | 금액 10,000,000 | 세액 1,000,000

2. 건물등 감가상각자산 취득명세서(공급가액 3,000,000원 세액 300,000원)
   - 감가상각자산 취득내역감가상각자산종류로 구분되어 있습니다. 토지의 자본적 지출액을 입력할 화면이 없고, 서식 이름에서 보듯이 감가상각자산을 입력합니다.

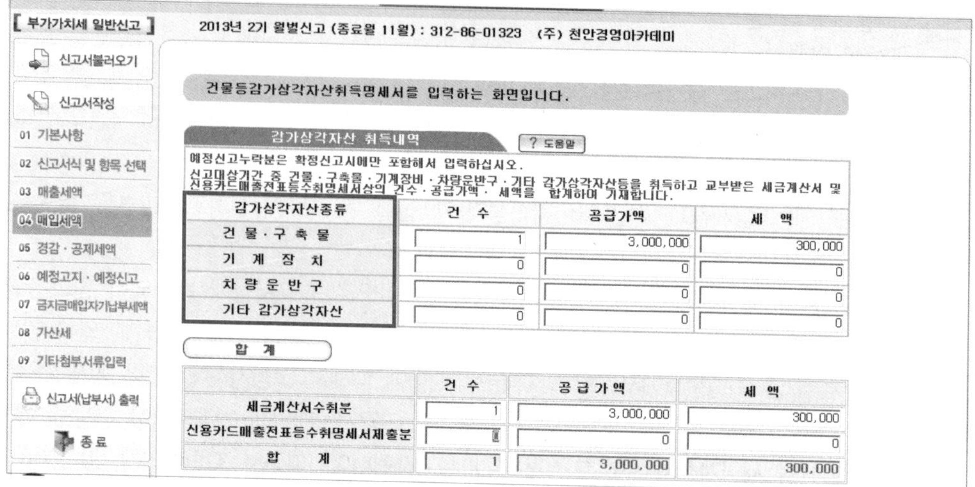

도움말을 클릭하면 명백하게 나옵니다. 감가상각자산을 입력하라고....

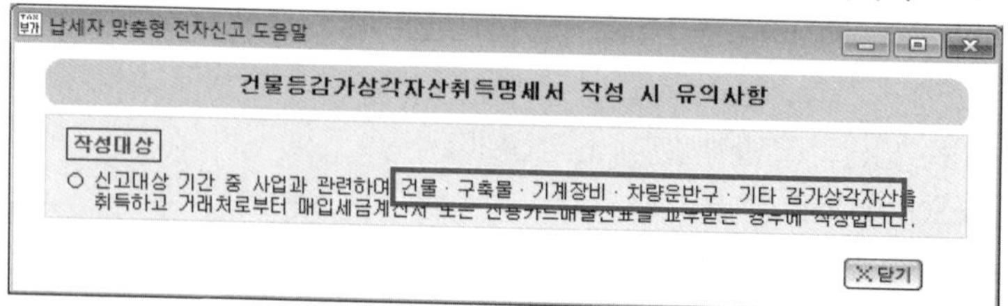

감가상각자산을 입력하면 일반매입금액이 7,000,000원, 고정자산매입금액이 3,000,000원으로 변합니다.

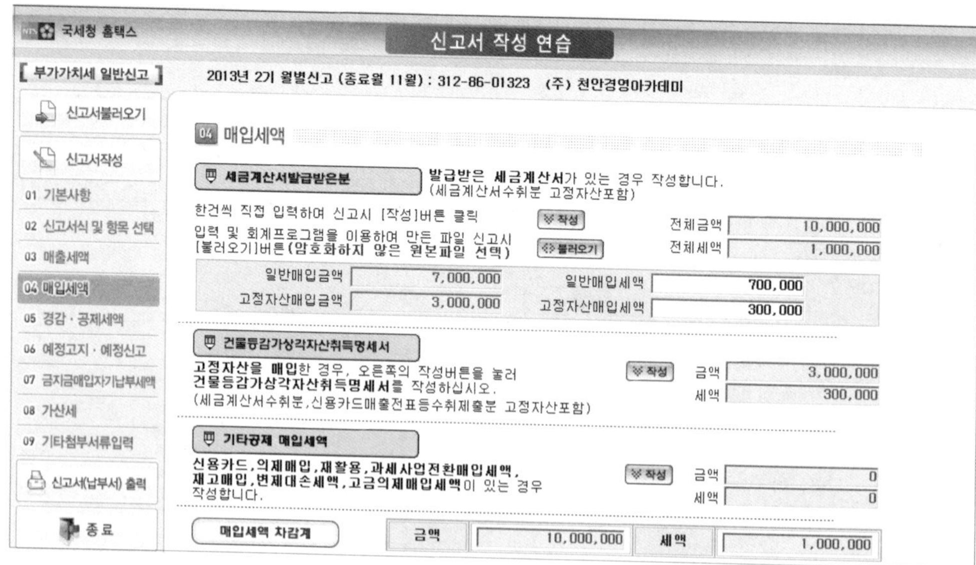

[최종 부가가치세 신고서]

구분			코드	금액	세율	세액
매입세액	세금계산서수취분	일반매입	(10)	7,000,000		700,000
		고정자산매입	(11)	3,000,000		300,000
	예정신고누락분		(12)	0		0
	매입자발행세금계산서		(13)	0		0
	기타공제매입세액		(14)	0		0
	합계((10)+(11)+(12)+(13)+(14))		(15)	10,000,000		1,000,000
	공제받지못할 매입세액		(16)	0		0
	차감계((15)-(16))		(17)	10,000,000	㉯	1,000,000

세법은 방대하고 수시로 변합니다. 저 역시 틀릴 수가 있습니다. 그러나 최소한 수험생들의 이의 신청에 귀를 기울여서 올바른 답을 찾도록 노력하셔야 할 것입니다.

제12절 매입세액불공제내역

1. 공제받지 못할 매입세액

2. 공통매입세액 안분계산

해당과세기간		이후
예정신고	확정신고	확정신고
<u>안분계산 원칙 : 공급가액 비율</u>		
예정신고기간 면세비율 (1월~3월, 7월~9월)	확정신고기간 면세비율 (1월~6월, 7월~12월)	면세비율의 5% 이상 변동
1. 공통매입세액의 **<u>안분</u>** - 일 반 - 고정자산	2. 공통매입세액의 **<u>정산</u>** - 일 반 - 고정자산	3. 납부환급세액의 **<u>재계산</u>** - 안 함 - 고정자산

[1. 공제받지못할매입세액]

조회기간 : 년 월 ~ 년 월 구분 :

공제받지못할매입세액내역 | 공통매입세액안분계산내역 | 공통매입세액의정산내역 | 납부세액또는환급세액재계산

매입세액 불공제 사유	세금계산서		
	매수	공급가액	매입세액

F4(불러오기)를 클릭하여 [매입매출전표]에 입력된 불공제 내역을 불러올수도 있고, 직접입력도 가능하다. 자동 반영되지 않은 매입세액불공제 사유에 대해서는 **<u>매입세금계산서의 매수, 공급가액, 매입세액은 직접 입력하여야 한다.</u>**

[2. 공통매입세액의 안분계산-예정신고(1~3월, 7~9월]

공제받지못할매입세액내역 | **공통매입세액안분계산내역** | 공통매입세액의정산내역 | 납부세액또는환급세액재계산

산식	과세 · 면세사업 공통매입		⑫총공급가액등	⑬면세공급가액등	면세비율(⑬÷⑫)	⑭불공제매입세액[⑪*(⑬÷⑫)]
	⑩공급가액	⑪세액				

1. 상단의 공통매입세액안분계산내역을 클릭한다.
2. 아래 산식 중 선택한다.**<u>시험문제의 대부분은 1.공급가액기준으로 안분계산한다.</u>**

1: 당해과세기간의 공급가액기준
2: 당해과세기간의 매입가액기준
3: 당해과세기간의 예정공급가액기준
4: 당해과세기간의 예정사용면적기준

3. 예정신고기간의 공통매입가액과 총공급가액, 면세공급가액을 입력하면 자동적으로 불공제매입세액이 계산된다.

[3. 공통매입세액의 정산-확정신고(4~6월, 10월~12월)]

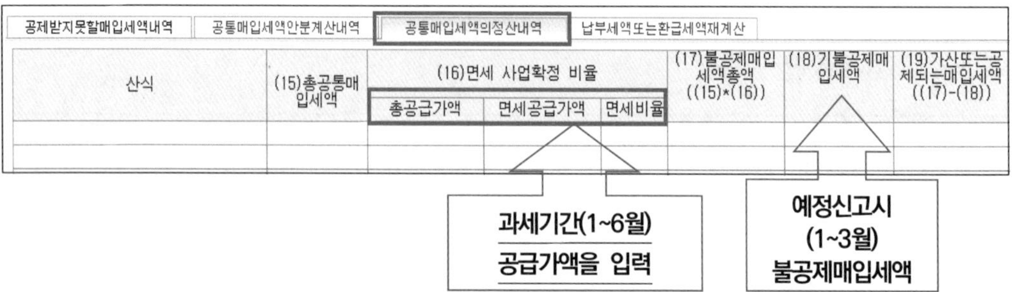

공제받지못할매입세액내역 | 공통매입세액안분계산내역 | **공통매입세액의정산내역** | 납부세액또는환급세액재계산

산식	(15)총공통매입세액	(16)면세 사업확정 비율			(17)불공제매입세액총액((15)*(16))	(18)기불공제매입세액	(19)가산또는공제되는매입세액((17)-(18))
		총공급가액	면세공급가액	면세비율			

1. **<u>시험문제의 대부분은 공급가액기준으로(1번.예정신고시 적용한 안분계산기준)로 정산한다.</u>**

1: 당해과세기간의 공급가액기준
2: 당해과세기간의 매입가액기준
3: 당해과세기간의 예정공급가액기준
4: 당해과세기간의 예정사용면적기준

2. 총공급가액(1~6월, 7~12월)과 면세공급가액(1~6월, 7~12월)을 입력하고, 기불공제매입세액은 예정신고시 안분계산해서 불공제된 매입세액이 자동불러오거나 직접 입력한다.

[4. 납부(환급)세액 재계산(4~6월, 10~12월)]

공제받지못할매입세액내역 | 공통매입세액안분계산내역 | 공통매입세액의정산내역 | **납부세액또는환급세액재계산**

자산	(20)해당재화의매입세액	(21)경감률[1-(체감률*경과된과세기간의수)]				(22)증가 또는 감소된 면세공급가액(사용면적)비율					(23)가산또는공제되는매입세액((20)*(21)*(22))
		취득년월	체감률	경과과세기간	경감률	당기		직전		증가율	
						총공급	면세공급	총공급	면세공급		

1. 해당감가상각자산의 매입세액을 입력한다.
2. 해당 자산의 체감률이 자동반영된다.
3. 경과된 과세기간의 수를 입력한다.

example 예제 따라하기 **매입세액불공제내역 1(공제받지 못할 매입세액 명세서)** 

(주)낙동(2003)을 선택하여 다음의 사항을 입력하시오.
다음 자료는 제 1기 예정신고기간의 거래내용이다. 아래의 거래내역을 보고 (주)낙동의 **제1기 예정신고기간의 공제받지 못할 매입세액명세서**를 작성하시오.

- 모든 거래는 세금계산서 수취거래로서 부가가치세별도의 금액임.

1. 서울전자에 휴대폰을 10대(단가 : 400,000원) 구입하여 전량 거래처에 무상으로 제공하다.
2. 대표자의 업무용승용차(1,600cc)의 고장으로 인해 이의 수리비 1,000,000원을 대우카센터에 지출함.
3. 면세사업에만 사용할 목적으로 난방기를 난방산업에서 250,000원에 구입하고 당기 소모품비로 처리함.
4. ㈜백두로부터 건물을 10,000,000원에 구입하였는데, 즉시 철거하고 사옥을 신축할 예정이다.
5. 전자랜드에서 노트북을 2,000,000원에 구입하였는데, 교부받은 세금계산서에는 종업원 주민등록번호로 작성되었다.

해답

공제받지 못할 매입세액 내역(1~3월) 직접입력

- 매입매출전표에 불공으로 입력되어 있으면 상단의 F4(불러오기)를 클릭하면 불러온다.

공제받지못할매입세액내역 | 공통매입세액안분계산내역 | 공통매입세액의정산내역 | 납부세액또는환급세액재계산

매입세액 불공제 사유	세금계산서		
	매수	공급가액	매입세액
①필요적 기재사항 누락 등	1	2,000,000	200,000
②사업과 직접 관련 없는 지출			
③비영업용 소형승용자동차 구입· 유지 및 임차	1	1,000,000	100,000
④접대비 및 이와 유사한 비용 관련	1	4,000,000	400,000
⑤면세사업 관련	1	250,000	25,000
⑥토지의 자본적 지출 관련	1	10,000,000	1,000,000
⑦사업자등록 전 매입세액			
⑧금거래계좌 미사용 관련 매입세액			

example 예제 따라하기 **매입세액불공제내역 2(공통매입세액의 안분계산)**

(주)낙동(2003)을 선택하여 다음의 사항을 입력하시오.
아래의 자료를 **제1기 예정신고기간의 공통매입세액의 안분계산 내역을** 작성하시오.

- 아래의 매출과 매입(1월~3월)은 모두 관련 세금계산서 또는 계산서를 적정하게 수수한 것으로 가정하며, 과세분 매출과 면세분 매출은 모두 공통매입분과 관련된 것이다.

구 분		공급가액(원)	세액(원)	합계액(원)
매출내역	과세분	40,000,000	4,000,000	44,000,000
	면세분	60,000,000	-	60,000,000
	합 계	100,000,000	4,000,000	104,000,000
매입내역	과세분	30,000,000	3,000,000	33,000,000
	공통분	**50,000,000**	**5,000,000**	**55,000,000**
	합 계	80,000,000	8,000,000	88,000,000

해답

공통매입세액안분계산(예정신고 1~3월)

1.당해과세기간의 공급가액기준을 선택하고, 전표에 입력되어 있으면 불러오면 된다.

공제받지못할매입세액내역 | 공통매입세액안분계산내역 | 공통매입세액의정산내역 | 납부세액또는환급세액재계산

산식	과세・면세사업 공통매입		⑫총공급가액등	⑬면세공급가액등	면세비율(⑬÷⑫)	⑭불공제매입세액[⑪*(⑬÷⑫)]
	⑩공급가액	⑪세액				
1.당해과세기간의 공급가액기준	50,000,000	5,000,000	100,000,000	60,000,000	60.0000	3,000,000

[참고-부가가치세신고서(1~3월)]

구분		금액	세율	세액
16.공제받지못할매입세액				
공제받지못할 매입세액	48	17,250,000		1,725,000
공통매입세액면세사업분	49	30,000,000		3,000,000
대손처분받을세액	50			
합계	51	47,250,000		4,725,000
18.기타경감공제세액				

예정신고시 불공제매입세액

example 예제 따라하기 **매입세액불공제내역 3(공통매입세액의 정산)**

(주)낙동(2003)을 선택하여 다음의 사항을 입력하시오.
다음 자료는 제 1기 확정신고기간의 거래내용이다. 아래의 거래내역을 보고 (주)낙동의 **제1기 확정신고기간의 공제받지 못할 매입세액명세서(공통매입세액의 정산내역)**를 작성하시오. 기장된 자료는 무시하고 직접 입력한다.
아래의 매출과 매입(4월~6월)은 모두 관련 세금계산서 또는 계산서를 적정하게 수수한 것으로 가정하며, 과세분 매출과 면세분 매출은 모두 공통매입분과 관련된 것이다.

구 분		공급가액(원)	세액(원)	합계액(원)
매출내역	과세분	55,000,000	5,500,000	60,500,000
	면세분	45,000,000	-	45,000,000
	합 계	100,000,000	5,500,000	100,500,000
매입내역	과세분	40,000,000	4,000,000	44,000,000
	공통분	**45,000,000**	**4,500,000**	**49,500,000**
	합 계	85,000,000	8,500,000	93,500,000

해답

1. **공통매입세액정산(확정신고 4~6월)**: **1~6월 전체 금액으로 입력**하여야 된다.

구 분		예정(1월~3월)	확정(4월~6월)	합계액(원)
매출내역	과세분	40,000,000	55,000,000	95,000,000
	면세분	60,000,000	45,000,000	105,000,000
	합 계	100,000,000	100,000,000	200,000,000
공통매입세액		5,000,000	4,500,000	**9,500,000**

- 상단의 [공통매입세액의정산내역]을 클릭하고, 산식 1.당해과세기간의 공급가액기준을 선택하면 "전표데이타를 불러오시겠습니까?"라는 화면이 나타나면 "예"를 선택한다.
그러면 (18)기불공제매입세액(1기예정신고시 공통매입세액중 불공제매입세액)이 자동입력된다.

- 계산내역에 총공통매입세액(1월~6월), 총공급가액(1~6월), 면세공급가액(1~6월)을 입력하면 2기 확정신고시 불공제매입세액 1,987,500원이 자동 계산된다.

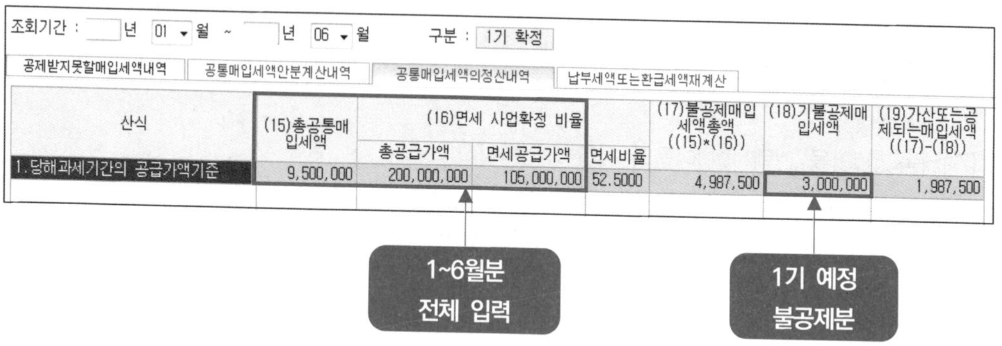

조회기간 : 년 01 월 ~ 년 06 월 구분 : 1기 확정

공제받지못할매입세액내역 | 공통매입세액안분계산내역 | 공통매입세액의정산내역 | 납부세액또는환급세액재계산

산식	(15)총공통매입세액	(16)면세 사업확정 비율			(17)불공제매입세액총액((15)*(16))	(18)기불공제매입세액	(19)가산또는공제되는매입세액((17)-(18))
		총공급가액	면세공급가액	면세비율			
1.당해과세기간의 공급가액기준	9,500,000	200,000,000	105,000,000	52.5000	4,987,500	3,000,000	1,987,500

example 예제 따라하기 | 매입세액불공제내역 4(납부세액 또는 환급세액의 재계산)

(주)낙동(2003)을 선택하여 다음의 사항을 입력하시오.

다음 자료는 제1기 확정신고기간의 거래내용이다. 아래의 거래내역을 보고 (주)낙동의 **제1기 확정신고기간의 공제받지 못할 매입세액명세서(납부 · 환급세액 재계산내역)**를 작성하시오. 기장된 자료는 무시하고 직접 입력한다.

- 2023년 과세사업과 면세사업에 공통으로 사용되는 자산의 구입내역

계정과목	취득일자	공급가액	부가가치세	비고
기계장치	2023. 3. 1	10,000,000원	1,000,000원	
건 물	2023. 4.10	100,000,000원	10,000,000원	
원 재 료	2023. 6.20	1,000,000원	100,000원	

* 2023년 제1기 부가세 확정신고시 공통매입세액에 대한 안분계산 및 정산은 정확히 신고서에 반영되었다.

- 2023년 ~ 2024년의 공급가액 내역

구 분	2023년		2024년 제1기
	제1기	제2기	
과세사업	80,000,000원	62,000,000원	95,000,000원
면세사업	120,000,000원	88,000,000원	105,000,000원

해답

1. 면세비율계산 및 재계산여부

구 분	2023년		2024년
	제1기	제2기	제1기
과세사업	80,000,000원	62,000,000원	95,000,000원
면세사업	120,000,000원	88,000,000원	105,000,000원
계	200,000,000원	150,000,000원	200,000,000원
면세비율	**60%**	58.67%	**52.5%**
증감된 면세비율	-	**5%미만**	**-7.5%**

☞ 2023년 2기에는 면세비율변동이 5% 미만이므로 납부(환급)세액 재계산을 하지 않는다.

2. 체감률 및 경과된 과세기간의 수

계정과목	취득일자	부가가치세	체감율	경과된과세기간수
기계장치	2023. 3. 1	1,000,000원	25%	2(자동계산)
건 물	2023. 4.10	10,000,000원	5%	
원 재 료	**감가상각자산에 한하여 납부(환급)세액 재계산**			

3. 당기와 직전(**전기에 재계산을 하지 않았으므로 직직전과세기간–2023년 1기를 입력**)과세기간의 공급가액을 입력한다.

[납부 · 환급세액 재계산 최종화면]

자산	(20)해당재화의 매입세액	(21)경감률 [1-(체감률*경과된과세기간의수)]				(22)증가 또는 감소된 면세공급가액(사용면적)비율					(23)가산또는 공제되는 매입세액 (20)*(21)*(22)
		취득년월	체감률	경과 과세기간	경감률	당기 총공급	당기 면세공급	직전 총공급	직전 면세공급	증가율	
1.건물,구축물	10,000,000	2023 -03	5	2	90	200,000,000.00	105,000,000.00	200,000,000.00	120,000,000.00	-7.500000	-675,000
2.기타자산	1,000,000	2023 -04	25	2	50	200,000,000.00	105,000,000.00	200,000,000.00	120,000,000.00	-7.500000	-37,500

2023년 1기입력

환급세액 (712,500)

제13절 부가가치세 신고서

구분			번호	정기신고금액 금액	세율	세액
과세표준및매출세액	과세	세금계산서발급분	1		10/100	
		매입자발행세금계산서	2		10/100	
		신용카드 · 현금영수증발행분	3		10/100	
		기타(정규영수증외매출분)	4			
	영세	세금계산서발급분	5		0/100	
		기타	6		0/100	
	예정신고누락분		7			
	대손세액가감		8			
	합계		9		㉮	
매입세액	세금계산서수취분	일반매입	10			
		수출기업수입분납부유예	10			
		고정자산매입	11			
	예정신고누락분		12			
	매입자발행세금계산서		13			
	그 밖의 공제매입세액		14			
	합계(10)-(10-1)+(11)+(12)+(13)+(14)		15			
	공제받지못할매입세액		16			
	차감계 (15-16)		17		㉯	
납부(환급)세액(매출세액㉮-매입세액㉯)					㉰	
경감공제세액	그 밖의 경감 · 공제세액		18			
	신용카드매출전표등 발행공제등		19			
	합계		20		㉱	
예정신고미환급세액			21		㉲	
예정고지세액			22		㉳	
사업양수자의 대리납부 기납부세액			23		㉴	
매입자 납부특례 기납부세액			24		㉵	
신용카드업자의 대리납부 기납부세액			25		㉶	
가산세액계			26		㉷	
차감.가감하여 납부할세액(환급받을세액)(㉰-㉱-㉲-㉳-㉴-㉵-㉶+㉷					27	
총괄납부사업자가 납부할 세액(환급받을 세액)						

구분			번호	금액	세율	세액
7.매출(예정신고누락분)						
예정누락분	과세	세금계산서	33		10/100	
		기타	34		10/100	
	영세	세금계산서	35		0/100	
		기타	36		0/100	
	합계		37			
12.매입(예정신고누락분)						
예정누락분	세금계산서		38			
	그 밖의 공제매입세액		39			
	합계		40			
	신용카드매출수령금액합계	일반매입				
		고정매입				
	의제매입세액					
	재활용폐자원등매입세액					
	과세사업전환매입세액					
	재고매입세액					
	변제대손세액					
	외국인관광객에대한환급/					
	합계					
14.그 밖의 공제매입세액						
신용카드매출수령금액합계표		일반매입	41			
		고정매입	42			
의제매입세액			43		뒤쪽	
재활용폐자원등매입세액			44		뒤쪽	
과세사업전환매입세액			45			
재고매입세액			46			
변제대손세액			47			
외국인관광객에대한환급세액			48			
합계			49			

1. 과세표준 및 매출세액

구분			번호	금액	세율	세액
과세표준및매출세액	과세	세금계산서발급분	1		10/100	
		매입자발행세금계산서	2		10/100	
		신용카드 현금영수증발행분	3		10/100	
		기타(정규영수증외매출분)	4			
	영세	세금계산서발급분	5		0/100	
		기타	6		0/100	
	예정신고누락분		7			
	대손세액가감		8			
	합계		9		㉮	

1란 과세 : 세금계산서발급분

부가가치세가 과세되는 거래 중 세금계산서를 발급하여 매출한 금액을 입력한다. [매입매출전표]에서 **11:과세**로 입력한 매출금액이 자동 반영된다.

2란 과세 : 매입자발행세금계산서

사업자가 재화 또는 용역을 공급하고 거래시기에 세금계산서를 발급하지 아니한 경우 그 재화 또는 용역을 공급받은 등록사업자는 관할세무서장의 확인을 받아 매입자발급세금계산서를 발급할 수 있다.

3란 과세 : 신용카드 · 현금영수증

부가가치세가 과세되는 거래 중 신용카드 · 현금영수증발행분 · 전자화폐 수취분의 공급가액을 입력한다.

[매입매출전표]에서 **17:카과 22:현과 21:전자**로 입력한 매출금액이 자동 집계되어 반영된다.

4란 과세 : 기타(정규영수증외매출분)

부가가치세가 과세되는 거래 중 세금계산서발급 의무가 없는 매출금액(간주공급 포함)을 입력한다.

[매입매출전표]에서 **14:건별** 로 입력한 매출금액이 자동 집계되어 반영된다.

5란 영세율 : 세금계산서발급분

영세율이 적용되는 거래 중 세금계산서를 발급한 매출금액을 입력한다.

[매입매출전표]에서 **12:영세**로 입력한 매출금액이 자동 반영된다.

6란 영세율 : 기타

영세율이 적용되는 거래 중 세금계산서발급의무가 없는 분을 입력한다.

[매입매출전표]에서 **16:수출**로 입력한 매출금액이 자동 반영된다.

7란 예정신고누락분

예정신고 매출누락분(화면 우측)을 확정신고시 신고하고자 하는 경우에 각각의 해당란에 입력한다.

7.매출(예정신고누락분)					
예정누락분	과세	세금계산서	33		10/100
		기타	34		10/100
	영세	세금계산서	35		0/100
		기타	36		0/100
	합계		37		

8란 대손세액가감

부가가치세가 과세되는 재화 또는 용역의 공급에 대한 외상매출금 등이 대손되어 대손세액을 공제받고자 하는 사업자가 입력한다.

대손세액을 공제받는 경우에는 "(-)"하여 입력하고, 대손금액의 전부 또는 일부를 회수하여 회수금액에 관련된 대손세액을 납부하는 경우에는 해당 납부하는 세액"(+)"을 입력한다.

2. 매입세액

매입세액	세금계산서 수취분	일반매입	10			
		수출기업수입분납부유예	10			
		고정자산매입	11			
	예정신고누락분		12			
	매입자발행세금계산서		13			
	그 밖의 공제매입세액		14			
	합계(10)-(10-1)+(11)+(12)+(13)+(14)		15			
	공제받지못할매입세액		16			
	차감계 (15-16)		17		㉯	
납부(환급)세액(매출세액㉮-매입세액㉯)					㉰	

[10]란 세금계산서수취분 : 일반매입

매입 거래로 발급받은 세금계산서 중 다음 [11]란 고정자산매입분을 제외한 금액을 입력한다. [매입매출전표]에서 **51:과세 52:영세 54:불공 55:수입**으로 입력한 매입금액 및 세액이 자동 반영된다. **54:불공**으로 입력한 매입가액은 [10]란과 [16]란에 집계되어 차감하도록 되어 있다.

[11]란 세금계산서수취분 : 고정자산매입

발급받은 세금계산서 중 고정자산매입분의 매입금액과 세액을 입력한다. [매입매출전표]에서 **51:과세 52:영세 54:불공 55:수입**으로 입력하였으되 분개시에 고정자산으로 입력된 계정의 매입금액 및 세액이 반영된다.

[12]란 예정신고누락분

예정신고누락분을 확정신고시 신고하고자 하는 경우에 입력한다.

12.매입(예정신고누락분)						
예정누락분	세금계산서		38			
	그 밖의 공제매입세액		39			
	합계		40			
	신용카드매출 수령금액합계	일반매입				
		고정매입				
	의제매입세액					
	재활용폐자원등매입세액					
	과세사업전환매입세액					
	재고매입세액					
	변제대손세액					
	외국인관광객에대한환급/					
	합계					

세금계산서를 발급받은 금액은 [38]란에 입력하며, [38]란 예정신고누락분 그밖의 공제매입세액에는 신용카드매출전표수령명세서제출분 등을 입력한다.

13란 매입자발급세금계산서

매출자가 세금계산서를 발급하지 않아 관할세무서장에게 신고하여 승인받은 매입자발행세금계산서의 금액과 세액을 입력한다.

14란 그밖의 공제매입세액

발급받은 신용카드매출전표상의 매입세액, 의제매입세액, 재활용폐자원 등에 대한 매입세액, 재고매입세액 또는 변제대손세액을 공제받는 사업자가 입력한다.

14.그 밖의 공제매입세액					
신용카드매출 수령금액합계표	일반매입	41			
	고정매입	42			
의제매입세액		43		뒤쪽	
재활용폐자원등매입세액		44		뒤쪽	
과세사업전환매입세액		45			
재고매입세액		46			
변제대손세액		47			
외국인관광객에대한환급세액		48			
합계		49			

41 · 42란 신용카드매출전표수령명세서제출분

사업과 관련한 재화나 용역을 공급받고 발급받은 [신용카드매출전표등 수령명세서(갑)]를 제출하여 매입세액을 공제받는 경우에 입력한다. [매입매출전표]에서 **57:카과**로 입력된 금액이 자동 반영된다.

43란 의제매입세액

농산물 등 면세 원재료를 사용하여 과세 재화 또는 용역을 제공하여 의제매입세액을 공제받는 사업자가 입력한다.

16란 공제받지 못할 매입세액

매입매출전표의 불공제가 자동반영된다.

16.공제받지못할매입세액				
공제받지못할 매입세액	50			
공통매입세액면세등사업분	51			
대손처분받은세액	52			
합계	53			

50란 공제받지 못할 매입세액

발급받은 세금계산서 중 매입세액으로 공제받지 못하는 세금계산서상의 공급가액과 세액을 입력한다. [매입매출전표]에서 54:불공으로 입력된 자료가 자동 반영된다.

51란 공통매입세액 면세사업분

겸영사업자의 공통매입세액 중 안분계산하여 면세사업 해당하는 공급가액과 세액을 입력한다.

3. 경감 · 공제세액 등

⑱란 경감 · 공제세액

18.그 밖의 경감·공제세액				
전자신고세액공제	54			
전자세금계산서발급세액공제	55			
택시운송사업자경감세액	56			
대리납부세액공제	57			
현금영수증사업자세액공제	58			
기타	59			

54란 전자신고세액공제: 확정신고시 1만원을 공제하거나 환급세액에 더한다.

경감공제세액	기타경감 · 공제세액	18			
	신용카드매출전표등발행공제등	19			
	합계	20		㉣	
예정신고미환급세액		21		㉤	
예정고지세액		22		㉥	

⑲란 신용카드매출전표등발행공제등: 개인사업자만 대상이나, 전산세무시험에서 입력을 요구하기도 하므로 신용카드영수증, 현금영수증 등의 발행금액(공급가액+부가가치세액)을 입력하도록 한다.

㉑ **예정신고시 일반환급세액이 있을 경우 환급하여 주지 않고 확정신고시 정산한다. 따라서 예정신고시 미환급세액을 입력한다.**

㉒ 해당 과세기간 중에 예정고지된 세액이 있는 경우 그 예정고지세액을 입력한다.

4. 가산세

25.가산세명세					
사업자미등록등		61		1/100	
세 금 계산서	지연발급 등	62		1/100	
	지연수취	63		5/1,000	
	미발급 등	64		뒤쪽참조	
전자세금 발급명세	지연전송	65		3/1,000	
	미전송	66		5/1,000	
세금계산서 합계표	제출불성실	67		5/1,000	
	지연제출	68		3/1,000	
신고 불성실	무신고(일반)	69		뒤쪽	
	무신고(부당)	70		뒤쪽	
	과소·초과환급(일반)	71		뒤쪽	
	과소·초과환급(부당)	72		뒤쪽	
납부지연		73		뒤쪽	
영세율과세표준신고불성실		74		5/1,000	
현금매출명세서불성실		75		1/100	
부동산임대공급가액명세서		76		1/100	
매입자 납부특례	거래계좌 미사용	77		뒤쪽	
	거래계좌 지연입금	78		뒤쪽	
합계		79			

61란 사업자미등록 : 미등록 및 허위등록가산세율(공급가액에 적용) : 1/100

62란 세금계산서지연발급등

세금계산서 발급기한 경과 후 발급시: 1/100

64란 세금계산서 미발급등

세금계산서미교부 미발급(2%) 및 가공세금계산서 발급 및 수취(3%), 위장세금계산서 발급 및 수취(2%)

☞ 전자세금계산서 발급의무자가 종이세금계산서 발급시 전자세금계산서 미발급가산세(1%)

65, 66란 전자세금계산 지연전송 등

전자세금계산서 교부 의무 사업자가 국세청장에게 세금계산서 교부명세를 지연전송한 경우 등

지연전송	공급가액의 0.3%	미전송	공급가액의 0.5%

67란 세금계산서합계표제출불성실(미제출 및 부실기재) : 5/1,000

68란 세금계산서합계표제출불성실(지연제출) : 3/1,000

71란 신고불성실가산세(일반과소신고 및 초과환급) : 10%

* 1개월 이내 90%, 3개월 이내 수정신고시 75% 감면

73란 납부지연가산세: 미달납부세액× (경과일수)×2.2/10,000

74란 영세율과세표준신고불성실: 5/1,000

신고하지 아니하거나 미달하게 신고한 영세율 과세표준이 있는 경우에 적용한다.

* 1개월 이내 90%, 3개월 이내 수정신고시 75% 감면

75, 76 현금매출명세서 불성실 및 부동산임대공급가액 명세서 불성실

현금매출명세서등을 제출하여야 할 사업자가 그 명세서를 제출하지 아니하거나 사실과 다르게 적은 경우에 적용한다.

5. 과세표준명세서

부가가치세신고서 작업화면 툴바의 F4(과표명세)를 클릭하면 국세환급금계좌신고, 폐업신고, 과세표준명세, 면세수입금액 입력화면이 나타난다.

과세표준명세

신고구분 :	1 (1.예정 2.확정 3.영세율 조기환급 4.기한후과세표준)		
국세환급금계좌신고		은행	지점
계좌번호 :			
폐업일자 :	----·--·--	폐업사유 :	

	과세표준명세			
	업태	종목	코드	금액
28	제조,도.소매	전자제품	321001	
29				
30				
31	수입금액제외			
32	합계			
	면세사업수입금액			
	업태	종목	코드	금액
80	제조,도.소매	전자제품	321001	
81				
82	수입금액제외			
83	합계			
계산서발급 및 수취명세		84.계산서발급금액		
		85.계산서수취금액		

세무대리인정보					
성명		사업자번호	---·--·-----	전화번호	
신고년월일	----·--·--	핸드폰			
e-Mail					

㉠ 신고유형 선택

예정 · 확정 · 영세율등 조기환급 · 기한후과세표준 중 유형을 선택한다.

㉡ 국세환급금계좌신고란 : 환급받을 세액이 발생한 경우 입력한다.

28~30란 과세표준

과세표준은 **도소매 · 제조 · 기타**의 업태와 종목별로 나누어 입력하며(기초정보관리에 입력한 사항이 자동반영), 코드도움은 F2에 의하여 입력한다.

주업종도움

주업종코드	주업종명	업태
	여기를 클릭하여 검색	
011000	식량작물/채소작물/화훼작물/종묘재배/시설	농업, 임업 및 어업
012101	젖소사육업 / 육우사육업	농업, 임업 및 어업

31란 수입금액 제외

수입금액 제외란은 고정자산매각, 직매장공급 등 소득세법상 수입금액에서 제외되는 금액을 입력한다.

80~81란 면세수입금액

부가가치세가 **면세되는 사업의 수입금액을 업태, 종목별**로 구분하여 입력한다.

84 85란 계산서 발급(수취)금액

발급(수취)한 계산서의 합계액을 입력한다.

example 예제 따라하기 | 부가가치세 확정신고서(예정신고누락분)

(주)목성(0303)를 선택하여 다음의 자료를 토대로 1기(4/1~6/30) 부가가치세 **확정신고신고서**를 작성하시오. 단, 신고서작성과 관련한 전표입력사항과 구비서류작성은 생략한다.
납부지연가산세 계산시 적용할 미납일수는 91일, 1일 2.2/10,000로 가정한다.
또한 **부당과소신고가 아니다.**

[1] 매출사항

거래일자	거래내용	공급가액(원)	비 고
4.01	제품매출	50,000,000	전자세금계산서 발급/전송
4.30	내국신용장에 의한 매출	40,000,000	전자세금계산서 발급/전송

[2] 매입사항

거래일자	거래내용	공급가액(원)	비 고
5.10	건물구입비용(구입즉시 철거함)	30,000,000	전자세금계산서 수취

[3] 예정신고누락분

거래일자		거래내용	공급가액(원)	비 고
매출	1.01	제품매출	20,000,000	**전자세금계산서 적법발급 및 다음날 전송**
	2.10	내국신용장에 의한 제품매출	10,000,000	**영세율전자세금계산서 적법발급 및 다음날 전송**
	2.15	대표이사가 제품을 개인적용도로 사용	5,000,000	원가 : 3,000,000원 시가 : 5,000,000원
매입	2.15	원재료 구입	7,000,000	전자세금계산서 지연수취

[4] 홈택스로 국세청에 전자신고하였다.

해답

1. 과세표준 및 매출세액

구분				금액	세율	세액
과세표준및매출세액	과세	세금계산서발급분	1	50,000,000	10/100	5,000,000
		매입자발행세금계산서	2		10/100	
		신용카드 · 현금영수증발행분	3		10/100	
		기타(정규영수증외매출분)	4			
	영세	세금계산서발급분	5	40,000,000	0/100	
		기타	6		0/100	
	예정신고누락분		7	35,000,000		2,500,000
	대손세액가감		8			
	합계		9	125,000,000	㉮	7,500,000

2. 매입세액

– 건물구입비용(구입 즉시 철거함)은 토지 취득 비용으로 매입세액불공제 대상임.

매입세액	세금계산서수취분	일반매입	10	30,000,000		3,000,000
		수출기업수입분납부유예	10			
		고정자산매입	11			
	예정신고누락분		12	7,000,000		700,000
	매입자발행세금계산서		13			
	그 밖의 공제매입세액		14			
	합계(10)-(10-1)+(11)+(12)+(13)+(14)		15	37,000,000		3,700,000
	공제받지못할매입세액		16	30,000,000		3,000,000
	차감계 (15-16)		17	7,000,000	㉯	700,000
납부(환급)세액(매출세액㉮-매입세액㉯)					㉰	6,800,000

– 공제받지못할 매입세액 입력

16.공제받지못할매입세액				
공제받지못할 매입세액	50	30,000,000		3,000,000

3. 예정신고누락분

구분				금액	세율	세액
7.매출(예정신고누락분)						
예정누락분	과세	세금계산서	33	20,000,000	10/100	2,000,000
		기타	34	5,000,000	10/100	500,000
	영세	세금계산서	35	10,000,000	0/100	
		기타	36		0/100	
	합계		37	35,000,000		2,500,000
12.매입(예정신고누락분)						
예	세금계산서		38	7,000,000		700,000
	그 밖의 공제매입세액		39			
	합계		40	7,000,000		700,000

4. 경감공제세액 : 전자신고세액공제는 10,000원을 입력한다.

5. 가산세

<매출매입신고누락분-전자세금계산서 적법 발급 및 전송>

구 분			공급가액	세액
매출	과세	세 금(전자)	20,000,000(기한내 전송)	2,000,000
		기 타	5,000,000	500,000
	영세	세 금(전자)	10,000,000(기한내 전송)	0
		기 타		
매입	세금계산서 등		7,000,000(지연수취)	700,000
미달신고(납부)→신고 · 납부지연가산세				1,800,000

[예정신고 누락분에 대한 가산세]

구분	계산
1. 매입세금계산서 지연수취	7,000,000원 × 0.5% = 35,000원
2. 영세율과세표준신고 불성실	10,000,000원 × 0.5% × (1-75%) = 12,500원 * 3개월 이내 수정신고시 75% 감면
3. 신고불성실	1,800,000원 × 10% × (1-75%) = 45,000원 * 3개월 이내 수정신고시 75% 감면
4. 납부지연	1,800,000원 × 91일 × 2.2(가정)/10,000 = 36,036원
계	128,536원

25.가산세명세

구분		코드	금액	세율	세액
사업자미등록등		61		1/100	
세 금 계산서	지연발급 등	62		1/100	
	지연수취	63	7,000,000	5/1,000	35,000
	미발급 등	64		뒤쪽참조	
전자세금 발급명세	지연전송	65		3/1,000	
	미전송	66		5/1,000	
세금계산서 합계표	제출불성실	67		5/1,000	
	지연제출	68		3/1,000	
신고 불성실	무신고(일반)	69		뒤쪽	
	무신고(부당)	70		뒤쪽	
	과소·초과환급(일반)	71	1,800,000	뒤쪽	45,000
	과소·초과환급(부당)	72		뒤쪽	
납부지연		73	1,800,000	뒤쪽	36,036
영세율과세표준신고불성실		74	10,000,000	5/1,000	12,500
현금매출명세서불성실		75		1/100	
부동산임대공급가액명세서		76		1/100	
매입자 납부특례	거래계좌 미사용	77		뒤쪽	
	거래계좌 지연입금	78		뒤쪽	
합계		79			128,536

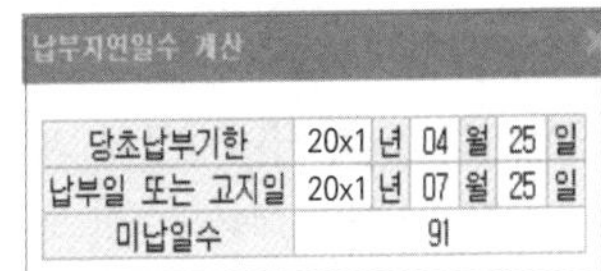

납부지연일수 계산

당초납부기한	20x1 년 04 월 25 일
납부일 또는 고지일	20x1 년 07 월 25 일
미납일수	91

5. 과세표준명세(별도 언급이 없으면 반드시 작성하세요!!)

과세표준명세

신고구분 : 2 (1.예정 2.확정 3.영세율 조기환급 4.기한후과세표준)
국세환급금계좌신고 | 은행 | 지점
계좌번호 :
폐업일자 : ----·--·-- 폐업사유 :

과세표준명세				
	업태	종목	코드	금액
28	제조,도.소매	전자제품		125,000,000
29				
30				
31	수입금액제외			
32	합계			125,000,000

면세사업수입금액				
	업태	종목	코드	금액
80	제조,도.소매	전자제품		
81				
82	수입금액제외			
83	합계			
계산서발급 및 수취명세		84.계산서발급금액		
		85.계산서수취금액		

세무대리인정보

성명		사업자번호	---·--·-----	전화번호	
신고년월일	-07-25	핸드폰			
e-Mail					

☞ 신고서 상의 과세표준과 일치시켜야 한다.

example 예제 따라하기 **부가가치세 수정신고서(확정신고누락분)**

(주)목성(0303)를 선택하여 1기 확정 부가가치세를 법정신고기한인 7월 27일에 신고 · 납부하였으나 8월 5일에 다음과 같은 내용이 누락된 것을 발견하여 수정신고 및 납부를 하고자 한다. 부가가치세 수정신고서를 작성(과세표준명세 생략)하되 가산세 적용 시 일반과소신고에 의한 가산세율을 적용한다. 납부지연가산세 계산시 적용할 미납일수는 9일, 1일 2.2/10,000로 가정한다.

☞ 기존에 저장된 데이터(앞의 예제)를 불러오시지 마시고, 정기신고를 다시 저장하십시오. 그런 다음에 신고구분에 2.수정신고를 선택하셔서 작성하십시오.
<u>기존신고서에 신고누락된 금액을 합산하여 신고하여야 한다.(기존 신고서에 금액이 없으므로 누락된 부분만 입력토록 한다.)</u>

[1] 누락된 매출

	거래처	공급가액(원)	내 용
4.20	(주)한세	3,600,000	<u>영세율전자세금계산서 발급했으나 미전송</u>
5.30	김기수	900,000	카드(국민카드) 매출
5.31	(주)영일	-1,000,000	매출환입에 대하여 <u>전자세금계산서를 발급했으나 미전송</u>

[2] 누락된 매입

	거래처	공급가액(원)	내 용
4.23	(주)해일	1,200,000	당사 창고건설을 위하여 취득한 건설용지에 대한 정지비용으로 전자세금계산서 수취함(현금지급)

해답

1. 가산세계산

전자세금계산서 미전송
|-1,000,000|+3,600,000=4,600,000원

〈매출매입신고누락분 - 전자세금계산서 미전송〉

구 분			공급가액	세액
매출	과세	세 금(전자)	-1,000,000(미전송)	-100,000
		기 타	900,000	90,000
	영세	세 금(전자)	3,600,000(미전송)	
		기 타		
매입	세금계산서 등		1,200,000	120,000
	불공제매입세액		1,200,000	120,000
미달신고(납부)				-10,000

영세율과세표준신고불성실(3,600,000원)

신고, 납부지연가산세(0원)

1. 전자세금계산서 미전송 (~7/25 까지 미전송시)	4,600,000원 × 0.5% = 23,000원
2. 영세율과세표준신고 불성실	3,600,000원 × 0.5% ×(1-90%) = 1,800원 * 1개월이내 수정신고시 90% 감면
3. 신고불성실/ 납부지연	미달 신고 및 납부세액이 음수이면 가산세 없음
계	24,800원

– 조회기간 및 신고구분을 "2.수정신고"를 신고차수는 "1"을 입력한다.
수정신고는 기존에 신고서가 저장되어 있어야지 수정신고를 선택할 수 있다.
신고구분이 활성화되지 않으면, 부가가치세 신고서를 저장하면 활성화된다.

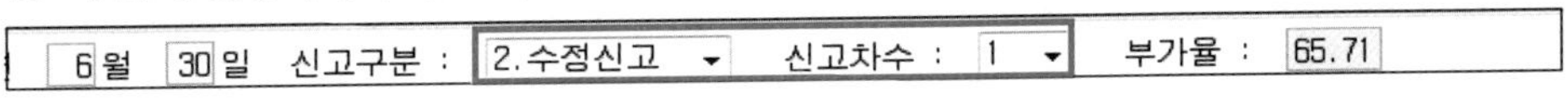

6 월 30 일	신고구분 : 2.수정신고	신고차수 : 1	부가율 : 65.71

– 공제받지 못할 매입세액(TAB키를 이용)

구분		금액	세율	세액
16.공제받지못할매입세액				
공제받지못할 매입세액	50			
공통매입세액면세등사업분	51			
대손처분받은세액	52			
합계	53			

구분		금액	세율	세액
16.공제받지못할매입세액				
공제받지못할 매입세액	50	1,200,000		120,000
공통매입세액면세등사업분	51			
대손처분받은세액	52			
합계	53	1,200,000		120,000

– 가산세(TAB키를 이용)

구분			금액	세율	세액
전자세금 발급명세	지연전송	65		5/1,000	
	미전송	66		1/100	
세금계산서 합계표	제출불성실	67		5/1,000	
	지연제출	68		3/1,000	
신고 불성실	무신고(일반)	69		뒤쪽	
	무신고(부당)	70		뒤쪽	
	과소·초과환급(일반)	71		뒤쪽	
	과소·초과환급(부당)	72		뒤쪽	
납부불성실		73		뒤쪽	
영세율과세표준신고불성실		74		5/1,000	

구분			금액	세율	세액
전자세금 발급명세	지연전송	65		5/1,000	
	미전송	66	4,600,000	1/100	23,000
세금계산서 합계표	제출불성실	67		5/1,000	
	지연제출	68		3/1,000	
신고 불성실	무신고(일반)	69		뒤쪽	
	무신고(부당)	70		뒤쪽	
	과소·초과환급(일반)	71		뒤쪽	
	과소·초과환급(부당)	72		뒤쪽	
납부불성실		73		뒤쪽	
영세율과세표준신고불성실		74	3,600,000	5/1,000	1,800

– 수정신고서(4~6월)

구분				정기신고금액 금액	세율	세액	수정신고금액	금액	세율	세액
과세표준및매출세액	과세	세금계산서발급분	1		10/100		1	-1,000,000	10/100	-100,000
		매입자발행세금계산서	2		10/100		2		10/100	
		신용카드 · 현금영수증발행분	3		10/100		3	900,000	10/100	90,000
		기타(정규영수증외매출분)	4				4			
	영세	세금계산서발급분	5		0/100		5	3,600,000	0/100	
		기타	6		0/100		6		0/100	
	예정신고누락분		7				7			
	대손세액가감		8				8			
	합계		9		㉮		9	3,500,000	㉮	-10,000
매입세액	세금계산서 수취분	일반매입	10				10	1,200,000		120,000
		수출기업수입분납부유예	10				10			
		고정자산매입	11				11			
	예정신고누락분		12				12			
	매입자발행세금계산서		13				13			
	그 밖의 공제매입세액		14				14			
	합계(10)-(10-1)+(11)+(12)+(13)+(14)		15				15	1,200,000		120,000
	공제받지못할매입세액		16				16	1,200,000		120,000
	차감계 (15-16)		17		㉯		17		㉯	
납부(환급)세액(매출세액㉮-매입세액㉯)					㉰				㉰	-10,000
경감공제세액	그 밖의 경감 · 공제세액		18				18			
	신용카드매출전표등 발행공제등		19				19			
	합계		20		㉱		20		㉱	
예정신고미환급세액			21		㉲		21		㉲	
예정고지세액			22		㉳		22		㉳	
사업양수자의 대리납부 기납부세액			23		㉴		23		㉴	
매입자 납부특례 기납부세액			24		㉵		24		㉵	
신용카드업자의 대리납부 기납부세액			25		㉶		25		㉶	
가산세액계			26		㉷		26		㉷	24,800
차감.가감하여 납부할세액(환급받을세액)(㉰-㉱-㉲-㉳-㉴-㉵-㉶+㉷					27				27	14,800

example 예제 따라하기

부가가치세 기한후 신고서(확정신고)

(주)목성(0303)의 2기 확정 부가가치세 신고를 법정신고기한내에 이행하지 못하고 이를 익년도 2월 1일에 기한후 신고와 함께 추가세액을 납부하기로 하였다.과세표준 명세를 포함하여 기한 후 부가가치세 신고서를 작성하시오. 일반무신고가산세를 적용하며, 납부지연가산세 계산시 적용할 미납일수는 7일, 1일 2.2/10,000로 가정한다.

- 10월 16일 제품 8,600,000원(부가가치세 별도)을 대한전자에 매출하고 <u>**전자세금계산서를 발급하고 11월 15일 전송하였다.**</u>
- 10월 4일 원재료 6,700,000원(부가가치세 별도)을 덕유상사로부터 매입하고 전자세금계산서를 교부받았다.
- 12월 9일 제품 2,000,000원을 현대자동차에 매출하고 <u>**영세율전자세금계산서를 발급하고 다음날 전송하였다.**</u>

해답

발급시기	전송기한	<u>**지연전송(0.3%)**</u>	<u>**미전송(0.5%)**</u>
10.16	~10.17	10.18~익년도 1.25	1.25까지 미전송시

〈매출매입신고누락분〉

구 분			공급가액	세액
매출	과세	세 금(전자)	8,600,000(<u>**지연전송**</u>)	860,000
		기 타		
	영세	세 금(전자)	2,000,000(<u>**전송**</u>)	
		기 타		
매입	세금계산서 등		6,700,000	670,000
미달신고(납부)				**190,000**

영세율과세표준신고불성실(2,000,000원)

신고, 납부지연(190,000원)

1. 전자세금계산서 지연전송	8,600,000원 × 0.3% = 25,800원
2. 영세율과세표준신고 불성실	2,000,000원 × 0.5% × (1-50%) = 5,000원 ☞ <u>1개월 이내 기한후 신고를 한 경우 50% 감면</u>
3. 신고불성실 **(무신고가산세 : 20%)**	190,000원× 20% × (1-50%) = 19,000원 ☞ <u>1개월 이내 기한후 신고를 한 경우 50% 감면</u>
4. 납부지연	190,000원 × 7일 × 2.2(가정)/10,000 = 292원
계	**50,092원**

– 신고서 입력(10월~12월)

구분				정기신고금액		
				금액	세율	세액
과세표준및매출세액	과세	세금계산서발급분	1	8,600,000	10/100	860,000
		매입자발행세금계산서	2		10/100	
		신용카드 · 현금영수증발행분	3		10/100	
		기타(정규영수증외매출분)	4			
	영세	세금계산서발급분	5	2,000,000	0/100	
		기타	6		0/100	
	예정신고누락분		7			
	대손세액가감		8			
	합계		9	10,600,000	㉮	860,000
매입세액	세금계산서수취분	일반매입	10	6,700,000		670,000
		수출기업수입분납부유예	10-1			
		고정자산매입	11			
	예정신고누락분		12			
	매입자발행세금계산서		13			
	그 밖의 공제매입세액		14			
	합계(10)-(10-1)+(11)+(12)+(13)+(14)		15	6,700,000		670,000
	공제받지못할매입세액		16			
	차감계 (15-16)		17	6,700,000	㉯	670,000
납부(환급)세액(매출세액㉮-매입세액㉯)					㉰	190,000
경감공제세액	그 밖의 경감 · 공제세액		18			
	신용카드매출전표등 발행공제등		19			
	합계		20		㉱	
소규모 개인사업자 부가가치세 감면세액			20-1		㉲	
예정신고미환급세액			21		㉳	
예정고지세액			22		㉴	
사업양수자의 대리납부 기납부세액			23		㉵	
매입자 납부특례 기납부세액			24		㉶	
신용카드업자의 대리납부 기납부세액			25		㉷	
가산세액계			26		㉸	50,092
차가감하여 납부할세액(환급받을세액)㉰-㉱-㉲-㉳-㉴-㉵-㉶-㉷+㉸					27	240,092
총괄납부사업자가 납부할 세액(환급받을 세액)						

25.가산세명세					
사업자미등록등		61		1/100	
세금계산서	지연발급 등	62		1/100	
	지연수취	63		5/1,000	
	미발급 등	64		뒤쪽참조	
전자세금발급명세	지연전송	65	8,600,000	3/1,000	25,800
	미전송	66		5/1,000	
세금계산서합계표	제출불성실	67		5/1,000	
	지연제출	68		3/1,000	
신고불성실	무신고(일반)	69	190,000	뒤쪽	19,000
	무신고(부당)	70		뒤쪽	
	과소·초과환급(일반)	71		뒤쪽	
	과소·초과환급(부당)	72		뒤쪽	
납부지연		73	190,000	뒤쪽	292
영세율과세표준신고불성실		74	2,000,000	5/1,000	5,000
현금매출명세서불성실		75		1/100	
부동산임대공급가액명세서		76		1/100	
매입자납부특례	거래계좌 미사용	77		뒤쪽	
	거래계좌 지연입금	78		뒤쪽	
신용카드매출전표등수령명세서미제출 · 과다기재		79		5/1,000	
합계		80			50,092

– 과세표준명세 : 기한후과세표준체크 및 제조에 10,600,000원 입력, 기한 후 신고연월일 입력

과세표준명세

신고구분 : 4 (1.예정 2.확정 3.영세율 조기환급 4.기한후과세표준)

국세환급금계좌신고		은행		지점
계좌번호 :				
폐업일자 :	----–--–--	폐업사유 :		

	과세표준명세			
	업태	종목	코드	금액
28	제조,도.소매	전자제품		10,600,000
29				
30				
31	수입금액제외			
32	합계			10,600,000

	면세사업수입금액			
	업태	종목	코드	금액
80	제조,도.소매	전자제품		
81				
82	수입금액제외			
83	합계			

계산서발급 및 수취명세	84.계산서발급금액	
	85.계산서수취금액	

세무대리인정보					
성명		사업자번호	- -	전화번호	
신고년월일	20x2-02-01	핸드폰			
e-Mail					

제14절 부가가치세 전자신고

부가가치세신고서를 작성, 마감 후 국세청에 홈택스를 이용하여 **전자신고합니다.**

〈주요 전자신고 순서〉

1. 전자신고파일생성	1. 신고서 작성 및 마감
	2. 전자신고서 제작(비밀번호 입력)
	3. C드라이브에 파일(파일명 메모)이 생성
2. 홈택스 전자신고	1. 전자신고파일 불러오기
	2. 형식검증하기(비밀번호 입력)→확인
	3. 내용검증하기→확인
	4. 전자파일 제출
	5. 접수증 확인

example 예제 따라하기 부가가치세 전자신고

(주)전자(2005)를 선택하여 1기 부가가치세 확정신고서(4~6월)를 작성, 마감하여 가상홈택스에서 부가가치세 전자신고를 수행하시오.

해답

1. 전자신고 파일생성

① 세금계산서 합계표를 조회(4~6월) 후 상단의 F7(마감)을 클릭하여 합계표를 마감한다.

매 출 | 매 입

2. 매출세금계산서 총합계

구	분	매출처수	매 수	공급가액	세 액
합	계	1	1	100,000,000	10,000,000
과세기간 종료일 다음달	사업자 번호 발급분	1	1	100,000,000	10,000,000

→ **첨부서류를 작성하여야 마감시 오류가 발생하지 않는다.**

② 부가가치세신고서를 조회(4월~6월)를 하여 신고서를 불러온다.

③ 상단의 F3(마감)을 클릭하여 부가세 신고서를 마감(하단의 마감F3)한다.

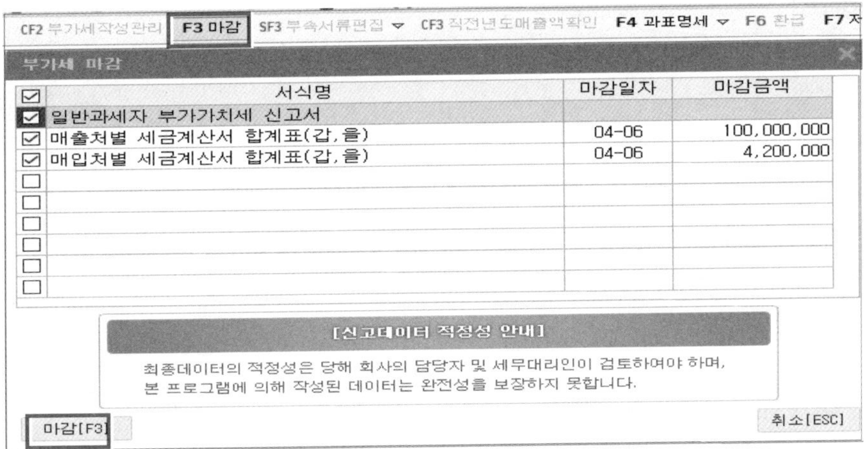

④ 부가가치 메뉴에서 부가가치 → 전자신고의 [전자신고] 메뉴를 클릭합니다.

⑤ 신고년월과 신고인(**2.납세자 자진 신고등**)구분을 선택하여 조회 후 마감된 신고서를 선택(체크) 후 상단 F4 제작을 클릭합니다.

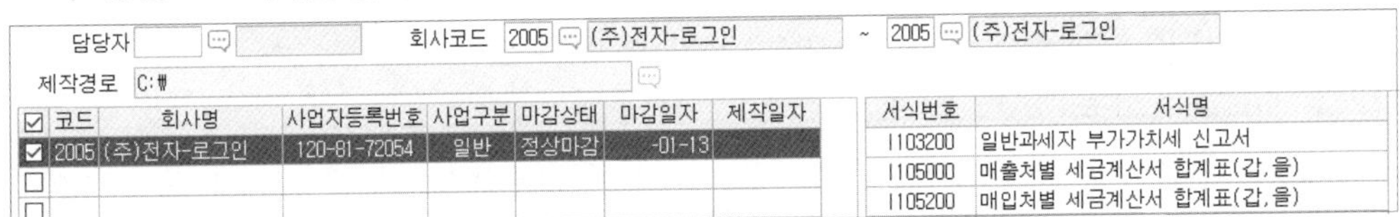

⑥ F4제작을 클릭 후 비밀번호를 입력하여 파일 제작합니다.(**비밀번호 입력 필수사항**)

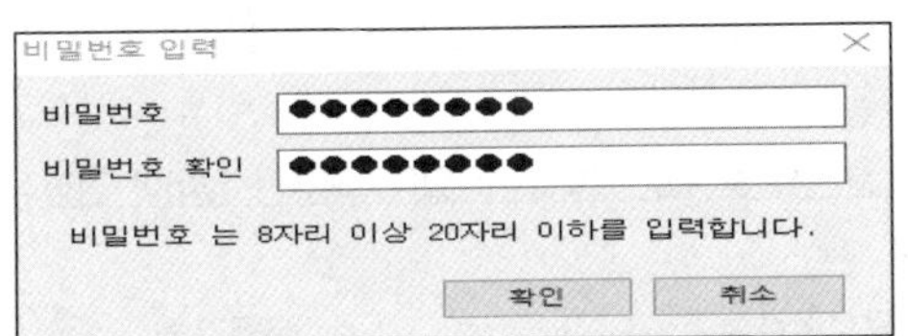

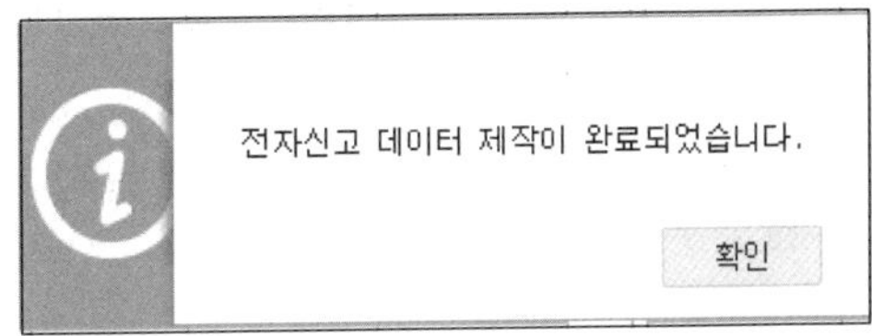

제작이 완료되면 제작일자에 현재 날짜가 표시됩니다.

⑦ 전자신고 파일 제작이 완료되면, **C드라이브에 파일이 생성**되며 전자신고 메뉴에서 상단의 F6홈택스바로가기를 클릭합니다

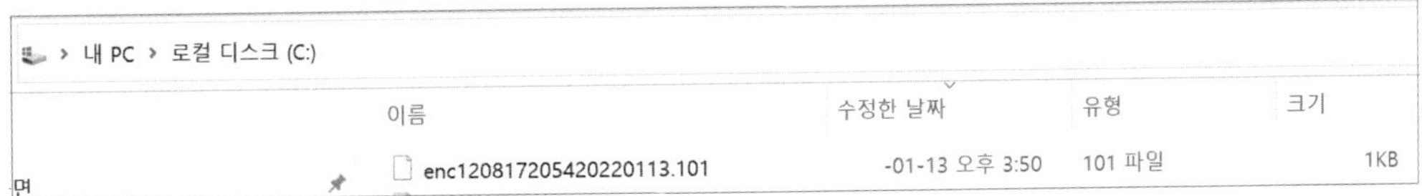

☞ **파일 수정한 날짜는 제작한 날짜가 표시됩니다.**

2. 홈택스 전자신고(국세청 홈택스 사이트)

① 메뉴에서 상단의 **F6홈택스바로가기를 클릭**하면 국세청 홈택스 전자신고변환(교육용)이 나옵니다.

② 전자신고 메뉴에서 제작한 파일을 [찾아보기] 기능(c드라이브)을 통해 불러옵니다.
파일을 불러오면 선택한 파일내역에 전자파일명과 파일크기가 반영됩니다.

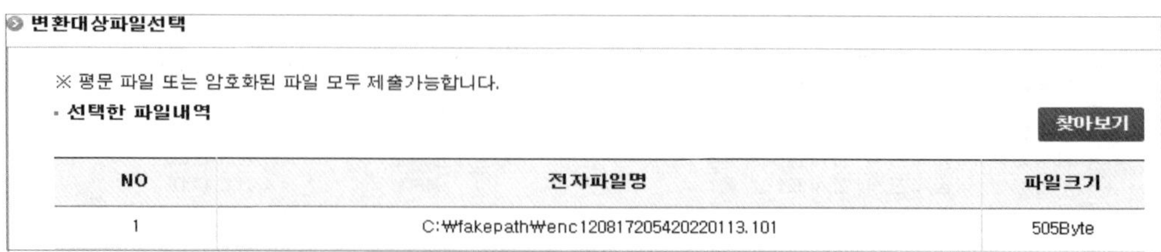

변환대상파일선택

※ 평문 파일 또는 암호화된 파일 모두 제출가능합니다.

- 선택한 파일내역

찾아보기

NO	전자파일명	파일크기
1	C:₩fakepath₩enc1208172054202201 13.101	505Byte

② 형식검증 : 형식검증하기를 클릭하여 전자신고 파일 제작 시 입력한 비밀번호를 입력합니다. 형식검증결과확인을 클릭하여 확인합니다.

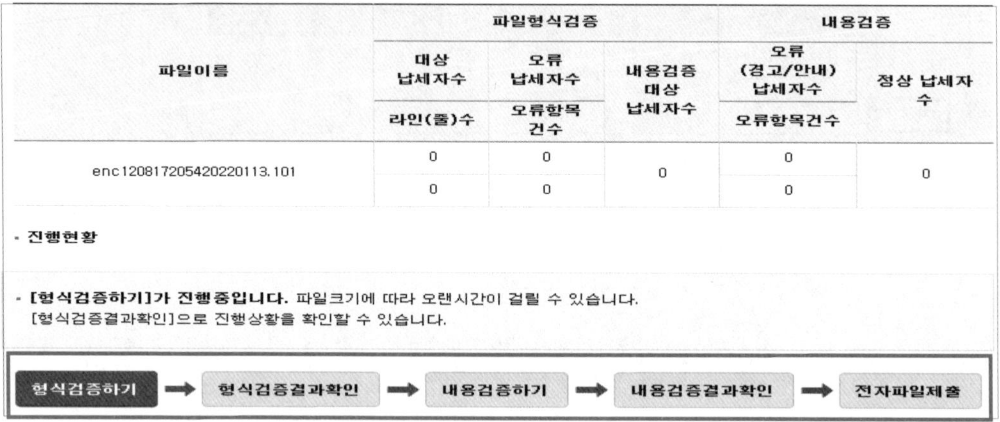

파일이름	파일형식검증		내용검증		
	대상 납세자수 / 라인(줄)수	오류 납세자수 / 오류항목 건수	내용검증 대상 납세자수	오류 (경고/안내) 납세자수 / 오류항목건수	정상 납세자수
enc1208172054202201 13.101	0	0	0	0	0
	0	0		0	

- 진행현황

- **[형식검증하기]가 진행중입니다.** 파일크기에 따라 오랜시간이 걸릴 수 있습니다.
  [형식검증결과확인]으로 진행상황을 확인할 수 있습니다.

형식검증하기 → 형식검증결과확인 → 내용검증하기 → 내용검증결과확인 → 전자파일제출

③ 내용검증 : 내용검증하기를 클릭하여 내용검증을 진행합니다. 내용검증결과확인을 클릭하여 검증결과를 확인합니다.

☞ 파일이 오류인 경우 오류항목건수가 표시가 되며 건수를 클릭시 결과를 조회할 수 있다. 오류가 없어야 정상적으로 제출할 수 있다.

파일이름	파일형식검증		내용검증		
	대상 납세자수 / 라인(줄)수	오류 납세자수 / 오류항목 건수	내용검증 대상 납세자수	오류 (경고/안내) 납세자수 / 오류항목건수	정상 납세자수
enc1208172054202201 13.101	1	0	1	0	1
	6	0		0	

- 진행현황

- **[내용검증하기]가 완료 되었습니다.**
  [전자파일제출]버튼을 클릭하여 제출화면으로 이동하세요.

형식검증하기 → 형식검증결과확인 → 내용검증하기 → 내용검증결과확인 → 전자파일제출

④ 전자파일제출

전자파일제출을 클릭하면 **정상 변환된 제출 가능한 신고서 목록이 조회**되며, **전자파일제출하기를 클릭**하여 제출합니다.

번호	상호	사업자(주민)등록번호	과세년월	신고서종류	신고구분	신고유형	접수여부(첨부서류)	과세표준	실제납부할 세액(본세)
1	(주)전…	1208172054	20×106	확정(일반)…	확정신고	정기신고	여	102,000,000	9,780,000

1 총0건(1/1)

이전 | 전자파일 제출하기

⑤ 제출이 완료되면 접수증이 나오며 접수내용을 확인할 수 있습니다.

• 정상제출내용 (단위 : 원) 10건 확인

과세년월	신고서종류	신고구분	신고유형	상호 (성명)	사업자(주민)등록번호	접수번호
20×106	확정(일반) 신고서	확정신고	정기신고	(주)전자-로그인	1208172054	

제15절 부가가치세 간이과세자 신고

※전산세무시험에서 출제된 적은 없습니다.

example 예제 따라하기 | **부가가치세(간이과세자) 신고 및 전자신고**

간이과세제조(0304)는 세금계산서 발급대상 간이과세자로서 다음을 매출매입전표입력에 입력하고 (분개는 생략) 1기(1.1~12.31) 부가가치세 신고서(과세표준명세 포함)를 작성하고 전자신고하시오.

1. 매출 및 매입내역

구분		공급가액	세액	공급처
매출	종이 세금계산서 발급	50,000,000	5,000,000	㈜세계
	신용카드영수증 발급	5,000,000	500,000	㈜청계
원재료매입	전자세금계산서 수취분	10,000,000	1,000,000	경기상사

매입매출전표는 1월 1일자로 각 구분별로 입력하고 분개는 생략한다.

2. 기타 자료

업종별 부가가치율을 20%로 가정한다.

해답

1. 매입매출전표 입력(1월 1일)

□	일	번호	유형	품목	수량	단가	공급가액	부가세	코드	공급처명	사업/주민번호	전자	분개
□	1	50001	과세				50,000,000	5,000,000	00101	(주)세계	125-34-12324		
□	1	50002	카과				5,000,000	500,000	00104	(주)청계	236-43-17937		
□	1	50003	과세				10,000,000	1,000,000	00111	경기상사	107-39-99352	여	

2. 부가가치세신고서(간이과세자) 1.1~12.31

- 신용카드 매출전표 등 발행세액공제 : 1.3%
- 전자신고세액공제 10,000원 입력

구분				정기신고금액			
				금액	부가가치율	세율	세액
과세표준및매출세액	21.6.30. 이전 과세분		1		5/100	10/100	
			2		10/100	10/100	
			3		20/100	10/100	
			4		30/100	10/100	
	21.7. 1. 이후 과세분		5		15/100	10/100	
		1.제조업, 농·임·어업	6	60,500,000	20/100	10/100	1,210,000
			7		25/100	10/100	
			8		30/100	10/100	
			9		40/100	10/100	
	영세율 적용분	세금계산서 발급분	10			0/100	
		기타	11			0/100	
	재고납부세액		12				
	합계		13	60,500,000		㉮	1,210,000
공제세액	매입세금계산서 등 수취세액공제	21.6.30. 이전 공급받은 분	14			뒷쪽 참조	
		21.7. 1. 이후 공급받은 분	15	11,000,000			55,000
	의제매입세액공제		16				
	매입자발행 세금계산서 세액공제	21.6.30. 이전 공급받은 분	17				
		21.7. 1. 이후 공급받은 분	18				
	전자신고 세액공제		19				10,000
	신용카드매출전표 등 발행세액공제	21.6.30. 이전 공급받은 분	20				
		21.7. 1. 이후 공급받은 분	21	5,500,000	2.1.3%		71,500
	기타		22				
	합계		23			㉯	136,500
매입자 납부특례 기납부세액			24			㉰	
예정고지(신고)세액			25			㉱	
가산세액계			26			㉲	
차감 납부할 세액(환급받을 세액)(㉮-㉯-㉰-㉱+㉲)			27				1,073,500

〈과세표준명세〉

과세표준명세

신고구분 :	2(1. 예정 2.확정 4.기한후과세표준)		
국세환급금계좌신고		은행	지점
계좌번호 :			
폐업일자 :	----·--·--	폐업사유 :	

	업태	종목	코드	금액
	과세표준명세			
28	제조,도.소매	전자제품	181211	60,500,000
29				
30	기타(수입금액제외)			
31	합계			60,500,000
	면세사업수입금액			
32	제조,도.소매	전자제품	181211	
33				
34	수입금액제외			
35	합계			

세무대리인정보

성명		사업자번호	---·--·-----	전화번호	
신고년월일	20×2-01-25	핸드폰			
e-Mail	kyc@nate.com				

3. 전자신고

1. 전자신고파일생성	1. 신고서 작성 및 마감
	2. 전자신고서 제작(비밀번호 입력)
	3. C드라이브에 파일(파일명 메모)이 생성
2. 홈택스 전자신고	1. 전자신고파일 불러오기
	2. 형식검증하기(비밀번호 입력)→확인
	3. 내용검증하기→확인
	4. 전자파일 제출
	5. 접수증 확인

부가가치세 신고서 접수증(파일변환)

- 접수내용

사용자ID		사용자명		접수일시	2022-01-20 17:26:48
총 신고건수	1건	정상건수	1건	오류건수	0건

- 정상제출내용

(단위 : 원) 10건 확인

과세년월	신고서종류	신고구분	신고유형	상호 (성명)	사업자(주민) 등록번호	접수번호
20×112	확정(간이)신고서	확정신고	정기신고	간이과세제조	1208172054	

1 총1건(1/1)

위와 같이 접수 되었습니다.

Chapter

원천징수실무 3

NCS세무 - 3 세무정보시스템 운용 **NCS세무 - 3** 원천징수 **NCS세무 - 4** 종합소득세 신고

전산세무1급에서 출제되는 주요 서식을 보면 다음과 같다.

주요 서식	내 용
1. **사원등록**	**-사원의 기본사항 및 인적공제사항**
2. 급여자료입력	-수당 및 공제등록
3. **연말정산추가자료 입력**	
4. 원천징수이행상황신고서 및 전자신고	원천징수대상소득을 지급하고 다음달 10일까지 소득집계내역을 제출한다.
5. 퇴직소득, 사업, 기타, 금융소득 원천징수	**전산세무1급에 추가되는 사항으로서 원천징수관련문제가 빈번하게 출제된다.**

제1절 사원등록

□	사번	성명	주민(외국인)번호
□			

기본사항 | 부양가족명세 | 추가사항

1.입사년월일 년 월 일
2.내/외국인
3.외국인국적 체류자격
4.주민구분 여권번호
5.거주구분 6.거주지국코드
7.국외근로제공 부 8.단일세율적용 부 9.외국법인 파견근로자 부
10.생산직여부 부 야간근로비과세 부 전년도총급여
11.주소
12.국민연금(기준소득월액) 국민연금납부액
13.건강보험료(표준보수월액) 장기요양보험적용 부
건강보험납부액 장기요양보험료
14.고용보험적용 부 (대표자 여부 부)
고용보험보수월액 고용보험납부액
15.산재보험적용 부 16.퇴사년월일 년 월 일 (이월 여부 부

※ 퇴직금 중간 정산일(퇴직금 계산 및 퇴직자료입력 메뉴로 정산일이 반영됩니다.)

구분	정산일 시작	정산일 종료	지급일자

1. 기본사항

7 국외근로소득유무

0.부
1.(일반) 월 100만원 비과세
2.(원양,외항) 월 500만원 비과서
3.(건설) 월 500만원 비과세

8 단일세율적용(0.부, 1.여)

외국인근로자가 국내에서 근무함으로써 받는 근로소득에 대해 단일세율을 적용한 세액으로 할 수 있다.

10 생산직여부, 야간근로비과세

생산직일 경우 연장근로수당에 대해서 비과세되므로 반드시 구분 표시한다.

12 13 14 15 국민연금, 건강보험료, 고용보험료 및 산재보험적용여부를 체크한다.

- 기준소득월액(보수월액)등을 입력한다. 국민연금납부액등은 자동 계산된다.

16 퇴사년월일

사원이 퇴사한 경우 해당 연·월·일을 입력한다.

중도퇴사자인 경우 반드시 퇴사일을 입력하고 연말정산을 하여야 한다.

[부양가족명세]

1. 연말(정산)관계/주민등록번호

> ※ 연말관계 : 0.소득자 본인, 1.소득자의 직계존속, 2.배우자의 직계존속, 3.배우자
> 4.직계비속(자녀+입양자), 5.직계비속(4 제외), 6. 형제자매, 7.수급자(1~6 제외), 8. 위탁아동

주민등록번호를 입력하면, 자동적으로 기본공제사항에 20세 이하, 60세 이상 등은 자동 집계됩니다. 주민등록번호를 부여하지 않으면 기본공제대상을 직접 선택합니다.

2. 기본공제

마우스를 클릭하면 다음의 보조화면이 나타나고, 부양가족에 맞게 선택한다.
0.부는 부양가족중 기본공제대상자가 아닌 자를 선택한다.

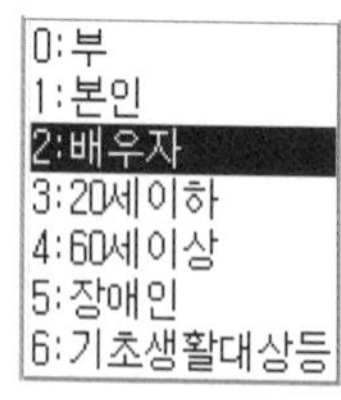

만약 기본공제대상자이고 장애인일 경우 5 : 장애인(주민등록번호가 입력되어 있을 경우)을 선택할 경우 기본공제인원에 20세 이하 또는 60세 이상, 추가공제에 장애인으로 자동 집계된다.

3. 부녀자, 한부모, 경로우대(70세), 장애인 추가공제 및 자녀세액공제

기본공제대상자중 추가공제대상이 되면 1"여"을 입력하고, 기본공제대상이면서 7세이상 자녀이면 자녀에 1"여"을 입력한다. 하단에 추가공제가 항목별로 집계된다. 자녀를 선택하면 하단에 자녀세액공제에 집계된다. 또한 당해연도에 출산이나 입양시 출산입양란에 1:여를 입력한다.

장애인일 경우 1.장애인복지법에 따른 장애인 2.국가유공자등 근로능력이 없는 자 3.중증환자 중 선택한다. 별도 언급이 없으면 1.장애인복지법 장애인을 선택한다.

4. 위탁관계

부양가족에 대해서 본인과의 관계를 F2를 이용해서 입력한다.

☞ 기출문제 확정답안에서는 위탁관계를 입력하지 않아도 정답처리하고 있으나, 이는 잘못된 것이다.

〈주요입력 항목-추가사항〉

항목	내용
중소기업취업감면 여부	대상여부를 체크한다.
감면기간	**대상자가 청년(15세 이상 34세 이하)일 경우 5년 이외는 3년을 입력한다.** • ***시작일 : 소득세 감면을 받은 최초 취업일*** • ***종료일 : 시작일부터 5년이 속하는 달의 말일***
감면율	**청년의 경우 90%, 이외는 70%**를 선택한다.
감면입력	1.급여입력 2.연말입력 중 하나를 선택한다. 급여수령시 적용하면 1.급여입력을 선택한다.
소득세 적용률	근로자가 본인의 연간 세부담 수준에 맞게 세액의 80% 또는 120%로 선택할 수 있음.(미선택시 100%)

참고

<중소기업 취업자에 대한 소득세 감면>

1. 대상자: 청년(15세 이상 34세 이하), 60세 이상인 사람, 장애인 및 경력단절여성
2. 감면기간: 취업일로부터 3년간(청년일 경우 5년)
3. 감면율 : 소득세의 70%(청년의 경우 90%)
4. 한도: 과세기간별로 200만원 한도
5. 제외업종
   ① 전문서비스업(법무관련, 회계 · 세무관련 서비스업)
   ② 보건업(병원, 의원등)
   ③ 금융보험업
   ④ 교육서비스업(기술 및 직업훈련 제외)

제2절 급여자료입력

1. 수당 및 공제등록

1 수당등록

수당등록은 급여자료를 입력하기 전에 먼저 수행해야 할 작업으로 최초 월 급여 지급 전에 등록하고 수시로 변경할 수 있다. 화면 상단의 F4(수당공제)를 클릭하여 수당등록을 한다.

① 수당명 : 회사에서 지급하는 각종 수당들의 항목을 입력한다. 기본적인 비과세수당은 기등록되어 있다. **주의할점은 기 등록되어 있는 수당항목들은 삭제할 수 없다. 만약 식대가 과세라면 기존의 식대항목은 사용여부에 "부"로 체크하고 별도로 식대를 등록하여야 한다.**

5	1005	비과세	식대	식대	P01	(월)200,000	정기	부	부
6	1006	비과세	자가운전보조금	자가운전보조금	H03	(월)200,000	부정기	부	여
7	1007	비과세	야간근로수당	야간근로수당	001	(년)2,400,000	부정기	부	여
8	2001	과세	식대과세	급여			정기	부	여

별도로 등록

② 과세구분 : 지급과목명이 소득세법상 근로소득에 해당하면 "1"을, 비과세 근로소득에 해당하면 "2"를 입력한다.

과세구분에서 2.비과세를 선택한 경우에는 비과세코드 도움을 보고 항목을 선택한다.

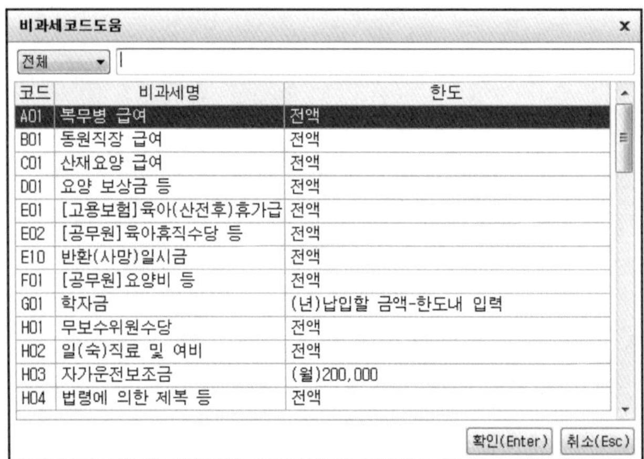

비과세코드도움

전체

코드	비과세명	한도
A01	복무병 급여	전액
B01	동원직장 급여	전액
C01	산재요양 급여	전액
D01	요양 보상금 등	전액
E01	[고용보험]육아(산전후)휴가급	전액
E02	[공무원]육아휴직수당 등	전액
E10	반환(사망)일시금	전액
F01	[공무원]요양비 등	전액
G01	학자금	(년)납입할 금액-한도내 입력
H01	무보수위원수당	전액
H02	일(숙)직료 및 여비	전액
H03	자가운전보조금	(월)200,000
H04	법령에 의한 제복 등	전액

확인(Enter) 취소(Esc)

비과세코드와 한도가 다 표시되어야 비과세항목이 제대로 등록된 것이다.

과세구분에서 1.과세를 선택한 경우에는 공통코드도움을 항목을 선택한다.

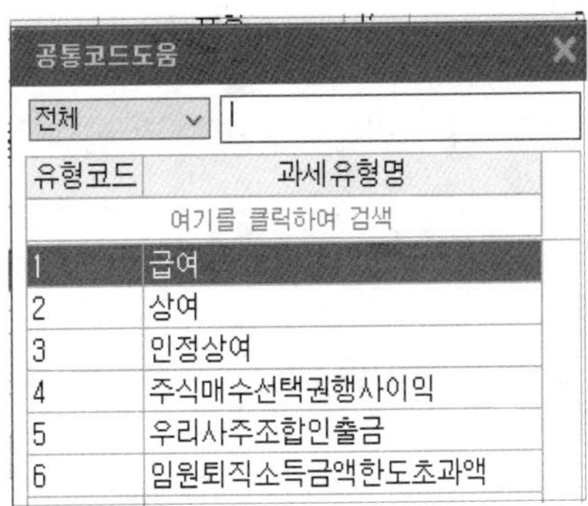

③ 월정액은 자동적으로 입력되나, 1.정기(급여, 각종수당, 식대 등)를 선택하고, 2.부정기[상여, 실비변상적인 성질의 급여(자가운전보조금, 연구보조비등), 연장근로수당]를 선택하면 된다. 그리고 사용여부를 체크한다.

2 공제등록

① 공제항목명을 입력한다.

② 공제소득유형은 공통코드도움을 받아 선택하거나 직접입력한다.

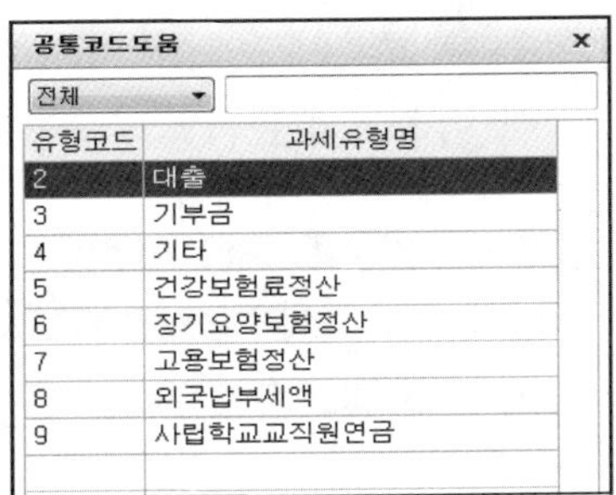

2. 급여자료 입력

[급여자료입력]은 상용 근로자의 각 월별 급여자료 및 상여금 입력 메뉴이다. 입력한 데이타는 [원천징수이행상황신고서]에 반영된다.

1 귀속년월

지급하는 급여 및 상여의 귀속 월을 입력한다. 만일 3월급여가 4월에 지급받은 경우 귀속연월은 실제 근로를 제공한 달인 3월이 되는 것이다.

2 지급연월일

지급하는 급여의 지급연월을 입력한다.

3. 일용직 사원등록 및 일용직급여자료 입력(시험에서 출제된 적은 없었습니다.)

일용직사원의 등록 및 급여자료 입력 메뉴이다. 입력자료는 [원천징수이행상황신고서]에 반영된다.

(1) 일용직사원등록

일용직사원의 코드와 사원명, 주민등록번호를 입력하고, 우측의 관리사항을 등록한다.

□	사원번호	성명

1.입사년월일 년 월 일
2.퇴사년월일 년 월 일
3.내국인구분 1.내국인 2.외국인 3-1.국적
4.주민등록번호 4-1.체류자격
5.주소
6.전화번호) - 핸드폰:) -
7.e메일
8.이체은행 계좌번호: 예금주:
10.관리직종
10-1.고용보험직종:
임 금 지 급 사 항
11.임금지급방법 0:매일지급 1:일정기간단위지급
12.임금 지급방식: 0:일급 1:시급 임금액:
13.연장수당 지급방식: 0:일급 1:시급 연장금액:

(2) 일용직급여자료입력

귀속년월: 년 월 지급년월: 년 월 2.입력사원만보기 2.일별입력자료만
지급방법: 0.전체

□	사원번호	성명	일수	지급액

일자	요일	지급월	근무	근무시간		지급액		기타비과세	고용보험	국민연금
				정상	연장	정상	연장			

4. 기타 신고서(시험에서 출제된 적은 없었습니다.)

(1) 근로소득공제신고서

근로자가 작성하는 것으로 원천징수의무자에게 제출하여야 한다.

(2) 신용카드소득공제신청서

신용카드사용액에 대한 소득공제를 받고자 하는 경우 입력하는 서식이다.

example 예제 따라하기 **사원등록 및 급여자료입력**

(주)목성(0303)을 선택하여 다음 자료에 의하여 사원등록 및 급여자료를 입력하시오.

1. 관리부 직원인 김길동(사원코드 : 101번)에 대한 부양가족에 관한 자료이다. 김길동씨의 주민등록상의 부양가족사항이 변경되었으므로 이를 반영하여 사원등록을 하시오. 가족전체의 세부담최소화를 기준으로 하여 판단하고, 김길동의 한계세율*은 25%라 가정한다.)

> *** 한계세율 = $\frac{\text{세액증가분}}{\text{소득증가분}}$ 으로서 소득 1원 증가시 세금의 증가비율을 말하는 것으로서 김성민의 현재 소득에서 소득금액이 10,000원 증가하면 2,500원의 세금증가를 가져온다. 따라서 소득구간마다 한계세율은 달라진다.**

관 계	성 명	연령	기 타 사 항
모 친	최순애	76세	소득없음. 주거 형편상 별거중임.
배 우 자	이은정	47세	기타소득금액 : 1,300,000원
장 남	김일남	26세	장애인(1)
장 녀	김말순	16세	고등학생, 현재의 배우자가 이전 혼인관계에서 출생한 자임. 소득없음.
며 느 리 (자 부)	이미숙	26세	장애인(1)으로서 장남의 배우자임.

2. 수당을 등록하고 12월분 급여자료에 입력하시오.

– 12월분 급여자료 (급여지급일 : 12월 31일) (단위 : 원)

기본급	국외근로소득	자가운전보조금	식대	직책수당
5,000,000	2,000,000	300,000	200,000	500,000

※ 자가운전보조금 : 본인차량을 업무에 사용하고 별도여비를 지급하지 아니함.

※ 식대 : 구내식당에서 무상으로 식사를 제공함.

※ 국외근로수당은 12월 16일부터 12월 25일까지 홍콩에 있는 지점으로 발령받아 근무함으로서 발생한 근로소득이다. 식대와 국외근로수당은 매월 정기적으로 지급하고 나머지는 부정기적으로 지급한다.

※ 필요시 수당 등을 등록하고 과세여부를 판단하여 적용하고, 미사용수당은 "부"로 체크한다.

※ 4대보험등은 회계프로그램 계산에 의한다..

해답

1. 인적공제 및 자녀세액공제 입력

가족	요건		기본공제	추가공제(자녀)	판단
	연령	소득			
본인	-	-	○	-	
모친(76)	○	○	○	경로	
배우자	-	○*	○		
장남(26)	×	○	○	장애인(1) 자녀	**장애인은 연령요건을 따지지 않음.**
장녀(16)	○	○	○	자녀	* 배우자가 이전혼인관계에서 출생한 자도 소득공제대상임.
며느리(26) (자부)	×	○	○	장애인(1)	* 직계비속과 직계비속의 배우자가 모두 장애인에 해당하는 경우에는 그 배우자를 포함한다.

* 배우자 분리과세 선택시

기타소득세 : 1,300,000원 × 20% = 260,000원을 부담

배우자공제 : 1,500,000원 × 25%(한계세율) = 375,000원을 절감하고, 기타 항목별공제를 추가받을 수 있으므로 분리과세를 선택하고 배우자공제를 받는다.

2. 국외근로소득공제 체크[사원등록 1.(일반) 월100만원 비과세]

1 | 1.(일반) 월 100만원 비과세
2.(원양,외항) 월 300만원 비과세
1 | 3.(건설) 월 300만원 비과세

3. 부양가족수정

연말관계	성명	내/외국인	나이	기본공제	부녀자	한부모	경로우대	장애인	자녀	출산입양	위탁관계
0	김길동	내	52	본인							
1	최순애	내	76	60세이상			○				
3	이은정	내	47	배우자							처
4	김일남	내	26	장애인				1	○		자
4	김말순	내	16	20세이하					○		자
5	이미숙	내	26	장애인				1			자부

4. 수당등록

- **식대는 현물식사를 제공하므로 과세이므로 식대(비과세)를 사용여부에 "부"로 체크하**고, 과세인 식대를 별도 등록함.
- 월정액은 문제에서 주어진 대로 정기, 비정기를 선택한다.
- 국외근로수당 100만원 비과세를 입력한다.

No	코드	과세구분	수당명	근로소득유형			월정액	통상임금	사용여부
				유형	코드	한도			
1	1001	과세	기본급	급여			정기	여	여
2	1002	과세	상여	상여			부정기	부	부
3	1003	과세	직책수당	급여			정기	부	여
4	1004	과세	월차수당	급여			정기	부	부
5	1005	비과세	식대	식대	P01	(월)200,000	정기	부	부
6	1006	비과세	자가운전보조금	자가운전보조금	H03	(월)200,000	부정기	부	여
7	1007	비과세	야간근로수당	야간근로수당	001	(년)2,400,000	부정기	부	부
8	2001	과세	식대	급여			정기	부	여
9	2002	비과세	국외근로 월100만원(	국외근로 월100만원	M01	(월)1,000,000	정기	부	여

5. 급여자료입력: – 귀속연월 : 12월 지급년월일 : 12월31일

☞ ***비과세금액을 확인하여 수당등록이 잘못이 없는지 체크한다.***

급여항목	금액
기본급	5,000,000
직책수당	500,000
자가운전보조금	300,000
식대	200,000
국외근로 월100만원(소득령 §16①1)	2,000,000
과 세	6,800,000
비 과 세	1,200,000
지 급 총 액	8,000,000

공제항목	금액
국민연금	248,850
건강보험	248,150
장기요양보험	31,780
고용보험	61,200
소득세(100%)	441,320
지방소득세	44,130
농특세	
공 제 총 액	1,075,430
차 인 지 급 액	6,924,570

자가운전보조금 : 200,000원
국외근로소득 : 1,000,000원

☞ 소득세와 4대보험금액은 프로그램에 의해서 자동계산되어집니다.

제3절 퇴직소득관리

1. 퇴직금계산

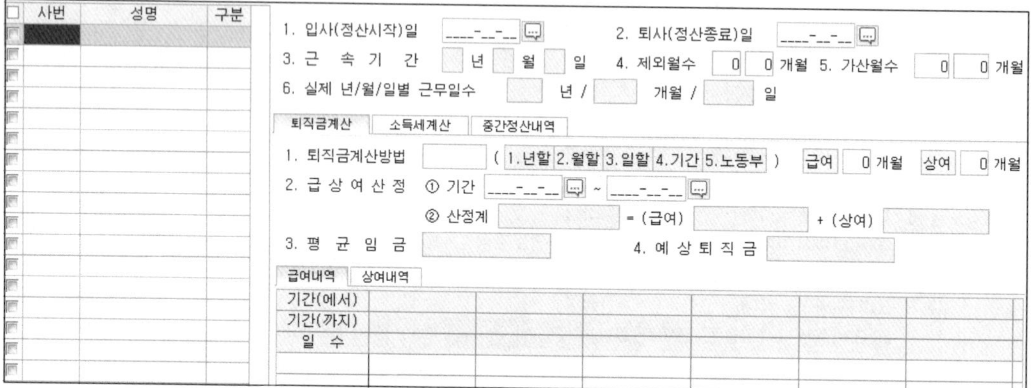

(1) 퇴사시 사원등록에서 퇴사일을 입력한다.

(2) 사번에서 F2(코드)로 눌러 해당 사원을 불러온다.

(3) 구분란에서 1.퇴직, 2.중간(중간정산)을 선택한다.

(4) 입사(정산시작일)일과 퇴사(정산종료)일을 확인하고, 퇴직금 제외월수/가산월수가 있으면 직접입력한다.

(5) 퇴직금계산방법을 1.년할(1년치 급여상여입력), 2.월할(3개월치 급여상여입력) 등을 선택한다. 그러면 급상여산정기간이 자동 생성된다.

(6) 하단에 급상여내역을 입력하면 3.평균임금과 4.예상퇴직금이 자동 계산된다.

(7) 소득세계산 을 클릭하여 퇴직금을 직접 입력해도 퇴직금이 자동계산된다.

2. 퇴직소득자료입력

지급년월 2021 년 01 월

소득자구분

□	사번	성명	구분
□			

인 원 수(총건수) 명

소득명세 | 세액계산 | 중간정산지급내역

1. 귀속년월(신고서) 년 월　　2. 영수일자 ____-__-__

	중간지급등		최종		정산
근무처명					
등록번호/퇴직사유	___-__-_____		___-__-_____		
기산일/입사일	____/__/__	____/__/__	____/__/__	____/__/__	
퇴사일/지급일	____/__/__	____/__/__	____/__/__	____/__/__	
근속월수					
제외월수					
가산월수					
과세퇴직급여					
비과세퇴직급여					
소득세					
지방소득세					
학자금상환액					

과세이연계좌명세

No	□	연금계좌취급자	사업자등록번호	계좌번호	입금일	37.계좌입금액
	□					

36.신고대상세액

38.퇴직급여(최종)

39.이연퇴직소득세 (36x37/38)

(1) 지급년월을 입력하고, 소득자 구분은 1.근로를 선택한다.

(2) F2(코드)로 해당 사원을 불러온다.

(2) 지급일과 영수일자를 입력하고, 퇴직급여를 입력하면 자동으로 소득세 등을 산출한다.

(3) **과세이연계좌명세 : 퇴직소득을 연금계좌에 입금시켜 향후 연금으로 받는 경우 해당 계좌번호등을 입력**한다.

3. 퇴직소득원천징수영수증/퇴직소득자료제출 집계표

각종 서식물로서 지급연월을 입력하면 퇴사자의 원천징수영수증을 확인할 수 있다.

제4절 사업소득관리

1. 사업소득자등록

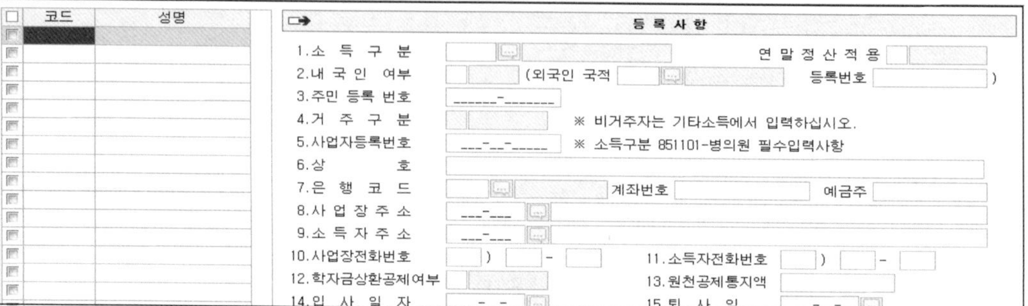

(1) 코드 및 소득자명을 입력하고 소득구분을 선택한다. 2글자 입력하여 검색이 가능하다.

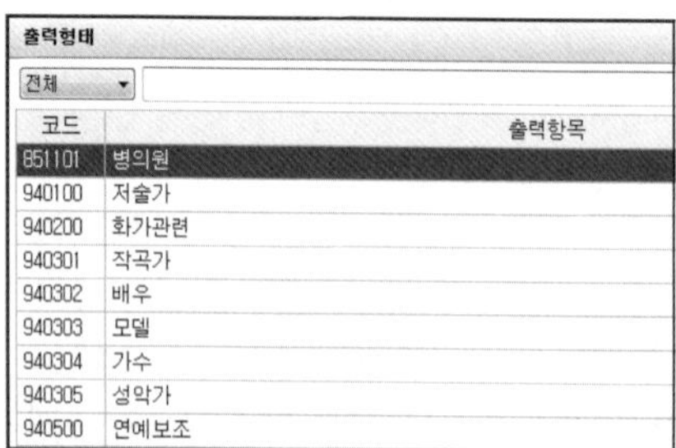

출력형태: 전체

코드	출력항목
851101	병의원
940100	저술가
940200	화가관련
940301	작곡가
940302	배우
940303	모델
940304	가수
940305	성악가
940500	연예보조

(2) 소득구분에 따라 연말정산적용여부를 물어보면, 해당란에 입력한다.

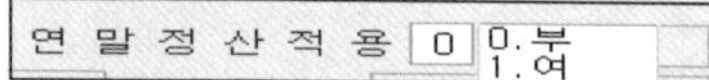

(3) 소득자의 기본사항을 등록한다.

2. 사업소득자료입력

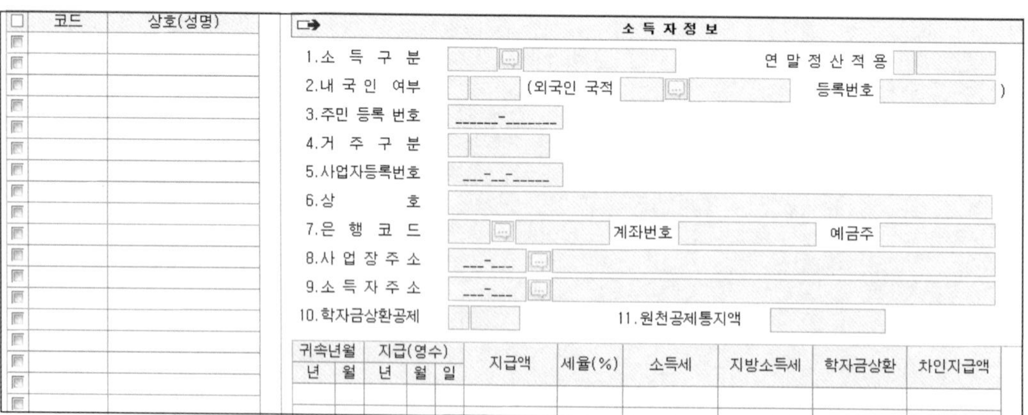

(1) 지급년월을 입력하고 상단의 F2(코드)로 사업소득자를 불러온다.

(2) 하단에 귀속연월과 지급영수년월일을 입력하고 지급액을 입력하면 자동적으로 소득세와 지방소득세가 계산된다.

(3) 상단의 F11(소득자간편등록)을 클릭하여 간편하게 소득자를 등록할 수 있다.

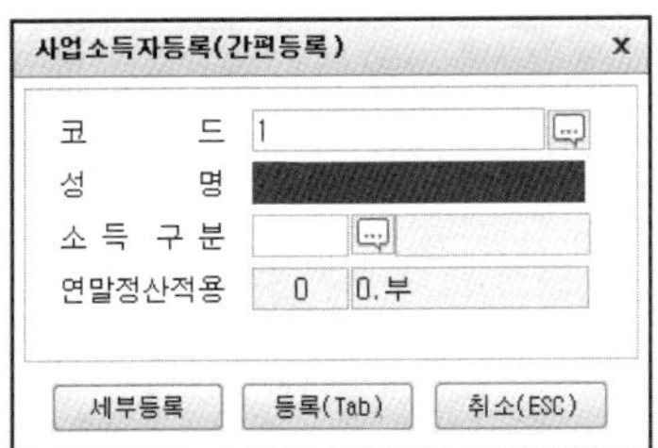

3. 사업소득자연말정산

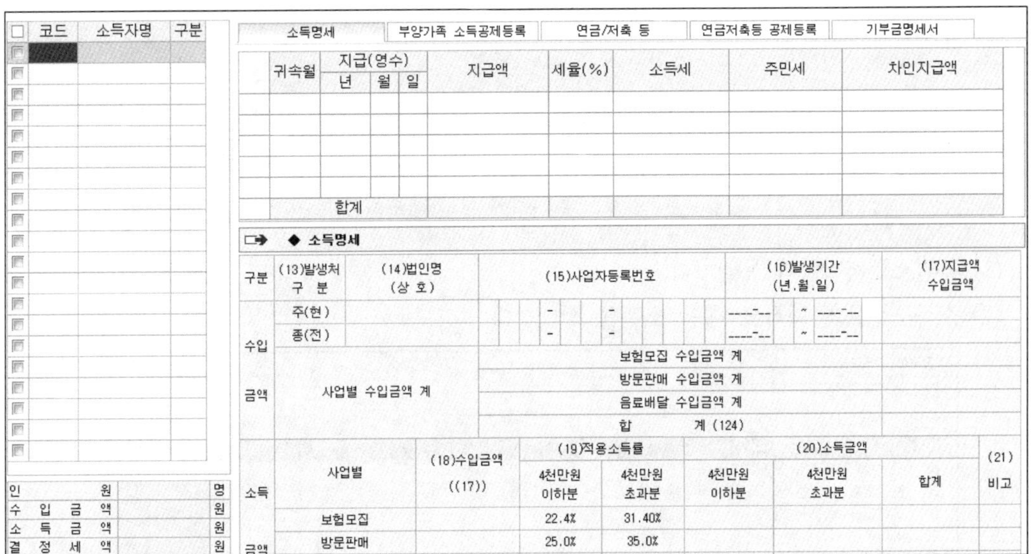

사업자중 연말정산대상자(보험모집인 등)에 대해서 연말정산할 수 있다.

☞ 전산세무1급에서 출제된 적은 없습니다.

4. 사업소득자 원천징수영수증/거주자의 사업소득원천징수영수증

각종 서식물로서 지급연월을 입력하면 사업소득자의 원천징수영수증을 확인할 수 있다.

제5절 기타소득관리

1. 기타소득자등록

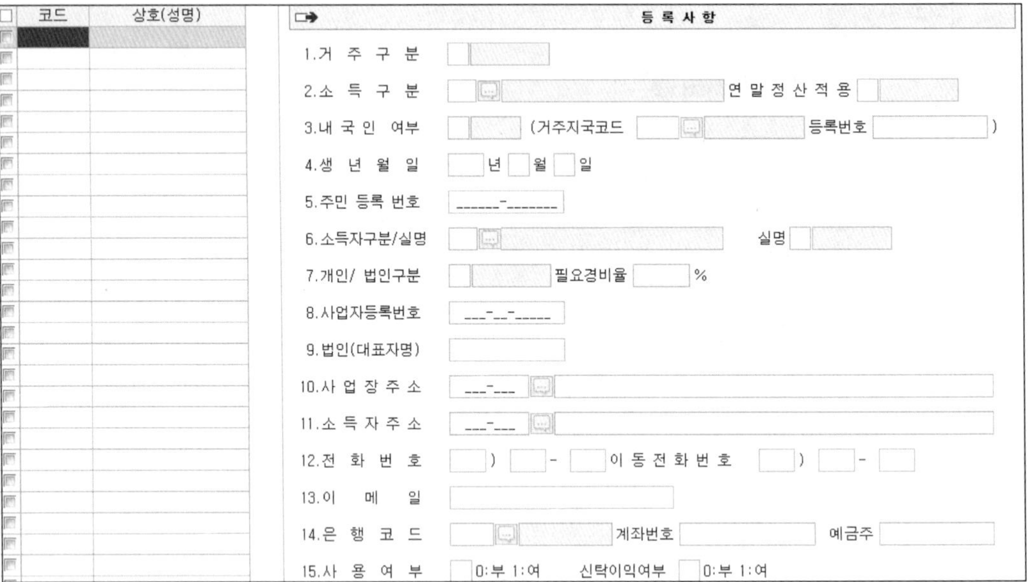

(1) 사업소득자입력과 동일하다.

(2) 소득구분을 클릭하고 해당 소득을 선택한다.

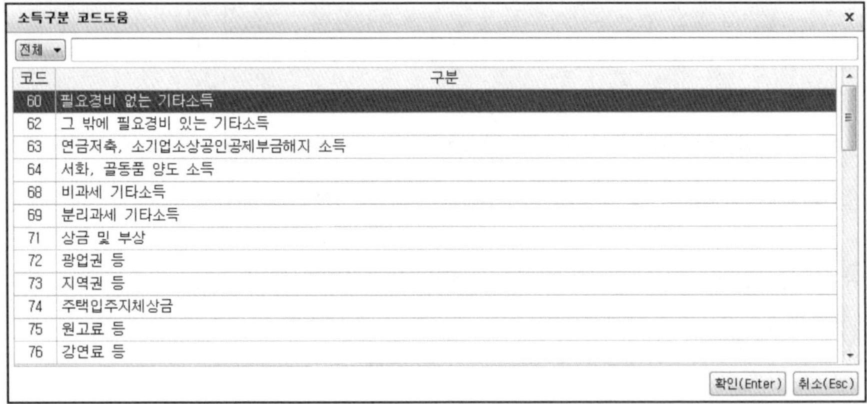

소득구분 코드도움

전체

코드	구분
60	필요경비 없는 기타소득
62	그 밖에 필요경비 있는 기타소득
63	연금저축, 소기업소상공인공제부금해지 소득
64	서화, 골동품 양도 소득
68	비과세 기타소득
69	분리과세 기타소득
71	상금 및 부상
72	광업권 등
73	지역권 등
74	주택입주지체상금
75	원고료 등
76	강연료 등

확인(Enter) 취소(Esc)

[소득구분코드내역]

소득구분	코드		소득자업종	예시
이자소득	111		국공채의 이자와 할인액	
	112		**내국법인 회사채의 이자와 할인액**	
	113		**국내에서 받는 예금의 이자**	
	119		**저축성보험의 보험차익(10년 미만)**	
	121		**직장공제회 초과반환금**	
	122		**비영업대금의 이익**	
배당소득	251		**내국법인의 배당, 분배금 등**	**현금배당**
	253		의제배당	
	254		법인세법에 따라 배당으로 처분된 금액	인정배당
기타소득	**필요경비 추정**	71	상금 및 부상	
		72	광업권등	산업재산권의 양도, 대여
		73	지역권등	
		74	주택입주지체상금	
		75	**원고료등**	
		76	**강연료등**	
		78	**사례금**	
		62	그 밖에 필요경비 있는 기타소득	상기이외 소득
	60		필요경비 없는 기타소득	장소의 일시대여, 사례금, 재산권에 관한 알선수수료 등
	68		비과세기타소득	
	69		분리과세기타소득	복권당첨소득 등

(3) 소득자구분 및 실명구분을 선택한다.

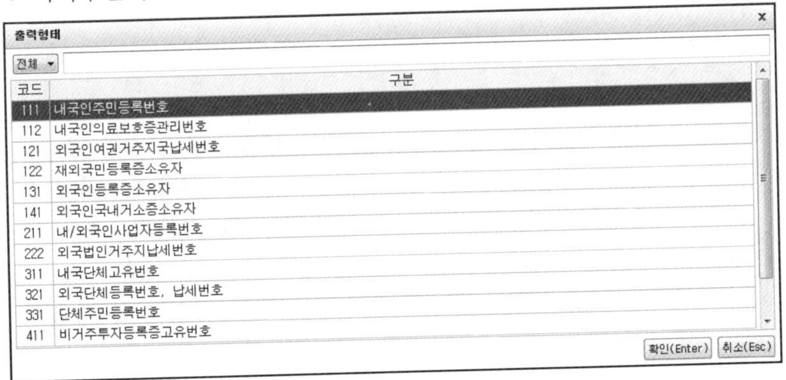

(4) 필요경비율은 소득구분에 따라 자동반영된다.

2. 기타소득자료입력

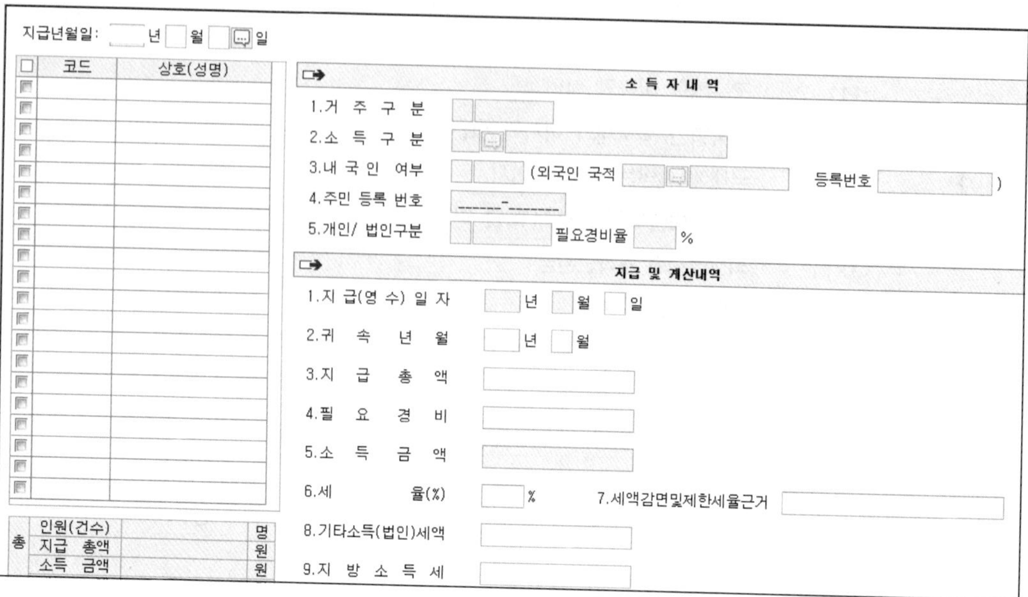

(1) 지급년월을 입력하고, 입력한 기타소득자를 불러온다.

(2) 기타관리항목에서 영수일자와 귀속연월 지급총액을 입력하면 자동적으로 소득세와 지방소득세가 계산된다.

3. 이자배당소득자료입력

지급년월일 년 월 일

코드	성명	소득구분

구 분	입 력 내 용
1.소득자 구분/실명	실명
2.개인/법인구분	
3.지급(영수)일자	년 월 일
4.귀속년월	년 월
5.은행 및 계좌번호	계좌번호 예금주
6.금융상품명	
7.유가증권코드	
8.과세구분	
9.조세특례등	
10.세액감면 및 제한세율근거	
11.변동자료구분	

총계		
인 원 (건 수)		명
지 급 금 액		원
소 득 세		원
법 인 세		원
지 방 소 득 세		원
농 특 세		원
세 액 합 계		원

지 급 및 계 산 내 역

채권이자구분	이자지급대상기간	이자율	금액	세율(%)	세액	지방소득세	농특세
	----‑--‑--~----‑--‑--						
	----‑--‑--~----‑--‑--						

(1) 지급년월일을 입력한다.

(2) 입력한 기타소득자를 불러오고, 지급일자와 귀속연월을 수정입력한다.

(3) 금융상품명을 선택한다. 2글자를 입력하여 검색한다.

		금융상품코드	비 고
이자소득	A01	(원화)정기예금	
	A02	(원화)정기적금	
	A21	(원화)일반국채	
	A41	개인연금보험	
	YMA	**(구)비영업대금이익**	
배당소득	B51	(소액주주)내국법인상장	
	B52	**(소액주주)내국법인비상장**	

(4) 과세구분을 선택한다.

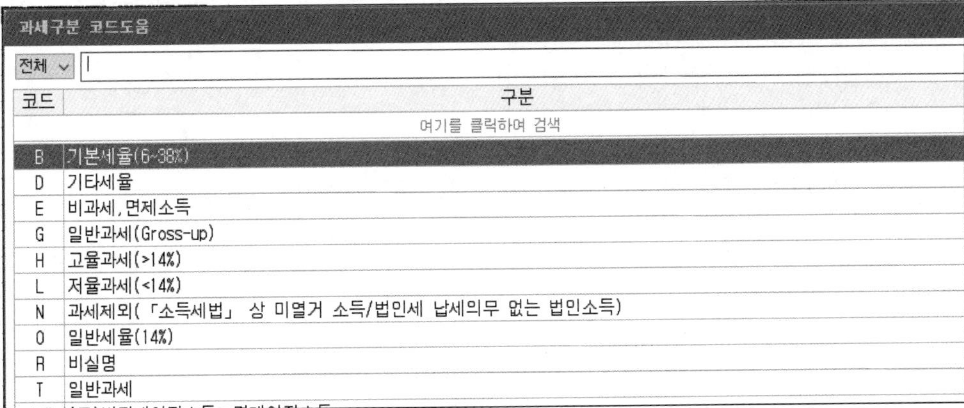

<table>
<tr><th colspan="8">개인</th><td rowspan="7">과세제외
(「소득세법」상
미열거 소득
/ 법인세
납세의무 없는
법인 소득)</td></tr>
<tr><td rowspan="2">비과세,
면제</td><td colspan="5">분리과세</td><td colspan="2">종합과세</td></tr>
<tr><td>저율
과세
(<14%)</td><td>고율
과세
(>14%)</td><td>비
실명</td><td>일반
세율
(14%)</td><td>기본
세율
(6~42%)</td><td>일반
과세</td><td>일반과세
(Gross - up)</td></tr>
<tr><td>E</td><td>L</td><td>H</td><td>R</td><td>O</td><td>B</td><td>T</td><td>G</td></tr>
<tr><th colspan="8">법인</th></tr>
<tr><td colspan="2" rowspan="2">원천징수
대상소득
(소액 부징수 포함)</td><td colspan="6">원천징수대상 외의 소득</td></tr>
<tr><td>비과세,
면제</td><td colspan="2">투자신탁재산
귀속 소득</td><td>신탁재산
귀속 소득</td><td colspan="2">그 밖의
원천징수대상 외의
소득</td></tr>
<tr><td colspan="2">C</td><td>X</td><td colspan="2">F</td><td>I</td><td colspan="2">W</td><td>N</td></tr>
</table>

(5) 조세특례등 : 해당특례가 있으면 선택한다. 일반적으로 NM을 선택한다.

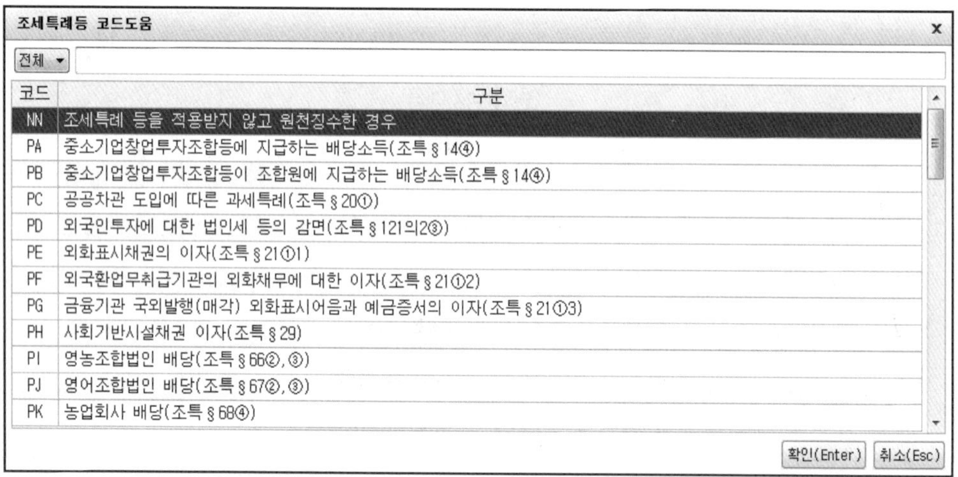

조세특례등 코드도움

코드	구분
NN	조세특례 등을 적용받지 않고 원천징수한 경우
PA	중소기업창업투자조합등에 지급하는 배당소득(조특§14④)
PB	중소기업창업투자조합등이 조합원에 지급하는 배당소득(조특§14④)
PC	공공차관 도입에 따른 과세특례(조특§20①)
PD	외국인투자에 대한 법인세 등의 감면(조특§121의2③)
PE	외화표시채권의 이자(조특§21①1)
PF	외국환업무취급기관의 외화채무에 대한 이자(조특§21①2)
PG	금융기관 국외발행(매각) 외화표시어음과 예금증서의 이자(조특§21①3)
PH	사회기반시설채권 이자(조특§29)
PI	영농조합법인 배당(조특§66②,③)
PJ	영어조합법인 배당(조특§67②,③)
PK	농업회사 배당(조특§68④)

확인(Enter) 취소(Esc)

(6) 채권이자구분 : **일반적으로 99.채권 등의 이자등을 지급받는 경우에는 해당 채권등의 보유자의 보유기간 이자상당액**을 적는다.

(7) 지급대상기간 : 금융소득의 지급대상이 되는 기간을 반드시 적어야 한다.

4. 이자 · 배당소득원천징수영수증, 기타소득지급명세서(영수증)

귀속년월, 지급년월을 선택하고 해당 월을 입력하면 원천징수영수증 등이 나온다.

제6절 원천징수이행상황신고서

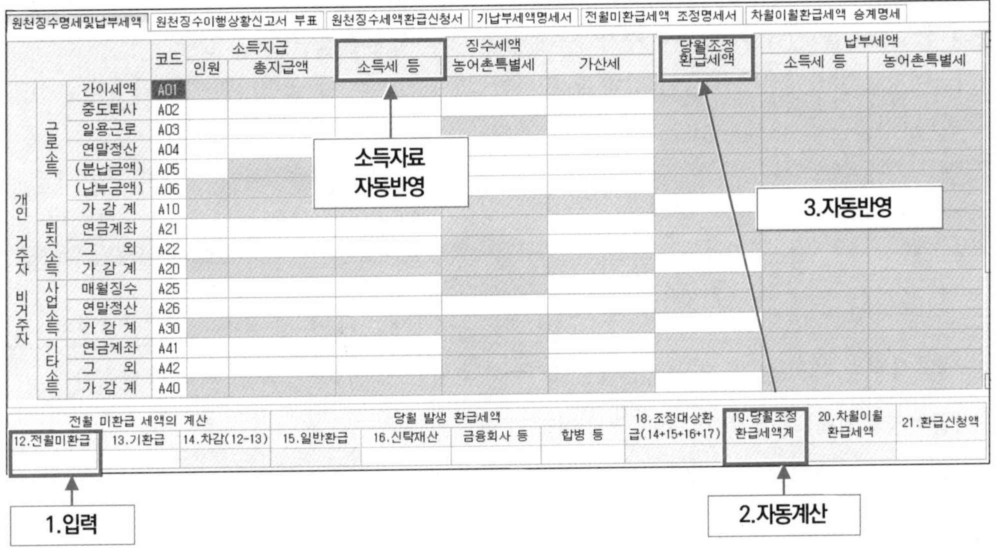

1. 원천징수내역 및 납부세액

(1) 귀속기간 및 지급기간을 입력한다.

(2) 징수세액은 당월 중 원천징수의무자가 소득자로부터 원천징수한 세액이 자동 반영되며 환급세액의 경우 해당란에 “(-)”로 표시된다. 당월조정환급세액은 환급세액조정란의 19.당월조정조정환급액의 금액이 자동 반영되고 납부세액이 자동계산된다.

2. 환급세액조정

12. 전월미환급세액 : 전월에 미환급세액이 있는 경우 입력하거나 직전월의 21.차월이월환급세액란의 금액이 자동반영된다.

13. 기환급신청한 세액 : 원천징수 환급세액이 발생한 경우 다음 달 이후에 납부할 세액에서 조정환급하는 것이나, 다음달 이후에도 원천징수할 세액이 없거나 원천징수하여 납부할 소득세가 환급할 금액에 미달하여 세무서에 직접 환급 신청한 금액을 입력한다.

15. 일반환급: [원천징수내역]의 징수세액 란의 금액이 (-)인 경우에 자동 반영된다.

20. 차월이월환급세액 : 다음달 12.전월미환급세액에 자동반영된다.

21. 환급신청액 : 당월에 환급신청할 금액을 입력한다.

3. 연말정산(분납)

2월분 급여지급시 연말정산을 하는데, 추가납부세액이 10만원을 초과하는 경우 2월분부터 4월분의 근로소득을 지급할 때까지 추가납부세액을 나누어 원천징수할 수 있다.

① **[급여자료입력]에서 2월 급여 입력 후** F7 중도퇴사자정산▽를 클릭하여 F11분납적용을 선택한다.(기출문제 81회 참고)

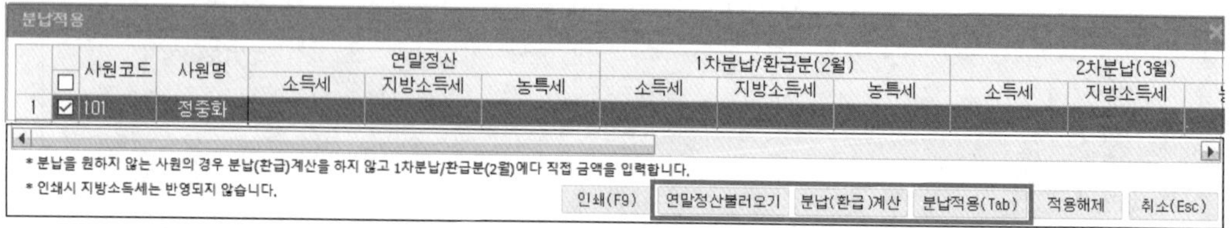

② 해당사원을 체크한 후 연말정산불러오기⇒분납(환급)계산⇒분납적용 순으로 클릭한다.

③ **[급여자료입력]의 우측 상단에** 분납이라고 표시된다.

④ [원천징수이행상황신고서]에서 분납을 적용하면 분납된 금액이 자동으로 반영된다.

연말정산	A04	1	60,000,000	1,500,000
(분납금액)	A05	1		1,000,000
(납부금액)	A06			500,000
가 감 계	A10	2	63,000,000	567,350

example 예제 따라하기 **원천징수 및 원천징수이행상황신고서**

(주)목성(0303)을 선택하여 다음 자료에 의하여 각각의 소득에 대하여 원천징수영수증을 작성하고 3월분 원천징수이행상황신고서를 작성하시오.

1. 홍길순(사원번호 : 102번 입사일 2010년 1월 1일)에 대하여 3월 31일에 퇴사하여, 퇴직급여 50,000,000원과 퇴직위로금 10,000,000원을 지급하기로 하고, 아래의 개인형 퇴직연금계좌로 이체하였다.

연금계좌취급자	사업자등록번호	계좌번호
한국생명	312-86-01323	123-456-789

2. 3월 6일에 지급한 기타소득내역이다. 

코드	성명	주민등록번호	지급명목	지급금액(원)
201	박영수	431212-1214221	강연료	2,000,000
202	김재숙	521124-2562816	사례금	1,000,000
203	김철저	660815-1642149	용역취소로 인한 배상금	2,300,000

3. 3월 10일에 지급한 사업소득내역이다. 

코드	성명	주민등록번호	지급명목	지급금액(원)
301	강마에	310625-1342723	저술가	2,500,000
302	강건우	550909-1249511	보험설계	3,500,000

4. 3월15일에 지급한 배당소득에 대한 내역이다. 

코드	성명	주민등록번호	지급명목	지급금액(원)
401	나성실	700418-1234568	배당금지급	4,500,000
402	(주)도화	452-81-12346	배당금지급	5,500,000

* 회사는 내국법인 비상장법인으로서 나성실과 ㈜도화는 소액주주에 해당한다.

5. 3월20일에 지급한 이자소득(비영업대금)에 대한 내역이다.

코드	성명	주민등록번호	지급대상기간	지급금액(원)
501	나도야	760109-1075011	2. 1.~ 2.28	4,500,000

* 소득자는 금융업을 하지 않는 거주자이다. 금융상품명은 (구)비영업대금이익을 선택하고 과세구분은 T.일반과세, 조세특례는 NN을 선택한다.

6. 전월미환급세액이 500,000원 있다고 가정한다.

해답

1. 퇴직소득

(1) 사원등록 : 퇴사년월일(20x1.03.31)을 입력한다.

(2) 퇴직금계산 : F2(코드)로 사원을 불러와서 정산일 시작과 종료일을 확인하고, 소득세계산을 클릭하여 **직접 퇴직금지급액을 입력**한다.

1. 입사(정산시작)일 2010-01-01　　2. 퇴사(정산종료)일 2024-03-31
3. 근 속 기 간 14 년 3 월 일　　4. 제외월수 0 (0)　　5. 가산월수 0 (0)
6. 실제 년/월/일별 근무일수 15 년 / 171 개월 / 5204 일

퇴직금계산 | 소득세계산 | 중간정산지급내역

퇴직금 지급	
퇴직금	60,000,000
퇴직보험금	
비과세소득	

공제 내역	
소득세	540,000
지방소득세	54,000

사원 정보
1. 사원등록 입사일 : 2010-01-01
2. 사원등록 퇴사일 : 2024-03-31
3. 중간정산지급내역 유무 : 무

☞ 소득세 등은 자동 계산되어집니다.

(3) 퇴직소득자료입력(지급연월 3월, 영수일자 3월 31일)
소득자구분 1.근로을 입력하고, F2(코드)로 사원을 불러와서 과세이연계좌명세에 입력하면, 이연퇴직소득세를 자동계산한다.

과세이연계좌명세

No	연금계좌취급자	사업자등록번호	계좌번호	입금일	38.계좌입금액
1	한국생명	312-86-01323	123-456-789	2024-03-31	60,000,000
2					

37.신고대상세액 540,000
39.퇴직급여(최종) 60,000,000
40.이연퇴직소득세 (37x38/39) 540,000

과세이연계좌명세에 입력하면 상단의 원천징수 소득세액이 "0"로 변한다.

	중간지급등		최종		정산
근무처명			(주)목성-로그인		
등록번호/퇴직사유	___-__-_____		111-02-49063	자발적 퇴직	
기산일/입사일	____/__/__	____/__/__	2010/01/01	2010/01/01	
퇴사일/지급일	____/__/__	____/__/__	2024/03/31	2024/03/31	
근속월수			171		
제외월수					
가산월수					
과세퇴직급여			60,000,000		60,000,000
비과세퇴직급여					
세액공제					
소득세					

(4) 퇴직소득원천징수영수증(지급년월 3월~3월)조회 후 확인한다.

2. 기타소득

(1) 기타소득자등록 : **소득구분입력 및 필요경비율 확인**

성명	지급명목	소득구분
박영수	강연료	76.**강연료등(필요경비 60%)**
김재숙	사례금	78.사례금
김철저	용역취소로 인한 배상금	60.필요경비없는 기타소득 ☞ **정신적 손해배상금은 과세제외하고 배상금 중 주택 입주지체상금만 80% 필요경비추정**

① 박영수

등 록 사 항

1.거 주 구 분 1 거 주
2.소 득 구 분 76 강연료 등 연 말 정 산 적 용
3.내 국 인 여부 1 내국인 (거주지국코드 등록번호
4.생 년 월 일 년 월 일
5.주민 등록 번호 431212-1214221
6.소득자구분/실명 111 내국인주민등록번호 실명 0 실 명
7.개인/ 법인구분 1 개 인 필요경비율 60.000 %

② 김재숙

등 록 사 항

1.거 주 구 분 1 거 주
2.소 득 구 분 78 사례금 연 말 정 산 적 용
3.내 국 인 여부 1 내국인 (거주지국코드 등록번호)
4.생 년 월 일 년 월 일
5.주민 등록 번호 521124-2562816
6.소득자구분/실명 111 내국인주민등록번호 실명 0 실 명
7.개인/ 법인구분 1 개 인 필요경비율 %

필요경비율 확인

③ 김철저

등 록 사 항

1.거 주 구 분 1 거 주
2.소 득 구 분 60 필요경비 없는 기타소득 연 말 정 산 적 용
3.내 국 인 여부 1 내국인 (거주지국코드 등록번호)
4.생 년 월 일 년 월 일
5.주민 등록 번호 660815-1642149
6.소득자구분/실명 111 내국인주민등록번호 실명 0 실 명
7.개인/ 법인구분 1 개 인 필요경비율 %

필요경비율 확인

(2) 기타소득자료입력 : 지급년월일(3월 6일), 지급총액 입력

① 박영수(필요경비율 60%)

지급 및 계산내역		
1.지 급(영 수) 일 자	20x1 년 03 월 06 일	
2.귀 속 년 월	20x1 년 03 월	
3.지 급 총 액	2,000,000	
4.필 요 경 비	1,200,000	
5.소 득 금 액	800,000	
6.세 율(%)	20 %	7.세액감면및제한세율근거
8.기타소득(법인)세액	160,000	
9.지 방 소 득 세	16,000	

② 김재숙

지급 및 계산내역		
1.지 급(영 수) 일 자	년 03 월 06 일	
2.귀 속 년 월	년 03 월	
3.지 급 총 액	1,000,000	
4.필 요 경 비		
5.소 득 금 액	1,000,000	
6.세 율(%)	20 %	7.세액감면및제한세율근거
8.기타소득(법인)세액	200,000	
9.지 방 소 득 세	20,000	

③ 김철저

지급 및 계산내역		
1.지 급(영 수) 일 자	년 03 월 06 일	
2.귀 속 년 월	년 03 월	
3.지 급 총 액	2,300,000	
4.필 요 경 비		
5.소 득 금 액	2,300,000	
6.세 율(%)	20 %	7.세액감면및제한세율근거
8.기타소득(법인)세액	460,000	
9.지 방 소 득 세	46,000	

(3) 기타소득지급명세서(원천징수영수증) : 귀속년월(3월) 또는 지급년월(3월)을 입력한다.

연간집계표 | 원천징수영수증

코드	소득자명	소득구분
00201	박영수	강연료 등
00202	김재숙	사례금
00203	김철저	필요경비 없는

지급년월일	귀속년월	지급총액	비과세소득	필요경비	소득금액	세율	원천징수세액 소득세	지방소득세	농어촌특별세	계
20X1-03-06	20X1-03	1,000,000			1,000,000	20%	200,000	20,000		220,00

3. 사업소득

(1) 사업소득자등록 : 소득구분입력 : **코드 도움에서 두글자를 입력해서 검색한다.**

① 강마에

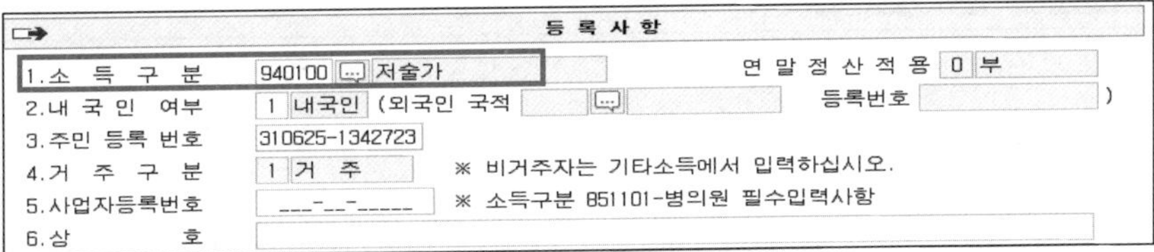
등 록 사 항

1.소 득 구 분 940100 저술가 연 말 정 산 적 용 0 부
2.내 국 인 여부 1 내국인 (외국인 국적 등록번호)
3.주민 등록 번호 310625-1342723
4.거 주 구 분 1 거 주 ※ 비거주자는 기타소득에서 입력하십시오.
5.사업자등록번호 ___-__-_____ ※ 소득구분 851101-병의원 필수입력사항
6.상 호

② 강건우(**보험설계사는 연말정산적용 "여"를 입력한다.**)

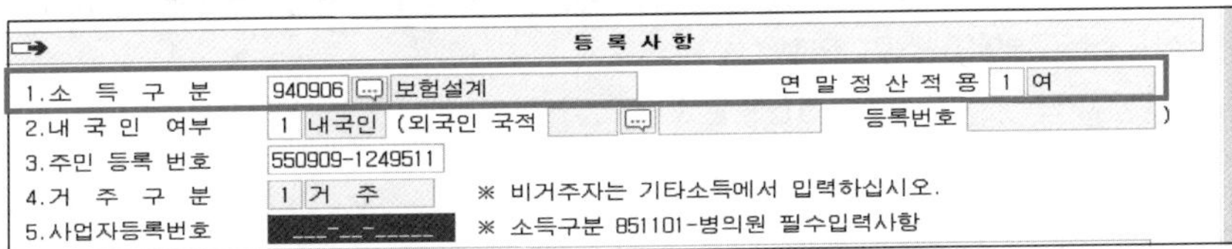
등 록 사 항

1.소 득 구 분 940906 보험설계 연 말 정 산 적 용 1 여
2.내 국 인 여부 1 내국인 (외국인 국적 등록번호)
3.주민 등록 번호 550909-1249511
4.거 주 구 분 1 거 주 ※ 비거주자는 기타소득에서 입력하십시오.
5.사업자등록번호 ___-__-_____ ※ 소득구분 851101-병의원 필수입력사항

(2) 사업소득자료입력 : 지급연월일(3월10일)을 입력 후 상단의 F2(코드)로 소득자를 불러와서, 귀속년월(3월)을 입력하면 자동적으로 지급(영수)년월일을 불러오고, 지급액을 입력하면 소득세와 지방소득세가 자동계산된다.

① 강마에

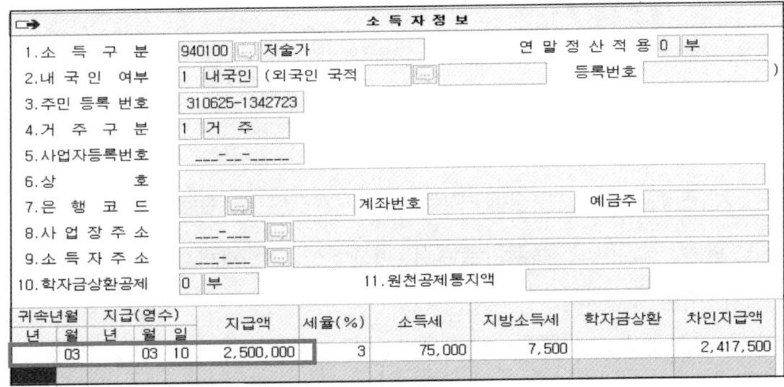
소 득 자 정 보

1.소 득 구 분 940100 저술가 연 말 정 산 적 용 0 부
2.내 국 인 여부 1 내국인 (외국인 국적 등록번호)
3.주민 등록 번호 310625-1342723
4.거 주 구 분 1 거 주
5.사업자등록번호 ___-__-_____
6.상 호
7.은 행 코 드 계좌번호 예금주
8.사 업 장 주 소 ___-___
9.소 득 자 주 소 ___-___
10.학자금상환공제 0 부 11.원천공제통지액

귀속년월 년	귀속년월 월	지급(영수) 년	지급(영수) 월	지급(영수) 일	지급액	세율(%)	소득세	지방소득세	학자금상환	차인지급액
	03		03	10	2,500,000	3	75,000	7,500		2,417,500

② 강건우

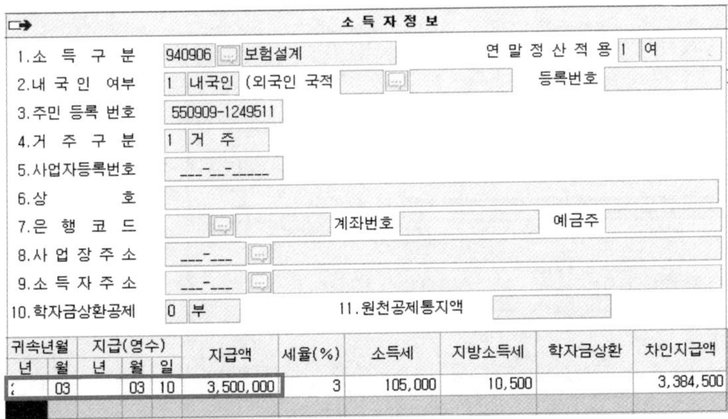
소 득 자 정 보

1.소 득 구 분 940906 보험설계 연 말 정 산 적 용 1 여
2.내 국 인 여부 1 내국인 (외국인 국적 등록번호
3.주민 등록 번호 550909-1249511
4.거 주 구 분 1 거 주
5.사업자등록번호 ___-__-_____
6.상 호
7.은 행 코 드 계좌번호 예금주
8.사 업 장 주 소 ___-___
9.소 득 자 주 소 ___-___
10.학자금상환공제 0 부 11.원천공제통지액

귀속년월 년	귀속년월 월	지급(영수) 년	지급(영수) 월	지급(영수) 일	지급액	세율(%)	소득세	지방소득세	학자금상환	차인지급액
	03		03	10	3,500,000	3	105,000	10,500		3,384,500

(3) 거주자의 사업소득원천징수영수증 : 지급년월 또는 귀속년월을 선택하고 기간(3월)을 입력

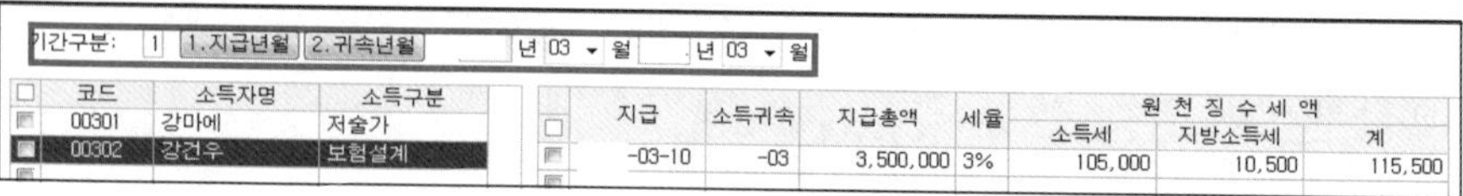

기간구분: 1 1.지급년월 2.귀속년월 년 03 월 년 03 월

코드	소득자명	소득구분
00301	강마에	저술가
00302	강건우	보험설계

지급	소득귀속	지급총액	세율	원천징수세액 소득세	지방소득세	계
-03-10	-03	3,500,000	3%	105,000	10,500	115,500

4. 금융소득(이자 · 배당소득)

(1) 기타소득자등록 :

– 배당소득의 경우 : **개인에게 지급한 배당소득(251.내국법인배당금등)만 원천징수대상이므로 (주)도화는 대상에서 제외한다.(법인에게 지급한 배당소득은 원천징수의무가 없다.)**

① 나성실 : 소득구분 및 실명 입력

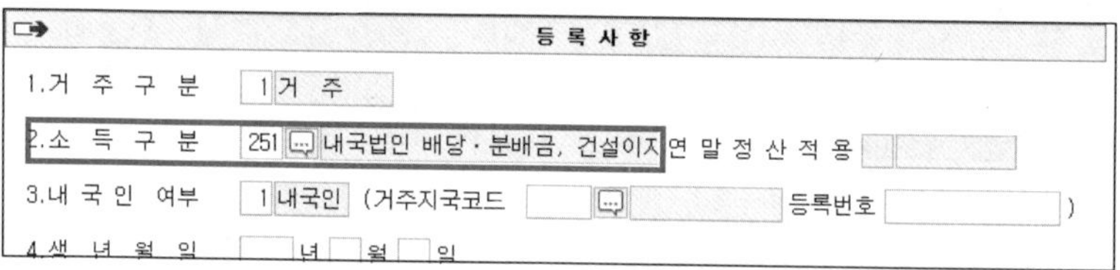

등록사항

1.거주구분 1 거주

2.소득구분 251 내국법인 배당 · 분배금, 건설이자 연말정산적용

3.내국인 여부 1 내국인 (거주지국코드 등록번호)

4.생년월일 년 월 일

② 나도야 : 소득구분(122.비영업대금이익) 및 실명 입력

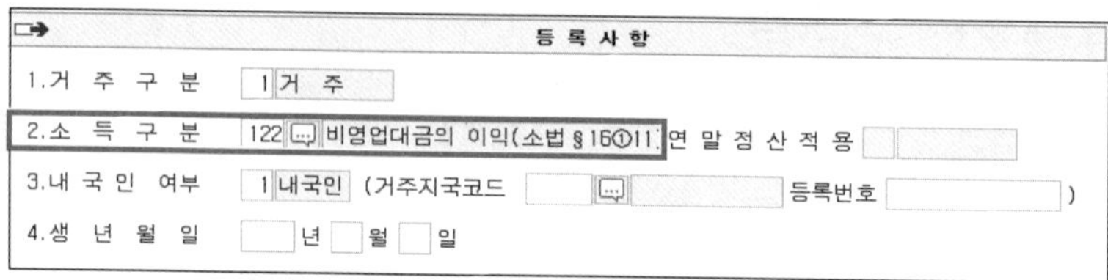

등록사항

1.거주구분 1 거주

2.소득구분 122 비영업대금의 이익(소법 §16①11) 연말정산적용

3.내국인 여부 1 내국인 (거주지국코드 등록번호)

4.생년월일 년 월 일

(2) 이자배당소득자료입력 : 지급년월일(3월15일)을 입력하고, F2(코드)를 클릭하여 소득자를 불러오고, 지급일자, 귀속년월을 확인하고 금융상품명과 과세구분(일반세율 14%)를 선택하고 금액을 입력하면 소득세가 자동계산된다.

① 나성실 : 금융상품명(B52.법인배당–소액주주–내국법인비상장)과 과세구분에 0.일반세율(14%)를 선택한다. 그리고 지급 및 계산내역에 금액(4,500,000원)을 입력한다.

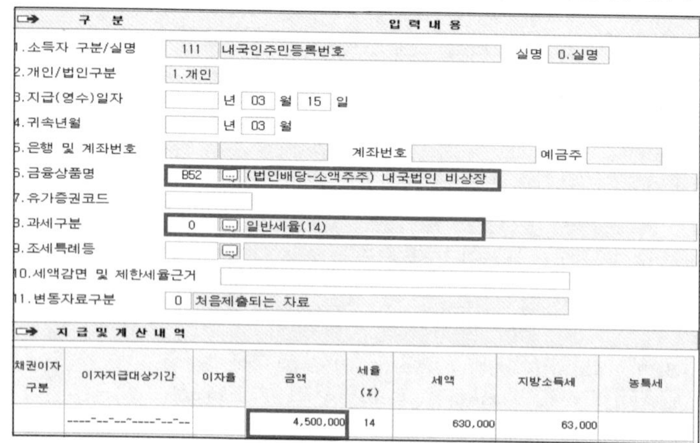

구분	입력내용
1.소득자 구분/실명	111 내국인주민등록번호 실명 0.실명
2.개인/법인구분	1.개인
3.지급(영수)일자	년 03 월 15 일
4.귀속년월	년 03 월
5.은행 및 계좌번호	계좌번호 예금주
6.금융상품명	B52 (법인배당-소액주주) 내국법인 비상장
7.유가증권코드	
8.과세구분	0 일반세율(14)
9.조세특례등	
10.세액감면 및 제한세율근거	
11.변동자료구분	0 처음제출되는 자료

지급 및 계산내역

채권이자구분	이자지급대상기간	이자율	금액	세율(%)	세액	지방소득세	농특세
	----.--.--.----.--.--		4,500,000	14	630,000	63,000	

② 나도야 : 금융상품명을 선택하고, 과세구분(T.일반과세)를 선택하고, 조세특례는 NN을 선택한다. 채권이자구분은 일반적으로 99번을 선택하고 이자지급대상기간을 입력하고, 비영업대금의 원천징수세율 "25%"을 확인하고 수정한다.

1.소득자 구분/실명 | 111 | 내국인주민등록번호 | 실명 | 0.실명
2.개인/법인구분 | 1.개인
3.지급(영수)일자 | 년 03 월 20 일
4.귀속년월 | 년 03 월
5.은행 및 계좌번호 | 계좌번호 | 예금주
6.금융상품명 | YMA | (구)비영업대금의 이익
7.유가증권코드
8.과세구분 | T | 일반과세
9.조세특례등 | NN | 조세특례 등을 적용받지 않고 원천징수한 경우
10.세액감면 및 제한세율근거
11.변동자료구분 | 0 | 처음제출되는 자료

지 급 및 계 산 내 역

채권이자구분	이자지급대상기간	이자율	금액	세율(%)	세액	지방소득세	농특세
99	-02-01~ 02-28		4,500,000	25	1,125,000	112,500	

(3) 이자배당원천징수영수증 : 지급년월(3월)을 입력한다.

코드	소득자명	소득구분	마감
00401	나성실	내국법인 배	X
00501	나도야	비영업대금의	X

지급일자	귀속년월	지급액	세율(%)	원천징수세액 소득세	법인세	지방소득세	농특세	계	마감
1-03-15	-03	4,500,000	14	630,000		63,000		693,000	X

5. 원천징수이행상황신고서: 귀속기간(3월~3월), 지급기간(3월~3월)을 입력한다.
   - 12.전월미환급세액에 500,000원을 입력하면 19.당월조정환급세액에 500,000원이 자동반영된다.

원천징수명세및납부세액 | 원천징수이행상황신고서 부표 | 원천징수세액환급신청서 | 기납부세액명세서 | 전월미환급세액 조정명세서 | 차월이월환급세액 승계명세

구분			코드	소득지급 인원	소득지급 총지급액	징수세액 소득세 등	징수세액 농어촌특별세	징수세액 가산세	당월조정 환급세액	납부세액 소득세 등	납부세액 농어촌특별세
거주자 비거주자	퇴직소득	연금계좌	A21								
		그 외	A22	1	60,000,000						
		가 감 계	A20	1	60,000,000						
	사업소득	매월징수	A25	2	6,000,000	180,000					
		연말정산	A26								
		가 감 계	A30	2	6,000,000	180,000			180,000		
	기타소득	연금계좌	A41								
		종교인매월	A43								
		종교인연말	A44								
		그 외	A42	3	5,300,000	820,000					
		가 감 계	A40	3	5,300,000	820,000			320,000	500,000	
	이 자 소 득		A50	1	4,500,000	1,125,000				1,125,000	
법인	배 당 소 득		A60	1	4,500,000	630,000				630,000	
	그 외 소 득		▶								
법인	내/외국법인원천		A80								
수정신고(세액)			A90								
총 합 계			A99	8	80,300,000	2,755,000			500,000	2,255,000	

전월 미환급 세액의 계산 12.전월미환급	13.기환급	14.차감(12-13)	당월 발생 환급세액 15.일반환급	16.신탁재산	금융회사 등	합병 등	18.조정대상환급(14+15+16+17)	19.당월조정 환급세액계	20.차월이월 환급세액	21.환급신청액
500,000		500,000					500,000	500,000		

제7절 연말정산 자료입력

〈중도퇴사자의 연말정산〉

1.퇴사처리(사원등록) 2.연말정산추가자료 입력순으로 입력한다.

1. 정산연월일

계속근무자의 연말정산은 다음해 2월 급여지급일이다.

중도퇴사자의 경우에는 퇴직한 달의 급여를 지급한 월이 표시된다.

2. 귀속기간

해당연도에 입사하거나 퇴사한 경우 [사원등록]에서 입력한 입사연월과 퇴사연월이 자동 반영된다. 계속근로자의 경우 매년 1월 1일부터 12월 31일까지이고 영수일자는 다음연도 2월28일이다.

3. 소득명세입력

현근무지 소득은 급여자료에서 자동 반영되고, 전근무지 소득금액과 원천징수내역을 입력해야 한다.

소득명세	부양가족소득공제	연금저축 등	월세액등소득공제	연말정산입력	연말정산내역조회

		합계	주(현)	납세조합	종(전) [1/1]
소득명세	9.근무처명				
	10.사업자등록번호		----------	----------	----------
	11.근무기간		----~----	----~----	----~----
	12.감면기간		----~----	----~----	----~----
	13-1.급여(급여자료입력)				
	13-2.비과세한도초과액				
	13-3.과세대상추가(인정상여추가)				
	14.상여				
	15.인정상여				
	15-1.주식매수선택권행사이익				
	15-2.우리사주조합 인출금				
	15-3.임원퇴직소득금액한도초과액				
	16.계				
	18.국외근로수당				
	18-1.야간근로(년240만원) 001				

전근무지 원천징수내역입력

4. 연말정산(소득공제 및 세액공제)

구 분	입력탭		입력탭	연말정산탭
보험료	부양가족	➡	연말정산탭 (F8부양가족탭불러오기)	• 최종 입력사항 확인 • 이외는 연말정산탭에서 입력
교육비				
신용카드	신용카드			
의료비	의료비			
기부금	기부금			
연금저축등	연금저축			
월세	월세			

〈기부금 입력 방법〉
1.기부금입력 ⇒ 2.기부금조정탭(공제금액계산 → 불러오기 → 공제금액반영)

(1) 부양가족 탭

사원등록에서 부양가족을 자동적으로 반영되고, **직접 입력도 가능**하다.
부양가족에 대한 **보험료와 교육비는 국세청신고분과 기타분을 구분하여 입력**한다.

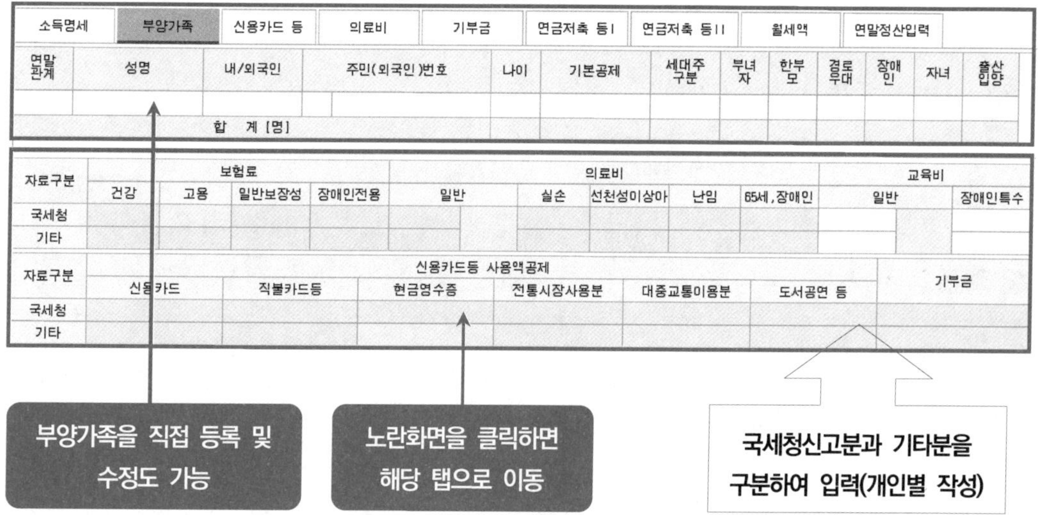

(2) 신용카드 탭 : 부양가족에 대한 신용카드 등 사용분을 입력한다.

소득명세	부양가족	신용카드 등	의료비	기부금	연금저축 등I	연금저축 등II	월세액	연말정산입력		
내/외 관계	성명 생년월일	자료구분	신용카드	직불,선불	현금영수증	도서등신용	도서등직불	도서등현금	전통시장	대중교통

(3) 의료비 탭

<u>성명에서 F2(부양가족 코드 도움)으로 대상자를 선택</u> 후 입력한다.

의료비 공제대상자				지급처			지급명세					14.산후조리원
성명	내/외	5.주민등록번호	6.본인등 해당여부	9.증빙코드	8.상호	7.사업자 등록번호	10.건수	11.금액	11-1.실손 보험수령액	12.미숙아 선천성이상아	13.난임 여부	

(4) 기부금 탭

〈기부금 입력 방법〉
1.기부금입력⇒2.기부금조정(공제금액계산→불러오기→공제금액반영)

① 기부금 입력

<u>주민등록번호에서 F2(부양가족)으로 대상자를 선택</u> 후 입력한다.

기부금 입력 | 기부금 조정

12.기부자 인적 사항(F2)			
주민등록번호	관계코드	내 · 외국인	성명

구분		9.기부내용	기부처		기부명세				자료구분
7.유형	8.코드		10.상호(법인명)	11.사업자 번호 등	건수	13.기부금합계 금액 (14+15)	14.공제대상 기부금액	15.기부장려금 신청 금액	

② 기부금 조정

<u>대상 기부금을 상단의 공제금액계산</u>을 클릭한다.

기부금 입력 | 기부금 조정 　　　　공제금액계산

구분		기부연도	16.기부금액	17.전년도까지 공제된금액	18.공제대상 금액(16-17)	해당연도 공제금액	해당연도에 공제받지 못한 금액	
유형	코드						소멸금액	이월금액

③ 공제금액계산

<u>불러오기⇒공제금액반영</u>을 클릭하면 상단의 기부금에 자동 반영된다.

41	일반기부금(종교) 2022년이월						
41	일반기부금(종교) 당기						
	합계						

기부금(이월액)소득공제		정치기부금10만원 초과세액공제		특례기부금 세액공제	
우리사주기부금 세액공제		일반기부금(종교외) 세액공제		일반기부금(종교) 세액공제	

▶ 기부금명세서 작성시 주의사항

① 기부금을 이월하는 경우에는 기부금명세서에서 해당년도 공제금액을 반드시 확인합니다.
② 표준세액공제를 적용받는 경우 기부금조정명세서의 해당연도공제금액, 이월(소멸)금액은 판단하여 입력합니다.
(표준세액공제를 적용받는 경우 정치자금기부금과 우리사주기부금은 중복공제 가능합니다.)

불러오기 | 공제금액반영 | 전체삭제 | 저장 | 종료(Esc)

(5) 연금저축 탭

본인이 납부한 퇴직연금등을 입력한다.

1 연금계좌 세액공제 - 퇴직연금계좌(연말정산입력 탭의 58.과학기술인공제, 59.근로자퇴직연금) 크게보기

퇴직연금 구분	코드	금융회사 등	계좌번호(증권번호)	납입금액	공제대상금액	세액공제금액
퇴직연금						
과학기술인공제회						

2 연금계좌 세액공제 - 연금저축계좌(연말정산입력 탭의 38.개인연금저축, 60.연금저축) 크게보기

연금저축구분	코드	금융회사 등	계좌번호(증권번호)	납입금액	공제대상금액	소득/세액공제액

(6) 월세액 탭

총급여액이 8천만원 이하인 근로자와 기본공제대상자의 월세액을 입력한다.

1 월세액 세액공제 명세(연말정산입력 탭의 70.월세액) 크게보기

임대인명(상호)	주민등록번호(사업자번호)	유형	계약면적(㎡)	임대차계약서 상 주소지	계약서상 임대차 계약기간 개시일	~	종료일	연간 월세액	공제대상금액	세액공제금액

(7) 연말정산입력 탭

구분			지출액	공제금액	구분		지출액	공제대상금액	공제금액
21.총급여					49.종합소득 과세표준				
22.근로소득공제					50.산출세액				
23.근로소득금액					세액감면	51.「소득세법」 ▶			
종합	기본공제	24.본인				52.「조세특례제한법」(53제외) ▶			
		25.배우자							
		26.부양가족 명)				53.「조세특례제한법」제30조 ▶			
	추가공제	27.경로우대 명)							
		28.장애인 명)				54.조세조약 ▶			
		29.부녀자				55.세액감면 계			
		30.한부모가족			56.근로소득 세액공제				
	연금	31.국민연금보험료			57.자녀 세액공제	㉮자녀 명)			
		32. 공무원연금				㉯ 출산.입양 명)			

① **상단의 F8(부양가족탭불러오기)을 클릭하여 부양가족의 소득공제 및 의료비 등 각 탭에서 입력한 자료**를 불러온다.

② 총급여, 기본공제, 추가공제, 국민연금, 건강보험료, 고용보험료 등은 자동반영된다.

③ 소득공제

㉠ 주택자금 소득공제

<u>**주택차입원리금, 장기주택차입이자상환액을 입력**</u>한다.

구분				공제한도	불입/상환액	공제금액
①청약저축_연 납입 240만원				불입액의 40%		
②주택청약저축(무주택자)_연 납입 240만원						
③근로자주택마련저축_월 납입 15만원, 연 납입 180만원						
1.주택마련저축공제계(①~③)				연 400만원 한도		
주택임차차입금 원리금상환액	①대출기관			불입액의 40%		
	②거주자(총급여 5천만원 이하)					
2.주택차입금원리금상환액(①~②)				1+2 ≤ 연 400만원		
장기주택 저당차입금 이자상환액	2011년 이전 차입금	㉠15년 미만		1+2+㉠ ≤ 600만원		
		㉡15년~29년		1+2+㉡ ≤ 1,000만원		
		㉢30년 이상		1+2+㉢ ≤1,500만원		
	2012년 이후 차입금	㉣고정금리OR비거치상환		1+2+㉣ ≤1,500만원		
		㉤기타대출		1+2+㉤ ≤500만원		
	2015년 이후 차입금	15년 이상	㉥고정AND비거치	1+2+㉥ ≤1,800만원		
			㉦고정OR비거치	1+2+㉦ ≤1,500만원		
			㉧기타대출	1+2+㉧ ≤500만원		
		10년~15년	㉨고정OR비거치	1+2+㉨ ≤300만원		
3.장기주택저당차입금이자상환액						
합 계(1+2+3)						

㉡ 신용카드등 소득공제

신용카드탭에서 입력한 것이 자동 반영되므로 더블클릭하여 최종확인한다.

④ 세액공제

<u>**각종 탭에서 입력한 것이 자동 반영**</u>된다.

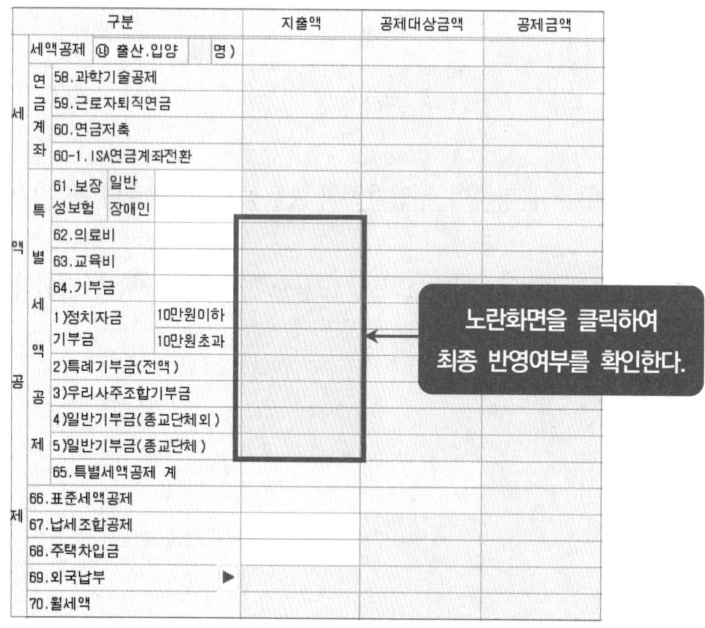

구분			지출액	공제대상금액	공제금액
세액공제	세액공제	㊿ 출산.입양 명)			
	연금계좌	58.과학기술공제			
		59.근로자퇴직연금			
		60.연금저축			
		60-1.ISA연금계좌전환			
	특별세액공제	61.보장성보험 일반			
		61.보장성보험 장애인			
		62.의료비			
		63.교육비			
		64.기부금			
		1)정치자금기부금 10만원이하			
		1)정치자금기부금 10만원초과			
		2)특례기부금(전액)			
		3)우리사주조합기부금			
		4)일반기부금(종교단체외)			
		5)일반기부금(종교단체)			
		65.특별세액공제 계			
	66.표준세액공제				
	67.납세조합공제				
	68.주택차입금				
	69.외국납부 ▶				
	70.월세액				

⑤ 근로소득영수일자

상단의 영수일자에 근로소득을 수령한 일자를 입력한다.

계속근무자의 경우 입력할 필요가 없으나(자동적으로 다음연도 2월 말), **중도퇴사자의 경우 반드시 입력하도록 한다.(퇴사시 원천징수세액의 영수 또는 지급일)**

⑥ 상단의 CF1 작업완료 을 클릭하면 연말정산이 완료되었다는 표시가 나온다.

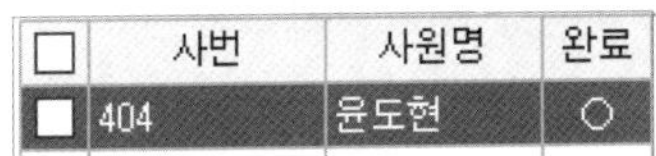

□	사번	사원명	완료
■	404	윤도현	○

다시 수정하기 위하여서는 상단의 CF2(완료취소)를 클릭하여야 한다.

example 예제 따라하기 **연말정산(중도퇴사자)**

(주)화성(0302)를 선택하여 다음의 사항을 입력하시오.

박나리(여성근로자)은 10월 10일에 퇴사(자발적 퇴사)하고 10월분 급여와 퇴직금을 10월 31일에 지급하였다.

10월분 급여, 퇴직금내역 및 퇴사하기 전까지 소득공제와 관련된 내역은 다음과 같다.

[급여내역]

구 분	수당항목					
	기본급	직책수당	야간근로	가족수당	자가운전	식대
박나리	4,000,000	300,000	150,000	200,000	300,000	200,000

[소득공제내역외]

–배우자 김홍도(**기타소득인 강연료 소득이 20,000,000원이 있다**)를 제외한 기타의 부양가족은 소득이 전혀 없으며 생계를 같이하고 있다. 부양가족명세는 사전에 입력되어 있다.

–별도 언급이 없으면 전액 현금지급분이다.

–연말정산추가자료: 모든 자료는 **국세청 자료이다.**

이 름	항 목	금 액	비 고
박나리 (본인)	의 료 비	1,500,000	–건강검진비
	신용카드	15,000,000	–전액 소득공제 가능
김홍도 (배우자) (세대주)	의 료 비	1,000,000	–근로자 박나리 전액부담
	신용카드	6,000,000	–전액 소득공제 가능.
김철수 (아들 22세)	교 육 비	2,000,000	–대학교등록금

[퇴직금지급내역]

- 입사일 : **2004년 1월1일**
- 퇴직금 지급액 : **90,000,000원(직접 입력한다.)**

[문제]

1. 급여자료를 입력하고, 연말정산를 완료하시오.
2. 퇴직소득자료를 입력하시오.
3. 10월분 원천징수이행상황신고서를 작성하시오.

해답

퇴사처리순서
1. 퇴사 처리(사원등록) 2. 급여자료 입력(F7중도퇴사자정산 또는 연말정산추가자료입력) ☞ F7중도퇴사자정산 후 하단의 [급여반영(Tab)]을 클릭하여 급여자료에 반영하여 소득세를 계산 3. 연말정산추가자료입력 4. 퇴직소득입력 5. 원천징수이행상황신고서

1. 사원등록 : 퇴사년월일에 10월 10일 입력

2. 급여자료입력(귀속년월 : 10월, 지급년월일 : 10월 31일)
   - 가족수당 : 과세등록

급여항목	금액	공제항목	금액
기본급	4,000,000	국민연금	225,000
상여		건강보험	177,250
직책수당	300,000	장기요양보험	22,700
월차수당		고용보험	42,750
식대	200,000	소득세(100%)	
자가운전보조금	300,000	지방소득세	
야간근로수당	150,000	농특세	
가족수당	200,000		
과 세	4,750,000		
비 과 세	400,000	공 제 총 액	467,700
지 급 총 액	5,150,000	차 인 지 급 액	4,682,300

⇒ 비과세금액=식대(200,000)+자가운전보조금(200,000)=400,000원

☞ 소득세등은 자동계산되어 집니다.

3. 소득공제 및 특별 세액공제 대상여부 체크

이 름	항 목	금 액	비 고	대상여부 및 입력
본 인 (박나리)	의 료 비	1,500,000	-건강검진비	-특정
	신용카드	15,000,000	-전액 소득공제 가능	-대상
배우자 (김홍도)	의 료 비	1,000,000	-근로자 박나리 전액부담	-일반의료비 (소득요건 미충족해도 가능)
	신용카드	6,000,000	-전액 소득공제 가능	-×(소득요건미충족)

이 름	항 목	금 액	비 고	대상여부 및 입력
아들(22) (김철수)	교 육 비	2,000,000	- 대학교등록금	- 대상

[소득공제]		
1. 신용카드	① 신용카드(본인)	15,000,000
[특별세액공제]		
1. 의료비	① 특정(본인)의료비 ② 일반의료비	1,500,000 1,000,000
2. 교육비	① 대학교	2,000,000

4. 연말정산추가자료입력

— 상단의 연말정산추가자료입력화면에서 박나리를 불러온다.

(1) 부양가족 : 교육비(김철수)

자료구분	보험료				의료비						교육비		
	건강	고용	일반보장성	장애인전용	일반		실손	선천성이상아	난임	65세,장애인	일반		장애인특수
국세청											2,000,000	3.대학생	
기타													

(2) 신용카드 : 본인(박나리)

내/외 관계	성명 생년월일	자료구분	신용카드	직불,선불	현금영수증	도서등 신용	도서등 직불	도서등 현금	전통시장	대중교통
내	박나리	국세청	15,000,000							
0	1993-11-11	기타								

(3) 의료비

의료비 공제대상자					지급처			지급명세					14.산후조리원
성명	내/외	5.주민등록번호	6.본인등 해당여부		9.증빙코드	8.상호	7.사업자 등록번호	10.건수	11.금액	11-1.실손 보험수령액	12.미숙아 선천성이상아	13.난임여부	
박나리	내	931111-2111111	1	0	1				1,500,000		X	X	X
김홍도	내	911111-1111111	3	X	1				1,000,000		X	X	X

5. 연말정산입력 최종 반영

상단 F8부양가족탭 불러오기 실행 후 기 입력된 화면을 불러온다.

(1) 신용카드 등 소득공제 확인

소	42.신용카드 등 사용액	15,000,000	196,875

(2) 특별세액공제 확인

구분				지출액	공제대상금액	공제금액
액	별	62.의료비	2,500,000	2,500,000	857,500	128,625
		63.교육비	2,000,000	2,000,000	2,000,000	300,000

- 노란화면을 클릭하면 상세 반영내역을 확인할 수 있다.

6. 연말정산 급여자료 반영: F7(중도퇴사자정산)을 클릭하고 하단 급여반영(Tab)을 클릭한다.
   - 상단의 중도정산적용함이 나타나고 중도정산소득세등이 자동계산된다.

7. 퇴직소득자료입력(지급년월 10월, 소득자구분 1.근로, 구분 1.퇴직, 영수일자 10월 31일)
   –퇴직금계산 또는 퇴직소득자료입력에 **퇴직금을 직접 입력한다**.

	중간지급등		최종		정산
근무처명			(주)화성-로그인		
등록번호/퇴직사유	___-__-_____		108-81-18332	자발적 퇴직	
기산일/입사일	____/__/__	____/__/__	2004/01/01	2004/01/01	
퇴사일/지급일	____/__/__	____/__/__	20×1/10/10	20×1/10/31	
근속월수			250		
제외월수					
가산월수					
과세퇴직급여			90,000,000		90,000,000
비과세퇴직급여					

☞ 소득세등은 자동계산되어집니다.

8. 원천징수이행상황신고서
   –귀속기간 : 10월~10월, 지급기간 10월~10월, 신고구분 : 1.정기신고

소득자 소득구분			코드	소득지급		징수세액			당월조정 환급세액	납부세액	
				인원	총지급액	소득세 등	농어촌특별세	가산세		소득세 등	농어촌특별세
개인 거	근로소득	간이세액	A01	1	4,750,000						
		중도퇴사	A02	1	54,750,000	413,990					
		일용근로	A03								
		연말정산	A04								
		(분납신청)	A05								
		(납부금액)	A06								
		가감계	A10	2	59,500,000	413,990				413,990	
	퇴직소득	연금계좌	A21								
		그 외	A22	1	90,000,000	1,000,000					
		가감계	A20	1	90,000,000	1,000,000				1,000,000	

☞ 소득세등은 자동계산되어집니다.

example 예제 따라하기 | 연말정산(종합)

(주)화성(0302)를 선택하여 다음의 사항을 연말정산추가자료입력 메뉴에 입력하여 근로소득 연말정산을 하시오.

사원코드 1002번인 윤도현(**총급여액 1억원**)씨의 **사원등록사항을 수정**하고 **연말정산추가자료를 입력**하시오. 윤도현씨가 공제받을 수 있는 공제는 모두 공제받도록 하고 세부담이 최소화되도록 한다.

1. 부양가족사항(모두 생계를 같이하고 있음)

가족관계증명서

등록기준지	서울특별시 광진구 아차산로59길 12

구분	성 명	출생연월일	주민등록번호	성별	본
본인	윤도현	1977년 11월 11일	771111-1111111	남	坡平

가족사항

구분	성 명	출생연월일	주민등록번호	성별	본
부	윤도상	1948년 11월 11일	481111-1111111	남	坡平
배우자	김미라	1978년 11월 11일	781111-2111111	여	金海
자녀	윤일남	2000년 11월 11일	001111-3111111	남	坡平

☞ 주민등록번호는 적정한 것으로 가정한다.

배우자(김미라)	사업소득금액 150만원이 있음
부친(윤도상)	부동산임대업 사업소득의 총수입금액 5,000,000원이고, 필요경비는 3,750,000원이다.
자(윤일남)	항시 치료를 요하는 중증환자이고, 양도소득금액이 3,000,000원이 있다.

2. 윤도현씨의 국세청 간소화 자료

20x1년 귀속 세액공제증명서류: 기본(지출처별)내역
[보장성 보험, 장애인전용보장성보험]

■ 계약자 인적사항

성 명	주 민 등 록 번 호
윤도현	771111-1******

■ 보장성보험(장애인전용보장성보험) 납입내역

종류	상 호 / 사업자번호	보험종류 / 증권번호	주피보험자 / 종피보험자		납입금액계
보장성	삼성생명보험(주)	스타종합보험	781111-2******	김미라	2,000,000
	104-81-30***	000005523***			
장애인	삼성생명보험(주)	휴먼건강보험	001111-3******	윤일남	900,000
	104-81-30***	F2057200***			
인별합계금액		2,900,000			

• 본 증명서류는 『소득세법』 제165조 제1항에 따라 영수증 발급기관으로부터 수집한 서류로 소득·세액공제 충족 여부는 근로자가 직접 확인하여야 합니다.
• 본 증명서류에서 조회되지 않는 내역은 영수증 발급기관에서 직접 발급받으시기 바랍니다.

20x1년 귀속 세액공제증명서류: 기본(지출처별)내역 [의료비]

■ 환자 인적사항

성 명	주 민 등 록 번 호
윤도상	481111-1******

■ 의료비 지출내역

사업자번호	상 호	종류	납입금액 계
0-2*-55*	미***	일반	5,000,000
의료비 인별합계금액			5,000,000
안경구입비 인별합계금액			800,000
인별합계금액			**5,800,000**

• 본 증명서류는 『소득세법』 제165조 제1항에 따라 영수증 발급기관으로부터 수집한 서류로 소득·세액공제 충족 여부는 근로자가 직접 확인하여야 합니다.
• 본 증명서류에서 조회되지 않는 내역은 영수증 발급기관에서 직접 발급받으시기 바랍니다.

☞ 의료비에는 보험회사로부터 수령한 실손의료보험금 1,000,000원이 포함되어 있다.

20x1년 귀속 세액공제증명서류: 기본(지출처별)내역 [교육비]

■ 학생 인적사항

성 명	주 민 등 록 번 호
윤일남	001111-3******

■ 교육비 지출내역

교육비종류	학교명	사업자번호	납입금액 계
대학교	***대학교	**3-83-21***	3,000,000
인별합계금액			**3,000,000**

• 본 증명서류는 『소득세법』 제165조 제1항에 따라 영수증 발급기관으로부터 수집한 서류로 소득·세액공제 충족 여부는 근로자가 직접 확인하여야 합니다.
• 본 증명서류에서 조회되지 않는 내역은 영수증 발급기관에서 직접 발급받으시기 바랍니다.

20x1년 귀속 소득공제증명서류 : 기본(사용처별)내역 [신용카드]

■ 사용자 인적사항

성 명	주 민 등 록 번 호
윤도현	771111-1******

■ 신용카드 사용내역

(단위 : 원)

사업자번호	상 호	종류	공제대상금액
213-86-15***	신한카드주식회사	일반	30,0000,000
일반 인별합계금액	25,000,000		
전통시장 인별합계금액	3,000,000		
도서공연 인별합계금액	2,000,000		
인별합계금액	**30,000,000**		

• 본 증명서류는 『소득세법』 제165조 제1항에 따라 영수증 발급기관으로부터 수집한 서류로 소득·세액공제 충족 여부는 근로자가 직접 확인하여야 합니다.
• 본 증명서류에서 조회되지 않는 내역은 영수증 발급기관에서 직접 발급받으시기 바랍니다.

3. 기타 참고자료

내 용	금 액	참 고 사 항(국세청 자료임)
사내근로복지기금	3,000,000원	본인 회사의 사내근로복지기금에 기부함
정치자금기부금	2,000,000원	부친의 정당 후원기부금

월 세 납 입 영 수 증

■ 임 대 인

성명(법인명)	홍길동	주민등록번호 (사업자등록번호)	460901-2122786
소재지(임대차)	서울시 강남구 압구정로 102		

■ 임 차 인

성명(법인명)	윤도현	주민등록번호 (사업자등록번호)	771111-1******
주소(소재지)	서울시 강남구 압구정로 102		

■ 세부내용

- 기 간: 20x1년 4월 1일 ~ 20x3년 3월 31일
- 월세금액: 400,000원(20x1년 3,600,000원)
- 주택유형: 아파트, 계약면적 85㎡, 기준시가 3억

해답

1. 특별세액공제 및 소득공제 공통요건

구 분	특별세액공제						소득공제
	보험료		의료비	교육비		기부금	신용카드
	보장성	장애인		일반	특수		
연령요건	○	×	×	×	×	×	×
소득요건	○	○	×	○	×	○	○

2. 인적공제

관 계	요 건		기본공제	추가공제(자녀)	판 단
	연령	소득			
본인	–	–	○		**총급여액 7천만원 초과자**
처	–	×	부	–	종합소득금액 1백만원초과자
부친(76)	○	×	부	–	사업소득금액 = 총수입금액(5,000,000) – 필요경비(3,750,000) = 1,250,000원
장남(24)	×	×	부	–	종합+양도+퇴직소득 합계로 판단

연말관계	성명	내/외국인	나이	기본공제	부녀자	한부모	경로우대	장애인	자녀	출산입양	위탁관계
0	윤도현	내	47	본인							
1	윤도상	내	76	부							부
3	김미라	내	47	부							처
4	윤일남	내	24	부							자

3. 연말정산 추가자료입력

항 목	내 역	대상여부 및 입력
보 험 료	• 배우자 보장성보험 • 장남의 장애인전용보험료	×(소득요건 미충족) ×(소득요건 미충족)
의 료 비	• 부친 치료비(**안경은 50만원 한도**) 실손의료보험금 1,000,000원은 대상에서 제외	○(65세이상 : 5,500,000원) (실손의료비 △1,000,000원)
교 육 비	• 장남의 대학교 교육비	×(소득요건 미충족)
신용카드	• 본인명의 신용카드 • 전통시장 사용분 • **총급여액 7천만원 초과자는 해당 신용카드란에 입력(도서공연 사용분)**	○(신용 25,000,000원) ○(전통시장 3,000,000원) ○(신용 2,000,000원)
기 부 금	• 본인 명의 사내근로복지기금 • 부친 정당후원 기부금	○(일반 : 3,000,000원) ×(정치자금기부금은 본인만 대상)
월세	• 본인 월세자금	×(총급여액 8천만원 초과자)

[소득공제]

1. 신용카드	① 신용카드 ② 전통시장 ③ 신용카드(**도서공연-총급여액 7천만원 초과자**)	25,000,000 3,000,000 2,000,000

[특별세액공제]

1. 보장성보험료	① 일반	0
2. 의료비	① 특정(65세 이상)의료비(실손보험금 수령 1,000,000원 차감)	4.500,000
3. 기부금	① 일반기부금(종교단체외)	3,000,000

(1) 신용카드등(본인)

내/외 관계	성명 생년월일	자료구분	신용카드	직불,선불	현금영수증	도서등 신용	도서등 직불	도서등 현금	전통시장	대중교통
내	윤도현	국세청	27,000,000						3,000,000	
0		기타								

(2) 의료비(윤도상)

의료비 공제대상자					지급처			지급명세					
성명	내/외	5.주민등록번호	6.본인등 해당여부		9.증빙코드	8.상호	7.사업자등록번호	10.건수	11.금액	11-1.실손보험수령액	12.미숙아 선천성이상아	13.난임여부	14.산후조리원
윤도상	내		2	0	1				5,500,000	1,000,000	X	X	X

(3) 기부금

① 기부금(윤도현) 입력

구분		9.기부내용		기부처		기부명세				자료구분
7.유형	8.코드			10.상호(법인명)	11.사업자번호 등	건수	13.기부금합계금액 (14+15)	14.공제대상기부금액	15.기부장려금신청 금액	
일반	40	금전					3,000,000	3,000,000		국세청

② 기부금 조정(상단의 공제금액계산 클릭→불러오기→공제금액반영)

기부금 입력 | 기부금 조정 | 공제금액계산

구분		기부연도	16.기부금액	17.전년도까지 공제된금액	18.공제대상금액(16-17)	해당연도 공제금액	해당연도에 공제받지 못한 금액	
유형	코드						소멸금액	이월금액
일반	40	20×1	3,000,000		3,000,000	3,000,000		

4. 연말정산입력 최종 반영

상단 F8부양가족탭 불러오기 실행 후 기 입력된 화면을 불러온다.

(1) 신용카드 등 입력 확인

구분		대상금액	공제율금액	
㉮신용카드	전통시장/대중교통비 제외	27,000,000	15%	4,050,000
㉯직불/선불카드			30%	
㉰현금영수증			30%	
㉱도서공연등사용분(7천이하)			30%	
㉲전통시장 사용분		3,000,000	40%	1,200,000
㉳대중교통 사용분			40%	
신용카드 등 사용액 합계(㉮~㉳)		30,000,000		5,250,000

(2) 특별세액공제 확인

구분				지출액	공제대상금액	공제금액
액		62.의료비	5,500,000	5,500,000	1,500,000	225,000
	별	63.교육비				
		64.기부금	3,000,000	3,000,000	3,000,000	450,000
	세	1)정치자금 기부금	10만원이하			
	액		10만원초과			
공		2)특례기부금(전액)				
	공	3)우리사주조합기부금				
		4)일반기부금(종교단체외)		3,000,000	3,000,000	450,000
	제	5)일반기부금(종교단체)				
		65.특별세액공제 계				675,000

☞ 공제금액이 잘못 나오더라도 무시하세요. 지출금액에 정확한 금액을 입력하는 것이 중요합니다.

제8절 원천징수이행상황신고서 전자신고

원천징수신고서를 작성, 마감 후 홈택스를 통하여 **전자신고를 할 수 있습니다.**

〈주요 전자신고 순서〉

1. 전자신고파일생성	1. 신고서 작성 및 마감
	2. 전자신고서 제작(비밀번호 입력)
	3. C드라이브에 파일(파일명 메모)이 생성
2. 홈택스 전자신고	1. 전자신고파일 불러오기
	2. 형식검증하기(비밀번호 입력)→확인
	3. 내용검증하기→확인
	4. 전자파일 제출
	5. 접수증 확인

기본적으로 부가가치세 전자신고와 동일한 순서로 작업을 하시면 됩니다.

example 예제 따라하기 원천징수이행상황신고서 전자신고 

(주)전자(2005)를 선택하여 1월 귀속, 1월 지급의 원천징수이행상황신고서를 작성 마감하여 가상 홈택스에서 원천징수이행상황신고서 전자신고를 수행하시오.

해답

1. 전자신고 파일생성

① 원천징수이행상황신고서 귀속기간 1월, 지급기간 1월 입력하고 원천징수이행상황신고서를 불러온다

② 상단의 F8(마감)을 클릭하여 원천징수이행상황신고서를 마감(하단의 F8)한다.

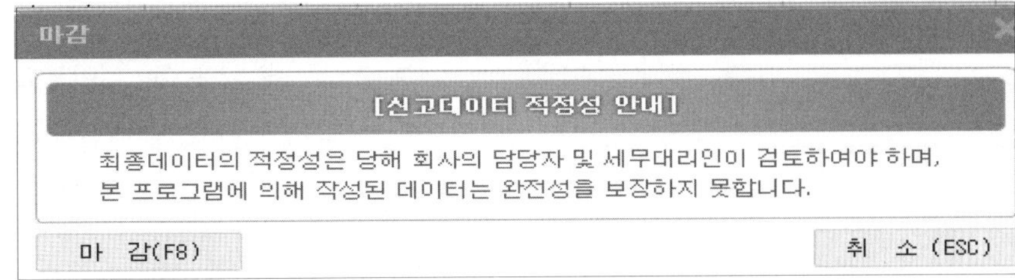

③ 원천징수메뉴에서 [전자신고] 메뉴를 클릭합니다.
원천징수이행상황제작 전자신고(**2.납세자 자진 신고등**)구분을 선택하여 조회 후
마감된 신고서를 선택(체크) 후 **상단 F4 제작을 클릭**합니다.(**파일명을 메모하세요**)

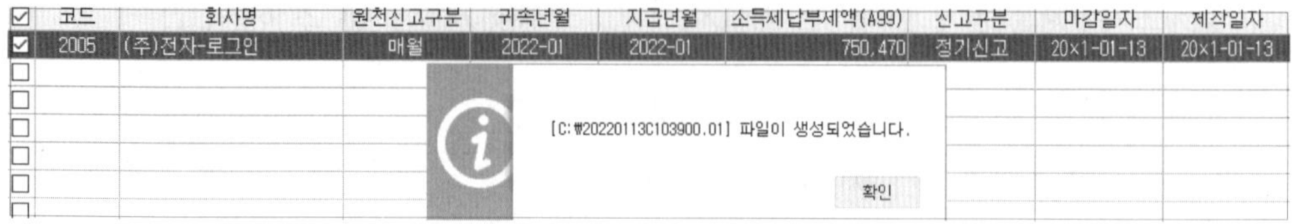

☑	코드	회사명	원천신고구분	귀속년월	지급년월	소득세납부세액(A99)	신고구분	마감일자	제작일자
☑	2005	(주)전자-로그인	매월	2022-01	2022-01	750,470	정기신고	20×1-01-13	20×1-01-13

④ F4제작을 클릭 후 비밀번호를 입력하여 파일 제작합니다.

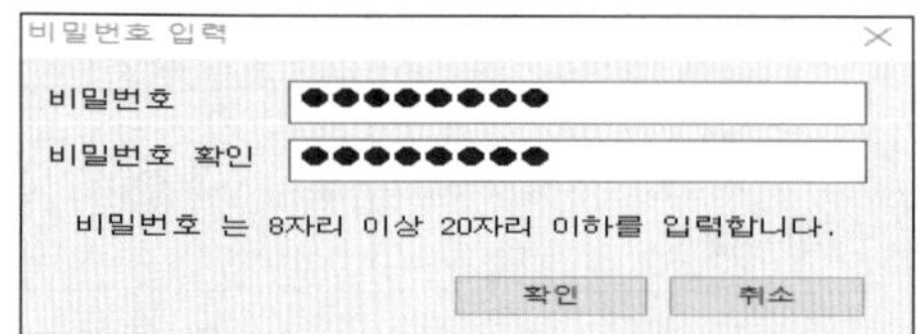

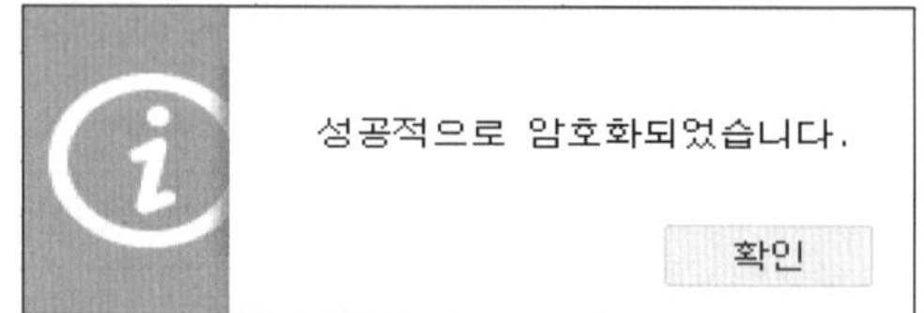

⑤ 메뉴에서 상단의 F6홈택스바로가기를 클릭합니다

2. 홈택스 전자신고(국세청 홈택스 사이트)

① 전자신고 메뉴에서 제작한 파일을 [찾아보기] 기능을 통해 불러옵니다.
파일을 불러오면 선택한 파일내역에 전자파일명과 파일크기가 반영됩니다.

② 검증(비밀번호 입력) : **형식검증하기(비밀번호 입력)→결과확인→내용검증하기→결과확인**

③ 전자파일제출을 클릭하면 정상 변환된 제출 가능한 신고서 목록이 조회되며,
전자파일제출하기를 클릭하여 제출합니다.

번호	상호	사업자(주민) 등록번호	과세년월	신고서 종류	신고구분	신고유형	접수여부 (첨부서류)	총지급액
1	(주)전자···	1208172054	20×103	원천징수이···	정기(확정)	정기신고	미제출(0종)	10,000,000

1 총0건(1/1)

이전 | 전자파일 제출하기

④ 제출이 완료되면 접수증이 나오며 접수내용을 확인할 수 있습니다.

- 접수내용

사용자ID		사용자명		접수일시	20×1 -01-13 16:29:19
총 신고건수	1건	정상건수	1건	오류건수	0건

- 정상제출내용

(단위 : 원) 10건 확인

과세년월	신고서종류	신고구분	신고유형	상호 (성명)	사업자(주 등록번호
20×101	원천징수이행상황···	정기(확정)	정기신고	(주)전자-로그인	12081720

1 총1건(1/1)

위와 같이 접수 되었습니다.

Part Ⅵ

실무모의고사

실무모의고사 1회

(주)금성(0311)은 제조 · 도매업을 영위하는 중소기업이며, 당기의 회계기간 20x1.1.1.~20x1.12.31. 이다. 전산세무회계 수험용 프로그램을 이용하여 다음 물음에 답하시오.

문제 1 다음 거래 자료에 대하여 적절한 회계처리를 하시오.(12점)

[1] 3월 15일 다음은 이익잉여금처분계산서 내역의 일부이다. 현금배당은 20x1년 3월 말일에 지급할 예정이다. 기장된 자료는 무시하고 처분확정일의 회계처리를 행하시오.(3점)

이익잉여금처분계산서
20x0년 1월 1일부터 20x0년 12월 31일까지
처분확정일 20x1년 02월 28일 (단위 : 원)

과 목	금 액	
-중간 생략-		
Ⅱ. 임의적립금 이입액		5,000,000
1. 연구및인력개발준비금	5,000,000	
Ⅲ. 이익잉여금 처분액		20,000,000
1. 이익준비금	1,000,000	
2. 배당평균적립금	2,000,000	
3. 배당금	13,000,000	
가. 현금배당	10,000,000	
나. 주식배당	3,000,000	
4. 사업확장적립금	4,000,000	

[2] 4월 10일 회사는 국민은행으로부터 은행업무용으로 사용하던 중고 승용차를 11,000,000원에 현금으로 구입하였다. 국민은행은 동 승용차 판매에 대하여 관련 세법상의 규정을 준수하여 증빙을 전자발급하였다.(3점)

[3] 5월 12일 확정급여형 퇴직연금제도를 실시하는 당사는 생산직 직원 김수현의 퇴직시 보통예금에서 퇴직소득 원천징수세액 1,200,000원을 차감한 19,800,000원을 지급하였고, 퇴직연금운용사인 국민생명에서 6,000,000원을 지급하였다.(3점)

[4] 5월 31일 회사의 감자전 자본에 관한 자료는 다음과 같다고 가정한다. 기장된 자료는 무시하시오.(3점)

• 보통주 자본금(100,000주, 5,000원/주당)	500,000,000원
• 주식발행초과금	30,000,000원
• 감자차익	5,000,000원
• 처분전 이익잉여금	100,000,000원
• 자본총계	635,000,000원

당사는 사업축소를 위하여 발행중인 보통주 10,000주를 주당 6,200원에 매입하여 소각하고 대금은 당좌수표를 발행하여 지급하였다.(3점)

문제 2 다음 주어진 요구사항에 따라 부가가치세 신고서 및 부속서류를 작성하시오.(10점)

[1] 당사는 과세사업과 면세사업을 겸영하는 사업자이다. 제2기 확정과세기간(10.1.~12.31.)에 대한 공제받지 못할 매입세액명세서를 작성하시오. 단, 매입매출전표입력은 생략하기로 한다.(4점)

〈자료1〉 공제받지 못할 매입세액 내역

다음의 거래는 세금계산서를 발급받은 거래로서 부가가치세는 별도이다.

① 대한전자에서 LED - TV를 5,500,000원에 구입하여 거래처에 명절 선물로 제공하였다.

② 하이마트에서 스마트폰을 1,500,000원에 구입하였다. 동 전화기는 면세사업에 사용하였다.

〈자료2〉 납부세액 또는 환급세액 재계산

① 과세사업과 면세사업에 공통으로 사용되는 자산의 구입내역

계정과목	취득일자	공급가액	부가가치세
건　물	2022.6.30.	100,000,000원	10,000,000원
기계장치	2022.7.20.	200,000,000원	20,000,000원

※ 20x1년 제1기 부가가치세 확정신고시 공통매입세액에 대한 안분계산 및 정산은 정확히 신고서에 반영되었다.

② 20x1년 공급가액 내역은 다음과 같다고 가정한다.(기장된 자료는 무시할 것)

구 분	20x1년 제1기	20x1년 제2기
과세사업	700,000,000원	600,000,000원
면세사업	300,000,000원	400,000,000원

[2] 제1기 예정 부가가치세 신고 후 나중에 다음과 같은 거래 자료를 추가로 발견하여 제1기 확정부가가치세 신고서에 반영하고자 한다. 신고불성실가산세는 일반과소신고에 의한 가산세율을 적용하고 납부지연가산세 계산 시 미납일수는 91일, 1일 2/10,000로 가정한다. 회사는 주사업장 총괄납부사업자라 가정한다. (6점)

1. 3월 장부상 미반영된 제품의 반출액

	원 가	시 가
연구개발용	10,000,000원	18,000,000원
종업원생일선물[*1]	12,000,000원	20,000,000원
직매장 반출용	20,000,000원	40,000,000원
계	42,000,000원	78,000,000원

*1. 간주공급에서 제외되는 인당 100,000원을 차감한 후의 금액이다.

2. 3월 30일날 수출업자 ㈜드림에 대한 제품매출에 대해 전자세금계산서를 발급하였으나, 동 내국신용장이 4월 15일 개설되어 영세율전자세금계산서를 발급하고, 전자세금계산서에 대한 (-)전자세금계산서를 발급하였다.

   3월 30일 전자세금계산서 공급가액 20,000,000원, 부가가치세 2,000,000원
   3월 30일 수정전자세금계산서 공급가액 - 20,000,000원, 부가가치세 - 2,000,000원
   3월 30일 영세율수정전자세금계산서 공급가액 20,000,000원, 부가가치세 0원
   (※ 담당자의 착오로 전자세금계산서 3매가 모두 예정신고시 누락되었고, 당초 전자세금계산서는 적법발급전송하였다.)

문제 3 다음 결산정리사항에 대하여 결산정리분개를 하거나 입력을 하여 결산을 완료하시오.(8점)

[1] 기말 재고자산의 내용은 다음과 같다.(2점)

재고자산명	금 액
원재료[*1]	15,000,000원
재공품	28,000,000원
제 품	22,000,000원
소모품(판매관리부문)[*2]	2,000,000원

*1. 원재료에 비정상감모분이 300,000원이 포함되어 있다.
*2. 기중에 소모품 구입시 비용으로 처리하고 기말에 미사용분을 자산으로 처리하고 있다.

[2] 당사는 외상매출금과 받을어음에 대하여 기말채권잔액의 1%를 대손예상액으로 추정하고 있다. 결산일 현재 장부상 외상매출금 중에는 ㈜대마의 파산으로 인하여 대손이 확정된 금액 5,000,000원이 포함되어 있고 그에 따른 필요한 회계처리를 행하시오. (2점)

[3] 결산일 현재 정기예금과 단기차입금에 대한 내용이다. 기업회계기준에 따라 회계처리를 하시오. 단, 이자계산은 월할계산으로 하되 1월 미만은 1월로 한다. (2점)

과목	거래처	발생일자	만기일자	금액	이자율	이자지급일
정기예금	국민은행	당기.7.1	차기.7.1	10,000,000	6%	매년 7.1
장기차입금	신한은행	당기.10.1	차기.9.30	5,000,000	7%	내년4월1일과 10월1일에 6개월분씩 지급

[4] 당기 이익잉여금에 이입 및 처분에 내역이다. 이익잉여금 처분계산서를 작성하시오(2점)

이익잉여금처분계산서
20x1. 1. 1 ~ 20x1. 12. 31
처분예정일 20x2. 2. 28

(중간생략)		
II. 임의적립금 이입액		30,000,000원
1. 사업확장적립금	30,000,000원	
III. 합계		
IV. 이익잉여금 처분액		160,000,000원
1. 이익준비금	10,000,000원	
2. 주식배당	100,000,000원	
3. 배당평균적립금	50,000,000원	
V. 차기이월미처분이익잉여금		

문제 4 원천징수와 관련된 다음 물음에 답하시오.(10점)

[1] 다음 1월 급여자료를 급여자료 입력메뉴에 입력하고 근로소득세 원천징수세액을 계산하시오. 필요한 수당공제는 직접등록하거나 변경하기로 하며 4대보험이나 소득세등의 공제항목 계산은 사원등록 내용에 따라 자동계산하는 방식으로 한다.(3점)

사번	사원명	기본급 및 제수당(원)				
		기본급	식대	자가운전보조금	직책수당	육아수당
101	홍길순	3,000,000	150,000	200,000	200,000	
102	김윤주	2,500,000	100,000	200,000	400,000	100,000

(1) 홍길순은 부양가족이 없는 부녀자이며, 김윤주는 6세이하의 자녀만 있는 부녀자 세대주로서 모두 생산직 근로 사원이다.
(2) 식대는 비과세요건을 충족하며 자가운전보조금은 통상 매월 교통비 보조금으로 지급되는 금액이다.
(3) 육아수당은 출산 및 6세 이하 자녀의 보육과 관련한 사원에게 매월 지급한다.
(4) 급여지급일은 매월 말일이다.

[2] 다음 자료를 이용하여 자발적으로 퇴직한 한예슬(코드 : 103) 직원에 대해 퇴직소득세를 산출하고, 퇴직소득원천징수영수증을 작성하시오.(3점)

- 입사 연월일 : 2010. 1. 1.
- 퇴사연월일 : 당해연도 6. 30
- 퇴직소득영수일 : 당해연도 6. 30.
- 퇴직금 : 50,000,000원
- 퇴사사유 : 구조조정(정리해고)
- 퇴직위로금 : 4,000,000원
- 전별금 : 300,000원

(1) 퇴직위로금은 퇴직을 이유로 지급된 금액이며, 전별금은 각 사원들이 각출하여 지급한 금액이다.
(2) 퇴직금 중 40,000,000원 아래의 개인형 퇴직연금계좌로 이체하였다.

연금계좌취급자	사업자등록번호	계좌번호
한국생명	123-86-01323	123-456-789

[3] 다음은 김신수 사원(사원코드 : 104, 생산직)에 대한 부양가족자료이다. 부양가족은 생계를 같이하고 있으며 부양가족의 공제는 요건이 충족되는 경우 모두 김신수가 적용받기로 한다. 사원등록메뉴의 부양가족명세를 수정하시오.(4점)

가족사항	이름	연령	비고
본인	김신수	56	연간급여총액 : 50,000,000원, 세대주임.
처	김윤희	50	양도소득금액 : 800,000원
자1	김현우	22	대학생, 소득없음.
자2	김현식	18	고등학생, 소득없음, 장애인(1)
모	이희숙	65	부동산임대소득금액 : 15,000,000원
동생	김태현	46	장애인(1)(연간급여총액 : 24,000,000원)
위탁아동	장규원	9	아동복지법에 따른 위탁아동으로서 위탁기간은 당기 8월 1일부터 당기 12월 31일까지이고 소득은 없음.

☞ 주민등록번호는 정당하다고 가정한다.

실무모의고사 1회 답안 및 해설

문제 1 전표입력

[1] (차) 이월이익잉여금 15,000,000 (대) 이익준비금 1,000,000
연구인력개발준비금 5,000,000 배당평균적립금 2,000,000
미지급배당금 10,000,000
미교부주식배당금 3,000,000
사업확장적립금 4,000,000

☞ 연구인력개발준비금은 이익잉여금 계정인 300번대를 선택하여야 한다. 프로그램상 290번대는 비유동부채에 해당한다.

문항	유형	공급가액	부가세	거래처	전자세금
[2]	53.면세	11,000,000	0	국민은행	여
분개유형	(차) 차량운반구 11,000,000 (대) 현금 11,000,000				
현금					

☞ 국민은행은 면세사업자로서 일시 우발적인 면세공급은 계산서를 발행한다.

[3] 합계잔액시산표의 퇴직급여충당부채 잔액을 조회 후
(차) 퇴직급여충당부채 27,000,000 (대) 예 수 금 1,200,000
퇴직연금운용자산 6,000,000
보 통 예 금 19,800,000

[4] (차) 자본금 50,000,000 (대) 당좌예금 62,000,000
감자차익 5,000,000
감자차손 7,000,000

☞ 감자차손은 감자차익(자본잉여금)과 우선적으로 상계하고, 잔액은 자본조정인 감자차손으로 계상한다.

문제 2 부가가치세

[1] 공제받지 못할 매입세액명세서

① 공제받지 못할 매입세액내역(10~12월)

매입세액 불공제 사유	세금계산서		
	매수	공급가액	매입세액
①필요적 기재사항 누락 등			
②사업과 직접 관련 없는 지출			
③비영업용 소형승용자동차 구입· 유지 및 임차			
④접대비 및 이와 유사한 비용 관련	1	5,500,000	550,000
⑤면세사업등 관련	1	1,500,000	150,000
⑥토지의 자본적 지출 관련			

② 납부세액재계산(10~12월)

자산	해당 재화의 매입세액	경감률				증가 또는 감소된 면세공급가액(사용 면적) 비율					가산 또는 공제되는 매입세액
		취득년월	체감율	경과과세기간	경감율	당기		직전		증가율	
						총공급	면세공급	총공급	면세공급		
1.건물, 구축물	10,000,000	2022.6	5	5	75	1,000,000,000	400,000,000	1,000,000,000	300,000,000	10.00	750,000

☞ 기계장치의 경우 취득연월이 <u>2022년 7월이므로 경과된 과세기간이 4기 이상(2022년 1기,2023년 2기, 2024년 1기)이므로 납부환급세액 재계산을 할 필요가 없다.</u>

[2] 확정신고서(4~6월)

1. 회사는 **<u>주사업장 총괄사업자이므로 직매장반출에 대해서 과세공급이 아니다</u>**. 그러므로 종업원의 생일선물만 간주공급대상이고 이는 세금계산서 발급제외 거래이다.
2. 예정신고기간중 재화 공급하고 거래징수한 세금계산서를 교부했으나 확정신고기간중에 내국신용장이 개설되어 교부한 영세율 수정세금계산서는 당초 예정신고분에 대한 수정신고와 함께 제출하거나 당해 확정신고와 함께 제출할 수 있다. 그리고 3월 30일 발행된 매출전자세금계산서(1매)는 대해서는 전자세금계산서를 적법발급하고 전송했으므로 전자세금계산서 전송관련 가산세가 적용되지 않는다. 또한 **<u>수정세금계산서(2매)도 4월 15일 내국신용장 개설로 인하여 추가발생된 것이므로</u>** 영세율 신고불성실가산세는 부과하지 아니합니다.

〈매출매입신고누락분 – <u>전자세금계산서 적법 발급 및 전송</u>〉

구 분			공급가액	세액
매출	과세	세 금		
		기 타	20,000,000(종업원선물)	2,000,000
	영세	세 금		
		기 타		–
매입	세금계산서 등			
미달신고(납부) ⇒ 신고, 납부지연				2,000,000

1. 신고불성실	**2,000,000원** × 10% × (1-75%) = 50,000원 * <u>3개월 이내 수정신고시 75% 감면</u>
2. 납부지연	**2,000,000원** × 91일 × 2(가정)/10,000 =36,400원
계	**86,400원**

〈예정신고누락분〉

7. 매출(예정신고누락분) 과세 -기타 20,000,000 세액 2,000,000
영세-세금계산서 20,000,000

문제 3 결산

[1] [수동+자동결산]

① 수동결산

(차) 재고자산감모손실	300,000	(대) 원재료(타계정대체)	300,000
(차) 소모품	2,000,000	(대) 소모품비(판)	2,000,000

② 자동결산

원재료(감모분 차감후) 14,700,000, 재공품 28,000,000, 제품 22,000,000 입력

[2] [수동+자동결산]

① 수동결산 : 대손확정되었으므로 기말 대손충당금잔액 확인 후 대손처리

(차) 대손충당금	630,000	(대) 외상매출금((주)대마)	5,000,000
대손상각비(판)	4,370,000		

② 자동결산 : 대손율 1%

외상매출금 1,872,900원, 받을어음 770,000원 입력

[3] [수동결산]

(차) 미수수익	300,000	(대) 이자수익	300,000
(차) 이자비용	87,500	(대) 미지급비용	87,500

☞ 수익의 발생 : 10,000,000 × 6% × 6/12 = 300,000원

비용의 발생 : 5,000,000 × 7% × 3/12 = 87,500원

자동결산항목을 모두 입력 후 상단의 전표를 추가한다.

[4] [이익잉여금처분계산서]

<u>제조원가명세서(12월) → 손익계산서(12월) 조회(채점사항은 아닙니다.)후 이익잉여금처분계산서에 다음 사항을 입력한다.</u>

당기처분예정일 20x2년 2월 28일,

임의적립금 이입(사업확장적립금) 30,000,000원

이익잉여금 처분 : 이익준비금 10,000,000원, 미교부주식배당금 100,000,000원,
배당평균적립금 50,000,000원을 입력 후 상단의 전표를 추가한다.

문제 4 원천징수

[1] 급여자료입력(홍길순, 김윤주)

수당공제메뉴에서 자가운전보조금(비과세) 사용안함

자가운전보조금(과세,정기,사용) 설정

육아수당(비과세,Q01,정기,사용) 검색등록

1006	비과세	자가운전보조금	자가운전보조금	H03	(월)200,000	부정기	부
1007	비과세	야간근로수당	야간근로수당	001	(년)2,400,000	부정기	부
2001	과세	자가운전보조금	급여			정기	여
2002	비과세	육아수당	육아수당	Q01	(월)200,000	정기	여

[급여자료(귀속연월 : 1월, 지급연월일 : 1월31일)를 입력]

□	사번	사원명	급여항목	금액	공제항목	금액
■	101	홍길순	기본급	3,000,000	국민연금	135,000
□	102	김윤주	상여		건강보험	89,850
□			직책수당	200,000	장기요양보험	5,880
□			월차수당		고용보험	22,420
□			식대	150,000	소득세	141,970
□			야간근로수당		지방소득세	14,190
□			자가운전보조금	200,000	농특세	
□			육아수당			

☞ 소득세나 국민연금 등은 프로그램에 의해서 자동 계산되어집니다.

[2] 퇴직소득자료 입력(한예슬)

- 퇴직위로금은 퇴직금에 포함하고, <u>**전별금은 퇴직금에 포함하지 않는다.**</u>

① 사원등록 퇴사연월 입력 : 20x1년 6월 30일, <u>**퇴사사유: 정리해고**</u>

② 퇴직소득자료입력(지급년월 6월, 1.퇴직(자발적퇴직), 영수일자 6월 30일)

	중간지급등		최종		정산
근무처명			(주)금성-로그인		
등록번호/퇴직사유	___-__-_____		108-81-18332	정리해고	
기산일/입사일	____/__/__	____/__/__	2010/01/01	2010/01/01	
퇴사일/지급일	____/__/__	____/__/__	20×1/06/30	20×1/06/30	
근속월수			174		
제외월수					
가산월수					
과세퇴직급여			54,000,000		54,000,000

No	□	연금계좌취급자	사업자등록번호	계좌번호	입금일	38.계좌입금액
1	□	한국생명	123-86-01323	123-456-789	20×1-06-30	40,000,000

☞ 소득세 등은 프로그램에 의해서 자동계산되어집니다.

③ 퇴직소득원천징수영수증(지급연월 6월~6월) 조회

[3] 부양가족명세(김신수)

관계	요건		기본공제	추가공제(자녀)	판단
	연령	소득			
본 인	-	-	○		
배우자	-	○	○		소득금액 1백만원 이하 자
자1(22)	×	○	부		
자2(18)	○	○	○	장애인(1), 자녀	
모(65)	○	×	부		소득금액 1백만원 초과자
동생(46)	×	×	부		총급여액 5백만원 초과자
위탁아동	(데이타에서 삭제)				위탁기간이 6개월 이상 되어야 한다.

실무모의고사 2회

(주)토성(0312)은 제조 · 도매업을 영위하는 중소기업이며, 당기 회계기간은 20x1.1.1.~20x1.12.31.이다. 전산세무회계 수험용 프로그램을 이용하여 다음 물음에 답하시오.

문제 1 **다음 거래 자료에 대하여 적절한 회계처리를 하시오.(12점)**

[1] 1월 3일 액면가액 100,000,000원인 사채 중 액면가액 70,000,000원을 60,000,000원에 중도 상환하기로 하고 상환대금은 당좌수표로 지급하다. 상환일 현재 사채할인발행차금 잔액은 15,000,000원이며 기장된 자료는 무시하며, 다른 사채발행금액은 없는 것으로 가정한다.(3점)

[2] 1월 22일 영업소 경비실 건물을 신축하기 위해 해당 건물을 철거하였다. 철거당시 건물 관련 자료는 다음과 같다.(3점)

- 건물 장부가액 : 6,000,000원(취득원가 20,000,000원, 감가상각은 철거시점까지 이루어진 것으로 가정)
- 철거비용 : 1,000,000원(전자세금계산서 수취, 부가가치세 별도 금액이며 철거작업은 ㈜은하에서 시행하였고, 보통예금에서 계좌이체하였다.)
- 철거작업시 폐자재를 매각하여 100,000원(전자세금계산서 발행. 부가가치세 별도 금액이며 개인사업자인 이주몽에 매각하였고 현금을 수취하였다.)
- 철거비용지급시 분개없음으로 처리하고, 폐자재 매각시 하나의 전표에 분개를 행하시오.

[3] 2월 10일 수출업자인 ㈜우리와 수출임가공계약을 체결한 ㈜대마에 수출제품(공급가액 : 5,000,000원)을 납품하고 부가가치세법 규정에 의한 전자세금계산서를 발급하여 교부하였으며 대금은 1개월 후에 받기로 하였다.(3점)

[4] 3월 6일 ㈜드림으로부터 소프트웨어를 취득하고 전자세금계산서(공급가액 30,000,000원, 부가가치세 별도)를 수취하였다. 회사는 주식(액면금액 20,000,000원, 공정가액 30,000,000원)을 발행하여 제공하고, 부가가치세는 현금으로 지급하였다. 주식할인발행차금이 4,000,000원이 있다고 가정한다(3점)

문제 2 다음 주어진 요구사항에 따라 부가가치세 신고서 및 부속서류를 작성하시오.(10점)

[1] 20x1년 2기 확정 부가가치세 신고를 20x2년 1월 31일에 기한후신고로 신고납부하고자 한다. 다음 자료를 매입매출전표에 입력(분개는 생략)하고 부가가치세 신고서를 작성하시오. 가산세는 일반무신고가산세를 적용하고, **<u>납부지연가산세 계산시 미납일수는 6일, 1일 2/10,000로 가정</u>**하며, 과세표준명세는 생략하도록 한다. 모든 **<u>매출전자세금계산서는 세법상 공급시기에 모두 적정하게 발급하였고, 익일에 국세청에 전송</u>**하였다.(6점)

- 10월 6일 원재료 3,000,000원(부가가치세 별도)을 (주)서울상사로부터 매입하고 전자세금계산서를 교부받았다.
- 10월 21일 제품 4,000,000원(부가가치세 별도)을 (주)지리전자에 매출하고 전자세금계산서를 교부하다.
- 11월 8일 제품 5,000,000원을 홍콩의 지맨스사에 직수출하고, 영세율첨부서류를 제출할 것이다.
- 11월 9일 화물차에 대한 유류대금 88,000원(부가가치세 포함)을 천안주유소에서 법인카드인 국민카드로 결제하였다. 결제액은 매입세액공제 요건을 충족하였다.
- 11월 10일 제품 매출에 대한 매출환입에 대한 수정전자세금계산서(공급가액 △ 500,000원, 부가가치세 별도)를 ㈜우리에 발급하다.

[2] 6월 14일에 과세사업과 면세사업에 공통으로 사용하기 위해 ㈜주성전자에서 20,000,000원(부가가치세 별도)에 매입한 기계장치를 6월 28일 12,000,000원(부가가치세 별도)에 ㈜설악전기에 매각하였다. 공통사용재화는 기계장치 하나만 존재하고 공급가액은 아래와 같다고 가정한다.

1. 6월 14일 기계장치 매입전자세금계산서 수취분에 대한 매입매출전표를 입력하시오.
   (하단 분개는 생략하고 별도의 고정자산 등록은 하지 아니한다)
2. 입력한 자료를 토대로 기계장치 매입과 관련한 공제받지 못할 매입세액명세서를 작성하시오.(4점)

거래기간		면세공급가액(원)	과세공급가액(원)	총공급가액(원)
20x0년 2기	7.1 ~ 9.30	132,000,000	116,880,000	248,880,000
	10.1 ~ 12.31	168,000,000	183,120,000	351,120,000
	계	300,000,000	300,000,000	600,000,000
20x1년 1기	1.1 ~ 3.31	140,000,000	210,000,000	350,000,000
	4.1 ~ 6.30	350,000,000	150,000,000	500,000,000
	계	490,000,000	360,000,000	850,000,000

문제 3 **다음 결산정리사항에 대하여 결산정리분개를 하거나 입력을 하여 결산을 완료하시오.(8점)**

[1] 결산일 현재 영업부 직원에 대한 12월분 귀속 급여는 10,000,000원이고 하반기 성과급 상여는 13,000,000원인데 급여(상여)지급일은 차기 1월 5일이다. 또한, 12월 1일 지급한 영업부 보험료에는 차기 귀속분이 3,500,000원이 있다.(2점)

[2] 장기 투자목적으로 보유하고 있는 매도가능증권의 내역은 다음과 같다. 이에 대하여 결산분개를 행하시오.(2점)

전기 12.5 취득가액	전기 12.31 공정시가	당기 12.31 공정시가
30,000,000원	29,000,000원	32,000,000원

[3] 화폐성 외화자산 · 부채는 다음과 같고, 당기 기말 결산일의 환율은 1$당 1,200원이다. 외화환산손실과 외화환산이익을 각각 인식하고, 거래처 입력은 생략한다.(2점)

계정과목	발생일	장부상 환율
미수금($3,000)	1월 22일	1,100원
외화장기차입금($20,000)	3월 02일	1,150원

[4] 법인세비용은 결산서상 법인세 차감전 순이익(500,000,000원이라 가정)에 현행 법인세율을 적용하여 계산된 산출세액을 다음과 같이 계산하여 계상하다.(장부상 선납세금 계정에는 법인세 중간예납세액 및 원천납부세액이 계상되어 있다. (2점)

법인세비용 = ① + ②

① : 법인세산출세액 – 법인세 공제감면세액(5,000,000원)

② : 법인분 지방소득세 = 법인세 산출세액의 10%로 가정한다.

※ 법인세율은 2억 이하 9% 2억 초과 19%로 가정한다.

※ 지방소득세율은 2억 이하 1%, 2억 초과 2%로 가정한다.

문제 4 원천징수와 관련된 다음 물음에 답하시오.(10점)

[1] 1월 귀속 급여 관련 원천징수 신고는 2월 10일 정상적으로 신고 납부하였다. 그러나 담당자의 실수로 인하여 2월 15일 다음의 사업소득자료가 누락된 것을 확인하였다. 누락된 사업소득 원천징수영수증을 완성하고 **원천징수관련 가산세(1일 2/10,000 가정)**를 반영하여 **1월 귀속 원천징수이행상황신고서를 수정신고하시오.** 수정신고서 작성시 적색기재는 생략하고 추가납부세액은 2월 20일 신고 납부하는 것으로 한다.

성명(코드)	저술가(201)	김보험(202)
소득 구분	저술가	보험설계사(연말정산대상)
주민등록번호	310625 - 1342723	550909 - 1249511
지급일	1월 20일	1월 20일
지급 금액	10,000,000원	20,000,000원

[2] 당기 4월 30일 퇴직한 한예슬(주민등록번호 750506 - 2102005, 입사일 2010. 1. 1)에 대한 내용이다. (5점)

1. 부양가족은 배우자 김기호(주민등록번호 : 760109 - 1075011, 근로소득 총급여액 5,000,000원 있음)만 있고 다른 가족은 없다.
2. 4월 급여명세(급여 지급일은 매월 말일이다)

구 분	금 액(원)	비 고
기 본 급	4,000,000원	
직책수당	500,000원	
월차수당	300,000원	
식 대	200,000원	별도 식사 제공없음.
자가운전보조금	300,000원	본인차량을 업무에 사용하고, 별도여비 지급하지 아니함

3. 전 임직원 중 명예퇴직 신청자에게 퇴직위로금을 지급하기로 노사가 합의하였으며 한예슬의 퇴직으로 퇴직급여 30,000,000원과 퇴직위로금 20,000,000원을 4월 30일에 지급하였다.

〈요구사항 1〉

사원등록사항 중 수정할 사항은 수정하고, 4월분 급여대장과 중도퇴사자 연말정산을 수행하시오. 주어진 자료 내에서만 소득공제를 적용하기로 한다.

〈요구사항 2〉 퇴직소득원천징수영수증을 작성하시오.

실무모의고사 2회 답안 및 해설

문제 1 전표입력

[1] (차) 사　채 70,000,000 (대) 당좌예금 60,000,000
　사채상환손실 500,000 　사채할인발행차금 10,500,000

☞ 제거되는 사채할인발행차금 = 15,000,000×70%(상환비율)

문항	유형	공급가액	부가세	거래처	전자	분개
[2] 철거비용	51.과세	1,000,000	100,000	㈜은하	여	없음

문항	유형	공급가액	부가세	거래처	전자세금
[2] 폐자재매각	11.과세	100,000	10,000	이주몽	여
분개유형	(차) 감가상각누계액(건물) 14,000,000			(대) 건물	20,000,000
혼합	부가세대급금 100,000			부가세예수금	10,000
	현　금 110,000			보통예금	1,100,000
	유형자산처분손실 6,900,000				

☞ 건물철거시 철거비용은 당기비용(유형자산처분손실)로 하고, 폐자재 매각수입금액은 유형자산처분손실에서 차감한다.

문항	유형	공급가액	부가세	거래처	전자세금
[3]	11.과세	5,000,000	500,000	㈜대마	여
분개유형	(차) 외상매출금 5,500,000			(대) 제품매출	5,000,000
외상(혼합)				부가세예수금	500,000

☞ **수출업자인 ㈜우리와 직접 도급계약에 의한 수출임가공계약만 영세율이 적용되고, ㈜대마에 납품시에는 내국신용장 등이 있어야 영세율이 적용된다.**

문항	유형	공급가액	부가세	거래처	전자세금
[4]	51.과세	30,000,000	3,000,000	㈜드림	여
분개유형	(차) 소프트웨어 30,000,000			(대) 자본금	20,000,000
혼합	부가세대급금 3,000,000			현　금	3,000,000
				주식할인발행차금	4,000,000
				주식발행초과금	6,000,000

문제 2 부가가치세

[1] 기한후 신고서(10~12월)

1. 매입매출전표 입력

10월 6일 51.과세, 거래처 : (주)서울상사, 공급가액 3,000,000, 부가세 300,000, 전자 : 여, 분개없음.

10월21일 11.과세, 거래처 : ㈜지리전자, 공급가액 4,000,000, 부가세 400,000, 전자 : 여, 분개없음.

11월 8일 16.수출(1.직접수출), 거래처 : 지맨스사, 공급가액 5,000,000원, 분개없음.

11월 9일 57.카과, 거래처 : 천안주유소, 공급가액 80,000, 부가세 8,000, 분개없음.

11월10일 11.과세, 거래처 : (주)우리, 공급가액 △500,000, 부가세 △50,000, 전자 : 여, 분개없음.

2. 신고서 및 가산세

〈매출매입신고누락분 – **전자세금계산서 발급 및 전송**〉

구분			공급가액	세액
매출	과세	세금(전자)	4,000,000+△500,000	350,000
		기 타		
	영세	세금(전자)		–
		기 타	5,000,000	–
매입	세금계산서 등		3,000,000+80,000	308,000
미달신고(납부)→신고 · 납부지연				42,000

1. 영세율과세표준신고 불성실	**5,000,000원** × 0.5% ×(1–50%) = 12,500원 * 1개월 이내 기한후신고시 50% 감면
2. 신고불성실(일반무신고)	**42,000원** × 20% × (1–50%) = 4,200원 * 1개월 이내 기한후신고시 50% 감면
3. 납부지연	**42,000원** × 6일 ×2(가정)/10,000 = 50원
계	**16,750원**

- 기한후 신고서(10~12월)

구분				정기신고금액 금액	세율	세액
과세표준및매출세액	과세	세금계산서발급분	1	3,500,000	10/100	350,000
		매입자발행세금계산서	2		10/100	
		신용카드 · 현금영수증발행분	3		10/100	
		기타(정규영수증외매출분)	4			
	영세	세금계산서발급분	5		0/100	
		기타	6	5,000,000	0/100	
	예정신고누락분		7			
	대손세액가감		8			
	합계		9	8,500,000	㉮	350,000
매입세액	세금계산서수취분	일반매입	10	3,000,000		300,000
		수출기업수입분납부유예	10			
		고정자산매입	11			
	예정신고누락분		12			
	매입자발행세금계산서		13			
	그 밖의 공제매입세액		14	80,000		8,000
	합계(10)-(10-1)+(11)+(12)+(13)+(14)		15	3,080,000		308,000
	공제받지못할매입세액		16			
	차감계 (15-16)		17	3,080,000	㉯	308,000
납부(환급)세액(매출세액㉮-매입세액㉯)					㉰	42,000
경감공제세액	그 밖의 경감 · 공제세액		18			
	신용카드매출전표등 발행공제등		19			
	합계		20		㉱	
예정신고미환급세액			21		㉲	
예정고지세액			22		㉳	
사업양수자의 대리납부 기납부세액			23		㉴	
매입자 납부특례 기납부세액			24		㉵	
신용카드업자의 대리납부 기납부세액			25		㉶	
가산세액계			26		㉷	16,750
차감.가감하여 납부할세액(환급받을세액)(㉰-㉱-㉲-㉳-㉴-㉵-㉶+㉷)					27	58,750
총괄납부사업자가 납부할 세액(환급받을 세액)						

25.가산세명세					
사업자미등록등		61		1/100	
세금계산서	지연발급 등	62		1/100	
	지연수취	63		5/1,000	
	미발급 등	64		뒤쪽참조	
전자세금발급명세	지연전송	65		3/1,000	
	미전송	66		5/1,000	
세금계산서합계표	제출불성실	67		5/1,000	
	지연제출	68		3/1,000	
신고불성실	무신고(일반)	69	42,000	뒤쪽	4,200
	무신고(부당)	70		뒤쪽	
	과소 · 초과환급(일반)	71		뒤쪽	
	과소 · 초과환급(부당)	72		뒤쪽	
납부지연		73	42,000	뒤쪽	50
영세율과세표준신고불성실		74	5,000,000	5/1,000	12,500
현금매출명세서불성실		75		1/100	
부동산임대공급가액명세서		76		1/100	
매입자납부특례	거래계좌 미사용	77		뒤쪽	
	거래계좌 지연입금	78		뒤쪽	
합계		79			16,750

[2] 공제받지 못할 매입세액명세서(4~6월)

(1) 매입매출전표입력(6월 14일)

유형 : 54불공(9.공통매입세액안분계산), 공급가액 : 20,000,000/부가세 : 2,000,000, 거래처 : (주)주성전자, 전자 : 여, 분개없음.

(2) 공제받지못할매입세액명세서(공통매입세액의 정산 4~6월)

불공제 = 2,000,000 × 300,000,000/600,000,000 (20x0년 2기 기준) = 1,000,000

* 기준은 1.당해과세기간의 공급가액기준을 선택하지만 총공급가액과 면세공급가액은 직전과세세기간 공급가액의 합계를 입력한다. (<u>공통사용재화를 동일과세기간내에 매입하고 공급시 직전과세기간 공급가액 비율로 안분계산한다</u>.)

[4월~6월 입력]

공제받지못할매입세액내역 | 공통매입세액안분계산내역 | 공통매입세액의정산내역 | 납부세액또는환급세액재계산

산식	(15)총공통매입세액	(16)면세 사업확정 비율			(17)불공제매입세액총액((15)*(16))	(18)기불공제매입세액	(19)가산또는공제되는매입세액((17)-(18))
		총공급가액	면세공급가액	면세비율			
1.당해과세기간의 공급가액기준	2,000,000	600,000,000	300,000,000	50.0000	1,000,000		1,000,000

직전과세기간

문제 2 결산

[1] [수동결산]

(차) 급여(판)	10,000,000	(대) 미지급비용	23,000,000
상여금(판)	13,000,000		
선급비용	3,500,000	보험료(판)	3,500,000

[2] [수동결산]

(차) 매도가능증권(투자)	3,000,000	(대) 매도가능증권평가손실	1,000,000
		매도가능증권평가이익	2,000,000

☞ 전기말 결산시 회계처리

(차) 매도가능증권평가손실 1,000,000 (대) 매도가능증권 1,000,000

[3] [수동결산]

(차) 미수금	300,000	(대) 외화환산이익	300,000
외화환산손실	1,000,000	외화장기차입금	1,000,000

[4] [자동결산]

- 법인세산출세액 : 18,000,000 + 3억 × 19% = 75,000,000원
  - ① 75,000,000 - 공제감면세액(5,000,000) = 70,000,000원
  - ②지방소득세(독립세) = 2억 × 1% + 3억 × 2% = 7,000,000원
- 법인세 등 = 70,000,000 + 7,000,000 = 77,000,000원
- 미지급세금 = 77,000,000원 - 300,000원 = 76,700,000원
- 선납세금 : 300,000원 입력 후 전표추가

문제 4 원천징수

[1] 사업소득

1. 사업소득자등록

① 저술가(201)

1.소 득 구 분	940100 저술가	연 말 정 산 적 용	0 부
2.내 국 인 여부	1 내국인 (외국인 국적)	등록번호	)
3.주민 등록 번호	310625-1342723		
4.거 주 구 분	1 거 주	※ 비거주자는 기타소득에서 입력하십시오.	
5.사업자등록번호	___-__-_____	※ 소득구분 851101-병의원 필수입력사항	

② 김보험(202)

1.소 득 구 분	940906 보험설계	연 말 정 산 적 용	1 여
2.내 국 인 여부	1 내국인 (외국인 국적)	등록번호	)
3.주민 등록 번호	550909-1249511		
4.거 주 구 분	1 거 주	※ 비거주자는 기타소득에서 입력하십시오.	
5.사업자등록번호	___-__-_____	※ 소득구분 851101-병의원 필수입력사항	

2. 사업소득자료 입력

① 저술가(201)

귀속년월		지급(영수)			지급액	세율(%)	소득세	지방소득세	학자금상환	차인지급액
년	월	년	월	일						
	01		01	20	10,000,000	3	300,000	30,000		9,670,000

② 김보험(202)

귀속년월		지급(영수)			지급액	세율(%)	소득세	지방소득세	학자금상환	차인지급액
년	월	년	월	일						
	01		01	20	20,000,000	3	600,000	60,000		19,340,000

3. 거주자의 사업소득원천징수 영수증(지급년월 : 1월 또는 귀속년월 : 1월)

4. 사업소득원천징수세액납부지연가산세 = MIN[①, ②] = 28,800원

① 미달납부세액 × 3% + **<u>미달납부세액 × 2(가정)</u>**/10,000 × 미납일수

= 900,000 × 3% + 900,000 × 2(가정)/10,000 × 10일 = 28,800원

② 미달납부세액 × 10% = 900,000 × 10% = 90,000원

5. 원천징수이행상황신고서(1월)

- 귀속기간 1월~1월 지급기간 1월~1월 신고구분 : 2.수정신고를 선택한다.

			코드	소득지급		징수세액			당월조정 환급세액	납부세액	
				인원	총지급액	소득세 등	농어촌특별세	가산세		소득세 등	농어촌특별세
수자 비거주	사업소득	매월징수	A25								
			A25	2	30,000,000	900,000		28,800			
		연말정산	A26								
			A26								

☞ 수정신고서는 기존 신고서가 마감이 되어 있어야 작성할 수 있다.

[2] 중도퇴사자의 연말정산(한예슬)

1. 사원등록수정

① 한예슬은 부녀자공제대상(맞벌이여성)이다.

② 배우자는 총급여액 5백만원 이하자로 기본공제대상에 해당한다.

③ 퇴사일 입력 20x1년 4월 30일

2. 급여대장입력

① 식대와 자가운전보조금은 비과세요건을 충족하므로 수정할 필요가 없음

② 급여자료입력(귀속년월 : 4월, 지급년월일 : 4월 30일)

급여항목	금액
기본급	4,000,000
상여	
직책수당	500,000
월차수당	300,000
식대	200,000
자가운전보조금	300,000
야간근로수당	

3. 중도퇴사자의 연말정산

상단의 F7(중도퇴사자정산)을 클릭하여 연말정산을 수행한다. 문제에서 별도 공제내역을 입력할 게 없으므로 하단의 급여반영(Tab)을 클릭한다.

4. 퇴직소득원천징수영수증

① 퇴직소득자료입력(지급년월 : 4월, 영수일자 4월 30일)

퇴직급여와 퇴직위로금 50,000,000원을 입력

	중 간 지 급 등		최 종	
근 무 처 명			(주)토성-전세1-19	
등록번호/퇴직사유	------------		108-81-18332	자발적 퇴직
기 산 일/입 사 일	----/--/--	----/--/--	2010/01/01	2010/01/01
퇴 사 일/지 급 일	----/--/--	----/--/--	20×1/04/30	20×1/04/30
근 속 월 수			172	
제 외 월 수				
가 산 월 수				
과 세 퇴 직 급 여			50,000,000	

☞ 소득세 등은 자동계산 되어 집니다.

② 퇴직소득원천징수영수증(지급년월 : 4월)

실무모의고사 3회

(주)명왕(0313)은 제조 · 도매업을 영위하는 중소기업이며, 당기의 회계기간 20x1.1.1.~20x1.12.31.이다. 전산세무회계 수험용 프로그램을 이용하여 다음 물음에 답하시오.

문제 1 다음 거래 자료에 대하여 적절한 회계처리를 하시오.(12점)

[1] 3월 15일 당사가 보유중인 매도가능증권(전년도 결산시 당기에 처분의도가 있어 유동자산으로 분류변경)을 다음과 같은 조건으로 처분하고 현금을 회수하였으며, 전년도 기말 평가는 기업회계기준에 따라 처리하였다. (3점)

취득가액	기말공정가액	양도가액	비 고
취득시 2011년 1월 31일	전년도 12월 31일		
10,000,000원	9,000,000원	7,000,000원	시장성 있음

[2] 3월 25일 당사 직원에 대한 3월분 급여지급내역은 다음과 같다. 차감지급액 전액은 보통예금에서 인터넷뱅킹을 통해 직원 각자의 계좌에 이체하였다.(3점)

(단위 : 원)

소 속	급여총액	공제액					차감지급액
		국민연금	건강보험	고용보험	소득세등	가불금	
생산직	5,000,000	600,000	400,000	30,000	275,000	300,000	3,395,000
영업직	3,000,000	400,000	200,000	15,000	143,000	-	2,242,000
합 계	8,000,000	1,000,000	600,000	45,000	418,000	300,000	5,637,000

※ 계좌이체수수료는 없으며, 가불금(김길동)에 대해서는 관련장부를 조회한 후 회계처리하시오.

[3] 5월 12일 공장신축을 위하여 건물과 토지를 구입하고 그 토지에 있던 구건물을 철거하였다. 토지와 구건물 구입대금으로 현금 5,000,000원과 자사보통주(주당 액면가액 5,000원, 시가 8,000원) 500주를 발행하여 교부하였고, 구건물의 철거비용과 토지 등기비 700,000원이 현금으로 지출되었다.(3점)

[4] 회사는 ㈜두정에 상품을 납품하는 과정에서 다음과 같은 문제가 발생하였으며 이러한 문제를 고려하여 부가가치세법상의 전자세금계산서를 발급하였다. 관련 자료를 입력하시오.(3점)

> ① 4월 20일 회사는 ㈜두정에 상품 100개를 개당 1,000원(부가세별도)에 납품주문을 받았다.
> ② 4월 25일 주문받은 상품을 회사가 직접 운송하던 도중에 부주의로 5개가 파손된 것을 확인하였다. 파손 상품을 5개를 추가납품하였다.
> ③ 4월 28일 ㈜두정에서 상품을 검수하는 과정에서 10개의 상품에서 미미한 하자가 발생하여 10개의 상품에 대하여 개당 100원씩 판매가격을 인하하기로 하고 검수를 완료하였다.
> ④ 대금은 한달후에 받기로 하였다.

문제 2 다음 주어진 요구사항에 따라 부가가치세 신고서 및 부속서류를 작성하시오.(10점)

[1] 다음 자료를 이용하여 20x1년 1기 확정신고기간의 재활용폐자원 세액공제신고서를 작성하시오.(3점)

> [가정] • 재활용폐자원세액공제신고서 작성대상이 되는 거래만을 매입매출전표에 적요번호를 포함하여 입력하되, 모두 현금거래로 간주하고 계정과목은 원재료를 사용한다.
> • 재활용폐자원세액공제신고서는 매입매출전표입력에서 재활용폐자원매입세액 적요 설정 후 자동 불러오기로 한다.
> • 재활용폐자원 공제율은 3/103로 가정한다.

1. 거래내역

거래일자	공급처명	품명	수량	공급가액(원)	관련증빙
04.15	두정	고철	10kg	6,300,000	전자계산서
04.22	(주)천안	비철	10kg	2,500,000	전자세금계산서
04.26	홍길동	고철	10kg	4,200,000	영수증

2. 1기 과세기간 중 재활용관련 매출액과 세금계산서 매입액은 다음과 같다.

구분	매출액	매입공급가액(세금계산서)
예정분	30,000,000원	18,000,000원
확정분	50,000,000원	34,000,000원

예정신고시 재활용폐자원(영수증 수취) 거래내역은 없고, 공제세액도 없다.

[2] 당사는 2기 확정 부가가치세 신고를 익년 1월 25일에 하였다. 3월 11일에 다음 자료가 신고시 누락된 것을 발견하였다. 이에 수정신고와 함께 추가 납부할 부가가치세액을 납부하고자 한다. **해당일자에 매입매출전표에 입력(분개는 생략)하고 2기 확정 부가가치세 수정신고서를 작성하시오.** 단, 신고불성실가산세는 일반과소신고에 의한 가산세율을 적용하고, **납부지연가산세 계산시 일수는 45일, 1일 2/10,000**로 가정한다. (7점)

- 10월 20일 : 매출 종이세금계산서((주)성정) 3,500,000원 세액 350,000원
- 11월 20일 : 상품 매입 영세율전자세금계산서((주)쌍용) 2,000,000원 세액 0원
- 12월 5일 : 5인승 업무용승용차(1,500CC)를 구입하고 교부받은 전자세금계산서(한라자동차)
  공급가액 15,000,000원 세액 1,500,000원

문제 3 다음 결산정리사항에 대하여 결산정리분개를 하거나 입력을 하여 결산을 완료하시오.(8점)

[1] 당사는 당사의 제품을 구입한 후 12개월 이내에 발생하는 하자에 대하여 무상보증수리용역을 제공하고 있으며, 이에 대하여 판매금액의 1%에 해당하는 장기제품보증부채를 제품보증비로 설정하고 있다. 결산일 현재 무상보증기간이 미경과된 판매금액은 200,000,000원인 경우 기입력된 자료를 조회한 후 필요한 회계처리를 행하시오.(2점)

[2] 회사가 기말현재 보유한 외화자산 부채는 다음과 같다. 동 외화자산에 대하여 기업회계기준이 정하는 바에 따라 회계처리하시오. 기업회계기준에 의한 적정한 기말환율은 $1 = 1,100원이고 평가손익은 각각 인식한다. 다만, 거래처코드입력은 생략하기로 한다. (2점)

계정 과목	외화가액	장부가액
보통 예금	$20,000	20,000,000원
외상매출금	$50,000	45,000,000원
단기차입금	$10,000	10,000,000원

[3] 회사는 신한은행으로부터 시설자금 50,000,000원을 5년전 차입하여 내년부터 매년 5월 1일에 5년간 균등액으로 분할상환하고자 한다. 해당금액에 대해 유동성대체분개를 하시오.(2점)

[4] 12월 25일부터 27일까지 3일간 부산으로 업무차 출장갔던 영업사원 김길수에 대한 출장비지급액과 정산후 반납액이 결산일 현재 각각 가지급금계정과 가수금계정에 계상되어 있다. 결산일에 정산분개를 하도록 한다. (2점)

문제 4 원천징수와 관련된 다음 물음에 답하시오.(10점)

[1] 다음은 관리부 직원인 김길동(사원코드 : 101번, 총급여액 80,000,000원)에 대한 관련 자료이다. 사원등록을 수정입력하고 연말정산 자료를 입력하시오.(7점)

(1) 부양가족 사항

관 계	성 명	연령(만)	기 타 사 항
배우자	이은정	43세	소득없음.
장 남	김이남	18세	고등학생, 일용근로자로써 일당 10만원씩 60일간의 소득있음.
장 녀	김일순	15세	중학생, 소득없음.
동 생	김도영	40세	소득없음, 주거 형편상 별거중임.
처 제	이은미	42세	소득없음, 장애인(1)

☞ 주민등록번호는 정당하다고 가정한다.

(2) 연말정산 관련 자료

① 의료비

- 배우자 : 9,000,000원(임신을 위해 체외수정시술비), 3,000,000원(1회 출산 산후조리비용)
- 장 남 : 2,100,000원(암치료비, 실손의료보험금에서 1,000,000원을 보전받음)
- 처 제 : 3,000,000원(성형수술비, 미용목적)

② 보험료

- 본인 주택임차보증금(1억) 반환 보증보험료 : 900,000원
  본인 저축성 보험료 1,000,000원
- 장남 생명보험료 : 1,200,000원

③ 교육비

- 본인 대학재학시 든든학자금 원리금 상환액 : 3,000,000원
- 배우자 대학원 수업료 : 7,400,000원
- 장남 고등학교 수업료 : 2,200,000원(수학여행등 현장체험학습비 500,000원포함)

④ 신용카드 사용

- 본인 : 25,000,000원(신용카드)
  - 저축성보험료 1,000,000원, 중고자동차 구입금액 2,000,000원, 도서공연비 3,000,000원 포함됨.
- 장남 : 5,000,000원(직불카드)
- 처제 : 6,000,000원(현금영수증)

[2] 다음은 8월 31일에 당사가 지급한 기타소득이다. 기타소득자등록 및 자료입력을 하시오. 소득의 귀속연월은 8월이다.(3점)

코드	성명	주민등록번호	지급명목	지급금액
401	김대한	431212 – *******	강연료	1,000,000원
		☞ *실제 필요경비 700,000원이 발생하였고, 세법상 필요경비 조건이 인정된다.*		
402	김민국	521124 – *******	사례금	2,000,000원
403	김만세	640901 – *******	주택입주지체상금	3,000,000원

☞ 주민등록번호와 주소입력은 생략한다.

실무모의고사 3회 답안 및 해설

문제 1 전표입력

[1] (차) 현　　금 7,000,000 (대) 매도가능증권(유동) 9,000,000
　　　매도가능증권처분손 3,000,000 　　매도가능증권평가손 1,000,000

☞ 매도가능증권처분손익 = 처분가액(7,000,000) - 취득가액(10,000,000) = △3,000,000원(처분손)

[2] (차) 급여(판) 3,000,000 (대) 예수금 2,063,000
　　　임금(제) 5,000,000 　　임직원등단기채권(김길동) 300,000
　　　　　　　　　　　　　　보통예금 5,637,000

☞ 거래처별계정과목별원장(김길동)을 조회 후 임직원등 단기채권으로 회계처리하여야 한다.

기　간 년 3 월 15 일 ~ 년 3 월 15 일　계정과목 0101 현금 ~ 0999 소득세비용　잔액 0 포
거래처분류 ~ 　거 래 처 00601 김길동 ~ 00601 김길동

코드	거래처명	등록번호	대표자명
00601	김길동		

코드	계정과목명	전일이월	차 변	대 변	잔 액
0137	임직원등 단기채권	300,000			300,000

[3] (차) 토 지 9,700,000 (대) 자본금 2,500,000
　　　　　　　　　　　　　　주식발행초과금 1,500,000
　　　　　　　　　　　　　　현금 5,700,000

문항	유형	공급가액	부가세	거래처	전자세금
[4]	11.과세	99,000	9,900	㈜두정	여
분개유형	(차) 외상매출금		108,900 (대) 상품매출		99,000
외상				부가세예수금	9,900

☞ 공급가액 = (100개 - 10개) × 1,000원 + 10개 × 900원 = 99,000원

- 재화의 공급시기 및 세금계산서 교부시기는 인도일이다. 따라서 인도일은 4월 28일이다.
- 재화의 공급가액계산시 운송도중 파손품에 대해서 추가납품하였으므로, 하자로 인한 가격할인액(매출에누리)만 과세표준에 포함되지 않는다.

문제 2 부가가치세

[1] 재활용폐자원세액공제신고서

1. 매입매출전표입력

㈜천안(일반과세자)으로 구입한 비철은 재활용폐자원세액공제를 적용받을 수 없다.

① 유형 : 53.면세, 공급가 : 6,300,000, 거래처 : 두정, 전자 : 여, 분개 : 현금

(차) 원재료(적요 7)	6,300,000	(대) 현 금	6,300,000

② 유형 : 60.면건, 공급가 : 4,200,000, 거래처 : 홍길동, 분개 : 현금

(차) 원재료(적요 7)	4,200,000	(대) 현 금	4,200,000

2. 재활용폐자원세액공제신고서(4~6월)

① 대상입력(매입매출전표에 입력하면 자동으로 불러와진다.)

	□	(24)공급자 성명 또는 거래처 상호(기관명)	(24)공급자 주민등록번호또는 사업자등록번호	구분	(25) 건수	(26)품명	(27) 수량	(28)차량번호	(29)차대번호	(30)취득금액	(31)공제율	(32)공제액 ((30)*(31))
1	□	홍길동	620306-1111111	1.영수증	1	고철	10			4,200,000	3/103	122,330
2	□	두정	123-81-23421	2.계산서	1	고철	10			6,300,000	3/103	183,495

② 한도계산 및 공제세액

재활용폐자원 매입세액공제 관련 신고내용(이 란은 확정신고시 작성하며, 중고자동차(9/109)의 경우에는 작성하지 않습니다.) 불러

매출액			대상액한도계산		당기매입액			(16)공제가능한 금액(=(12)-(14))
(8)합계	(9)예정분	(10)확정분	(11)한도율	(12)한도액	(13)합계	(14)세금계산서	(15)영수증 등	
80,000,000	30,000,000	50,000,000	80%	64,000,000	62,500,000	52,000,000	10,500,000	12,000,000

(17)공제대상금액(=(15)과 (16)의 금액중 적은 금액)	공제대상세액		이미 공제받은 세액			(23)공제(납부)할세액 (=(19)-(20))	{참고}9/109 공제액합계
	(18)공제율	(19)공제대상세액	(20)합계	(21)예정신고분	(22)월별조기분		
10,500,000	3/103	305,825				305,825	

[2] 부가가치세 수정신고서

1. 매입매출전표 입력

일자	유형	공급가액	부가세	거래처	전자	분개
10/20	11.과세	3,500,000	350,000	㈜성정	부	없음
11/20	52.영세	2,000,000	0	㈜쌍용	여	없음
12/05	54.불공(비영업용)	15,000,000	1,500,000	한라자동차	여	없음

2. 가산세 계산

〈매출매입신고누락분〉

구 분				공급가액	세액
매출	과세	세 금	종이	***3,500,000(미발급)***	350,000
			전자		
		기 타			
	영세	세 금	종이		-
			전자		-
		기 타			-
매입	세금계산서 등			2,000,000(영세)	0
미달신고(납부) ⇒ 신고, 납부지연가산세					350,000

1. 전자세금계산서 미발급 -종이세금계산서(1%)	3,500,000원 × 1% =35,000원
2. 신고불성실(**일반 10%**)	**350,000원** × 10% × **(1-75%)** = 8,750원 * 3개월 이내 수정신고시 75% 감면
3. 납부지연	**350,000원** × 45일 × 2(가정)/10,000 = 3,150원
계	**46,900원**

3. 수정신고서(10~12월)
   ① 신고차수 1차, 매입매출전표에 입력된 것이 수정신고금액에 자동반영
   ② 가산세 입력
   ③ 과세표준 명세에 신고구분 2.확정 선택 및 신고년월일 20x2.3.11 입력

문제 3 결산

[1] [수동결산]

(차) 제품보증비 500,000 (대) 장기제품보증부채 500,000

☞ 충당부채설정액 = 200,000,000 × 1% - 1,500,000 = 500,000원

[2] [수동결산]

구 분	계정과목	외화가액	장부가액	평가액	평가손익
화폐성외화자산	보통예금	$20,000	20,000,000원	22,000,000원	2,000,000원
	외상매출금	$50,000	45,000,000원	55,000,000원	10,000,000원
화폐성외화부채	단기차입금	$10,000	10,000,000원	11,000,000원	1,000,000원

(차) 보통예금 2,000,000 (대) 외화환산이익 12,000,000
　　외상매출금 10,000,000
(차) 외화환산손실 1,000,000 (대) 단기차입금 1,000,000

[3] [수동결산]

(차) 장기차입금 10,000,000 (대) 유동성장기부채 10,000,000
　　(신한은행) 　　(신한은행)

☞ **결산일 현재부터 1년이내 상환기일이 도래하는 10,000,000원(=50,000,000원/5년)은 비유동부채에서 유동부채로 전환한다.**

[4] [수동결산]

(차) 가수금(김기수) 75,000원 (대) 가지급금(김기수) 400,000원
　　여비교통비(판) 325,000원

☞ 거래처별계정과목별원장(김기수)을 조회 후 가지급금과 가수금금액을 확인한다.

기간 년 12월 1일 ~ 년 12월 31일 계정과목 0134 가지급금 ~ 0257 가수금 잔액 0 포
거래처분류 ~ 거래처 01102 김기수 ~ 01102 김기수

코드	거래처명	등록번호	대표자명
01102	김기수	830208-2182630	

코드	계정과목명	전월이월	차변	대변	잔액
0134	가지급금		400,000		400,000
0257	가수금			75,000	75,000

문제 4 원천징수

[1] 김길동 연말정산

(1) 사원등록

가족	요건		기본공제	추가공제(자녀)	판단
	연령	소득			
배우자	–	○	○		
장남(18)	○	○	○	자녀	**일용근로소득은 분리과세소득임**
장녀(15)	○	○	○	자녀	
동생(40)	×	○	부		
처제(42)	×	○	○	장애인(1)	**장애인은 연령요건을 충족하지 않아도 된다.**

(2) 연말정산추가자료입력

항목	요건		내역 및 대상여부	입력
	연령	소득		
의료비	×	×	• 배우자(체외수정시술비) **총급여액 7천만원 초과자의 산후조리비용 제외** • 장남 질병치료비(**실손의료보험금 제외**) • 처제 미용목적 성형수술비는 제외	○(난임 9,000,000) × ○(일반 1,100,000) ×
보험료	○ (×)	○	• 본인 주택임차보증금 반환 보증보험료 • **저축성보험료는 대상에서 제외** • 장남 생명보험료	○(일반 900,000) × ○(일반 1,200,000)
교육비	×	○	• 본인 든든학자금 상환액 • 배우자 **대학원수업료(본인만 대상)** • 장남 고등학교 수업료 (**현장체험학습비는 한도 300,000원**)	○(본인 3,000,000) × ○(고등 2,000,000)
신용카드	×	○	• 본인(저축성 보험료 제외, 중고자동차 구입의 10%, **총급여 7천만원 초과자의 도서공연비는 해당 신용카드란에 입력**) • 장남 직불카드 • **형제자매는 대상에서 제외**	○(신용 22,200,000) ○(직불 5,000,000) ×

부양가족	신용카드	의료비	연금저축 등	연말정산입력
보험료 교육비	**해당 사항을 입력 후 최종적으로 연말정산 입력 탭에서 F8부양가족탭불러오기를 클릭하여 입력된 데이터를 불러와서 최종 확인한다.**			

[소득공제]		
1. 신용카드	① 신용카드	22,200,000
	② 직불카드	5,000,000
[특별세액공제]		
1. 보험료	① 일 반	2,100,000
2. 의료비	① 난임시술비	9,000,000
	② 일반의료비	1,100,000
3. 교육비	① 본인	3,000,000
	② 초중고	2,000,000

(3) 기타소득 입력

기타소득자를 등록하고, 기타소득금액의 계산시 강연료**(필요경비 MAX[① 700,000원, 수입금액의 60%])**와 주택입주지체상금(필요경비 80%), 사례금은 전액을 기타소득금액으로 하여 원천징수세율 20%를 적용한다.

① 401 김대한 강연료 : 필요경비 700,000원 직접 입력
소득세 60,000원, 지방소득세 6,000원

② 402 김민국 사례금 : 소득세 400,000원, 지방소득세 40,000원

③ 403 김만세 주택입주지체상금 : 소득세 120,000원, 지방소득세 12,000원

실무모의고사 4회

(주)천왕(0314)은 제조 · 도매업을 영위하는 중소기업이며, 당기 회계기간은 20x1.1.1.~20x1.12.31. 이다. 전산세무회계 수험용 프로그램을 이용하여 다음 물음에 답하시오.

문제 1 다음 거래 자료에 대하여 적절한 회계처리를 하시오.(12점)

[1] 1월 1일 당사는 장기적인 자금운영을 목적으로 ㈜두정이 발행한 다음의 사채를 현금으로 취득하였고, 만기까지 보유할 예정이다.(3점)

- 사채발행일 20x1년 1월 1일
- 액면가액 1,000,000원 표시이자율 : 연 10% 이자지급 : 매년 말 후급
- 만기 : 20x3년 12월 31일

취득당시 시장이자율은 12%이고, 12%의 3년 연금현가계수는 2.401830이고, 12%의 3년 현가계수는 0.711780이다.

[2] 6월 30일 정부보조금에 의해 취득한 기계장치를 ㈜천안에 외상(매각대금 10,000,000원 부가가치세 별도)으로 처분하고 전자세금계산서를 발급하였다. 처분하기 전까지 감가상각비와 감가상각누계액은 적정하게 회계처리되어 있으며, 기계장치의 내용은 다음과 같다. (3점)

기계장치	40,000,000원
정부보조금(기계장치 차감)	12,000,000원
감가상각누계액	10,000,000원

[3] 2월 10일 당사는 주주총회의 특별결의와 법원인가를 얻어 다음과 같이 주식을 할인발행하였다. 신주발행비를 제외한 주식발행 대금은 당사의 당좌예금계좌로 납입되었다. 주식발행초과금 계정 잔액을 조회한 후 회계처리하라.(3점)

- 발행주식수 : 10,000주(액면가 : @5,000원), • 발행가액 : @4,000원, 신주발행비 500,000원

[4] 3월 6일 당사는 확정급여형 퇴직연금제도를 선택하고 있다. 생산직 직원의 퇴사로 인해 퇴직연금운용계좌에서 3,000,000원과 보통예금에서 1,500,000원을 퇴직금으로 지급하였다. (퇴직일 현재 퇴직급여충당부채의 잔액은 4,000,000원이다.) (3점)

문제 2 다음 주어진 요구사항에 따라 부가가치세 신고서 및 부속서류를 작성하시오.(10점)

[1] 2기 확정 부가가치세 신고시 다음 자료에 의하여 의제매입세액공제신청서를 작성하고, 12월 31일자로 의제매입세액공제액과 관련한 적절한 회계처리를 일반전표입력메뉴에 입력하시오.(본 문제 한해서 회사는 음식점업을 영위한다고 가정한다.) (4점)

1. 확정신고 기간 중 면세 구입내역

공급일자	매입처	품명	공급가액	비　고
10/25	두정수산 (201-81-13655)	광　어 (100kg)	18,000,000	계산서를 교부받았고, 이 중 1,000,000원은 12월 31일 현재 미사용분 상태로 남아 있다.
10/31	성정상회 (136-81-18337)	쌀 (30kg)	4,500,000	신용카드로 대금을 결제하고 구매하였다.
11/20	홍길동 (640905-******)	배추 (30kg)	12,000,000	홍길동씨는 농민으로, 일반영수증을 수취하였다.
위의 매입한 품목들은 전부 "원재료"계정으로 처리되어 있다.				

2. 의제매입세액과 관련한 매출액 등

	예정	확정	계
공급가액	24,000,000	36,000,000	60,000,000
의제매입세액공제액	-	?	?

3. 예정신고기간중에는 의제매입세액과 관련된 매입액은 없었다.

[2] 당사는 제2기 확정 부가가치세신고를 법정신고기한에 하지 아니하였다. 익년도 2월 5일에 기한후신고와 동시에 추가 납부할 부가가치세액을 납부하고자 한다. 제2기 확정 부가가치세 기한후신고서를 작성(과세표준명세등 관련사항 수정요망)하시오. 다음 거래만 있다고 가정하며, 또한 일반무신고에 해당하며, **납부지연가산세 계산 시 일수는 11일, 1일 2/10,000로 가정**하며, 매입매출전표 입력(분개는 생략)도 하시오.(6점)

[매출전자세금계산서 내역]

번호	작성일자	발급일자	전송일자	상호	공급가액	세액	종류
1	10.31	11.15	11.16	㈜성정	1,000,000	100,000	일반
2	11.30	12.10	12.20	애플	2,000,000	0	영세율(3)

[매입전자세금계산서 내역]

번호	작성일자	발급일자	전송일자	상호	공급가액	세액	종류
1	10.15	11.20	11.25	㈜백두	500,000	50,000	일반

문제 3 **다음 결산정리사항에 대하여 결산정리분개를 하거나 입력을 하여 결산을 완료하시오.(8점)**

[1] 기말 현재 재고자산은 다음과 같다. 단, 제품 금액에는 판매용으로 제작하였으나 당사에서 제품제조시 사용하기로 한 기계장치 5,000,000원이 포함되어 있으므로 타계정대체를 일반전표입력 메뉴에서 처리하고 결산자료입력을 하시오.(2점)

• 기말원재료 : 30,000,000원 • 기말재공품 : 17,000,000원
• 기말제품 : 28,000,000원

[2] 다음은 회사의 퇴직금추계액명세서이다. 기업회계기준상 회사가 기말에 설정할 퇴직급여충당부채와 관련된 결산분개를 행하시오.(단, 임직원은 전부 본사 판매부서에서 근무하는 것으로 본다.)(2점)

구 분	퇴직금추계액
임 원	25,000,000원
종 업 원	40,000,000원

[3] 당기 초에 확정급여형 퇴직연금을 가입하여 다음과 같은 결과가 발생하였다.(2점)

12월 31일 퇴직연금운용자산(국민은행)에 대하여 이자수익 1,200,000원이 발생하였다.

[4] 당사가 기 발행한 사채에 대한 자료이다. 기말에 사채의 액면가액과 발행가액의 차액에 대한 상각비를 일반기업회계기준에 따라 회계처리 하시오.(2점)

① 사채액면가액 : 100,000,000원
② 사채발행가액 : 90,000,000원
③ 사채의 액면가액과 발행가액의 차액 상각비
  • 유효이자율법 적용시 : 3,000,000원 • 정액법 적용시 : 2,000,000원

문제 4 원천징수와 관련된 다음 물음에 답하시오.(10점)

[1] 다음 자료를 이용하여 원천징수대상 소득자의 금융소득에 대한 기타소득자등록, 소득자료입력 및 원천징수영수증을 작성하시오. (2점)

1. 소득자별 배당소득 지급내역

소득자				금융소득	소득지급일/영수일	비 고
배당소득	개인	101	김대한	4,000,000원	4월 10일	이익잉여금처분계산서 상 배당금을 지급결의한 것이다.
	법인	102	㈜금성	4,000,000원	4월 10일	
이자소득	개인	201	김민국	4,000,000원	4월10일	비영업대금이익이다.

2. 금융소득자는 모두 거주자 또는 내국법인이며, 주어진 정보로만 자료를 입력하고 원천징수영수증을 작성하기로 한다. 원천징수 세율은 14%이다. 금융상품명은 (구)비영업대금이익을 선택하고 과세구분은 T.일반과세, 조세특례는 NN을 선택하기로 한다.

[2] 다음은 제조공장 생산부서에 근무하는 여성근로자인 홍길순(101)에 대한 자료이다. 홍길순의 인적공제사항 및 연말정산관련 자료를 세부담이 최소화되는 방향으로 입력하시오. (6점)

1. 부양가족사항

관 계	성 명	연령	기 타 사 항
배우자	김한국	59세	총급여액이 300만원 있다. 당해연도 사망
장 남	김대한	35세	장애인(1)
차 남	김민국	30세	희귀난치성질환자
3남	김만세	18세	고등학생/별거상태
장 녀	김우리	6세	
며느리	이기순	31세	장남의 배우자이며 비장애인이다.
아버지	홍길동	83세	소득세법상 항시 치료를 요하는 중증환자이다.

2. 연말정산 관련 자료는 다음과 같다.
   (1) 배우자 김한국을 제외한 기타의 부양가족은 소득이 전혀 없으며 생계를 같이하고 있다.
   (2) 고등학생인 김만세는 학교문제로 할아버지와 세대를 구성하고 부모와 따로 생활하고 있다.
   (3) 연말정산 추가자료는 다음과 같으며 전부 국세청 자료와 일치한다.
      ① 보장성보험료
         - 본인의 생명보험료 : 700,000원
         - 장남 김대한의 장애인전용보장성보험료 : 1,100,000원

② 의료비
- 본인의 의료비 : 1,000,000원(실손의료보험금 300,000원 수령)
- 장남 김대한의 재활치료비 : 2,000,000원
- 차남 김민국의 병원치료비 : 3,000,000원
- 장녀 김우리의 병원치료비 : 1,000,000원

③ 연금저축자료
- 본인명의 연금저축 : 2,000,000원 (국민은행 계좌번호 123 - 456)
- 배우자 김한국 명의 연금저축 : 1,000,000원(국민은행 계좌번호 456 - 789)

④ 교육비자료
- 본인의 사이버대학교 등록금 : 3,000,000원
- 차남 김민국의 대학 등록금 : 6,000,000원
- 3남 김만세의 수능응시료 및 대학입학전형료 : 1,000,000원

⑤ 기부금
- 차남 김민국 명의 종교단체 기부금 : 5,000,000원

⑥ 신용카드사용액자료
- 본인명의 신용카드사용액 : 15,000,000원(위 ②의료비 6,000,000원과 법인의 경비로 처리된 3,000,000원이 포함되어 있다.)
- 배우자 김한국 명의 신용카드사용액 : 3,000,000원(전통시장사용액)
- 장남 김대한 명의 신용카드사용액 : 700,000원(대중교통사용액)
- 3남 김만세 명의 신용카드사용액 : 300.000원(2024.7.1.이후 지출분)

[3] 다음 자료를 이용하여 홍길동(사번 : 201번, 주민등록번호 : 960111-1111111. 생산직)씨의 사원등록을 하시오.(2점)

1. 입사일(최초 취업일) : 20X1년 3월 1일
2. 홍길동의 부양가족은 다음과 같다.

관 계	이 름	주민번호	비 고
배우자	김미녀	9511111-211111	소득없음

3 중소기업취업자로서 소득세 감면을 최대한 적용받고자 신청하였다.
4. 중소기업취업자 감면은 매월 급여수령시 적용하기로 한다.
5. 근로소득 중 급여대장 작성시 비과세 및 감면을 적용받을 수 있도록 사원등록에 등록한다.
→ 주민등록번호는 정당하다고 가정한다.

실무모의고사 4회 답안 및 해설

문제 1 전표입력

[1] (차) 만기보유증권(투자) 951,963 (대) 현금 951,963

☞ 만기보유증권의 취득원가 = 100,000원 × 2.40183 + 1,000,000원 × 0.71178 = 951,963원

문항	유형	공급가액	부가세	거래처	전자세금
[2]	11.과세	10,000,000	1,000,000	㈜천안	여
분개유형	(차) 미수금	11,000,000	(대) 기계장치		40,000,000
혼합	정부보조금(기계)	12,000,000	부가세예수금		1,000,000
	감가상각누계액(기계)	10,000,00			
	유형자산처분손실	8,000,000			

☞ 처분손익 = 처분가액 − 장부가액(= 취득가액 − 감가상각누계액 − 정부보조금)
= 10,000,000 − 18,000,000(= 40,000,00 − 10,000,000 − 12,000,000) = △8,000,000(처분손실)

[3] (차) 당좌예금 39,500,000 (대) 자본금 50,000,000
주식발행초과금 2,000,000
주식할인발행차금 8,500,000

☞ 주식발행초과금 계정잔액이 2,000,000원이므로 주식할인발행차금(신주발행비포함) 10,500,000원 중 2,000,000원은 주식발행초과금과 상계시키며, 상계 후의 금액 8,500,000원을 주식할인발행차금으로 계상함.

[4] (차) 퇴직급여충당부채 4,000,000 (대) 퇴직연금운용자산 3,000,000
퇴직급여(제) 500,000 보통예금 1,500,000

문제 2 부가가치세

[1] 의제매입세액공제신고서(10~12월)

1. 대상입력 : 두정수산(구입시점에 공제), 성정상회

※농.어민으로부터의 매입분에 대한 자료 입력시 주민등록번호, 품명, 수량은 필수입력 사항입니다.

취득일자	구분	물품명	수량	매입가액	공제율	의제매입세액	건수
-10-25	계산서	광어	100	18,000,000	6/106	1,018,867	1
-10-31	신용카드등	쌀	30	4,500,000	6/106	254,716	1

☞ 농민으로부터의 매입은 당해 사업자가 제조업자 한하여 공제가능하다.

2. 한도계산

	예정	확정	계
①공급가액(면세매입관련)	24,000,000	36,000,000	60,000,000
②면세매입금액	-	22,500,000	22,500,000
③한도(①×50% : 법인)	-		30,000,000
④Min[②,③]	-		22,500,000
공제율	6/106(법인-음식점업)		
⑤당기 의제매입세액공제액(7~12월)	④×공제율		1,273,584
⑥예정신고시 의제매입세액공제			0
⑦확정신고시 의제매입세액공제	(⑤-⑥)		1,273,584

3. 일반전표입력(의제매입세액공제액)

(차) 부가세대급금 1,273,584 (대) 원재료(타계정) 1,273,584

[2] 기한후 부가가치세 신고서(10~12월)

1. 매입매출전표 입력

일자	유형	공급가액	부가세	거래처	전자	분개
10/31	11.과세	1,000,000	100,000	㈜성정	여	없음
11/30	12.영세(3)	2,000,000	0	애플	여	없음
10/15	51.과세	500,000	50,000	㈜백두	여	없음

2. 가산세 계산

〈매출〉

공급시기	발급기한	**지연발급(1%)**	**미발급(2%)**
10.31	~11.10	**11.11~익년도 1.25**	익년도 1.25까지 미발급
11.30	~12.10	12.11~익년도 1.25	

발급시기	전송기한	**지연전송(0.3%)**	**미전송(0.5%)**
12.10	~12.11	**12.12~익년도 1.25**	익년도 1.25까지 미전송시

〈매입〉

공급시기	발급기한	**지연수취(0.5%)**	**미수취(가산세 없음)**
10.15	~11.10	**11.11~차차년도 1.25**	차차년도 1.26. 이후
		매입세액공제	**매입세액불공제**

〈매출매입신고누락분〉

구분			공급가액	세액
매출	과세	세금(전자)	1,000,000(지연발급)	100,000
		기 타		
	영세	세금(전자)	2,000,000(지연전송)	-
		기 타		-
매입	세금계산서 등		500,000(지연수취)	50,000
미달신고(납부)→ 신고 · 납부지연				50,000

1. 전자세금계산서 지연발급	**1,000,000원** × 1% = 10,000원
2. 전자세금계산서 지연전송	**2,000,000원** × 0.3% = 6,000원
3. 전자세금계산서 지연수취	**500,000원** × 0.5% = 2,500원
4. 영세율과세표준신고 불성실	**2,000,000원** × 0.5% ×(1- 50%) = 5,000원 * 1개월 이내 기한후신고시 50% 감면
5. 신고불성실(일반무신고)	**50,000원** × 20% × (1-50%) = 5,000원 * 1개월 이내 기한후신고시 50% 감면
6. 납부지연	**50,000원** × 11일 × 2(가정)/10,000 = 110원
계	**28,610원**

3. 과세표준명세

기한후 과세표준에 체크하고, 신고연월일 20x2년 2월 5일로 수정한다.

문제 3 결산

[1] [수동결산]

(차) 기계장치 5,000,000 (대) 제품(타계정) 5,000,000

[자동결산]

원재료 30,000,000원, 재공품 17,000,000원 제품 23,000,000원 입력

[2] [자동결산]

퇴직급여(판관비) = 65,000,000 - 0(합계잔액시산표 조회) = 65,000,000원

[3] [수동결산]

(차) 퇴직연금운용자산(국민은행) 1,200,000 (대) 이자수익 1,200,000

[4] [수동결산]

(차) 이 자 비 용 3,000,000원 (대) 사채할인발행차금 3,000,000원

☞ 사채할인발행차금 상각은 유효이자율법을 적용하는 것이 원칙이며 상각액은 이자비용으로 회계처리한다.

문제 4 원천징수

[1] 기타소득

1. 기타소득자등록

① 김대한(101)

등록사항	
1.거 주 구 분	1 거 주
2.소 득 구 분	251 내국법인 배당·분배금, 건설이자 / 연 말 정 산 적 용
3.내 국 인 여부	1 내국인 (거주지국코드) 등록번호
4.생 년 월 일	년 월 일
5.주민 등록 번호	______-_______
6.소득자구분/실명	111 내국인주민등록번호 / 실명 0 실 명
7.개인/ 법인구분	1 개 인 / 필요경비율 %

② 김민국(201)

1.거 주 구 분	1 거 주
2.소 득 구 분	122 비영업대금의 이익(소법§16①11) / 연 말 정 산 적 용
3.내 국 인 여부	1 내국인 (거주지국코드) 등록번호
4.생 년 월 일	년 월 일
5.주민 등록 번호	______-_______
6.소득자구분/실명	111 내국인주민등록번호 / 실명 0 실 명
7.개인/ 법인구분	1 개 인 / 필요경비율 %

☞ <u>배당소득은 법인에게 지급시 원천징수의무가 없다.</u>

2. 이자배당소득자료입력

① 김대한(101)

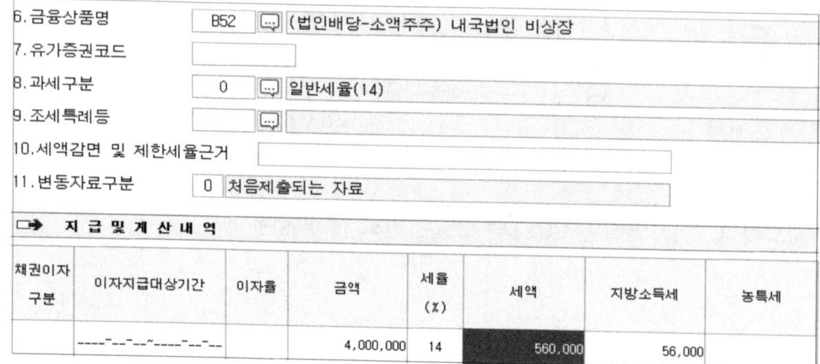

6.금융상품명	B52 (법인배당-소액주주) 내국법인 비상장
7.유가증권코드	
8.과세구분	0 일반세율(14)
9.조세특례등	
10.세액감면 및 제한세율근거	
11.변동자료구분	0 처음제출되는 자료

지 급 및 계 산 내 역

채권이자구분	이자지급대상기간	이자율	금액	세율(%)	세액	지방소득세	농특세
	----\-\-\-\-~----\-\-\-\-		4,000,000	14	560,000	56,000	

② 김민국(201)

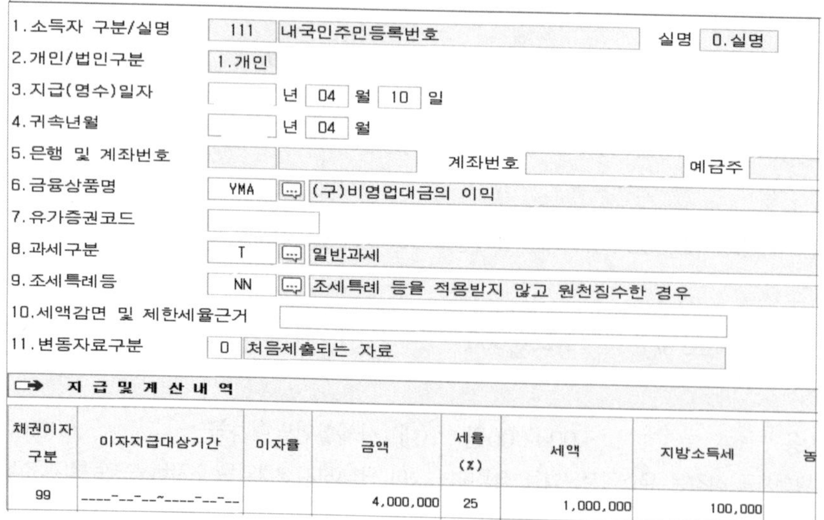

1.소득자 구분/실명	111 내국인주민등록번호 / 실명 0.실명
2.개인/법인구분	1.개인
3.지급(명수)일자	년 04 월 10 일
4.귀속년월	년 04 월
5.은행 및 계좌번호	계좌번호 / 예금주
6.금융상품명	YMA (구)비영업대금의 이익
7.유가증권코드	
8.과세구분	T 일반과세
9.조세특례등	NN 조세특례 등을 적용받지 않고 원천징수한 경우
10.세액감면 및 제한세율근거	
11.변동자료구분	0 처음제출되는 자료

지 급 및 계 산 내 역

채권이자구분	이자지급대상기간	이자율	금액	세율(%)	세액	지방소득세	농
99	----\-\-\-\-~----\-\-\-\-		4,000,000	25	1,000,000	100,000	

[2] 사원등록 및 연말정산

1. 사원등록

가족	요건		기본공제	추가공제(자녀)	판 단
	연령	소득			
본인	-	-	○		**종합소득금액 30백만원 초과자(총급여액 50,000,000원)로 부녀자 공제 미적용, 배우자공제와 한부모소득공제는 중복적용되지 않는다.**
배우자	-	○	○		**사망일 전일로 판단하고 총급여액 5백만원 이하자**
장남(35)	×	○	○	장애(1), 자녀	**장애인은 연령요건을 따지지 않는다.**
차남(30)	×	○	부		
3남(18)	○	○	○	자녀	**직계비속은 항상 생계를 같이하는 것으로 본다.**
장녀(6)	○	○	○		
며느리	삭제			-	**직계비속이 장애인이고 며느리가 장애인일 경우 기본공제대상자가 된다.**
부친(82)	○	○	○	장애(3) 경로	

2. 연말정산 추가자료 판단 및 입력

항 목	요건		내역 및 대상여부	입력
	연령	소득		
보 장 성 보 험 료	○ (×)	○	• 본인 생명보험료 • 장남 장애인전용보장성보험료	○(일반 700,000) ○(장애인 1,100,000)
의 료 비	×	×	• 본인 의료비(실손의료보험금 차감) • 장남 재활치료비 • 차남 **희귀난치성질환자 치료비** • 장녀(과세기간 개시일 6세 이하) 병원치료비	○(본인 700,000) ○(장애 2,000,000) ○(특정 3,000,000) ○(특정 1,000,000)
연금저축	본인만 대상		• **연금저축(본인)**	○(연금 2,000,000)
교 육 비	×	○	• 본인 대학교 등록금 • 차남 대학 등록금 • 3남 수능응시료 및 대학입학전형료	○(본인 3,000,000) ○(대학 6,000,000) ○(고등 1,000,000)
기 부 금	×	○	• 차남(30) 종교단체 기부금	○(종교 5,000,000)

항 목	요건		내역 및 대상여부	입력
	연령	소득		
신용카드	×	○	• 본인(**의료비는 중복적용가능, 법인경비 제외**) • 배우자 신용카드사용액 • 장남 신용카드 • 3남 신용카드 영화관람료	○(신용 12,000,000) ○(전통 3,000,000) ○(대중 700,000) ○(도서 300,000)

부양가족	신용카드	의료비	기부금	연금저축	연말정산입력
보험료 교육비	**해당 사항을 입력 후 최종적으로 연말정산 입력 탭에서 F8부양가족탭불러오기를 클릭하여 입력된 데이터를 불러와서 최종 확인한다.**				

[소득공제]		
1. 신용카드	① 신용카드 ② 전통시장 ③ 대중교통비 ④ 도서공연비(영화관람료도 대상)	12,000,000 3,000,000 700,000 300,000
[연금계좌세액공제]	연금저축	2,000,000
[특별세액공제]		
1. 보장성보험료	① 일반 ② 장애인전용	700,000 1,100,000
2. 의료비	① 특정(본인) ② 특정(장애) ③ 특정(중증환자 외) ④ 특정(6세 이하-개정세법 24)	1,000,000 2,000,000 3,000,000 1,000,000
3. 교육비	① 본 인 ② 초중고 ③ 대학생	3,000,000 1,000,000 6,000,000
4. 기부금	① 일반(종교단체)	5,000,000

[3] 사원등록(중소기업취업자에 대한 소득세 감면)

1. 기본사항 : 201. 홍길동 등록 입사년월일 20X1.03.01 생산직
2. 부양가족명세 : 기본공제 본인 및 배우자 입력
3. 추가사항

9.회계처리(급여)	0504	임금	(상여금)	0505	상여금
10.학자금상환공제여부	0	부	원천공제통지액		
11.중소기업취업감면여부	1	여	나이(만)	24 세	
감면기간	20x1-03-01 ~ 20x6-03-31	감면율 4 90 %	감면입력	1	급여입력
12.소득세 적용률	2	80%			

「중소기업취업감면여부」에 「여」 「감면기간」란에 「20×1-03-01」부터 「20×1-03-31」까지 5년간 「감면율」은 「90%」 「감면입력」란에는 「급여입력」을 선택한다.

· 시작일 : 소득세 감면을 받은 최초 취업일, · 종료일 : 시작일부터 5년이 속하는 달의 말일

12. 소득세 적용률은 매월 급여 지급시 원천징수세액의 비율로서 최소 원천징수적용률을 선택한다.

Part Ⅶ

기출문제

〈전산세무 1급 출제내역〉

구분	항목	배점	내용
이론	1. 재무회계	10점	객관식 5문항
	2. 원가회계	10점	객관식 5문항
	3. 세무회계	10점	객관식 5문항(부가가치세, 소득세, 법인세)
실무	1. 전표입력	12점	일반전표 및 매입매출전표 입력
	2. 부가가치세	10점	**부가가치세 수정, 기한후 신고서(가산세), 전자신고** **부가세 부속명세서**
	3. 결산자료입력	8점	수동결산 및 자동결산 **법인세 계산 및 입력**
	4. 원천징수	10점	**사원등록(인적공제)**/ 급여자료입력/ **연말정산** **원천징수이행상황신고서, 전자신고** **기타소득, 사업소득, 금융소득자료 입력**
	5. 법인조정	30점	**수입금액 조정** **감가상각비 조정** **과목별 세무조정** **법인세과세표준및 세액조정계산서**
계		100점	

2024년 주요 개정세법 (전산세무1급 관련)

Ⅰ. 부가가치세법

1. 매입자 발행세금계산서 발행 신청기한 확대

현행	과세기간 종료일부터 6개월 이내	개정	1년 이내

2. 간이과세포기 후 포기신고의 철회가 가능(2024.07.01. 이후 포기분부터)

현행	포기 후 3년간 간이과세 적용 불가능	개정	포기신고의 철회가 가능

Ⅱ. 소득세법

1. 배당소득 이중과세 조정을 위한 배당가산율 조정

현행	11%	개정	10%

2. 출산 · 보육수당 비과세 한도 상향

현행	월 10만원 이하	개정	월 20만원 이하

3. 국외근로소득(외항선 선원 및 해외 건설근로자 등)기준 비과세 한도 확대

현행	월 300만원	개정	월 500만원

4. 직무발명보상금 비과세 한도 상향

현행	연 5백만원 이하	개정	연 700만원 이하

5. 자녀세액공제 대상 추가 및 금액 상향

현행	추가 1명 : 15만원 2명 : 30만원	개정	손자녀 1명 : 15만원 2명 : 35만원

6. 산후조리비용의 총급여액 요건(7천만원 이하자) 폐지

7. 특정의료비 대상 추가

현행	추가	개정	(과세기간 개시일 현재) 6세 이하 부양가족

8. 월세 세액공제 소득기준 및 한도 상향

현행	- 총급여액 7천만원(종합소득금액 6천만원 이하) - (공제한도) 750만원	개정	- 총급여액 8천만원(종합소득금액 7천만원 이하) - 1,000만원

Ⅲ. 법인세(조특법 포함)

1. 접대비 명칭을 변경

현행		개정	
현행	접대비	개정	**기업업무추진비**

2. 업무용승용차 손금산입 시 전용번호판 부착요건 추가

현행		개정	
현행	업무전용보험가입 〈추가〉	개정	**(좌동)** **법인업무용 전용번호판 부착**

3. **장애인 고용부담금 손금불산입 명확화**

4. 전통시장에서 사용하는 기업업무추진비 손금산입 한도 확대(조특법)

현행		개정	
현행	〈신설〉	개정	**일반기업 업무추진비 한도의 10% 추가**

20년 **월 **일 시행**
제*회 전산세무회계자격시험**

3교시 A형

종목 및 등급 : 전산세무1급 - 제한시간 : 90분
(15:00 ~ 16:30) - 페이지수 : 14p

▶시험시작 전 문제를 풀지 말것◀

① USB 수령	· 감독관으로부터 시험에 필요한 응시종목별 기초백데이타 설치용 USB를 수령한다. · USB 꼬리표가 **본인의 응시종목과 일치하는지 확인하고, 꼬리표 뒷면에 수험정보를** 정확히 기재한다.
② USB 설치	· USB를 컴퓨터의 **USB 포트에** 삽입하여 인식된 해당 USB 드라이브로 이동한다. · USB드라이브에서 기초백데이타설치프로그램인 'Tax.exe' 파일을 실행한다. [주의] USB는 처음 설치이후, 시험 중 수험자 임의로 절대 재설치(초기화)하지 말 것.
③ 수험정보입력	· [수험번호(8자리)]와 [성명]을 정확히 입력한 후 [설치]버튼을 클릭한다. ※ 입력한 수험정보는 이후 절대 수정이 불가하니 정확히 입력할 것.
④ 시험지 수령	· 시험지와 본인의 응시종목(급수) 일치 여부 및 문제유형(A 또는 B)을 확인한다. · 문제유형(A 또는 B)을 프로그램에 입력한다. · 시험지의 총 페이지수를 확인한다. ※응시종목 및 급수와 파본 여부를 확인하지 않은 것에 대한 책임은 수험자에게 있음.
⑤ 시험 시작	· 감독관이 불러주는 '**감독관확인번호**'를 정확히 입력하고, 시험에 응시한다.
(시험을 마치면) ⑥ USB 저장	· **이론문제의 답**은 메인화면에서 [이론문제 답안작성]을 클릭하여 입력한다. · **실무문제의 답**은 문항별 요구사항을 수험자가 파악하여 각 메뉴에 입력한다. · 이론과 실무문제의 **답을 모두 입력한 후** [답안저장(USB로 저장)]을 클릭하여 답안을 저장한다. · **저장완료** 메시지를 확인한다.
⑦ USB 제출	· 답안이 수록된 USB 메모리를 빼서, <감독관>에게 제출 후 조용히 퇴실한다.

▶ 본 자격시험은 전산프로그램을 이용한 자격시험입니다. 컴퓨터의 사양에 따라 전산프로그램이 원활히 작동하지 않을 수도 있으므로 전산프로그램의 진행속도를 고려하여 입력해주시기 바랍니다.
▶ 수험번호나 성명 등을 잘못 입력했거나, 답안을 USB에 저장하지 않음으로써 발생하는 일체의 불이익과 책임은 수험자 본인에게 있습니다.
▶ 타인의 답안을 자신의 답안으로 부정 복사한 경우 해당 관련자는 모두 불합격 처리됩니다.
▶ 타인 및 본인의 답안을 복사하거나 외부로 반출하는 행위는 모두 부정행위 처리됩니다.
▶ PC, 프로그램 등 조작미숙으로 시험이 불가능하다고 판단될 경우 불합격처리 될 수 있습니다.
▶ **시험 진행 중에는 자격검정(KcLep)프로그램을 제외한 일체의 다른 프로그램을 사용할 수 없습니다.**
(예시. 인터넷, 메모장, 윈도우 계산기 등)

[이론문제 답안작성] 을 한번도 클릭하지 않으면 [답안저장(USB로 저장)] 을 클릭해도 답안이 저장되지 않습니다.

제111회 전산세무 1급

합격율	시험년월
9%	2023.12

다음 문제를 보고 알맞은 것을 골라 이론문제 답안작성 메뉴에 입력하시오. (객관식 문항당 2점)

〈 기 본 전 제 〉

문제에서 한국채택국제회계기준을 적용하도록 하는 전제조건이 없는 경우, 일반기업회계기준을 적용한다.

이 론

01. 다음 중 재고자산에 대한 설명으로 옳지 않은 것은?

① 매입한 상품 중 선적지 인도기준에 의해 운송 중인 상품은 구매자의 재고자산에 포함된다.
② 위탁판매를 위해 수탁자가 보관 중인 상품은 수탁자의 재고자산에 포함된다.
③ 저가법으로 평가 시 발생한 재고자산 평가손실은 매출원가에 가산하며 재고자산의 차감계정으로 표시한다.
④ 영업활동을 수행하는 과정에서 발생하는 정상적인 감모손실은 매출원가로 처리한다.

02. 다음의 자본내역을 바탕으로 자기주식(취득가액 : 1주당 50,000원) 100주를 1주당 80,000원에 처분한 경우 재무상태표상 자기주식처분이익 잔액은 얼마인가? 단, 다음 자료는 자기주식 처분 전 자본내역이다.

• 보통주 자본금 : 99,000,000원(9,900주, 주당 10,000원) • 자기주식처분손실 : 1,000,000원
• 자기주식 : 5,000,000원 • 감자차손 : 1,300,000원 • 미처분이익잉여금 : 42,000,000원

① 1,000,000원 ② 2,000,000원 ③ 3,000,000원 ④ 4,000,000원

03. 다음 중 당기에 취득한 유가증권을 매도가능증권으로 분류하는 경우와 단기매매증권으로 분류하는 경우 각각 당기 재무제표에 미치는 영향으로 알맞게 짝지어진 것은?

• 1주당 취득가액 : 10,000원
• 취득 주식 수 : 3,000주
• 1주당 기말 평가액 : 8,000원
• 취득 시 발생한 거래 수수료 : 55,000원

	매도가능증권	단기매매증권
①	(-)6,000,000원기타포괄손익	(-)6,055,000원당기손익
②	0원기타포괄손익	(-)6,055,000원당기손익
③	0원당기손익	(-)6,000,000원당기손익
④	(-)6,055,000원기타포괄손익	(-)6,055,000원당기손익

04. 다음 중 유형자산의 취득원가를 증가시키는 항목에 포함되지 않는 것은?

① 유형자산과 관련하여 새로운 고객층을 대상으로 영업을 하는데 소요되는 직원 교육훈련비
② 설계와 관련하여 전문가에게 지급하는 수수료
③ 유형자산이 정상적으로 작동되는지 여부를 시험하는 과정에서 발생하는 원가
④ 취득세, 등록면허세 등 유형자산의 취득과 직접 관련된 제세공과금

05. 다음 중 아래의 이익잉여금처분계산서에 대한 설명으로 옳지 않은 것은? 단, 제8기의 기말 자본금은 3억원, 이익준비금 잔액은 10,000,000원이며, 상법 규정에 따른 최소한의 이익준비금만 적립하기로 한다.

이익잉여금처분계산서

제8기 20x1.1.1.부터 20x1.12.31.까지

처분예정일 20x2.03.12. (단위 : 원)

과목	금액	
Ⅰ.미처분이익잉여금		108,000,000
1.전기이월미처분이익잉여금	40,000,000	
2.전기오류수정이익	8,000,000	
3.당기순이익	60,000,000	
Ⅱ.임의적립금 등의 이입액		10,000,000
1.결손보전적립금	10,000,000	
Ⅲ.이익잉여금처분액		(B)
1.이익준비금	(A)	
2.현금배당	30,000,000	
3.주식할인발행차금	5,000,000	
Ⅳ.차기이월 미처분이익잉여금		80,000,000

① 20x1년에 전기오류수정사항을 발견했으며 이는 중대한 오류에 해당한다.
② 20x1년도 손익계산서상 당기순이익은 108,000,000원이다.
③ (B)의 이익잉여금처분액 총액은 38,000,000원이다.
④ 20x1년 재무상태표상 주식발행초과금 잔액은 없다.

06. 다음 중 원가 집계과정에 대한 설명으로 틀린 것은?

① 당기총제조원가는 재공품계정의 대변으로 대체된다.
② 당기제품제조원가(당기완성품원가)는 제품계정의 차변으로 대체된다.
③ 당기제품제조원가(당기완성품원가)는 재공품계정의 대변으로 대체된다.
④ 제품매출원가는 매출원가계정의 차변으로 대체된다.

07. ㈜세민의 보조부문에서 발생한 변동제조간접원가는 3,000,000원, 고정제조간접원가는 5,000,000원이며, 제조부문의 기계시간 관련 자료는 다음과 같다. 이중배분율법에 의하여 보조부문의 제조간접원가를 제조부문에 배분할 경우 수선부문에 배분될 제조간접원가는 얼마인가?

구분	실제기계시간	최대기계시간
조립부문	5,400시간	8,800시간
수선부문	4,600시간	7,200시간

① 2,900,000원　② 3,350,000원　③ 3,500,000원　④ 3,630,000원

08. 다음의 정상개별원가계산의 배부차이 조정 방법 중 당기순이익에 미치는 영향이 동일한 것끼리 짝지어진 것은? 단, 기말재고가 있는 것으로 가정한다.

> 가. 총원가비례배분법　나. 원가요소별 비례배분법　다. 매출원가조정법　라. 영업외손익법

① 가, 다　② 나, 라　③ 다, 라　④ 모두 동일

09. 다음 중 공손에 대한 설명으로 틀린 것은?

① 정상공손은 정상품을 생산하기 위하여 어쩔 수 없이 발생하는 계획된 공손이다.
② 비정상공손은 통제할 수 없으므로 제품원가로 처리될 수 없다.
③ 기말재공품이 품질검사를 받지 않았다면, 정상공손원가는 모두 완성품에만 배부된다.
④ 정상공손은 단기적으로 통제할 수 없으므로 정상품원가에 가산된다.

10. ㈜성심은 단일 종류의 제품을 대량 생산하고 있다. 다음 자료를 바탕으로 평균법에 의한 기말재공품원가를 구하면 얼마인가? 단, 직접재료원가는 공정 초기에 모두 투입하고, 가공원가는 공정 전반에 걸쳐 균등하게 발생하며 공손품원가를 정상품의 제조원가에 포함하여 처리한다.

> • 기초재공품 : 300개(완성도 60%), 직접재료원가 120,000원, 가공원가 200,000원
> • 당기착수 : 900개, 직접재료원가 314,400원, 가공원가 449,750원
> • 당기완성품 : 1,000개
> • 기말재공품 : 100개(완성도 50%)
> • 정상공손은 완성품 수량의 10%이며, 품질검사는 공정의 완료시점에 실시한다.

① 64,450원　② 74,600원　③ 92,700원　④ 927,000원

11. 다음 중 부가가치세법상 영세율에 대한 설명으로 잘못된 것은?

① 영세율은 원칙적으로 거주자 또는 내국법인에 대하여 적용하며, 비거주자 또는 외국법인의 경우는 상호주의에 의한다.
② 선박 또는 항공기에 의한 외국항행용역의 공급은 영세율을 적용한다.
③ 수출을 대행하고 수출대행수수료를 받는 수출대행용역은 영세율에 해당한다.
④ 영세율을 적용받는 경우 조기환급이 가능하다.

12. 다음 중 아래의 사례에 적용될 부가가치세법상 환급에 대한 설명으로 옳은 것은? 단, 조기환급에 해당하는 경우 조기환급신고를 하기로 한다.

㈜부천은 법정신고기한 내에 20x1년 제2기 부가가치세 예정신고를 마쳤으며, 매출세액은 10,000,000원, 매입세액은 25,000,000원(감가상각자산 매입세액 20,000,000원 포함)으로 신고서상 차가감하여 납부(환급)할 세액은 (-)15,000,000원이다.

① 예정신고기한이 지난 후 30일 이내에 15,000,000원이 환급된다.
② 예정신고 시 환급세액은 환급되지 않으므로 20x1년 제2기 확정신고 시 예정신고미환급세액으로 납부세액에서 차감한다.
③ 환급세액에 매입세액 중 고정자산 매입세액의 비율을 곱하여 산출되는 12,000,000원만 환급된다.
④ 예정신고기한이 지난 후 15일 이내에 15,000,000원이 환급된다.

13. 다음 중 소득세법상 기타소득에 대한 설명으로 틀린 것은?

① 원천징수된 기타소득금액의 연간 합계액이 300만원 이하인 경우 종합과세를 선택할 수 있다.
② 기타소득금액이 건당 5만원 이하인 경우 납부할 기타소득세는 없다.
③ 복권당첨소득이 3억원을 초과하는 경우 그 당첨소득 전체의 30%를 원천징수한다.
④ 기타소득의 유형과 유사한 소득이라 하더라도 그 소득이 사업의 형태를 갖추고 계속적, 반복적으로 발생되는 경우 사업소득에 해당한다.

실 무

㈜기백산업(1110)는 제조·도소매업을 영위하는 중소기업으로 당기 회계기간은 20x1.1.1.~20x1.12.31.이다. 전산세무회계 수험용 프로그램을 이용하여 다음 물음에 답하시오.

〈 기 본 전 제 〉

- 문제에서 한국채택국제회계기준을 적용하도록 하는 전제조건이 없는 경우, 일반기업회계기준을 적용하여 회계처리 한다.
- 문제의 풀이와 답안작성은 제시된 문제의 순서대로 진행한다.

문제 1 다음 거래에 대하여 적절한 회계처리를 하시오.(12점)

〈 입력 시 유의사항 〉

- 일반적인 적요의 입력은 생략하지만, 타계정 대체거래는 적요 번호를 선택하여 입력한다.
- 세금계산서 · 계산서 수수 거래 및 채권 · 채무 관련 거래는 별도의 요구가 없는 한 반드시 기등록된 거래처코드를 선택하는 방법으로 거래처명을 입력한다.
- 제조경비는 500번대 계정코드를, 판매비와관리비는 800번대 계정코드를 사용한다.
- 회계처리 시 계정과목은 등록된 계정과목 중 가장 적절한 과목으로 한다.
- 매입매출전표를 입력하는 경우 입력화면 하단의 분개까지 처리하고, 세금계산서 및 계산서는 전자 여부를 입력하여 반영한다.

[1] 02월 10일 당사의 제품을 ㈜서강에게 5,500,000원(부가가치세 포함)에 판매하고 ㈜서강에게 지급해야 할 미지급금 2,000,000원을 제품 대금과 상계하기로 상호 합의하였으며, 나머지 금액은 10일 뒤 수령하기로 하였다. (3점)

전자세금계산서					승인번호	20230210-15454645-58811886		
공급자	등록번호	105-81-23608	종사업장번호		공급받는자	등록번호	215-87-00864	종사업장번호
	상호(법인명)	㈜기백산업	성명	최기백		상호(법인명)	㈜서강	성명: 서강준
	사업장주소	서울특별시 동작구 여의대방로 28				사업장주소	서울특별시 구로구 구로동 123	
	업태	제조,도소매	종목	자동차부품		업태	제조	종목: 금형
	이메일					이메일		
						이메일		
작성일자	공급가액	세액	수정사유	비고				
20x1-02-10	5,000,000	500,000	해당 없음	당사 미지급금 2,000,000원 대금 일부 상계				
월	일	품목	규격	수량	단가	공급가액	세액	비고
02	10	자동차부품		10	500,000	5,000,000	500,000	

[2] 04월 11일 제조부에서 사용하던 기계장치가 화재로 인해 소실되어 동일 날짜에 ㈜조은손해보험으로부터 보험금을 청구하여 보험금 12,000,000원을 보통예금 계좌로 입금받았다. 해당 기계장치 관련 내용은 다음과 같고, 소실 전까지의 관련 회계처리는 적정하게 이루어졌다. (3점)

- 기계장치 : 23,000,000원 • 감가상각누계액 : 8,000,000원 • 국고보조금 : 5,000,000원

[3] 08월 31일 단기매매 목적으로 보유 중인 주식회사 최강의 주식(장부가액 25,000,000원)을 전부 20,000,000원에 매각하였다. 주식 처분 관련 비용 15,000원을 차감한 잔액이 보통예금 계좌로 입금되었다. (3점)

[4] 09월 26일 당사는 수출업자인 ㈜신화무역과 직접 도급계약을 체결하여 수출재화에 대한 임가공용역(공급가액 13,000,000원)을 제공하고, 이에 대한 대금은 다음 달 말일에 받기로 하였다(단, 세금계산서는 부가가치세 부담을 최소화하는 방향으로 전자 발행하였으며, 매출은 용역매출 계정을 사용하고, 서류번호 입력은 생략한다). (3점)

문제 2 다음 주어진 요구사항에 따라 부가가치세 신고서 및 부속서류를 작성 하시오.(10점)

[1] ㈜기백산업은 20x1년 제1기 부가가치세 확정신고를 기한 내에 정상적으로 마쳤으나, 신고기한이 지난 후 다음의 오류를 발견하여 정정하고자 한다. 아래의 자료를 이용하여 [매입매출전표입력]에서 오류사항을 수정 또는 입력하고 제1기 확정신고기간의 [부가가치세신고서(1차 수정신고)]와 [과세표준및세액결정(경정)청구서]를 작성하시오. (7점)

1. 오류사항
   - 06월 15일 : 전자세금계산서를 발급한 외상매출금 2,200,000원(부가가치세 포함)을 신용카드(현대카드)로 결제받고, 이를 매출로 이중신고하였다(음수로 입력하지 말 것).
   - 06월 30일 : 영업부의 소모품비 220,000원(부가가치세 포함)을 킹킹상사에 현금으로 지급하고 종이세금계산서를 발급받았으나 이를 누락하였다.
2. 경정청구 이유는 다음과 같다.
   ① 과세표준 : 신용카드, 현금영수증 매출 과다 신고
   ② 매입세액 : 매입세금계산서합계표 단순누락, 착오기재
3. 국세환급금 계좌신고는 공란으로 두고, 전자신고세액공제는 적용하지 아니한다.

[2] 아래의 자료를 이용하여 제2기 부가가치세 예정신고기간에 대한 [신용카드매출전표등수령명세서]를 작성하시오. (3점)

• 20x1년 7월~9월 매입내역

구입일자	상호 사업자등록번호	공급대가	증빙	비고
20x1.07.12.	은지상회 378-12-12149	220,000원	현금영수증 (지출증빙)	공급자는 세금계산서 발급이 가능한 간이과세자이다.
20x1.08.09.	가가스포츠 156-11-34565	385,000원	신용카드 (사업용카드)	직원 복리후생을 위하여 운동기구를 구입하였다.
20x1.08.11.	지구본뮤직 789-05-26113	22,000원	신용카드 (사업용카드)	직원 휴게공간에 틀어놓을 음악CD를 구입하였다.
20x1.09.25.	장수곰탕 158-65-39782	49,500원	현금영수증 (소득공제)	직원 회식대

※ 은지상회를 제외한 업체는 모두 일반과세자이다.

※ 신용카드(사업용카드) 결제분은 모두 국민법인카드(1234-1000-2000-3004)로 결제하였다.

문제 3 다음의 결산정리사항에 대하여 결산정리분개를 하거나 입력을 하여 결산을 완료하시오.(8점)

[1] 영업부의 업무용 차량 보험료 관련 자료는 다음과 같다. 결산일에 필요한 회계처리를 하되, 전기 선급비용에 대한 보험료와 당기 보험료에 대하여 각각 구분하여 회계처리하시오(단, 보험료의 기간 배분은 월할 계산하되, 음수로 입력하지 말 것). (2점)

차량 정보 - 차종 : F4(5인승, 2,000cc)
- 차량번호 : 195호1993

구분	금액	비고
선급비용	400,000원	전기 결산 시 20x1년 귀속 보험료를 선급비용으로 처리하였다.
보험료	1,200,000원	• 보험기간 : 20x1.04.01.~20x2.03.31. • 법인카드로 결제 후 전액 비용으로 처리하였다.

[2] 아래와 같이 발행된 사채에 대하여 결산일에 필요한 회계처리를 하시오. (2점)

발행일	사채 액면가액	사채 발행가액	표시이자율	유효이자율
20x1.01.01	50,000,000원	47,000,000원	연 5%	연 6%

- 사채의 발행가액은 적정하고, 사채발행비와 중도에 상환한 내역은 없는 것으로 가정한다.
- 사채이자는 매년 12월 31일에 보통예금 계좌에서 이체하여 지급한다.

[3] 실지재고조사법에 따른 기말재고자산 내역은 다음과 같다. (2점)

구분	금액	비고
제품	12,000,000원	롯데백화점에 판매를 위탁했으나 결산일 현재 판매되지 않은 적송품의 제품원가 1,000,000원은 포함되어 있지 않다.
재공품	5,500,000원	-
원재료	3,000,000원	결산일 현재 운송 중인 도착지 인도조건으로 매입한 원재료 2,000,000원은 포함되어 있지 않다.

[4] 결산일 현재 외상매출금 잔액과 미수금 잔액에 대해서 1%의 대손충당금을 보충법으로 설정하고 있다(외상매출금 및 미수금 이외의 채권에 대해서는 대손충당금을 설정하지 않는다). (2점)

문제 4 20x1년 귀속 원천징수와 관련된 다음의 물음에 답하시오. (10점)

[1] 다음 중 기타소득에 해당하는 경우 [기타소득자등록] 및 [기타소득자료입력]을 작성하시오(단, 필요경비율 적용 대상 소득은 알맞은 필요경비율을 적용한다). (4점)

코드	성명	거주구분	주민등록번호	지급내역	지급액 (소득세 및 지방소득세 공제 후)
001	고민중	거주/내국인	751015-1234568	일시적인 원고료	6,384,000원
002	은구슬	거주/내국인	841111-2345671	오디션 대회 상금	19,120,000원
003	박살라	거주/내국인	900909-2189527	계속반복적 배달수당	967,000원

※ 상기 지급액의 귀속월은 20x1년 8월이며, 지급연월일은 20x1년 8월 5일이다.

[2] 다음은 영업부 사원 진시진(사번:1014)의 연말정산 관련 자료이다. [사원등록] 메뉴의 [부양가족] 탭을 작성하고, [연말정산추가자료입력] 메뉴의 [부양가족] 탭, [월세,주택임차] 탭 및 [연말정산입력] 탭을 작성하시오(단, 부양가족은 기본공제대상자 여부와 관계없이 모두 등록할 것). (6점)

1. 부양가족

관계	성명	주민등록번호	비고
본인	진시진	830718-2102823	• 총급여액 38,000,000원(종합소득금액 30,000,000원 이하임) • 무주택세대의 세대주
배우자	편현주	880425-1436802	• 사업소득에서 결손금 8,000,000원 발생함 • 장애인복지법에 의한 장애인
아들	편영록	100506-3002001	• 중학교 재학 중 • 아마추어 바둑대회상금 10,000,000원 (80% 필요경비가 인정되는 기타소득에 해당하며, 종합소득세 신고는 하지 않음)
딸	편미주	120330-4520265	• 초등학교 재학 중
아버지	진영모	520808-1202821	• 1월 15일 주택을 양도하여 양도소득세를 신고하였으며, 양도소득금액은 2,940,000원이다.

※ 배우자 편현주는 귀농 준비로 별거 중이며, 다른 가족들은 생계를 같이 하고 있다.

2. 연말정산자료간소화자료

20x1년 귀속 소득(세액)공제증명서류 : 기본(지출처별)내역
[보장성 보험, 장애인전용보장성보험]

■ 계약자 인적사항

성명	진시진	주민등록번호	830718-2102823

■ 보장성보험(장애인전용보장성보험)납입내역 (단위 : 원)

종류	상호 사업자번호 종피보험자1	보험종류 증권번호 종피보험자2	주피보험자 종피보험자3	납입금액 계
보장성	***생명 ***-**-*****		830718-2102823 진시진	800,000
보장성	**화재보험 주식회사 ***-**-*****		880425-1436802 편현주	500,000
장애인전용 보장성	**생명 ***-**-*****		880425-1436802 편현주	1,200,000
인별합계금액		2,500,000		

20x1년 귀속 소득(세액)공제증명서류 : 기본(지출처별)내역 [교육비]

■ 학생 인적사항

성명	편영록	주민등록번호	100506-3002001

■ 교육비 지출내역

(단위 : 원)

교육비 종류	학교명	사업자번호	납입금액 계
중학교	**중학교	*** _ ** _ *****	1,200,000
인별합계금액	1,200,000		

20x1년 귀속 소득(세액)공제증명서류 : 기본(지출처별)내역 [기부금]

■ 기부자 인적사항

성명	편현주	주민등록번호	880425-1436802

■기부금지출내역

(단위 : 원)

사업자번호	단체명	기부유형	기부금액 합계	공제대상 기부금액	기부장려금 신청금액
*** _ ** _ *****	***	정치자금기부금	1,100,000	1,100,000	0
인별합계금액	1,100,000				

3. 월세자료

부동산 월세 계약서

본 부동산에 대하여 임대인과 임차인 쌍방은 다음과 같이 합의하여 임대차계약을 체결한다.

1. 부동산의 표시

소재지	경기도 부천시 부흥로 237, 2002호					
건물	구조	철근콘크리트	용도	오피스텔(주거용)	면적	84 ㎡
임대부분	상동 소재지 전부					

2. 계약내용

제 1 조 위 부동산의 임대차계약에 있어 임차인은 보증금 및 차임을 아래와 같이 지불하기로 한다.

보증금	일금 일억 원정 (₩ 100,000,000)
차 임	일금 일백이십만 원정 (₩ 1,200,000)은 매월 말일에 지불한다.

제 2 조 임대인은 위 부동산을 임대차 목적대로 사용·수익할 수 있는 상태로 하여 20x0년 02월 01일까지 임차인에게 인도하며, 임대차기간은 인도일로부터 20x2년 01월 31일까지 24개월로 한다.

...중략...

(갑) 임대인 : 조물주 (510909-2148719) (인)

(을) 임차인 : 진시진 (830718-2102823) (인)

이론과 실무문제의 답을 모두 입력한 후 「답안저장(USB로 저장)」을 클릭하여 저장하고, USB메모리를 제출하시기 바랍니다.

제111회 전산세무1급 답안 및 해설

이 론

1	2	3	4	5	6	7	8	9	10	11	12	13		
②	②	④	①	②	①	④	③	②	①	③	④	③		

01. 위탁판매를 위해 **수탁자가 보관 중인 상품은 위탁자의 재고자산에 포함**된다.

02. 처분손익 = [처분가액(80,000) - 취득가액(50,000)] × 100주 = 3,000,000원(이익)

자기주식처분손익 잔액 = 자기주식처분이익(3,000,000) - 자기주식처분손실(1,000,000)
= 2,000,0000원

자기주식처분손실은 **자기주식처분이익과 우선적으로 상계**한다.

03. 취득가액(매도) = 취득단가(10,000) × 주식수(3,000) + 수수료(55,000) = 30,055,000원

취득가액(단기) = 취득단가(10,000) × 주식수(3,000) = 30,000,000원

기말공정가액 = 평가액(8,000) × 300주 = 24,000,000원

평가손익(매도) = 공정가액(24,000,000) - 장부가액(30,055,000) = (-)6,055,000원
→기타포괄손실(자본)

평가손익(단기) = 공정가액(24,000,000) - 장부가액(30,000,000) = (-)6,000,000원
→당기손실(손익계산서)

당기손실(단기매매증권) = 수수료비용(50,000) + 평가손실(6,000,000) = 6,0500,000원

→ 매도가능증권이나 단기매매증권의 취득 및 평가는 자본에 동일한 효과를 미친다.

04. 취득원가는 구입원가 또는 제작원가 및 경영진이 의도하는 방식으로 자산을 가동하는 데 필요한 장소와 상태에 이르게 하는 데 직접 관련되는 원가로 구성된다.

설계와 관련하여 전문가에게 지급하는 수수료, 취득세, 등록세 등 유형자산의 취득과 직접 관련된 제세공과금, 유형자산이 정상적으로 작동되는지 여부를 시험하는 과정에서 발생하는 원가는 취득원가를 구성한다.

05. ① **이익잉여금에 반영한 오류는 중대한 오류에 해당**한다.

② 당기순이익은 60,000,000원이다.

③ 이익준비금(A)는 현금배당액(30,000,000)의 1/10인 최소금액으로 3,000,000원이며, 따라서 (B)는 38,000,000원이다.

④ 주식할인발행차금은 주식발행초과금과 우선 상계하고, 미상계잔액이 있으면 자본에서 차감하는 형식으로 기재하며 **이익잉여금의 처분으로 상각**한다.

06. **당기총제조원가는 재공품계정의 차변으로 대체**된다.

07. 변동제조간접원가 배분액(수선부문) = 변동제조간접원가(3,000,000) ÷ 실제기계시간합계(10,000) × 수선실제기계시간(4,600) = 1,380,000원

고정제조간접원가 배분액(수선부문) = 고정제조간접원가(5,000,000원) ÷ 최대기계시간합계(16,000) × 수선최대기계시간(7,200) = 2,250,000원

제조간접원가(수선) = 변동제조간접원가(1,380,000) + 고정제조간접원가(2,250,000) = 3,630,000원

08. 매출원가조정법과 영업외손익법은 **배부차이 전액을 각각 매출원가와 영업외손익으로 가감하는 방법으로 당기순이익에 미치는 영향이 동일**하다.

09. 비정상공손은 **능률적인 생산 조건에서는 발생하지 않을 것으로 예상되는 공손으로서 통제가능한 공손**이다.

10. 품질검사는 **공정의 완료시점에 하고, 공손품원가를 정상품의 제조원가에 포함하여 처리한다** 하였으므로 공손품을 완성품에 포함하여 계산해도 된다.

〈1단계〉 물량흐름파악(평균법) 재공품		**〈2단계〉 완성품환산량 계산** 재료비	가공비
	완성품 1,100 (100%) (정상공손 포함)	1,100	1,100
	기말재공품 100 (50%)	100	50
	계 1,200	1,200	1,150
〈3단계〉원가요약(기초재공품원가+당기투입원가)		120,000+314,400	200,000+449,750
		1,200	1,150
〈4단계〉 완성품환산량당단위원가		@362	@565

〈5단계〉 기말재공품원가계산

- 기말재공품원가 = 100개 × @362 + 50개 × @565 = 64,450원

11. 수출을 대행하고 수출대행수수료를 받는 수출대행용역은 수출품 생산업자의 수출대행계약에 의하여 수출업자의 명의로 수출하는 경우이다. 따라서 영세율 적용대상 용역에 해당하지 않는다.

12. **감가상각자산의 취득은 조기환급대상(전체 매입세액)에 해당**하며, **예정신고 기한(10.25)이 지난 후 15일** 이내에 예정신고한 사업자에게 환급하여야 한다.

13. 복권당첨소득이 3억원을 초과하는 경우 3억원까지는 20%, **3억 초과분은 30%를 원천징수**한다.

실 무

문제 1 전표입력

문항	일자	유형	공급가액	부가세	거래처	전자세금
[1]	2/10	11.과세	5,000,000	500,000	㈜서강	여
분개유형	(차) 미지급금		2,000,000	(대) 부가세예수금		500,000
혼합	외상매출금		3,500,000	제품매출		5,000,000

[2] 일반전표입력(4/11)

(차)	보통예금	12,000,000	(대)	보험차익	12,000,000
	감가상각누계액(207)	8,000,000		기계장치	23,000,000
	국고보조금(217)	5,000,000			
	재해손실	10,000,000			

☞ 순액으로 처리한 것을 정답으로 인용한 것은 일반기업회계기준을 위반한 회계처리이다.
〈일반기업회계기준 제 10장 유형자산〉

손상에 대한 보상

10.43 손상, 소실 또는 포기된 유형자산에 대해 제3자로부터 보상금을 받는 경우가 있다. 이 경우 보상금은 수취할 권리가 발생하는 시점에 당기손익으로 반영한다.

〈일반기업회계기준 제정배경 –한국회계기준원 2010년 5월〉

보험차익의 회계처리

제1016호	현행 기업회계기준	일반기업회계기준
손상차손(손상, 소실, 포기된 유형자산)과 보험금수익을 별개의 회계사건으로 보아 총액으로 표시	해당규정 없음 (실무관행상 유형자산 손상차손과 보험금수익을 서로 상계하여 순액으로 표시)	손상차손(손상, 소실, 포기된 유형자산)과 보상금은 별개의 회계사건으로 봄. 보상금은 수취할 권리가 발생하는 시점에 당기손익에 반영

[3] 일반전표입력(8/31)

(차) 보통예금	19,985,000	(대) 단기매매증권	25,000,000
단기매매증권처분손실	5,015,000		

☞처분손익＝처분가액(20,000,000－150,000)－장부가액(25,000,000)＝5,015,000원(손실)

문항	일자	유형	공급가액	부가세	거래처	전자세금
[4]	9/26	12.영세	13,000,000	-	㈜신화무역	여
		영세율구분:⑩수출재화임가공용역				
분개유형	(차) 외상매출금		13,000,000 (대) 용역매출(420)			13,000,000
외상(혼합)						

문제 2 부가가치세

[1] 부가가치세 수정신고(4~6월)

1. 매입매출전표입력

일자	유형	공급가액	부가세	거래처	신용카드
6/15(삭제)	17.카과	2,000,000	200,000	헬로마트㈜	현대카드

일자	유형	공급가액	부가세	거래처	전자
6/30(입력)	51.과세	200,000	20,000	킹킹상사	부
분개유형	(차) 부가세대급금	20,000 (대) 현금			220,000
현금(혼합)	소모품비(판)	200,000			

2. [부가가치세신고서(수정신고)]4~6월, 2.수정신고, 1차

구분		정기신고금액 금액	세율	세액
과세표준및매출세액 과세 세금계산서발급분	1	37,000,000	10/100	3,700,000
과세 매입자발행세금계산서	2		10/100	
과세 신용카드·현금영수증발행분	3	2,000,000	10/100	200,000
과세 기타(정규영수증외매출분)	4			
영세 세금계산서발급분	5		0/100	
영세 기타	6		0/100	
예정신고누락분	7			
대손세액가감	8			
합계	9	39,000,000	㉮	3,900,000
매입세액 세금계산서수취분 일반매입	10	20,000,000		2,000,000
세금계산서수취분 수출기업수입분납부유예	10-1			
세금계산서수취분 고정자산매입	11			
예정신고누락분	12			
매입자발행세금계산서	13			
그 밖의 공제매입세액	14	1,000,000		100,000
합계(10)-(10-1)+(11)+(12)+(13)+(14)	15	21,000,000		2,100,000
공제받지못할매입세액	16			
차감계 (15-16)	17	21,000,000	㉯	2,100,000
납부(환급)세액(매출세액㉮-매입세액㉯)			㉰	1,800,000
경감공제세액 그 밖의 경감·공제세액	18			
경감공제세액 신용카드매출전표등 발행공제등	19	2,200,000		
경감공제세액 합계	20		㉱	
소규모 개인사업자 부가가치세 감면세액	20-1		㉲	
예정신고미환급세액	21		㉳	
예정고지세액	22		㉴	
사업양수자의 대리납부 기납부세액	23		㉵	
매입자 납부특례 기납부세액	24		㉶	
신용카드업자의 대리납부 기납부세액	25		㉷	
가산세액계	26		㉸	
차가감하여 납부할세액(환급받을세액)㉰-㉱-㉲-㉳-㉴-㉵-㉶-㉷+㉸			27	1,800,000
총괄납부사업자가 납부할 세액(환급받을 세액)				

구분		수정신고금액 금액	세율	세액
과세표준및매출세액 과세 세금계산서발급분	1	37,000,000	10/100	3,700,000
과세 매입자발행세금계산서	2		10/100	
과세 신용카드·현금영수증발행분	3		10/100	
과세 기타(정규영수증외매출분)	4			
영세 세금계산서발급분	5		0/100	
영세 기타	6		0/100	
예정신고누락분	7			
대손세액가감	8			
합계	9	37,000,000	㉮	3,700,000
매입세액 세금계산서수취분 일반매입	10	20,200,000		2,020,000
세금계산서수취분 수출기업수입분납부유예	10-1			
세금계산서수취분 고정자산매입	11			
예정신고누락분	12			
매입자발행세금계산서	13			
그 밖의 공제매입세액	14	1,000,000		100,000
합계(10)-(10-1)+(11)+(12)+(13)+(14)	15	21,200,000		2,120,000
공제받지못할매입세액	16			
차감계 (15-16)	17	21,200,000	㉯	2,120,000
납부(환급)세액(매출세액㉮-매입세액㉯)			㉰	1,580,000
경감공제세액 그 밖의 경감·공제세액	18			
경감공제세액 신용카드매출전표등 발행공제등	19			
경감공제세액 합계	20		㉱	
소규모 개인사업자 부가가치세 감면세액	20-1		㉲	
예정신고미환급세액	21		㉳	
예정고지세액	22		㉴	
사업양수자의 대리납부 기납부세액	23		㉵	
매입자 납부특례 기납부세액	24		㉶	
신용카드업자의 대리납부 기납부세액	25		㉷	
가산세액계	26		㉸	
차가감하여 납부할세액(환급받을세액)㉰-㉱-㉲-㉳-㉴-㉵-㉶-㉷+㉸			27	1,580,000
총괄납부사업자가 납부할 세액(환급받을 세액)				

3. 과세표준및세액결정(경정)청구서(4~6월, 수정차수 1차)

청구인

성 명	최기백	주민등록번호	890706 - 1421213	사업자등록번호	105 - 81 - 23608
주소(거소) 또는 영업소	서울특별시 동작구 여의대방로 28 (신대방동)				
상 호	(주)기백산업			전화번호	02 - 1234 - 1234

신고내용

법정신고일	20×1 년 7 월 25 일	최초신고일	20×1 년 7 월 25 일
경정청구이유1	4102013	신용카드, 현금영수증 매출 과다 신고	
경정청구이유2	4103020	매입세금계산서합계표 단순 누락, 착오기재(세금계산서에 의해 확인되는 경	

구 분	최 초 신 고	경정(결정)청구 신 고
과 세 표 준 금 액	39,000,000	37,000,000
산 출 세 액	3,900,000	3,700,000
가 산 세 액		
공제 및 감면세액	2,100,000	2,120,000
납 부 할 세 액	1,800,000	1,580,000
국세환급금 계좌신고	거래은행	계좌번호
환 급 받 을 세 액		220,000

위임장

위임자(신청인)		최기백			
대리인	사업장	상호		사업자등록번호	
		사업장소재지			
		전자우편			
	수행자	구분	세무사	성명	
		생년월일	____-__-__	전화번호	--

[2] [신용카드매출전표등수령명세서](7~9월)

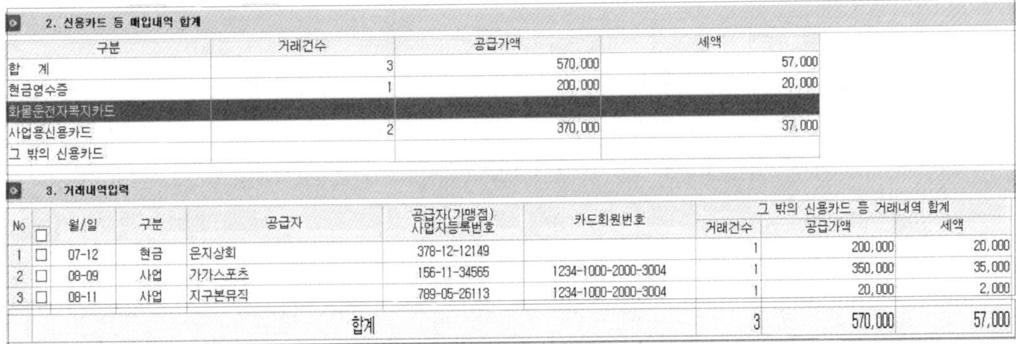

2. 신용카드 등 매입내역 합계

구분	거래건수	공급가액	세액
합 계	3	570,000	57,000
현금영수증	1	200,000	20,000
화물운전자복지카드			
사업용신용카드	2	370,000	37,000
그 밖의 신용카드			

3. 거래내역입력

No	□	월/일	구분	공급자	공급자(가맹점) 사업자등록번호	카드회원번호	그 밖의 신용카드 등 거래내역 합계 거래건수	공급가액	세액
1	□	07-12	현금	은지상회	378-12-12149		1	200,000	20,000
2	□	08-09	사업	가가스포츠	156-11-34565	1234-1000-2000-3004	1	350,000	35,000
3	□	08-11	사업	지구본뮤직	789-05-26113	1234-1000-2000-3004	1	20,000	2,000
				합계			3	570,000	57,000

- 세금계산서 발급이 가능한 간이과세자로부터 수령한 현금영수증(지출증빙)은 매입세액공제가 가능하다.
- 직원회식대는 매입세액공제 대상이지만 **현금영수증을 지출증빙이 아닌 소득공제로 수령하였기 때문에 공제받을 수 없다.**

문제 3 결산

[1] 〈수동결산〉

(차)	보험료(판)	400,000	(대)	선급비용	400,000
	선급비용	300,000		보험료(판)	300,000

☞당기 선급비용=보험료(1,200,000)÷12개월×3개월(1.1~3.31)=300,000원

[2] 〈수동결산〉

(차)	이자비용	2,820,000	(대)	보통예금	2,500,000
				사채할인발행차금	320,000

☞유효이자(6%)=발행가액(47,000,000)×유효이자율(6%)=2,820,000원
액면이자(5%)=액면가액(50,000,000)×액면이자율(5%)=2,500,000원

[3] 〈자동결산〉

⑩ 기말 원재료 재고액 결산반영금액 3,000,000원

☞실사금액 3,000,000원(도착지 인도조건은 입고 전까지 인식하지 않는다)

⑩ 기말 재공품 재고액 결산반영금액 5,500,000원

⑩ 기말 제품 재고액 결산반영금액 13,000,000원

☞실사 금액(12,000,000)+판매 전 적송품(1,000,000)=13,000,000원

[4] 〈수동/자동결산〉

1. [결산자료입력]>F8 대손상각>대손율 : 1%
   >외상매출금, 미수금을 제외한 계정의 추가설정액 삭제 >결산반영
2. 또는 [결산자료입력]>4.판매비와 일반관리비>5).대손상각>외상매출금 3,631,280원 7.영업외비용>2).기타의 대손상각>미수금 550,000원 입력
3. 일반전표입력

(차)	대손상각비(판)	3,631,280	(대)	대손충당금(109)	3,631,280
	기타의대손상각비	550,000		대손충당금(121)	550,000

☞ 대손상각비(판)=외상매출금(542,328,000)×1%-기설정 대손충당금(1,792,000)=3,631,280원
기타의대손상각비=미수금(55,000,000)×1%=550,000원

※ 자동결산항목을 모두 입력하고 상단의 전표추가를 한다.

문제 4 원천징수

[1] 기타소득

1. [기타소득자등록]

• 00001.고민중(75.원고료 등)

등록사항	
1.거주구분	1 거주
2.소득구분	75 원고료 등 / 연말정산적용
3.내국인 여부	1 내국인 (거주지국코드) 등록번호
4.생년월일	년 월 일
5.주민 등록 번호	751015-1234568
6.소득자구분/실명	111 주민등록번호 / 실명 0 실명
7.개인/ 법인구분	1 개인 / 필요경비율 60.000 %
8.사업자등록번호	___-__-_____ / 9.법인(대표자명)
10.사업장주소	
11.소득자주소	
12.전화번호	) - / 이동전화번호) -
13.이메일	
14.은행코드	계좌번호 / 예금주
15.사용여부	여 0:부 1:여 / 신탁이익여부 0:부 1:여
16.증서번호	
17.입사일자	____-__-__ / 18.퇴사일자 ____-__-__
19.부양가족	

• 00002.은구슬(71.상금 및 부상)

등록사항	
1.거주구분	1 거주
2.소득구분	71 상금 및 부상 / 연말정산적용
3.내국인 여부	1 내국인 (거주지국코드) 등록번호
4.생년월일	년 월 일
5.주민 등록 번호	841111-2345671
6.소득자구분/실명	111 주민등록번호 / 실명 0 실명
7.개인/ 법인구분	1 개인 / 필요경비율 80.000 %
8.사업자등록번호	___-__-_____ / 9.법인(대표자명)
10.사업장주소	
11.소득자주소	
12.전화번호	) - / 이동전화번호) -
13.이메일	
14.은행코드	계좌번호 / 예금주
15.사용여부	여 0:부 1:여 / 신탁이익여부 0:부 1:여
16.증서번호	
17.입사일자	____-__-__ / 18.퇴사일자 ____-__-__
19.부양가족	

☞ 박살라는 계속·반복적 배달수당은 사업소득(인적용역소득)에 포함되므로 입력 대상이 아니다.

2. [기타소득자료입력] 지급년월일 8월 05일

• 00001.고민중(필요경비율 60%)

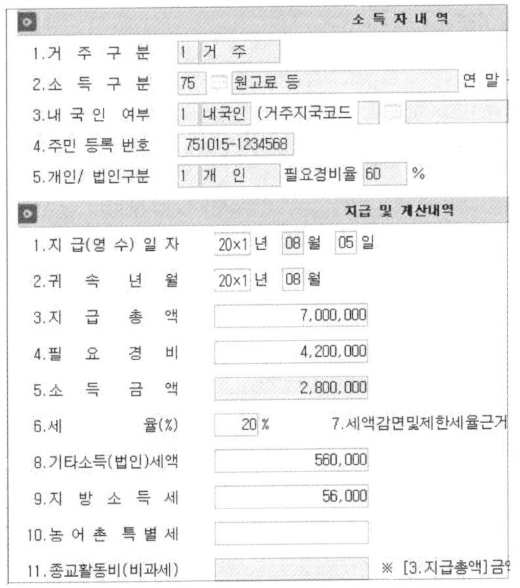

소득자내역	
1.거주구분	1 거주
2.소득구분	75 원고료 등 / 연말
3.내국인 여부	1 내국인 (거주지국코드)
4.주민 등록 번호	751015-1234568
5.개인/ 법인구분	1 개인 / 필요경비율 60 %

지급 및 계산내역	
1.지급(영수)일자	20x1년 08월 05일
2.귀속년월	20x1년 08월
3.지급총액	7,000,000
4.필요경비	4,200,000
5.소득금액	2,800,000
6.세율(%)	20% / 7.세액감면및제한세율근거
8.기타소득(법인)세액	560,000
9.지방소득세	56,000
10.농어촌특별세	
11.종교활동비(비과세)	※ [3.지급총액]금

☞지급총액=세후지급액(6,384,000)÷(1－8.8%)
=7,000,000원

실효세율(필요경비율 60%)=1×(1−60%)×22%
=0.088(8.8%)

• 00002.은구슬(필요경비율 80%)

소득자내역	
1.거주구분	1 거주
2.소득구분	71 상금 및 부상 / 연말정
3.내국인 여부	1 내국인 (거주지국코드)
4.주민 등록 번호	841111-2345671
5.개인/ 법인구분	1 개인 / 필요경비율 80 %

지급 및 계산내역	
1.지급(영수)일자	20x1년 08월 05일
2.귀속년월	20x1년 08월
3.지급총액	20,000,000
4.필요경비	16,000,000
5.소득금액	4,000,000
6.세율(%)	20% / 7.세액감면및제한세율근거
8.기타소득(법인)세액	800,000
9.지방소득세	80,000
10.농어촌특별세	
11.종교활동비(비과세)	※ [3.지급총액]금액

☞지급총액=세후지급액(19,120,000)÷(1－4.4%)
=20,000,000원

실효세율(필요경비율 80%)=1×(1−80%)×22%
=0.044(4.4%)

[2] 연말정산(진시진)

1. [사원등록]>[부양가족명세] 탭

관계	요 건		기본 공제	추가 (자녀)	판 단
	연령	소득			
본인(여성) (세대주)	–	–	○	부녀자	종합소득금액 3천만원 이하자
배우자	–	○	○	장애(1)	종합소득금액 1백만원 이하자
아들(14)	○	○	○	자녀	기타소득금액 = 10,000,000×(1 – 80%) = 2,000,000원 →기타소득금액 선택적 분리과세
딸(12)	○	○	○	자녀	
부(72)	○	×	부		양도소득금액 1백만원 초과자

기본사항 | 부양가족명세 | 추가사항

연말관계	성명	내/외국인	주민(외국인)번호		나이	기본공제	부녀자	한부모	경로우대	장애인	자녀	출산입양	위탁관계
0	진시진	내	1	830718-2102823	41	본인	○						
1	진영모	내	1	520808-1202821	72	부							
3	편현주	내	1	880425-1436802	36	배우자				1			
4	편영록	내	1	100506-3002001	14	20세이하					○		
4	편미주	내	1	120330-4520265	12	20세이하					○		

2. [연말정산추가자료입력]

〈연말정산 대상여부 판단〉

항 목	요건		내역 및 대상여부	입력
	연령	소득		
보 험 료	○ (×)	○	• 본인 생명보험료 • 배우자 화재보험료 • 배우자 장애인전용보험료	○(일반 800,000) ○(일반 500,000) ○(장애 1,200,000)
교 육 비	×	○	• 아들 중학교 교육비	○(초중고 1,200,000)
기부금	×	○	• 배우자 정치자금기부금(본인만 대상)	×
월세	본인외		• 무주택 국민주택 임차(12개월)	○(14,400,000)

3. [부양가족] 탭

(1) 보험료 세액공제

진시진(본인)		편현주(배우자)	
보장성보험-일반	800,000	보장성보험-일반	500,000
보장성보험-장애인		보장성보험-장애인	1,200,000
합 계	**800,000**	**합 계**	**1,700,000**

(2) 교육비 세액공제 : 편영록

자료구분	보험료				의료비						교육비		
	건강	고용	일반보장성	장애인전용	일반		실손	선천성이상아	난임	65세,장애인	일반		장애인특수
국세청											1,200,000	2.초중고	
기타													

(3) [월세,주택임차] 탭

소득명세 | 부양가족 | 신용카드 등 | 의료비 | 기부금 | 연금저축 등I | 연금저축 등II | 월세액 | 연말정산입력

1 월세액 세액공제 명세(연말정산입력 탭의 70.월세액) 크게보기

임대인명 (상호)	주민등록번호 (사업자번호)	유형	계약 면적(㎡)	임대차계약서 상 주소지	계약서상 임대차 계약기간 개시일	~	종료일	연간 월세액	공제대상금액
조물주	510909-2148719	오피스텔	84.00	경기도 부천시 부흥로 237, 2002호	2023 22-02-01	~	2025 -01-31	14,400,000	7,500,000

(4) [연말정산입력] 탭 : F8부양가족불러오기 실행

구분			지출액	공제금액
21.총급여				38,000,000
22.근로소득공제				10,950,000
23.근로소득금액				27,050,000
종합소득공제 기본공제	24.본인			1,500,000
	25.배우자			1,500,000
	26.부양가족	2명)		3,000,000
추가공제	27.경로우대	명)		
	28.장애인	1명)		2,000,000
	29.부녀자			500,000
	30.한부모가족			
연금보험료공제	31.국민연금보험료		1,709,992	1,709,992
	32.공적연금보험공제	공무원연금		
		군인연금		
		사립학교교직원		
		별정우체국연금		
특별소득공제	33.보험료		1,826,678	1,826,678
	건강보험료		1,519,548	1,519,548
	고용보험료		307,130	307,130
	34.주택차입금 원리금상환액	대출기관		
		거주자		
	34.장기주택저당차입금이자상			
	35.기부금-2013년이전이월분			
	36.특별소득공제 계			1,826,678
37.차감소득금액				15,013,330
그 밖의 소득공제	38.개인연금저축			
	39.소기업.소상공인 공제부금	2015년이전가입		
		2016년이후가입		
	40.주택마련저축소득공제	청약저축		
		주택청약		
		근로자주택마련		
	41.투자조합출자 등 소득공제			
	42.신용카드 등 사용액			
	43.우리사주조합 출연금	일반 등		
		벤처 등		
	44.고용유지중소기업근로자			
	45.장기집합투자증권저축			
	46.청년형장기집합투자증권저축			

구분			지출액	공제대상금액	공제금액
49.종합소득 과세표준					15,013,330
50.산출세액					991,999
세액감면	51.「소득세법」 ▶				
	52.「조세특례제한법」(53제외) ▶				
	53.「조세특례제한법」제30조 ▶				
	54.조세조약 ▶				
	55.세액감면 계				
세액공제	56.근로소득 세액공제				545,599
	57.자녀세액공제	㉮자녀 2명)			300,000
		㉯ 출산.입양 명)			
연금계좌	58.과학기술공제				
	59.근로자퇴직연금				
	60.연금저축				
	60-1.ISA연금계좌전환				
특별세액공제	61.보장성보험 일반	1,300,000	1,300,000	1,000,000	120,000
	61.보장성보험 장애인	1,200,000	1,200,000	1,000,000	26,400
	62.의료비				
	63.교육비	1,200,000	1,200,000	1,200,000	
	64.기부금				
	1)정치자금기부금	10만원이하			
		10만원초과			
	2)특례기부금(전액)				
	3)우리사주조합기부금				
	4)일반기부금(종교단체외)				
	5)일반기부금(종교단체)				
	65.특별세액공제 계				146,400
	66.표준세액공제				
	67.납세조합공제				
	68.주택차입금				
	69.외국납부 ▶				
	70.월세액		14,400,000	7,500,000	
	71.세액공제 계				991,999
72.결정세액((50)-(55)-(71))					
82.실효세율(%) [(72/21)]X100					

제110회 전산세무 1급

합격율	시험년월
24%	2023.10

이 론

01. 다음 중 재무제표 작성과 표시의 일반원칙에 대한 올바른 설명이 아닌 것은?

① 재무제표의 작성과 표시에 대한 책임은 회계감사인에게 있다.
② 기업을 청산하거나 경영활동을 중단할 의도가 있지 않은 한 일반적으로 계속기업을 전제로 재무제표를 작성한다.
③ 중요한 항목은 재무제표의 본문이나 주석에 그 내용이 잘 나타나도록 구분하여 표시한다.
④ 기간별 비교가능성을 제고하기 위하여 전기 재무제표의 모든 계량 정보를 당기와 비교하는 형식으로 표시한다.

02. 다음 중 무형자산에 대한 설명으로 틀린 것은?

① 교환으로 무형자산을 취득하는 경우 교환으로 제공한 자산의 공정가치로 무형자산의 원가를 측정한다.
② 무형자산의 상각기간은 관계 법령이나 계약에 정해진 경우를 제외하고는 20년을 초과할 수 없다.
③ 무형자산의 합리적인 상각방법을 정할 수 없다면 정률법을 사용한다.
④ 자산의 원가를 신뢰성 있게 측정할 수 있고 미래경제적효익이 기업에 유입될 가능성이 매우 높다면 무형자산을 인식한다.

03. 다음 중 퇴직급여 및 퇴직연금의 회계처리에 대한 설명으로 옳은 것은?

① 확정기여형 퇴직연금제도에서 운용되는 자산은 기업이 직접 보유하고 있는 것으로 보아 회계처리한다.

② 확정급여형 퇴직연금제도는 퇴직연금 납입 외 운용수익이 발생하거나 종업원 퇴직 시에는 회계처리 할 것이 없다.

③ 확정기여형 퇴직연금제도에서는 퇴직급여충당부채와 퇴직연금미지급금은 인식하지 않고 퇴직연금운용자산만 인식한다.

④ 확정기여형 퇴직연금에 납부해야 할 기여금은 이미 납부한 기여금을 차감한 후 부채(미지급비용)로 인식한다.

04. ㈜캉캉은 아래의 조건으로 사채를 발행하였다. 다음 중 사채의 발행방법 및 장부가액, 상각(환입)액, 이자비용의 변동으로 올바른 것은? (단, 사채이자는 유효이자율법에 따라 상각 및 환입한다.)

• 발행일 : 20x1년 1월 1일	• 이자는 매년 말 지급
• 액면가액 : 5,000,000원	• 표시이자율 : 연 8%
• 만기 : 3년	• 유효이자율 : 연 10%

	발행방법	장부가액	상각(환입)액	이자비용
①	할인발행	매년 증가	매년 감소	매년 감소
②	할인발행	매년 증가	매년 증가	매년 증가
③	할증발행	매년 감소	매년 감소	매년 증가
④	할증발행	매년 감소	매년 증가	매년 감소

05. 다음 중 자본조정 항목은 몇 개인가?

• 감자차손	• 해외사업환산이익	• 매도가능증권평가손실	• 미처리결손금
• 감자차익	• 주식할인발행차금	• 자기주식처분손실	• 자기주식

① 1개　　② 2개　　③ 3개　　④ 4개

06. 원가행태에 따른 분류 중 아래의 그래프가 나타내는 원가로 적절한 것은?

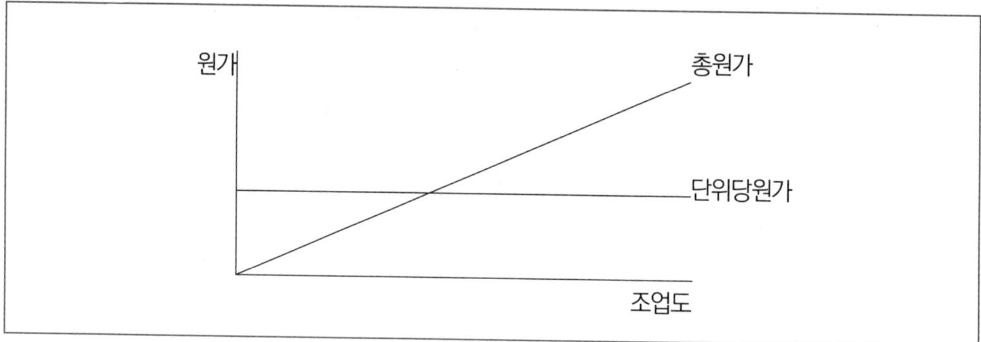

① 직접재료원가
② 기계장치의 감가상각비
③ 임차료
④ 공장건물의 보험료

07. ㈜태화의 원가 관련 자료가 아래와 같을 때 직접재료원가는 얼마인가?

- 기초원가 950,000원
- 기말재공품 250,000원
- 가공원가 1,200,000원
- 기초재공품 100,000원
- 매출액은 2,000,000원으로 매출총이익률은 20%이다.
- 기초제품과 기말제품은 없는 것으로 한다.

① 400,000원 ② 550,000원 ③ 800,000원 ④ 950,000원

08. 다음의 자료에서 '매몰원가'와 최선의 방안 선택에 따른 '기회원가'는 얼마인가?

㈜백골은 10년 전에 취득한 기계장치(취득가액 25,000,000원)의 노후화를 경쟁력 저하의 원인으로 판단하고 아래와 같은 처리방안을 고려하고 있다.

구분	소프트웨어만 변경	장비까지 변경	그대로 사용
기대 현금유입	20,000,000원	80,000,000원	4,000,000원
기대 현금유출	10,000,000원	50,000,000원	1,000,000원

	매몰원가	기회원가
①	25,000,000원	50,000,000원
②	25,000,000원	30,000,000원
③	25,000,000원	10,000,000원
④	3,000,000원	10,000,000원

09. 다음 중 표준원가계산에 대한 설명으로 틀린 것은?

① 객관적인 표준원가를 설정하는 것이 쉽지 않다.
② 표준원가를 이용하면 제품원가계산과 회계처리가 신속 · 간편해진다.
③ 표준원가계산은 원가흐름의 가정이 필요 없다.
④ 표준원가계산은 다른 원가 계산방법과는 다르게 성과평가에 이용할 수 없는 단점이 있다.

10. 아래의 자료를 이용하여 기말제품재고액을 구하면 얼마인가?

• 기초 대비 기말재공품재고 감소액 : 500,000원	• 당기 발생 총제조원가 : 1,500,000원
• 전기 기말제품재고액 : 400,000원	• 당기 제품 매출원가 : 1,800,000원

① 400,000원 ② 600,000원 ③ 1,500,000원 ④ 2,000,000원

11. 다음 중 부가가치세법상 과세 대상에 해당하는 것은?

① 일반적인 용역의 무상공급인 경우
② 사업장별로 그 사업에 관한 모든 권리와 의무를 포괄적으로 승계시키는 경우
③ 자기의 사업과 관련하여 자기생산 · 취득한 재화를 비영업용 소형승용차로 사용하거나 그 유지를 위하여 사용 · 소비하는 경우
④ 질권, 저당권 또는 양도 담보의 목적으로 동산, 부동산 및 부동산상의 권리를 제공하는 경우

12. 다음 중 현행 부가가치세법에 대한 설명으로 틀린 것은?

① 부가가치세는 각 사업장마다 신고 및 납부하는 것이 원칙이다.
② 부가가치세는 세부담을 최종소비자가 하는 것이 원칙이다.
③ 사업상 독립적으로 재화를 공급하는 자는 영리이든 비영리이든 납세의무가 있다.
④ 과세의 대상이 되는 행위 또는 거래의 귀속이 명의일 뿐이고 사실상 귀속되는 자가 따로 있는 경우라 하더라도 명의자에 대하여 부가가치세법을 적용한다.

13. 다음 중 부가가치세법상 대손세액공제에 대한 설명으로 틀린 것은?

① 대손세액공제는 그 대손이 확정된 날이 속하는 과세기간의 매출세액에서 공제한다.
② 대손세액공제는 예정신고 시에는 공제되지 아니한다.
③ 대손세액공제를 받은 채권의 전부 또는 일부를 회수한 경우, 회수한 대손금액에 관련된 대손세액을 대손이 확정된 날이 속하는 과세기간의 매출세액에 가산하여 수정신고 하여야 한다.
④ 대손이 확정된 날이 속하는 과세기간의 확정신고 시 공제를 받지 못한 경우 경정청구를 통하여 공제받을 수 있다.

14. 다음 중 소득세법상 비과세 근로소득에 해당하지 않는 것은?

① 근로자 또는 그 배우자의 출산이나 6세 이하 자녀의 보육과 관련하여 사용자로부터 받는 급여로서 월 30만원 이내의 금액
② 식사 기타 음식물을 제공받지 않는 근로자가 받는 월 20만원 이하의 식사대
③ 근로자가 천재·지변이나 그 밖의 재해로 인하여 받는 급여
④ 「국민건강보험법」, 「고용보험법」 또는 「노인장기요양보험법」에 따라 국가, 지방자치단체 또는 사용자가 부담하는 보험료

실 무

㈜엣지전자(1100)는 제조·도소매업 및 부동산임대업을 영위하는 중소기업이며, 당기 회계기간은 20x1.1.1.~20x1.12.31.이다. 전산세무회계 수험용 프로그램을 이용하여 다음 물음에 답하시오.

문제 1 다음 거래에 대하여 적절한 회계처리를 하시오.(12점)

[1] 03월 10일 주주총회에서 아래와 같이 배당을 실시하기로 결의하였다(단, 이월이익잉여금(375) 계정을 사용할 것). (3점)

• 현금배당 20,000,000원	• 주식배당 30,000,000원
• 이익준비금은 현금배당의 10%를 적립하기로 한다.	

[2] 07월 05일 대표이사의 업무용승용차(2,000cc, 5인승)를 장기렌트하기로 하고 아래의 전자세금계산서를 발급받았다. 렌트카비용 정기결제일은 매월 25일이며, 보통예금 계좌에서 자동이체된다. 당사는 렌트카비용에 대하여 임차료 계정을 사용하며, 상대 계정으로는 미지급비용 계정을 사용한다. (3점)

전자세금계산서					승인번호	20230705-15454645-58811886			
공급자	등록번호	178-78-00108	종사업장번호		공급받는자	등록번호	871-87-12345	종사업장번호	
	상호(법인명)	신화캐피탈	성명	박신화		상호(법인명)	㈜엣지전자	성명	최엣지
	사업장주소	서울특별시 강남구 서초동 123				사업장주소	부산광역시 해운대구 해운대로 777		
	업태	임대	종목	렌트카		업태	도소매,제조	종목	전자부품
	이메일					이메일			
						이메일			

작성일자	공급가액	세액	수정사유	비고
20x1/07/05	1,200,000	120,000		

월	일	품목	규격	수량	단가	공급가액	세액	비고
07	05	제네실수G100_23.07				1,200,000	120,000	

합계금액	현금	수표	어음	외상미수금	위 금액을 (청구) 함
1,320,000				1,320,000	

[3] 08월 13일 미국 PAC사로부터 20x0년 11월 1일에 외상으로 매입한 원재료 $10,000에 대한 외상매입금 전액을 보통예금 계좌에서 지급하였다. 단, 일자별 기준환율은 아래와 같고, 20x0년의 회계처리는 모두 올바르게 이루어졌다고 가정한다. (3점)

구분	20x0년 11월 1일	20x0년 12월 31일	20x1년 8월 13일
기준환율	1,300원/$	1,200원/$	1,100원/$

[4] 09월 03일 개인소비자 김라인 씨에게 제품을 1,500,000원(부가가치세 별도)에 판매하고 현금을 수령하였다. 다만, 현금영수증 발급 정보를 요구했으나 거부함에 따라 자진발급 처리하였다(단, 거래처는 자진발급(거래처코드 : 00148)으로 할 것). (3점)

Hometax, 국세청홈택스 현금영수증

● 거래정보

거래일시	20x1-09-03
승인번호	G54782245
거래구분	승인거래
거래용도	소득공제
발급수단번호	010-****-1234

● 거래금액

공급가액	부가세	봉사료	총 거래금액
1,500,000	150,000	0	1,650,000

● 가맹점 정보

상호	㈜엣지전자
사업자번호	871-87-12345
대표자명	최엣지
주소	부산광역시 해운대구 해운대로 777

● 익일 홈택스에서 현금영수증 발급 여부를 반드시 확인하시기 바랍니다.
● 홈페이지 (http://www.hometax.go.kr)
- 조회/발급 > 현금영수증 조회 > 사용내역(소득공제) 조회
> 매입내역(지출증빙) 조회
● 관련문의는 국세상담센터(☎126-1-1)

문제 2 다음 주어진 요구사항에 따라 부가가치세 신고서 및 부속서류를 작성 하시오.(10점)

[1] 다음 자료에 의하여 제2기 부가가치세 확정신고기간(10월~12월)에 대한 [부동산임대공급가액명세서]를 작성하시오(단, 정기예금이자율은 연 2.9%이다). (4점)

층	호수	상호 (사업자번호)	용도	면적(㎡)	보증금(원)	월세(원)	월관리비(원)
			임대기간				
1층	101	커피숍 (209-05-33613)	점포	60	20,000,000	2,000,000	120,000
			20x1.04.01.~20x2.03.31.				
1층	102	편의점 (109-07-89510)	점포	60	30,000,000	1,800,000	150,000
			20x0.11.01.~20x1.12.31.				
2층	201	사무실 (204-23-22037)	점포	120	40,000,000	3,500,000	230,000
			20x1.01.01.~20x2.12.31.				
합계					90,000,000	7,300,000	500,000

[2] 다음 자료를 이용하여 20x1년 제1기 부가가치세 예정신고기간에 대한 [공제받지못할매입세액명세서]의 [공제받지못할매입세액내역] 탭을 작성하시오. 단, 아래의 거래는 모두 예정신고기간에 이루어진 것으로 한다. (4점)

- 면세사업에 사용하기 위하여 소모품(1,100,000원, 부가가치세 포함)을 구입하고 대금은 법인카드(신한카드)로 결제하여 신용카드매출전표를 수령하였다.
- 거래처에 선물하기 위하여 안마의자(3,300,000원, 부가가치세 포함)를 구입하고 전자세금계산서를 수령하였다.
- 거래처에 제공할 골프채 세트(3,300,000원, 부가가치세 포함)를 구입하고 현금영수증을 수령하였다.
- 대표이사가 개인적 용도로 사용하기 위하여 승용차(배기량 990cc)를 20,000,000원(부가가치세 별도)에 구입하고 세금계산서를 발급받았다.
- 공장용 토지의 취득과 관련하여 중개수수료 5,000,000원(부가가치세 별도)을 지출하고 세금계산서를 발급받았다.
- 원재료(공급가액 5,000,000원, 부가가치세 500,000원)를 구입하고 세금계산서를 수취하였다(다만, 세금계산서에 공급받는자의 상호가 누락된 것을 발견하였다).
- 소모품(공급가액 1,000,000원, 부가가치세 100,000원)을 구입하였으나 공급시기에 세금계산서를 수취하지 못하였다. 하지만 20x1년 제1기 확정신고기한 이내에 세금계산서를 수취하였다.

[3] 20x1년 제1기 부가가치세 확정신고기간의 [부가가치세신고서]를 마감하고 전자신고를 수행하시오(단, 저장된 데이터를 불러와서 사용할 것). (2점)

1. 부가가치세신고서와 관련 부속서류는 작성되어 있다.
2. [전자신고] → [국세청 홈택스 전자신고변환(교육용)] 순으로 진행한다.
3. [전자신고] 메뉴의 [전자신고제작] 탭에서 신고인구분은 **2.납세자 자진신고**를 선택하고, 비밀번호는 "**12345678**"로 입력한다.
4. [국세청 홈택스 전자신고변환(교육용)] → 전자파일변환(변환대상파일선택) → 찾아보기 에서 전자신고용 전자파일을 선택한다.
5. 전자신고용 전자파일 저장경로는 로컬디스크(C:)이며, 파일명은 "enc작성연월일.101.v8718712345"이다.
6. 형식검증하기 → 형식검증결과확인 → 내용검증하기 → 내용검증결과확인 → 전자파일제출 을 순서대로 클릭한다.
7. 최종적으로 전자파일 제출하기 를 완료한다.

문제 3 **다음의 결산정리사항에 대하여 결산정리분개를 하거나 입력을 하여 결산을 완료하시오.(8점)**

[1] 하나카드에서 20x1년 2월 1일에 연 6%의 이자율로 30,000,000원을 차입하였으며 이자는 1년마다 지급하는 것으로 약정하였다(단, 이자 계산은 월할계산하며, 20x1년 말 현재 발생이자는 미지급 상태이다). (2점)

[2] 다음은 장기 투자목적으로 보유하고 있는 매도가능증권(시장성 있는 주식)에 관한 자료이다. 결산일 현재 필요한 회계처리를 하시오. (2점)

- 20x0년 04월 25일 보통주 1,000주를 주당 22,000원에 취득했다.
- 20x0년 12월 31일 1주당 시가는 15,000원이었다.
- 20x1년 12월 31일 1주당 시가는 20,000원이다.

[3] 영업부서가 단독으로 사용하는 건물과 토지 관련 지출내역은 아래와 같다. 다음의 자료를 이용하여 당기의 감가상각비를 계상하시오. (2점)

구분	금액	비고
토지 구입액	100,000,000원	• 내용연수 : 20년 • 상각방법 : 정액법(월할상각) • 잔존가치 : 없음 • 영업부서는 해당 건물을 20x1년 11월 15일부터 사용하였다.
건물 신축가액	300,000,000원	
취득세	20,000,000원 (토지분 취득세 5,000,000원 포함)	
재산세	5,000,000원	
합계	425,000,000원	

[4] 재고자산 실지조사 결과 기말재고자산의 내역은 다음과 같으며, 캉캉상사와 위탁판매계약을 체결하고 당기에 발송한 제품 중 수탁자가 아직 판매하지 않은 제품 2,000,000원은 실지재고조사 결과에 포함되어 있지 않다. (2점)

• 원재료 4,000,000원 • 재공품 6,000,000원 • 제품 5,200,000원

문제 4 20x1년 귀속 원천징수와 관련된 다음의 물음에 답하시오. (10점)

[1] 다음은 영업부서 차정만(사번 : 2, 입사일 : 20x1년 4월 1일) 사원의 20x1년 연말정산 관련 자료이다. 아래의 자료를 이용하여 [사원등록] 메뉴의 [부양가족명세] 탭을 수정하고, [연말정산추가자료입력] 메뉴를 이용하여 연말정산을 완료하시오. 전(前) 근무지 자료는 [소득명세] 탭에 입력하고, 연말정산 관련 자료는 [부양가족] 탭, [신용카드 등] 탭, [의료비] 탭, [기부금] 탭에 각각 입력하여 [연말정산입력] 탭에 반영하시오. (7점)

1. 부양가족 현황

관계	성명	주민등록번호	소득	비고
본인	차정만	900520 – 1724818	총급여 6,140만원	세대주
배우자	한정숙	921227 – 2548716	700만원	모두 일용근로소득에 해당
부	차도진	581110 – 1024623	부동산임대소득금액 300만원	장애인(장애인복지법)

관계	성명	주민등록번호	소득	비고
모	엄혜선	620708 - 2524657	소득없음	20x1년 10월 27일 사망
자녀	차민지	200202 - 4445455	소득없음	
자녀	차민수	240303 - 3345451	소득없음	2024년 3월 3일 출생

- 근로자 본인의 세부담 최소화를 가정한다.
- 위 가족들은 모두 내국인으로 근로자 본인과 동거하면서 생계를 같이 하고 있으며, 기본공제대상자가 아닌 경우에도 부양가족명세에 등록하고 기본공제 '부'로 작성한다.
- 제시된 자료 외의 다른 소득은 없다고 가정한다.

2. 전(前) 근무지 자료는 아래와 같으며, 당사에서 합산하여 연말정산하기로 한다.

- 근무처명 : ㈜우림기획(207-81-08903)
- 근무기간 : 20x1.1.1.~20x1.3.31.
- 총급여액 : 8,400,000원
- 국민연금보험료 : 165,000원
- 건강보험료 : 98,700원
- 장기요양보험료 : 4,020원
- 고용보험료 : 12,300원

구분		소득세	지방소득세
세액명세	결정세액	128,100원	12,810원
	기납부세액	197,300원	19,730원
	차감징수세액	△69,200원	△6,920원

3. 연말정산 관련 자료

항목	내용
보험료	• 부친 장애인전용 보장성 보험료 : 950,000원 • 모친 보장성 보험료 : 400,000원
교육비	• 자녀 차민지 어린이집 급식비 : 500,000원 • 자녀 차민지 어린이집 방과 후 과정 수업료 : 300,000원 • 본인 차정만 대학원 교육비 : 11,000,000원(학교에서 장학금 8,000,000원 수령)
의료비	• 배우자 출산 병원비용 : 1,400,000원(본인 신용카드 결제) • 배우자 산후조리원 이용비 : 3,800,000원 • 부친 휠체어 구입비용 : 2,700,000원 • 모친 치료목적 병원비 : 3,000,000원 (실손의료보험금 2,200,000원 수령)

항목	내용
신용카드 등 사용금액	• 본인 신용카드 사용액 : 12,000,000원(배우자 출산 병원비용 포함) • 배우자 직불카드 사용액 : 2,000,000원(전통시장사용분 300,000원 포함)
기부금	• 본인 대한적십자사 기부금 : 400,000원 • 모친 종교단체 기부금 : 1,000,000원

- 위 모든 자료는 국세청 연말정산간소화서비스 자료이며, 제시된 내용 이외의 사항은 고려하지 않는다.
- 의료기관, 기부처의 상호나 사업자등록번호, 건수는 입력하지 않으며, 기부는 모두 금전으로 한다.

[2] 다음 자료를 이용하여 재무부서 대리 김라인(사번 : 111)의 [퇴직소득자료입력] 및 [원천징수이행상황신고서]를 작성하시오. (3점)

1. 주민등록번호 : 900111-2056237
2. 입사일은 2015년 1월 1일, 퇴사일은 20x1년 12월 1일이며, 퇴직사유는 자발적 퇴직으로 처리한다.
3. 퇴사일 현재 퇴직금은 20,000,000원이다.
4. 퇴직금 지급일은 20x1년 12월 14일이며, 과세이연계좌로 전액 지급하였다.

연금계좌 취급자	사업자등록번호	계좌번호	입금일
주민은행	201-81-68693	260-014-491234	20x1. 12. 14.

제110회 전산세무1급 답안 및 해설

이 론

1	2	3	4	5	6	7	8	9	10	11	12	13	14
①	③	④	②	④	①	②	③	④	②	③	④	③	①

01. **재무제표의 작성과 표시에 대한 책임은 경영진**에게 있다.

02. 무형자산의 **합리적인 상각방법을 정할 수 없다면 정액법**을 사용한다.

03. ① 확정급여형 퇴직연금제도에서 운용되는 자산은 기업이 직접 보유하고 있는 것으로 보아 회계처리 한다.

② 확정급여형 퇴직연금제도는 퇴직연금 납입 외 운용수익이 발생하거나 종업원 퇴직 시에는 다음과 같은 회계처리가 필요하다.

- 운용수익 발생 시 : (차) 퇴직연금운용자산 xx (대) 퇴직연금운용수익 xx
- 퇴사 시 : (차) 퇴직급여충당부채 xx (대) 퇴직연금운용자산 xx

③ 확정기여형 퇴직연금제도에서는 퇴직연금운용자산, 퇴직급여충당부채 및 퇴직연금미지급금은 인식하지 아니하고, 납부액은 비용처리한다.

04. **유효이자율이 표시이자율보다 높으므로 할인발행에 해당**한다. 사채 할인발행의 경우 **장부가액은 매년 증가**하고, **상각액과 이자비용은 매년 증가**한다.

05. 감자차손, 자기주식처분손실, 자기주식, 주식할인발행차금은 자본조정에 해당한다.

- 자본잉여금 : 감자차익, · 이익잉여금 : 미처리결손금
- 기타포괄손익누계액 : 매도가능증권평가손실, 해외사업환산이익

06. 변동원가에 대한 그래프로 변동원가는 조업도의 증감에 따라 원가 총액은 증감하나 단위당 원가는 조업도의 변동과 관계없이 일정하다.

07. 매출원가 =매출액(2,000,000)×매출원가율(1-20%) = 1,600,000원

재공품

기초재고	100,000	당기제품제조원가 (=매출원가)	1,600,000
당기총제조원가	1,750,000	기말재고	250,000
계	1,850,000	계	1,850,000

☞ **기초 및 기말제품이 없으므로 당기제품제조원가와 매출원가는 동일**하다.

08. **매몰원가는 과거의 기계장치 취득가액 25,000,000원**

구분	소프트웨어만 변경	장비까지 변경	그대로 사용
기대 현금유입	20,000,000원	80,000,000원	4,000,000원
기대 현금유출	10,000,000원	50,000,000원	1,000,000원
순현금유입액	10,000,000원	30,000,000원	3,000,000원
결 론	**기회원가**	최선의 방안	

09. 표준원가계산은 **표준원가를 기초로 한 예산과 실제원가를 기초로 한 실제 성과와의 차이를 분석하여 성과평가에 이용**할 수 있다.

10.

재공품 ⇒ 제 품

기초	500,000	당기제품제조원가	2,000,000
당기총제조원가	1,500,000	기말	0
계	2,000,000	계	2,000,000

기초	400,000	매출원가	1,800,000
당기제품제조원가	2,000,000	**기말**	**600,000**
계	2,400,000	계	2,400,000

11. 비영업용소형승용차 유지관련 재화를 사용소비시 자가공급에 해당하며 재화의 간주공급으로 보아 과세 대상에 속한다.

12. 실질과세의 원칙에 따라 사실상 귀속 되는 자에게 부가가치세법을 적용한다.

13. 사업자가 대손되어 회수할 수 없는 금액(대손금액)의 전부 또는 일부를 회수한 경우에는 회수한 대손금액에 관련된 대손세액을 회수한 날이 속하는 과세기간의 매출세액에 더한다.

14. 근로자 또는 그 배우자의 출산이나 6세 이하 자녀의 보육과 관련하여 사용자로부터 받는 급여로서 **월 20만원(개정세법 24) 이내의 금액은 비과세한다.**

실 무

문제 1 전표입력

[1] 일반전표입력(3/10)

(차) 이월이익잉여금(375)	52,000,000	(대)	미지급배당금	20,000,000
			미교부주식배당금	30,000,000
			이익준비금	2,000,000

문항	일자	유형	공급가액	부가세	거래처	전자
[2]	7/5	54.불공	1,200,000	120,000	신화캐피탈	여
		불공제사유 : ③비영업용 소형승용자동차 구입·유지 및 임차				
분개유형		(차) 임차료(판) 1,320,000 (대) 미지급비용 1,320,000				
현금(혼합)						

[3] 일반전표입력(8/13)

(차) 외상매입금(미국 PAC사)	12,000,000	(대) 보통예금	11,000,000
		외환차익	1,000,000

☞외환차손익(부채) = [상환환율(1,100) – 장부가액(1,200)] ×$10,0000=△1,000,000원(차익)

문항	일자	유형	공급가액	부가세	거래처	전자세금
[4]	9/3	22.현과	1,500,000	150,000	자진발급	–

분개유형				
분개유형	(차) 현금	1,650,000	(대) 부가세예수금	150,000
혼합(현금)			제품매출	1,500,000

문제 2 부가가치세

[1] [부동산임대공급가액명세서](10~12월, 정기예금이자율 2.9%,366일)

1. 커피숍(0149, 1층, 101호)

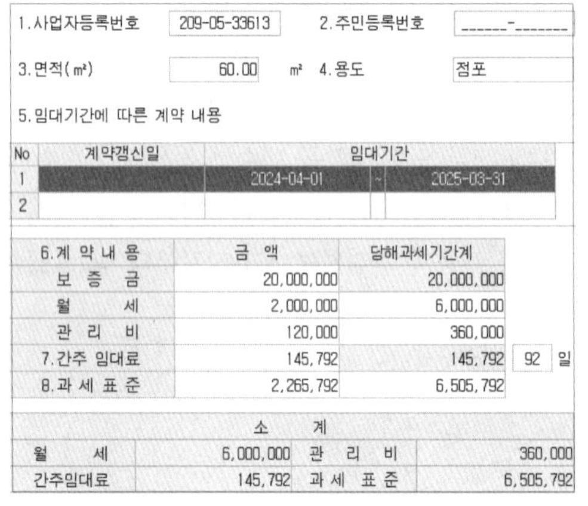

1.사업자등록번호 209-05-33613 2.주민등록번호 ______-_______

3.면적(㎡) 60.00 ㎡ 4.용도 점포

5.임대기간에 따른 계약 내용

No	계약갱신일	임대기간		
1		2024-04-01	~	2025-03-31
2				

6.계 약 내 용	금 액	당해과세기간계	
보 증 금	20,000,000	20,000,000	
월 세	2,000,000	6,000,000	
관 리 비	120,000	360,000	
7.간주 임대료	145,792	145,792	92 일
8.과 세 표 준	2,265,792	6,505,792	

소 계			
월 세	6,000,000	관 리 비	360,000
간주임대료	145,792	과 세 표 준	6,505,792

2. 편의점(0150, 1층, 102호)

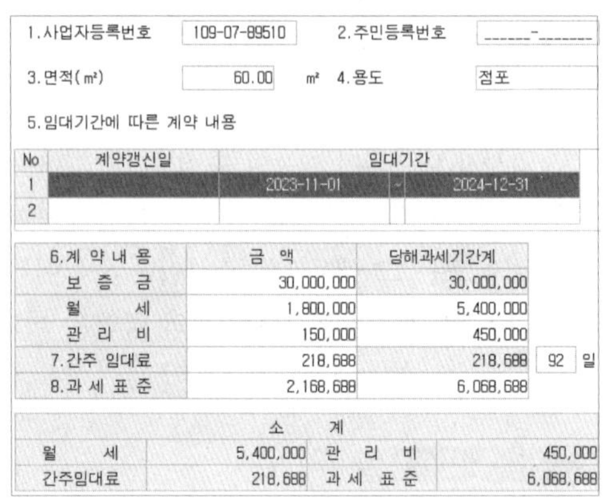

1.사업자등록번호 109-07-89510 2.주민등록번호 ______-_______

3.면적(㎡) 60.00 ㎡ 4.용도 점포

5.임대기간에 따른 계약 내용

No	계약갱신일	임대기간		
1		2023-11-01	~	2024-12-31
2				

6.계 약 내 용	금 액	당해과세기간계	
보 증 금	30,000,000	30,000,000	
월 세	1,800,000	5,400,000	
관 리 비	150,000	450,000	
7.간주 임대료	218,688	218,688	92 일
8.과 세 표 준	2,168,688	6,068,688	

소 계			
월 세	5,400,000	관 리 비	450,000
간주임대료	218,688	과 세 표 준	6,068,688

3. 사무실(0151, 2층, 201호)

1.사업자등록번호 204-23-22037 2.주민등록번호 ______-_______

3.면적(㎡) 120.00 ㎡ 4.용도 점포

5.임대기간에 따른 계약 내용

No	계약갱신일	임대기간		
1		2024-01-01	~	2025-12-31
2				

6.계 약 내 용	금 액	당해과세기간계	
보 증 금	40,000,000	40,000,000	
월 세	3,500,000	10,500,000	
관 리 비	230,000	690,000	
7.간주 임대료	291,584	291,584	92 일
8.과 세 표 준	4,021,584	11,481,584	

소 계			
월 세	10,500,000	관 리 비	690,000
간주임대료	291,584	과 세 표 준	11,481,584

간주임대료 합계 : 656,064

[2] [공제받지못할매입세액명세서](1~3월)

공제받지못할매입세액내역 | 공통매입세액안분계산내역 | 공통매입세액의정산내역 | 납부세액또는환급세액재계산

매입세액 불공제 사유	세금계산서		
	매수	공급가액	매입세액
①필요적 기재사항 누락 등			
②사업과 직접 관련 없는 지출	1	20,000,000	2,000,000
③비영업용 소형승용자동차 구입 · 유지 및 임차			
④접대비 및 이와 유사한 비용 관련	1	3,000,000	300,000
⑤면세사업등 관련			
⑥토지의 자본적 지출 관련	1	5,000,000	500,000
⑦사업자등록 전 매입세액			
⑧금 · 구리 스크랩 거래계좌 미사용 관련 매입세액			
합계	3	28,000,000	2,800,000

- 신용카드매출전표 및 현금영수증을 수령한 매입세액은 공제받지못할매입세액명세서 기재 대상에 해당하지 않는다.
- **<u>공급받는자의 상호는 세금계산서의 필요적 기재사항에 해당하지 않는다.</u>**

[3] 전자신고(4~6월)

1. [부가가치세신고서] 조회 및 마감

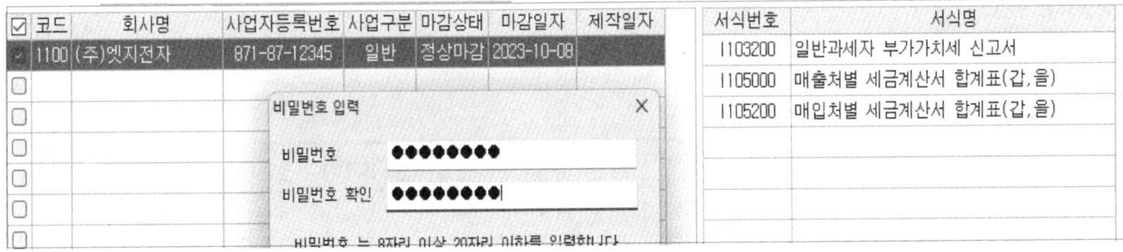

구분				정기신고금액 금액	세율	세액
과세표준및매출세액	과세	세금계산서발급분	1	45,015,000	10/100	4,501,500
		매입자발행세금계산서	2		10/100	
		신용카드 · 현금영수증발행분	3		10/100	
		기타(정규영수증외매출분)	4			
	영세	세금계산서발급분	5		0/100	
		기타	6		0/100	
	예정신고누락분		7			
	대손세액가감		8			
	합계		9	45,015,000	㉮	4,501,500
		일반매입	10	37,520,000		3,752,000

구분		금액	세율	세액
16.공제받지못할매입세액				
공제받지못할 매입세액	50			
공통매입세액면세등사업분	51			
대손처분받은세액	52			
합계	53			
18.그 밖의 경감·공제세액				
전자신고 및 전자고지 세액공제	54			10,000
전자세금계산서발급세액공제	55			
택시운송사업자경감세액	56			
대리납부세액공제	57			
현금영수증사업자세액공제	58			

2. [전자신고]>[전자신고제작] 탭>F4 제작>비밀번호(12345678) 입력

☑	코드	회사명	사업자등록번호	사업구분	마감상태	마감일자	제작일자
☑	1100	(주)엣지전자	871-87-12345	일반	정상마감	2023-10-08	

비밀번호 입력

비밀번호 ●●●●●●●●

비밀번호 확인 ●●●●●●●●

서식번호	서식명
I103200	일반과세자 부가가치세 신고서
I105000	매출처별 세금계산서 합계표(갑,을)
I105200	매입처별 세금계산서 합계표(갑,을)

3. [국세청 홈택스 전자신고변환(교육용)]

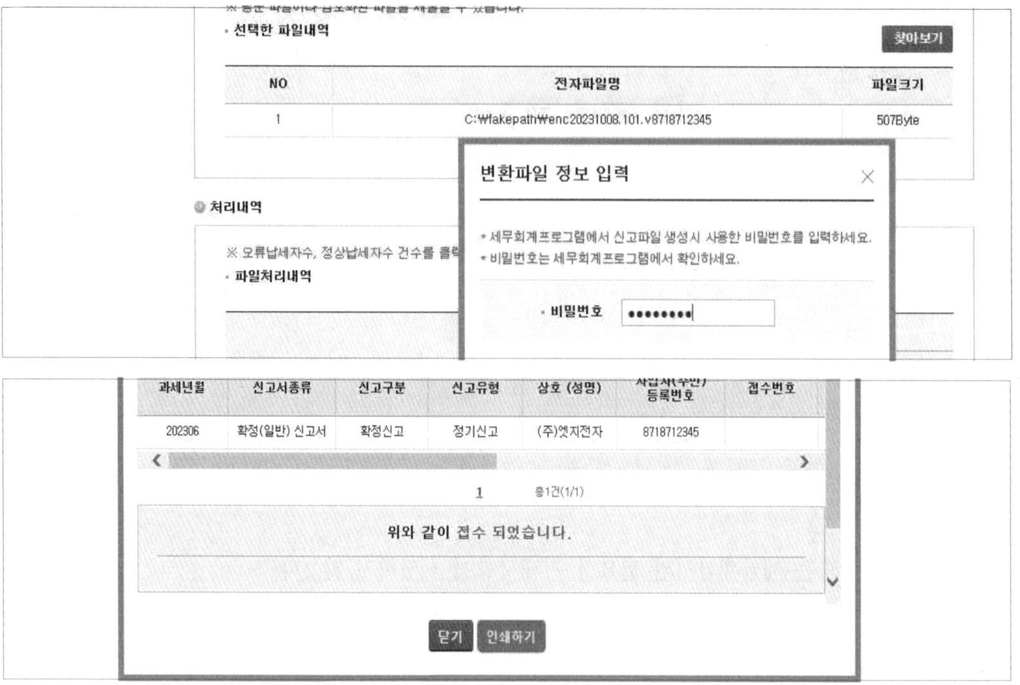

문제 3 결산

[1] [수동결산]

(차) 이자비용 1,650,000 (대) 미지급비용 1,650,000

☞이자비용 = 30,000,000원×6%×11/12=1,650,000원

[2] [수동결산]

(차) 매도가능증권(178) 5,000,000 (대) 매도가능증권평가손실 5,000,000

〈매도가능증권 평가〉

	취득가액	공정가액	평가이익	평가손실
전기	22,000,000	15,000,000		7,000,000
당기		20,000,000		△5,000,000
계				2,000,000

[3] [수동결산]

(차) 감가상각비(판) 2,625,000 (대) 감가상각누계액(건물) 2,625,000

- 감가상각비 =(건물 300,000,000+취득세 15,000,000)× $\frac{1}{20}$ × $\frac{2}{12}$ =2,625,000원
- 토지는 감가상각 대상 자산이 아니며, 재산세는 당기 비용 처리한다.

[4] [자동결산]

[수동결산][결산자료입력]>기간 : 20x1년 01월~20x1년 12월

>2. 매출원가>기말 원재료 재고액 4,000,000원 기말 재공품 재고액 6,000,000원 기말 제품 재고액 7,200,000원>F3 전표추가

☞기말 제품 재고액 = 창고 보관 재고액(5,200,000)+적송품(2,000,000)=7,200,000원

문제 4 원천징수

[1] 연말정산(차정만)

1. [사원등록]

관계	요건		기본공제	추가(자녀)	판단
	연령	소득			
본인(세대주)	-	-	○		총급여액 69,800,000원
배우자	-	○	○		일용근로소득은 분리과세소득
부(66)	○	×	부		소득금액 1백만원 초과자
모(62)	○	○	○		사망일 전일로 판단
딸(4)	○	○	○		
아들(0)	○	○	○	출산(2)	

2. [연말정산추가자료입력]

(1) [소득명세] 탭

소득명세	부양가족	신용카드 등	의료비	기부금	연금저축 등I	연금저축 등II	월세액	연말정산입력

구분			합계	주(현)	납세조합	종(전) [1/2]
소득명세	9.근무처명			(주)엣지전자		(주)우림기획
	9-1.종교관련 종사자			부		부
	10.사업자등록번호			871-87-12345	---‐--‐-----	207-81-08903
	11.근무기간			20×1-04-01 ~ 20×1-12-31	----‐--‐-- ~ ----‐--‐--	20×1-01-01 ~ 20×1-03-31
	12.감면기간			----‐--‐-- ~ ----‐--‐--	----‐--‐-- ~ ----‐--‐--	----‐--‐-- ~ ----‐--‐--
	13-1.급여(급여자료입력)		69,800,000	61,400,000		8,400,000
	13-2.비과세한도초과액					
	13-3.과세대상추가(인정상여추가)					
	14.상여					
	15.인정상여					
	15-1.주식매수선택권행사이익					
	15-2.우리사주조합 인출금					
	15-3.임원퇴직소득금액한도초과액					
	15-4.직무발명보상금					
	16.계		69,800,000	61,400,000		8,400,000
공제보험료명세	직장	건강보험료(직장)(33)	2,275,323	2,176,623		98,700
		장기요양보험료(33)	282,770	278,750		4,020
		고용보험료(33)	517,100	504,800		12,300
		국민연금보험료(31)	2,928,000	2,763,000		165,000
	공적연금보험료	공무원 연금(32)				
		군인연금(32)				
		사립학교교직원연금(32)				
		별정우체국연금(32)				
세액명세	기납부세액	소득세	7,754,230	7,626,130		128,100
		지방소득세	775,360	762,550		12,810
		농어촌특별세				
	납부특례세액	소득세				
		지방소득세				
		농어촌특별세				

(2) 연말정산 판단

항 목	요건		내역 및 대상여부	입력
	연령	소득		
보 험 료	○ (×)	○	• 부친 장애인전용(소득요건 미충족) • 모친 보장성 보험료	× ○(일반 400,000)
교 육 비	×	○ (×)	• 딸 어린이집 급식비 및 방과후수업료 • 본인 대학원 교육비(장학금 제외)	○(취학전 800,000) 본인 3,000,000)
의 료 비	×	×	• 배우자 출산 병원비 • 배우자 산후조리비용(한도 2백만원) • 부친 휠체어 구입비 • 모친 병원비(실손보험차감)	○(일반 1,400,000) ○(일반 2,000,000) ○(장애 2,700,000) ○(일반 800,000)
신용카드	×	○	• 본인 신용카드 • 배우자 직불카드	○(신용 12,000,000) ○(직불 1,700,000 전통 300,000)
신용카드	×	○	• 본인 대한적십자사 • 모친 종교단체	○(일반 400,000) ○(종교 1,000,000)

(3) [부양가족] 탭

① 보험료 : 엄혜선(모친)

고용보험료				
보장성보험-일반	400,000			400,000
보장성보험-장애인				
합 계	400,000			400,000

② 교육비

• 차정만(본인)

교육비		
일반		장애인특수
3,000,000	4.본인	

• 차민지(딸)

교육비		
일반		장애인특수
800,000	1.취학전	

(4) [신용카드 등] 탭

소득명세 | 부양가족 | 신용카드 등 | 의료비 | 기부금 | 연금저축 등I | 연금저축 등II | 월세액 | 연말정산입력

내/외 관계	성명 생년월일	자료 구분	신용카드	직불,선불	현금영수증	도서등 신용	도서등 직불	도서등 현금	전통시장	대중교통
내	차정만	국세청	12,000,000							
0	1990-05-20	기타								
내	차도진	국세청								
1	1958-11-10	기타								
내	엄혜선	국세청								
1	1962-07-08	기타								
내	한정숙	국세청		1,700,000					300,000	
3	1992-12-27	기타								

(5) [의료비] 탭

의료비 공제대상자					지급처			지급명세					14.산후조리원
성명	내/외	5.주민등록번호	6.본인등해당여부		9.증빙코드	8.상호	7.사업자등록번호	10.건수	11.금액	11-1.실손보험수령액	12.미숙아선천성이상아	13.난임여부	
한정숙	내	921227-2548716	3	X	1				1,400,000		X	X	X
한정숙	내	921227-2548716	3	X	1				2,000,000		X	X	0
차도진	내	581110-1024623	2	0	1				2,700,000		X	X	X
엄혜선	내	620708-2524657	3	X	1				3,000,000	2,200,000	X	X	X

(6) [기부금] 탭

① [기부금조정] 탭

㉠ 차정만(본인) : 대한적십자사는 일반기부금임.

구분		9.기부내용	기부처		기부명세				자료구분
7.유형	8.코드		10.상호(법인명)	11.사업자번호 등	건수	13.기부금합계 금액 (14+15)	14.공제대상 기부금액	15.기부장려금 신청 금액	
일반	40	금전				400,000	400,000		국세청

㉡ 엄혜선(모친)

구분		9.기부내용	기부처		기부명세				자료구분
7.유형	8.코드		10.상호(법인명)	11.사업자번호 등	건수	13.기부금합계 금액 (14+15)	14.공제대상 기부금액	15.기부장려금 신청 금액	
종교	41	금전				1,000,000	1,000,000		국세청

② [기부금조정] 탭>공제금액계산>불러오기>공제금액반영>저장

40	일반기부금(종교외) 당기	400,000	400,000	400,000		60,000	

소득명세 | 부양가족 | 신용카드 등 | 의료비 | 기부금 | 연금저축 등Ⅰ | 연금저축 등Ⅱ | 월세액 | 연말정산입력

기부금 입력 | 기부금 조정 | 공제금액계산

구분 유형	구분 코드	기부연도	16.기부금액	17.전년도까지 공제된금액	18.공제대상 금액(16-17)	해당연도 공제금액	해당연도에 공제받지 못한 금액 소멸금액	해당연도에 공제받지 못한 금액 이월금액
일반	40	20×1	400,000		400,000	400,000		
종교	41	20×1	1,000,000		1,000,000	1,000,000		

(7) [연말정산입력] 탭 : F8부양가족탭불러오기 실행

특별소득공제	33.보험료		3,075,193	3,075,193
	건강보험료		2,558,093	2,558,093
	고용보험료		517,100	517,100
	34.주택차입금 원리금상환액	대출기관		
		거주자		
	34.장기주택저당차입금이자상			
	35.기부금-2013년이전이월분			
	36.특별소득공제 계			3,075,193
37.차감소득금액				43,056,807
그 밖의 소득공제	38.개인연금저축			
	39.소기업,소상공인 공제부금	2015년이전가입		
		2016년이후가입		
	40.주택 마련저축 소득공제	청약저축		
		주택청약		
		근로자주택마련		
	41.투자조합출자 등 소득공제			
	42.신용카드 등 사용액		14,000,000	
	43.우리사주조합 출연금	일반 등		
		벤처 등		

세액공제	60-1.ISA연금계좌전환					
특별세액공제	61.보장성보험	일반	400,000	400,000	400,000	48,000
		장애인				
	62.의료비		9,100,000	9,100,000	4,806,000	720,900
	63.교육비		3,800,000	3,800,000	3,800,000	570,000
	64.기부금		1,400,000	1,400,000	1,400,000	210,000
	1)정치자금 기부금	10만원이하				
		10만원초과				
	2)특례기부금(전액)			400,000	400,000	60,000
	3)우리사주조합기부금					
	4)일반기부금(종교단체외)					
	5)일반기부금(종교단체)			1,000,000	1,000,000	150,000
	65.특별세액공제 계					1,548,900
	66.표준세액공제					
	67.납세조합공제					
	68.주택차입금					
	69.외국납부 ▶					
	70.월세액					
	71.세액공제 계					2,708,900

[2] 퇴직소득(김라인)

1. [퇴직소득자료입력] 지급년월 12월, 영수일자 12월 14일

	중간지급등		최종		정산
근무처명			(주)엣지전자		
등록번호/퇴직사유	___-__-_____		871-87-12345	자발적 퇴직	
기산일/입사일	____/__/__	____/__/__	2015/01/01	2015/01/01	
퇴사일/지급일	____/__/__	____/__/__	2024/12/01	2024/12/31	
근속월수			120		
제외월수					
가산월수					
과세퇴직급여			20,000,000		20,000,000

과세이연계좌명세

No	□	연금계좌취급자	사업자등록번호	계좌번호	입금일	38.계좌입금액
1	□	주민은행	201-81-68693	260-014-491234	2024-12-14	20,000,000
2	□					
	□					
	□					
	□					
	□					

37.신고대상세액

39.퇴직급여(최종) 20,000,000

40.이연퇴직소득세 (37x38/39)

2. [원천징수이행상황신고서] 귀속기간 12월, 지급기간 12월,1.정기신고

소득자 소득구분			코드	소득지급		징수세액			당월조정 환급세액	납부세액	
				인원	총지급액	소득세 등	농어촌특별세	가산세		소득세 등	농어촌특별세
개인 거	근로소득	간이세액	A01								
		중도퇴사	A02								
		일용근로	A03								
		연말정산	A04								
		(분납신청)	A05								
		(납부금액)	A06								
		가 감 계	A10								
	퇴직소득	연금계좌	A21								
		그 외	A22	1	20,000,000						
		가 감 계	A20	1	20,000,000						

제109회 전산세무 1급

합격율	시험년월
9%	2023.08

이 론

01. 다음 중 일반기업회계기준상 유형자산에 관한 설명으로 틀린 것은?

① 자산에서 발생하는 미래 경제적 효익이 기업에 유입될 가능성이 매우 높은 경우 유형자산으로 인식한다.

② 유형자산을 가동하기 위해 필요한 장소와 상태에 이르게 하는 데 직접 관련된 원가를 포함하여 취득원가를 산출한다.

③ 유형자산인 건물의 구입 즉시 지출한 내부 관리비용, 청소비용도 유형자산의 취득원가이다.

④ 1년 이상 소요되는 유형자산 건설에 사용된 차입원가는 기간비용으로 처리하는 것이 원칙이나, 일반기업회계기준상 자본화 대상 요건을 충족하면 당해 자산의 취득원가에 산입한다.

02. 다음 중 일반기업회계기준상 자본에 관한 설명으로 옳지 않은 것은?

① 기업이 현물을 제공받고 주식을 발행하는 경우에는 특별한 경우가 아니면 제공받은 현물의 공정가치를 주식의 발행금액으로 한다.

② 지분상품을 발행하거나 취득하는 과정에서 발생한 등록비 및 기타 규제 관련 수수료, 법률 및 회계자문 수수료, 주권인쇄비 및 인지세와 같은 여러 가지 비용은 당기손익으로 인식한다.

③ 청약기일이 경과된 신주청약증거금은 신주납입액으로 충당될 금액을 자본조정으로 회계처리하며, 주식을 발행하는 시점에서 자본금과 자본잉여금으로 회계처리한다.

④ 자본잉여금 또는 이익잉여금을 자본금에 전입하여 기존의 주주에게 무상으로 신주를 발행하는 경우에는 주식의 액면금액을 주식의 발행금액으로 한다.

03. 다음 중 사채에 관한 설명으로 틀린 것은?

① 사채 액면금액의 차감 계정인 사채할인발행차금에 대해 유효이자율법을 적용하여 상각하고, 그 금액을 이자비용에 가산하도록 규정한다.
② 발행자의 입장에서 사채는 비유동부채로 분류한다.
③ 사채발행비란 사채를 발행하는데 직접 소요된 지출을 말하며, 사채발행가액에서 직접 차감한다.
④ 사채의 조기 상환 시 현금상환액보다 장부금액이 큰 경우 사채상환손실(영업외비용)로 처리한다.

04. 20x1년 12월 31일 결산일 현재 창고에 있는 기말재고자산을 실사한 결과, 창고에 보관 중인 기말재고자산은 20,000,000원으로 확인되었다. 다음의 추가사항을 고려하여 정확한 기말재고자산을 계산하면 얼마인가?

- FOB 선적지인도기준에 의하여 매입한 상품 중 결산일 현재 운송 중인 상품 : 4,000,000원
- 결산일 현재 적송품 3,000,000원 중 60%는 수탁자가 판매하지 아니하고 보관 중이다.
- 시용매출을 위하여 고객에게 인도한 상품 6,000,000원 중 고객이 구입의사를 표시한 상품은 4,000,000원이다.
- 당해 회사가 수탁판매를 위하여 창고에 보관하고 있는 미판매 수탁상품 : 5,000,000원

① 22,200,000원　② 22,800,000원　③ 23,000,000원　④ 24,000,000원

05. 다음 중 일반기업회계기준에 따른 회계변경에 대한 설명으로 가장 틀린 것은?

① 세법 개정으로 회계처리를 변경해야 하는 경우는 정당한 회계변경이 아니다.
② 회계변경 중 회계정책의 변경은 회계방법이 변경되는 것이므로 소급법을 적용한다.
③ 회계정책의 변경에 따른 누적효과를 합리적으로 결정하기 어려우면 소급법으로 적용한다.
④ 회계추정의 변경은 전진적으로 처리하여 당기와 미래기간에 반영시키는 방법이다.

06. 다음 중 공손에 대한 설명으로 옳지 않은 것은?

① 비정상공손은 정상적이고 효율적인 상황에서는 발생되지 않는 것으로 작업자의 부주의나 생산계획의 미비 등으로 인하여 발생되는 것이므로 영업외비용으로 처리한다.
② 정상공손은 효율적인 생산과정에서도 발생하는 공손으로 원가성이 있다고 본다.
③ 공손품 수량을 파악하는 것은 원가관리와 통제를 위한 것이다.
④ 공손품은 생산에 사용된 원재료로부터 남아 있는 찌꺼기나 조각을 말하는데 판매가치가 거의 없다.

07. 다음 중 표준원가계산과 관련된 설명으로 옳지 않은 것은?

① 표준원가계산은 변동원가계산제도와 종합원가계산제도에 적용할 수 있으나 전부원가계산제도에서는 적용할 수 없다.
② 표준원가계산은 예산과 실제원가를 기초로 차이를 분석하여 예외에 의한 관리를 통해 효율적인 원가통제가 가능하다.
③ 과학적이고 객관적인 표준원가를 설정하는 것이 쉽지 않고, 표준원가를 설정하는데 시간과 비용이 많이 든다.
④ 표준원가계산제도를 채택하더라도 표준원가와 실제원가가 상당한 차이가 있는 경우에는 표준원가를 실제의 상황에 맞게 조정하여야 한다.

08. 다음 중 당기총제조원가에 대한 설명으로 옳지 않은 것은?

① 기초제품보다 기말제품이 더 크면 당기총제조원가는 당기제품제조원가보다 크다.
② 간접재료원가도 당기총제조원가에 포함된다.
③ 기초와 기말에 재공품재고와 제품재고가 없다면, 당기총제조원가는 매출원가와 동일하다.
④ 생산직 사원의 인건비는 당기총제조원가에 포함된다.

09. ㈜하나의 매출총이익률은 40%이다. 다음 자료를 이용하여 ㈜하나의 기초재공품가액을 구하면 얼마인가?

- 기초제품 : 4,000,000원
- 기말재공품 : 2,000,000원
- 기말제품 : 3,000,000원
- 직접재료원가 : 5,000,000원
- 제조간접원가 : 2,500,000원
- 직접노무원가 : 4,500,000원
- 당기매출액 : 20,000,000원
- 기초재공품 : ?

① 1,000,000원 ② 2,000,000원 ③ 3,000,000원 ④ 4,000,000원

10. 다음 중 개별원가계산과 종합원가계산에 대한 설명으로 가장 옳은 것은?

① 개별원가계산은 소품종대량생산에 적합한 원가계산이다.
② 개별원가계산은 상대적으로 제조원가 계산이 부정확하다.
③ 종합원가계산은 고객의 주문에 따라 제품을 생산하는 건설업, 조선업 등의 업종에 적합하다.
④ 종합원가계산은 완성품환산량 계산이 필요하다.

11. 다음 중 소득세법상 기타소득에 해당하는 서화 · 골동품 등의 양도소득에 관한 내 용으로 가장 옳지 않은 것은? (단, 거주자에 한함)

① 개당, 점당, 조당 양도가액이 1억원 이상인 경우에 과세한다.
② 양도일 현재 생존해 있는 국내 원작자의 작품은 과세하지 않는다.
③ 박물관 · 미술관에 양도함으로써 발생하는 소득은 비과세한다.
④ 골동품은 제작 후 100년이 넘은 것을 말한다.

12. 거주자 유석재 씨는 20x1.1.10. 연예인 자격으로 ㈜거성과 2년간 TV 광고출연에 대한 일신전속계약을 체결함과 동시에 전속계약금 2억원을 일시에 현금으로 수령하였다. TV 광고출연과 관련하여 실제로 소요된 필요경비가 없을 때 소득세법상 해당 전속계약금에 관한 설명으로 옳은 것은?

① 전속계약금은 기타소득으로서 20x1년에 귀속되는 총수입금액은 2억원이다.
② 전속계약금은 사업소득으로서 20x1년에 귀속되는 총수입금액은 1억원이다.
③ 전속계약금은 사업소득으로서 20x1년에 귀속되는 총수입금액은 2억원이다.
④ 전속계약금은 기타소득으로서 수령한 금액의 80%는 필요경비로 인정된다.

13. 다음 중 부가가치세법상 수정세금계산서의 발급사유와 작성일자를 잘못 연결한 것은?

① 필요적 기재사항 등이 착오로 잘못 기재된 경우 : 당초 세금계산서의 작성일
② 당초 공급한 재화가 환입된 경우 : 당초 세금계산서의 작성일
③ 계약의 해제로 인하여 재화가 공급되지 아니한 경우 : 계약의 해제일
④ 공급가액이 증가가 되거나 차감이 되는 경우 : 증감 사유가 발생한 날

실 무

㈜가람산업(1090)은 제조 · 도소매업을 영위하는 중소기업이며, 당기 회계기간은 20x1.1.1.~20x1.12.31.이다. 전산세무회계 수험용 프로그램을 이용하여 다음 물음에 답하시오.

문제 1 다음 거래에 대하여 적절한 회계처리를 하시오.(12점)

[1] 02월 01일 당사는 신주 10,000주(액면가액 @5,000원)를 1주당 5,200원에 발행하고, 전액 보통예금 계좌로 납입받았으며, 신주발행비용 600,000원은 현금으로 지급하였다(단, 회사에는 현재 주식발행초과금 잔액이 없는 것으로 가정한다). (3점)

[2] 06월 30일 전기에 수출한 미국 ABC의 외상매출금(USD $20,000)이 전액 회수되어 보통예금 계좌에 입금하였다. 외상매출금과 관련된 회계처리는 일반기업회계기준을 준수하였으며, 관련 환율 정보는 다음과 같다. (3점)

구분	1달러당 환율정보
발생 시	1,200원
2022년 12월 31일	1,380원
회수 입금 시(20x1년 6월 30일)	1,290원

[3] 10월 18일 원재료를 수입하면서 부산세관으로부터 수입전자세금계산서를 발급받고, 부가가치세 3,000,000원을 현금으로 지급했다(단, 재고자산 관련 회계처리는 생략할 것). (3점)

수입전자세금계산서				승인번호	20231018-15454645-58811886		
세관명	등록번호	121-83-00561	종사업장번호	수입자	등록번호	609-81-02070	종사업장번호
	세관명	부산세관	성명: 부산세관장		상호(법인명)	㈜가람산업	성명: 정수나
	세관주소	부산시 중구 충장대로 20			사업장주소	경상남도 창원시 성산구 창원대로 442	
	수입신고번호 또는 일괄발급기간(총건)	1326345678			업태	제조	종목: 전자제품

납부일자	과세표준	세액	수정사유	비고
20x1.10.18.	30,000,000	3,000,000	해당 없음	

월	일	품목	규격	수량	단가	공급가액	세액	비고
10	18	원재료				30,000,000	3,000,000	

[4] 11월 10일 ㈜순양백화점에 제품을 판매하고 다음의 전자세금계산서를 발급하였다. 대금은 10월 30일에 수령한 계약금을 제외하고 ㈜순양백화점이 발행한 약속어음(만기 12월 31일)으로 받았다. (3점)

전자세금계산서					승인번호	20231110-15454645-58811886			
공급자	등록번호	609-81-02070	종사업장 번호		공급받는자	등록번호	126-87-10121	종사업장 번호	
	상호 (법인명)	㈜가람산업	성명	정수나		상호 (법인명)	㈜순양백화점	성명	진화영
	사업장 주소	경상남도 창원시 성산구 창원대로 442				사업장 주소	서울 강남구 테헤란로 98길 12		
	업태	제조	종목	전자제품		업태	소매	종목	잡화
	이메일					이메일			
						이메일			

작성일자	공급가액	세액	수정사유	비고
20x1.11.10.	80,000,000	8,000,000	해당 없음	

월	일	품목	규격	수량	단가	공급가액	세액	비고
11	10	전자제품				80,000,000	8,000,000	

합계금액	현금	수표	어음	외상미수금	위 금액을 (청구) 함
88,000,000	8,000,000		80,000,000		

문제 2 **다음 주어진 요구사항에 따라 부가가치세 신고서 및 부속서류를 작성하시오.(10점)**

[1] 20x1년 제1기 부가가치세 예정신고 시 누락된 자료는 다음과 같다. 이를 [매입매출전표]에 입력하고 20x1년 제1기 확정 [부가가치세신고서]에 반영하시오(단, 분개는 생략하고, 부가가치세신고서 작성 시 전자신고세액공제를 적용할 것). (5점)

- 01월 30일 : 업무용으로 사용할 컴퓨터를 ㈜우람전자(621-81-99503)에서 구입하고, 770,000원(부가가치세 포함)을 법인카드인 삼전카드로 결제하였다(부가가치세 공제요건은 갖추었다).
- 02월 25일 : 아람물산에 상품을 12,000,000원(부가가치세 별도)에 삼성카드로 매출하였으나, 업무상 착오로 예정신고기간에 누락하였다.
- 일반과소신고가산세를 적용하고, 납부지연일수는 91일, **1일 2.2/10,000로 계산하시오**.

[2] 다음은 20x1년 제2기 부가가치세 예정신고기간(07.01.~09.30.)의 자료이다. 매입매출전표입력은 생략하고, [신용카드매출전표등발행금액집계표]를 작성하시오. (2점)

1. 신용카드 및 현금영수증 매출자료

구분	공급가액	세액
과세분 신용카드 매출	27,500,000원	2,750,000원
과세분 현금영수증 매출	0원	0원
면세분 신용카드 매출	17,300,000원	0원
면세분 현금영수증 매출	6,500,000원	0원

2. 신용카드 매출전표 및 현금영수증 발행분 중 세금계산서를 발급한 금액

구분	공급가액	세액
과세분 신용카드 매출분	4,000,000원	400,000원
과세분 현금영수증 매출분	0원	0원

[3] 당사는 과세 및 면세사업을 겸영하는 사업자이다. 아래의 자료를 이용하여 20x1년 제2기 확정신고기간(20x1.10.01.~20x1.12.31.)에 대한 [공제받지못할매입세액명세서]를 작성하시오. (3점)

(1) 20x1년 제2기 확정신고기간의 거래
- 거래처에 보낼 선물을 구입하고 전자세금계산서 1,100,000원(부가가치세 포함)을 발급받았으며, 대금은 현금으로 결제하였다.
- 공장에서 과세·면세사업에 공통으로 사용할 기계장치를 매입하고 전자세금계산서를 발급받았다. 기계장치의 매입대금 22,000,000원(부가가치세 포함)은 보통예금 계좌에서 이체하였다.

(2) 20x1년 제2기 예정신고기간의 공통매입분에 대한 매입세액은 1,200,000원이며, 기불공제매입세액은 0원이다.

(3) 20x1년 제2기 예정신고기간의 과세매출액은 210,000,000원이며, 면세매출액은 160,000,000원이다.

(4) 20x1년 제2기 확정신고기간의 과세매출액은 300,000,000원이며, 면세매출액은 180,000,000원이다.

문제 3 다음의 결산정리사항에 대하여 결산정리분개를 하거나 입력을 하여 결산을 완료하시오.(8점)

[1] 20x1년 5월 1일 일시적으로 건물 중 일부를 임대(기간 : 20x1년 5월 1일~20x2년 4월 30일)하고 1년분 임대료 12,000,000원을 현금으로 받아 선수수익으로 회계처리하였다. 당기분 임대료를 월할로 계산하여 기말 수정분개를 수행하시오(단, 임대료는 영업외수익으로 처리하고, 음수(-)로 회계처리하지 말 것). (2점)

[2] 다음은 당사가 취득한 단기매매증권 관련 자료이다. 결산일의 필요한 회계처리를 하시오. (2점)

- 취득일 : 20x0년 8월 1일
- 주식 수 : 800주
- 주당 취득가액 : 20,000원
- 취득 시 지출한 취득수수료 : 1,000,000원
- 20x0년 결산일 현재 주당 공정가액 : 20,000원
- 20x1년 결산일 현재 주당 공정가액 : 21,000원
- 전기의 단기매매증권 취득 및 평가에 관련된 회계처리는 일반기업회계기준에 따라 적정하게 처리함.

[3] 당기 법인세 총부담세액은 15,000,000원, 법인세분 지방소득세는 1,500,000원이다. 다음 자료를 이용하여 적절한 결산 분개를 하시오(단, 거래처명은 생략할 것). (2점)

계정과목명	거래처명	금액	비고
예수금	창원세무서	1,000,000원	12월 근로소득 원천징수분
	창원구청	100,000원	
선납세금	창원세무서	5,400,000원	법인세 중간예납액
	관악세무서	1,000,000원	이자소득 원천징수분
	관악구청	100,000원	

[4] 결산일 현재 제품의 실지재고를 파악해본 결과 감소한 수량은 전부 비정상 감모손실로 확인되었다. 비정상 재고자산감모손실에 대한 회계처리를 하고, 기말재고 입력 후 결산을 완료하시오. (2점)

- 장부상 수량 : 2,000개
- 실지재고 수량 : 1,950개
- 단위당 취득원가 : 23,000원
- 단위당 공정가액 : 27,000원

문제 4 원천징수와 관련된 다음 물음에 답하시오.(10점)

[1] 다음은 손대수(사번:109, 입사일:20x0.01.01.) 사원의 20x1년 귀속 연말정산 관련 자료이다. [연말정산추가자료입력] 메뉴에 입력하시오. (7점)

1. 가족사항(모두 동거하며, 생계를 같이한다. 아래에 제시된 자료 외의 다른 소득은 없다)

관계	성명	주민등록번호	소득	비고
본인	손대수	620302-1111258	총급여 10,500만원	세대주
아버지	손준기	400505-1135650	소득 없음	
어머니	최연주	450325-2122358	소득 없음	
배우자	이시아	650515-2153529	사업소득금액 3,000만원	
딸	손아름	990506-2326223	소득 없음	대학생
아들	손민우	060205-3236141	일용근로소득 200만원	고등학생

※ 기본공제대상자가 아닌 경우도 기본공제 "부"로 입력할 것

2. 연말정산 자료

※ 국세청 홈택스 및 기타 증빙을 통해 확인된 자료이며, 별도의 언급이 없는 한 국세청 홈택스 연말정산간소화서비스에서 조회된 자료이다.

구분	내용
보험료	• 본인(손대수) : 보장성보험료 600,000원 • 딸(손아름) : 보장성보험료 500,000원 • 아들(손민우) : 보장성보험료 450,000원
교육비	• 본인(손대수) : 사이버대학교 학비 2,000,000원 • 딸(손아름) : 대학교 학비 5,000,000원 • 아들(손민우) : 방과후과정 수업비 500,000원, 교복구입비 600,000원 (교복구입비는 손대수 신용카드 결제)
의료비	• 본인(손대수) : 라식수술비 2,000,000원 • 아버지(손준기) : 보청기 구입비 1,000,000원 • 어머니(최연주) : 질병 치료비 3,550,000원(손대수 신용카드 결제) - 보험업법에 따른 보험회사에서 실손의료보험금 2,000,000원 수령 • 아들(손민우) : 시력보정용 안경 구입비용 900,000원(손대수 신용카드 결제) - 구입처 : 경성안경(사업자등록번호 605-29-32588) - 의료증빙코드는 기타영수증으로 하고, 상호와 사업자등록번호 모두 입력할 것

구분	내용
신용카드 등 사용액	• 본인(손대수) : 신용카드 사용액 38,000,000원(전통시장/대중교통/도서 등 사용분 없음) • 본인(손대수) : 현금영수증 사용액 5,200,000원(전통시장/대중교통/도서 등 사용분 없음) • 딸(손아름) : 직불카드 사용액 3,100,000원(전통시장/대중교통/도서 등 사용분 없음) • 아들(손민우) : 직불카드 사용액 620,000원(대중교통분 400,000원 포함) ※ 본인(손대수) 신용카드 사용액에는 의료비 지출의 결제액이 포함되어 있다.
유의사항	• 부양가족의 소득공제 및 세액공제 내용 중 손대수가 공제받을 수 있는 내역은 모두 손대수가 공제받는 것으로 한다.

[2] 다음 자료를 [원천징수이행상황신고서]에 직접 입력하여 마감하고, 국세청 홈택스로 직접 전자신고 하시오(단, 제시된 자료 외에는 없는 것으로 한다). (3점)

(1) 6월 귀속 기타소득(6월 말 지급)
- 일시적 강의료 교수수당(3인) 지급 : 2,300,000원(소득세 : 184,000원)

(2) 6월 귀속 사업소득(6월 말 지급)
- 외부 강사(1인)에게 지급된 강사료 : 1,000,000원(소득세 : 30,000원)

(3) 전월미환급세액 : 87,000원

(4) 유의사항
- [전자신고] → [국세청 홈택스 전자신고변환(교육용)] 순으로 진행한다.
- [전자신고]의 [전자신고제작] 탭에서 신고인구분은 2.**납세자 자진신고**를 선택하고, 비밀번호는 "**12341234**"로 입력한다.
- [국세청 홈택스 전자신고변환(교육용)] → 전자파일변환(변환대상파일선택) → 찾아보기에서 전자신고용 전자파일을 선택한다.
- 전자신고용 전자파일 저장경로는 로컬디스크(C:)이며, 파일명은 "연월일.01.t사업자등록번호"이다.
- 형식검증하기 → 형식검증결과확인 → 내용검증하기 → 내용검증결과확인 → 전자파일제출 을 순서대로 클릭한다.
- 최종적으로 전자파일 제출하기 를 완료한다.

제109회 전산세무1급 답안 및 해설

이 론

1	2	3	4	5	6	7	8	9	10	11	12	13		
③	②	④	②	③	④	①	①	①	④	①	②	②		

01. 유형자산을 사용 · 가동하기 위해 필요한 장소와 상태에 이르기까지 직접 관련된 원가는 취득원가에 포함하지만, **구입 후 개설하는데 소요되는 원가 등은 비용으로 인식**되어야 한다.

02. 지분상품을 발행하거나 취득하는 과정에서 등록비 및 기타 규제 관련 수수료, 법률 및 회계자문 수수료, 주권인쇄비 및 인지세와 같은 여러 가지 비용이 발생한다. 이러한 자본거래비용 중 해당 자본거래가 없었다면 회피가능하면서 자본거래에 직접 관련되어 발생한 추가비용은 **주식발행초과금에서 차감하거나 주식할인발행차금에 가산**한다.

03. 사채의 조기 상환 : **현금상환액 〉 장부금액 →사채상환이익(영업외수익)**

04. 기말재고자산 = 창고 보관 기말재고(20,000,000) + 미착매입재고(4,000,000)
+ 미판매 적송품(3,000,000 × 60%) + 구매의사 미표시 시용상품
(2,000,000) - 미판매 수탁상품(5,000,000) = 22,800,000원

05. 회계정책의 변경에 따른 **누적효과를 합리적으로 결정하기 어려우면 전진법으로 적용**한다.

06. **판매가치가 거의 없는 찌꺼기 등은 작업폐물**이다.

07. 표준원가계산은 **변동원가계산제도와 종합원가계산제도 뿐만 아니라 전부원가계산제도에서도 적용**할 수 있다.

08. 기초재공품보다 기말재공품이 더 크면 당기총제조원가는 당기제품제조원가보다 크다.

09. 매출원가 = 매출액(20,000,000) - [1 - 매출총이익률(40%)] = 12,000,000원
당기총제조원가 = 직접재료원가(5,000,000) + 직접노무원가(4,500,000)
+ 제조간접원가(2,500,000) = 12,000,000원

재고자산(재공품+제품)

기초(**재공품**+제품)	**1,000,000**+4,000,00	**매출원가**	**12,000,000**
당기총제조원가	12,000,000	기말(재공품+제품)	2,000,000+3,000,000
합 계	17,000,000	합 계	17,000,000

10. ① 개별원가계산은 다품종소량생산에 적합한 원가계산이다.
② 개별원가계산은 상대적으로 계산이 복잡하나, 정확성은 높다.
③ 개별원가계산은 건설업 등 주문에 따라 제품을 생산하는 업종에 적합하다.

11. 6,000만원 이상인 경우에 과세한다.

12. 연예인이 사업활동과 관련하여 받는 전속계약금은 사업소득금액으로 **계약기간이 1년을 초과하는 일신전속계약에 대한 대가를 일시에 받는 경우에는 계약기간에 따라 해당 대가를 균등하게 안분한 금액을 각 과세기간 종료일에 수입**한 것으로 한다.

13. 당초 공급한 재화가 환입된 경우에는 **재화가 환입된 날을 작성일**로 적고 비고란에 처음 세금계산서 작성일을 덧붙여 적은 후 붉은색 글씨로 쓰거나 음의 표시를 하여 발급한다.

실 무

문제 1 전표입력

[1] 일반전표입력(2/01)

(차) 보통예금	52,000,000	(대)	자본금	50,000,000
			주식발행초과금	1,400,000
			현금	600,000

[2] 일반전표입력(6/30)

(차) 보통예금	25,800,000	(대)	외상매출금(미국 ABC)	27,600,000
외환차손	1,800,000			

☞외환차손익(자산)=[입금환율(1,290)－장부가액(1,380)]×$20,0000＝△1,800,000원(차손)

문항	일자	유형	공급가액	부가세	거래처	전자
[3]	10/18	55.수입	30,000,000	3,000,000	부산세관	여
분개유형	(차) 부가세대급금			3,000,000 (대) 현금		3,000,000
현금(혼합)						

문항	일자	유형	공급가액	부가세	거래처	전자
[4]	11/10	11.과세	80,000,000	8,000,000	㈜순양백화점	여
분개유형	(차) 선수금			8,000,000 (대) 부가세예수금		8,000,000
혼합	받을어음			80,000,000 제품매출		80,000,000

☞10월 30일 일반전표 조회

30	00006	차변	0103 보통예금	98001 기업은행	계약금 입금	8,000,000	
30	00006	대변	0259 선수금	00151 (주)순양백화점	계약금 입금		8,000

문제 2 부가가치세

[1] 확정신고서(4~6월)

1. 매입매출전표입력

(1) 01월 30일 : Shift F5예정 누락분→확정신고 개시년월 : 20x1년 4월>[확인(Tab)]

유형: 57.카과 공급가액: 700,000원 부가세: 70,000원 거래처: ㈜우람전자
신용카드사:삼성카드

(2) 02월 25일 : Shift F5예정 누락분→확정신고 개시년월 : 20x1년 4월>[확인(Tab)]

유형: 17.카과 공급가액: 12,000,000원 부가세: 1,200,000원 거래처: 아람물산
신용카드사:삼성카드

2. [부가가치세신고서](4~6월)

(1) 매출세액 및 매입세액

구분				정기신고금액 금액	세율	세액
과세표준및매출세액	과세	세금계산서발급분	1	202,692,000	10/100	20,269,200
		매입자발행세금계산서	2		10/100	
		신용카드 · 현금영수증발행분	3		10/100	
		기타(정규영수증외매출분)	4			
	영세	세금계산서발급분	5		0/100	
		기타	6		0/100	
	예정신고누락분		7	12,000,000		1,200,000
	대손세액가감		8			
	합계		9	214,692,000	㉮	21,469,200
매입세액	세금계산서 수취분	일반매입	10	158,247,196		15,824,719
		수출기업수입분납부유예	10-1			
		고정자산매입	11	35,000,000		3,500,000
	예정신고누락분		12	700,000		70,000
	매입자발행세금계산서		13			
	그 밖의 공제매입세액		14			
	합계(10)-(10-1)+(11)+(12)+(13)+(14)		15	193,947,196		19,394,719
	공제받지못할매입세액		16			
	차감계 (15-16)		17	193,947,196	㉯	19,394,719
납부(환급)세액(매출세액㉮-매입세액㉯)					㉰	2,074,481

예정신고누락분

구분				금액	세율	세액
7.매출(예정신고누락분)						
예정누락	과세	세금계산서	33		10/100	
		기타	34	12,000,000	10/100	1,200,000
	영	세금계산서	35		0/100	

12.매입(예정신고누락분)						
예정	세금계산서		38			
	그 밖의 공제매입세액		39	700,000		70,000
	합계		40	700,000		70,000
	신용카드매출 수령금액합계	일반매입				
		고정매입		700,000		70,000

☞ 일반매입분도 정답처리하였음.

(2) 납부세액

가산세

1. 신고불성실	**(1,200,000-70,000)** × 10% ×(1-75%) = 28,250원 * 3개월 이내 수정신고시 75% 감면
2. 납부지연	**1,130,000** × 91일 ×2.2(가정)/10,000 = 22,622원
계	50,872원

신고 불성실	무신고(일반)	69		뒤쪽	
	무신고(부당)	70		뒤쪽	
	과소·초과환급(일반)	71	1,130,000	뒤쪽	28,250
	과소·초과환급(부당)	72		뒤쪽	
납부지연		73	1,130,000	뒤쪽	22,622
영세율과세표준신고불성실		74		5/1,000	

납부할 세액

납부(환급)세액(매출세액㉮-매입세액㉯)				㉰	2,074,481
경감 공제 세액	그 밖의 경감 · 공제세액	18			10,000
	신용카드매출전표등 발행공제등	19			
	합계	20		㉱	10,000
소규모 개인사업자 부가가치세 감면세액		20-1		㉲	
예정신고미환급세액		21		㉳	
예정고지세액		22		㉴	
사업양수자의 대리납부 기납부세액		23		㉵	
매입자 납부특례 기납부세액		24		㉶	
신용카드업자의 대리납부 기납부세액		25		㉷	
가산세액계		26		㉸	50,872
차가감하여 납부할세액(환급받을세액)㉰-㉱-㉲-㉳-㉴-㉵-㉶-㉷+㉸				27	2,115,353
총괄납부사업자가 납부할 세액(환급받을 세액)					

[2] [신용카드매출전표등발행금액집계표](7~9월)

2. 신용카드매출전표 등 발행금액 현황

구 분	합 계	신용 · 직불 · 기명식 선불카드	현금영수증	직불전자지급 수단 및 기명식선불 전자지급수단
합 계	54,050,000	47,550,000	6,500,000	
과세 매출분	30,250,000	30,250,000		
면세 매출분	23,800,000	17,300,000	6,500,000	
봉 사 료				

3. 신용카드매출전표 등 발행금액중 세금계산서 교부내역

세금계산서발급금액	4,400,000	계산서발급금액	

[3] [공제받지못할매입세액명세서](10~12월)

1. [공제받지못할매입세액내역] 탭

공제받지못할매입세액내역 | 공통매입세액안분계산내역 | 공통매입세액의정산내역 | 납부세액또는환급세액재계산

매입세액 불공제 사유	세금계산서		
	매수	공급가액	매입세액
①필요적 기재사항 누락 등			
②사업과 직접 관련 없는 지출			
③비영업용 소형승용자동차 구입· 유지 및 임차			
④접대비 및 이와 유사한 비용 관련	1	1,000,000	100,000
⑤면세사업등 관련			

2. [공통매입세액의정산내역] 탭

공제받지못할매입세액내역 | 공통매입세액안분계산내역 | 공통매입세액의정산내역 | 납부세액또는환급세액재계산

산식	구분	(15)총공통매입세액	(16)면세 사업확정 비율			(17)불공제매입세액총액((15)*(16))	(18)기불공제매입세액	(19)가산또는공제되는매입세액((17)-(18))
			총공급가액	면세공급가액	면세비율			
1.당해과세기간의 공급가액기준		3,200,000	850,000,000.00	340,000,000.00	40.000000	1,280,000		1,280,000

문제 3 결산

[1] [수동결산]

(차) 선수수익 8,000,000 (대) 임대료(904) 8,000,000

☞임대료=선수수익(12,000,000)÷12개월×8개월(5.1~12.31)=8,000,000원

[2] [수동결산]

(차) 단기매매증권 800,000 (대) 단기매매증권평가이익 800,000

☞평가손익(단기매매증권)=[공정가액(21,000)−장부가액(20,000원)]×800주=800,000원(이익)

[3] [수동/자동결산]

(차) 법인세등 16,500,000 (대) 선납세금 6,500,000

미지급세금 10,000,000

[결산자료입력]>9. 법인세등>·1). 선납세금 6,500,000원 입력

·2). 추가계상액 10,000,000원〉 F3전표추가

[4] [수동입력 후 자동결산]

(차) 재고자산감모손실 1,150,000 (대) 제품(타계정대체) 1,150,000

☞감모손실=감모수량(50개)×취득원가(23,000)=1,150,000원

〈결산자료입력〉

·제품매출원가> 9)당기완성품제조원가>⑩기말제품재고액 44,850,000원 >F3전표추가

문제 4 원천징수

[1] 연말정산(손대수)

1. [부양가족] 탭

(1) 인적공제(2024)

관계	요 건		기본공제	추가(자녀)	판 단
	연령	소득			
본인(세대주)	–	–	○		총급여액 10,500만원
부(84)	○	○	○	경로	
모(79)	○	○	○	경로	
배우자	–	×	부		소득금액 1백만원 초과자
딸(25)	×	○	부		
아들(18)	○	○	○	자녀	일용근로소득은 분리과세소득

(2) 연말정산 판단

항 목	요건		내역 및 대상여부	입력
	연령	소득		
보 험 료	○ (×)	○	• 본인 보장성 보험료 • 딸 보장성보험료(연령요건 미충족) • 아들 보장성보험료	○(일반 600,000) × ○(일반 450,000)
교 육 비	×	○ (×)	• 본인 사이버 대학교 학비 • 딸 대학교 학비 • 아들 : 방과후학과 수업비 및 교복구입비 (한도 50만원)	○(본인 2,000,000) ○(대학 5,000,000) ○(고등 1,000,000)
의 료 비	×	×	• 본인 라식 수술 • 아버지 보청기 구입비 • 어머니 질병 치료(실손보험료 차감) • 아들 안경 구입(한도 50만원)	○(본인 2,000,000) ○(65세 1,000,000) ○(65세 1,550,000) ○(일반 500,000)
신용카드	×	○	• 본인 신용카드 • 본인 현금영수증 • 딸 직불카드 • 아들 직불카드	○(신용 38,000,000) ○(현금 5,200,000) ○(직불 3,100,000) ○(직불 220,000 대중교통 400,000)

(3) 보험료세액공제

본인(손대수)

보장성보험-일반	600,000	
보장성보험-장애인		
합 계	600,000	

아들(손민우)

보장성보험-일반	450,000
보장성보험-장애인	
합 계	450,000

(4) 교육비세액공제

본인(손대수)

교육비		
일반		장아
2,000,000	4.본인	

딸(손아름)

교육비		
일반		장애인
5,000,000	3.대학생	

아들(손민우)

교육비		
일반		장애인
1,000,000	2.초중고	

2. [의료비] 탭

의료비 공제대상자					지급처			지급명세					14.산후조리원
성명	내/외	5.주민등록번호	6.본인등해당여부		9.증빙코드	8.상호	7.사업자등록번호	10.건수	11.금액	11-1.실손보험수령액	12.미숙아선천성이상아	13.난임여부	
손대수	내	620302-1111258	1	0	1				2,000,000		X	X	X
손준기	내	400505-1135650	2	0	1				1,000,000		X	X	X
최연주	내	450325-2122358	2	0	1				3,550,000	2,000,000	X	X	X
손민우	내	060205-3236141	3	X	5	경성안경	605-29-32588	1	500,000		X	X	X
		합계						1	7,050,000	2,000,000			
일반의료비(본인)	2,000,000	65세 이상자.장애인 건강보험산정특례자	4,550,000	일반의료비(그 외)	500,000	난임시술비							
						미숙아.선천성이상아							

3. [신용카드 등] 탭

소득명세	부양가족	신용카드 등	의료비	기부금	연금저축 등Ⅰ	연금저축 등Ⅱ	월세액	연말정산입력

내/외	성명	자료구분	신용카드	직불,선불	현금영수증	도서등신용	도서등직불	도서등현금	전통시장	대중교통
관계	생년월일									
내	손대수	국세청	38,000,000		5,200,000					
0	1962-03-02	기타								
내	손아름	국세청		3,100,000						
4	1999-05-06	기타								
내	손민우	국세청		220,000						400,000
4	2006-02-05	기타								
합계			38,000,000	3,320,000	5,200,000					400,000

4. [연말정산입력] 탭 : F8부양가족탭불러오기 실행

공제	특별소득공제	건강보험료		4,199,015	4,199,015
		고용보험료		840,000	840,000
		34.주택차입금 원리금상환액	대출기관		
			거주자		
		34.장기주택저당차입금이자상			
		35.기부금-2013년이전이월분			
		36.특별소득공제 계			5,039,015
37.차감소득금액					72,385,985
그 밖의 소	38.개인연금저축				
	39.소기업,소상공인 공제부금	2015년이전가입			
		2016년이후가입			
	40.주택마련저축 소득공제	청약저축			
		주택청약			
		근로자주택마련			
	41.투자조합출자 등 소득공제				
	42.신용카드 등 사용액			46,920,000	2,660,000

액 공 제	특별세액공제	61.보장성보험	일반	1,050,000	1,050,000	1,000,000	120,000
			장애인				
		62.의료비		7,050,000	7,050,000	1,900,000	285,000
		63.교육비		8,000,000	8,000,000	8,000,000	1,200,000
		64.기부금					
		1)정치자금 기부금	10만원이하				
			10만원초과				
		2)특례기부금(전액)					
		3)우리사주조합기부금					
		4)일반기부금(종교단체외)					
		5)일반기부금(종교단체)					
		65.특별세액공제 계					1,605,000
	66.표준세액공제						
	67.납세조합공제						
	68.주택차입금						
	69.외국납부		▶				

[2] 전자신고(6월)

1. [원천징수이행상황신고서] 작성 및 마감(귀속기간 6월, 지급기간 6월, 1.정기신고)

원천징수명세및납부세액 | 원천징수이행상황신고서 부표 | 원천징수세액환급신청서 | 기납부세액명세서 | 전월미환급세액 조정명세서 | 차월이월환급세액 승계명세

소득자 소득구분			코드	소득지급 인원	소득지급 총지급액	징수세액 소득세 등	징수세액 농어촌특별세	징수세액 가산세	당월조정 환급세액	납부세액 소득세 등	납부세액 농어촌특별세
거주자 비거주자	득	가 감 계	A20								
	사업소득	매월징수	A25	1	1,000,000	30,000					
		연말정산	A26								
		가 감 계	A30	1	1,000,000	30,000			30,000		
	기타소득	연금계좌	A41								
		종교인매월	A43								
		종교인연말	A44								
		가상자산	A49								
		그 외	A42	3	2,300,000	184,000					
		가 감 계	A40	3	2,300,000	184,000			57,000	127,000	

전월 미환급 세액의 계산			당월 발생 환급세액				18.조정대상환급(14+15+16+17)	19.당월조정 환급세액계	20.차월이월 환급세액	21.환급신청액
12.전월미환급	13.기환급	14.차감(12-13)	15.일반환급	16.신탁재산	금융회사 등	합병 등				
87,000		87,000					87,000	87,000		

2. [전자신고]>[전자신고제작] 탭>F4 제작>비밀번호 입력

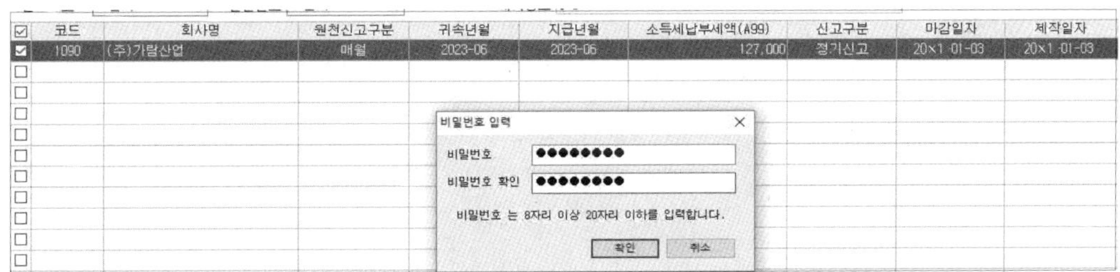

☑	코드	회사명	원천신고구분	귀속년월	지급년월	소득세납부세액(A99)	신고구분	마감일자	제작일자
☑	1090	(주)가람산업	매월	2023-06	2023-06	127,000	정기신고	20×1-01-03	20×1-01-03

비밀번호 입력
비밀번호 ●●●●●●●●
비밀번호 확인 ●●●●●●●●
비밀번호 는 8자리 이상 20자리 이하를 입력합니다.
확인 취소

3. [국세청 홈택스 전자신고변환(교육용)]

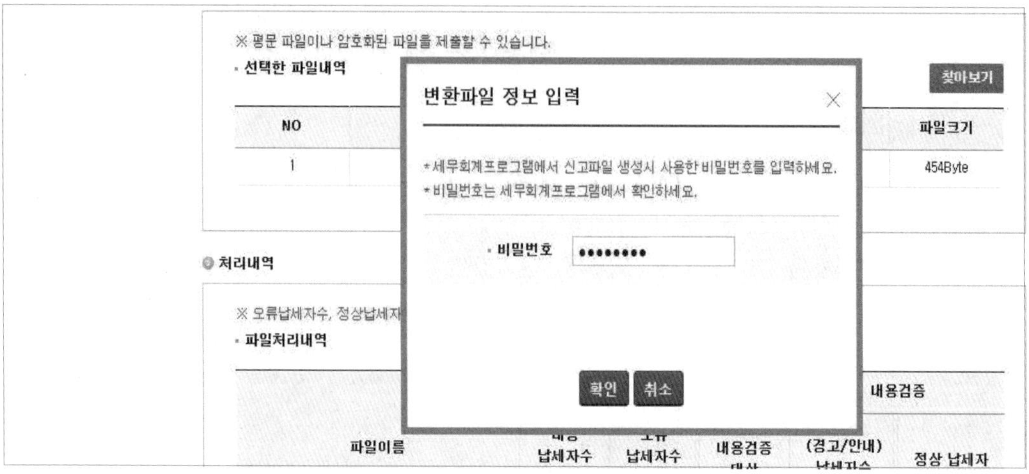

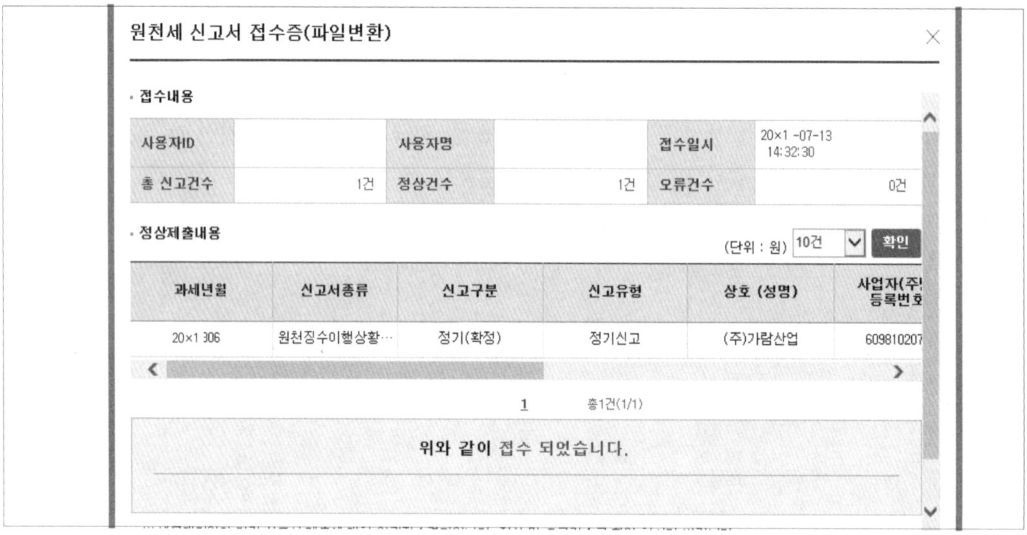

※ 평문 파일이나 암호화된 파일을 제출할 수 있습니다.

· 선택한 파일내역

찾아보기

NO		파일크기
1		454Byte

변환파일 정보 입력

* 세무회계프로그램에서 신고파일 생성시 사용한 비밀번호를 입력하세요.
* 비밀번호는 세무회계프로그램에서 확인하세요.

· 비밀번호 ●●●●●●●●●

확인 취소

처리내역

※ 오류납세자수, 정상납세자

· 파일처리내역

파일이름	대상 납세자수	오류 납세자수	내용검증 대상	내용검증 (경고/안내) 납세자수	정상 납세자

원천세 신고서 접수증(파일변환)

· 접수내용

사용자ID		사용자명		접수일시	20×1-07-13 14:32:30
총 신고건수	1건	정상건수	1건	오류건수	0건

· 정상제출내용

(단위 : 원) 10건 확인

과세년월	신고서종류	신고구분	신고유형	상호 (성명)	사업자(주민) 등록번호
20×1 06	원천징수이행상황…	정기(확정)	정기신고	(주)가람산업	609810207

1 총1건(1/1)

위와 같이 접수 되었습니다.

제108회 전산세무 1급

합격율	시험년월
22%	2023.06

이 론

01. 다음 중 일반기업회계기준의 재무제표의 작성과 표시에 대한 설명으로 틀린 것은?

① 자산, 부채, 자본 중 중요한 항목은 재무상태표 본문에 별도 항목으로 구분하여 표시한다. 다만 중요하지 않은 항목은 성격 또는 기능이 유사한 항목에 통합하여 표시할 수 있으며 통합할 적절한 항목이 없는 경우에는 기타항목으로 통합할 수 있다.

② 자산과 부채는 원칙적으로 상계하여 표시하지 않는다. 다만, 기업이 채권과 채무를 상계할 수 있는 법적 구속력 있는 권리를 가지고 있고, 채권과 채무를 순액기준으로 결제하거나 채권과 채무를 동시에 결제할 의도가 있다면 상계하여 표시한다.

③ 정상적인 영업주기 내에 판매(소멸)되거나 사용되는 재고자산과 회수(지급)되는 매출채권(매입채무) 등은 보고기간 종료일로부터 1년 이내에 실현되지 않으면 유동자산(유동부채)으로 분류하여 표시할 수 없다.

④ 자산과 부채는 현금화 가능성이 높은 순서(유동성이 큰 항목)로 배열하는 것이 원칙이며, 잉여금은 자본거래(자본잉여금)와 손익거래(이익잉여금)로 구분표시한다.

02. 다음 중 일반기업회계기준상 재고자산에 대한 설명으로 가장 틀린 것은?

① 금융기관 등으로부터 자금을 차입하고 그 담보로 제공된 저당상품은 담보제공자의 재고자산이다.

② 위탁매매계약을 체결하고 수탁자가 위탁자에게서 받은 적송품은 수탁자의 재고자산이다.

③ 매입자가 일정기간 사용한 후에 매입 여부를 결정하는 조건으로 판매한 시송품은 매입자가 매입 의사표시를 하기 전까지는 판매자의 재고자산이다.

④ Usance Bill 또는 D/A Bill과 같이 연불조건으로 원자재를 수입하는 경우에 발생하는 이자는 차입원가로 처리한다.

03. 다음 중 일반기업회계기준에 따른 수익 인식기준으로 옳은 것은?

① 상품권 수익은 상품권을 판매한 시점에 수익으로 인식한다.
② 수강료는 용역제공 완료시점, 즉 강의종료일에 수익을 인식한다.
③ 장기할부판매의 경우에는 기간에 걸쳐 수익으로 인식한다.
④ 수출업무를 대행만 하는 종합상사는 판매수수료만을 수익으로 인식한다.

04. 다음은 기말 자본의 일부분이다. 기말 재무상태표에 표시될 자본항목과 그 금액으로 틀린 것은?

• 감자차익 500,000원	• 자기주식처분이익 1,000,000원
• 보통주자본금 10,000,000원	• 매도가능증권평가이익 300,000원
• 이익준비금 1,000,000원	• 임의적립금 500,000원
• 우선주자본금 5,000,000원	• 미교부주식배당금 3,000,000원

① 자본금 15,000,000원　② 자본잉여금 1,500,000원
③ 자본조정 300,000원　④ 이익잉여금 1,500,000원

05. 다음 중 부채에 대한 설명으로 가장 옳은 것은?

① 경제적효익이 내재된 자원이 기업에 유입됨으로써 이행될 것으로 기대되는 현재의 의무이다.
② 부채의 정의를 충족하고, 신뢰성 있게 추정된다면 부채로 인식한다.
③ 2년 기준으로 유동부채, 비유동부채로 분류할 수 있다.
④ 당해 의무를 이행하기 위하여 자원이 유출될 가능성이 매우 높은 충당부채는 주석에 기재한다.

06. ㈜데코의 당기 직접노무원가에 관한 내용이 다음과 같을 경우, 직접노무원가 능률차이는 얼마인가?

• 실제 직접노동시간 50,000시간	• 표준 직접노동시간 48,000시간
• 직접노무원가 임률차이 200,000원(유리)	• 실제 직접노무원가 발생액 2,800,000원

① 120,000원 유리　② 120,000원 불리　③ 504,000원 유리　④ 504,000원 불리

07. ㈜한도제철은 동일한 원재료를 투입하여 단일공정에서 제품 A, B, C 세 가지의 등급품을 생산하고 있다. 세 가지 제품에 공통으로 투입된 결합원가가 128,000원이라고 할 때, 아래의 자료를 바탕으로 순실현가치법에 의하여 제품 A에 배분될 결합원가는 얼마인가?

구분	A	B	C
생산량	200개	400개	300개
분리점에서의 단위당 판매가격	@400원	@300원	@200원
추가가공원가	60,000원		
단위당 최종판매가격	@1,000원		

① 24,000원　② 48,000원　③ 56,000원　④ 80,000원

08. 다음 중 개별원가계산에 대한 설명으로 가장 옳은 것을 고르시오.

① 단계배분법을 적용할 경우, 배분이 끝난 보조부문에는 다시 원가를 배분하면 안 된다.
② 제조간접원가를 배부할 때 공장전체배부율을 적용하면 더욱 정확하게 보조부문원가를 배분할 수 있는 장점이 있다.
③ 제조원가 배분기준을 선택할 때는 원가의 상관관계보다 주주의 이익을 먼저 고려해야 한다.
④ 상호배분법은 배분순서를 고려하면 더욱 정확한 결과를 얻을 수 있다.

09. 다음 중 표준원가계산에 대한 설명으로 옳지 않은 것은?

① 예산과 실제원가의 차이분석을 통하여 효율적인 원가통제의 정보를 제공한다.
② 기말에 원가차이를 매출원가에서 조정할 경우, 불리한 차이는 매출원가에 가산하고 유리한 차이는 매출원가에서 차감한다.
③ 표준원가계산은 기업이 연초에 수립한 계획을 수치화하여 예산편성을 하는 기초가 된다.
④ 표준원가계산을 선택한 경우에는 실제원가와 상관없이 표준원가로 계산한 재고자산의 금액을 재무상태표상 금액으로 결정하여야 한다.

10. 부산상사는 직접노동시간을 기준으로 제조간접원가를 예정배부하고 있다. 당기 제조간접원가 예산액은 5,000,000원이며, 실제 발생액은 5,200,000원이다. 예산조업도는 1,000,000시간이며, 실제조업도는 1,300,000시간이다. 당기의 제조간접원가 배부차액은 얼마인가?

① 1,200,000원 (과대배부)　② 1,300,000원 (과대배부)
③ 1,200,000원 (과소배부)　④ 1,300,000원 (과소배부)

11. 다음 중 소득세법상 성실신고확인서 제출사업자가 적용받을 수 없는 세액공제는 무엇인가? (단, 공제요건은 모두 충족하는 것으로 가정한다.)

① 보험료 세액공제 ② 의료비 세액공제
③ 교육비 세액공제 ④ 월세 세액공제

12. 다음 중 부가가치세법상 납세의무에 대한 설명으로 가장 잘못된 것은?

① 청산 중에 있는 내국법인은 계속등기 여부에 불구하고 사실상 사업을 계속하는 경우 납세의무가 있다.
② 영리 목적 없이 사업상 독립적으로 용역을 공급하는 자도 납세의무자에 해당한다.
③ 사업자가 아닌 자가 부가가치세가 과세되는 재화를 개인적 용도로 사용하기 위해 수입하는 경우에는 부가가치세 납세의무가 없다.
④ 부가가치세는 납세의무자와 실질적인 담세자가 일치하지 않는 간접세이다.

13. 다음 중 부가가치세법상 공제받지 못할 매입세액이 아닌 것은?

① 공급시기가 속하는 과세기간이 끝난 후 20일 이내에 사업자등록을 신청한 경우 그 공급시기의 매입세액
② 업무무관자산 취득과 관련한 매입세액
③ 비영업용 소형승용차의 구입과 임차 및 유지에 관한 매입세액
④ 건축물이 있는 토지를 취득하여 그 건축물을 철거하여 토지만을 사용하는 경우에 철거한 건축물의 철거비용 관련된 매입세액

실 무

㈜한국전자(1080)는 부동산임대업 및 제조 · 도소매업을 영위하는 중소기업이며, 당기 회계기간은 20x1.1.1. ~20x1.12.31.이다. 전산세무회계 수험용 프로그램을 이용하여 다음 물음에 답하시오.

문제 1 다음 거래에 대하여 적절한 회계처리를 하시오.(12점)

[1] 03월 05일 단기매매 목적으로 주권상장법인 ㈜순양물산의 보통주 2,000주를 주당 5,000원에 취득하고, 대금은 증권거래수수료 50,000원과 함께 현금으로 지급하였다. (3점)

[2] 07월 30일 ㈜아름전자에 제품을 판매하고 다음과 같이 세금계산서를 발급하였다. 대금은 6월 30일에 선수금으로 2,000,000원을 받았으며, 나머지는 외상으로 하였다. (3점)

전자세금계산서				승인번호	20230730-15454645-58811886		
공급자	등록번호	105-81-23608	종사업장번호	공급받는자	등록번호	126-87-10121	종사업장번호
	상호(법인명)	㈜한국전자	성명 김한국		상호(법인명)	㈜아름전자	성명 한아름
	사업장주소	충청남도 천안시 동남구 가마골1길 5			사업장주소	경기도 이천시 가좌로1번길 21-26	
	업태	제조 외	종목 자동차부품		업태	제조	종목 전자제품
	이메일				이메일		
					이메일		

작성일자	공급가액	세액	수정사유	비고
20x1-07-30	20,000,000원	2,000,000원	해당 없음	

월	일	품목	규격	수량	단가	공급가액	세액	비고
07	30	부품				20,000,000원	2,000,000원	

합계금액	현금	수표	어음	외상미수금	위 금액을 (청구) 함
22,000,000원	2,000,000원			20,000,000원	

[3] 08월 20일 당사의 제품 제조에 사용 중인 리스자산(기계장치)의 운용리스계약이 만료되어 리스자산(기계장치)을 인수하고 아래의 같이 전자계산서를 발급받았다. 인수대금은 리스보증금 20,000,000원을 차감한 금액을 보통예금 계좌에서 이체하였다. (3점)

전자계산서				승인번호	20230820-15454645-58811886		
공급자	등록번호	111-81-12348	종사업장번호	공급받는자	등록번호	105-81-23608	종사업장번호
	상호(법인명)	㈜현대파이낸셜	성명 데이비드 웹		상호(법인명)	㈜한국전자	성명 김한국
	사업장주소	서울특별시 중구 도산대로 1212			사업장주소	충청남도 천안시 동남구 가마골1길 5	
	업태	금융업	종목 리스		업태	제조	종목 자동차부품
	이메일				이메일		
					이메일		

작성일자	공급가액	수정사유	비고
20x1-08-20	48,500,000원	해당 없음	

월	일	품목	규격	수량	단가	공급가액	비고
08	20	기계장치		1	48,500,000원	48,500,000원	

[4] 08월 30일 당사가 보유 중인 매도가능증권(보통주 15,000주, 주당 액면가액 5,000원, 주당 장부가액 7,000원)에 대하여 현금배당(1주당 100원)과 주식배당을 아래와 같이 지급받았으며, 현금배당은 보통예금 계좌로 입금되었다. (3점)

구분	수령액	1주당 공정가치	1주당 발행가액
현금배당	1,500,000원		
주식배당	보통주 1,000주	6,000원	5,000원

문제 2 다음 주어진 요구사항에 따라 부가가치세 신고서 및 부속서류를 작성 하시오.(10점)

[1] 당사는 다음과 같은 부동산 임대차계약서를 작성하고 이와 관련된 전자세금계산서를 기한 내에 모두 발급하였다고 가정한다. 이를 바탕으로 20x1년 제1기 부가가치세 예정신고기간(20x1.1.1.~20x1.3.31.)의 [부동산임대공급가액명세서] 및 [부가가치세신고서]를 작성하시오(단, 간주임대료에 대한 정기예금이자율은 2.9%로 가정하며, 불러온 자료는 무시하고, 과표명세의 작성은 생략할 것). (6점)

부동산임대차계약서	■ 임대인용 □ 임차인용 □ 사무소보관용

부동산의 표시	소재지	경기도 이천시 가좌로1번길 21-26 1층				
	구조	철근콘크리트조	용도	공장	면적	80 ㎡ 평
보증금		금 60,000,000원정		월세	1,800,000원정(VAT 별도)	

제1조 위 부동산의 임대인과 임차인의 합의 하에 아래와 같이 계약함.
제2조 위 부동산의 임대차에 있어 임차인은 보증금을 아래와 같이 지불키로 함.

계약금	6,000,000 원정은 계약 시에 지불하고
중도금	원정은 년 월 일 지불하며
잔금	54,000,000 원정은 20x1 년 2월 1 일 중개업자 입회 하에 지불함.

제3조 위 부동산의 명도는 20x1 년 2 월 1 일로 함.
제4조 임대차기간은 20x1 년 2 월 1 일부터 20x2 년 1 월 31 일까지로 함.
제5조 월세액은 매 월 (말)일에 지불키로 하되, 만약 기일 내에 지불하지 못할 시에는 보증금에서 공제키로 함.
제6조 임차인은 임대인의 승인 하에 계약 대상물을 개축 또는 변조할 수 있으나, 명도 시에는 임차인이 비용 일체를 부담하여 원상복구 하여야 함.
제7조 임대인과 중개업자는 별첨 중개물건 확인설명서를 작성하여 서명 · 날인하고 임차인은 이를 확인 · 수령함.
다만, 임대인은 중개물건 확인설명에 필요한 자료를 중개업자에게 제공하거나 자료수집에 따른 법령에 규정한 실비를 지급하고 대행케 하여야 함.
제8조 본 계약에 대하여 임대인의 위약 시는 계약금의 배액을 변상하며, 임차인의 위약 시는 계약금은 무효로 하고 반환을 청구할 수 없음.
제9조 부동산중개업법 제20조 규정에 의하여 중개료는 계약 당시 쌍방에서 법정수수료를 중개인에게 각각 지불하여야 함.

위 계약조건을 확실히 하고 후일에 증하기 위하여 본 계약서를 작성하고 각 1통씩 보관한다.

20x0 년 12 월 26 일

임대인	주 소	충청남도 천안시 동남구 가마골1길 5				
	사업자등록번호	105-81-23608	전화번호	031-826-6034	성명	㈜한국전자 ㉚
임차인	주 소	경기도 고양시 성사동 12				
	사업자등록번호	132-25-99050	전화번호	010-4261-6314	성명	고양기전 ㉚
중개업자	주 소	경기도 이천시 부악로 12			허가번호	XX-XXX-XXX
	상 호	이천 공인중개사무소	전화번호	031-1234-6655	성명	박이천 ㉚

[2] 다음 자료를 이용하여 20x1년 제2기 부가가치세 확정신고기간의 [신용카드매출전표등수령명세서]를 작성하시오. 단, 모든 거래는 대표이사의 개인명의 신용카드(우리카드, 1234-5522-1111-4562)로 결제하였다. (2점)

거래일자	거래처명 (사업자등록번호)	공급대가	거래목적	업종	과세유형
10월 15일	한국문구 (123-11-12348)	22,000원	사무용품 구입	소매/ 문구	간이과세자 (세금계산서 발급가능)
10월 21일	한국철도공사 (314-82-10024)	33,000원	서울지사출장	여객운송	일반과세자
11월 08일	삼성디지털프라자 (617-81-17517)	1,650,000원	거래처 선물	도소매	일반과세자
12월 24일	밥도시락 (512-12-15237)	275,000원	당사 직원 점심식대	음식점업	일반과세자

[3] 당사는 수출용 원자재를 ㈜삼진에게 공급하고 구매확인서를 받았다. 다음의 구매확인서를 참조하여 20x1년 제1기 부가가치세 확정신고기간의 [내국신용장 · 구매확인서전자발급명세서]와 [영세율매출명세서]를 작성하시오(단, 회계처리는 생략할 것). (2점)

외화획득용원료 · 기재구매확인서

※ 구매확인서번호 : PKT202300621365

(1) 구매자 (상호) ㈜삼진
(주소) 인천시 부평구 부평대로 11
(성명) 문대원
(사업자등록번호) 201-81-01218

(2) 공급자 (상호) ㈜한국전자
(주소) 충청남도 천안시 동남구 가마골1길 5
(성명) 김한국
(사업자등록번호) 105-81-23608

1. 구매원료의 내용

(3) HS부호	(4) 품명 및 규격	(5) 단위수량	(6) 구매일	(7) 단가	(8) 금액	(9) 비고
6243550000	t	50 DPR	20x1-05-31	USD 6,000	USD 300,000	
TOTAL		50 DPR			USD 300,000	

2. 세금계산서(외화획득용 원료 · 기재를 구매한 자가 신청하는 경우에만 기재)

(10) 세금계산서번호	(11) 작성일자	(12) 공급가액	(13) 세액	(14) 품목	(15) 규격	(16) 수량
2023053110000084352462	20x1.05.31.	393,000,000원	0원			

(17) 구매원료 · 기재의 용도명세 : 원자재

위의 사항을 대외무역법 제18조에 따라 확인합니다.

확인일자 20x1년 06월 07일
확인기관 한국무역정보통신
전자서명 1301703632

제출자 : ㈜삼진 (인)

문제 3 다음의 결산정리사항에 대하여 결산정리분개를 하거나 입력을 하여 결산을 완료하시오.(8점)

[1] 9월 1일에 현금으로 수령한 이자수익 중 차기연도에 속하는 이자수익 3,000,000원이 포함되어 있다(단, 회계처리 시 음수로 입력하지 말 것). (2점)

[2] 다음은 제2기 부가가치세 확정신고기간의 자료이다. 12월 31일 현재 부가세예수금과 부가세대급금의 정리분개를 수행하시오(납부세액인 경우에는 미지급세금, 환급세액인 경우에는 미수금으로 처리할 것). (2점)

• 부가세예수금 25,700,000원	• 부가세대급금 20,800,000원
• 부가가치세 가산세 500,000원	• 예정신고 미환급세액 3,000,000원

[3] 20x1년 초 소모품 3,000,000원을 구입하고, 전액 소모품 계정으로 회계처리하였다. 기말 현재 소모품 잔액을 확인해보니 200,000원이 남아있었다. 소모품 사용액 중 40%는 영업부에서 사용하고, 나머지 60%는 생산부에서 사용한 것으로 확인되었다(단, 회계처리 시 음수로 입력하지 말 것). (2점)

[4] 월 1일에 제조공장에서 사용할 기계장치를 200,000,000원(기계장치 취득용 국고보조금 100,000,000원 수령)에 취득하였다. 기계장치의 내용연수는 5년, 잔존가치는 없으며, 정액법으로 상각한다. 해당 기계장치에 대한 감가상각비를 계상하시오(단, 월할상각하고, 음수로 입력하지 말 것). (2점)

문제 4 원천징수와 관련된 다음 물음에 답하시오.(10점)

[1] 다음은 기타소득에 대한 원천징수 관련 자료이다. 관련 메뉴를 이용하여 아래의 자료를 입력하고, 원천징수이행상황신고서를 작성하시오(단 세부담 최소화를 가정한다). (3점)

> ※ 다음의 기타소득은 모두 5월 3일에 원천징수 후 지급하였다.
> 1. 정진우(코드 : 101, 국적 : 대한민국, 거주자, 주민등록번호 : 830521-1589635, 고용관계 없음)
>   - 일시적으로 지급한 원고료(문예창작소득에 해당)
>   - 수입금액 : 1,000,000원(필요경비는 확인 불가)
> 2. 김여울(코드 : 201, 국적 : 대한민국, 거주자, 주민등록번호 : 660912-1532651, 고용관계 없음)
>   - 산업재산권 대여료(기타소득)
>   - 수입금액 : 1,500,000원(입증되는 필요경비 1,000,000원)

[2] 다음은 영업부 사원 고민수(사번 : 150, 입사연월일 : 20x1년 10월 1일)의 연말정산 관련 자료이다. 당사가 지급한 20x1년 귀속 총급여액은 9,200,000원이다. 고민수의 세부담이 최소화되는 방향으로 [연말정산추가자료입력] 메뉴를 이용하여 연말정산을 완료하시오. (7점)

1. 고민수의 급여현황

종전근무지	근무기간	총급여액	공제금액
㈜진양물산 (150-87-00121)	20x1.01.01.~ 20x1.08.31	35,000,000원	국민연금보험료 1,500,000원 국민건강보험료 1,280,000원 장기요양보험료 256,000원 고용보험료 350,000원 소득세 300,000원 지방소득세 30,000원

2. 부양가족현황(기본공제대상자가 아닌 경우에도 "부"로 등록할 것)

관계	나이	성명(주민등록번호)	비고
본인	29세	고민수(951021-1841215)	중소기업 근로자, 무주택 세대주
부	63세	고양철(611012-1146513)	부동산양도소득금액 500,000원, 이자소득금액 35,000,000원
모	62세	김순자(620115-2845412)	일용근로소득금액 10,000,000원
형제	32세	고민율(920105-1825413)	「장애인복지법」상 장애인, 총급여액 4,500,000원

3. 연말정산자료(모두 국세청 연말정산간소화서비스에서 조회한 자료이다)

구분	내역
보험료	• 고민수 : 자동차보험료 600,000원 • 고민율 : 장애인전용보장성보험료 700,000원
교육비	• 고민수 : 직업능력개발훈련시설 수강료 1,500,000원(근로자 수강지원금 500,000원) • 김순자 : 대학교 등록금 3,000,000원 • 고민율 : 장애인 특수교육비 1,000,000원
의료비	• 고민수 : 라식(레이저각막절삭술) 수술비 3,000,000원 • 고민율 : 병원 간병비용 300,000원
월세액	• 임대인 : 김아라(701210-2175453) • 계약면적 : 52㎡ • 유형 : 오피스텔 • 기준시가 : 3억원 • 임대기간 : 20x1년 1월 1일~20x2년 12월 31일 • 연간 월세액 : 8,400,000원 • 주소지 : 충청남도 천안시 동남구 가마골길 10, 102호
주택마련 저축 &퇴직연금	• 주택청약저축(㈜국민은행, 계좌번호 1024521421) 납입금액 : 2,400,000원 • 퇴직연금(㈜신한은행, 계좌번호 110121050) 납입금액 : 1,000,000원 ※ 위 주택청약저축과 퇴직연금은 모두 고민수 본인이 계약하고 납부한 것이다.

제108회 전산세무1급 답안 및 해설

이 론

1	2	3	4	5	6	7	8	9	10	11	12	13		
③	②	④	③	②	②	③	①	④	②	①	③	①		

01. 자산과 부채는 **보고기간 종료일 현재 1년 또는 영업주기를 기준으로 유동과 비유동으로 분류하며**, 정상적인 영업주기 내에 판매(소멸)되거나 사용되는 재고자산과 회수(지급)되는 매출채권(매입채무) 등은 보고기간 종료일로부터 1년 이내에 실현되지 않더라도 유동자산(유동부채)으로 분류한다.

02. 적송품은 위탁자가 수탁자에게 판매를 위탁하기 위하여 보낸 상품을 말한다. 적송품은 수탁자가 제3자에게 판매를 할 때까지 비록 수탁자가 점유하고 있으나 단순히 보관하고 있는 것에 불과하므로 소유권이 이전된 것이 아니다 따라서 **적송품은 수탁자가 제3자에게 판매하기 전까지는 위탁자의 재고자산에 포함**한다.

03. ① 상품권 판매 : 선수금으로 인식하고 상품권을 회수한 때에 수익으로 인식한다.

② 수강료 : **강의기간에 걸쳐 수익으로 인식**한다.

③ 대가가 분할되어 수취되는 할부판매 : 이자부분을 제외한 **판매가격에 해당하는 수익을 판매시점에 인식**한다.

④ 수출업무를 대행하는 종합상사는 판매를 위탁하는 회사를 대신하여 재화를 수출하는 것이므로 **판매수수료만을 수익으로 계상**해야 한다.

04. 자본금 = 보통주자본금(10,000,000) + 우선주자본금(5,000,000) = 15,000,000원

자본잉여금 = 감자차익(500,000) + 자기주식처분이익(1,000,000) = 1,500,000원

자본조정 = 미교부주식배당금(3,000,000)

이익잉여금 = 임의적립금(500,000) + 이익준비금(1,000,000) = 1,500,000원

05. 과거사건이나 거래의 결과에 의한 현재의무로서, **지출의 시기 또는 금액이 불확실하지만 그 의무를 이행하기 위하여 자원이 유출될 가능성이 매우 높고 또한 당해 금액을 신뢰성 있게 추정할 수 있는 의무는 충당부채로 인식**한다.

05.

AQ	AP	SQ	SP
50,000시간	??	48,000시간	??
2,800,000원		-	

AP = 56원

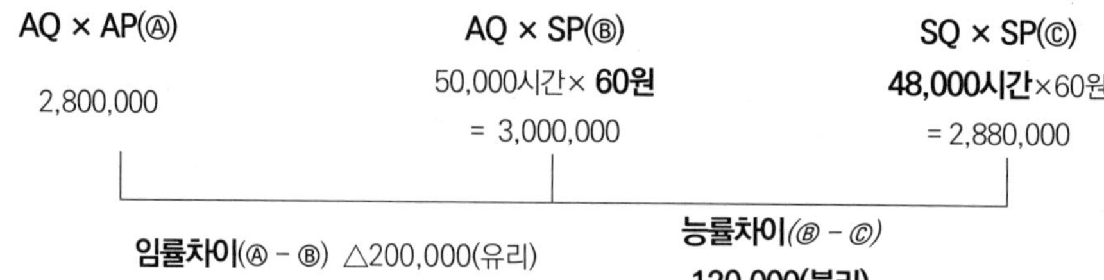

07.

구분	순실현가치	배분율	결합원가배부액
A	200개 × @1,000원 - 60,000원 = 140,000원	14/32	**56,000원**
B	400개 × @300원 = 120,000원	12/32	48,000원
C	300개 × @200원 = 60,000원	6/32	24,000원
합계	320,000원	100%	128,000원

08. ② 각 부문별로 별도의 배부기준을 적용하여 제조간접원가를 배분할 경우, 더욱 정확하게 보조부문원가를 배분할 수 있다.

③ 제조원가 배분기준을 선택할 때는 원가의 상관관계를 먼저 고려하여야 한다.

④ 상호배분법은 보조부문 상호간의 용역수수를 전부 고려하므로 보조부문원가을 정확하게 배분할 수 있으며, **배분순서를 고려할 필요가 없다.**

09. 재무상태표상 재고자산의 금액은 실제원가로 보고한다. **표준원가법은 실제원가와 유사한 경우에 편의상 사용**할 수 있다.

10. 예정배부율 = 제조간접원가 예산(5,000,000) ÷ 예산조업도(1,000,000) = 5원/시간

제조간접원가 예정배부액 = 실제조업도(1,300,000) × 예정배부율(5) = 6,500,000원

예정배부액(6,500,000) - 실제발생액(5,200,000) = 1,300,000원 (과대배부)

11. **보험료 세액공제는 근로소득자만 받을 수 있는 세액공제**이다.

12. **재화를 수입하는 자는 사업자 여부에 불문하고 납세의무**가 있다.

13. 사업자등록 신청하기 전의 매입세액은 공제되지 않지만, **공급시기가 속하는 과세기간이 끝난 후 20일 이내에 등록을 신청하면 등록 신청일로부터 공급시기가 속하는 과세기간 기산일까지 역산한 기간 내의 매입세액은 매출세액에서 공제**할 수 있다.

실 무

문제 1 전표입력

[1] 일반전표입력(3/05)

(차)	단기매매증권	10,000,000	(대) 현금	10,050,000
	수수료비용(984)	50,000		

문항	일자	유형	공급가액	부가세	거래처	전자
[2]	7/30	11.과세	20,000,000	2,000,000	㈜아름전자	여
분개유형		(차) 선수금	2,000,000	(대)	부가세예수금	2,000,000
혼합		외상매출금	20,000,000		제품매출	20,000,000
문항	일자	유형	공급가액	부가세	거래처	전자
[3]	8/20	53.면세	48,500,000	-	㈜현대파이낸셜	여
분개유형		(차) 기계장치	48,500,000	(대)	리스보증금	20,000,000
혼합					보통예금	28,500,000

[4] 일반전표입력(08/30)

(차)	보통예금	1,500,000	(대) 배당금수익	1,500,000

☞배당금을 받을 권리가 확정된 시기를 명시하지 않았을 경우, 지급시점과 결의시점이 같다고 보시고 회계처리하셔야 합니다.

문제 2 부가가치세

[1] 신고서 및 부동산임대공급가액명세서 (1~3월)

1. [부동산임대공급가액명세서](1~3월)적용이자율: 2.9%, 366일

No	코드	거래처명(임차인)	동	층	호
1	0154	고양기전		1	
2					

등 록 사 항

1.사업자등록번호 132-25-99050　2.주민등록번호 ______-_______

3.면적(㎡) 80.00 ㎡　4.용도 공장

5.임대기간에 따른 계약 내용

No	계약갱신일	임대기간		
1		2024-02-01	~	2026-01-31
2				

6.계 약 내 용	금 액	당해과세기간계	
보 증 금	60,000,000	60,000,000	
월 세	1,800,000	3,600,000	
관 리 비			
7.간주 임대료	285,245	285,245	60 일
8.과 세 표 준	2,085,245	3,885,245	

소 계			
월 세	3,600,000	관 리 비	
간주임대료	285,245	과 세 표 준	3,885,245

2. [부가가치세신고서](1~3월)

구분				정기신고금액 금액	세율	세액
과세표준및매출세액	과세	세금계산서발급분	1	3,600,000	10/100	360,000
		매입자발행세금계산서	2		10/100	
		신용카드ㆍ현금영수증발행분	3		10/100	
		기타(정규영수증외매출분)	4	285,245		28,524
	영세	세금계산서발급분	5		0/100	
		기타	6		0/100	
	예정신고누락분		7			
	대손세액가감		8			
	합계		9	3,885,245	㉮	388,524

[2] [신용카드매출전표등수령명세서(갑)(을)](10~12월)

2. 신용카드 등 매입내역 합계

구분	거래건수	공급가액	세액
합 계	2	270,000	27,000
현금영수증			
화물운전자복지카드			
사업용신용카드			
그 밖의 신용카드	2	270,000	27,000

3. 거래내역입력

No	□	월/일	구분	공급자	공급자(가맹점) 사업자등록번호	카드회원번호	그 밖의 신용카드 등 거래내역 합계 거래건수	공급가액	세액
1	□	10-15	신용	한국문구	123-11-12348	1234-5522-1111-4562	1	20,000	2,000
2	□	12-24	신용	밥도시락	512-12-15237	1234-5522-1111-4562	1	250,000	25,000
3	□								

☞ 여객운송업은 영수증발급의무업종이므로 매입세액공제 대상에서 제외됩니다.

[3] 영세율매출명세서외(4~6월)

1. [내국신용장ㆍ구매확인서전자발급명세서]

2. 내국신용장ㆍ구매확인서에 의한 공급실적 합계

구분	건수	금액(원)	비고
(9)합계(10+11)	1	393,000,000	
(10)내국신용장			
(11)구매확인서	1	393,000,000	

[참고] 내국신용장 또는 구매확인서에 의한 영세율 첨부서류 방법 변경(영 제64조 제3항 제1의3호)
▶ 전자무역기반시설을 통하여 개설되거나 발급된 경우 내국신용장ㆍ구매확인서 전자발급명세서를 제출하고 이 외의 경우 내국신용장 사본을 제출함
=> 2011.7.1 이후 최초로 개설되거나 발급되는 내국신용장 또는 구매확인서부터 적용

3. 내국신용장ㆍ구매확인서에 의한 공급실적 명세서

□	(12)번호	(13)구분	(14)서류번호	(15)발급일	품목	거래처정보 거래처명	(16)공급받는자의 사업자등록번호	(17)금액	전표일자	(18)비고
□	1	구매확인서	PKT202300621365	20×1-06-07		(주)삼진	201-81-01218	393,000,000		

2. [영세율매출명세서]

부가가치세법 | 조세특례제한법

(7)구분	(8)조문	(9)내용	(10)금액(원)
	제21조	직접수출(대행수출 포함)	
		중계무역ㆍ위탁판매ㆍ외국인도 또는 위탁가공무역 방식의 수출	
		내국신용장ㆍ구매확인서에 의하여 공급하는 재화	393,000,000
		한국국제협력단 및 한국국제보건의료재단에 공급하는 해외반출용 재화	

문제 3 결산

[1] [수동결산]

(차)	이자수익	3,000,000	(대) 선수수익	3,000,000

[2] [수동결산]

(차)	부가세예수금	25,700,000	(대) 부가세대급금	20,800,000
	세금과공과(판)	500,000	미수금	3,000,000
			미지급세금	2,400,000

[3] [수동결산]

(차)	소모품비(판)	1,120,000	(대) 소모품	2,800,000
	소모품비(제)	1,680,000		

[4] [수동결산]

(차)	감가상각비(제)	20,000,000	(대) 감가상각누계액(207)	20,000,000
	국고보조금(217)	10,000,000	감가상각비(제)	10,000,000

- 감가상각비 : 200,000,000원÷5년×6/12=20,000,000원
- 국고보조금 : 100,000,000원÷5년×6/12=10,000,000원

문제 4 원천징수

[1] 기타소득 원천징수

1. [기타소득자등록]

(1) 정진우

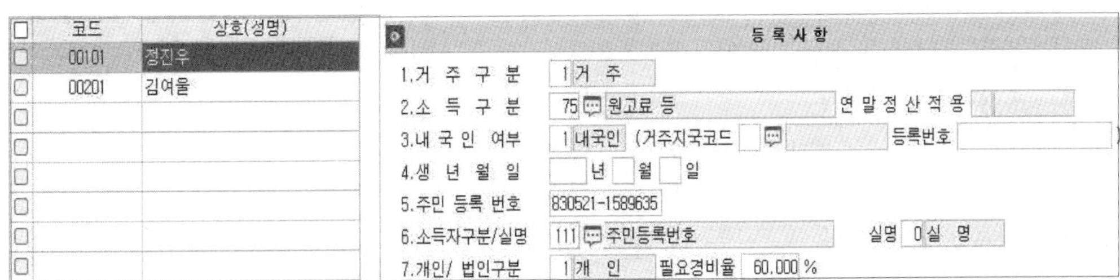

코드	상호(성명)
00101	정진우
00201	김여울

등록사항

1.거 주 구 분 1 거 주
2.소 득 구 분 75 원고료 등 연 말 정 산 적 용
3.내 국 인 여부 1 내국인 (거주지국코드 등록번호)
4.생 년 월 일 년 월 일
5.주민 등록 번호 830521-1589635
6.소득자구분/실명 111 주민등록번호 실명 0 실 명
7.개인/ 법인구분 1 개 인 필요경비율 60.000 %

※ 소득구분 : 75. 원고료 등

(2) 김여울

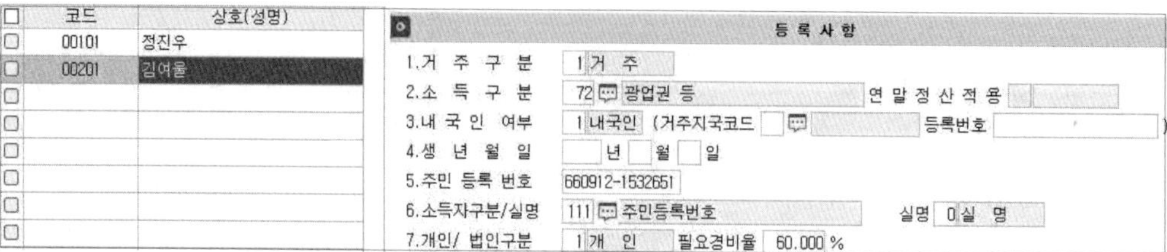

	코드	상호(성명)
☐	00101	정진우
☐	00201	김여울

등록사항

1.거 주 구 분	1 거 주
2.소 득 구 분	72 광업권 등 / 연 말 정 산 적 용
3.내 국 인 여부	1 내국인 (거주지국코드 / 등록번호)
4.생 년 월 일	년 월 일
5.주민 등록 번호	660912-1532651
6.소득자구분/실명	111 주민등록번호 / 실명 0 실 명
7.개인/ 법인구분	1 개 인 / 필요경비율 60.000 %

※ 소득구분 : 72. 광업권 등 또는 62.그 밖의 필요경비 있는 기타소득

2. [기타소득자자료입력]

(1) 정진우(지급년월일 5월 3일)

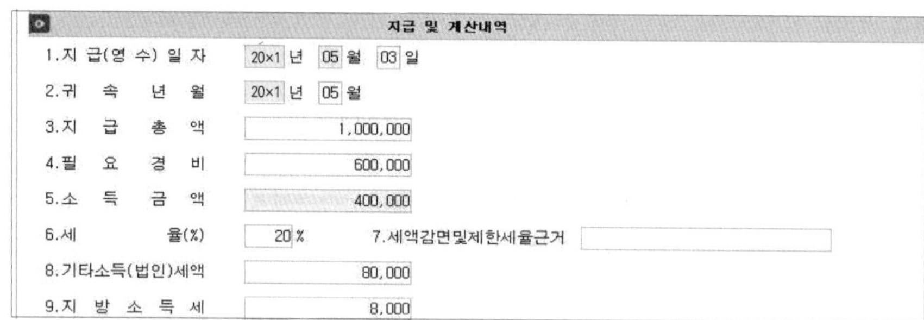

지급 및 계산내역

1.지 급(영 수) 일 자	20×1 년 05 월 03 일
2.귀 속 년 월	20×1 년 05 월
3.지 급 총 액	1,000,000
4.필 요 경 비	600,000
5.소 득 금 액	400,000
6.세 율(%)	20 % / 7.세액감면및제한세율근거
8.기타소득(법인)세액	80,000
9.지 방 소 득 세	8,000

(2) 김여울(지급년월일 5월 3일)

→ **입증되는 필요경비(1,000,000)가 추정필요경비(600,000)보다 크므로 입증되는 필요경비를 입력한다.**

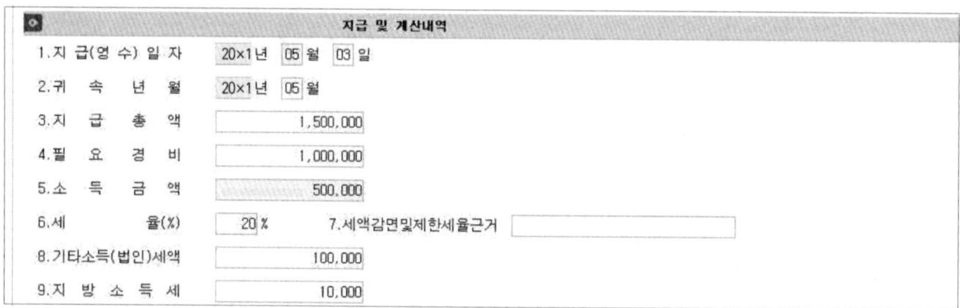

지급 및 계산내역

1.지 급(영 수) 일 자	20×1 년 05 월 03 일
2.귀 속 년 월	20×1 년 05 월
3.지 급 총 액	1,500,000
4.필 요 경 비	1,000,000
5.소 득 금 액	500,000
6.세 율(%)	20 % / 7.세액감면및제한세율근거
8.기타소득(법인)세액	100,000
9.지 방 소 득 세	10,000

3. [원천징수이행상황신고서]귀속기간 5월, 지급기간 5월,1.정기신고

원천징수명세및납부세액 | 원천징수이행상황신고서 부표 | 원천징수세액환급신청서 | 기납부세액명세서 | 전월미환급세액 조정명세서 | 차월이월환급세액 승계명세

소득자 소득구분			코드	소득지급		징수세액			당월조정 환급세액	납부세액	
				인원	총지급액	소득세 등	농어촌특별세	가산세		소득세 등	농어촌특별세
주자	기타소득	연금계좌	A41								
		종교인매월	A43								
		종교인연말	A44								
		가상자산	A49								
		그 외	A42	2	2,500,000	180,000					
		가 감 계	A40	2	2,500,000	180,000				180,000	

[2] 연말정산(고민수)2024

1. [소득명세] 탭

근무처명	사업자 등록번호	급여	보험료 명세				세액명세		근무기간
			건강보험	장기요양	고용보험	국민연금	소득세	지방소득세	
㈜진양물산	150-87-00121	35,000,000	1,280,000	256,000	350,000	1,500,000	300.000	30,000	1.1~7.31

2. [부양가족] 탭

(1) 인적공제

관계	요 건		기본공제	추가(자녀)	판 단
	연령	소득			
본인(세대주)	-	-	○		
부(63)	○	×	부		소득금액 1백만원 초과자
모(62)	○	○	○		일용근로소득은 분리과세소득
형(32)	×	○	○	장애(1)	장애인은 연령요건을 따지지 않는다.

(2) 연말정산 판단

항 목	요건		내역 및 대상여부	입력
	연령	소득		
보 험 료	○ (×)	○	• 본인 자동차보험료 • 형의 장애인전용보험료	○(일반 600,000) ○(장애인 700,000)
교 육 비	×	○ (×)	• 본인 직업능력 수강료(수강지원금 차감) • 모친 대학교 등록금(직계존속 제외) • 형 장애인 특수교육비	○(본인 1,000,000) × ○(장애 1,000,000)
의 료 비	×	×	• 본인 라식 수술 • 본인의 간병비(대상에서 제외)	○(본인 3,000,000) ×
월세	-본인 외		• 85㎡이하 또는 기준시가 4억 이하	○(8,400,000)
주택저축외	-본인		• 주택청약저축 • 퇴직연금	○(2,400,000) ○(1,000,000)

(3) 보험료

• 고민수(본인)

보장성보험-일반	600,000	
보장성보험-장애인		

• 고민율(형)

보장성보험-일반		
보장성보험-장애인	700,000	

(4) 교육비

• 고민수(본인)

교육비		
일반		장애인특수
1,000,000	4.본인	

• 고민율(형)

교육비		
일반		장애인특수
		1,000,000

3. [의료비] 탭

의료비 공제대상자					지급처			지급명세					14.산후 조리원
성명	내/외	5.주민등록번호	6.본인등 해당여부		9.증빙 코드	8.상호	7.사업자 등록번호	10. 건수	11.금액	11-1.실손 보험수령액	12.미숙아 선천성이상아	13.난임 여부	
고민수	내	951021-1841215	1	0	1				3,000,000		X	X	X

4. [연금저축 등 I] 탭

(1) 퇴직연금

1 연금계좌 세액공제 - 퇴직연금계좌(연말정산입력 탭의 58.과학기술인공제, 59.근로자퇴직연금) 크게보기

퇴직연금 구분	코드	금융회사 등	계좌번호(증권번호)	납입금액	공제대상금액	세액공제금액
1.퇴직연금	308	(주) 신한은행	110121050	1,000,000	1,000,000	

(2) 주택청약저축

소득명세 | 부양가족 | 신용카드 등 | 의료비 | 기부금 | 연금저축 등I | 연금저축 등II | 월세액 | 연말정산입력

4 주택마련저축 공제(연말정산탭의 40.주택마련저축소득공제) 크게보기

저축구분	코드	금융회사 등	계좌번호(증권번호)	납입금액	소득공제금액
1.청약저축	306	(주) 국민은행	1024521421	2,400,000	960,000

※ 저축구분 : 1.청약저축 또는 2.주택청약종합저축

5. [월세액] 탭

소득명세 | 부양가족 | 신용카드 등 | 의료비 | 기부금 | 연금저축 등I | 연금저축 등II | 월세액 | 연말정산입력

1 월세액 세액공제 명세(연말정산입력 탭의 70.월세액) 크게보기

임대인명(상호)	주민등록번호(사업자번호)	유형	계약면적(m²)	임대차계약서 상 주소지	계약서상 임대차 계약기간 개시일	~	계약서상 임대차 계약기간 종료일	연간 월세액	공제대상금액	세액공제금액
김아라	701210-2175453	오피스텔	52.00	충청남도 천안시 동남구 가마	2024-01-01	~	2025-12-31	8,400,000	7,500,000	444,675

6. [연말정산입력] : F8 부양가족탭불러오기

구분	항목	세부	금액	공제금액
소득공제 (연금보험료공제)	보험공제	사립학교교직원		
		별정우체국연금		
특별소득공제	33.보험료		2,327,500	2,327,500
	건강보험료		1,903,900	1,903,900
	고용보험료		423,600	423,600
	34.주택차입금 원리금상환액	대출기관		
		거주자		
	34.장기주택저당차입금이자상			
	35.기부금-2013년이전이월분			
	36.특별소득공제 계			2,327,500
37.차감소득금액				21,578,500
그 밖의 소득공제	38.개인연금저축			
	39.소기업,소상공인 공제부금	2015년이전가입		
		2016년이후가입		
	40.주택마련저축 소득공제	청약저축	2,400,000	960,000
		주택청약		
		근로자주택마련		
	41.투자조합출자 등 소득공제			
	42.신용카드 등 사용액			
	43.우리사주조합	일반 등		

구분	항목	세부	입력	금액	대상금액	세액공제
세액공제 (연금계좌)	59.근로자퇴직연금			1,000,000	1,000,000	
	60.연금저축					
	60-1.ISA연금계좌전환					
특별세액공제	61.보장성보험	일반	600,000	600,000	600,000	72,000
		장애인	700,000	700,000	700,000	105,000
	62.의료비		3,000,000	3,000,000	1,674,000	251,100
	63.교육비		2,000,000	2,000,000	2,000,000	300,000
	64.기부금					
	1)정치자금 기부금	10만원이하				
		10만원초과				
	2)특례기부금(전액)					
	3)우리사주조합기부금					
	4)일반기부금(종교단체외)					
	5)일반기부금(종교단체)					
	65.특별세액공제 계					728,100
	66.표준세액공제					
	67.납세조합공제					
	68.주택차입금					
	69.외국납부	▶				
	70.월세액			8,400,000	7,500,000	444,675

저자약력

■ **김영철 세무사**

- 고려대학교 공과대학 산업공학과
- 한국방송통신대학 경영대학원 회계 · 세무전공
- (전)POSCO 광양제철소 생산관리부
- (전)삼성 SDI 천안(사) 경리/관리과장
- (전)강원랜드 회계팀장
- (전)코스닥상장법인CFO(ERP. ISO추진팀장)
- (전)농업진흥청/농어촌공사/소상공인지원센타 세법 · 회계강사
- (전)두목넷 전산회계/전산세무/세무회계 강사
- (현)천안시 청소년재단 비상임감사

로그인 전산세무 1급(회계 · 부가 · 소득)

12판발행 : 2024년 3월 7일
저자 : 김 영 철
발행인 : 허 병 관
발행처 : 도서출판 어울림
주소 : 서울시 영등포구 양산로 57-5, 1301호 (양평동3가)
전화 : 02－2232－8607, 8602
팩스 : 02－2232－8608
등록 : 제2－4071호
Homepage : http://www.aubook.co.kr

저자와의 협의하에 인지생략

ISBN 978－89－6239－937－0 13320 정가 : 30,000원